Stefan Blank

Bali, Lombok und die Gilis

»Bali war wunderbar, mit seinen sorgfältig in Terrassen bepflanzten Hügeln und seinen Straßen, die immer voller Leute waren, die auf Köpfen oder Schultern Lasten trugen, unter denen sie leicht und unermüdlich dahingingen.«

Margaret Mead (1901–1978), Ethnologin

Impressum

Stefan Blank
REISE KNOW-HOW Bali, Lombok und die Gilis

erschienen im
REISE KNOW-HOW Verlag Peter Rump GmbH,
Osnabrücker Str. 79, 33649 Bielefeld

15., neu bearbeitete u. aktualisierte Auflage 2024

ISBN 978-3-8317-3742-0

Gestaltung und Bearbeitung
Umschlag: P. Rump, der Verlag
Inhalt: G. Pawlak, W. Rump, der Verlag (Layout); M. Luck (Realisierung)
Fotonachweis: S. Blank (sb), P. Rump (pr), G. Urban (gu), Ch. Nauderer (cn), R. Pfänder (rp), U. Niederer (un), R. Burri (rb), A. Urch (au), S. Schrempf (ssch), C. Gallegos (cg), E. Bollen/Pelan Pelan Bali (eb), adobe.stock.com (Autorennachweis jeweils am Bild)
Karten: Th. Buri
Lektorat: M. Luck

Druck und Bindung
mediaprint solutions GmbH, Paderborn

Bibliografische Information der Deutschen Nationalbibliothek
Die Deutsche Nationalbibliothek verzeichnet diese Publikation in der Deutschen Nationalbibliografie; detaillierte bibliografische Daten sind im Internet über http://dnb.dnb.de abrufbar.

Anzeigenvertrieb
KV Kommunalverlag GmbH & Co. KG,
Alte Landstraße 23, 85521 Ottobrunn,
Tel. 089 928 096-0, info@kommunal-verlag.de

REISE KNOW-HOW Bücher finden Sie in allen gut sortierten Buchhandlungen. Falls nicht, kann Ihre Buchhandlung unsere Bücher hier bestellen:
D: Prolit, prolit.de und alle Barsortimente
A: Freytag-Berndt und Artaria KG, freytagberndt.com
CH: AVA Verlagsauslieferung AG, ava.ch
B, LUX, NL: Willems Adventure, willemsadventure.nl
oder direkt über den Verlag: **www.reise-know-how.de**

Bildlegende Umschlag und Vorspann
Titelbild: Bali ist berühmt für seine Reisterrassen (adobe.stock.com © asab974)
Vordere Umschlagklappe: Bukit Merese – tolle Aussicht im Süden Lomboks (sb); kleines Bild: Typisch balinesisches Floraldesign (sb)
S. 1: Bali ist auch eine Insel der Tänze (rb)
S. 2/3: Sunset Beach auf Nusa Lembongan (sb)

Wir freuen uns über Kritik, Kommentare und Verbesserungsvorschläge, gern per E-Mail an info@reise-know-how.de.

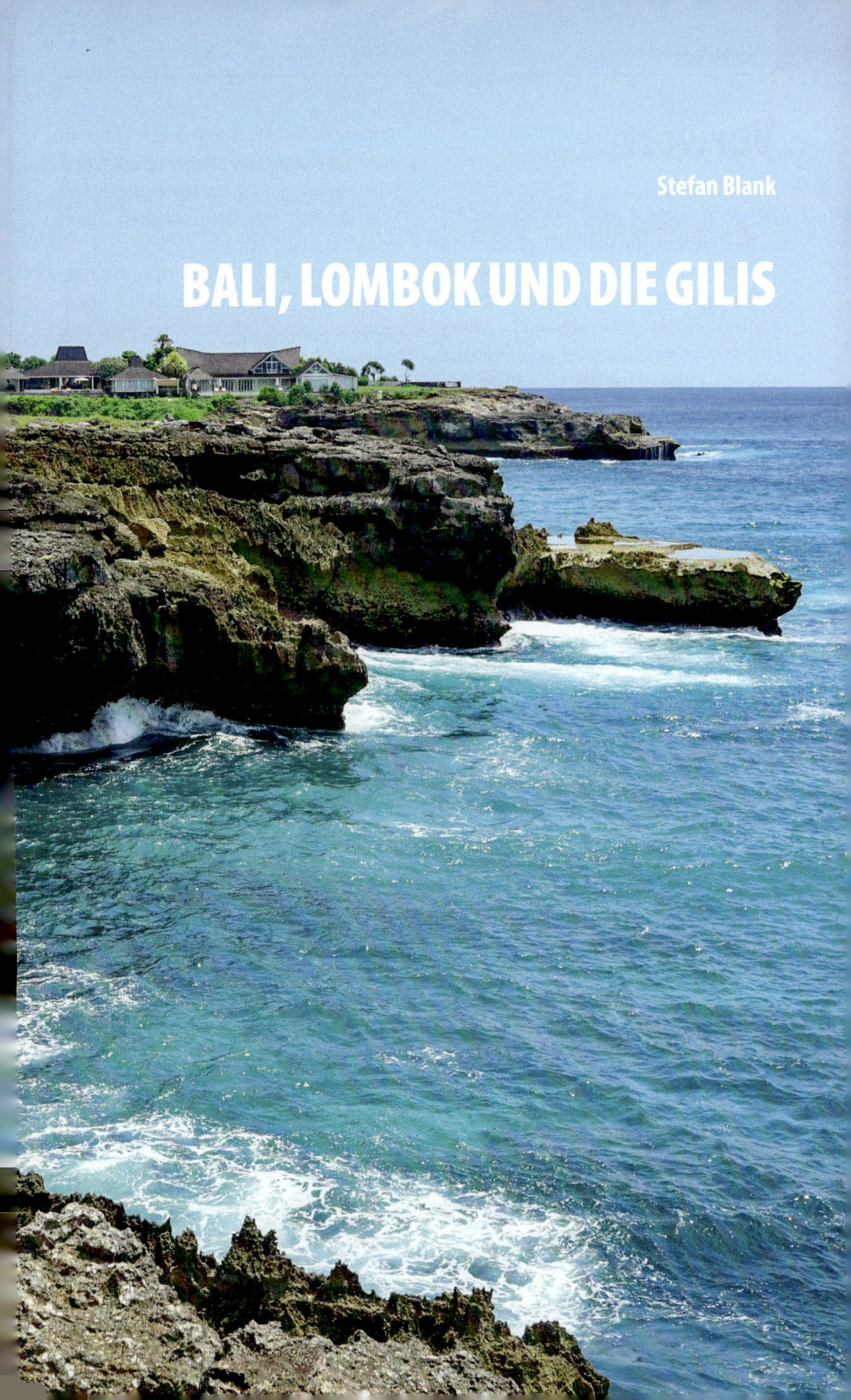
Stefan Blank
BALI, LOMBOK UND DIE GILIS

Vorwort

„Die indonesische Insel Bali gleicht einer Postkartenansicht und ist ein wahres Tropenparadies", schrieb das Team des Online-Portals „tripadvisor" Anfang 2023 und setzte die Insel bei „Traveller's Choice – Best of the Best" auf **Platz 2 der beliebtesten Reiseziele weltweit** – hinter Dubai, vor London und Rom. Und empfiehlt: „Nehmen Sie ein ausgiebiges Sonnenbad an einem der feinen weißen Sandstrände oder bewundern Sie bei einem Tauchgang Korallenriffe mit tropischen Fischen oder ein farbenprächtiges Schiffswrack aus dem Zweiten Weltkrieg." Ja, das passt.

Bis heute ist Bali ein Mythos, ein **hinduistisches Idyll** in Indonesien, dem größten islamischen Land der Welt, und touristisches Sehnsuchtsziel seit den 1930er-Jahren. Bali ist ein Sinnbild für Freundlichkeit und Offenheit, Gastfreundschaft und Tradition, Aufgeschlossenheit und tiefe Religiosität. Erstaunlich für eine kleine Insel mit rund

vier Millionen Einwohnern, umgeben von mehr als 17.000 Inseln des indonesischen Archipels.

Jeder Bereich des Lebens hier ist durchdrungen vom Glauben: **Götter und Dämonen** gehören zum Alltag und wachen über Wohlergehen und Leid der Bewohner. Die überdurchschnittliche künstlerische Begabung der Balinesen spiegelt sich in unzähligen **Tempeln, Schreinen und Statuen,** die an fast jedem Fleck der Insel zu finden sind, genauso wie in faszinierenden Tänzen und Zeremonien.

Traumhafte, leuchtend grüne Landschaft bei Jatiluwih (Bali)

xba088 sb

Unter dem Motto **„Recover Together, Recover Stronger"** zog die Zahl der Touristen nach den Corona-Jahren wieder kräftig an; 2023 wurden sechs Millionen Urlauber gezählt.

Die überschaubare **Inselgruppe der Gilis** bildet heute eine Brücke zwischen Bali und der Nachbarinsel Lombok. Auch hier gab es Anfang 2023 Gutes zu vermelden: Bei „Traveller's Choice – Best Nature Destinations" landete **Lombok** auf einem stolzen Platz 5 – hinter Mauritius, Kathmandu, dem Serengeti National Park und Hurghada. „Wenn es irgendwo anders auf der Welt liegen würde, wäre Lombok auf jedermanns Wunschliste. Aber weil es östlich von Bali liegt, haben weniger Menschen von seinen einsamen Buchten, endlosen cremefarbenen Stränden und Wasserfällen gehört, die durch sein unglaublich üppiges Laub stürzen. Gut für uns, denn dadurch ist es auch weniger voll." Dem kann ich nur zustimmen.

Jetzt ist also genau der richtige Zeitpunkt, sich **auf die Suche** nach dem „echten" Bali zu **machen** und das „weniger volle" Lombok zu entdecken! Ganz im Sinne der US-amerikanischen Ethnologin *Margaret Mead,* die einen empfehlenswerten Ansatz für ihren Besuch wählte: „Wir würden uns der balinesischen Kultur so nähern, wie wir es gewöhnt waren, (…): indem wir unsere Augen und Ohren gebrauchten."

Stefan Blank

Inhalt

[>] Begegnung der freundlichen Art bei Tegallalang (Bali)

3 Bali: Der Osten 148

An den Hängen des Agung 150

4 Bali: Zentrales Hochland 190

Zwischen Seen und Vulkanen 192

xba089 sb

xba099 sb

◁ Nusa Lembongan (Bali) überzeugt mit schönen Stränden (im Bild Tamarind Beach)

xba091 sb

< Im Gegensatz zum islamischen Lombok gibt es auf der Hindu-Insel Bali Schwein (im Bild Babi Guling = Fleisch vom Spanferkel)

Kartenverzeichnis

xba092 sb

Hinweise zur Benutzung

Nicht verpassen!
Die (touristischen) Highlights der Regionen erkennt man an der **gelben Markierung.**

MEIN TIPP: Besonders gute/außergewöhnliche Unterkünfte, Restaurants und sonstige Empfehlungen des Autors sind als Tipp gekennzeichnet.

Der Schmetterling …
… zeigt an, wo man besonders gut **Natur** erleben kann oder Angebote im Bereich des **nachhaltigen Tourismus** findet.

Kinder-Tipps
Das Symbol kennzeichnet Sehenswürdigkeiten, Unterkünfte, Aktivitäten usw., die auch kleine Urlauber ansprechen.

Verweise auf die Stadtpläne
4 Die Ziffern in den farbigen Kästchen bei den praktischen Informationen zu den Orten verweisen auf den **Karteneintrag.**

Updates nach Redaktionsschluss
Auf der Produktseite dieses Reiseführers in unserem Internetshop finden sich zusätzliche Informationen und **wichtige Änderungen.**

Preiskategorien Unterkünfte
Die in diesem Buch beschriebenen Unterkünfte sind in vier Preiskategorien gegliedert, symbolisiert durch Zahlen **von** ① **bis** ④; gemeint ist der Preis für ein Doppelzimmer zur Hauptsaison:
① bis 150.000 Rp.
② 150.000 bis 400.000 Rp.
③ 400.000 bis 700.000 Rp.
④ über 700.000 Rp.

Mit einem Lächeln auf dem Gesicht lassen sich die Inseln am besten erkunden

xba093 sb

Die Inseln im Überblick

1 Bali: Der Süden | 38

Hier kommen 98 % aller Bali-Reisenden an, und viele wollen gar nicht weiter. Kein Wunder: Der Süden ist die Gegend mit den beliebtesten Urlaubsgebieten Balis. Dazu gehören **Kuta** (S. 42), **Seminyak** (S. 42), **Legian** (S. 43), **Canggu** (S. 55), **Sanur** (S. 70), **Nusa Dua** (S. 100) und die **Halbinsel Bukit** (S. 93) mit ihren weltbekannten Sandstränden und Sonnenuntergängen. Die Bedingungen für Sonnenanbeter, Strandläufer, Surfer und Schnorchler sind ideal. Im Süden gibt es mit die besten Restaurants und aufregendsten Clubs der Insel sowie etliche sehenswerte Museen wie das **Museum Le Mayeur** (S. 73) in Sanur. Auch die quirlige Hauptstadt **Denpasar** (S. 62) ist immer in Reichweite und der Internationale Flughafen nicht weit. Und wer reif für die Insel ist, sollte sich die drei Nusas anschauen: **Lembongan** (S. 79), **Ceningan** (S. 87) und **Penida** (S. 89) – Instagramtaugliche Strände und Klippen inklusive.

2 Bali: Ubud und Umgebung | 104

Ubud (S. 107) mit seinen rund 75.000 Einwohnern und bald 3 Mio. Besuchern im Jahr ist kultureller Mittelpunkt Balis und ein Paradies für künstlerisch Interessierte. Hier sollte man das **Puri-Lukisan-Museum** (S. 111), das **Neka Art Museum** (S. 113) oder das **ARMA** (S. 115) nicht verpassen. Auch ein Stelldichein mit den Affen im **Monkey Forest** (S. 112) und ein **Spaziergang durch Reisterrassen** (S. 117, 120) rund

xba094 sb

um den überschaubaren Ort gehören zum touristischen Programm. Kleiner Ausflug gefällig? Ab in die **Goa Gajah,** eine magische Höhle (S. 138), zu den Wasserspielen beim Genah Melukat in **Sebatu** (S. 135) oder nach **Gunung Kawi** (S. 136), einer wunderbar verwunschenen Ortschaft.

3 Bali: Der Osten | 148

Auf dem Weg zum Hafenort **Padangbai** (S. 166) lohnen sich ein Abstecher zu den saftig grünen **Reisterrassen von Sidemen** (S. 158) und ein Zwischenstopp in **Semarapura (Klungkung),** um beeindruckende Malerei zu erleben (S. 157). Das Panorama vom Hang des Gunung Agung aus gesehen, beispielsweise am **Tempel Pasar Agung** (S. 161), zeigt die ganze Schönheit von Bali. Und wer sich umdreht, der steht direkt im Angesicht von Balis Hausberg. Weiter die Ostküste hoch folgen bald das entspannte **Candi Dasa** (S. 170), spektakuläre Tempel und einsame Strände bei **Tulamben** (S. 187)

[<] Saftig grüne Szenerie bei Sidemen (Bali)

sowie eine weltbekannte Tauchattraktion: das gesunkene Schiff „SS Liberty". **Amed** (S. 181) ist längst kein Geheimtipp mehr und lädt unter dem Motto „Get wet in Amed" Schnorchler, Taucher und Müßiggänger ein. Von hier ist es über Padangbai nur ein Katzensprung auf die **Gilis** (S. 256), vielleicht für ein „dirty weekend"?

4 Bali: Zentrales Hochland | 190

Von **Penelokan** am Kraterrand (S. 196) eröffnet sich ein beeindruckendes Panorama auf die schwarzen Lavaströme des aktiven Vulkans **Batur** (S. 193). Unten im weiten Krater liegt der Batur-See, Wanderungen führen zum Gipfel; hier kann man auf dem Boden Spiegeleier braten. Mit fast unberührter Gebirgslandschaft glänzt die Gegend um den **Bratan-See** (S. 205) und den **Buyan-See** (S. 208). In **Bedugul** (S. 205) bietet sich im Botanischen Garten die Möglichkeit, nicht weniger als 1750 Pflanzenarten kennenzulernen. Und wer noch keinen der rauschenden Wasserfälle auf Bali gesehen hat, sollte sich bei einer Wanderung in die Landschaft rund um **Munduk** (S. 209) eine Abkühlung im eisigen Wasser gönnen. Weiter westlich wartet der verwitterte **Tempel Luhur Batukaru** (S. 211) auf Besucher, und die Reisterrassen von **Jatiluwih** (S. 212) gehören ganz sicher zu den prächtigsten Balis.

5 Bali: Der Westen | 214

Der Westen glänzt mit den beiden wohl schönsten Tempeln der Insel: dem **Wassertempel Taman Ayun in Mengwi** (S. 217) und dem **Tanah Lot** (S. 221). Von hier ist es nicht weit bis zum **Bayan Ancient Tree** (S. 220), der 700 Jahre alt sein soll und vielleicht der älteste Baum Balis ist. In **Negara** (S. 226) findet mit ein bisschen Glück gerade ein **Wasserbüffelrennen** (S. 225) statt, und den **Nationalpark Bali Barat** (S. 229) mit seinen Mangrovenwäldern kann man bei einem geführten Tagesausflug besuchen oder auf öffentlichen Straßen und Wegen umrunden. Wer Zeit hat, sollte sich einige der schönsten Tauchgründe Asiens nicht entgehen lassen: **Pulau Menjangan** (S. 229).

xba095 sb

☐ Gili Trawangan – an der Anlegestelle warten Cidomos (kleine Pferdekutschen) auf Kundschaft

6 Bali: Die Nordküste | 236

Im Norden ist das Leben deutlich langsamer als im Süden. Lavasandstrände mit Schnorchelmöglichkeiten gibt es reichlich an der beliebten Küste von **Lovina** (S. 241), vielleicht schaut sogar eine Schule Delfine vorbei. Das buddhistische **Kloster Brahma Vihara Arama** (S. 249) lädt zu Meditation und Einkehr. Wer tiefer in das Innerste des Selbst vordringen will, findet sein Schicksal verbrieft auf Lontarblättern in der **Gedong Kirtya in Singaraja** (S. 250). Von der Großstadt geht es die Küste entlang und auf Schleichwegen über den lässigen „Badeort" **Air Sanih** (S. 253) bis zum **Yeh Mempeh** (S. 255), einem beeindruckenden Wasserfall.

7 Die Gilis | 256

Von Bali sind es nur gut zwei Stunden mit dem Schnellboot bis zu den berühmt-berüchtigten kleinen Inseln, den drei „Gilis" – Gili Trawangan, Gili Meno und Gili Air. Diese wurden von den Erdbeben im Sommer 2018 schwer erschüttert, aber schnell wieder aufgebaut. Klar, dass die Hotel-, Restaurant- und Tauchschulenbetreiber heute umso mehr auf Besucher angewiesen sind. Die „Partyinsel" **Gili Trawangan** (S. 264) wartet am Wochenende auf Party People und glänzt auch unter der Woche mit grandiosen Sonnenuntergängen. Gleich nebenan, zwischen den beiden anderen Inseln, ruht beschaulich **Gili Meno** (S. 268), die „Hochzeitsinsel". Lombok am nächsten liegt **Gili Air** (S. 271) – Relaxen in der Hängematte, chillige Musik und kulinarische Genüsse sind hier angesagt.

8 Lombok: Der Westen | 274

Hier befindet sich mit den drei Schwesterstädten **Mataram** (S. 278), Ampenan und **Cakranegara** (S. 279) die Hauptstadt von Lombok und der Provinz Nusa Tenggara Barat. In Mataram steht eine ungemein beeindruckende Moschee, in der Stadt kann man sein Visum verlängern und shoppen gehen – vielleicht in der Lombok Epicentrum Mall. **Senggigi** (S. 286) ist das touristische Zentrum des Westens und ein gutes Pflaster für die Abendgestaltung; ein passender Abschluss eines Strandtages könnte ein Ausflug in das dortige Nachtleben sein. Wer sich dann am nächsten Morgen die Füße vertreten will, sollte sich auf ausgedehnte Wanderungen rund um den ältesten Hindutempel Lomboks bei **Suranadi** (S. 285) begeben.

9 Lombok: Rund um den Rinjani | 294

Der Norden Lomboks zeigt sich mit einsamen Stränden und gebirgig mit dichten Wäldern und dramatischen Ausblicken. Der in der Trockenzeit erwanderbare **Vulkan Gunung Rinjani** (S. 301) ist mit 3726 m Höhe der zweithöchste Berg Indonesiens. In **Bayan** (S. 297) steht mit der Kuno Bayan die wohl älteste Moschee Lomboks, und am Hang des Rinjani gibt es etliche Dörfer der einheimischen Sasak. Vor **Labuhan Pandan** (S. 306) können Pioniere unerforschte Inseln mit dem Kanu erkunden. Lomboks Zentrum am Fuße des Rinjani bietet reichlich Natur, Trekking und verwunschene Orte, von denen der nächste Wasserfall sicher nicht weit entfernt ist. Wer eine andere Art von Tourismus kennenlernen will, verbringt einen Tag im „alternativen" Dorf **Mas-Mas** (S. 309) und kann dann beschwingt rund um **Tetebatu** (S. 308) an den Hängen des Rinjani lustwandeln.

10 Lombok: Der Süden | 312

Kuta (S. 318) ist heute Lomboks touristische Boomtown. Hier befindet sich mit dem **Mandalika International Street Circuit** (S. 314) die einzige Motorrad-Rennstrecke weit und breit, dafür wurde das ursprüngliche Örtchen Kuta regelrecht beiseite geschoben. Hinter dem Parkplatz der Rennstrecke kann man Fußspuren im Kugelsand von **Tanjung Aan** (S. 323) hinterlassen oder sich unter die wenigen Sonnenanbeter und Strandläufer an den weißen Stränden von Mawun oder **Selong Belanak** (S. 327) mischen.

Wer das Wasser nicht nur anschauen will, der stürzt sich auf ein Surfbrett oder in den Neoprenanzug: Die Wellen am Strand von **Bangko-Bangko** (S. 328) wollen geritten und die Unterwasserwelt von **Sekotong** (S. 329) und **Belongas** (S. 328) von erfahrenen Tauchern erforscht werden.

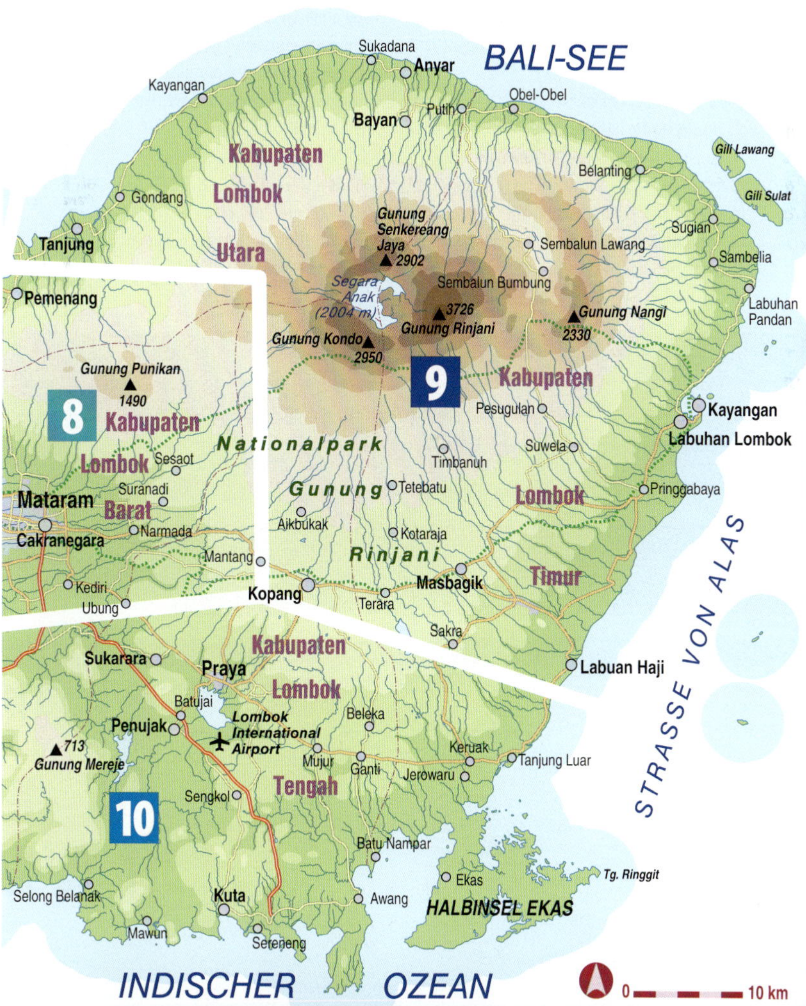

Steckbrief Indonesien, Bali, Lombok

Indonesien

- **Landesname:** Republik Indonesia
- **Staatsform:** Präsidialrepublik
- **Einwohner:** 276 Mio.
- **Landfläche:** 1,9 Mio. km² bei rund 17.500 Inseln
- **Bevölkerungsdichte:** 144,3 Einwohner pro km²
- **Hauptstadt:** Jakarta; ab ca. 2024: Nusantara auf Kalimantan
- **Ethnien:** mehr als 600 anerkannte ethnische Gruppen
- **Flagge:** zwei gleich große horizontale Streifen, oben rot, unten weiß
- **Nationalfeiertag:** 17. August (Unabhängigkeitstag von 1945)
- **Sprache:** Staatssprache ist Bahasa Indonesia, daneben werden rund 600 malaio-polynesische und Papua-Sprachen gesprochen
- **Religion:** 87,2 % Muslime und damit die größte muslimische Bevölkerung weltweit, 7 % Protestanten, 2,9 % römisch-katholisch, 1,7 % Hindus und 0,7 % Buddhisten
- **Zeit:** MEZ +6 bis +8 Std.; Indonesien erstreckt sich über drei Zeitzonen
- **Währung:** Indonesische Rupiah
- **Ländervorwahl:** 0062

Bali

- **Einwohner:** 4,3 Mio.
- **Fläche:** 5810 km^2
- **Bevölkerungsdichte:** 691 Einwohner pro km^2
- **Hauptstadt:** Denpasar
- **Höchster Punkt:** Gunung Agung mit 3142 m
- **Sprache:** Bahasa Indonesia und Balinesisch
- **Religion:** 92 % Hindus, 5,7 % Muslime, 1,4 % Christen und 0,6 % Buddhisten
- **Zeit:** MEZ +7 Std.

Lombok

- **Einwohner:** 3,3 Mio.
- **Fläche:** 4725 km^2
- **Bevölkerungsdichte:** 709 Einwohner pro km^2
- **Hauptstadt:** Mataram
- **Höchster Punkt:** Gunung Rinjani mit 3726 m
- **Sprache:** Bahasa Indonesia und Sasak
- **Religion:** ca. 90 % Muslime, ca. 10 % Hindus
- **Zeit:** MEZ +7 Std.

In Lomboks Süden liegt der herrliche Strand Selong Belanak

947 ba sb

Zehn Fragen …

Welche Dokumente brauche ich für die Einreise? | 354

Deutsche, Schweizer und Österreicher benötigen für einen Aufenthalt bis zu 30 Tagen einen **Reisepass,** der sechs Monate über das Einreisedatum hinaus gültig ist, sowie ein **Rückflugticket.** Das **„Visa on Arrival"** kann online (https://molina.imigrasi.go.id) oder bei der Einreise beantragt werden und kostet 500.000 Rp. Eine Verlängerung um 30 Tage ist vor Ort möglich.

Was sollte ich in Sachen Gesundheit beachten? | 383

Bei einem Direktflug aus Europa sind für die Einreise **keine Impfungen** vorgeschrieben. Dennoch sollte der allgemein empfohlene Impfschutz aktuell sein. Wer auf Bali und Lombok unter einfachsten Bedingungen übers Land und in die Dörfer reist, sollte sich auch gegen **Tollwut** impfen lassen.

Wann reise ich am besten? | 395

Bali und Lombok können **das ganze Jahr über** bereist werden. Die Hauptreisezeit entspricht der sommerlichen Urlaubszeit in Europa. Gute Reisezeiten mit weniger Urlaubern und meist günstigeren Preisen sind Mai, September und Oktober. Der Klimawandel bringt es allerdings mit sich, dass es bezüglich der Regen- und Trockenzeit keine 100-prozentige Sicherheit mehr gibt.

Wie reise ich am einfachsten an? | 334

Balis internationaler Flughafen wird von zahlreichen Fluglinien angeflogen, wobei es (momentan) **keine Direktflüge aus Europa** gibt. Lomboks Flughafen weist nur wenige internationale Verbindungen auf. Alternativ kann man auch per Fähre anreisen, beispielsweise von Java nach Bali oder von Bali nach Lombok.

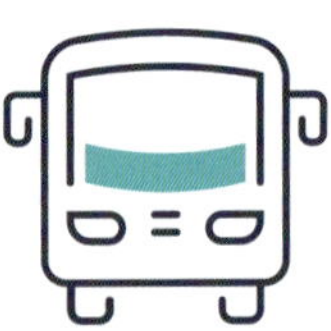

Wie bewege ich mich im Land ? | 433

Der **öffentliche Nahverkehr** klappt auf beiden Insel gut – wenn man ein wenig Zeit mitbringt. Es gibt Busse, Minibusse, Bemos, Sammeltaxis, Taxis und Ojeks („Scootertaxis", hier lässt man sich hinten auf einem Roller mitnehmen). Auf den Gilis fahren keine motorisierten Fahrzeuge, dafür aber Pferdewagen, die „Cidomos". Zwischen den Inseln hüpft man mit einem „public boat" – günstig, aber langsam –, und schneller mit „speed boat" oder „fast boat". Zwischen Bali und Lombok besteht ein reger Flugverkehr.

... und Antworten

Wie sind die Zahlungsmöglichkeiten? | 380

An den zahlreichen **Geldautomaten** (ATM) kann mit Kreditkarte Cash gezogen werden. Daneben gibt es in der touristischen Orten **Wechselstuben** für Euro, US-Dollar und auch Schweizer Franken. Größere Hotels können mit **Kreditkarte** bezahlt werden, manche Restaurants, Tauchbasen etc. schlagen bei Zahlung mit Karte häufig die Kreditkartengebühr (ca. 3 %) auf den Endpreis auf.

Wie kommuniziere ich vor Ort? | 396

So gut wie alle Restaurants, Cafés, Bars und Unterkünfte haben **WLAN/WiFi.** Es lohnt sich aber, zusätzlich eine **indonesische SIM-Karte fürs Reise-Smartphone** zu kaufen. Die kostet nicht die Welt, und man kann überall auf Bali und Lombok kommunizieren, googeln oder per Karten-App navigieren. **WhatsApp** ist für Guides und Fahrer das Kommunikationsmedium der Wahl.

Was nehme ich mit? | 402

Wer Vulkane erklimmen will, sollte eine wärmende Hülle in den Rucksack stopfen und stabile Schuhe tragen. Ansonsten ist **weniger mehr** und **leichter besser.** Also leichte Kleidung, atmungsaktiv, weit und locker sitzend. Balinesen tragen niemals kurze Hosen, was auch manchen Urlaubern besser stehen würde. Mit kurzen Regenschauern ist immer zu rechnen, daher ist ein kleiner Schirm eine feine Sache.

Wie sicher ist es vor Ort? | 406

Bali und Lombok sind **sichere Reiseziele.** Diebstahl wird meist von Urlaubern an Urlaubern verübt, hier gelten die üblichen Vorsichtsregeln. Die größte Gefahr geht sicher vom dichten und stressigen **Verkehr auf Bali** aus, auf Lombok ist weniger los. Wer noch nie mit einem Scooter (Roller) gefahren ist, sollte damit auch auf Bali nicht anfangen. Da beide Inseln auf dem Pazifischen Feuerring liegen, kann es sowohl **Vulkanausbrüche** als auch **Erdbeben** geben.

Was kann ich unternehmen? | 407

Einfache Antwort: alles! Vulkane wollen erklommen, Reisterrassen erwandert, Strände erlebt, Tauchreviere erkundet und das Alltagsleben erforscht werden. Bali, Lombok und die Gilis sind absolut vielfältig – vom Regenwald über die zu surfende Welle bis hin zum blütenweißen Paradiesstrand, alles da.

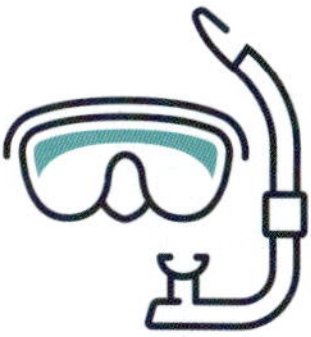

Reiserouten und Touren

Bali und Lombok sind als Urlaubsziel für alle Alters- und Interessenklassen geeignet, auch Familien mit Kleinkindern verbringen hier eine gute Zeit. Das liegt sicher mit daran, dass die **Wege** auf und zwischen den Inseln recht **überschaubar** sind. Theoretisch ist es möglich, Bali an einem Tag zu umrunden und dabei die Berge zu queren. Empfehlenswert ist das nicht, denn es gibt einfach zu viel zu erleben. Dasselbe gilt für Lombok.

Die folgenden Tourenvorschläge bieten eine **erste Orientierung** für Reisewege – Abweichungen und Abschweifungen sind erwünscht. Nach dem Rundreisevorschlag, der „Grand Tour", folgen Ideen für vier besonders schöne und eindrückliche Routen auf Bali, einen Abstecher auf die Gilis, sowie Wege, um Lombok zu erkunden.

Verkehrsmittel

Wer mit Familie oder Freunden unterwegs ist, sollte sich überlegen, einen **Fahrer samt Fahrzeug** zu nehmen. Die kosten nicht die Welt, kennen sich im Land aus, kümmern sich ums regelmäßige Betanken und darum, dass die Gäste rechtzeitig zum Abendessen wieder in ihrer Unterkunft sind. Die Hotels vermitteln Fahrer, die einschlägigen Foren in den sozialen Medien sind ebenfalls eine sehr gute Informationsquelle.

☑ Strand im Norden von Gili Trawangan

946ba sb

Viele Urlauber, vor allem Jüngere, mieten sich einen **Scooter.** Zwei Räder sind eine gute Wahl, denn man ist flott unterwegs und kann sich an Autoschlangen vorbeischlängeln. Allerdings passieren doch etliche Unfälle mit Fahrern und Fahrerinnen, die mit den flotten Flitzern offensichtlich nicht umgehen können. Wer sich dem Risiko nicht aussetzen will, setzt auf den **öffentlichen Nahverkehr,** Bemos oder Minibusse. Die Wege übers Wasser werden von **Fähren und Schnellbooten** geleistet – meist sind sie zuverlässig.

Bali und Lombok – die Grand Tour

- **Dauer: 3–6 Wochen**
- **Transport:** mit Fahrer, Scooter und öffentlich
- **Reisezeit:** ganzjährig, zuverlässiger in der Trockenzeit

Dieser Trip lässt keine Wünsche offen. Er beginnt im Süden Balis, führt nach Ubud und in das zentrale Bergland, weiter an die Nordküste und von dort über die Tauch- und Schnorchelspots der Ostküste auf die berühmten Gilis. Von den drei Inselchen ist es im wahrsten Sinne des Wortes nur ein Katzensprung nach Lombok. Hier warten wunderbarste Strände, luftige Bergdörfer und viele Wandermöglichkeiten auf die Besucher.

Im Folgenden werden die **Abschnitte** der Grand Tour **als einzelne Routen** beschrieben. Diese lassen sich auch problemlos einzeln bereisen oder als Teilabschnitte aneinanderreihen – je nach Zeit, Lust, Laune und (natürlich) Geldbörse.

Bali – durch den sonnigen Süden (Karte S. 26)

- **Dauer:** 3–7 Tage
- **Transport:** Fahrer und Scooter

Hier bietet es sich an, in Jimbaran, Kuta, Legian, Seminyak, Canggu oder Sanur eine **Unterkunft** zu suchen. Und dann geht's auf Tour:

Zu den Highlights des Südens gehört die **Halbinsel Bukit** mit ihrer eingeschworenen Surfergemeinschaft und dem berühmten Tempel in **Uluwatu.** Surfanfänger und -profis finden hier beste Bedingungen, genauso wie in **Kuta** und Canggu. In **Seminyak** und **Canggu**

Bali und Lombok – die Grand Tour

Bali – durch den sonnigen Süden

sollte man sich einen Ausflug ins Nacht- und Szene-Leben nicht entgehen lassen. In Scooter-Reichweite liegt der am meisten besuchte Tempel Balis, der **Pura Tanah Lot** – am besten zum Sonnenauf- oder -untergang. Wer Lust auf Schnorcheln und/oder Tauchen hat, lenkt seine Schritte über das (kinder-)freundliche **Sanur** Richtung **Nusa Lembongan.** Von diesem überschaubaren Inselchen kann man die Nachbarinsel **Nusa Ceningan** erobern oder die weit größere und wildere **Nusa Penida.** Dort gibt es übrigens einige der bekanntesten Instagramspots Indonesiens, wenn nicht Südostasiens, und um die Insel herum liegen einige der besten Tauchspots des Archipels.

[>] Tempel Air Sanih in Kubutambahan

Bali – Ubud und Umgebung

Bali – Ubud um Umgebung

- **Dauer:** 3–10 Tage
- **Transport:** zu Fuß, mit Fahrer, Scooter und öffentlich

Ubud ist ohne Zweifel das **kulturelle Zentrum Balis** – das merkt man auf Schritt und Tritt. Hier spielt die Musik, das Gamelan untermalt die Stunden des Tages. Es wird getanzt, geschnitzt, gezeichnet, gemalt. So gut wie jeder Balinese, der rund um Ubud lebt, hat die ein oder andere künstlerische Ader. Um sich selbst inspirieren zu lassen, wandert man als Besucher einfach durch das nächste **Reisfeld** – wie *Julia Roberts* im Film „eat pray love" – und wird beseelt zurückkommen. Gleichzeitig gibt es im gegenüber dem Süden kühleren Ubud stylische Hotels, schicke Restaurants und nette Cafés, ein paar Clubs, eine ungemein lebendige Yoga-Gemeinschaft und vor allem zahlreiche attraktive Ziele in Scooter-Entfernung. Dazu gehören natürlich der Affenwald **Monkey Forest** am südlichen Ende von Ubud sowie Handwerker- und Künstlerdörfer wie **Celuk** oder **Mas.** Zum Pflichtprogramm zählen die Elefantenhöhle **Goa Gajah,** die Königsgräber von **Gunung Kawi,** die berühmten Reisterrassen von **Tegallalang** oder die erfrischenden Bäder von **Tirta Empul.**

Von Ubud ist es auch nicht weit ins **zentrale Bergland** Balis: Hier kann man Eier am Hang des aktiven Vulkans **Gunung Batur** hart kochen, den höchsten Berg Balis, den **Gunung Agung,** erklimmen oder auf dem Weg dorthin am Muttertempel aller Hindus Indonesiens vorbeischauen: dem **Pura Besakih.** Ab hier, etwa bei **Selat,** kann man das Auge zum Abschied über die Gegend rund um **Sidemen** schweifen lassen, mit den vielleicht schönsten Reisterrassen Balis.

Bali – ab in den Norden

- **Dauer:** 3–5 Tage
- **Transport:** mit Fahrer, Scooter und öffentlich

Der Norden Balis ist ein ruhiges Stück Land, das so manche Attraktion bietet: Tauchen und Schnorcheln hervorragend in **Pemuteran** und um das Inselchen

Bali – ab in den Norden

Pulau Menjangan herum, Natur satt im **Nationalpark Bali Barat,** Wandern und Wasserfälle rund um **Munduk,** Chillen und Grillen am kilometerlangen Sandstrand von **Lovina.** On Top gibt's ein paar grandiose Tempel, zum Beispiel den **Pura Meduwe Karang** in **Kubutambahan** mit seinem Relief eines „radelnden Holländers", oder einen Ausflug in die Wolken: hoch nach **Penulisan** und auf die Küste hinunterschauen.

945ba sb

Bali – der wilde Osten

Ausflug auf die Gilis

Bali – der wilde Osten

- **Dauer:** 3–5 Tage
- **Transport:** mit Fahrer, Scooter und öffentlich

Der Osten Balis ist ab Ubud innerhalb einer Stunde erreichbar und Ziel vor allem von Tauchern und Schnorchlern. Auf dem Weg an die Ostküste passiert man die bekannte Fledermaushöhle **Goa Lawah,** kann Party machen in **Padangbai,** chillen in **Candi Dasa** oder Ureinwohner besuchen in **Tenganan.** Noch nicht genug? Dann sollte man sich vom prächtigen Wasserpalast in **Tirtagangga** beeindrucken lassen oder vom Ausblick beim Tempel **Pura Lempuyang** hinunter auf Ostbali und die Küste. Und hier liegen noch ein paar Juwelen, die mit dem Motto „get wet" werben: In **Amed** und seinen Nachbardörfern dreht sich vieles ums Tauchen und Schnorcheln – und die Welt unter Wasser ist es wert. Weiter die Ostküste hoch folgt mit **Tulamben** und dem Wrack der „SS Liberty" ein weltweites Top-Ten-Tauchziel. Ab der Ostküste Balis geht's zu einem weiteren Ziel auf fast jedermanns Bucket List: die Gilis.

Ausflug auf die Gilis – autofreie Paradiese

- **Dauer:** 3–4 Tage
- **Transport:** Schnellboot, Fähre, Cidomo, Fahrrad, zu Fuß

Es ist Freitagnachmittag: Im Hafen von **Padangbai** treffen sich Party People mit nacktem Oberkörper, Bierflaschen und

in Feierlaune. Ihr Ziel: ein „dirty weekend“ auf den Gilis, den drei winzigen Inseln zwischen Bali und Lombok. Genauer: auf **Gili Trawangan,** auch „Gili T.“ genannt, der berühmt-berüchtigten Partyinsel. Kräftig geschüttelt wurden die drei Gilis während der Erdbeben im Juli und August 2018, viel wurde zerstört. Doch nicht das Vertrauen der Menschen in die Zukunft: Wiederaufbau war das Thema – und heute sind die Gilis wieder schick. Es wurde reichlich investiert, und als Besucher sollte man jetzt nicht knausern: Schließlich muss das Investment wieder erwirtschaftet werden.

Übrigens: Wer keine Party mag, zieht weiter an die stilleren Strände von Gili Trawangan, in trauter Zweisamkeit auf die benachbarte **Gili Meno** – die Hochzeitsinsel – oder nach **Gili Air.** Hier geht's noch deutlich lässiger und entspannter zu als auf der Partyinsel, nicht nur am Wochenende. Dazu trägt sicher bei, dass es auf den Gilis keine Autos und keine Scooter gibt. Ab und zu flitzt ein Elektroscooter vorbei oder eine Pferdekutsche, ein „Cidomo“, aber das Fortbewegungsmittel der Wahl sind Schusters Rappen oder ein Fahrrad.

⌵ Jogger auf Gili Air

xba096 sb

Lombok – Senggigi und Umgebung

Lombok – Senggigi und Umgebung

- **Dauer:** 3–4 Tage
- **Transport:** mit Fahrer, Scooter und öffentlich

Senggigi ist die touristische Metropole von Lomboks Westen, hier gibt es Boutique-Hotels, Kneipen, Restaurants, Cafés. Hier findet man auch die Tauchcenter, die die Gilis betauchen, genauso wie die Trekkinganbieter, mit denen man den Vulkan Rinjani besteigen kann. Rund um Senggigi gibt es einiges zu sehen, beispielsweise den aufwendig renovierten balinesischen Tempel von **Batu Bolong,** den **Pusuk-Pass** mit seinen Affenherden, die beeindruckende Tempelanlage von **Lingsar** oder den ältesten Hindu-Tempel Lomboks in **Suranadi.** Wer genug vom Strand hat, stürzt sich in **Mataram** ins Hauptstadtleben oder besucht ein Fischrestaurant am alten Hafen von **Ampenan.**

☐ Mandalika International Street Circuit nicht weit von Kuta/Lombok

Lombok – rund um den Rinjani

Lombok – rund um den Rinjani

- **Dauer:** 2–3 Tage
- **Transport:** mit Fahrer, Scooter und öffentlich

Nördlich von **Bangsal,** dem Fährhafen auf die Gilis, beginnt der Norden Lomboks. Der Ort selbst wurde bei den Erdbeben von 2018 schwer in Mitleidenschaft gezogen, aber schnell wieder aufgebaut. Weiter im Norden gibt es Wasserfälle, besuchenswerte Dörfer der Ureinwohner Lomboks, der Sasak, Reisterrassen und reichlich grüne Natur. Denn hier, am Hang des Vulkans Rinjani, regnen sich die Wolken ab. Bergdörfer wie **Senaru** bilden die Basis für Trekkingtouren auf den **Rinjani.** Wer weiterfährt, um den Vulkan herum, erlebt herrliche, menschenleere Sandstrände und Orte, in denen kaum Englisch gesprochen wird – Pionierland. Den Rinjani immer rechter Hand, erreicht man den Fährhafen zur Nachbarinsel Sumbawa: **Labuhan Lombok.** In der Nähe liegt das Bergdorf **Tetebatu,** wo man in den Reisfeldern flanieren kann. Oder man besucht **Mas-Mas,** wo Besucher aktiv am Dorfleben teilnehmen können.

Lombok – Sea, Sand and Surf: der Süden

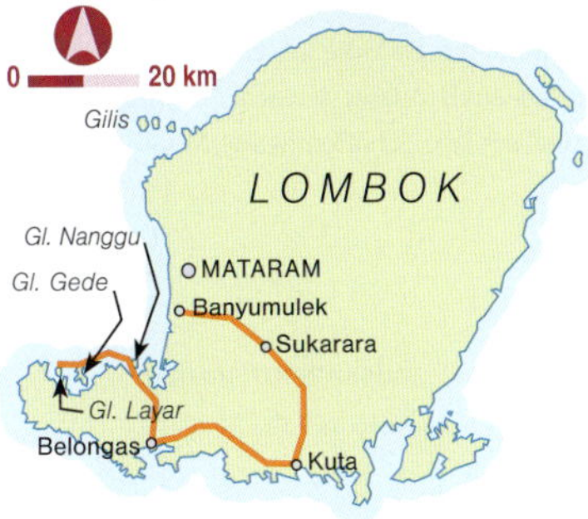

Lombok – Sea, Sand and Surf: der Süden

- **Dauer:** 3–4 Tage
- **Transport:** mit Fahrer, Scooter und öffentlich

Der Süden Lomboks ist etwas ganz Besonderes. Hier gibt es einladende Töpfer- und Weberdörfer wie **Banyumulek** und **Sukarara** sowie mit **Kuta/Lombok** eine weithin bekannte Surferhochburg. Das Örtchen wurde allerdings vom **Mandalika International Street Circuit** regelrecht an den Rand der Aufmerksamkeit gedrängt: 120 Hektar nimmt das Gelände der Rennstrecke ein, die 2021 eröffnet wurde und Ende 2022 mit dem „Grand Prix Motorcycle“ glänzen konnte. Neue Hotels entstanden, eine vierspurige Zugangsstraße wurde vom Flughafen durch das hügelige Gelände gehackt. Der Parkplatz der Rennstrecke liegt wenig dekorativ direkt vor dem Traumstrand von **Tanjung Aan.** Den Strand selbst gibt es zum Glück noch in aller Pracht. Und die Strände und Buchten machen die Faszination des Südens aus: **Mawun, Selong Belanak** oder **Tampah Beach** sind spektakuläre, blütenweiße Strände, die noch längst nicht verbaut und wunderschön anzuschauen sind.

Dank neu gebauter Straßenabschnitte kann man den Süden mit seinen herrlichen Landschaften wie die von **Belongas** und **Sekotong** locker mit dem eigenen Fahrzeug erobern und sich sein Stück Strand sichern. Zurück geht es über die kleinen Schwestern der bekannten nördlichen Gilis: **Gili Layar, Gili Gede** und **Gili Nanggu** heißen diese Mini-Paradiese, die auf ihre Entdecker warten.

xba098 sb

Bali Arts Festival, Denpasar
Im Denpasar Arts Centre (Taman Werdhi Budaya) von Mitte Juni bis Mitte Juli. Eines der Highlights in Balis Veranstaltungskalender: Hunderte Künstler aus Denpasar, den acht Provinzen Balis und den Nachbarinseln zeigen ihr Können in traditionellem Tanz, Schattentheater, Musik u.v.m.

Lombok: Nyale-Festival, Kuta
Einmal im Jahr, meist im Februar oder März, findet bei Kuta an der Südküste Lomboks das Nyale-Festival statt. Tausende von Sasak treffen sich hier, um Nyale-Würmer im Meer zu fangen, und junge Männer können mit Mädchen zwecks baldiger Heirat anbändeln.

Indonesien: Ramadan
Fastenzeit der Muslime im Mai.

JAN | FEB | MÄR | APR | MAI | JUN

Lombok: Chinesisches Neujahr
Feiertag der chinesischen Minderheit im Januar.

Bali: Nyepi
Am „Tag der Ruhe und Zurückgezogenheit", meist im März, darf das Haus/Hotel nicht verlassen werden, Reisen ist nicht erlaubt, sogar der Internationale Flughafen ist geschlossen. Am Vorabend gibt es farbenfrohe Umzüge mit riesigen mystischen Pappmaschee-Figuren, den sogenannten Ogoh-ogoh.

Bali Spirit Festival, Ubud
Hier dreht sich im März alles um Yoga. Lehrer und Schüler aller Stufen kommen zusammen, um an zahlreichen Gesundheits- und Wohlfühlworkshops teilzunehmen. Es gibt außerdem Kinderbetreuung, Bio-Mahlzeiten und Weltmusik (www.balispiritfestival.com).

Bali: Zeremonien in Tenganan
Zehn Monate ergeben ein Jahr, jeder Monat hat seine besondere Zeremonie mit jeweils spezieller Bedeutung – wer Glück hat, kommt gerade passend.

Bali: Galungan und Kuningan
In den zehn Tagen im Juli, zwischen Galungan und Kuningan, wird der Sieg des Guten über das Böse gefeiert. Auf der ganzen Insel säumen gebogene Bambusstangen (Penjors) mit kunstvollen Dekorationen aus Kokosnussblättern die Straßen. Ein toller Anblick!

Lombok: Senggigi Festival
Festival im Juli in der touristischen Metropole Lomboks: Prozession, Tanz, Drachenbootrennen und – als Highlight – der heute nur noch selten zu sehende Stockkampf Perisean.

Reisezeit
Die optimale Reisezeit für beide Inseln ist von Mai bis Oktober.

JUL | AUG | SEP | OKT | NOV | DEZ

Bali Kite Festival, Sanur
Wettkampffest von Juli bis August zwischen Jugendlichen der örtlichen Banjars (Dorfgemeinschaften) mit Sekaa layangan, den gigantischen traditionellen Drachen, um Preisgelder.

Ultra Beach Bali, Seminyak
Im September im Potato Head Beach Club: Live Acts, Lasershows, DJs (https://ultrabali.com).

Indonesien: Geburtstag des Propheten
Muslimischer Feiertag im Okt./Nov.

LEGENDE

- Trockenzeit
- Regenzeit
- Übergangszeit

Fünf Mal Bali kulinarisch

adobe.stock © macau

Fine Dining auf Bukit | 97

Das Ju-Ma-Na Restaurant und seine Bar gehören zum feinen Jumana Bali Ungasan Resort im tiefen Süden von Bali. Hier ist die Küste spektakulär, der Ausblick auf den Ozean sowieso und das, was das Team des Ju-Ma-Na auf die fein eingedeckten Tische und Teller bringt, ebenso: allerbeste französische Küche. Klingt verlockend und ist es auch. Also herkommen und genießen.

901ba sb

Ente mit Aussicht in Candi Dasa | 175

Bintang heißt auf Indonesisch „Stern", und der Warung Bintang in Candi Dasa ist das auch, ein echter Stern am kulinarischen Himmel von Bali: Ente und Schweinerippchen, Nasi Campur und Spanferkel am Spieß, da bleibt kein Wunsch offen. Während des Gaumengenusses schweift der Blick ganz gelassen über die Reisefelder Richtung Gunung Agung – himmlisch.

adobe.stock © anidimi

Krosse Pizza und feine Pasta in Ubud | 128

Das Mamma Mia begann klein in der Jl. Hanoman und ist heute mit einem zweiten Standort ganz groß in der Straße Jl. Pengosekan. Hier läuft einem sofort das Wasser im Munde zusammen: Der holzbefeuerte Steinofen verbreitet Wohlgerüche, der Pizzateig liegt bereit, und die Pasta ist ordnungsgemäß al dente. Wenn dann noch italienische Worte durch den Raum fliegen, ist der Abend perfekt.

xba031 sb

Einfach, schön und lecker in Amed | 185

Der Strand zwischen den Zehen ist schwarz, der Fisch vom Grill knusprig. Die Hühner picken hinterm Haus, im Garten wachsen Kräuter und Gemüse, und dem Team steht sicher ein Freundlichkeitspreis zu: Der Warung Amsha direkt am Strand von Amed ist eine Klasse für sich. Ganz nebenbei geht's hier aus Überzeugung plastikfrei zu, was so mancher Location auf Bali gut tun würde.

adobe.stock © AnnaArt

Balinesische Klassiker, neu interpretiert in Sanur | 75

Stellen Sie sich vor: Sie haben es sich in einem Bambus-Pavillon auf den Kissen gemütlich gemacht, eine Brise weht über den Strand, und von hinten grüßt der Ozean. Vor Ihnen schön restaurierte Imbiss-Stände, aus denen es dampft und blubbert: der Weekend Market. In den Töpfen und Pfannen warten balinesische Klassiker, die das Kochteam des Hotels Tandjung Sari köstlich interpretiert hat.

Bali: Fünf besonders fotogene Orte

adobe.stock © Beboy

Tempel im Meer: Tanah Lot | 221

Mehr als drei Millionen Menschen reisen alljährlich an, um den Tempel an der Westküste von Bali zu erleben. Das klassische Postkartenfoto entsteht während des prächtigen Sonnenuntergangs. Es hilft aber auch schon, am frühen Vormittag da zu sein und den Strand etwas nach links oder rechts zu gehen. Dann umdrehen und fertig ist die neue Perspektive.

adobe.stock © Glebstock

Grandiose Küstenlinie beim Pura Luhur Uluwatu | 97

Der Pura Uluwatu auf der trockenen Halbinsel Bukit, ganz im Süden Balis, gehört zu den bedeutendsten Tempeln der Insel. Er schwebt auf einer gut 80 m hohen, steilen Felsklippe über dem Ozean. Wer das Auge ein wenig schweifen lässt, wird erleben, wie beeindruckend sich die krasse und schroffe Küstenlinie fortsetzt und in der Ferne verliert. Ihr kann man auf einem schmalen Weg folgen.

adobe.stock © Konstantin Aksenov

Die Affen rasen in Ubud durch den Wald | 112

Klar, den Monkey Forest in Ubud kennt jede und jeder Bali-Reisende. Und die hier lebenden Makaken gehören sicher zu den meistfotografierten Affen der Welt. Der Besuch lohnt sich vor allem am frühen Morgen: Der Wald selbst ist eine verwunschene und verschlungene Angelegenheit – mit moosigen Tempeln, plätschernden Bächlein, schlingenden Pflanzen und eben Affen.

adobe.stock © Maygutyak

Es grünt so grün: Reisterrassen | 134, 158, 212

Hier scheiden sich die Geister: Die schönsten Reisterrassen Balis liegen in Tegallalang. Logisch, das sind die bekanntesten. Allerdings sind anerkannterweise die Reisterrassen von Jatiluwih die schönsten, hier aber dauert die Anfahrt ein wenig länger. Und wer's immer noch nicht glaubt, der findet möglicherweise noch schönere Reisterrassen in Sidemen. Also finden Sie's am besten selbst heraus.

adobe.stock © Tropical studio

Hoch hinaus: der Pura Lempuyang | 180

Der Nationaltempel liegt im Osten Balis hoch auf einem Berg – wirklich hoch. Den grandiosen Ausblick muss man sich durch einen langen Aufstieg erst einmal verdienen. Dann lockt das „Heaven's Gate", das „Tor zum Himmel": Man stellt sich zwischen die beiden Flügel des gespaltenen Tors Candi Bentar und blickt auf den majestätisch wolkenumrankten Vulkan Gunung Agung – fertig ist das Instagramfoto.

Lombok: Fünf Orte für Sonnenanbeter

232ba sb

Sonnenuntergang vor der Partynacht | 264

Gili Trawangan ist bekannt als „Gili T.", die „Partyinsel", und dieser Ruf eilt ihr voraus. Doch vor der langen Nacht kommt meist ein sonniger Tag, und diesen kann man hervorragend am Sandstrand rund um Trawangan verbringen. Wer will, bewegt sich mit der Sonne und trifft zu deren Untergang an der Westküste ein, der „sunset side". Höchste Zeit für ein Feierabendbier nach dem Tag an der Sonne.

adobe.stock © Pius Lee

Sea, Sand and Surf | 323, 326, 327

Die Südküste von Lombok hat vielleicht die schönsten Strände in diesem Teil der Welt. Klingt vermessen, ist es aber nicht: So wartet beispielsweise der blütenweiße Strand von Tanjung Aan mit seinen Dutzenden von Hütten und Buden, Pavillons und Imbissen, Bootsverleihern und Surfern auf Sonnenanbeter – gemeinsam mit den Beaches von Mawun oder Selong Belanak: eben sea, sand and surf.

909ba sb

Der sauberste Strand Lomboks | 327

Tampah Beach im tiefsten Süden der Insel ist ein ganz besonderer Ort: Erstens liegt der Strand recht weit ab vom Schuss. Zweitens ist normalerweise wenig los, ein exquisites Strandvergnügen. Und drittens haben die Anwohner von Tampah nichts Geringeres im Sinn, als mit „the cleanest beach" auf Lombok glänzen zu können. Und dafür tun sie einiges, was man als Strandläufer unterstützen sollte.

adobe.stock © Scottiebumich

Hinterm Pflaster liegt der Strand | 287

Senggigi ist die touristische Metropole von West-Lombok. Hier gibt es gute Restaurants, coole Cafés und stylishe Bäckereien. Hier boomt auch das Nachtleben. Übersehen wird dabei oft, dass Senggigi einen schönen Sandstrand hat: Er beginnt in Batu Bolong und zieht sich bis Manggis und weiter. Da sich die meisten Beach bums auf den Gilis bräunen lassen, ist der Strand oft menschenleer.

adobe.stock © Suzanne Plumette

Gili, gili, gili | 329

Die Gilis, das sind doch die drei Inselchen zwischen Bali und Lombok: Gili Air, Gili Meno und Gili Trawangan!? Aber wie wär's mit einem Ausflug in den Südwesten Lomboks, nach Gili Gede, Gili Nanggu oder Gili Layar? Abseits der Touristenströme, nur erreichbar mit dem Auslegerboot? Klingt wie ein Abenteuer und ist auch noch eines. Strände und Korallen gut, Schnorcheln und Strandlaufen prima.

Fünf Mal Lombok kulinarisch

Senggigi: Begegnung am Stammtisch | 290

Das Restaurant Asmara ist längst eine Institution, hier gibt es europäisch-indonesische Fusion-Küche. Die deutsch-indonesische Chefin Sakinah denkt sich regelmäßig neue Köstlichkeiten aus. Ausgedacht hat sie sich auch den „Stammtisch" am Freitagabend. Hier trifft sich, wer kommt: Expats, Freunde des Hauses, Urlauber, Menschen aus aller Welt. Es wird geplaudert, gelacht und genossen.

xba107 cn

Fein italienisch essen in Batu Bolong | 287

Das Café Alberto begann als kleines Café mit Strandzugang, wurde immer größer und ist heute ein Feinschmeckertreff mit Pool und Gästezimmern. Hier gibt es hervorragende Küche mit italienischen Elementen: Pizza und Pasta, Carpaccio und Salat, Fisch und Fleisch. Und das wird erstmal so bleiben: Alberto ist jetzt der Chef und hat von seinem Vater Paolo die Liebe zur italienischen Küche geerbt.

903ba sb

Köstliches Ayam Taliwang im Bale Tajuk | 290

Fans sagen, hier kämen schlicht die besten Lombok-Gerichte auf den Tisch. Wie wär's mit Ayam Taliwang, gegrilltem Huhn mit Kokosnussmilch-Sauce und Zitrone? Die riesige Karte bietet von indonesischer über europäische bis zur lokalen Küche wirklich alles. Wer hungrig nach Hause geht, ist selber schuld. Ach ja: Auch wenn es nicht auf der Karte steht – ein kühles Bier ist immer zu haben.

xba108 cn

Speisen und Loungen mit Aussicht über Kuta | 321

Das Restaurant Ashtari gibt es seit 2006. Schon damals war der Ausblick von der Terrasse auf Kuta und die Küstenlinie grandios. Mit den Jahren wurde der Anfahrtsweg zur Straße ausgebaut, mehr Besucher kamen, viele, um den Ausblick bei einem Getränk zu genießen. Heute gibt es ein Slow-Food-Menü, indische Fusion-Küche, indonesische Speisen sowie Yoga- und Kochkurse und einen Biogarten.

905ba sb

Strand-Barbecue mit Riesenauswahl auf Gili Air | 272

Die Zipp Bar gibt es gefühlt schon immer, und die ausladende Happy Hour mit ihrer Cocktailkarte ist wohl unschlagbar. Das gilt auch für das allabendliche Barbecue, dessen Auswahlmöglichkeiten wirklich keine Wünsche offen lassen: Salatbuffet, frischer Fisch, schmackhaftes Fleisch, leckerste Kebabspieße und knackiges Gemüse, mit einem Lächeln direkt am Strand serviert. Enjoy your meal!

xba097 sb

1
Bali: Der Süden

»Wunderschöne Strände, malerische Landschaften, kulturelle Sehenswürdigkeiten, krasse Klippen und reichlich Nachtleben. Der Süden ist ein beliebtes Urlaubsziel, das für alle etwas zu bieten hat.

‹ Kelingking Beach auf Nusa Penida

BALIS TOURISTISCHER HOTSPOT

Der Süden ist mit seinen lang gezogenen, weißen Stränden und touristischen Hotspots der am besten erschlossene Teil der Insel. Hier liegen bekannte Orte wie Jimbaran, Kuta, Seminyak, Canggu oder Nusa Dua. Surfer peilen die Halbinsel Bukit an, Balis Hauptstadt Denpasar lädt zu einer Besichtigungstour, und vom freundlichen Sanur ist es nur ein Katzensprung auf die „Nusas“: Lembongan, Ceningan und Penida heißen die Inseln im Süden – und sie sind immer einen Besuch wert.

Die berühmten Strände

In Kuta und am mehr als 15 km langen Sandstrand **begann der Tourismus auf Bali:** 1936 eröffneten die US-Amerikaner *Robert* und *Louise Koke* mit dem Ku-

Bali: Der Süden

ta Beach Hotel das erste Hotel im Ort. *Robert Koke* brachte, so ganz nebenbei, das Wellenreiten nach Bali. Er war Filmemacher, hatte in Hawaii gedreht und dort das **Surfen** für sich entdeckt. Der Strand von Kuta schien ihm ein sehr gut geeigneter Ort, diesen Sport weiter zu betreiben. Bald reisten sonnenhungrige Urlauber aus allen Ländern der Welt an, um die **Sandstrände bei Kuta, Legian und Seminyak** zu erobern. Später kamen **Bukit** und **Canggu** als Surfer- und Partyziel hinzu, und die Einheimischen konnten sich schnell mit den vom Tourismus angeschwemmten Menschen anfreunden. 1975 gab es 250 Losmen und Homestays in der Umgebung von Kuta, die ersten größeren und teuren Hotels waren gebaut.

Aber nicht nur Fremde wurden vom legendären Ruf Kutas angelockt, auch **indonesische Geschäftsleute** ließen sich hier nieder, um „ihren" Teil des importierten Geldes abzuschöpfen. Es entstanden unzählige Boutiquen, Restaurants, Hotels, Souvenirläden, Reiseunternehmen und vieles mehr, was des Urlaubers Herz begehren könnte. Und das alles gibt es bis heute.

Heute sind die Strände Südbalis berühmt, Hunderttausende von Reisenden lassen sich hier bräunen – oft nur einen

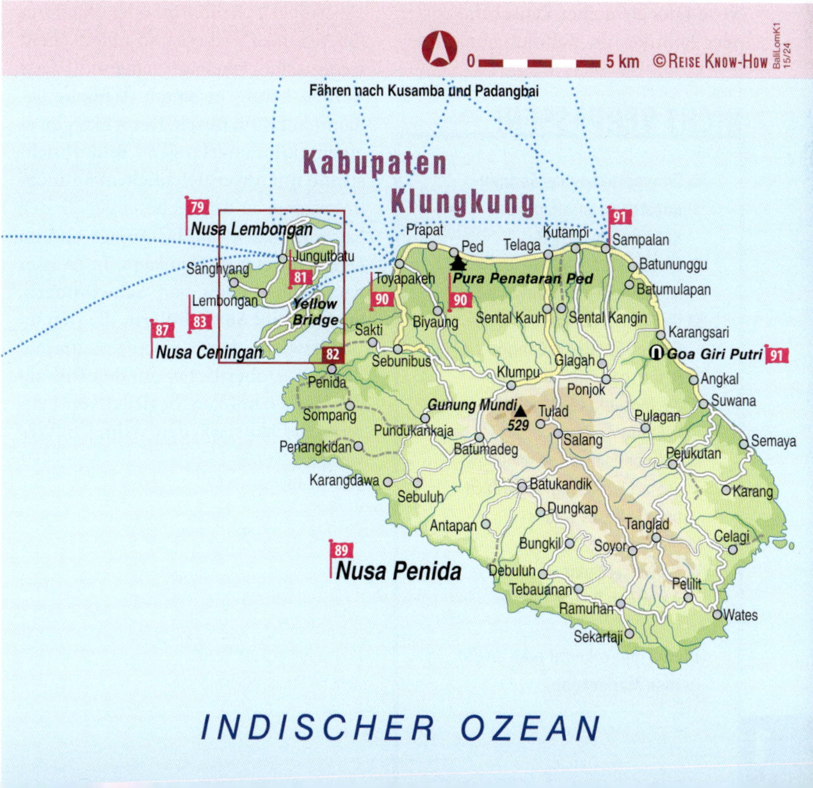

Steinwurf vom Internationalen Flughafen entfernt. In den Dörfern hinterm Strand hat sich längst die **passende Infrastruktur** entwickelt. Mit Unterkünften aller Preisklassen, Cafés, Restaurants, beherzten Händlern, unzähligen Shops für jeden Geschmack und Bierschwemmen mit reichlich Happy Hour. Die **Korallenriffe,** die den Sandstränden vorgelagert sind, haben Südbali übrigens 60 Jahre länger gegen die Holländer geschützt, als den mit Schiffen einfacher zu erreichenden Norden.

Die tief im Süden liegende **Halbinsel Bukit** unterscheidet sich landschaftlich stark vom fruchtbaren „Festland". Bukit ist trocken, karg und streckenweise noch recht einsam. Das Touristenzentrum **Nusa Dua** zieht eher Pauschaltouristen oder Politiker im Rahmen von Gipfeltreffen wie beispielsweise dem G20 Summit im November 2022 an. Wie das nahe **Jimbaran** ist Nusa Dua häufig der erste Anlaufpunkt für Neulinge auf Bali. Es gibt auf Bukit einige Edel-Resorts, feine Restaurants und schicke Clubs. Surfer finden in **Uluwatu** die ideale Welle, und einige früher verwunschene Strandstücke wie **Balangan** haben heute längst ihre Liebhaber gefunden.

NICHT VERPASSEN!

- Unvergesslich ist der **Sonnenuntergang** am Strand von **Kuta Beach** | 42, 44
- Ein schicker Abend mit „Dresscode" im **Ku De Ta** in **Seminyak** | 52
- Die Nacht zum Tage machen im **Gimme Shelter** in **Canggu** | 61
- Besuch bei Maler und Muse: das **Museum Le Mayeur** in **Sanur** | 73
- Kliffe bestaunen und später abtauchen: **Kelingking Beach** und die **Nusas** | 79, 91
- Die Welle reiten auf der **Halbinsel Bukit** vor **Balangan Beach** | 93, 99

Diese Tipps erkennt man an der gelben Markierung.

Beach: Von Kuta bis Seminyak

„St. Tropez", „Balidorm" oder „Mallorca für Australier" – diese und andere, meist wenig schmeichelhaft gemeinte Worte werden häufig in einem Atemzug genannt mit **Kuta Beach.** Denn hier gibt es einen **kilometerlangen Bilderbuchstrand mit unvergleichlichem Sonnenuntergang,** an dem es besonders in den Saisonmonaten Juni bis August und im Dezember eng werden kann. Im Wasser wimmelt es dann von **Schwimmern, Surfern und Surfschülern,** die sich im „Whitewash", dem weißen Schaum auf der Wasseroberfläche, um den Ritt auf der Welle bemühen, begleitet von Lehrern, die lautstark den richtigen Weg weisen.

> Der Name „Kuta Beach" steht für Strandleben auf Bali

Der Teil des Strandes, der zu Kuta selbst gehört, wird durch eine zweispurige Einbahnstraße, die **Jl. Pantai Kuta,** vom Ort Kuta abgetrennt – eine Notlösung, sonst wäre der Verkehr auf der parallel verlaufenden **Jl. Legian** längst zusammengebrochen. Hier besteht in der Hochsaison dank des überbordenden Verkehrsaufkommens Smoggefahr.

In Kuta, Legian und Seminyak gibt es jede Menge Kneipen, Discos und Restaurants. Dazu Hunderte von Surfshops, Nachtleben auf Großstadtniveau und verstopfte, laute, hektische Gassen. Die Übergänge zwischen den drei früheren Fischerdörfern sind unscharf. Das an Kuta angrenzende, ehemals 4 km entfernte Dorf **Legian** ist längst eingemeindet. Hier, jenseits der **Jl. Melasti,** ist es ein wenig ruhiger, reduzierter und teurer. Hier übernachten Pauschal- und Resorttouristen sowie Familien, die günstigen Warungs haben mittelpreisigen Restaurants Platz gemacht, den Strand beherrschen Mehrsterne-Resorts.

Auch **Seminyak,** weitere 5 km nördlich, lässt sich nicht mehr genau abtrennen. Früher nur ein beliebter Strand für Ausflügler von Kuta und Denpasar, nennt sich der Ort heute „Ibiza von Asien“. An der **Jl. Raya Seminyak** Richtung Norden geht es los, die Umgebung verändert sich. Stylishe Shops und Restaurants säumen die Straße, in den Bars gibt es Martini-Happy-Hours, und die Autos werden breiter – meist SUVs, gefahren von Mitgliedern der ständig wachsenden Expat-Gemeinde, die sich hier gern ansiedelt. 1978 begann Seminyaks Geschichte, als das **erste Luxusho-**

adobe.stock © MK3 Design

xba001 sb

tel auf Bali aufmachte, **The Oberoi.** Die Straße dorthin hieß Jl. Oberoi, heute **Jl. Laksmana.** Dann eröffnete das Restaurant La Lucciola, feinstes Dinieren direkt am Strand. Um 2000 herum gingen die beiden damals angesagtesten Beach-Lounge-Restaurants von Bali an den Start: The Living Room und Ku De Ta. Es gibt teure Spas und trendige Shops. Ohne Fahrzeug geht allerdings nicht viel, denn die Entfernungen sind doch recht groß.

Die weltweite **LGBTQ-Szene** (Lesben, Schwule, Bi- und Transsexuelle sowie Menschen mit sexuellen Orientierungen oder geschlechtlichen Identitäten) findet in Seminyak freundliche Aufnahme: In der **Jl. Dhyana Pura/Jl. Abimanyu** liegen die einschlägigen Bars einträchtig nebeneinander. Die hiesigen Hotels und Resorts sind teuer bis sehr teuer, Budgetunterkünfte eine Rarität, Airbnb-Apartments werden gut nachgefragt. Aber egal, wo man sich an den Stränden des „balinesischen Ibiza" genau aufhält: **Der Sonnenuntergang hier ist einer der schönsten der Welt.**

Die Expansion hat mittlerweile auch **Kerobokan** und das Surferörtchen **Canggu** erreicht. Die Party People, die früher in Kuta die Nacht zum Tag machten, treffen sich heute in Canggu. Hier geht die Post ab, hier sind mit dem Atlas Beach Fest oder Finn's die Beach-Day- und Nightclubs, die die Corona-Pandemie nicht nur überlebt, sondern in und mit ihr gewachsen sind.

Es gibt aber auch Flecken, an denen das „echte" Bali und das **ursprüngliche Leben** in Kuta und hinter dem Strand greifbar sind: Wenn Einheimische am frühen Morgen mit dem Besen ihren Strandabschnitt fegen und anschließend betend die Göttergabe ablegen. Wenn sie farbenprächtig gekleidet unterwegs sind zum Tempelfest und die Gamelan-Musik hinter den vorbeiknatternden Scootern durchdringt. Wenn im Vorfeld von Galungan Prozessionen durch die Gas-

⌃ Am Strand von Seminyak geht's ruhiger zu als im trubeligen Kuta

sen ziehen und dort kein Licht brennen darf; sogar die 24-Stunden-Shops müssen dann zum Ärger des Managements schließen. Oder beim Entdecken der unbändigen Spielfreude, mit der kleine Balinesen sich in den Hinterhöfen die Zeit vertreiben.

Die geschäftstüchtigen Einheimischen sind es, die sich um die täglichen Bedürfnisse der Besucher am Beach kümmern: Zwischen den Sonnenhungrigen wandern **Masseurinnen und Händler** auf und ab. Ihre Profession ist Wohlbefinden und Verkaufen: Sarongs, kalte Getränke, Plätzchen, Zigaretten, Schnitzereien, Antiquitäten, Schmuck, Muscheln, Bikinis, Hosen, T-Shirts, Massagen, Papayas, Ananas, Frisieren, Sonnenhüte, Badematten. Neulinge werden regelrecht umlagert. Obwohl oft von der Sonnenbank vorgebräunt, werden sie von den Profis treffsicher als Newcomer herausgepickt. Da heißt es ruhig und gelassen bleiben, freundlich lächeln, Scherze machen.

Allein am Strand liegende Frauen werden von javanesischen und balinesischen „Kuta-Cowboys" gern als Freiwild angesehen und dementsprechend angesprochen. Wenn kein Interesse am Kennenlernen vorhanden ist, sollte frau das deutlich und bestimmt kundtun.

Sport und Aktivitäten

Surfen

Kuta Beach ist ein Mekka der wellenreitenden Zunft. **Hochsaison** ist **August und Dezember,** dann sind die meisten Australier da. Die besten Wellen gibt es von März bis Juli. Fast jedes Guesthouse verleiht oder verkauft Surfbretter, es gibt **unzählige Shops,** die Zubehör und Kurse in fast allen Sprachen der Welt anbieten. Wer sich ein Brett mieten möchte, zahlt pro Tag 150.000 bis 300.000 Rp.

Wer es professioneller haben will, geht zu einer der zahlreichen **Surfschulen an Kuta Beach.** Hier gibt es Anfänger- und Fortgeschrittenen-Kurse von einem halben Tag zum Kennenlernen bis zum Familien-Paket. Versicherung, Equipment, Klamotten, Drinks und Transport sind inklusive. Unterrichtet wird in Kleingruppen, je nach Niveau, meist zuerst in einem Pool, dann geht es ins Meer. Alle Anbieter garantieren, dass auch der ängstliche Anfänger nach einem Einführungskurs auf dem Brett stehen kann, zumindest im „Weißwasser", den aus-

Gefahren beim Baden

Das Baden am Kuta Beach ist nicht ganz ungefährlich. Es gibt entlang der gesamten Wasserlinie **mitreißende Unterströmungen.** Jedes Jahr sterben ein paar Menschen, die sich zu viel zugemutet haben. Wer in eine Strömung gekommen ist, die vom Strand wegzieht, sollte ruhig bleiben. Wichtig ist, **nicht gegen diese anzuschwimmen,** sondern sie zu queren. Damit landet man vielleicht etliche Meter entfernt vom Startpunkt am Strand und muss zurücklaufen, ist aber wieder auf festem Boden. Mit ein bisschen Glück ist ein Surfer in der Nähe, der mit dem Brett zu Hilfe kommt. Wer sich an die einfache Regel hält, nur zwischen den von den Rettungsschwimmern aufgestellten Fahnen ins Wasser zu gehen oder zu baden, hat nichts zu befürchten. **Rote Flaggen** allerdings **heißen „Gefahr!".**

laufenden Schaumkronen. Eine Unterrichtsstunde startet bei 165.000 Rp.

- **Odysseys Surf School – Mercure Kuta Hotel Arcade,** Kuta, Tel. 081 7555001, www.odysseysurfschool.com. Die Surfschule wurde 2003 gegründet und genießt bis heute einen ausgezeichneten Ruf.
- **UP2U Surf School Bali,** Jl. Pantai Kuta 2, Kuta, Tel. 082 144147382, www.up2usurfschool.com, bietet auch Surftrips rund um Bali an.

Waterbom Park

Einen **sehr entspannten Tag** können Familien im Waterbom Park **im Süden von Kuta** verbringen. Es gibt Rutschen, einen Lazy River, diverse Schwimm- und Kinderbecken, Essbuden und ein Restaurant. Bungee-Jumping ist ebenso möglich wie der Besuch des Kiddy Parks. Lebensmittel und Getränke dürfen nicht mit in den Wasserpark genommen werden.

- **Waterbom Park,** Jl. Kartika Plaza Tuban, Kuta, Tel. 0361 755676, www.waterbom-bali.com, tgl. 9–18 Uhr, Tageskarte online ab 600.000 Rp. für Erwachsene.

xba100 sb

Praktische Infos

Information und Reiseagentur

- Neben den unzähligen privaten Touristeninformationen gibt es das Büro von **Indonesia TIC/TIC MPU Kuta-Bali,** Jl. Raya Kuta 2, Tel. 0361 766181, Mo–Fr 9–17 Uhr. Gut für ein paar Flyer und Tipps.
- **Perama Tourist Service,** Jl. Legian 39, Tel. 0361 751875, www.peramatour.com, bietet viele Leistungen rund um Transport und Weiterreise an, z.B. Shuttle-Busse zu den Touristenzentren Balis.

Übernachten

Es gibt Hunderte von Unterkünften im Großraum Kuta, Legian und Seminyak. Preise, Ausstattungsniveau und Pooldichte steigen, je weiter man sich nach Norden bewegt. Klimaanlagen gehören in der Regel zum Standard.

Tuban

35 **Harris**③-④, Tel. 0361 9365255, www.harrishotels.com, Ableger der indonesischen Business-Hotelkette. Gut für Leute, die gerade aus dem Flieger gepurzelt sind und sich noch nicht ins Geschehen hineintrauen oder noch ein wenig westlichen Unterkunftsstandard genießen wollen. Es gibt einen kostenlosen Flughafen-Transfer.

Kuta

30 **Fat Yogi Cottages**②-③, Jl. Poppies I, No. 23, Tel. 0361 751665, www.fatyogicottages.com, ist ein Klassiker in der Gasse Poppies I. Überzeugt mit einem netten Garten und Pool in der Mitte.

29 **Masa Inn**③, Jl. Poppies I, No. 27, Tel. 0361 758507, www.masainn.com. Die Zimmer sind recht schlicht gehalten und um einen Pool herum auf drei Etagen im „Bali Style" angelegt. Hier trifft sich eher die Urlauber-Mittelklasse.

26 **Lima Satu Cottages**②, Jl. Poppies I, No. 51, Tel. 0361 754944, http://51cottages.tumblr.com, mit Pool. Hier treffen sich Backpacker zum Kennenlernen, um Beach Parties zu feiern und um den weiteren Trip zu organisieren. Einfache, aber recht große Zimmer mit Fan.

Mein Tipp: **28 Kuta Puri Bungalows Resort & Spa**④, Jl. Poppies I, No. 51, Tel. 0361 751903, www.kutapuribungalows.com. Ein Juwel mittendrin und live dabei: Die großzügigen Bungalows im balinesischen Stil liegen in einem Park rund um einen Pool gruppiert, der Service ist hervorragend, das Personal ist ausnehmend freundlich.

18 Ronta Bungalows②, Jl. Poppies II, Tel. 0361 754246. Saubere Fan-Zimmer in einem zweistöckigen Gebäude, das um einen ruhigen Innenhof herum gebaut ist.

16 Losmen Arthawan①, Jl. Poppies II, Tel. 0361 752913, www.facebook.com/losmenarthawan. Einfache Zimmer mit Blick in den recht düsteren Innenhof, trotzdem als Preisbrecher häufig ausgebucht und wirklich mitten drin im Geschehen.

15 Gora Beach Inn②, Jl. Poppies II, Tel. 085 792890020, https://gorabeachinn.zoombookdirect.com, liegt dem Namen zum Trotz nicht am Strand, sondern in der Gasse Poppies II. Kleine, aber durchaus brauchbare Bungalows umrahmen einen kleinen Innenhof hinter einem großen Gebäude.

13 Satriya Cottages④, Jl. Poppies II, Tel. 0361 758331, www.satriyacottages.com. Die netten Bungalows sind im balinesischen Stil gehalten und rund um einen Park angelegt. Hier gibt's TV, Minibar und Balkon, einen Pool mit Bar, und zum Strand ist es auch nicht weit. Eine gute Wahl für die, die es ein wenig ruhiger und trotzdem nahe am Geschehen mögen.

14 Suka Beach Inn②, Jl. Benesari, Tel. 082 146295271, liegt, trotz Beach im Namen, nicht am Strand, kann aber mit Pool punkten. Großes Hotel mit mehreren Stockwerken rund um einen Innenhof, das dank seines guten Rufs immer gut frequentiert, belebt und beliebt ist.

11 Ayu Lili Garden Cottages②, Jl. Benesari, Tel. 0361 750557, ebenfalls eine anerkannt gute Adresse. Ruhige Bungalows in einem Garten mit Pool, teils mit TV und AC. Gut und günstig. Die 22 Bungalows sind ein wenig abgewohnt, aber in Ordnung.

Legian

5 The Lokha Legian④, Jl. Padma, Tel. 0361 767601, www.thelokhalegian.com. Liegt im Schatten des Kunstmarkts und ist seit etlichen Jahren eine feste Größe in Legian. Es gibt einen Pool, die Zimmer sind groß und luftig, die Lobby kommt schick und einladend daher. Ein Pluspunkt ist das ungemein freundliche Personal.

3 Puri Damai③-④, Jl. Werkudara 522, Tel. 0361 762722, www.puridamai.com. Nur 200 Meter vom Strand entfernt liegen die zwölf Apartments in einem tropischen Garten samt Pool. Hier geht es stilvoll und schick zu. Das Haus gehört zu Made's Warung (s.u.), man kann sich das Essen von dort auch aufs Zimmer kommen lassen.

7 Losari Hotel and Villas③-④, Jl. Sahadewa 19, Tel. 0361 759999, https://site.losarihotels.com. Bei indonesischen Urlaubern beliebt und keine schlechte Wahl: große Lobby mit Restaurant, Pool, alles recht stylish auf mehrere Stockwerke verteilt. Standard-Zimmer mit AC, Telefon, TV, Minibar, Safe.

6 Suriwathi Hotel③, Jl. Sahadewa 12, Tel. 0361 753162, www.suriwathi.com. Liegt zentral und hat einen sehr guten Ruf. Das zeigt sich schon daran, dass häufig auf Monate hinaus ausgebucht ist. Mit einem Park, großem Pool und geräumigen Zimmern, und auch das Restaurant überzeugt.

2 New Pondok Sara Villas④, Jl. Arjuna, Gang Raja, Tel. 0361 732142, http://newpondoksaravillas.com, an der Jl. Arjuna zwischen Legian und Seminyak. Sympathische, aber recht hochpreisige Anlage mit privaten Pools, netten Bungalows und Open-Air-Badezimmern.

Seminyak

52 Ned's Hide Away②, Gang Bima 3, Tel. 0361 731270, ist ein Exot in Seminyak: Um einen kleinen Innenhof liegen die beliebten, renovierten Zimmer auf zwei Etagen. Lobby und Restaurant sind im luftigen ersten Stock untergebracht.

Kuta und Legian

0 200 m ©Reise Know-How BaliLom01 15/24

Übernachtung
2 New Pondok Sara Villas
3 Puri Damai
5 The Lokha Legian
6 Suriwathi Hotel
7 Losari Hotel and Villas
11 Ayu Lili Garden Cottages
13 Satriya Cottages
14 Suka Beach Inn
15 Gora Beach Inn
16 Losmen Arthawan
18 Ronta Bungalows
26 Lima Satu Cottages
28 Kuta Puri Bungalows Resort & Spa
29 Masa Inn
30 Fat Yogi Cottages
35 Harris
44 Inada Losmen
45 Bali Agung Village
46 Casa Artista
52 Ned's Hide Away
56 Juada Garden

Einkaufen
8 Quiksilver
12 Beachwalk Shopping Center
22 Uluwatu
23 Kuta Kidz
27 Pangloss Bookshop
32 Rip Curl
34 Lippo Mall
36 Joger
37 T Galleria by DSF
53 Periplus Bookshop
54 Bintang Supermarket
55 Surfer Girl

Nachtleben
19 Apache Reggae Bar
20 Bounty Discotheque
21 Paddy's Pub
31 Hard Rock Café
40 Imani Rooftop
47 Ku De Ta
49 Facebar
50 Mixwell Bar
51 BaliJoe Bar

44 **Inada Losmen**②, Gang Bima 9, Tel. 0361 732269, rangiert in der gleichen Klasse wie Ned's Hide Away. Zu viel darf man nicht erwarten, aber für einfache Ansprüche ist alles korrekt.

56 **Juada Garden**④, Jl. Raya Seminyak 501, Tel. 0361 730 990, https:// juadagarden.com. Nicht weit weg von der quirligen Hauptstraße, nur eine schmale Gasse hinunter, aber dafür umso grüner. Die beiden geräumigen und modernen Bungalows bieten eine eigene Küche und einen privaten Pool.

46 **Casa Artista**④, Jl. Sari Dewi 17, Tel. 0361 730317, www.casaartistabali.com. Sehr schönes, familiär geführtes kleines Hotel. Speziell für Tangoliebhaber ideal: Hier finden Milongas, Tanzkurse und andere Tangoevents statt.

45 **Bali Agung Village**④, Jl. Sarinande 3, Tel. 0361 730367, www.baliagungvillagehotel.com. Ist ein Lesertipp: „Das Frühstücksbuffet dort ist hervorragend und die Mitarbeiter sind sehr nett!" Die Bungalows und Zimmer sind in balinesischem Stil gehalten und bieten reichlich gechillte Atmosphäre.

Essen und Trinken

Kuta, Legian und Seminyak bieten derartig viele Restaurants, Bars und Kneipen, dass es wohl bisher niemand geschafft hat, alle durchzuprobieren – vom einfachen indonesischen Warung bis zum Fine Dining direkt am Strand.

Kuta

33 **Warung Nikmat,** Jl. Bakungsari, Tel. 0361 764678, tgl. 8–21 Uhr, bietet schmackhafte und günstige indonesische Mahlzeiten. Vor allem die Meeresfrüchte werden einhellig gelobt.

22a **Made's Warung,** Jl. Pantai Kuta, Tel. 0361 755297, www.madeswarung.com, tgl. 10–21 Uhr. Wurde 1969 eröffnet und war einer der ersten Warungs in Kuta, wo sich Traveller mit indonesischem Essen beschäftigten. Heute fast schon ein wenig zu hochpreisig für die Qualität der Speisen, aber immer noch ein guter Ort, um das Treiben ringsherum zu beobachten und selbst gesehen zu werden. Es gibt einen Ableger in Seminyak, ferner hat es Made's Warung mittlerweile bis in die Terminals des Internationalen Flughafens geschafft.

24 **Poppies Restaurant,** Jl. Poppies I, No. 19, Tel. 0361 751059, www.poppiesbali.com, tgl. 8–23 Uhr. Das Restaurant ist genauso wie das Hotel-Mutterhaus schräg gegenüber ein absoluter Klassiker in Kuta. Seit 1973 sind Generationen von Travellern hier durchgezogen und konnten sich über den erstklassigen Service und das gute Essen freuen.

25 **Un's Restaurant,** Jl. Poppies I, Un's Lane, Tel. 0361 752607, www.facebook.com/unsrestaurant bali, tgl. 18–23 Uhr. Wie Made's ein Klassiker in der feineren Foodszene rund um Poppies I – bietet seit Jahrzehnten Qualität.

17 **Warung Indonesia,** Jl. Poppies II Gang Ronta, Tel. 0812 38111913, tgl. 10–24 Uhr. Das freundliche Team haut genau das in die Pfanne, was der Name sagt: gutes indonesisches Essen.

Legian

10 **Yakiniku Sakai,** Jl. Dewi Sri, Tel. 0361 8947 387, tgl. 11–21 Uhr, Lesertipp: „Leckeres Sushi".

9 **Mama's German Restaurant,** Komplek Lawalon, Jl. Legian, Tel. 0361 761151, https://bali-mamas.com, tgl. 9–23 Uhr. Eine Brotzeit wie daheim, sogar nach durchtanzter Nacht: Mama's ist dank des deutschen Eigentümers immer gut für den herzhaften Biss in eine frische Brezel und für ein frisches Hefeweizen – zu deutschen Preisen.

4 **Angie's Diamond Warung,** Gang Abdi 4, Tel. 0813 17003102, tgl. 8–23 Uhr, ist genau das, was alle buffetgeplagten Resorttouristen suchen: ein Warung mit leckeren, einfachen indonesischen Speisen zu günstigen Preisen. Die Karte von Inhaberin *Angelita* hält neben klassischem Nasi Goreng auch mal eine „German Bratwurst" parat.

MEIN TIPP: 1 **Zanzibar Beach Front Restaurant,** Jl. Arjuna, direkt am Strand, Tel. 0361 733528, https://zanzibarseminyak.com, Mo–Do 8–21 Uhr, Fr–So 8–22 Uhr, ist ein guter Ort, um das quirlige Strandleben an sich vorbeitreiben zu lassen und dabei beispielsweise eine ordentliche Pizza zu essen. Ach ja: Die Happy Hour ist nicht von schlechten Eltern.

Seminyak

42 **Bali Bakery,** Jl. Kayu Aya, Tel. 0361 738033, https://balibakery.com, tgl. 8–21 Uhr. Hier gibt es neben frisch gebackenem Brot und Gebäck auch liebevoll zubereitete Sandwiches, kleine Speisen und Suppen.

43 **Naughty Nuri's Seminyak,** Jl. Mertanadi 62, Tel. 0361 9347391, www.naughtynurisseminyak.com, tgl. 11–22 Uhr. Die richtige Location für Menschen, die Fleischgerichte mögen. Der Fleischbrater ist ein Ableger des bekannt und berüchtigten Naughty Nuri's in Ubud.

48 **Warung Nia,** Kayu Aya Village, Tel. 080 8776 1556688, www.warungnia.com, tgl. 9.30–23 Uhr. Genießt wie das Naughty Nuri's einen guten Ruf wegen seiner deftigen Spareribs, aber es gibt auch exzellente indonesische Küche zu erschwinglichen Preisen.

41 **La Lucciola,** Jl. Petitenget, Tel. 0361 730838, https://lalucciolabali.com, tgl. 9–23 Uhr. Fine Dining mit italienischem Flair und in feinen Klamotten am Strand von Seminyak, mit gechillter Atmosphäre und angenehmer Musikuntermalung. Um einen besonders guten Tisch mit Aussicht zu ergattern, sollte man reservieren.

38 **Café Organik,** Jl. Petitenget 99x, Seminyak, Tel. 0878 55223426, https://cafeorganic.co, tgl. 8–16 Uhr. Hier geben sich Veganer, Vegetarier, Gluten-Unverträgliche und Freunde der Bioernährung ein Stelldichein. Besonders das Frühstück gilt als wahrer Energiebringer. Wer dann noch nicht genug hat, kann sich im Shop eindecken.

39 **Nook Bali,** Jl Umalas 1, JL. Nook 1, Kerobokan, Tel. 0361 8475625, http://nookrestaurantbali.com, tgl. 8–23 Uhr. Speisen mit Blick ins Reisfeld – diese Möglichkeit ist ein wenig knapp (geworden) rund um Kuta Beach. Gut, dass es Nook gibt: Hier treffen sich die balinesische, indonesische und westliche Küche, sehr fein und mitten im Grünen.

☑ Poppies – als Hotel und als Restaurant eine Institution in Kuta

xba002 sb

Nachtleben

In Sachen **Bars, Kneipen und Discos** gibt es von Kuta bis Seminyak für jeden Geschmack etwas. Zahlreiche Etablissements versuchen, Nachschwärmerinnen und Nachtschwärmer mit Happy Hours zum Vorglühen zu verleiten. Die Szene in Kuta selbst ist allerdings die letzten Jahre etwas ruhiger geworden: Die Karawane der Party People ist weitergezogen nach Canggu und in die dortigen Clubs (S. 55).

Eine andere, nette Art der abendlichen Freizeitgestaltung ist ein Besuch der bestuhlten Freiflächen der **M-Mini-Märkte** an der Jl. Pantai Kuta. Hier gibt es WiFi, günstiges Bier und einen Blick auf die an- und abreisenden Surfer, Touristen, Taxifahrer, Bemos, Kuta Cowboys – und über die Mauer am Strand auch noch ein wenig Sonnenuntergang.

Kuta

31 **Hard Rock Café,** Jl. Pantai Kuta, Tel. 0361 755661, www.hardrock.com/cafes/bali, So 12–24 Uhr, Mo–Do 12–1 Uhr, Fr & Sa 12–2 Uhr. Die Marke ist weltweit bekannt und beliebt. Da macht die Location in Kuta keine Ausnahme. Vor dem Haus können sich Urlauber vor einem Surfbrett fotografisch verewigen, innen geht's reichlich amerikanisch zu. Von 23 bis 2 Uhr wird oft Live-Musik gespielt.

20 **Bounty Discotheque,** Jl. Legian, Tel. 0823 97041938, www.bountydiscotheque.com, tgl. 22–3 Uhr. In dem riesigen nachgebauten Schiffsrumpf – nicht zu übersehen und zu überhören – haben sich schon ganze Generationen von Travellern das eine oder andere Bier gegönnt. Hier gibt es Essen, Trinken und Tanz.

21 **Paddy's Pub,** Jl. Legian 166, Tel. 0361 758555, http://paddyspubbali.com, tgl. 18–4 Uhr. Liegt gleich neben dem Bounty und ist nicht besser oder schlechter.

19 **Apache Reggae Bar,** Jl. Legian 146, Tel. 0853 22019018, www.facebook.com/pages/Apache-Reggae-Club/133064336759012, tgl. 20–3 Uhr. Dass *Bob Marley* lebt, davon können sich die Besucher hier überzeugen. Ab 23 Uhr geht es rund.

Seminyak

47 **Ku De Ta,** Jl. Kayu Aya 9, Tel. 0361 736969, www.kudeta.com, Mo–Fr 8–24 Uhr, Sa & So 8–1 Uhr. Das Ku De Ta und ähnliche Locations in Seminyak ziehen Publikum von der ganzen Insel an den Strand: Hier werden Kunden und potenzielle Kunden mit gutem Essen beim Business-Lunch verführt und Geschäfte gemacht. Die Expat-Gemeinschaft trifft auf wohlhabenderes touristisches Publikum.

Die **LGBTQ-Szene** trifft sich in Seminyak in der Jl. Dhyana Pura/Jl. Abimanyu. Hier ziehen in der lokalen und zugereisten Szene bekannte Clubs Besucher aus der ganzen Welt an:

51 **BaliJoe Bar,** Jl. Camplung Tanduk 8, Tel. 0361 3003499, www.balijoebar.com, tgl. 20–3 Uhr. Einer der Clubs, in denen die LGBTQ-Szene zusammenkommt, um bunt, laut und lustig zu feiern. Zum abendlichen Programm gehören Drag Queens und Go-go-Tänzer. Entlang der Jl. Camplung Tanduk gibt es weitere Clubs und Bars in ähnlichem Stil.

49 **Facebar,** Jl. Camplung Tanduk 9, Tel. 0361 737897, www.facebook.com/bali.facebar, tgl. 20–3 Uhr. Wer hier *Whitney Houston* begegnet, sollte sich nicht wundern: In der Facebar geben sich Lookalikes ein Stelldichein und eine überzeugende Performance.

50 **Mixwell Bar,** Jl. Camplung Tanduk, Tel. 0812 37818368, www.facebook.com/mixwellbarbali, tgl. 19–3 Uhr. Ist bekannt für eine der besten Drag Shows auf Bali und für das gut gemischte Publikum aus Einheimischen und Besuchern.

40 **Imani Rooftop,** Jl. Petitenget No. 99X, Kerobokan, Tel. 0315 4357716, www.imanirooftop.com, tgl. 9–1 Uhr. Ist die höchstgelegene Rooftop-Bar in Seminyak, und allein das ist einen Besuch wert. Idealerweise zum Sonnenuntergang, dann schmecken auch die Cocktails am besten.

> Surfboard-Verleih am Kuta Beach

Einkaufen

In Kuta, Legian oder Seminyak nicht dem Shopping zu frönen – das ist fast unmöglich. Gleich nach dem Aufstehen begleiten einen die **Morning prices:** Fliegende Händler preisen Schmuck, Gemälde, Kuchen oder Kleidung zu „ganz besonders superbilligen Preisen" an. Im Restaurant wachsen plötzlich Kinder aus dem Boden und halten einem Postkarten, Ketten oder Muscheln unter die Nase. Nicht verpassen sollte man, in einen der zahlreichen Surfshops zu schauen (s.u.).

Shoppingzentren

Neben den unzähligen Shops am Straßenrand, die für die Dinge des täglichen Lebens sorgen, gibt es **Supermärkte** (z.B. 54 **Bintang Supermarket**) und einige **Malls.** Sie bieten klimaanlagengekühlten Aufenthalt, Restaurants und Geldautomaten. Besonders am Wochenende werden sie gerne von den Einheimischen besucht, um ein wenig Ablenkung vom Alltag zu erfahren.

12 **Beachwalk Shopping Center,** Jl. Pantai Kuta, Kuta, Tel. 0361 8464888, http://beachwalkbali.com, Mo–Do 10.30–22.30 Uhr, Fr & Sa 10.30–24 Uhr. „Bali starts here" ist das Motto der todschicken und durchgestylten Mall. Hier gibt es – sowohl open air als auch klimagekühlt – mehr als 200 Shops, Restaurants, Cafés, ein Kino und ganz nebenbei einen schönen Ausblick aus dem ersten Stock auf den langen Strand von Kuta.

37 **T Galleria by DSF,** Kuta, Jl. Bypass Ngurah Rai, Tel. 0811 3856889, www.dfs.com/en/bali, Mo–Fr 10–20 Uhr, Sa & So 10–22 Uhr, ist das Groschengrab für die asiatische Kundschaft: Edelmarken von Tiffany bis Gucci, alles vom Feinsten und Teuersten. Wer sich einen gekühlten Nachmittag gönnen will, ist hier richtig.

34 **Lippo Mall,** Kuta, Jl. Kartika Plaza, Tel. 0361 8978000, www.facebook.com/lippomall.kuta, tgl. 10–22 Uhr, gibt sich mit einem umfangreichen Programm Mühe, die Besucher aus den anderen Malls abzuziehen.

Sportbekleidung

Entlang der Jl. Legian, am Kuta Square und in vielen Gassen gibt es Hunderte von Shops, die die **Surfer-Community** beliefern. Insbesondere in Sachen Markenkleidung lässt sich hier manches Schnäppchen machen – am besten immer gleich nach den Sonderangeboten schauen.

adobe.stock © Pius Lee

32 **Rip Curl,** www.ripcurl.com, ist eine bekannte Marke und gut nachgefragt; einen Shop gibt es z.B. am Kuta Square. 8 **Quiksilver,** ist ebenfalls bekannt, auch in Mitteleuropa, in Kuta aber deutlich günstiger zu haben (Jl. Legian).

55 **Surfer Girl,** Kuta, Jl. Legian 138, www.surfer-girl.com, tgl. 11–20 Uhr, ist schon lange da und hat hippe Surferklamotten – eben für Girls.

- Andere gut eingeführte Marken sind Stussy und Volcom, zu finden beispielsweise bei **Jungle Surf,** www.jungle-surf.com. Einfach am Kuta Square oder an der Jl. Legian ein wenig flanieren und die Augen offen halten.

Mode

Kuta gilt als der Mittelpunkt der balinesischen Modeszene. Es gibt **massenhaft Boutiquen** für Männer, Frauen und Kinder. Abgefahrenste Modelle, edle Materialien, paillettenbesetzte Accessoires, es gibt nichts, was es hier nicht gibt. Außerdem Kopien vieler teurer Edelmarken wie Calvin Klein, Hilfiger, Joop usw.

36 **Joger,** Kuta, Jl. Raya Kuta, Tel. 0361 752523, www.jogerjelek.com, tgl. 10–17 Uhr, hat sich einen Namen gemacht mit indonesischen Sprüchen auf bunten T-Shirts, die z.T. nicht ganz hasenrein sind.

23 **Kuta Kidz,** Kuta, Tel. 0361 753992, www.kutakidz88.com, tgl. 9–20 Uhr, nicht weit vom Bemo Corner. Verkauft seit Jahren Kinderklamotten, die in Deutschland ungefähr das Fünffache kosten würden. Riesenauswahl, Fixpreise.

22 **Uluwatu,** Jl. Legian, Tel. 0361 763499, www.uluwatu.co.id, tgl. 8–22 Uhr. Uluwatu ist eine Marke, um die niemand auf einem Shoppingtrip herumkommt. Hier geht es etwas bodenständiger und aufgeräumter zu als in den Shops für Surfer. Die handgemachten Stickwaren und die Kleidung haben einen balinesischen Touch. Shops gibt es auch in der Jl. Pantai Kuta sowie in Nusa Dua, Sanur und Ubud.

Bücher

27 **Pangloss Bookshop,** Kuta, am Art Market neben Poppies I, Tel. 0817 4767542, tgl. 9–23 Uhr. Sehr gute Adresse für Leute, die einen Buchhändler mit Sachverstand erwarten. Pangloss kennt sich sehr gut in der internationalen Literaturszene aus und kann auch in Sachen Kuta ein paar Tipps geben.

53 **Periplus Bookshop,** Jl. Raya Seminyak 17, Seminyak, Tel. 0877 84644634, www.periplus.com, tgl. 9–20 Uhr. Die Kette Periplus hat gut 45 Shops in ganz Indonesien, davon etliche auf Bali. Im Sortiment ist eher populäre Literatur.

Sonstiges

Geld/Wechselstuben

Wechselstuben gibt es reichlich, für ihre Zuverlässigkeit bekannt ist **Money Exchange Central Kuta,** www.centralkutabali.com; glänzt mit etlichen Wechselstuben rund um Kuta Beach, beispielsweise am Kuta Square.

Zum nächsten **ATM (Geldautomaten)** ist es normalerweise auch nicht weit.

Krankenhäuser

- **BIMC Hospital,** Jl. Bypass Ngurah Rai No. 100X, Tel. 0361 761263, www.bimcbali.com, mit 24-Std.-Service.
- **International Tourist Medical Service,** Jl. Legian 363, Tel. 0361 751981, mit 24-Std.-Service.
- **Bali Clinic,** Jl. Basangkasa 52, Seminyak, Tel. 0812 39999954, mit 24-Std.-Service.
- **Bali 911 Dental Clinic,** Jl. Sunset Road, Tel. 0811 3998993, http://bali911dentalclinic.com.

Polizei

- **Tourist Police,** Jl. Raya Kuta 141, Kuta, Tel. 0902 1988312, mit 24-Std.-Service.

Post

In Kuta, Legian und Seminyak gibt es **einige Postfilialen,** zu erkennen an dem roten Post-Schild.

Meist sind es **Reisebüros** oder **Touristeninformationen,** die den Postservice mitmachen.

■ **Kantor Pos,** Jl. Selamat, Einfahrt über die Raya Kuta, gegenüber dem Nachtmarkt, Tel. 0361 754 012, Mo–Sa 8–16 Uhr.

Telefon

Es gibt einige wenige **Telefonzellen.** Diese machen allerdings nicht den Eindruck, als ob sie rege genutzt werden. Kein Wunder: Jede und jeder Indonesier – auch schon in Kinderschuhen – hat ein eigenes Handy. Es lohnt sich also, zu Beginn des Trips eine **indonesische SIM-Karte** zu kaufen; die gibt's für ganz wenig Geld (→ S. 396).

Internet

So gut wie alle Restaurants, Cafés, Supermärkte, Malls und Hotels bieten **WLAN/WiFi.** Wer auch unterwegs digital mobil sein will, besorgt sich eine indonesische SIM-Karte fürs Smartphone.

Verkehr und Transport

Bemos und Minibusse

Ein **regulärer Bemo-Service** führt vom Bemo Corner in Kutas Süden zum Strand, ins nähere Umland, zum Flughafen oder nach Denpasar zur Bemo-Endstation, dem Terminal Tegal. Wer mitfahren will, sollte sich vorher bei den Einheimischen nach dem Fahrpreis bis zum Ziel erkundigen.

Aus Kuta und Legian heraus geht es mit den unzähligen **Minibussen,** die bei den Reisebüros gechartert werden können.

■ **Perama** fährt ab Kuta die touristischen Ziele Balis an, z.B. Sanur 50.000 Rp., Ubud 100.000 Rp., Padang Bai 125.000 Rp., Candi Dasa 125.000 Rp., Lovina 250.000 Rp. (mind. 2 Pers.), Munduk 200.000 Rp. (mind. 2 Pers.).

■ **Kura-Kura Bus,** https://kura2bus.com. Mit grünen Minibussen verkehrt die Linie von Kuta, Legian und Seminyak bis Ubud, tgl. 9–22 Uhr, Einzelfahrt Kuta – Ubud 100.000 Rp., WiFi inklusive. Es werden auch Rundreisen angeboten. Die Haltestellen befinden sich bei Hotels und größeren Geschäften. Wo und wann es losgeht, verraten Schilder an den Masten der Haltestellen oder der Blick auf die Website.

Fahrzeug mieten

Scooter werden an fast jeder Straßenecke vermietet; ein Tag kostet um die 80.000 Rp., je länger die Mietdauer, desto günstiger der Preis. Fahrräder kosten pro Tag ca. 50.000 Rp., Autos je nach Größe ab 300.000 Rp. pro Tag.

Taxi

■ **BlueBird Taxi,** Tel. 0361 701111, www.bluebirdgroup.com, BlueBird gilt als die zuverlässigste Taxigesellschaft, hellblaue Taxis mit Taxameter.

■ **Grab** und **gojek,** per App kann ein grab- oder gojek-Transport organisiert werden, Infos: www.grab.com/sg, www.gojek.com/en-id.

Canggu

Wer Instagram nach Bali befragt, wird unweigerlich irgendwann in Canggu enden. Denn Canggu scheint das zu sein, was **Bali in modernen Zeiten** ausmacht: ein verwunschenes Fleckchen Erde, eine Straße führt hinein und hinaus. Die Reisfelder sind grün und reichen hinunter bis an den Ozean, die Strände wirken unberührt, Surferinnen und Surfer reiten ihre Welle, von Dörflern betriebene Warungs sorgen für das kühle Feierabendbierchen sowie die Schale Reis – und alles sieht im Bild sehr schick aus.

Canggu scheint also eine **Erfolgsgeschichte** zu sein und hat mittlerweile den „klassischen" Touristenorten für

Rucksack-Reisende und Junggebliebene wie Kuta oder Legian den Rang abgelaufen. In Canggu und Umgebung leben reichlich Expats, digitale Nomaden starren in ihre MacBooks. Hippe Menschen in schicken Klamotten treffen sich zum Brunch im französischen Café mit frisch gebackenen Croissants, und zum Dinner gibt es Spezialitäten aus der türkischen Küche.

Canggu ist ein Sammelbegriff für die **Region nordwestlich von Kerobokan.** Dazu gehören bekannte Strände wie **Batubelig, Berawa, Canggu, Echo** und **Perenan.** Bis Ende der 2010er-Jahre waren die Strände nördlich von Kuta noch recht wenig erforschtes Gebiet, hier traf sich hauptsächlich die eingeschworene Surfergemeinde. Denn mit einer ordentlichen Brandung und einer gelungenen Mischung aus üppigen Reisfeldern und der Stimmung eines balinesischen Küstendorfs inklusive gechillten Einwohnern ließ es sich gut aushalten.

Heute ist Canggu längst kein Geheimtipp mehr – sondern ein mehr als beliebter (Instagram-)Spot für Urlauber, Expats und Surfer. Und, nicht zu vergessen: Hier ist die Club- und Restaurantdichte wahrscheinlich so hoch wie nirgends sonst auf Bali. Damit hat Canggu Kuta längst den Rang als **führende Partymeile** Balis abgelaufen. Spätestens mit der Eröffnung des „One-Stop Entertainment Center" **Atlas Beach Fest** im Juli 2022 in Berawa gingen die Besucherzahlen durch die Decke. Denn jetzt entdeckten auch Indonesier Canggu für sich und ließen es im „größten Beachclub Asiens" reichlich krachen. Gleich daneben liegt **Finns – World's best Beach Club,** und auch hier fanden und finden die Reichen und Schönen reichlich ihresgleichen zum Sehen und Gesehen werden. „Opening soon" könnte das Motto von Canggu sein – der Spruch begleitet Besucher auf großen Plakatwänden entlang der Straßen.

Der Boom hält an, und die **Schattenseiten** zeigen sich jeden Tag aufs Neue: Es gibt so gut wie keinen öffentlichen Nahverkehr, dafür zwängen sich unzählige Autos, SUVs, Scooter und Fußgänger durch die wenigen und engen Gassen. Regelmäßig kippen Scooterfahrer nach dem Clubbesuch ins Reisfeld – auch mit tödlichem Ausgang.

Trotzdem lohnt sich ein Besuch, allein schon wegen der **abwechslungsreichen Gastronomie** mit unzähligen Cafés, der nach wie vor schönen Umgebung rechts und links von Jl. Pantai Berawa, Jl. Pantai Batu Bolong und Jl. Pantai Batu Mejan, wegen der beliebten Surfspots und der schwarzen Strände, die sich bis zum Tempel Pura Tanah Lot ziehen.

Praktische Infos

Übernachten

Berawa Beach

17 **Desa Seni Resort**④, Jl. Subak Sari 13, Tel. 0361 8446392, www.desaseni.com. Aus ganz Indonesien haben die Besitzer Holzbungalows zusammengetragen und daraus um einen Pool herum ein Öko-Dorf mit yogischem Schwerpunkt errichtet. Es gibt einen kleinen Biogarten. Auch Spa und Massage werden angeboten. Auch das weithin bekannte hauseigene Restaurant glänzt mit einem Öko-Ansatz, das Gemüse wächst im eigenen Garten, die Atmosphäre ist ungemein lässig.

Der „größte Beachclub Asiens" lockt in Canggu

xba085 sb

Canggu – vom Fischerdorf zur Partymeile

Ein Gespräch mit **Emma Bollen** aus Holland, 1986 geboren. Sie lebt seit 2014 mit ihrem balinesischen Mann und ihren Kindern auf Bali. *Emma* hatte ein abgeschlossenes Studium der Logopädie und Bewegungswissenschaft in den Niederlanden hinter sich und zog dann in Bali das Surf- und Yoga-Retreat **Pelan Pelan Bali** (https://pelanbali.com) auf. Ihr Motto: „Ich glaube, wenn du einen Traum hast, solltest du versuchen, ihn Wirklichkeit werden zu lassen. Wenn es nicht klappt, hast du es wenigstens versucht."

Emma, wann warst Du das erste Mal auf Bali und was hast Du gedacht, gefühlt und erlebt?

Als zwölfjähriges Mädchen kam ich das erste Mal mit meinen Eltern nach Bali. 2012 ging ich dann selbst auf Reisen durch Asien. Ich habe mich sofort in die Insel verliebt. Es sind die Menschen, die Kultur, die wunderschöne Natur und das Meer mit seinen tollen Wellen zum Surfen. Ich habe sofort gespürt, dass die Menschen auf Bali mehr im Moment leben. Ich mochte ihre Denk- und Lebensweise sehr. Ich habe meine Reise nicht fortgesetzt und bin in Bali geblieben, bis ich nach Hause musste, um mein Studium zu beenden. Ich kam ein paar Mal zurück, und zwei Jahre später zog ich um, um zusammen mit meinem jetzigen Ehemann mein Surf- und Yoga-Retreat aufzubauen.

Hat sich dieses Gefühl in den Jahren, in denen Du hier lebst, verändert?

Nein, die Dinge haben sich verändert, aber mein Gefühl ist immer noch dasselbe. Die Menschen sind immer noch dieselben. Während der Covid-Pandemie wurde noch deutlicher, dass sich die Menschen hier nie beschweren. Zwei Jahre lang hatte fast niemand ein Einkommen, also kein Geld, um die Familie zu ernähren. Die Menschen

xba004 eb

xba003 eb

halfen einander, wo immer es ging. Sie würden ihre letzte Mahlzeit jemand anderem geben, anstatt sie selbst zu verspeisen. Sie akzeptieren ihre Situation, wie sie ist. Und selbst wenn es ganz schlimm ist, tragen sie immer noch ein breites Lächeln im Gesicht. Etwas, von dem westliche Menschen viel lernen können, glaube ich. Hier zu leben und ein Geschäft zu führen, ist nicht immer einfach, da alles zur Bali-Zeit abläuft und es natürlich anders ist, wenn man nur ein Land besucht oder im Land lebt. Wir haben westliche Gäste, die manchmal erwarten, dass die Dinge nach westlichem Muster laufen. Also versuche ich immer, hier die Balance zu finden. Obwohl es nicht immer einfach ist, bin ich trotzdem sehr dankbar, dass ich hier leben darf.

Canggu ist ein besonderer Ort. Wie hast Du all diese Veränderungen seit 2012 erlebt? Was ist besser, was ist schlechter geworden?

Für mich hat sich Canggu nach der Pandemie zur schlechtesten Version verändert. Es ist voll, viele Partygänger und westliche Restaurants. Es zieht jetzt ganz andere Arten von Menschen an, die definitiv nicht wegen der balinesischen Kultur und Lebensweise kommen. Ich persönlich bin also nicht mehr oft in Canggu. Unser Surf- und Yoga-Retreat ist in Cemagi, nur 15 Minuten außerhalb von Canggu, und dort fühle ich immer noch das, was ich 2012 auf Canggu gefühlt habe. Ruhe und Respekt vor den Einheimischen und Touristen, die nach Bali kommen, um sich mit indonesischem Essen, Kultur, Yoga, Massagen und gutem Surfen in friedlichem Einklang zu fühlen.

Lohnt es sich Deiner Meinung nach, als Urlauber Canggu zu besuchen? Was können sie erwarten?

Ganz ehrlich: Ich würde nicht mehr in Canggu bleiben, außer wenn man sich betrinken will. Ich würde in Perenan oder einem anderen Ort in der Nähe von Canggu bleiben.

Wie sollte Deiner Meinung nach die Zukunft von Canggu aussehen?

Ich hoffe, dass Canggu wieder etwas ruhiger wird. Ich wünsche mir glückliche Einheimische, die nach den mageren zwei Jahren, in denen der Tourismus eingebrochen ist, wieder ein bisschen mehr Einkommen haben. Aber ich würde mich freuen, wenn wieder solche Touristen zurückkehren würden, die die Einheimischen wirklich respektieren, ihr Wesen und ihre Kultur erkennen und anerkennen. Also Menschen, die hierher kommen, um die Einheimischen zu unterstützen und nicht nur, um viel Geld für Cocktails in einem der Beachclubs auszugeben.

Emma und ihr Mann leben ihren (Surf-) Traum – doch die Zeiten in Canggu ändern sich

xba005 cg

16 Legong Keraton Hotel④, Jl. Pantai Berawa, Tel. 0361 4730280, www.legongkeratonhotelbali.com. Wer sich einen Beachbungalow leisten kann, genießt die Atmosphäre des Ortes und das Rauschen der Wellen und ist trotzdem nicht weit entfernt von der Clubmeile.

13 Puri Rama Homestay②, Jl. Pantai Berawa, Tel. 0818 05405565. Neun Bungalows um einen Innenhof mit allem, was es zum angenehmen Überleben braucht, 200 Meter vom Berawa Beach entfernt.

Canggu und Batu Bolong

9 The Chillhouse④, Jl. Kubu Manyar 22, Tel. 0823 41801719, www.thechillhouse.com, ist ein besonderes Haus. Gemacht von Surfern für Surfer, wird hier hauptsächlich „surferisch"und „yogisch" gesprochen. Die Zimmer sind im Haupthaus, die Bungalows im hübschen Garten untergebracht. Das Surf- und/oder Yogapaket kann zur Unterkunft dazugebucht werden. Surfbrett, Transport und alles drum herum sind ebenfalls im Preis inbegriffen. Das Chillhouse organisiert Surftouren auf ganz Bali und Lombok.

6 Serenity Eco Guesthouse②, Jl. Nelayan, Tel. 0361 8469251, https://serenitybali.com. Hier kommt zusammen, was für Ökoreisende zusammengehört: Das Guesthouse ist seit dem Jahr 2000 in Familienbesitz, ist umweltfreundlich, ist Yoga-Retreat, und auf den Tisch im **6 Alkaline Restaurant** kommen vegane Speisen, meist angebaut im eigenen Garten.

12 Hotel Tugu Bali④, Jl. Pantai Batu Bolong 117x, Tel. 0361 4731701, www.tuguhotels.com/hotels/bali. Gilt nicht nur unter Fans und Kennern als eines der schönsten Hotels auf Bali. Die Bungalows haben stolze Namen, z.B. „Le Mayeur Pavillon", es gibt ein Designkonzept und stolze Zimmerpreise.

4 The Farm Hostel②, Jl. Pantai Batu Bolong 29, Tel. 0813 39661667, https://thefarmhostel.com, kommt cool und in den Reisfeldern Canggus als schickes Hostel mit Open-Air-Bungalows und luftigen Schlafsälen daher. Locker, luftig, lässig.

10 Jepun Bali Homestay②, Jl. Pantai Batu Bolong 12b, Tel. 0822 36861485. Eine günstige Wahl, wenn ein Pool im Innenhof gebraucht wird und der Strand nicht zu weit weg sein soll.

2 Papaya Guesthouse④, Jl. Pantai Batu Bolong 11B, Tel. 0361 8445342, www.papayaguesthousebali.com, unter deutschem Management und gut organisiert. Vor dem Haupthaus mit schmucken

Zimmern und guter Aussicht liegen ein netter Pool und die Frühstücksterrasse. Dazu gibt es eine kleine Bibliothek, auch mit DVDs.

11 **Echoland**③, Jl. Batu Mejan 88, Tel. 0878 6188 2414, www.echolandbali.com, nennt sich „eco-friendly". Moderne AC-Zimmer im zweistöckigen Gebäude, WiFi inklusive, Frühstück, Pool und Safe auch. Bis zum Echo Beach ist es nur ein Sprung, natürlich werden auch Surfkurse angeboten.

Essen und Trinken

8 **Deus Ex Machina Temple of Enthusiasm,** Jl. Batu Mejan 8, Tel. 0811 388150, http://deuscustoms.com, tgl. 8–24 Uhr. In superstylishem Ambiente werden selbst gebaute Fahrräder, Motorräder, Taschen, Klamotten und Bücher angeboten. Zum Chillen gibt es ein schickes Restaurant.

5 **Betelnut Café,** Jl. Pantai Batu Bolong 60, Tel. 0821 46807233, www.facebook.com/Betelnut-Cafe-289844997715255, tgl. 10–21 Uhr. Der Kuchen ist weithin bekannt, die Speisekarte kann sich sehen lassen. Von der Dachterrasse hat man einen guten Blick und ist ein wenig weg vom Straßenlärm.

5 **Monsieur Spoon,** Jl. Pantai Batu Bolong 55, Tel. 0878 62808859, www.monsieurspoon.com, tgl. 7–21 Uhr. Lust auf Croissants oder andere französische Leckereien? Kein Problem: Monsieur Spoon ist in kompetenter französischer Hand.

7 **Varuna Warung,** Jl. Pantai Batu Bolong 89, Tel. 0818 05518790, www.facebook.com/warungvaruna, tgl. 10–21 Uhr. Hier stärkt sich die Surfergemeinschaft bei kräftigen Reisgerichten, kalten Getränken und guten Gesprächen.

Nachtleben

14 **Atlas Beach Fest,** Jl. Pantai Berawa 88, https://atlasbeachfest.com, tgl. 10–24 Uhr. Gigantischer Beachclub mit überwältigendem Tages- und Nachtprogramm, Street Market und der längsten Beachbar Asiens. Tipp: Ladies kommen nach 20 Uhr umsonst rein.

15 **Finns Beach Club,** Jl. Pantai Berawa 99, Tel. 0361 8446327, tgl. 7–24 Uhr. Eigener Strand, Infinity Pool, Bars, DJs, Parties, was will Mensch mehr? Finns hat's – und das den ganzen lieben langen Tag lang, für die ganze Familie.

1 **Gimme Shelter,** Jl. Lkr. Nelayan 444, Tel. 0812 38048867, www.facebook.com/gimmeshelterbali, tgl. 17–2 Uhr. Berühmt-berüchtigte Rock'n'Roll-Bar, in der reichlich Live-Musik geboten wird. Eintritt normalerweise frei, Happy Hour 22–23 Uhr.

Einkaufen

3 **Bungalow Living,** Jl. Pantai Berawa 35A, Tel. 0361 8446567, http://bungalowlivingbali.com, tgl. 9–17.30 Uhr. Alles so schön schick hier: reichlich trendiger Lifestyle für das neue Zuhause, dazwischen viel Kunst und viel Inspiration. Wer dann eine Verschnaufpause braucht, die oder der gönnt sich im hauseigenen Café einen Kaffee, bio natürlich.

Sonstiges

Geld

Es sollte in Canggu kein Problem sein, einen **Geldautomaten** zu finden.

Krankenhaus

■ **BaliMéd Clinic,** Jl. Raya Canggu 188, Tel. 0828 3614471, www.facebook.com/klinikbalimedcanggu, mit 24-Std.-Service.

Polizei

■ **North Kuta Police Station,** Jl. Pantai Batu Bolong 30A, Tel. 0361 8445401, mit 24-Std.-Service.

Post

■ **Kantor Pos Canggu,** Jl. Raya Padonan, Tel. 0887 3525606, Mo–Sa 9–19 Uhr.

Verkehr und Transport

Schrecklich! Es gibt **keine Busse oder Bemos,** dafür schwärmen Einheimische und Besucher täglich in Horden mit ihren (geliehenen) Autos und Scootern aus.

Taxi

Wer von Canggus Stränden weg möchte und kein eigenes Fahrzeug hat, muss sich **Taxis, grab** oder **gojek** (beide per App) anvertrauen.

Denpasar – die Hauptstadt

Heute leben etwa **740.000 Einwohner** (Stand 2022) in der Hauptstadt Balis, dem Handels- und Verwaltungszentrum der Insel, früher Badung genannt. Urlauber zieht es an die nahen Strände weiter im Süden, die meisten meiden Denpasar. Da der Flughafen in Tuban südlich von Denpasar liegt, wo auch die bekannten Strände sind, gibt es nur wenige Gründe, Zeit in der Hauptstadt zu verbringen. Trotzdem ist die Stadt gut für einen **Tagestrip.** Denn es gibt **ein paar Sehenswürdigkeiten** wie den Puputan-Platz, das Bali-Museum oder die verwinkelten Märkte Pasar Badung und Pasar Seni Kumbasari. Zwischen den beiden Marktgebäuden fließt der **Badung** mit dem **River Walk,** einer Flaniermeile mit herausgeputztem Flussufer und schnieken Häuschen.

☐ Pause in der Metropole

Denpasar ist weniger eine typische balinesische Stadt, sondern eher eine **indonesische Metropole** mit Menschen aus allen Teilen der riesigen Inselrepublik. Obwohl sich der Ort immer weiter ausbreitet, ist er doch **relativ übersichtlich.** Das Zentrum zieht sich entlang der Hauptstraße Gajah Mada, die von der Jl. Thamrin (von Kuta) rechts abzweigt und, mehrmals ihren Namen wechselnd, nach Osten führt. Fast alle Sehenswürdigkeiten und wichtigen Geschäfte sind hier aufgereiht.

Im Süden Denpasars befindet sich das **Verwaltungszentrum Renon** mit zahlreichen Ämtern wie dem Kantor Imigrasi (s.u.). Die **Shopping Malls** liegen westlich von Renon an der Jl. Teuku Umar und der Jl. Diponegoro.

Das **Verkehrschaos** von Denpasar ist bemerkenswert, was die Behörden zu einigen Gegenmaßnahmen bewogen hat. Viele der Straßen in der City sind Einbahnstraßen, es gibt Fahrradwege, und es wurden autobahnähnliche Umgehungsstraßen gebaut. Sie heißen **Bypass** und an ihnen entlang haben sich etliche Firmen, Kliniken, Supermärkte und Shops niedergelassen.

Geschichte

In der bewegten Geschichte von Bali hat der Raja von Badung einen ehrenvollen Platz inne, in Denpasar erinnert noch heute der Puputan-Platz im Zentrum an die denkwürdigen Ereignisse jener Zeit: 1904 hatten die **Holländer** den nördlichen Teil Balis lange besetzt. Der Süden der Insel aber blieb unabhängig, da er für die Kolonisatoren uninteressant war – beispielsweise gab es keinen Hafen. In diesem Jahr strandete ein **chinesisches Schiff** vor der südbalinesischen Küste. Es wurde, der Tradition entsprechend, von den Einheimischen geplündert. Die Eigentümer verlangten daraufhin von den Holländern eine Entschädigung in Höhe von 3000 Silberdollar. Die Kolonialherren lehnten ab und leiteten die Forderung an den **Raja von Badung** weiter, der sie ebenfalls zurückwies.

Das nahmen die Holländer zum Anlass, einige Kriegsschiffe vor die Küste von Sanur zu verlegen, um damit Druck auf die Bevölkerung auszuüben. Diese ließ sich aber nicht „bange machen", sondern inszenierte einen **Aufstand.** Nur mit Speeren und Kris bewaffnet zogen sie in den Kampf gegen die Kolonisatoren. Dieses Ereignis ging als **„Zwischenfall von Badung"** in die Geschichte ein. Die Holländer marschierten auf Denpasar und bombardierten die Stadt. Die Zivilbevölkerung floh in Panik, und der Raja zog angesichts der ausweglosen Lage den **ehrenvollen Tod im Kampf (Puputan)** der unehrenhaften Niederlage vor. Er erließ 1906 den Befehl, seinen Palast in Denpasar niederzubrennen und zog den Angreifern mit über 2000 Freiwilligen, einschließlich Hofstaat und Familie und ganz in Weiß gekleidet, entgegen. Die Holländer eröffneten das Feuer. Der Raja und fast alle seiner Mitkämpfer kamen ums Leben. Wer nicht massakriert wurde, beging Selbstmord mit seinem Dolch, dem Kris.

Dieser „Sieg" der Holländer markierte den Beginn der **Eroberung Südbalis,** bei der schließlich auch die Rajas von Tabanan und Klungkung Selbstmord begingen. Diese Geschichte ist der Rahmen für *Vicki Baums* Roman „Liebe und Tod auf Bali".

In den 1930er-Jahren gelangte Denpasar als **Badung** auf die touristische Landkarte, denn hier stand das erste von der Kolonialmacht errichtete Hotel für Touristen, das **Bali Hotel.** Erbaut wurde es von der „East Indies' Koninklijke Paketvaart-Maatschappij" im Jahr 1928

xba006 sb

und steht bis heute. Gemanagt von der indonesischen Regierung, heißt es **Inna Bali Heritage Hotel** und hat sich kaum verändert. Hauptstadt Balis war damals Singaraja.

Mit dem Bau des Flughafens Anfang der 1930er-Jahre in Tuban und der Zunahme seiner Bedeutung verlor Singaraja an Einfluss, und **1958** wurde Badung unter dem Namen **Denpasar („Neuer Markt")** aus politischen Gründen zu Balis **Hauptstadt** erklärt. Die Stadt wuchs und gedieh, heute sind die Übergänge nach Seminyak, Kerobokan und Sanur fließend.

Sehenswertes

Pasar Badung

Der Pasar Badung gehört zum Pflichtprogramm eines Trips nach Denpasar. Er gilt als der **größte traditionelle Markt Balis** und ist **rund um die Uhr** geöffnet. Hier geht's genau so zu, wie man sich Marktgeschehen in Südostasien vorstellt: Es wird gehandelt und geschwatzt, es ist laut und eng, die Gerüche sind aufdringlich und manche der Souvenirverkäufer ebenfalls. Täglich werden frisches Obst, Gemüse und Blumen von Lieferanten aus den landwirtschaftlichen Regionen im zentralen Hochland und anderswo angeliefert. Zur Dämmerung wandelt sich das Geschehen zum **Pasar Malam,** einem Nachtmarkt mit Imbissständen und allerlei Leckereien. Das **Marktgebäude** selbst besteht aus einem offenen Bereich im Erdgeschoss, in dem frische tropische Früchte, Blumen, Fleisch und Geflügel sowie andere Lebensmittel verkauft werden. Weiter oben gibt es hauptsächlich nicht verderbliche Waren wie Batiken, Textilien, Haushaltswaren, Küchengeräte und Werkzeuge.

Auf der gegenüberliegenden Seite des Flusses steht der **Pasar Seni Kumbasari** mit Abteilungen für Flecht- und Kurzwaren, Stoffe, Regenschirme und Souvenirs. Die verhandelbaren Preise sind hier in der Regel niedriger als auf anderen Märkten Balis.

2 **Pasar Badung,** Jl. Gajah Mada, Tel. 0361 464 559, tgl. 24 Std.

Bali-Museum

Die in einem Parkgelände gruppierten Gebäude des **Museum Negeri Propinsi Bali** sind eine Mischung aus klassisch balinesischer Tempel- und Palastarchitektur, vereint mit Baustilen aus Nord-, Ost- und Westbali. Erbaut unter der Kolonialherrschaft der Holländer, wird es seit 1932 als Museum genutzt. Die Pavillons sind benannt nach den balinesischen Regionen Ost, Buleleng, Karangasem und Tabanan. In ihnen und um sie herum gibt es einiges zu **Geschichte, Religion, Zeremonien und Kunst** zu sehen. Dem Design einer Tempelanlage sind das gespaltene Eingangstor, der äußere Hof und der Kulkul-Turm nachempfunden, der erhöht stehende Pavillon erinnert an eine Palastwache. Das Hauptgebäude wurde auf Pfeilern erbaut, dem ostbalinesischen Palast von Karangasem entsprechend. Rechts daneben, fensterlos, eine Nachbildung des Palastes von Tabanan aus Westbali. Der linke Teil ist ein Abbild des Palastes von Singaraja und wurde im nordbalinesischen Stil erbaut.

Die **Ausstellung** des Museums ist unbedingt sehenswert. Sie reicht von der Jungsteinzeit (Sarkophage, Geräte etc.) bis zur Gegenwart mit besonders umfangreichen Sammlungen von Lontars, Masken, Kris und Musikinstrumenten. Modelle von Zeremonien runden das Bild ab.

Übrigens: Die (Kunst-)Werke sind **auch auf Englisch beschildert.** Es ist also nicht nötig, sich einem Führer anzuvertrauen.

■ **Museum Negeri Propinsi Bali,** Tel. 0361 222 680, Jl. Major Wisnu, auf der östlichen Seite des Puputan-Platzes, tgl. 7.30–15 Uhr, Eintritt 25.000 Rp., Kinder 20.000 Rp.

Pura Jagatnatha

Dieser Tempel gleich nebenan ist **dem höchsten Gott, Sang Hyang Widdhi, geweiht,** wurde 1906 während des Puputan (s.o.) zerstört, aber schon ein Jahr später neu aufgebaut. Der Hauptschrein ruht auf der Schildkröte *Bedawang*, um die sich zwei Schlangen winden. Diese Darstellung symbolisiert die Erschaffung der Welt. Besonders bei Vollmond strömen Hunderte von Gläubigen hierher, um *Sang Hyang Widdhi* zu opfern, der sich dann, wie geglaubt wird, auf dem Thron über der Schildkröte niederlässt und die Gemeinde segnet.

■ **Pura Jagatnatha,** Jl. Major Wisnu, tgl. 7–18 Uhr, Eintritt 10.000 Rp. inklusive Sarong-Miete.

Puputan-Platz

Als Erinnerung an die Geschichte des Puputan (s.o.) eröffnete die indonesische Regierung am 12. November 1997 das **Puputan-Badung-Denkmal** auf dem Puputan-Platz. Es hat die Form von drei

☑ Ein klassisch-balinesisches Eingangstor im Park des Bali-Museums

xba083 sb

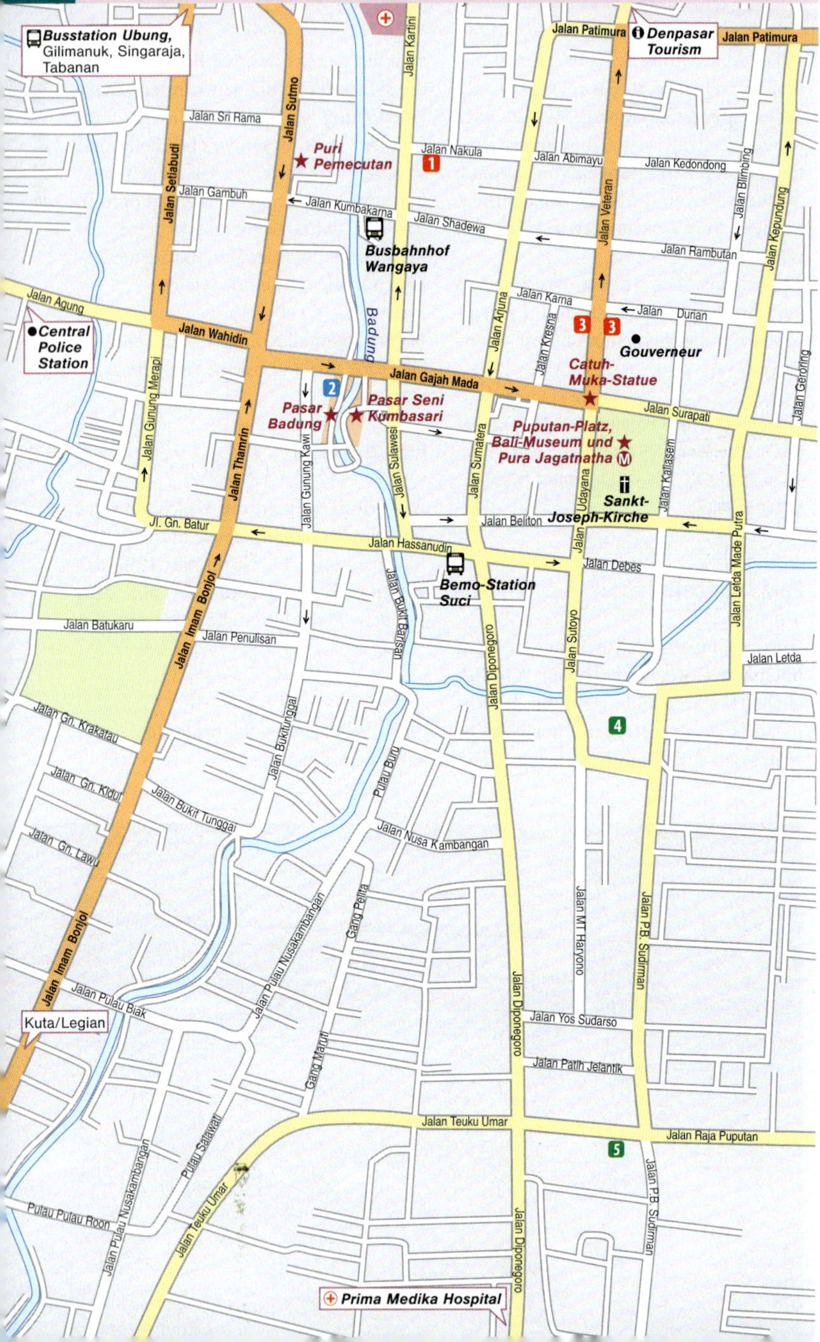
Busstation Ubung, Gilimanuk, Singaraja, Tabanan
Denpasar Tourism
Jalan Patimura
Jalan Sri Rama
Jalan Sutmo
Jalan Kartini
Jalan Setiabudi
Puri Pemecutan
Jalan Nakula
Jalan Abimayu
Jalan Kedondong
Jalan Gambuh
Jalan Kumbakarna
Jalan Shadewa
Jalan Veteran
Jalan Blimbing
Jalan Kepundung
Busbahnhof Wangaya
Jalan Rambutan
Jalan Agung
Jalan Karna
Jalan Durian
Central Police Station
Jalan Wahidin
Badung
Jalan Arjuna
Jalan Kresna
Gouverneur
Jalan Gajah Mada
Catuh-Muka-Statue
Jalan Gunung Merapi
Pasar Badung
Pasar Seni Kumbasari
Jalan Surapati
Jalan Geroring
Puputan-Platz, Bali-Museum und Pura Jagatnatha
Jalan Thamrin
Jalan Gunung Kawi
Jalan Sulawesi
Jalan Sumatera
Jalan Kaliasem
Jalan Udayana
Sankt-Joseph-Kirche
Jl. Gn. Batur
Jalan Beliton
Jalan Hassanudin
Jalan Debes
Jalan Letda Made Putra
Bemo-Station Suci
Jalan Imam Bonjol
Jalan Bukit Barisan
Jalan Batukaru
Jalan Penulisan
Jalan Sutoyo
Jalan Diponegoro
Jalan Letda
Jalan Gn. Krakatau
Jalan Bukitunggal
Pulau Buru
Jalan Gn. Kidul
Jalan Bukit Tunggai
Jalan Nusa Kambangan
Jalan Gn. Lawu
Jalan Pulau Nusakambangan
Gang Pelita
Jalan MT Haryono
Jalan P.B. Sudirman
Jalan Pulau Biak
Kuta/Legian
Jalan Yos Sudarso
Gang Maruti
Jalan Patih Jelantik
Jalan Teuku Umar
Jalan Raja Puputan
Pulau Salawati
Pulau Pulau Roon
Jalan Pulau Nusakambangan
Prima Medika Hospital
1
2
3
3
4
5

Übernachtung
1 Nakula Familiar Inn
3 Inna Bali Heritage Hotel
Essen und Trinken
2 Pasar Kumbasari/ Pasar Badung, River Walk
6 Pasar Malam Kereneng
Einkaufen
4 Tiara Dewata Supermarket
5 Matahari Duta Plaza
Polizei
Jalan Supratman
Sukawati, Blahbatuh, Gianyar, Ubud
Stadion
Jalan Teratai
Jalan Melati
Jalan Gadung
Jalan Plawa
Jalan Angsoka
Jalan Jepun
Jalan Kenanga
Jalan Mawar
Jalan Menuri
Jalan Jempiring
Jalan Kecubung
Bemo-Station Kereneng
Jalan Rijasa
Taman Werdhi Budaya Art Centre,
Ngurah Rai International Airport,
Benoa, Nusa Dua
Jalan Surapati
Jalan Hayamwuruk
Jalan Kapten Japa
Jalan Jayagiri
Jalan Narakesuma
Made Putra
Jalan Letda Japa
Jalan Letda Reta
Jalan Dewi Madri
Jalan Drupadi
Jalan Drupadi VI
Jalan Drupadi V
Jalan Badak Agung
Jalan Letda Kajeng
Jalan Badak I
Jalan Drupadi I
Cok Agung Tresna
Jalan Letda Tantular
Bali Tourism Board Denpasar, Kantor Imigrasi
Kapten Tantular
Donald Isaac Panjaitan
Jalan basuki Rahmat
Tantular Barat
Jalan Cut Nyak Dhien
Jalan S. Parman
Dokter Kusuma Amaja
Bajra Sandhi Monument
Jalan Juanda Karta Wijaya
Raya Puputan
Kantor Pos Denpasar
Sprachschule IALF Bali

Statuen, bestehend aus Frauen, Männern und Kindern in ganz weißer Kleidung, die Kris und Speere als Kriegswaffen halten. 2009 erließ der Bürgermeister von Denpasar ein Dekret und der Platz erhielt den offiziellen Namen **Puputan Badung I Gusti Ngurah Made Agung.** Heute genießen die Städterinnen und Städter hier ein wenig Grün mitten in der Großstadt.

Die Verkehrsinsel in der Mitte des Platzes wird gekrönt von einer riesigen **Steinstatue von Catur Muka** mit seinen vier Gesichtern und acht Armen; der hinduistische Wächter deutet so die Himmelsrichtungen.

St.-Joseph-Kirche

Die St.-Joseph-Kirche, Jl. Kepundung 2, ist eine **witzige Mischung aus Bali-Tempel und christlicher Kirche.** Oben stehen Engel in Legong-Kostümen, die Türme sind mit Alang Alang, einer speziellen Grassorte, gedeckt. Unten kann ein Relief bewundert werden, auf dem *Jesus* und *Pilatus* dargestellt sind; Letzterer sitzt unter einer elektrischen Lampe vor einem Motorrad im Hintergrund.

Taman Werdhi Budaya Art Centre

Eine bemerkenswerte **Sammlung balinesischer Malerei und Schnitzkunst** beherbergt das Taman Werdhi Budaya Art Centre. Dabei handelt es sich um einen Gebäudekomplex im balinesischen Stil mit Teichen, Werkstätten, Restaurants, einer großen Bühne, vielen Ausstellungsräumen und üppiger Vegetation. Jeder Stein, jede Treppe, jedes Gebäude ist bis ins kleinste Detail verziert. Hier findet jährlich von Mitte Juni bis Mitte Juli das **Bali Arts Festival** statt. Es gibt eine ständige Ausstellung unverkäuflicher balinesischer Malerei und **Verkaufsausstellungen** zu Kunsthandwerk, Schnitzkunst, Silber etc. Es lohnt sich, hier einen Tag zu verbringen. Oft werden Tänze oder Theaterstücke aufgeführt, auch Popkonzerte gibt es.

■ **Taman Werdhi Budaya Art Centre,** Tel. 0361 227176, Jl. Nusa Indah, Fr 7.30–13 Uhr und Sa 7.30–15.30 Uhr, Eintritt 50.000 Rp.

Bajra Sandhi Monument

Im Regierungsbezirk Renon am südöstlichen Rand der Stadt gibt es reichlich Grünflächen, Gärten, von Bäumen gesäumte Boulevards und viel Platz zwischen den palastartigen Amtsgebäuden. Hier, mitten im **Park Lapangan Puputan Margarana,** befindet sich das 2001 eröffnete, auffällige Bajra Sandhi Monument. Gewidmet ist es dem Kampf des balinesischen Volkes. Die von dem berühmten Architekten *Ida Bagus Tugur* entworfene Struktur besteht aus grauem Lavastein und ähnelt einer Priesterglocke. Mit acht Eingängen, siebzehn Ecken und einer Höhe von 45 Metern steht sie als Symbol für das Datum der **Unabhängigkeitserklärung Indonesiens,** den 17. August 1945. Im Inneren wird in Schaukästen die Geschichte Balis lebendig, und ganz oben wartet ein **Panoramablick** über die Dächer von Denpasar.

■ **Bajra Sandhi Monument,** Jl. Raya Puputan 142, Renon, Tel. 0361 264517, Mo–Sa 8–18 Uhr, So 10–18 Uhr, Eintritt 30.000 Rp., Kinder 15.000 Rp.

Praktische Infos

Information

■ **Denpasar Tourism,** Tel. 0361 8495707, Jl. Majapahit 1, https://denpasartourism.com. Die Website ist eine Quelle des Wissens rund um Denpasar und informiert auch darüber, was momentan so abgeht.
■ **Bali Tourism Board Denpasar,** Jl. Raya Puputan 41, Renon, Tel. 0361 235600, https://bali.balitourismboard.or.id, Mo–Sa 9–17 Uhr. Hier bekommt man Prospektmaterial, viel mehr sollte man aber nicht erwarten.

Übernachten

In Denpasar gibt es etliche Unterkünfte, aber kaum ein Urlauber wird in der Großstadt übernachten, denn dafür liegen die Strände des Südens und Ubud einfach viel zu nahe, und da will man schließlich hin. Dennoch zwei Empfehlungen:

3 **Inna Bali Heritage Hotel**②-④, Jl. Veteran 3, Tel. 0361 225681, www.innabaliheritagehotel.com. In der Nähe des Bali-Museums steht dieses geschichtsträchtige Hotel, das erste auf Bali überhaupt. Hier sind *Mahatma Gandhi, Queen Elizabeth, Charlie Chaplin, Miguel Covarrubias, Colin McPhee* und viele andere Besucher aus dem Westen in den 1930er-Jahren abgestiegen. Es verströmt bis heute ein wenig kolonialen Charme.
1 **Nakula Familiar Inn**②, Jl. Nakula 4, Tel. 0361 226446, www.nakulafamiliarinn.com. Freundliche Unterkunft, Familienanschluss inklusive und keine zehn Minuten zu Fuß vom Bali-Museum entfernt.

Essen und Trinken

2 Alle Früchte Balis (und vieles mehr) sind täglich auf dem **Pasar Badung** beidseitig des Flusses Badung an der Jl. Gajah Mada zu haben. Am 2 **River Walk** gibt es zahlreiche Imbissstände mit den Genüssen der indonesischen Küche.
6 Für einen veritablen Esstrip ist einer der Nachtmärkte (Pasar Malam) das Richtige, beispielsweise der **Pasar Malam Kereneng,** der die Bemo-Station ab 16 Uhr in ein riesiges Open-Air-Restaurant verwandelt.

Einkaufen

Haupteinkaufsstraßen sind Jl. Gajah Mada, Jl. Sulawesi und Jl. Sumatera. Hier finden sich Antiquitäten-, Trödel-, Kunsthandwerks- und Batikläden. Jl. Gajah Mada: einige Handarbeits- und „Antikläden". Die Jl. Sulawesi ist bekannt für ihr Angebot an Textilien.

4 **Tiara Dewata Supermarket,** Jl. Mayjen Sutoyo 55, Tel. 0361 235733, tgl. 8–22 Uhr.
5 **Matahari Duta Plaza,** Jl. Dewi Sartika 4G, Tel. 0361 237364, www.matahari.co.id/en, tgl. 10–22 Uhr.

Sprachkurse

■ **IALF Bali,** Jl. Raya Sesetan 190, Tel. 0361 225 243, www.ialf.edu/ialf-bali, bietet regelmäßig Zweiwochenkurse mit jeweils vier Stunden Unterricht täglich zum Erlernen der Bahasa Indonesia an. Auf dem Programm stehen auch einmonatige Einführungskurse mit jeweils zwei Stunden Unterricht am Tag.

Sonstiges

Geld

Geldautomaten (ATM) sind reichlich vorhanden, z.B. entlang der Jl. Veteran oder in den Einkaufsmalls.

Krankenhaus

■ **Prima Medika Hospital,** Jl. Raya Sesetan 10, Tel. 0361 257445, www.primamedika.com/id, mit 24-Std.-Service.

Polizei

■ **Central Police Station,** Jl. Gunung Sanghyang, Tel. 0361 422322, Notruf: 112.

Post

■ **Kantor Pos Denpasar,** Jl. Raya Puputan, Renon, Tel. 0361 223565, Mo–Fr 8–21 Uhr, Sa 8–17 Uhr, So 8–14 Uhr

Visumverlängerung

■ **Kantor Imigrasi,** Jl. Panjaitan 4, Renon, Tel. 0361 227828, https://imigrasidenpasar.kemenkumham.go.id, Mo–Do 7.30–12 und 13–16 Uhr, Fr 7.30–11.30 und 13–16.30 Uhr.

Verkehr und Transport

Zum **Ngurah Rai International Airport** siehe die Ausführungen auf S. 336.

Überlandbusse/Busbahnhöfe

Wer mit dem Bus in Denpasar ankommt oder von dort abfährt, muss zu einem der **Busbahnhöfe Ubung, Batubulan** oder nach **Tegal.** Ab Ubung fahren die Fernbusse in den Westen und Norden Balis und nach Java, ab Batubulan werden die Mitte und der Osten sowie Lombok bedient, ab Tegal geht's in den Süden Balis.

Bemos

Ein regulärer Bemo-Service verbindet so gut wie **alle Ecken Denpasars,** Start ist an den großen Stationen der Überlandbusse am Rand der Stadt. Der zentrale Bemo-Terminal befindet sich in Kereneng. Allerdings wird der Service von Urlaubern kaum mehr genutzt. Vor der Fahrt bei den Einheimischen nach dem Fahrpreis bis zum Ziel erkundigen.

Taxi

■ **BlueBird Taxi,** Tel. 0361 701111, www.bluebirdgroup.com. Hellblaue Taxis mit Taxameter, BlueBird gilt als die zuverlässigste Taxigesellschaft.

■ **Grab** und **gojek,** per App kann ein grab- oder gojek-Transport organisiert werden, Infos: www.grab.com/sg und www.gojek.com/en-id.

Trans Sarbagita

Für Urlauber interessant sind die Corridors 1 und 2 der öffentlichen Buslinie Trans Sarbagita: **Corridor 1** verbindet das Ngurah Rai Stadium mit dem GWK (Garuda Wisnu Kencana) auf Bukit und passiert auf der Strecke u.a. Kuta und Jimbaran; **Corridor 2** verbindet den Busbahnhof Batubulan mit Nusa Dua und passiert dabei u.a. Sanur. Das Angebot ist recht günstig, gilt aber nicht als sonderlich zuverlässig.

Sanur

Sanur liegt südöstlich von Denpasar einigermaßen gemächlich an einem **kilometerlangen Sandstrand.** Während am Kuta Beach die Sonne spektakulär untergeht, glänzt Sanur mit einem **umwerfenden Sonnenaufgang** und dem Ausblick auf den höchsten Berg Balis, den Gunung Agung. Kann man die Ecke Kuta-Legian-Seminyak-Canggu eher als „busy" bezeichnen, ist Sanur eher **gechillt.** Damit zieht das Örtchen im Vergleich zu den lebhafteren Orten ein anderes Publikum an und ist ein wenig teurer. Die Hotels und Resorts sind größer und „posher", und am Strand ist außer am Wo-

[>] Grandioser Ausblick am Strand von Sanur – Beachboy mit Vulkan Gunung Agung im Hintergrund

chenende, wenn Tagesurlauber aus Denpasar kommen, nicht viel los. Wellenreiten ist hier nicht angesagt, denn den Strand schützt ein Riff. Die Gewässer eignen sich gut zum **Planschen, Baden und Segeln** – und weil der Strand sehr flach abfällt, ist er ausgesprochen beliebt bei Familien.

Nachtschwärmer und Party People kommen in Sanur weniger auf ihre Kosten, Gourmets aber finden in den **zahlreichen Restaurants** an den Hauptstraßen und in den Gassen sicher ihr Wunschmenü. **Shoppingfans** pilgern zum Kunstmarkt am Strand, in die Souvenirshops und schicken Boutiquen. Lediglich während des jährlich im Sommer stattfindenden **Festivals Bali Kite** wird's am Beach ein wenig voller. Der Bali International Cricketclub hat hier sein Vereinsheim, und auch der **deutsche Honorarkonsul** fühlt sich wohl in Sanur.

Doch die Zukunft wirft ihre Schatten voraus: Im November 2022 wurde mit dem **Pelabuhan Sanur** am Matahari Terbit Beach im Norden Sanurs ein **neuer Fährhafen** eröffnet. Jetzt können Urlauber die Boote auf die nahen Nusa-Inseln entern, ohne nasse Füße zu bekommen. Der neue Hafen ist aber nur eine von **vielen infrastrukturellen Entwicklungen:** Die bisherige Landmarke, das Großhotel Grand Inna Bali Beach, Resort & Garden samt Golfplatz, musste weichen, die Promenade entlang der gesamten fünf Kilometer des Strandes wird verbreitert und soll mehr Platz für Wanderer und Radfahrer bieten. Ein neues Global Health Center wird entwickelt, ebenso ein Einkaufszentrum, genannt „Icon Mall" – das Bild von Sanur wird sich also nachhaltig verändern.

Heute gilt: Wer **Strand und Sonne** genießen will, auf durchzechte Nächte verzichten kann und etwas mehr Geld für eine schicke Unterkunft in der Tasche hat, ist in Sanur ganz gut aufgehoben. Hier herrscht kein Verkehrschaos wie in Kuta, auch die Luft ist besser. Wenn es dunkel wird, ist es ruhiger, es gibt keine

202ba sb

Sanur

0
400 m
©Reise Know-How
BaliLom04 15/24
Denpasar
Ubud, Gianyar
Denpasar
Boote nach Nusa Lembongan, Nusa Penida, Hafen Pelabuhan
Hang Tuah
Bemo-Station
Perama
Art Market
Museum Le Mayeur
South Denpasar Police Station
RENON
Bali Beach Golfplatz ("Baustelle")
Beachwalk
Jl. By-Pass Ngurah Rai
Jl. Danau Beratan
SANUR
Jl. Tukad Bilok
Denpasar, Sanglah
Kantor Pos Sanur
Jl. Danau Buyan
Markt
Jl. Segara Ayu
Warungs/ Sanur Beach Market
Jalan Tegeh Agung
Jl. Sindhu
INTARAN
Nachtmarkt/ Sanur Art Market
Jl. Danau Tamblingan
SINDHU
Jalan Batur Sari
Jalan Sekuta
MPB Money Changer
Sanur Medical Clinic
Deutsches Generalkonsulat
Jl. Pantai Karang
BATUJIMBAR
Jl. Kesari
SIDAKARYA
Jalan Batur Sar
Jl. Karangsari
Jl. Danau Tamblingan
Beachwalk
Jl. Duyung
SEMAWANG
Bemo-Station
Jl. By-Pass Ngurah Rai
Jl. Danau Poso
Jl. Sri Kesari
Jl. Kesumasari
BLANJONG
Jl. Pengembak
Jl. Sekar Waru
Jl. Mertasari
Jl. Cemara
Jalan Mertasari
Mangrove Information Center, Ngurah Rai International Airport, Benoa Harbour, Kuta
Übernachtung
2 Agung and Sue Watering Hole I
4 Tandjung Sari
6 Swastika Bungalows
8 Yulia 2 Homestay
15 Rita Hotel
17 Ning Home Stay
18 Hyatt Regency Bali
24 Gardenia Guesthouse & Café
25 Villa Puri Ayu
26 Watering Hole II
27 Semawang Beach Hotel
Essen und Trinken
1 Warung Mak Beng
3 Strand-Warungs
5 Warung Little Bird
9 Bread Basket Bakery
11 Kopi Kiosk
13 Café Batu Jimbar
14 Ulu Thaifood
16 Ryoshi Japanese Restaurant
21 Angel's Bar
Einkaufen
12 Periplus Bookshop
22 Hatten Wines
23 Kevala Ceramics
Tauchen/Wassersport
7 Joe's Gone Diving
10 Crystal Divers
19 Rip Curl – School of Surf
20 Dune Bali

hohen Wellen, die touristische Infrastruktur ist ausgesprochen gut. *Le Mayeurs* (s.u.) Haus steht immer noch, die Nudelsuppe am Strand-Warung ist recht günstig und das große Feierabendbier erfrischend kalt.

Geschichte

In Sanur, so heißt es, gab und gibt es die **mächtigste schwarze Magie Balis,** und der Ort ist Heimat der berühmtesten Zauberer und Heiler. In Sachen Tourismus ging es wenig spektakulär zu: Als Touristenspot wurde Sanur 1936 bekannt, als der **belgische Maler Adrien-Jean Le Mayeur de Merprès** (1880–1958) hier seine Zelte aufschlug. Er muss ein feines Leben geführt haben: Er heiratete eine der schönsten balinesischen Frauen seiner Zeit, *Ni Polok,* eine berühmte Legong-Tänzerin, malte Bilder seiner Frau, verkaufte diese, um sein Haus weiter auszuschmücken, und empfing Gäste aus aller Welt – Reisende, Künstler, Politiker.

Hier wurde das **erste Strandhotel Balis** gebaut, bald folgten weitere. Als 1966 das Bali Beach Hotel, errichtet dank japanischer Reparationszahlungen, eröffnet wurde, war die Entwicklung zum reinen Ferienort abgeschlossen. Danach entstanden etliche **Luxushotels, Restaurants und Shops.** Heute gibt es das Grand Inna Bali Beach, Resort & Garden nicht mehr. Zehn Stockwerke war es hoch und sogar vom Besakih-Tempel aus zu sehen. Als es fertiggestellt war, entschieden die Banjars Balis, es sei Gotteslästerung, Häuser zu bauen, die über die Palmen hinausragen. Seither wird dieses Maß nicht mehr überschritten. Immerhin das ist geblieben – genauso wie die schöne Bucht samt blütenweißem Strand.

Sehenswertes

Museum Le Mayeur

Beim Kunstmarkt befindet sich **das zu einem Museum umgewandelte Wohnhaus des belgischen Malers Le Mayeur.** Hier lebte und arbeitete er ein Vierteljahrhundert lang. Zu sehen gibt es ein ideenreich in Szene gesetztes Haus und Auszüge aus seinem Lebenswerk, seine Bilder und vor allem zeitgeschichtlich interessante Fotografien aus dem Leben von *Le Mayeur* und seiner Frau *Ni Polok.*

■ **Museum Le Mayeur,** Jl. Hang Tuah, Tel. 0361 286201, www.facebook.com/people/Museum-Le-Mayeur/100066780660467, tgl. 8–15.30 Uhr, Fr 8.30–12.30 Uhr, leider ist zu den offiziellen Öffnungszeiten nicht immer geöffnet, Eintritt 50.000 Rp., Kinder 25.000 Rp.

Mangrove Information Center

Wer sich für Mangroven interessiert, ist hier richtig: Auf hölzernen Stegen kann man im 200 Hektar großen Schutzgebiet durch die Pflanzen wandern und sich über die **bedrohte Welt der Mangroven** informieren.

■ **Mangrove Information Center,** Jl. Bypass Ngurah Rai, Suwung Kauh, Mo–Sa 8–16 Uhr, Eintritt 200.000 Rp.

211ba sb

Sport und Aktivitäten

Ein beliebtes Fotomotiv sind die am Strand liegenden bunten Auslegerkanus *(jukungs)*, die sich auch für Rundfahrten in der Bucht und zum Schnorcheln anbieten. Sanur ist eine Domäne für **Wassersportarten** wie Kite- und Windsurfen, Wasser- und Jetski. Auch etliche Tauchcenter haben sich hier niedergelassen. Am Strand gibt es zahlreiche „Büros" unter Sonnenschirmen, die das passende Wassersportgerät vermieten. Gängige **Preise:** Glass Bottom Boat 40 US$/Std., Segelboot 50 US$/Std., Banana Boat 35 US$, Parasailing 35 US$ pro Runde, Windsurfing 45 US$/Std., Jetski 40 US$ pro 15 Min., Paddelboote 20 US$/Std. Schnorchelausflüge 40 US$/Std.

Balinesischer Lifestyle vom Feinsten – Bale im Garten des Hotels Tandjung Sari

Tauchen

7 Joe's Gone Diving, Ngurah Rai Bypass 44A, Tel. 0065 97600300, www.joesgonediving.com. Das PADI-Five-Star-Tauchcenter steht unter holländischer Leitung, hat auch deutschsprachige Instruktoren und genießt einen sehr guten Ruf in Sachen Sicherheit und Service.

10 Crystal Divers, Jl. Bypass Ngurah Rai, Gang Griya 6, Tel. 0361 286737, www.crystal-divers.com. Ist seit 1996 in Betrieb und war das erste PADI Career Development Center in Indonesien.

20 Dune Bali, Jl. Bypass Ngurah Rai 96E, Tel. 08123 805767, www.atlantis-bali-diving.com. Gut organisiertes Five-Star-PADI-Tauchcenter unter französischer Leitung mit einem Ableger auf Nusa Penida.

Wakeboarding und Kitesurfing

Wem das „normale" Surfen nicht reicht, kann es in Sanur mit Wakeboarding, Kite- oder Wingsurfing probieren. Zwei Stunden Wakeboarding oder mit dem Kite kosten jeweils 1,65 Mio. Rp, inkl. Transport von Kuta nach Sanur.

19 Rip Curl – School of Surf, Hotel Prama Sanur Beach, Sanur, Tel. 0361 735858, www.ripcurlschoolofsurf.com.

Praktische Infos

Information

- **https://sanurweekly.com,** Wochenzeitung zum Download mit vielen Anzeigen und redaktionellem Text mit Themen rund um Bali und Sanur.
- **https://sanurharbour.com,** Infos rund um den Hafen und die Fährverbindungen nach Nusa Lembongan und Nusa Penida.

Übernachten

2 Agung and Sue Watering Hole I②-③, Jl. Hang Tuah 35, Tel. 0812 39650829, www.wateringholesanurbali.com. Freundliches Haus mit ruhigem Innenhof, Zimmer über zwei Geschosse. Frühstück ist nicht inklusive, aber in günstigen Paketen im Restaurant zu haben. Eine kleine Leihbücherei sorgt für Abwechslung bei der Lektüre, und der Service ist einwandfrei.

17 Ning Home Stay②, Jl. Kesari I/03, Tel. 0823 39107639. Sehr freundliches und überschaubares Hostel in den Gassen von Sanur. 400 Meter zu Fuß sind's zum Strand. Es gibt einen ordentlichen Schlafsaal und brauchbare Doppelzimmer. Günstig sind alle Angebote.

4 MEIN TIPP: **Tandjung Sari**④, Jl. Danau Tamblingan 41, Tel. 0361 288441, http://tandjungsarihotel.com. Vielleicht das erste Haus am Platze – nicht nur, weil es bereits seit 1962 Besucher aus der ganzen Welt beherbergt und somit lange vor dem Inna Bali da war. Vielmehr ist das Tandjung Sari seit Eröffnung in Familienbesitz und strahlt eine ungemein balinesische Ruhe und Würde aus. Die schicken Bungalows mit 31 Zimmern liegen in einem Park, der sich zum Strand hin öffnet. Der vordere Teil zur Straße nennt sich „Dorf", und hier sind in der Tat die Bungalows mit ihren Open-Air-Badezimmern angelegt wie in einem balinesischen Dorf – inklusive Kulkul-Turm in der Mitte. Der Strand wird mitgenutzt, nicht nur für Tanzvorführungen, sondern auch fürs BBQ und den **„Weekend Market"** mit Warungs und balinesischen Köstlichkeiten. Die Stiftung des Hauses unterstützt die heimische Jugend und bietet kostenlosen Tanzunterricht (→ Exkurs „Kinder tanzen", S. 78).

6 Swastika Bungalows③, Jl. Danau Tamblingan 46, Tel. 0361 288693, www.swastika-bungalows.com. Große, verwinkelte Anlage mit Pool und schönem Garten. Die Zimmer sind ordentlich eingerichtet und bieten bei Bedarf TV und Minibar.

8 Yulia 2 Homestay②, Jl. Pantai Karang 1, Tel. 0361 287495. Ist bekannt für sein engagiertes Teams, das sich um alle Belange der Urlauber kümmert. Man kann Fahrräder mieten, ferner werden Yogakurse angeboten. Die Zimmer sind im balinesischen Stil angelegt und haben Terrasse oder Balkon und Ausblick auf den Innenhof.

15 Rita Hotel③, Jl. Danau Tamblingan 152, Tel. 0361 287969. Ein kleiner Park und balinesisch nett aussehende klimatisierte Bungalows darin machen sich gut; sie sind einfach, aber zweckmäßig gestaltet. Das Open-Air-Bad sollte keine zu großen Hoffnungen wecken; hier sorgt ein Spalt über einer Mauer für ein wenig Open-Air-Feeling.

27 Semawang Beach Hotel②, Jl. Cemara, Tel. 0361 288761, riesiger Klotz, aber nicht unsympathisch. Die Anlage hat ein paar Jahre auf dem Buckel. Der kleine Pool ist nett fürs Auge, aber der Strand ist gleich in der Nähe. Das Hotel ist gut geführt, Fernseher und Frühstück sind dabei.

25 Villa Puri Ayu④, Jl. Cemara 4D, Tel. 0361 289005, www.villapuriayu.com. In einem schönen Park liegen traditionell gebaute Bungalows im Lumbung-Stil mit Klimaanlage, TV, Safe, Minibar.

26 Watering Hole II②, Jl. Cemara 60B, Tel. 0812 39650829. Sehr ordentliche und saubere Zimmer mit Bad, Ventilator oder AC. Kleine Veranda, nahe am Strand, im begrünten Innenhof geht's ruhig zu.

24 Gardenia Guesthouse & Café④, Jl. Mertasari 2, Tel. 0361 286301, www.gardeniaguesthousebali.com. Feine Boutique-Anlage, schön möbliert, Mosaiken in den Bädern, nach vorn raus ein nettes Café mit Antiquitätenshop. Es gibt einen Pool und einen grünen Garten, in dem die Bungalows stehen; alle haben AC, TV, Minibar und Safe. Die Zimmer sind auch mit dem Rollstuhl zugänglich.

18 Hyatt Regency Bali④, Jl. Danau Tamblingan 89, Tel. 0361 281234, www.hyatt.com. Muss allein schon wegen der grandiosen Architektur genannt werden, wie der Blick von der Straße Richtung Lobby zeigt. Auch der Park mit eigenem Strandzugang ist grandios. Nach Jahren des Um- und Neubaus und eines „Rebranding" wurde das 5-Sterne-Hotel Anfang 2019 wiedereröffnet. Schick und schön und jeden Stern wert.

Essen und Trinken

Am Strand um den Art Market gibt es eine ganze Menge 3 **Warungs,** die günstig Nudeln, Reis und Suppen anbieten. Die meisten Restaurants befinden sich an der **Hauptstraße.** Zudem sind den großen Hotels Restaurants angeschlossen, die allen Gästen offen stehen. Das Gleiche gilt für die hoteleigenen Restaurants und Bars am Strand, die oft mit Live-Musik und Happy Hours winken.

1 **Warung Mak Beng,** Jl. Hang Tuah 45, Tel. 0361 282633, tgl. 8–22 Uhr. Wie wär's mit Fischsuppe Bali-Style mit den Köpfen der Tiere drin oder gebratenem Fisch mit scharf-würzigem Sambal, dass einem die Augen tränen? Das Team von *Mak Beng* hat es mit seinen Rezepten schon in so manches Kochbuch geschafft – das sollte man sich also nicht entgehen lassen.

MEIN TIPP: 5 **Warung Little Bird,** Jl. Danau Tamblingan 34, Tel. 0815 58195445, www.facebook.com/pages/Warung-Little-Bird/255267367881781, tgl. 11–23 Uhr. Steht in jedem Reiseführer und wird von Tripadvisor hoch gelobt, daher zu Essenszeiten immer voll – aber der Weg lohnt. Was die Jungs in der winzigen Küche an Köstlichkeiten zaubern, ist mehr als beeindruckend. Und wer keinen Hunger hat, der geht an die schmale Bar und beobachtet von dort aus das faszinierende Geschehen bei einem Cocktail oder Kaltgetränk.

9 **Bread Basket Bakery,** Jl. Danau Tamblingan 51, Tel. 0361 282339, www.breadbasketbali.com, tgl. 7–20 Uhr. Ableger der stylishen Bäckereikette, die es auch in Uluwatu, Canggu und Kerobokan gibt. Überall beliebt wegen der frischen und gut riechenden Backwaren. Da werden gerne auch längeren Anfahrten in Kauf genommen.

13 **Café Batu Jimbar,** Jl. Danau Tamblingan 152, Tel. 0361 289162, www.facebook.com/batujimbarcafe, tgl. 8–23 Uhr. Gut besuchtes kleines Restaurant, das Salate, leichte Gerichte und frische Fruchtsäfte serviert. Dreimal die Woche gibt es Live-Musik.

11 **Kopi Kiosk,** Jl. Danau Tamblingan, Tel. 0361 270046, tgl. 7–21 Uhr. Für manche Kenner gibt es hier zu einem guten Preis den besten Kaffee in Sanur, wenn nicht sogar in Bali. Sicher ist, dass der Service erstklassig ist und man im Schatten wunderbar eine angenehme Zeit verbringen kann.

21 **Angel's Bar,** Jl. Danau Poso 92, www.facebook.com/angelsbarbali, tgl. 13–1 Uhr. Diese überschaubare Bude übt auf die trinkfreudige Expat-Gemeinde eine gewisse Anziehungskraft aus.

14 **Ulu Thaifood,** Jl. Danau Tamblingan 85, Tel. 0361 4492063, www.facebook.com/people/Ulu-Thai-Food-Sanur/100054215451279. Gelungenes Thaifood, auch gerne mal ein bisschen schärfer.

16 **Ryoshi Japanese Restaurant,** Jl. Danau Tamblingan 186, Tel. 0361 288473, tgl. 9–23 Uhr, gehört zu einer Kette, die auf ganz Bali und bis nach Gili Trawangan zu finden ist. Schicke Einrichtung, gutes japanisches Essen.

Einkaufen

■ **Art Market,** Jl. Hang Tuah, nett zum Anschauen und selbstverwaltet. Leider sind die Verkäuferinnen und Verkäufer arg auf der Suche nach potenziellen Kunden. „One more sarong" und „morning prices" sind ständige Begleiter der Besucher.

12 **Periplus Bookshop,** Jl. Danau Tamblingan 136, Tel. 0877 82866034, www.periplus.com, tgl. 9–20 Uhr. Der Buchladen ist die richtige Adresse, wenn die eigene Lektüre ausgegangen ist.

23 **Kevala Ceramics,** Jl. Mertasari 21, Tel. 0361 4490064, https://kevalaceramics.com, Mo–Fr 8–17 Uhr. Die in Sanur hergestellten Keramikwaren wie Vasen, Aschenbecher, Tee- und Kaffeetassen sind ausgefallen gestaltet und kommen in etlichen Hotels Indonesiens zum Einsatz. Eine Werkstattbesichtigung ohne Kaufverpflichtung ist möglich.

22 **Hatten Wines,** Jl. Bypass Ngurah Rai 393, Tel. 0361 4721377, www.hattenwines.com, tgl. 9–20 Uhr. Wein aus Bali gibt es wirklich, und der ist gar nicht mal so übel. Zumindest bei den trockeneren

Weißweinen finden sich sicher auch europäische Gaumen wieder. Hatten Wines ist ein balinesisches Unternehmen, betreibt ein Weingut bei Pemuteran und einen Flagship Store in Sanur – hier können Interessierte Wein verkosten und sich über Geschichte und Anbau des hiesigen Weinanbaus informieren.

Sonstiges

Geld

Geldautomaten (ATM) gibt es reichlich, beispielsweise entlang der Danau Tamblingan. Eine Wechselstube ist **MPB Money Changer,** Jl. Danau Tamblingan 50, Tel. 0361 283111, http://mpbchanger.com, tgl. 8–22 Uhr.

Konsulat

■ **Deutsches Generalkonsulat,** Jl. Pantai Karang 17, Tel. 0361 288535, Mo–Fr 8.30–12.30 Uhr (mit vorheriger Terminvereinbarung für Antragstellungen); telefonische Erreichbarkeit nachmittags Mo–Do 13.30–16.30 Uhr.

Krankenhaus

■ **Sanur Medical Clinic,** Jl. Bypass Ngurah Rai 243, Tel. 0361 289116, www.sanurmedicalclinic.com, tgl. 8–20 Uhr.

Polizei

■ **South Denpasar Police Station,** Jl. Bypass Ngurah Rai, Tel. 0361 288579.

Post

■ **Kantor Pos Sanur,** Jl. Danau Buyan 28, Mo–Sa 8–15 Uhr.

Verkehr und Transport

Bemos

Es gibt **zwei Bemo-Stationen,** eine direkt an der Abzweigung der Jl. Hang Tuah, die andere im Süden, wo die Hauptstraße Sanurs auf den Bypass trifft. Es gibt blaue Bemos, die über Kereneng bis Tegal fahren, und grüne, die einen nur bis Kereneng bringen. Wer also beispielsweise nach Kuta will, braucht ein blaues, nach Ubud ein grünes Bemo.

Minibusse

■ **Kura-Kura** verbindet mehrmals täglich Sanur mit Kuta, Seminyak und Nusa Dua, Infos: http://kura2bus.com.

☑ Ende 2022 eröffnet – der neue Fährhafen Pelabuhan Sanur

xba007 sb

Kinder tanzen

Seit 1987 gibt es die **Tandjung-Sari-Stiftung** des gleichnamigen Hotels, das 1962 eröffnet wurde. Die Stiftung wurde gegründet von den Hotelbesitzern, der Wawo-Runtu-Familie, um verschiedene balinesische Kunstrichtungen vor dem Vergessen oder Aussterben zu bewahren. So stellt die Stiftung heute seltene und alte Instrumente für das Gamelan Semar Pegulingan in Sanur zur Verfügung. Tätigkeitsschwerpunkt aber ist der **kostenlose Tanzunterricht für Kinder** aus dem Dorf. Das ist nicht nur schön für Urlauber, die jeden Freitag und Sonntag von 15 bis 17 Uhr beim klassischen Tanz im Stein-Pavillon zuschauen können. Vielmehr sollen die Kinder über den Tanz ein Stück balinesische Kultur (wieder) kennenlernen und können sich bei den sehenswerten Tanzvorführungen am Strand am Applaus des Publikums erfreuen. Das Tandjung Sari finanziert die Stiftung aus Geldern der Eigentümer und aus einem Anteil, den die Gäste des Hotels zur Verfügung stellen. Und etliche Stammgäste spenden regelmäßig.

- **Infos:** www.tandjungsarihotel.com/en/our-story

212ba sb

- **Perama,** Warung Pojok, Jl. Hang Tuah 31, Tel. 0361 8950158, www.peramatour.com/en. Die Minibusse von Perama fahren ab Sanur so gut wie alle touristischen Ziele auf Bali an.

Taxi

- **BlueBird Taxi,** Tel. 0361 701111, www.bluebirdgroup.com. Hellblaue Taxis mit Taxameter, BlueBird gilt als die zuverlässigste Taxigesellschaft.
- **Grab** und **gojek,** per App kann ein grab- oder gojek-Transport organisiert werden, Infos: www.grab.com/sg, www.gojek.com/en-id.

Boote/Fähren

Vom Ende 2022 eröffneten **Hafen Pelabuhan Sanur** am Matahari Terbit Beach fahren die verschiedenen öffentlichen und privaten Gesellschaften auf „die Nusas“: Nusa Lembongan mit Jungutbatu und Mushroom Bay sowie Toyapakeh, Buyuk und Sampalan auf Nusa Penida. Auch Tagesausflüge werden angeboten. Es gibt Verbindungen auf die Gilis vor Lombok.

- **Scoot Fast Cruises,** Jl. Hang Tuah 27, Tel. 0361 280762, https://scootcruise.com, ist eine anerkannt zuverlässige Verbindung zwischen Sanur, Lembongan, Lombok und den Gilis.
- **PT Caspla Bali,** Jl. Matahari Terbit, Tel. 0812 3950536, www.casplabooking.com, verbindet mit dem Schnellboot Sanur, Penida und die Gilis.

Im 5 km entfernten **Benoa Harbour** wird fast die ganze Seefracht der Hauptstadt abgewickelt. Hier liegen nicht nur Frachtschiffe, sondern auch Charterjachten und Privatboote. Ab Benoa verkehren ebenfalls Schnellboote auf „die Nusas“. Die Abholung im Hotel ist normalerweise inklusive, man muss sich also nicht selbst nach Benoa bemühen, um dann in See zu stechen.

Die drei Nusas

Balis kleinere, aber immer beliebter werdende **Inselchen Nusa Lembongan und Nusa Ceningan** locken nicht nur Kenner mit ihrer gechillten Atmosphäre, entspannten Einheimischen sowie reichlich **Sand, Strand und Sonne.** Jede ist einzigartig, bietet besondere Landschaften wie dichte Mangroven und immer neue (Aus-)Blicke. Es gibt Boutique-Hotels, schlichte Strandhütten, etliche Restaurants und stylishe Cafés. Lembongan gilt als perfekter Spot für **Surfer,** die sich mit allen anderen Besuchern bei einem Drink die sensationellen Sonnenuntergänge teilen. Ceningan ist kleiner und überschaubarer als Lembongan, ein bisschen „kuscheliger" und bekannt für seine **Klippenspringer.** Auf beiden wird **Wassersport** großgeschrieben: Paddeln, SUP, Surfen, Schnorcheln mit Mantas und Tauchen – was will man mehr?

Nusa Penida ist die größte der drei Inseln, umgeben von türkisfarbenem Meer, gesäumt von krassen Klippen und einer Vielzahl atemberaubender Strände. Hier gibt es einiges zu tun und zu erleben. Zu den touristischen **Attraktionen** gehören hochgradig instagramable Spots wie Crystal Bay und Kelingking oder Broken Beach und Angel Billabong, reichlich Tempel und mit der Giri Putri Höhle ein echtes Highlight.

„Die Nusas" sind mit dem Boot von Bali aus erreichbar und werden oft auf **Tagesausflügen** mit Tourpaketen besucht. Aber länger ist besser!

Nusa Lembongan

Lembongan ist mit acht Quadratkilometern und gut 5000 Einwohnern die größere der Nusa Penida vorgelagerten Inseln im Südosten Balis. Das Zentrum der Insel ist felsig, mit Nusa Penida vergleichbar, aber die Berge sind nicht besonders hoch. Das Klima ist **sehr trocken,** sodass es nur wenig Landwirtschaft gibt; angebaut werden etwa Erdnüsse und Süßkartoffeln. Fischen und vor allem der Tourismus sind eine weitere Einkommensquelle und natürlich der **Siwi-Anbau:** Das Wort „Siwi" ist wohl aus dem englischen „seaweed" entstanden. Siwi ist **Seegras,** das in strandnahen Meeresgärten rund um die Insel angebaut wird. Bei Ebbe wird es geerntet und dann am Strand ausgelegt. Die nicht so strandnahen Siwi-Felder werden per Boot abgeerntet. Frauen und Mädchen tragen das Produkt körbeweise nach Hause, wo es getrocknet und in Säcke verpackt wird. Aus 8 kg nassem Seegras bleibt nach dem Trocknen noch 1 kg übrig. Das Seegras wird nach Japan, Europa und in den Rest der Welt verbracht. Genutzt wird es von der Kosmetik- und der Lebensmittelindustrie, aber auch zur Herstellung von Medikamenten.

Lembongan gilt für viele Bali-Müde und vor allem in der Regenzeit als kleines Paradies. Denn hier, auf acht Kilometern Länge und zwei Kilometern Breite, gibt es **schöne Strände, eine beeindruckende Mangrovenlandschaft, herrliche Tauchgründe** und meist viel Sonne. Die Tage auf Lembongan verbringt man am Strand oder im kristallklaren Wasser. Dank der Riffe und Wellenbrecher kann man wunderbar **surfen, schnorcheln und tauchen.** Wandern

Tauchen rund um die Nusas

Den Tauchgründen rund um Nusa Lembongan, Nusa Penida und Nusa Ceningan eilt ein gewisser Ruf voraus: **Herausfordernd** sei es hier, mit tückischen, wenn nicht gar tödlichen **Strömungen.** Fortgeschritten müsse man schon sein. Zur Belohnung aber sei das Tauchen hier spektakulär und wunderschön – nicht zuletzt wegen der Möglichkeit, Mantas und Mola Mola zu sehen.

Die drei Nusas liegen an der **Lombok-Straße,** die zwischen Bali und Lombok verläuft. Diese Straße ist eine der wichtigsten Passagen der Indonesischen Meeresströmung (ITF, *Indonesian Throughflow*), durch die der Indische und der Pazifische Ozean miteinander verbunden sind. Die Lombok-Straße ist etwa 60 km lang, bis zu 250 m tief und zwischen 20 und 40 km breit. Kurz und unwissenschaftlich gesagt, fließt hier eine Menge Wasser von einem Ozean zum anderen durch einen relativ engen Bereich.

Für das Tauchen rund um Nusa Penida empfiehlt es sich, bereits ein wenig **Taucherfahrung** mitzubringen und mit Strömungen vertraut zu sein. Je sicherer man sich generell unter Wasser fühlt, umso mehr wird man das Tauchen genießen und umso mehr Plätze wird man sehen können. Gleichzeitig lernen in den diversen Tauchschulen auf den Inseln **zahlreiche Anfänger** tauchen und machen ihre ersten Erfahrungen unter Wasser. Wie geht das zusammen? Zum einen gibt es auch hier unterschiedlich stark den Strömungen ausgesetzte Tauchplätze; einige der **geschützten Buchten** bieten perfekte Möglichkeiten für Anfängerkurse. Zum anderen taucht man in der Regel mit **erfahrenen lokalen Guides;** sie kennen die verschiedenen Tauchspots, die Gezeiten, die Mondphasen und alles, was dazugehört. So können sie bestimmen, welche Taucher mit welchem Erfahrungslevel zu welcher Uhrzeit an welchem Platz gut aufgehoben sind.

110ba rp

Spektakulär und wunderschön kann das Tauchen hier wahrhaft sein. Die Region **um Nusa Penida** ist seit Langem bekannt für ihre überdurchschnittlich große Artenvielfalt. Seit Ende 2010 gilt eine Fläche von über 20.000 Hektar rund um die drei Inseln als **Marine Protected Area:** 1142 Hektar Korallenriff mit 296 Korallenarten, 576 Fischarten (fünf davon gelten als neu entdeckte Arten) und 230 Hektar Mangrovenwald liegen in dieser Schutzzone. Mantarochen kann man hier das ganze Jahr über sehen, von Juli bis September ist Mola-Mola-Saison.

Tauchsaison ist grundsätzlich das ganze Jahr über, auch während der Regenzeit von November bis März gelten die Sichtweiten als gut. Von Juni bis Oktober kann das Wasser stark abkühlen, manchmal auf bis zu 20 Grad, ein 5-mm-Wetsuit und eventuell eine Haube sind dann empfehlenswert.

Tauchcenter finden sich hauptsächlich auf Lembongan, aber auch auf Penida eröffnen beinahe monatlich neue. Alle Anbieter sind auf westliche Kundschaft eingestellt und ausgerichtet. Die **Tauchplätze** werden mit großen Motorbooten von den Tauchcentern angefahren. Alle Plätze werden schnell erreicht, manche innerhalb weniger Minuten, bei den etwas weiter entfernten ist man in weniger als einer halben Stunde.

Tauchcenter in Jungutbatu (Karte S. 82)

2 Blue Corner Dive, Tel. 0812 37618151, www.bluecornerdive.com. Ist bereits lange da und zuverlässig; hat einen Ableger auf Nusa Penida nahe Toyapakeh.

8 Lembongan Dive Center, Tel. 0813 3975 2232, www.lembongandivecenter.com. Einziges Tauchcenter unter indonesischer Leitung mit sehr gutem Ruf in Sachen Sicherheit und Service zu relativ günstigen Preisen.

10 Big Fish Divers, Tel. 0813 53136861, www.bigfishdiving.com. PADI- und SSI-Tauchcenter auf dem Gelände der Secret Garden Bungalows, wo auch gleich genächtigt werden kann; von Engländern geleitet.

9 World Diving Lembongan, Pondok Baruna Guesthouse, Tel. 0812 3900686, www.world-diving.com. Das wohl renommierteste und am längsten operierende (seit 1998) Tauchcenter auf der Insel, das auch mit dem deutschen Anbieter Aquaventure Tauchreisen (www.aquaventure-tauchreisen.de) zusammenarbeitet.

■ **Two Fish Divers,** Tel. 0812 37571834, https://twofishdivers.com. Großes, sehr professionell agierendes Unternehmen unter englischer Leitung mit gleich fünf Tauchcentern/Resorts von Nusa Penida bis Manado.

oder schlicht in der Hängematte chillen sind andere Möglichkeiten, den Tag zu verbringen.

Die **Boote von Sanur und den Gilis** legen am weißen Strand von Jungutbatu oder in der Mushroom Bay an. Es gibt keinen Steg, die letzten Meter müssen durchs Wasser zum Strand gewatet werden. Dann geht's weiter zu den begehrten Ecken der Insel wie beispielsweise zum Sunset oder Dream Beach.

Die **Infrastruktur** auf Lembongan ist gut: Es gibt zahlreiche Tauchzentren, Unterkünfte, Restaurants, ein paar Geldautomaten und -wechsler sowie Shops. Autos dagegen kaum, dafür reichlich Scooter zum Mieten und ein paar Taxis und Golf Caddies.

Jungutbatu

Das **Tor zur Insel** liegt in einer Bucht am weißen Strand und ist ein wenig in die Jahre gekommen. Viele Besucher ziehen nach der Ankunft dort gleich weiter zu den Beaches mit den vielversprechenden Namen: Mushroom, Dream und Sunset klingen einfach zu verlockend, hier kommt Südsee-Feeling auf. Der Ort selbst ist überschaubar und bietet **ausreichend touristische Infrastruktur** – von Unterkünften und Bars bis zu Shops. Auch sind die Tauchcenter hier zu finden (→ Exkurs links).

In der Mitte der Bucht vor Jungutbatu beginnt ein **Korallenriff,** das einem Schiff zum Verhängnis wurde. Das Wrack schaut mahnend aus dem Wasser und hat einem anerkannten **Surfspot** den Namen verschafft: **Shipwrecks** = „Schiffswrack". Seine Beliebtheit ver-

Nusa Lembongan und Nusa Ceningan

0 500 m ©Reise Know-How BaliLom05 15/24

Übernachtung
- 1 Pondok Baruna Frangipani
- 3 Indiana Kenanga
- 4 Linda Beach Resort
- 6 Nitya Homestay
- 9 Pondok Baruna
- 13 D'Puncak Villas Lembongan
- 14 Playgrounds Wave Lodge
- 15 Lembongan Island Kubu Tamu
- 16 Mushroom Beach Bungalows
- 17 Mola Mola House
- 19 Dream Beach Huts
- 22 Double A Beach House
- 23 Le Pirate Beach Club

Essen und Trinken
- 5 Bali Eco Deli
- 7 Pondok Baruna Warung
- 11 The Corner Bar Jungutbatu, Maria's Boemboe Bali Warung
- 12 Warung Cassava
- 18 D'Kubu Resto
- 20 Alponte Ristorante
- 21 Sea Breeze Café Ceningan

Wassersport
- 2 Blue Corner Dive
- 8 Lembongan Dive Center
- 9 World Diving Lembongan
- 10 Big Fish Divers

dankt Jungutbatu hauptsächlich diesem Riff, das ziemlich weit draußen die Wellen bricht, die bis zu 4 m hoch sind. Das haben surfwütige Australier schon lange entdeckt, und so entstanden hier in den 1990er-Jahren die ersten Unterkünfte.

Strände, Buchten und Mangroven

Wandersleute pilgern ab Jungutbatu am Strand in westlicher Richtung. Sie passieren **Coconut Beach** und **Tamarind Beach** und gelangen dann zur **Mushroom Bay.** Die wirklich schöne Bucht ist längst vom Tourismus erobert und wird gerne von Tagestouristen ab Bali angefahren. Ruhe findet hier wohl keiner, dafür aber Strandleben satt. Die Strände können natürlich auch mit dem Scooter angefahren werden.

Der nächste Strand in der Richtung ist **Sunset Beach,** der Name ist Programm, gefolgt von **Devil's Tears** mit sich brechenden Wellen und felsigen Buchten. **Dream Beach** ist logischerweise ein Traum und der folgende Ort **Lembongan** ein klassisch balinesisches Dorf mit Tempel, Ämtern, Shops und Schulen.

Wer hier der Straße weiter folgt, jetzt gen Osten, passiert bald die berühmte **gelbe Hängebrücke nach Nusa Ceningan,** kann Mangrovenwälder entdecken und dort am Straßenrand auch leider sehen und riechen, wo der örtliche Müll landet. Am nördlichen Ufer, dem **Mangrove Beach,** angekommen, lohnen sich der Schwenk zum Mangrove Point, vielleicht eine kleine Bootstour hinein in die Welt der Mangroven und vor allem der Ausblick über die Siwi-Felder Richtung Bali. Ab hier ist es nicht mehr weit nach Jungutbatu.

Sport und Aktivitäten

Inselrundgang/-rundfahrt, zu Fuß, mit dem Fahrrad oder Scooter; die Straßen sind fast durchgängig asphaltiert.

Surfboards kosten ca. 250.000 Rp. Miete am Tag. Für den Transport zu den Surfspots werden 100.000 Rp. pro Weg verlangt. Surfunterricht für Anfänger: ca. 1 Mio. Rp.

Schnorchelexkursionen werden per Boot gemacht, ein Ausflug in die Mangroven kostet ca. 350.000 Rp. p.P., nach Nusa Penida 500.000 Rp. Beliebte Tauch- bzw. **Schnorchelspots** mit größerer Artenvielfalt (Manta, Hammerhai) sind Crystal Bay (zwischen Lembongan und Nusa Penida), Jet Point oder auch Mangrove Corner, Toyapakeh, SD (Sekolah Dasar) Point und Pura Ped. Vorsicht beim Verlassen der geschützten Buchten – die Strömung kann sehr stark sein!

Praktische Infos

Information

■ **https://lembonganisland.com** bietet einen gut gemachten Rundumschlag zu allen möglichen Fragen rund um die Insel – inklusive FAQ.

Übernachten in Jungutbatu

9 **World Diving Lembongan,** Tel. 0812 3900 686, www.world-diving.com, ist als Tauchcenter (s.o.) eine der ersten Adressen auf Lembongan. Aber auch die Strandbungalows im 9 **Pondok Baruna**②-④ und im 1 **Pondok Baruna Frangipani**④ sind ihr Geld wert. Das Angebot reicht bis zu Sea View Bungalows mit AC und Pool.

4 **Linda Beach Resort**③, Tel. 0821 44482896, www.facebook.com/lindabeachresort. Nettes Restaurant, Infinity Pool und Zimmer mit Ozeanblick geben den netten, freundlichen Ton vor.

xba009 sb

3 Indiana Kenanga④, Jl. Pantai Jungutbatu 56, Tel. 0366 5596371, www.indiana-kenanga-villas.com. Glänzt mit französischem Chic. Für die asiatischen Honeymooner: ganz was Feines, wie schon an Restaurant und Bar erkennbar, stylish, schick, teuer.

6 Nitya Homestay②-③, Jl. Banjar Kaja, Tel. 0878 60819189. Freundliche zweistöckige Anlage mit 18 Zimmern im balinesischen Stil in einem luftigen Garten, Pool inklusive.

14 Playgrounds Wave Lodge④, Tel. 0811 3881 1628, http://playgroundslembongan.com. Mit großem Pool, großer Bar und großen Zimmern – und tollem Blick über die Bucht.

15 Lembongan Island Kubu Tamu②-④, Celagimpak Beach, Tel. 0431 386105, www.facebook.com/kubutamu. Zimmer und zwei Familienbungalows. Mit Restaurant, netten Leuten und akzeptablen Preisen. Wer hier wohnt, hat es nicht weit zu Tamarind Beach und Mushroom Beach.

Übernachten am Mushroom Beach

16 Mushroom Beach Bungalows④, Jl. Tanjung Sanghyang, Tel. 0361 280944, www.mushroombungalows.com. Schöne Anlage mit Pool und elf Zimmern im balinesischen Stil, das Dach ordentlich mit Alang Alang gedeckt, dazu offenes Badezimmer und privater Balkon mit üppigem Tropengarten.

MEIN TIPP: **17 Mola Mola House**④, Tel. 082 247543947, http://molamolalembongan.com. Back to the 80ties: Schicke Holzbungalows im balinesischen Stil direkt am Mushroom-Strand mit Blick aufs Meer. Komplett mit Klimaanlage, Moskitonetz und Warmwasserdusche, einem netten Team und einem privaten Bootszubringer ab Bali.

Übernachten am Dream Beach

19 Dream Beach Huts④, Tel. 0821 21227151, https://dreambeachlembongan.com. „Follow your dreams" ist das Motto der poshen Anlage direkt am Strand, und das kann man hier durchaus. Das nahe Meer rauscht, der Wind wispert, und die Holz- und Bambus-Hütten – die Bezeichnung ist eine kleine Untertreibung – sind tatsächlich todschick.

Übernachten in den Hügeln

MEIN TIPP: **13 D'Puncak Villas Lembongan** ③, Tel. 0812 39550338, www.facebook.com/dpuncakvillas. Acht wunderschöne Holzbungalows um einen Pool herum gruppiert in einem sehr gepfleg-

^ Blick über Jungutbatu

ten Gartengrundstück. Dazu liegt D'Puncak auf einem Hügel, es geht ein frisches Lüftchen. Besitzer *Made* mitsamt Familie ist ungemein engagiert.

Essen und Trinken

Die größeren Hotels und Resorts an den (Traum-) Stränden haben normalerweise ein Restaurant und Café dabei. Wer nicht will, muss die Anlagen also gar nicht verlassen.

5 **Bali Eco Deli,** Jungutbatu, Tel. 0821 3732 7521, www.baliecodeli.net, tgl. 7–21 Uhr. Hier ist alles bio: Die Zutaten für die liebevoll zubereiteten Mahlzeiten kommen aus biologischem Anbau, die Takeaway-Verpackungen sind aus natürlichen Materialien, und es gibt keine Plastik-Strohhalme. Das Café/Restaurant hat längst seine Stammkundschaft gefunden.

7 **Pondok Baruna Warung,** Jungutbatu, Tel. 0812 3940992, tgl. 7.30–22 Uhr. Bekannt für gute Küche, ordentliche Portionen und freundlichen Service. Vor allem die balinesischen Mahlzeiten sind immer eine Versuchung.

11 **The Corner Bar Jungutbatu,** tgl. 11–22.30 Uhr. Liegt an der Straßenecke und macht ihrem Namen alle Ehre: nette Bar mit Happy Hour und ordentlichen Mahlzeiten. Hier kann man schön dem Treiben im abendlichen Jungutbatu zusehen.

11 **Maria's Boemboe Bali Warung,** Jungutbatu, Tel. 081 212205098, Mo–Fr 16–23 Uhr, Sa & So 8–23 Uhr. Sehr überschaubarer Warung direkt am Straßenrand und mitten im Geschehen. Prima balinesische und indonesische Küche, vom Mädelsteam zubereitet vor den Augen der neugierigen Kundschaft.

12 **Warung Cassava,** Jungutbatu, Tel. 0822 4773 4431, tgl. 9–22 Uhr. Gleich neben D'Puncak liegt dieser kleine Warung schön in einem kleinen, ruhigen Garten. Die Küche ist lokal und international, die Curries sind erstklassig, das Bier kalt und günstig, und ein Teil der Kräuter kommt aus dem eigenen Garten.

☐ Viele Strände auf den Nusas laden zum Träumen ein, nicht nur der Dream Beach

xba008 sb

Sicherheit von Bootsverbindungen

Nachdem das **Schnellboot „Kebo Iwa Express"**, das regelmäßig Touristen von Nusa Penida nach Sanur brachte, am 3. Januar 2023 **kenterte** und sank, kam die Diskussion über die Sicherheit der Bootsverbindungen auf die Nusas (wieder) auf. Glücklicherweise konnten die sechs Besatzungsmitglieder und 23 Passagiere gerettet werden und niemand wurde verletzt. Das Boot war etwa 3,7 km von Sanur entfernt, als es leckschlug und sank. **Experten** glauben, dass das Boot von einem harten Gegenstand oder Ast getroffen wurde. Eine andere Theorie gibt hohem Wellenschlag die Schuld, denn zu der Zeit tobte ein heftiges Unwetter. So hatte das Zentrum für Meteorologie, Klimatologie und Geophysik in Denpasar sogar eine Warnung ausgegeben, nicht auf dem Seeweg zu reisen, es sei denn, dies sei absolut notwendig. Die Polizei veranlasste eine Untersuchung potenzieller Fahrlässigkeit durch das Management und die Besatzung des „Kebo Iwa Express", das Unternehmen musste schließen.

100-prozentige Sicherheit gibt es bei einem Bootstrip rund um Bali nicht. Aber man sollte **darauf achten, dass**

a) das transportierende Unternehmen einen guten Ruf hat (am besten herumfragen),

b) das Boot einen zuverlässigen Eindruck macht,

c) das günstigste Angebot nicht unbedingt das beste ist und

d) die Wetterbedingungen am Reisetag stabil sind.

18 **D'Kubu Resto,** Dream Beach, Tel. 0812 3983 772, tgl. 7–22 Uhr. Liegt nicht direkt am Traumstrand, aber der Spaziergang ins Hinterland lohnt sich sicher. Manche meinen, es sei mit das schönste Restaurant auf Lembongan, dabei ist das Preisniveau für die indonesische Küche absolut korrekt.

20 **Alponte Ristorante,** Jl. Raya Lembongan, Richtung Yellow Bridge, Tel. 081 220001282, tgl. 8.30–22 Uhr. Wenn's höchst Zeit für Pasta oder Pizza ist, dann ist Alponte eine gute Wahl. Der Blick geht Richtung Nusa Ceningan, die Pizzas sind gut, zudem gibt es regelmäßig Live-Musik.

Sonstiges

- **Geld:** Es gibt nur zwei Geldautomaten (ATM), beide stehen an der Jl. Mushroom Beach und werden gut genutzt. In Jungutbatu gibt es etliche Shops und Tauchcenter, die Bares wechseln.
- **Krankenhaus: East Medical Care Center,** Jl. Mushroom Beach 247, Tel. 081 339555515, http://eastmedicalcarecenter.com, mit 24-Std.-Service.
- **Polizei: Polsubsektor Lembongan Police Office,** Jungutbatu, tgl. 8–18 Uhr.

Verkehr und Transport

- **Anfahrt:** Am schnellsten gelangt man von Sanur nach Lembongan und Nusa Penida. Die öffentlichen und privaten Schnellboote fahren die Strecke mehrmals täglich ab dem im November 2022 eröffneten Hafen Pelabuhan Sanur am Matahari Terbit Beach im Norden Sanurs. Fahrzeit je nach Bootstyp: 30–45 Min., einfache Fahrt: ca. 200.000 Rp.
- **Scoot Fast Cruises,** Jl. Hang Tuah 27, Sanur, Tel. 0361 280762, https://scootcruise.com, verbindet Lembongan ab Jungutbatu zuverlässig mit Sanur, Lombok und den Gilis.

> Über die Yellow Bridge geht es von Lembongan auf die Insel Ceningan

■ **Nach Nusa Penida** fahren ab der Hängebrücke (Yellow Bridge) ab 6.30 Uhr bis ca. 17 Uhr täglich und stündlich Boote nach Toyapakeh auf Nusa Penida; Fahrzeit: ca. 30 Min., Kosten: 50.000 Rp. p.P., Tickets gibt's am Schalter direkt bei der Brücke.

■ **Verkehr auf der Insel:** Auf Lembongan gibt es nur wenige Autos. Wer nicht selbst Scooter fahren will, lässt sich auf dem Rücksitz eines privaten Scooters mitnehmen; je nach Strecke kostet das 20.000 bis 50.000 Rp. Scootermiete: ca. 90.000 Rp. am Tag. Fahrradmiete: ca. 60.000 Rp. am Tag.

Nusa Ceningan

In den letzten Jahren hat Lembongans kleine Nachbarinsel dank ihrer fotofreundlichen Attraktionen bei den Besucherzahlen deutlich zugelegt. So zieht es etliche gleich bei der Ankunft in Jungutbatu oder der Mushroom Bay weiter nach Ceningan, auf die kleinste der drei Nusa-Inseln. **Von Lembongan** erreicht man Ceningan bequem **über die gelbe Hängebrücke** – zu Fuß, mit dem Fahrrad oder dem Scooter. Die Brückenquerung ist ein beliebter Fotospot, denn man genießt einen spektakulären Blick auf die Meerenge zwischen den beiden Inseln. Nusa Ceningan ist weniger touristisch erschlossen als Lembongan, was genau den Charme der Insel ausmacht. Zu den Attraktionen gehören die **Blue Lagoon,** der **Secret Beach** im Südwesten des Eilands und der **Mahana Point** mit seinen viel fotografierten und instagram-erprobten **Klippenspringern.**

Die bekannte **gelbe Hängebrücke (Yellow Bridge)** – eine Attraktion vor allem bei einheimischen Touristen – brach am Abend des 16. Oktobers 2016 plötzlich zusammen, neun Tote und Dutzende Verletzte waren zu beklagen. Wahrscheinlich war die Brückenstruktur schlichtweg überlastet wegen zu vielen Menschen und zu vielen Mopeds. Sie wurde aber schnell wiederaufgebaut.

Die Möglichkeiten und das Potenzial von Ceningan haben auch die politisch Verantwortlichen längst auf dem

xba010 sb

Schirm: Das Verkehrsministerium leierte den Bau des **Fährhafens Munjul Bias** an, um den lokalen Tourismussektor – auch auf Nusa Penida – zu unterstützen. Der Hafen wurde im November 2022 eröffnet und soll den Fährtransport nach Padangbai und Nusa Penida leisten. Auch Schnellboote ab Bali sollen hier anlanden. Die Zufahrtsstraße wurde ausgebaut, Wege geteert, Breschen geschlagen – die Zukunft wartet nicht.

Sport und Aktivitäten

Inselrundgang/-rundfahrt mit dem Fahrrad oder Scooter. Aber Vorsicht, es geht reichlich auf und ab, brennende Schenkel sind bei einer Radeltour garantiert! Man kann die Insel auch erwandern, sie ist ja gerade mal 4 km lang und 1 km breit.

Klippenspringen: Am Mahana Point und der Blue Lagoon stürzen sich Mutige von den Klippen hinunter in den Ozean. Instagram hat die Action weltberühmt gemacht. Wer es auch einmal probieren will, sollte erst den Profis zuschauen und Ebbe und Flut beachten. Am Mahana Point gibt es zwei Plattformen, 10 und 5 m hoch. Der Sprung vom 10-Meter-Brett kostet 50.000 Rp.

Praktische Infos

Übernachten, Essen und Trinken

Ceningan bietet einige Unterkünfte, monatlich kommen neue dazu. Wer nicht auf der Insel übernachten will, macht einen Tagesausflug mit dem Scooter ab Lembongan – ist nur ein Katzensprung über die Yellow Bridge.

23 **Le Pirate Beach Club**③, Jl. Nusa Ceningan, Tel. 0813 38389360, https://lepirate.com/nusaceningan. Sympathischer Ableger der Le-Pirate-Kette, die Beachclubs im selben Stil auf einigen Inseln Indonesiens hat. Zehn schlichte, aber bunte Bungalows plus Restaurant und Pool, Blick aufs Meer inklusive.

22 **Double A Beach House**②, Jl. Nusa Ceningan, Tel. 0821 47752246, www.facebook.com/people/DoubleA-Beach-House/100049512230272. Natürlich auch direkt am Strand, die Aussicht gibt's kostenlos, den Rest zu einem erstklassigen Preis-Leistungs-Verhältnis.

21 **Sea Breeze Café Ceningan,** Jl. Nusa Ceningan, Tel. 0812 39567407, www.facebook.com/pages/category/restaurant/Seabreeze-Ceningan-182539728886282, tgl. 7.30–23 Uhr. Hier trifft sich Ceningan auf ein Bier mit Ausblick. Lockere Bar mit brauchbarem Restaurant, Happy Hour und viel guter Stimmung von morgens bis in die Nacht.

Geld

Es gibt **keinen Geldautomaten (ATM),** also ist nur Bares Wahres.

Verkehr und Transport

- **Anfahrt:** Zu Fuß oder mit dem Scooter ab Lembongan über die Brücke, und schon liegt einem Ceningan zu Füßen. Die Zukunft wird zeigen, was der neue Hafen (s.o.) für Auswirkungen haben wird.
- **Nach Nusa Penida:** Ab der Hängebrücke (Yellow Bridge) fahren auf der Lembongan-Seite der Brücke ab 6.30 Uhr bis ca. 17 Uhr täglich und stündlich Boote nach Toyapakeh auf Nusa Penida; Fahrzeit: ca. 30 Min., Kosten: 50.000 Rp. p.P., Tickets gibt's am Schalter direkt bei der Brücke.

> Nichts für Klaustrophobiker – der Eingang zur Höhle Goa Giri Putri auf Nusa Penida

Nusa Penida

Auf der 210 km^2 großen Insel ist es im Gegensatz zum fruchtbaren Garten Balis eher **karg,** die Küsten sind eher trocken. Die Insel lässt sich nicht künstlich bewässern, somit gibt es keinen Reisanbau im großen Stil. Hauptsächlich werden **Mais** und **Kokosnüsse,** während der Regenzeit auch **Tabak** angebaut. Den Herrschern von Klungkung diente Nusa Penida **lange Zeit** als **Gefangeneninsel,** da sie für Penida keine weitere Verwendung hatten.

Nicht nur die Landschaft, auch die **Tier- und Pflanzenwelt** unterscheidet sich deutlich von der Balis. Sie wird dem australischen Einflussbereich zugerechnet und ähnelt daher eher der Lomboks, obwohl die Insel näher an Bali liegt. Das wird damit erklärt, dass die recht flache Meeresstraße zwischen Bali und Nusa Penida eher entstanden ist als der bis zu 312 m tiefe Graben zwischen Nusa Penida und Lombok.

Auf Nusa Penida lebt der **Weiße Kakadu,** der auch auf Lombok, nicht aber auf Bali vorkommt. Ferner ist der sehr seltene **Bali-Mynah** anzutreffen, besser bekannt als **Balistar,** den man auch im Nationalpark Bali Barat mit ein bisschen Glück wieder sehen kann. Er wurde hier Anfang des 20. Jahrhunderts angesiedelt, da er auf Bali vor dem Aussterben stand.

Auch die Menschen auf der Insel unterscheiden sich von denen Balis. Sie haben **eigenständige Bräuche, Tänze** und eine **besondere Haus- und Tempelarchitektur.** Die Dörfer im Inselinneren, an denen der Tourismus bisher vorbeiging, machen einen eher ärmlichen und teilweise unterversorgten Eindruck. Nur rund um die Spots, die oft über Instagram & Co. weltberühmt geworden sind, gibt es eine touristische Infrastruktur. Dazu gehören **Strände und Klippen** mit klingenden Namen wie Angel Billabong, Atuh Beach, Broken Beach, Crystal Bay, Diamond Beach, Kelingking Beach oder die Höhle Goa Giri Putri.

xba012 sb

Die meisten Urlauber kommen mit einem **organisierten Tagestrip** ab Lembongan oder Bali auf die Insel. Hier werden sie mit dem Mietwagen oder Minibus **von Attraktion zu Attraktion** gekarrt. Was dazu führt, dass diese zu gewissen Zeiten schlicht überfüllt sind – denn alle Tagestouren starten um ungefähr dieselbe Tageszeit und fahren eine ähnliche Route ab. Wer ein bisschen individueller unterwegs sein will, leiht sich in Toyapakeh einen Scooter und erkundet die Insel auf zwei Rädern. Oder bleibt ein oder zwei Nächte und schaut sich die Spots in aller Ruhe an.

Toyapakeh

Im **überschaubaren muslimischen Fischerdorf** kommen die meisten Urlauber an, und hier starten auch die meisten Tauchtrips in die sehenswerten Gefilde rund um Nusa Penida. Der Ort liegt an einer **schönen Bucht,** deren Grund hauptsächlich von Korallen und Felsen gebildet wird, es gibt einige Unterkünfte und Warungs. Die Masse der (Tages-) Touristen zieht aber gleich weiter.

Pura Penataran Ped

Gut 5 km Richtung Sampalan liegt links der Hauptstraße der **balinesische Tempelkomplex** Pura Penataran Ped. Hierher kommen auch Balinesen, denn er ist ein Ort böser Geister, und diese müssen beschwichtigt werden: Der Tempel gilt als die Heimat des gefürchteten **Jero Gede Macaling** (→ Exkurs links), der Krankheiten, Überschwemmungen und Unglück nach Bali bringt. Das Besondere am Tempel ist der **Taman,** ein künstlicher viereckiger Teich, in dessen Mitte sich ein Schrein erhebt, den man über eine Bambusbrücke erreicht. Der Tempel

Die Legende vom Riesen Jero Gede Macaling

Der Legende nach lebt auf Nusa Penida der zähnefletschende Riese *Jero Gede Macaling.* Sein Hauptvergnügen besteht darin, den Menschen Balis **Unglück** zu bringen. Dazu fliegt er übers Meer, landet am Strand und schickt sein Dämonenheer ins Landesinnere, wo es Seuchen, Trockenheit und Zwietracht verbreitet.

Vor langer Zeit wurde er wieder einmal in den Wäldern bei Kuta entdeckt. Er hatte sich in einen **Barong** verwandelt, ein Ungeheuer, das einst die Urwälder Balis bewohnte. Die Menschen liefen Hilfe suchend zum Priester, um zu erfahren, wie sie den Unhold vertreiben könnten. Der Priester gab den Bewohnern von Kuta den klugen Rat, ein **Barong-Kostüm** zu erschaffen, das genauso groß, schrecklich und stark sei wie der *Barong,* in den sich der Riese verwandelt hatte. Diesen Rat befolgten die Menschen und wählten die zwei Mutigsten aus, die sich das Kostüm überstülpten und damit in den Wald gegen den Riesen zogen. Als *Gede Macaling* den *Barong* erblickte, erschrak er dermaßen, dass er Hals über Kopf mit seiner Dämonengefolgschaft zurück nach Nusa Penida floh und sich seither nicht mehr zurückgetraut hat.

Seitdem wird ein **künstlicher Barong in jedem Tempel** aufbewahrt. Er hat dort einen bestimmten Schrein und dient besonders zur Austreibung von bösen Geistern und Krankheiten.

kann jeden Tag besucht werden, einen eigenen Sarong sollten Neugierige mitbringen.

Sampalan

Das **Verwaltungszentrum** von Nusa Penida liegt etwa 9 km von Toyapakeh entfernt, ebenfalls am Meer. Hier gibt es etliche Ämter, einen großen Fährhafen, Schulen und den **wichtigsten Markt der Insel.** Auch ein paar **Geldautomaten** (ATM) sind vorhanden.

Goa Giri Putri

Die **Höhle** rund 5 km von Sampalan Richtung Suwana ist eine der Hauptattraktionen der Insel. Unten ist ein Parkplatz, hier kann kostenfrei eine Schärpe ausgeliehen werden. Hinauf kommt man über **etliche Treppenstufen,** oben steht ein kleiner Tempel; hier ist der Eingang der Höhle, man wird nachdrücklich zu einer Spende in Höhe von mindestens 50.000 Rp. aufgefordert.

Die Höhle selbst kann nur durch eine gerade einmal ca. **50 x 50 cm große Öffnung** betreten werden. Hat man sich dort hindurchgezwängt, kommt man in immer größere Höhlen, bis man schließlich in einer riesigen unterirdischen und **festlich ausgeschmückten Halle** steht. Es gibt mehrere Nebengänge und -höhlen. Ganz am Ende öffnet sich die Höhle nach außen zur anderen Seite des Berges. Dieser ziemlich große Eingang ist aber von außen nicht zugänglich, da er in einer steilen Felswand liegt; zurück geht man also den gleichen Weg, den man gekommen ist.

Weiter die Ostküste hinunter folgen mit **Atuh Beach** und **Diamond Beach** einige der sehenswerten Fels- und Klippenformationen, die in einem Traumstrand am kristallklaren Ozean enden. Am **Thousand Islands Viewpoint** schließlich steht das mittlerweile wohl dank Instagram & Co. weltberühmte **Tree House** oder **Rumah Pohon;** wer sich früh genug anmeldet, kann hier mit Ausblick nächtigen.

Die Südküste von Nusa Penida hält gut mit und glänzt mit dem Meerwasserpool **Angel Billabong** und dem **Broken Beach. Kelingking Beach** ist nicht weit und der bekannte Schnorchelspot **Crystal Bay** auch nicht. Die Anfahrten können sich ein wenig zäh gestalten, da die Straßen hinunter ans Wasser nicht immer die besten sind und die Fußwege zu den Stränden steilst hinabführen. Aber diese Aussichten …

Praktische Infos

Information

■ **www.nusapenida.com, https://nusa-penida.info** und **https://nusapenida.org** bieten gute Informationen zur Anreise und zu Unterkünften auf der Insel.

Übernachten, Essen und Trinken

Die Zahl der Unterkünfte auf Penida steigt, da immer mehr Besucher länger bleiben. Essen gibt's in den Unterkünften und Restaurants, Warungs, Cafés und Bars in den touristischeren Orten. Je weiter man sich in den Süden und zu den Sehenswürdigkeiten begibt, desto dünner wird das Angebot.

■ **Losmen Tenang**②, Jl. Raya Toyapakeh-Ped, Toyapakeh, Tel. 0878 61098228. Einfache, aber ausreichend nette Zimmer und freundlicher Service am

Bali: Der Süden

Strand von Toyapakeh. Mehr braucht's nicht, und das Preis-Leistungs-Verhältnis ist absolut okay.

■ **Ring Sameton Inn**③-④, Jl. Raya Ped-Buyuk, Toyapakeh, Tel. 0366 5581521, www.ringsametonnusapenida.com, gleicht eher einem Western-Style-Hotel und wird hauptsächlich von Tauchern bewohnt. 50 Meter sind's bis zum Strand. Alle Zimmer sind mit Klimaanlage ausgestattet, das Personal ist für seine Freundlichkeit bekannt.

Namaste Bungalows③-④, Jl. Raya Sakti, Sakti, Tel. 081 337271615, https://namaste-bungalows.com. In französischen Händen und seit Langem da. Die Lage an der Crystal Bay ist prächtig und die zehn Bungalows aus recycelten Materialien mehr als brauchbar.

■ **The Dewi Sun Sun**③, Jl. Ped-Buyuk, Buyuk, Tel. 0821 44857829. Näher am Strand geht's kaum. Man muss nur ein Mal umfallen, um die Füße in den Sand zu stecken. Die Bungalows sind aus nachwachsenden Materialien gebaut und mit Annehmlichkeiten wie TV und Klimaanlage ausgestattet. Der Knaller aber ist die Aussicht.

■ **Sibarita bar & resto,** Jl. Ped-Buyuk, Buyuk, Tel. 0812 38433270, tgl. 7.30–23 Uhr. Liegt gleich neben The Dewi Sun Sun; einige Besucher dort finden das sehr gut, andere klagen über den Lärm aus der Bar. Denn hier ist immer gut was los bei „Mexican Beach Vibes", nicht nur zur Happy Hour.

■ **Greenkubo,** Sakti, Tel. 081246848106, https://greenkubupenida.com, tgl. 10–22 Uhr. Um das Greenkubo kommt keiner herum, der von Lembongan nach Penida kommt – das Werbeschild des Hauses am Hang neben Toyapakeh ist weithin sichtbar. Das Restaurant hinterm Schild ist nicht von schlechten Eltern und die Mahlzeiten recht preiswert – und das bei einer grandiosen Aussicht über Lembongan bis nach Bali.

Sonstiges

■ **Geld:** Geldautomaten (ATM) in Sampalan.

■ **Krankenhaus: Nusa Medica Clinic,** Jl. Raya Toyapakeh Ped 55, Tel. 0812 38465656, www.nusamedica.com, mit 24-Std.-Service.

■ **Polizei: Polsek Nusa Penida,** Jl. Raya Toyapakeh Ped, Tel. 0813 37359543.

Verkehr und Transport

■ **Anfahrt:** Am schnellsten gelangt man ab Sanur nach Nusa Penida. Die öffentlichen und privaten **Schnellboote** – die Auswahl ist groß – fahren die Strecke mehrmals täglich ab dem im November 2022 eröffneten Hafen Pelabuhan Sanur am Matahari Terbit Beach im Norden Sanurs. Fahrzeit je nach Bootstyp: 1–1½ Std., die einfache Fahrt kostet ca. 350.000 Rp.

■ **Ab Kusamba auf Bali:** Sekar Jaya Fast Boat, Jl. Pasir Putih, Kusamba, Tel. 0877 50652696, www.sekarjayafastboat.com, mit dem Schnellboot ab ca. 7–17 Uhr zwischen Kusamba und Sampalan.

■ **Ab Padangbai:** Zwischen Padangbai und Sampalan verkehrt zweimal täglich, vormittags und nachmittags, eine Autofähre; Tickets gibt's im Hafengebäude.

■ **Ab Nusa Lembongan:** Ab dem Strand bei der Yellow Bridge fahren ab 6.30 Uhr bis ca. 17 Uhr täglich und stündlich Boote nach Nusa Penida. Fahrzeit: ca. 30 Min., Kosten: 50.000 Rp. p.P., Tickets gibt's am Schalter direkt bei der Brücke.

■ **Weiter auf die Gilis:** PT Caspla Bali, Buyuk Harbour 1, Buyuk, Tel. 0812 3950536, www.casplabooking.com, verbindet mit dem Fastboat Sanur, Penida und die Gilis.

■ **Bemos und Scooter:** Es gibt nur wenige Bemos auf Nusa Penida. Diese verkehren einigermaßen regelmäßig zwischen Sampalan und Toyapakeh. Unregelmäßig geht es auch bis nach Suana bzw. Sakti (Toyapakeh – Sampalan). Die beste Möglichkeit, Penida anzuschauen, ist mit dem Scooter (ca. 90.000 Rp. am Tag); wer in Toyapakeh ankommt, kann gleich vom Strand weg einen mieten.

☒ Padang Padang Beach auf der Bukit-Halbinsel

Halbinsel Bukit

Der **südlichste Zipfel Balis** beginnt auf Höhe des Fischerdorfes Jimbaran und besteht aus einem **trockenen, felsigen Plateau,** das sich bis zu 100 m senkrecht aus dem Ozean erhebt und zum Meer hin abrupt abbricht. Die Halbinsel lässt sich nur schwerlich bewässern und erlaubt kaum landwirtschaftliche Nutzung. Nur Kakteen, Buschwerk und Hotelanlagen gedeihen hier. Hauptattraktion ist der weltberühmte **Tempel Pura Luhur Uluwatu,** den die meisten Urlauber bei einem Tagesausflug besuchen.

Auf Bukit wird investiert, gebaggert und gesprengt: **Luxushotels, Resorts und Clubs** entstanden an der steilen Küste und wurden im wahrsten Sinne des Wortes aus dem Fels gemeißelt. Wie zum Beispiel das Six Senses Uluwatu oder der schicke Sundays Beach Club.

Die meisten Besucher sind nach wie vor die **Surfer.** Sie kommen nicht nur wegen der Beaches und Breaks, sondern auch wegen der einzigartigen Atmosphäre in den Orten, die aus dem Felsen geschnitten wurden und heute diese spezielle Art Menschen beherbergen. Man wird ihnen überall entlang der Küste begegnen: die Jungs mit Shorts und nacktem Oberkörper, die Mädels im Bikini auf dem Moped. Und wer den ausgeschilderten Straßen und Gassen beispielsweise nach Dreamland oder Suluban Beach folgt, lernt schnell eine ganz eigene Welt kennen.

Jimbaran

Südlich des Internationalen Flughafens in Tuban liegt der **Pantai Jimbaran,** ein ca. 4 km langer Sandstrand. Er wird von Urlaubern gerne zum Sonnenuntergang besucht, denn hier gibt es viele, wenn

xba014 sb

xba016 sb

auch nicht wirklich günstige **Fischrestaurants direkt am Strand** – die Tische stehen fast bis zur Wasserlinie, Kerzen und Fackeln verbreiten ein angenehmes Licht, es weht oft eine laue Brise, die an- und abfliegenden Flugzeuge brummen ein wenig und sorgen für dezente Untermalung. Zum Abendessen kommen Besucher aus allen Ecken Balis hierher, manchmal sogar busweise. Der Strand von Jimbaran wurde von der deutschen Zeitschrift „Brigitte" im Rahmen des Hypes um den Film „Eat Pray Love" mit *Julia Roberts* zum „romantischsten Ort der Insel" erklärt.

Der Fischmarkt am nördlichen Ende des Strandes, der **Pasar Ikan Tradisional Kedonganan,** ist eng und stickig – aber berühmt. Er gilt als der größte Strandmarkt Balis, an dem regelmäßig frischer Fisch angeliefert wird. Teilnehmer von Kochkursen der umliegenden Hotels kommen morgens vorbei, um den Fang des Tages zu kaufen und dann gemeinsam zuzubereiten. Schön zu beobachten, wie die Fischer von ihren Touren zurückkommen und der Markt seine Arbeit aufnimmt.

Abwechslung vom Strandleben bieten die bekannte Kunstgalerie **Ganesha Cultural Centre** im Hotel Four Seasons und das **Sidewalk Jimbaran,** ein stylishes Einkaufszentrum an der Hauptstraße Richtung Uluwatu.

⌃ Freie Sicht aufs Meer in Suluban

Vergnügungspark GWK

Südlich von Jimbaran, an der Jl. Raya Uluwatu, liegt der **Garuda Wisnu Kencana Cultural Park,** ein Unterhaltungs- und Vergnügungspark mit riesigen Statuen aus der Mythologie, Galerien sowie Tanzvorführungen und Musik. Es gibt einen Shop, und man kann hier heiraten. Der Hingucker aber ist die gut **121 m große Statue von Wishnu,** der auf einem *Garuda* reitet und „ins Land hineinschaut". Im August 2018 wurde sie fertig, gestaltet hat das Bauwerk *Nyoman Nuarta*. Zur Eröffnung am 22. September 2018 kam Staatspräsident *Joko Widodo*. Beide waren und sind stolz, denn die Statue ist die größte Indonesiens.

■ **Garuda Wisnu Kencana Cultural Park (GWK),** Jl. Uluwatu, Tel. 0361 700808, www.gwkbali.com, tgl. 9–21 Uhr, Eintritt: Erwachsene ab 125.000 Rp.

Praktische Infos

Übernachten

■ **Puri Bambu**④, Jl. Pengeracikan, Kedonganan, Tel. 0361 701468, www.hotelpuribambu.com. Recht großes Hotel hauptsächlich für Reisegruppen, die nette Anlage mit Garten liegt nicht weit vom Strand. Es gibt einen Pool und alles, was das Herz begehren könnte.

■ **New Asta Graha Homestay**③, Jl. Pengeracikan 8, Kendonganan, Tel. 0361 704875, www.newastagraha.com. Ruhig, sauber, alle Zimmer mit Sitzgelegenheit auf Balkon oder Veranda, Doppelzimmer mit Klimaanlage und TV, Bad und Kühlschrank, ca. 500 m zum Strand. Es gibt einen hauseigenen Auto- und Scooterverleih.

■ **The Open House Bali Hotel**④, Jl. Pemelisan Agung 25, Tel. 0361 709160, www.theopenhousebali.com. Die schicke Unterkunft bietet 17 stilvoll schlicht eingerichtete Zimmer mit Blick auf den Pool, mit Terrasse oder Balkon. Das hauseigene Restaurant sorgt für nicht ganz günstige, aber feine Speisen in ansprechendem Ambiente.

Essen und Trinken

Es gibt **entlang des Strandes etliche Fischrestaurants.** Oft heißt es in Leserbriefen, diese seien doch recht teuer. Es lohnt sich unbedingt, vor dem Genuss die Preise zu vergleichen oder auf Empfehlungen von anderen Reisenden oder in der Unterkunft zu hören. Wer ein bisschen Zeit hat, läuft den gewählten Strandabschnitt ab, schaut sich den Fisch an, verhandelt vielleicht ein wenig über den Preis und genießt dann den Abend.

■ **Warung The Bangsal,** Jl. Pantai Jimbaran 3, Jimbaran, Tel. 0812 37136921, tgl. 9–23 Uhr. Klein, aber fein und noch immer in Familienbesitz. In die Pfannen und Töpfe kommen frische Produkte aus dem Meer.

■ **Warung Bamboo,** Jl. Pemelisan Agung, Jimbaran, Tel. 0812 46781846, https://waroongbamboo.blogspot.com, tgl. 10–23 Uhr. Für einige Besucher mit der beste Spot am Strand von Jimbaran: überschaubare Preise, glänzend zubereitete Gerichte, sehr freundlicher Service.

Einkaufen

■ **Sidewalk Jimbaran,** Jl. Uluwatu 138A, Jimbaran, Tel. 0361 4469999, www.sidewalk.id, Mo–Fr 10–22 Uhr, Sa & So 10–23 Uhr. Kino, Sushi, reichlich Restaurants und Shopping auf zwei Etagen – natürlich gut gekühlt.

Sonstiges

■ **Geld:** Banken und die dazugehörigen Automaten gibt es etliche entlang der Jl. Uluwatu.

■ **Krankenhaus: Omsa Medic Jimbaran,** Jl. Uluwatu II 87, Jimbaran, Tel. 0361 4467070, http://omsamedic.com, mit 24-Std.-Service.

■ **Post: Pos Indonesia,** Jl. Uluwatu II, Mo–Fr 9–17 Uhr, Sa 9–12 Uhr.

Verkehr und Transport

■ **Bemos:** Von Tegal in Denpasar fahren Bemos bis nach Jimbaran und queren dabei Kuta.

■ **Taxis:** Die hellblauen Taxis von BlueBird Taxi, Tel. 0361 701111, www.bluebirdgroup.com, haben Taxameter und gelten als die zuverlässigsten. Per App kann ein grab- oder gojek-Transport organisiert werden, Infos: www.grab.com/sg und www.gojek.com/en-id.

Die Geschichte von Dang Hyang Nirartha

Die Gründungen der **berühmten Tempel** von Uluwatu, Tanah Lot, Rambut Siwi und des Pura Pulaki bei Pemuteran gehen der Legende zufolge auf eine Person zurück: Der angesehene **Hindu-Priester** *Dang Hyang Nirartha* kam wohl 1537 von Java nach Bali und hinterließ gewaltige Fußabdrücke. Hier ist seine Geschichte:

Anfang des 16. Jahrhunderts herrschte auf Java Chaos, denn die **islamische Expansion** hatte fast alle Gebiete der Insel erreicht. Einige javanische Hindus suchten Zuflucht in den östlichen Teilen Javas, andere flohen nach Bali, unter ihnen *Dang Hyang Nirartha*. Der Hindu-Priester war auch mit den Lehren des Buddhismus und des Islam vertraut. Zusammen mit seiner Frau und sieben Kindern machte er sich auf den gefährlichen Weg zur „Insel der Götter".

Doch als sie die Meerenge überqueren wollten, fanden sie nur ein kleines, undichtes Boot, das auf keinen Fall stabil genug sein würde, sie alle aufzunehmen. Mit Hilfe einiger Javaner konnten sie das Boot mit Kürbisblättern reparieren. *Nirartha* aber beschloss, sich allein auf seine magischen Kräften zu verlassen, und gelangte, sitzend **auf einem Kürbis, über das Meer** und nach Bali. Hier angekommen, baute er gleich seinen ersten Tempel mit Namen **Purancak** – bevor seine Familie die Insel betreten konnte. Als diese das sichere Ufer erreichte, legte er ein Gelübde ab, dass er und seine Nachkommen nie wieder Kürbis essen würden. Und bis heute weigern sich die meisten balinesischen Hindu-Priester, Kürbis zu essen – zu Ehren des Gelübdes von *Dang Hyang Nirartha.*

Gemeinsam setzte die Familie ihre abenteuerliche Reise Richtung Osten fort und begegnete einem **Drachen** – *Nirartha* verlor seine Frau und seine älteste Tochter. Deren Seelen wurden zu Schutzengeln des Dorfes, in dem sie starben. Sie werden bis heute im **Melanting-Tempel** geehrt. *Nirartha* nahm seinen Job ernst und versuchte, die damals animistischen Balinesinnen und Balinesen zu bekehren. Er lehrte sie, dass Götzenbilder und Statuen nicht angebetet werden sollten. Denn im Universum gebe es nur eine große Macht, *Sang Hyang Widdhi* oder Gott.

Nirartha erschuf das **Konzept von Padmasana,** auf dem alle balinesischen Tempel basieren. Padmasana ist ein Ort, an dem die Kraft Gottes stark ist und der von balinesischen Hindus verehrt wird. *Nirartha* führte auch die Verwendung von Feuer (Weihrauch), Weihwasser und frischen Blumen als Teil der Gebetskultur ein. Viele Jahre lehrte *Nirartha* und baute Tempel auf der ganzen Insel, u.a. **Uluwatu, Tanah Lot** und **Rambut Siwi.** Auch in Lombok war er tätig: Die Gründung des **Suranadi-Tempels** wird auf ihn zurückgeführt. Und zu jedem Tempel gibt es eine eigene Gründungslegende, die bis heute gepflegt und weitergetragen wird.

Als er spürte, dass sein Leben zu Ende geht, begab sich *Nirartha* an einen Strand in Kerobokan. Er vergrub hier seine Tabakkiste und bat den Geist des Ortes, diese zu bewachen. Da der Ort durchaus düster war, nannte ihn der Priester **Peti tenget** („Düstere Kiste"). Anschließend setzte *Nirartha* seine Reise nach Süden zum Dorf **Pecatu** fort, wo er schließlich im Tempel von Uluwatu „Moksha" fand und damit dem hinduistischen Kreislauf der Wiedergeburten entkam.

Bis heute werden die Lehren von *Nirartha* auf Bali befolgt. Sie halten das **Leben** auf der „Insel der Götter" **im Gleichgewicht** und bereichern die Kultur der Insel.

Pura Luhur Uluwatu

Die ganze Halbinsel ist spärlich besiedelt, und doch spielt sie eine **wichtige Rolle in der balinesischen Mythologie.** Die Legende berichtet, dass die von Java verdrängten Hindugötter den östlichen Teil der Mutterinsel abtrennten und so Bali entstehen ließen. Dann schufen sie die Berge, die ihnen als Wohnstätte dienen sollten, und zwar im Westen den Batukaru, im Osten den Gunung Agung, im Norden den Batur und schließlich im Süden das Tafelland Bukit. Deshalb wurde im äußersten Südwesten Balis, wohl schon im 10. Jahrhundert, **einer der wichtigsten Tempel der Insel** errichtet: der Pura Luhur Uluwatu. Direkt am Rand der hier über 80 m hohen Klippe erbaut, soll er Bali vor den bösen Dämonen, die im Meer hausen, bewahren. Hier, so erzählt die Legende, habe der legendäre javanische **Priester Dang Hyang Nirartha** (→ Exkurs links) im 16. Jahrhundert Erleuchtung erlangt. Dementsprechend prächtig ist die Tempelanlage gestaltet: Das geteilte Tor des Tempels wird von flügelförmigen Schnitzereien flankiert, während der Eingang zum zweiten Hof ein gewölbtes Tor ist, das von Statuen des elefantenköpfigen Gottes *Ganesha* bewacht wird, der als Problemlöser verehrt wird.

Berüchtigt ist der Tempel wegen der hier lebenden **räuberischen Affenhorde.** Jedem Besucher wird geraten, Brille, Handtasche und alles Bewegliche gut festzuhalten oder im Rucksack sicher zu verstauen. Bei klarem Wetter eröffnet sich vom Tempel eine **großartige Aussicht.** Am 14. Tag nach dem baliweiten Fest Galungan (→ S. 512) findet hier eine große **Zeremonie** statt, ein Erlebnis sind ferner die fotogenen **Feuertanzaufführungen** namens **„Kecak"** zum Sonnenuntergang.

■ **Pura Luhur Uluwatu,** Jl. Uluwatu, tgl. 7–19 Uhr, Eintritt (inkl. Sarong-Miete): Erwachsene 40.000 Rp., Kinder 30.000 Rp. Es gibt keinen öffentlichen Transport zur Tempelanlage, man sollte ein eigenes Fahrzeug nutzen, ein Taxi mieten oder an einer organisierten Tour teilnehmen, zum Beispiel mit dem Anbieter Perama Tour & Travel (→ S. 391).

Fahrt über die Halbinsel

Die Hauptstraße Jl. Uluwatu führt quer über die Halbinsel bis zum Tempel; hier kann man vor dem Tempelbesuch rechts und links Abstecher unternehmen. In dieser Gegend von Bukit sind **ein paar der teuersten und wohl besten Hotels Balis** angesiedelt.

Übernachten, Essen und Trinken

■ **Bulgari**④, Banjar Dinas Kangin, Jl. Goa Lempeh, Tel. 0361 8471000, www.bulgarihotels.com/en-us/bali. Glänzt mit einer Bar direkt an der steil abfallenden Küste, Bungalows mit beeindruckendem Blick und Ambiente sowie einer ungemein schicken Anlage weit weg von allem.

■ **Jumana Bali Ungasan Resort**④, Banjar Kelod, Jl. Melasti, Ungasan, Tel. 0361 3007000, www.jumanabali.com. 71 schicke Villen am Hang, drei Restaurants und ein eigener Strand. Wer hier residiert, möchte wahrscheinlich nicht mehr raus. Aber auch für Urlauber, die woanders nächtigen, ist ein Besuch interessant: Das hiesige **Ju-Ma-Na Restaurant & Bar** glänzt nicht nur mit einem wunderbaren Ausblick über den Ozean.

■ **Resort Six Senses Uluwatu**④, Jl. Goa Lempeh, Uluwatu, Tel. 0361 2090300, www.sixsenses.com/en/resorts/uluwatu-bali. In und rund um die 104 Villen und drei Restaurants dreht sich alles um

xba013 sb

das Thema Nachhaltigkeit: Das Regenwasser wird aufgefangen und für die Pools genutzt, Trinkwasser kommt aus eigener Produktion, ferner gibt es einen eigenen Kräutergarten mit Pilz-Aufzuchthäuschen.

Nachtleben

■ **Sundays Beach Club,** Jl. Pantai Selatan Gau, Ungasan, www.sundaysbeachclub.com, tgl. 10–20 Uhr. Nennt sich recht locker „Bali's most beautiful beachfront location" und gehört zum Resort The Ungasan. Hier kann man es sich richtig gut gehen lassen mit einem „Ocean View Menue", Live-Musik, Wassersport und Lagerfeuer.

Zurück in **Pecatu** mit seinen Banken, Geldautomaten, Warungs und Guesthouses geht es südwärts weiter Richtung **Pura Uluwatu.** Wer den Tempel besichtigt hat, sollte sich die Zeit nehmen und nach dem Tempeleingang links abbiegen; die Straße führt entlang der Westküste. Hier folgt bald **Suluban Beach,** ein Surferparadies wie aus dem Bilderbuch. Danach geht es im Bogen zurück nach Pecatu.

Suluban Beach

Etwa 1 km von Uluwatu entfernt gibt es mit Suluban Beach eine kleine **Surfkolonie;** ein kleines Schild kurz vor dem Uluwatu-Parkplatz zeigt den Weg. Die Surfer leben in winzigen Häusern, die quasi aus der Felswand geschnitten wurden. Die Landschaft ist ungemein abwechslungsreich und die **Höhle,** aus der die Surfer bei Flut rauspaddeln oder bei Ebbe rauslaufen, ist einmalig auf der Welt. So entstand hier ein **ganzes Dorf** – mit Surfshops, Werkstätten, günstigen Warungs, vielen Treppen, öffentlichen Toiletten und Duschen. Die Wellen unten erreichen eine ziemliche Höhe, bevor sie gegen das Steilufer schlagen.

Ab Suluban Richtung Norden folgen weitere Surfstrände, die alle ihren Reiz und ihre surferischen Besonderheiten, Herausforderungen und Geheimnisse haben: **Padang Padang Beach, Labuan Sait Beach, Impossible Beach, Bingin Beach** und **Dreamland Beach.** Man kommt über Stichstraßen und -wege von der Straße Richtung Pecatu hin, am Ende gibt es normalerweise einen kostenpflichtigen Parkplatz.

Übernachten, Essen und Trinken

■ **Delpi Hotel**③, Tel. 0361 769863, mitten im Dorf, mit grandiosem Ausblick ab dem Delpi Café. Es gibt Zimmer mit Ventilator oder Klimaanlage.

■ **Ketty Homestay**③, Tel. 0361 8018385, liegt hinter dem gleichnamigen Warung am oberen Ende des Ortes. Klimaanlage, Frühstück und Warmwasser sind genauso inklusive wie der Blick über das Surferrevier.

■ **Yeye's Warung,** Padang Padang Beach, Jl. Labuan Sait 250, Tel. 0812 3807892, tgl. 12–21 Uhr. Lesertipp: „Ist wirklich sehr zu empfehlen – dort gibt es balinesische und internationale Küche auf hohem Niveau, ein interessantes Speisenangebot (mein persönliches Highlight war der Fisch im Bananenblatt mit Kokosmilch – sensationell gut!) in gepflegtem und nettem Ambiente. Gutes Preis-Leistungs-Verhältnis."

Pecatu Indah Resort und Dreamland Beach

Die Anlage des **Pecatu Indah Resort** (www.pecatuindahresort.com) umfasst 400 Hektar und bietet 5-Sterne-Hotels, Resorts, Freizeitparks und andere Amusementmöglichkeiten. So befinden sich hier u.a. das Klapa Resort, das Jumeirah Bali Resort und der New Kuta Golfcourse (https://newkutagolf.co.id). Das Gelände lässt sich im wahrsten Sinne des Wortes erfahren. Ein **Vogelschutzgebiet** umrahmt das Resort. Unten an der Küste, unterhalb des spektakulären Nachtclubs Klapa New Kuta Beach (www.facebook.com/KLAPABeachClub), erstreckt sich **Dreamland Beach,** erreichbar über einen großen Parkplatz und eine Gasse mit Warungs – oder, rund 200 m weiter an der Hauptstraße, über eine eigene, spektakuläre Zufahrt. Der Strand ist nach wie vor schön, aber inzwischen busweise frequentiert.

Balangan Beach

Von Balangan lässt sich gut schwärmen: schlichte Holzhäuser auf Stelzen im Strandsand, einfache Guesthouses, großartige Surfmöglichkeiten, nette Menschen und gute Aussichten. Das ist Balangan in der ersten Reihe. Hinter dem **Surferdorf** hat sich die letzten Jahre eine kleine, aber **feine touristische Infrastruktur** entwickelt mit schicken Anlagen und Pools, schmucken Bungalows und Resortfeeling. Wer das nicht braucht oder will, geht einfach an den **wunderbaren Strand,** leiht sich einen Schirm, besorgt sich ein Kaltgetränk, hinterlässt seine Fußspuren im Sand, und zum Mittag gibt's eine Schüssel Reis im Warung. Öffentliche Toiletten und Duschen erleichtern das Strandleben. Wer kein Buch dabeihat, schaut über das Wasser und beobachtet die Surfer – Urlaub wie früher. Folglich ist Balangan in der Hochsaison schnell ausgebucht.

Übernachten

■ **Balangan Paradise Hostel**②, Jl. Pantai Balangan, Tel. 085 737011198. Das Haus liegt direkt am Parkplatz oberhalb des Strandes, der Taxistand ist gleich nebenan. Aufgefahren wird alles, was ein Urlauber so braucht: WiFi, Frühstück, Klimaanlage.

xba015 sb

■ **Flower Bud Bungalow Balangan**③, Jl. Pantai Balangan, Tel. 0816 4722310, www.flowerbudbalangan.com. Sehr schön lebt es sich hier in der zweiten Reihe hinter dem Strand, drei Minuten zu Fuß entfernt: offenes Restaurant, kleiner Park, im Lumbung-Stil gehaltene Bungalows und ein schicker Pool.

Surfen

■ **Balangan Wave Surf School,** Tel. 0819 9995 6573, https://balanganwavesurfschoolbali.com, bietet das komplette Surf-Spektrum vom zweistündigen Anfängerkurs in der Gruppe bis zu Privatunterricht.

Nusa Dua

Nusa Dua („Zwei Inseln"), benannt nach den zwei Inselchen, die östlich der Halbinsel Bukit vorgelagert sind, ist ein **Touristenkomplex** und **einzigartig in Indonesien.** Das Resort liegt isoliert **an der Ostseite der Bukit-Halbinsel** und ist auf einer gut ausgebauten Straße mit zwei Zufahrten zu erreichen. Und zu kontrollieren: Nicht ohne Grund finden in Nusa Dua große Kongresse, Tagungen und Events von teilweise weltweiter Bedeutung statt, darunter die Weltklima-Konferenz im Dezember 2007 oder der G20-Gipfel, der am 15./16. November 2022 hier über die Bühne ging und Bali wieder in die Medien der Welt brachte.

1983 wurde das erste von sieben geplanten **Hotels** eröffnet, das Nusa Dua Beach. Heute stehen hier u.a. das Grand Hyatt Bali, das Novotel, das Grand Whiz Hotel Nusa Dua Bali und das Bali Nusa Dua Hotel. **Erholungsangebote** wie Tennis, Swimmingpool, Golf, Fitnessstudio, Wasserski, Kinderturnen, Squash, Sauna und Surfen sind Standard.

Architektonisch hat man sich weitestgehend an den balinesischen Baustil gehalten, die Komplexe sind größtenteils recht ansprechend geworden oder sehr reduziert und modern. Die Gebäude umgeben weitläufige, gepflegte Blumen- und Grünanlagen, Pools in allen erdenklichen Formen stehen zur Verfügung.

Nusa Dua gehört den **Pauschalreisenden.** Dass 14 Tage Nusa Dua inklusive Flug oft nur knapp 2500 € kosten, liegt daran, dass Reiseunternehmen komplette Zimmerfluchten mit riesigen Preisnachlässen buchen. Viele, die so ein Angebot wahrnehmen, unterschätzen nicht selten die Nebenkosten (Getränke und Essen), die in den teuren Unterkünften entstehen. Und Nusa Dua ist nun mal nicht Bali, sondern lediglich „auf" Bali. Wer also mehr von Bali sehen will, muss raus aus der Anlage.

Es gibt auch angenehme Plätzchen im Nusa-Dua-Komplex, beispielsweise befindet sich hinter dem Bali Theatre ein schickes Stück **Strand,** an dem sich Surfer und Einheimische treffen. Warungs bieten Erfrischungen zu erfrischend niedrigen Preisen. Über eine kleine Furt geht es zu **Nusa Dharma Island,** wo der recht lauschige Tempel **Pulau Nusa Dharma** zu einem Besuch verlockt.

Kultur, Sport und Aktivitäten

Das **Museum Pasifika** bietet eine spannende Reise in die Welt und Geschichte Asiens mit Werken von mehr als 200 Künstlern und 600 Kunstobjekten.

■ **Museum Pasifika,** Tel. 0361 774559, https://museum-pasifika.com, tgl. 10–18 Uhr, Eintritt: Erwachsener 100.000 Rp.

Die Role Foundation will mit dem **Zero-Waste Center** Groß und Klein ein wenig ökologisches Bewusstsein nahebringen. Hier kann man gemeinsam mit Einheimischen Kunsthandwerk aus recycelten Produkten bauen, Bio-Baumwolle verarbeiten oder beispielsweise einen Baum pflanzen – und vor allem lernen, Müll zu reduzieren.

■ **ZeroWaste Center,** Jl. Bongantik 101, Nusa Dua, Tel. 0361 4771657, https://rolefoundation.org.

Das **Bali Nusa Dua Theatre** bringt verschiedene opulente Shows auf die eigene Bühne, etwa „The most magnificent Show in Indonesia: Devdan – Treasure of the Archipelago".

■ **Devdan Show at Bali Nusa Dua Theatre,** Komplek, Jl. ITDC Nusa Dua, Tel. 0361 770197, www.devdanshow.com.

Der **18-Loch-Platz des örtlichen Golfclubs** liegt inmitten der Hotels und glänzt mit reichlich tropischem Bewuchs samt heimischer Tierwelt. Eine frische Brise vom Meer sorgt für willkommene Abkühlung am Abschlag.

■ **Bali National Golf Club,** Tel. 0361 771791, https://balinational.com.

Nusa Dua ist ideal zum **Radfahren.** Die Straßen sind größtenteils Alleen, häufig beschattet, die Wege nicht allzu weit und kaum hügelig. In den Hotels sollte ein Rad für ca. 75.000 Rp. am Tag zu haben sein.

Praktische Infos

Essen und Trinken

Alle Hotels haben mehrere **Restaurants.** In der Bali Collection Mall und am Strand gibt es etliche **Warungs, Bars und Cafés,** die ein wenig Abwechslung in das Hotel-Einerlei bringen (sollen). Mit Hap-

☒ Am Balangan Beach lässt es sich aushalten

py Hours wird auch hier der Bierhahn kräftig aufgedreht. Im Vergleich zu den Hotelrestaurants ist es hier relativ preiswert, jedoch immer noch teuer, wenn man die Preise im restlichen Bali betrachtet. Wer zu balinesischen (Fast-)Normalpreisen essen will, muss ins Dorf **Bualu** gehen, dort finden sich (noch) ganz normale Warungs.

- **Nyoman's Beer Garden,** Jl. Pantai Mengiat, Tel. 0361 775746, tgl. 11–24 Uhr, ist ein seit vielen Jahren bekannter Treffpunkt auch und besonders für Besucher des Resorts. Hier gibt es Live-Musik, ein wenig Biergartenatmosphäre und ein paar deutsche Spezialitäten.
- **Ulam,** Jl. Pantai Mengiat 14, schräg gegenüber, Tel. 0361 771590, tgl. 12–20 Uhr, ist gut für balinesisches Essen, insbesondere Seafood.

Einkaufen

- **Bali Collection Shopping Mall,** Jl. Kw. Nusa Dua Resort, Tel. 0361 771662, www.bali-collection.com, tgl. 10–23 Uhr. Die Mall befindet sich in der Nähe des Hyatt Hotels und lädt zum ultimativen Shoppen ein, ohne Nusa Dua verlassen zu müssen.

Krankenhaus

- **BIMC Hospital Nusa Dua,** Kawatan BTDC Blok D, Nusa Dua, Tel. 0361 30000911, www.bimcbali.com, mit 24-Std.-Service plus Zahnklinik.

Verkehr und Transport

- **Bali Collection Shuttlebus:** Die großen Hotels in Nusa Dua werden von einem Shuttlebus angefahren und verbinden diese mit der Shopping Mall.
- **Bemos:** Öffentliche Verkehrsmittel stehen ab/bis Bualu zur Verfügung; von dort fahren Minibusse nach Denpasar zur Station Tegal.
- **Trans Sarbagita:** Die Buslinie verbindet regelmäßig Denpasar, Jimbaran und Nusa Dua; Fahrzeiten am besten im Hotel erfragen.
- **Taxis:** Die hellblauen Taxis von BlueBird Taxi, Tel. 0361 701111, www.bluebirdgroup.com, haben Taxameter und gelten als die zuverlässigsten. Per App kann ein grab- oder gojek-Transport organisiert werden, Infos: www.grab.com/sg und www.gojek.com/en-id.

Tanjung Benoa

Das Dorfzentrum Benoa liegt am Nordende (Tanjung) der Landzunge der Bukit-Halbinsel. Ansonsten reihen sich an der Straße bis Nusa Dua Hotels und Restaurants aneinander. Das **„Dorf"** bietet sowohl Luxusherbergen als auch preiswerte Unterkünfte, einen mittelmäßigen Strand und **gute Wassersportmöglichkeiten.** Im Ort selbst erlebt man das **friedliche Nebeneinander verschiedener Religionen** ganz hautnah: Gegenüber dem bunten chinesischen Tempel steht der Hindutempel und gleich daneben die Moschee.

Wassersport

Am Strand und der Straße folgt ein Wassersportzentrum auf das andere: **Schnorcheln, Tauchen, Banana Boat, Wasserski** – alles vorhanden. Die meisten Anbieter sind auf Tagestouren/-touristen eingerichtet.

Blick ab Tanjung Benoa Richtung Benoa Harbour

Praktische Infos

Übernachten

■ Neben den teuren Luxushotels gibt es einige Mittelklasse- und preiswertere Unterkünfte, z.B. **Pondok Agung Bed & Breakfast**②-③, Jl. Pratama, Tel. 0361 771143, https://pondokagung.com. Überrascht den Gast mit einem schönen Innenhof und noch schöneren Bungalows aus Holz und Bambus. Im gemeinschaftlichen Aufenthaltsraum gibt es einen Bücherschrank. Die Bungalows sind mit Ventilator oder Klimaanlage ausgestattet.

■ **ibis styles Bali Benoa**④, Jl. Pratama 57, Tel. 0361 8947788, https://all.accor.com. Das ibis styles Bali Benoa bietet gehobenen ibis-Stil mit Pool, Spa, einer Kinder-Ecke und allem, was das Herz sonst begehrt. Nur der direkte Strandzugang fehlt.

Essen und Trinken

■ **Bumbu Bali Restaurant & Cooking School,** Tel. 0361 774502, Jl. Pratama, www.artcafebumbubali.com, tgl. 11–22 Uhr. Feinstes Dining, das Restaurant samt Kochschule gehört dem Schweizer Starkoch *Heinz von Holzen* und ist eines der besten Restaurants Indonesiens. Zum Haus gehört das Art Café Bumbu Bali. Um einen Tisch zu bekommen, ist frühzeitige Reservierung angeraten.

Verkehr und Transport

■ **Bemos:** Von Tegal (Denpasar) geht's mit dem Bemo via Kuta nach Tanjung.

■ **Taxis:** BlueBird Taxi, Tel. 0361 701111, www.bluebirdgroup.com, die hellblauen Taxis haben Taxameter und gelten als die zuverlässigsten.

xba084 sb

xba018 sb

2

Bali: Ubud und Umgebung

» Hier können Tempel erkundet werden, majestätische Königspaläste, balinesisches Alltagsleben und weltberühmte Reisterrassen. Ubud ist eine Fundgrube an Sehenswürdigkeiten und immer gut für einen Besuch.

‹ In der Jl. Kajeng in Ubud wird täglich von Hand gewerkelt

BALIS KULTURELLES ZENTRUM

Ubud ist mit seinen rund 75.000 Einwohnern und dem saftig-grünen Umland in vielerlei Hinsicht Balis kulturelles Zentrum und das Herz der Insel. Hier, in den Bergen, 1½ Fahrstunden nördlich des Internationalen Flughafens, kommt auf einzigartige Art und Weise alles zusammen, was Balis Identität und sein Image ausmacht. Das Land ist hügelig, das Pano-

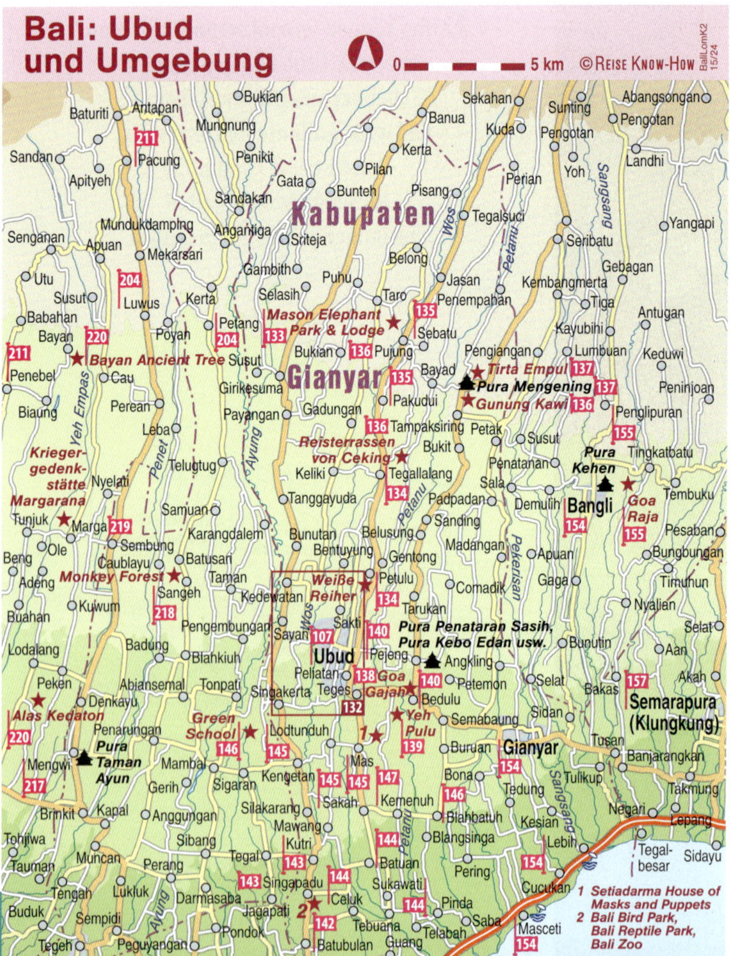

rama der zentralen Bergkette immer gegenwärtig, die spirituellen Angebote sind reichhaltig, und Hunderte Flüsse strömen durch steile Schluchten.

Die Natur – ein Genuss für alle Sinne

Die Gegend rund um Ubud ist für alle Sinne ein Genuss: eine **Hügellandschaft,** von tiefen Schluchten durchschnitten, in denen **reißende Flüsse** gurgeln, **Reisterrassen, so weit das Auge reicht.** Majestätisch ragen die Gipfelketten von **Batur** und **Batukaru** auf der einen Seite und der „Sitz der Götter", der **Agung,** auf der anderen Seite auf. Die Region liegt etwa 200 m höher als die Küstenstreifen im Süden, das Klima ist deutlich kühler.

Hier, in der feuchten, grünen Zone, nutzen die Balinesen den **fruchtbaren Boden vulkanischen Ursprungs** zum Nassreisanbau. Trotz oder gerade wegen des intensiven Reisanbaus, der im Jahr mehrere Ernten ermöglicht, wirkt die Landschaft harmonisch. Dabei sind die Übergänge von landwirtschaftlich bestellter zu ungenutzter Fläche fließend und die **Reisterrassen** ein Beispiel perfekter Landschaftsarchitektur. Also ideal für ausgedehnte Spaziergänge, für Yoga-Workshops und meditative Stimmung. Man kann **wandern, mountainbiken, raften** und **Elefanten reiten.** Daneben gibt es **exotische Vögel** zu sehen, **Schmetterlinge** kreuzen die Wege, und die **üppige Pflanzenwelt** will erforscht werden. Alle paar Minuten gibt es ein neues Postkartenmotiv oder eine instagramtaugliche Landschaft.

Nicht zu vergessen die geradezu atemberaubende **künstlerische Vielfalt** der Region: Tänzerinnen, Mimen, Maskenschnitzer, Musiker und Maler prägen ihr Bild, und ihr spirituelles Wirken spüren Besucher an jeder Straßenecke.

Ubud

Ubud ist die **ideale Basis, um die geschichtliche und künstlerische Welt Balis zu erforschen.** Besucher schauen ehrfürchtig in Tempel hinein, schlendern über Märkte, erleben eine Zeremonie und speisen in lokalen Warungs oder in poshen Restaurants, auch mit vegetarischer und veganer Küche. Yogastudios,

NICHT VERPASSEN!

- Balinesische Kunst kennenlernen im **Puri Lukisan** oder dem **ARMA** | 111, 115
- Im Angesicht der Affen: Besuch im **Monkey Forest** | 112
- Speisen mit Ausblick: **Warungs in den Reisfeldern** | 117, 120
- Wasserspiele erleben beim **Genah Melukat** in **Sebatu** | 135
- Magische Reisefelder und tiefes Tal: **Gunung Kawi** | 136

Diese Tipps erkennt man an der gelben Markierung.

Spas und Shops säumen die Gassen des überschau- und erwanderbaren Ortes, Reisterrassen wie in Tegallalang laden zum Flanieren ein, und die berühmtesten und wichtigsten Zeugnisse der Vergangenheit wie die Elefantenhöhle Goa Gajah oder das idyllische Tempelheiligtum Gunung Kawi liegen alle in der nahen Umgebung.

Ubud liegt etwa 27 km nordöstlich von Denpasar und ist über die Orte **Celuk** (Silber- und Goldschmiede) und **Mas** (Holzschnitzhandwerk) zu erreichen. Das touristische Ubud erlebt seit vielen Jahren einen **Boom, der seinen Preis hat:** An der Hauptstraße und extremer an der Jl. Wanara Wana, der Monkey Forest Road, reihen sich Shop an Shop, Souvenirstand an Souvenirstand, unterbrochen von Geldautomaten, Ticket- und Eintrittskartenverkäufern sowie Auto- und Motorradverleihern, Cargo- und Shipping-Agenten und Kunsthandwerksläden.

Hundert Busse fahren täglich nach Ubud hinein und wieder hinaus, bepackt meist mit asiatischen Tagestouristen. **Automassen** wälzen sich durch die Gassen, verursacht durch Leihwagen und den Berufs- und Taxiverkehr, hinzu kommt eine Unzahl an um die Ecken flitzenden **Scootern,** die oft auch von Urlaubern aus dem Westen gesteuert werden.

Aber trotz der kommerziellen Fassade ist und bleibt Ubud das **kulturelle und künstlerische Zentrum Balis.** In den umliegenden Dörfern Penestanan, Padang Tegal, Campuhan, Peliatan, Nyuh Kuning und Pengosekan, die mehr und mehr mit dem Zentrum verwachsen, leben und arbeiten **Hunderte von Malern, Schnitzern und Musikern.** Ihre Werke stehen nicht nur in den hiesigen Galerien und Boutiquen, sondern sogar weltweit zum Verkauf. Fast ununterbrochen werden Tempelfeste gefeiert, Zeremonien abgehalten oder heimlich Hahnenkämpfe veranstaltet.

In den engen Gassen ist immer etwas geboten, erst recht zu Marktzeiten

xba022 sb

Und es gibt noch ein **intaktes Dorfleben.** Wer etwas länger bleibt als das offizielle „Touristen-Programm“ dauert, spürt die balinesische Atmosphäre. Verlässt man die Hauptstraße, taucht man schon nach wenigen hundert Metern ins ruhige, ursprüngliche Leben ein.

Es gibt in Ubud **viele Dinge** zu **tun:** Massagen, gut essen (vielleicht belegt man auch einen Kochkurs), Shopping, Besuch einer Kunstgalerie, das Erlernen von lokalem Kunsthandwerk, Tanz und Musik im Tempel.

Geschichte

Schon im 9. Jahrhundert erlag wohl der **Hindu-Priester Sri Marhandaya** der Mystik dieses Ortes – lange vor dem Einzug des javanischen Königshauses der *Majapahit* im 16. Jahrhundert. Er war aus Java gekommen, um den Einheimischen Balis, den Bali-Aga, den Hinduismus zu predigen. In der Gegend, die heute Ubud heißt, stand seinerzeit dichter Wald. In ihm fand der Missionar ein besonders **reichhaltiges Vorkommen heilender Kräuter.** *Sri Marhandaya* ließ sich hier nieder und nannte den Platz **„Ubad“** – balinesisch für das indonesische Wort *obat* = Medizin.

Der fast **undurchdringliche Wald** bewahrte Ubud lange vor äußeren Einflüssen. Erst seit dem 18. Jahrhundert weiß man etwas über die Gegend zu berichten. Seinerzeit gehörte sie zum Königreich Gianyar. Etwa hundert Jahre später verleibte sich das **Königreich Sukawati** dieses Reich ein, und der Fürst ließ sich in Ubud nieder. Sein Name war *Cokorde Sukawati.* Sein Sohn **Cokorde Gede Raka Sukawati** (1910–1978) begann, die schönen Künste wie Steinmetzarbeiten, Malerei, Schnitzkunst, Musik und Tanz zu fördern, da er in starker Konkurrenz zum *Dewa Agung,* dem „Ober“-fürsten von Klungkung, stand – eine Konkurrenz, die noch heute fortbesteht.

1908 überfielen die **Holländer** Südbali und eroberten es mit Waffengewalt. Dabei begingen die Fürstenhäuser von Gianyar, Klungkung und Tabanan rituellen Selbstmord, den **Puputan.** Die Kolonialherren bauten ihre **Infrastruktur** aus, um die Schätze Balis besser ausbeuten zu können. Es entstanden Wasserleitungen, Straßen und medizinische Versorgungsstellen. Die Nachfahren eben der Fürsten, die sich seinerzeit umgebracht hatten, arrangierten sich mit den neuen Herrschern und durften bald wieder ihre Macht ausüben – unter der Oberhoheit der Kolonialherren.

Um 1925 lud der Cokorde von Ubud den Deutsch-Russen **Walter Spies** (→ Exkurs S. 110) zu sich ein, der seit 1923 am Hof von Yogyakarta Gamelan-Musik studierte. Der Cokorde gehörte zum Clan von Yogya. Der Maler und Musiker *Spies* war begeistert von Bali und zog nach Campuhan auf ein Stück Land, das ihm der Fürst geschenkt hatte. Der Bungalow steht übrigens bis heute im Hotel Tjampuhan & Spa und kann gemietet werden. Bald kamen **andere Westler,** die dem Ruf folgten, von dem *Spies* berichtete: **„Paradies in den Tropen“, „Insel der Götter“.** Dazu gehörten der belgische Maler *Rudolf Bonnet,* der spanische Karikaturist *Miguel Covarrubias,* der kanadische Musiker *Collin McPhee,* die österreichische Schriftstellerin *Vicky Baum* und die US-amerikanische Verhaltensforscherin *Margaret Mead.* Sie alle besuchten *Walter Spies,* ließen sich

Walter Spies (1895–1942) – ein freier Mann

Walter Spies wurde 1895 als Sohn eines Vizekonsuls in Moskau geboren und wuchs in Russland und Deutschland auf. Er besuchte in Dresden das Vitzthum-Gymnasium, liebte die Oper und war von den Malern der Künstlergruppe Brücke beeindruckt. Ohne künstlerische Ausbildung stürzte er sich später in die Kunst oder vielmehr in viele Künste: Er **malte, musizierte, filmte.** 1920 zog er nach Berlin und stieg in die schwule Szene der Großstadt ein. Er arbeitete an *Friedrich Wilhelm Murnaus* Film „Nosferatu" mit, und langsam wurden auch seine Bilder bekannt. Immerhin wurde er zu einer Ausstellung ins Amsterdamer Stedelijk Museum eingeladen.

Doch eigentlich zog es ihn in die Fremde. Als er ein Buch mit Fotos aus Bali von *Gregor Krause* entdeckte, wusste er, dass er genau da hin musste. 1923 kam er in **Java** an, lernte schnell Malaiisch, entdeckte seine Liebe für die Javaner und verdingte sich als Musiker am Hofe des Sultans *Hamengkubuwono VIII.* in Yogyakarta.

1927 zog es ihn weiter nach Bali, nach **Campuhan.** Hier hielt er Hof, beherbergte Menschen, Künstler und Freunde aus aller Welt, gründete eine Künstlergruppe, choreographierte balinesische Tänze und sorgte mit dafür, dass die Insel ab den 1930er-Jahren für den Tourismus erschlossen wurde.

Anfang 1939 wurde er von der holländischen Kolonialmacht festgenommen und zu einer achtmonatigen Gefängnisstrafe verurteilt, weil er Sex mit Minderjährigen gehabt haben soll. Dabei ging es eher darum, auch in der Kolonie die **Homosexualität** zu unterdrücken. 1940 wurde *Spies* als feindlicher Ausländer interniert und später nach Bombay gebracht.

Walter Spies **starb** zusammen mit mehr als 400 Gefangenen **im Januar 1942** an Bord des Dampfers „Van Imhoff", der westlich von Sumatra auf dem Weg nach Sri Lanka von einem japanischen Bomber versenkt wurde. Die Schriftstellerin *Vicki Baum* schrieb über ihn: „Er hat das getan, wovon wir alle einmal geträumt haben" und „Er war ein freier Mann, wenn auch gefangen in den Turbulenzen seiner Zeit."

xba017 sb

◁ Eine Übernachtung im Bungalow von Walter Spies ist bis heute möglich

von ihm inspirieren und verbreiteten das bis heute geltende Bild von Bali: Hier ist das Paradies auf Erden!

1936 riefen der begnadete balinesische Künstler *I Gusti Nyoman Lempad, Walter Spies, Rudolf Bonnet* und Cokorde *Gede Agung Sukawati* die **Künstlervereinigung Pita Maha** ins Leben. Sie hatte zum Ziel, balinesische Kunst weltweit bekannt zu machen und zu vermarkten. In der Folge wurden Museen gegründet wie 1956 das Puri Lukisan Museum als das erste auf Bali.

Der **Zweite Weltkrieg** setzte diesen ersten Anfängen von Tourismus und internationalem Kunstgewerbe ein Ende. Immerhin kamen in den 1930er-Jahren ca. 100 Touristen im Monat nach Ubud.

Nach dem Krieg, den *Spies* nicht überlebte, tat sich in Ubud nicht allzu viel. In Sanur und Kuta spielte die (touristische) Musik. Erst der Holländer **Arie Smit,** der sich 1957 in Bali niederließ, brachte wieder Leben ins künstlerisch-kulturelle Dasein. Er ließ sich in Penestanan, einem Dorf gleich gegenüber von Campuhan, nieder, und brachte den Balinesen die **„Young Artist"-Kunst** bei. Die war ganz nach ihrem Geschmack: einfach zu reproduzieren, von jedermann ausführbar und sehr dekorativ – ideal also zur Vermarktung. Später kamen Künstler wie *Antonio Blanco* und *Han Snel*, die die „Kunst" der Balinesen aber nicht bereicherten, sondern lediglich ihre eigenen Fantasien zu Papier oder auf die Leinwand brachten.

Bis zur Entmachtung durch die Kolonialmacht Holland hatte das **Fürstenhaus Ubud** die politische Führungsrolle auf Bali inne. Diese Leitfunktion des Fürstenhauses ist bis zum heutigen Tag erhalten geblieben, gilt aber nur für **kulturelle und religiöse Bereiche.** Das Oberhaupt der Familie *Cokorde* ist nicht nur Dorfoberhaupt des traditionellen Dorfes, sondern auch Präsident der Künstlervereinigung und Initiator einer kulturellen Restaurationsbewegung. Der verwaltungstechnische Bereich hingegen wird von einem von der Regierung eingesetzten Beamten geführt.

Sehenswertes

Zentral-Ubud

Puri Lukisan Museum

Der **„Palast der Bilder"** ist das erste Museum auf Bali, das sich der Malerei widmete. Errichtet wurde es 1956 auf Initiative des holländischen Malers *Rudolf Bonnet*. Zu sehen sind in einem **weitläufigen Park** mit Themenpavillons eine Sammlung älterer und neuerer Bilder im Batuan- und frühen Ubud-Stil sowie Holzschnitzereien der 1930er- bis 1950er-Jahre aus Ubud. Das Museum ist ein Muss für jeden, der in Ubud Bilder kaufen oder sich intensiver mit der balinesischen Malerei beschäftigen möchte. Gleichzeitig ist es ein wunderbarer Ort, um die Stile der verschiedenen modernen Kunstschulen der Insel kennenzulernen, die nach der Unabhängigkeit Indonesiens entstanden sind. Daneben werden reichlich **Workshops** für Klein und Groß angeboten – vom Maskenschnitzen bis zur Malerwerkstatt. Es gibt ein **Restaurant** und ein Café mit Ausblick auf die Anlage.

■ **Puri Lukisan Museum,** Jl. Raya Ubud, Tel. 0361 971159, http://purilukisanmuseum.com, tgl. 9–18 Uhr, Eintritt: 50.000 Rp., bis 15 Jahre frei.

Pura Taman Saraswati

Die schöne und bei Urlaubern wegen der Fotomotive **beliebte Tempelanlage** macht vor allem mit dem **Lotusteich** im Vordergrund Eindruck. Am Tempel finden abends Tanzveranstaltungen statt, die man vom **5** **Café Lotus** aus anschauen kann. Tagsüber kann man auf dem Tempelgelände flanieren und die Statuen und Schnitzereien bewundern, die *Dewi Saraswati,* der Reisgöttin, gewidmet sind.

■ **Pura Taman Saraswati,** Jl. Raya Ubud, Zugang über Café Lotus, tgl. geöffnet, Eintritt frei.

Puri Saren Agung

Die **Königsfamilie von Ubud** bewohnt die hinteren Gebäude, das ausladende Grundstück zur Hauptstraße kann besichtigt werden. Sehenswert sind die Steinmetzarbeiten von *I Gusti Nyoman Lempad.* In den Pavillons gibt es jeden Abend **Tanzvorführungen.** Am Wochenende üben hier Mädchen und Jungen mit ihren Lehrern und Eltern unter den strengen Blicken der Lehrerinnen und Lehrer Tanzen – ein schöner Anblick und ein beliebtes Fotomotiv.

■ **Puri Saren Agung,** Jl. Raya Ubud, tgl. 7–17 Uhr, Eintritt frei.

Monkey Forest

Im südlichen Zentrum von Ubud liegt der neun Hektar große **heilige Affenwald** – einer von Balis heiligsten Plätzen mit besonderen Tempelwächtern: **äußerst frechen Affen.** Sie sind so dreist, dass sie an einem hochklettern, die Taschen durchwühlen und alles herausnehmen, was darin ist – wenn man sie nicht schnell genug füttert. Besonders Brillenträger sollten vorsichtig sein.

Die Affen tauschen das Geklaute aber gegen **Essbares,** beispielsweise hart gekochte Eier oder Bananen. Dafür gibt es die „Aufseher", Balinesen, die sich mit den Tieren auskennen. Während der Nebensaison, wenn nur wenige Touristen die Affen füttern, sind sie besonders gierig und mitunter sehr aggressiv.

600 Makaken leben im Wald. Sie haben sich in drei Gruppen aufgeteilt, die zu verschiedenen Tageszeiten an verschiedenen Orten im Wald unterwegs sind. Das Leben der Affen zu erforschen ist auch Teil des **Monkey Forest Project,** es gibt dafür eigene Programme. Insbesondere der Umgang zwischen Affen und Menschen ist ein spannendes Forschungsfeld – wie jeder Besucher erleben wird.

916ba sb

◁ Im Monkey Forest

Außerdem befindet sich im Wald ein romantischer kleiner Totentempel, der *Shiva* geweihte **Pura Dalem Agung.** Viele Affen und schreckliche Durga-Statuen bewachen den Haupttempel des nahen Dorfes **Padangtegal** und den größten Tempel im Wald. Alle Tempel im Monkey Forest stammen aus dem 14. Jahrhundert und sind teilweise wunderschön **mit der Natur verwachsen.** Nebenan plätschert ein Bächlein, in den Bäumen kreischen die Affen. Besonders am frühen Vormittag, wenn die großen Besuchergruppen noch nicht da sind, ist der Monkey Forest ein durchaus magischer Ort.

■ **Monkey Forest,** Tel. 0361 971304, www.monkeyforestubud.com, tgl. 9–18 Uhr, Eintritt: 80.000 Rp., Kinder 60.000 Rp. Im Besucherpavillon gibt es Informationsmaterial und ein paar Warungs für den Snack zwischendurch.

West-Ubud

Folgt man der gut frequentierten Hauptstraße **Jl. Raya Ubud** nach Westen, erreicht man nach etwa 1,5 km die Brücke über den Campuhan-Fluss; hier beginnt das Dorf **Campuhan,** das eigentlich die „Wiege" Ubuds ist. Beim Blick von der Brücke nach rechts ist ein prächtiger Tempel auf einer Art Halbinsel zu sehen, der **Pura Gunung Lebah.** Das ist die Stelle, wo indische Brahmanen seinerzeit den ersten Tempel bauten. Den 2014 feierlich (wieder-)eröffneten Tempel kann man sich bei einem kleinen Spaziergang anschauen. Leider sind die Türen oft abgeschlossen. Man geht bis zur Schule zurück und biegt in den kleinen Weg ein; über eine alte Steinbrücke geht es auf die Halbinsel. Anschließend wird der Weg zum gerne begangenen **Campuhan Ridge Walk** (→ S. 117).

Blanco Renaissance Museum

Antonio Maria Blanco (1926–2000), der „Dalí von Bali", ist zu einer Legende geworden. Ab 1952 lebte und arbeitete der in Manila geborene, spanischstämmige Künstler in Campuhan. Das Grundstück, auf dem er mit seiner balinesischen Familie lebte, schenkte ihm der König von Ubud. *Blancos* bevorzugtes Sujet waren die **erotische Malerei** und vor allem seine Frau *Ni Ronji.* In der Ausstellung seiner Werke gibt es auch die Lippen von *Mick Jagger* und Bilder anderer Größen zu sehen. Es heißt, *Jagger* habe seine Lippen unbedingt kaufen wollen, doch Blanco soll sich geweigert haben, egal, welchen Preis man ihm bot, und so ist das Bild noch heute zu sehen. Eine von *Blancos* Spezialitäten war es, den Rahmen in das Bild zu integrieren. Noch vor seinem Tod im Jahr 2000 entwarf er sein **Mausoleum** für die spätere Ausstellung seiner Werke. Das Blanco Renaissance Museum in Campuhan, direkt an der Brücke über die Schlucht gelegen, ist als Modell und in Originalgröße zu besichtigen. Einfach bombastisch!

■ **Blanco Renaissance Museum,** Jl. Raya Campuhan, Tel. 0361 975502, www.blancomuseum.com, tgl. 9–17 Uhr, Eintritt: 100.000 Rp.

Neka Art Museum

Folgt man der Hauptstraße hinter Campuhan weiter Richtung Kedewatan, erreicht man nach rund 2 km **eine der sehenswertesten und bedeutendsten Galerien Balis.** Das 1976 von *Pande Wayan*

Suteja Neka gegründete Neka Art Museum wurde 2022 renoviert und bietet einen Überblick über die **balinesische Malerei** und stellt auch Werke ausländischer Künstler aus. Die Ausstellung ist eine Dauerausstellung – mit Beispielen aller großen Maler von *Spies* bis *Bonnet, Arie Smit, Blanco, Snel* und anderen. Zu sehen sind auch Zeichnungen des berühmten *I Gusti Nyoman Lempad.* Auch eine beeindruckende Sammlung von **indonesischen Kris (Dolchen)** ist hier untergebracht. Spannend auch die **Fotografiesammlung von Robert A. Koke,** der zwischen 1937 und 1941 das ländliche Leben, Tänze und Zeremonien auf Bali fotografierte.

■ **Neka Art Museum,** Jl. Raya Sanggigan, Jl. Raya Sanggigan, Tel. 0361 975074, https://nekaartmuseum.com, tgl. 9–17 Uhr, Eintritt: 100.000 Rp., bis 12 Jahre frei.

Penestanan

Auf Höhe des Hotels Tjampuhan Spa führt auf der linken Straßenseite eine steile Steintreppe hinauf; ein an der Straße angebrachter Schilderbaum zeigt, wo die Treppe hinführt: nach Penestanan. Der holländische Maler **Arie Smit** lebte hier ab Ende der 1950er-Jahre und gründete die Young Artists School. So heißt der Ort denn auch **The Village of Young Artists.**

Oben angekommen, verläuft der Weg durch Reisfelder und vorbei an Restaurants und Unterkünften, die sich in die Reisfelder schmiegen. Bis zum Dorf Penestanan sind noch etwa 600 m durch Reisfelder zu gehen. Dann folgt eine **tiefe Schlucht am Ortseingang,** in der sich ein Wasch- und Badeplatz befindet; hier treffen sich bis heute die Bewohner des Dorfs, um sich selbst und die Wäsche zu waschen.

Penestanan war früher ein kleines Dorf mit nicht mehr als 50 Einwohnern, im Ganzen fünf Familien – vom Priester bis zum Bürgermeister. Über die Jahre zogen einige Balinesen aus der Umgebung her, auch und besonders, um über **Schwarze Magie** zu lernen. Von den fünf Familien waren etliche Mitglieder Lehrmeister dieser Magie. Obwohl das Umland dem König von Ubud gehört, wurde es von den Einwohnern Penestanans in der Folgezeit intensiv bewirtschaftet. 1956 kam **Arie Smit** aus Holland und ließ sich in Campuhan nieder; er gründete eine Malschule. Die Menschen in Penestanan, immer neugierig, schauten sich das an und wollten Malen lernen. Die **Young Artists School** war geboren, der Ruf von Penestanan ging hinaus in die (künstlerische) Welt. Ab 1969 wurden die ersten westlichen Hippies in Penestanan gesehen.

Der Ort prosperierte. Mehr Balinesen kamen her, um Malerei, aber auch Heilen und Magie zu erlernen. Ganze Gemeinschaften im Dorf taten sich zusammen auf Grund ihrer Herkunft: eine Gruppe aus Tabanan, eine aus Gianyar usw. Penestanan hatte damals noch keinen direkten Straßenzugang. Der einzige Zugang war das Gelände der heutigen steilen Treppe, die von Campuhan hoch führt. Früher war hier ein Wasserfall. Hier, in dessen Schlucht, konnte man von Penestanan hinunterklettern nach Ubud. Auch Strom gab es noch nicht. Trotzdem entwickelte sich das Örtchen durch die Kunst und den Handel mit Kunsthandwerk intensiv. 1976 wurde erstmals eine Straße nach Penestanan gelegt, 1978 kam der Strom.

Heute leben 1200 Menschen in Penestanan, das sich **aus zwei Teilen zusammensetzt:** Die **Ecke um die Jl. Raya Penestanan** ist Ubud am nächsten und dementsprechend „entwickelt". Hier fühlt man sich wie in Ubud, nur etwas kleiner und überschaubarer ist die Szenerie mit Restaurants, Cafés, Souvenirshops und Malerwerkstätten. **Yoga** wird großgeschrieben, was eine spürbare Öko-, Vegetarier- und Veganerszene hat entstehen lassen.

Weiter gen Osten, Schluchten hinunter und wieder hinauf, immer der Jl. Raya folgend, kommt bald **Banjar Penestanan Kaja,** das ursprünglichere Dorf. Die Umgebung mit Reisfeldern, verwunschenen Pfaden und Schluchten kann gut zu Fuß erwandert werden.

Süd-Ubud

Agung Rai Museum of Art (ARMA)

In dem ehemaligen Künstlerdorf **Pengosekan,** das sich heute zu einem kleineren Ubud gemausert hat, befindet sich das sehr sehenswerte Agung Rai Museum of Art (ARMA) – mit angeschlossenem, ungemein **elegantem Resort.** Von der Jl. Monkey Forest bis zum Museum kann man einen Spaziergang entlang der **Jl. Raya Pengosekan** machen und erleben, wie sich Ubud dynamisch ausdehnt: Hier gibt es viele **schicke Cafés,** Menschen mit Yogamatten unter dem Arm kreuzen die Straße, und hier befinden sich einige der **beliebtesten und besten**

☐ In Ubud wird immer irgendwo etwas gefeiert – einfach die Augen offen halten

xba019 sb

Restaurants der Stadt. Auch das Open-Air-Restaurant des ARMA ist nicht ohne. Bei dem Museum selbst handelt es sich um die größte balinesische Privat-Gemäldesammlung des Cokorde-Clan-Angehörigen **Agung Rai.**

Rai hat eine sehr große Sammlung zusammengetragen: **fast alle balinesischen Malstile, alte und neue, indonesische und ausländische Maler** (die auf Bali gearbeitet haben), auch Bilder von *Bonnet, Blanco, Le Mayeur* und *Ari Smit* sind vertreten, sogar ein Bild von *Walter Spies* – das einzige verbliebene auf Bali. Daneben sind Werke der bedeutenden balinesischen Maler *I Gusti Nyoman Lempad* und *Ida Bagus Made* ausgestellt.

Das ARMA ist gleichzeitig ein Ort, an dem Besucher viel über **balinesische Traditionen und Kultur** erfahren können. Zu den Highlights gehören traditionelle balinesische Gamelan-Orchester, Holzschnitzerei, balinesische Tänze und ihre Geschichte, einheimische Stoffe und traditionelle Küche.

■ **ARMA Museum & Resort,** Jl. Raya Pengosekan, Tel. 0361 976659, www.armabali.com, tgl. 9–18 Uhr, Eintritt: 100.000 Rp.

Sport und Aktivitäten

Tanz- und Musikveranstaltungen

Die ganze Woche über gibt es Konzerte oder traditionelle Tänze in Ubud und Umgebung. **Jeder Tag bietet mindestens sechs Veranstaltungen,** die Wahl fällt manchmal schwer. An den Hauptstraßen sowie an etlichen Tempeln und in Unterkünften werden Programme und Tickets für die zahllosen Tanz- und Dramavorführungen angeboten. Für Zuschauer gelten keine Bekleidungsvorschriften. Die **Eintrittspreise** bewegen sich zwischen 75.000 und 150.000 Rp., oft inklusive Transport zu den Bühnen.

Yoga

Yoga, Vegetarismus, Meditation – das sind in der Community der Westler, die länger in Ubud bleiben, große Themen. Yogaschulen werden aufgemacht, unterschiedliche Stile finden unterschiedliche Klientel – vom Anfänger bis „Train the Trainer" –, doch die **relaxte Atmosphäre** und das immer gute Wetter sind für alle Jünger eine gute Basis. In Ubud ist eine **spezielle Art Touristen** zu besichtigen: Mitte 20 bis Mitte 30, nicht arm, meist mit einer zusammengerollten Yogamatte unterwegs. Diese Yogatouristen tragen mit dazu bei, dass sich der Ort verändert. Der Trend zu Naturkost, vegetarischen und Bio-Restaurants ist unverkennbar, in den umliegenden Dörfern wie Penestanan trifft man sich im Café im Reisfeld auf einen gesunden Shake – oder in der Jl. Hanoman, der Caféstraße Ubuds. Die Ubuder tragen es mit Fassung. Wie eigentlich fast alles, was die Touristen so machen. Die bestehenden Yogaschulen werden ausgebaut, Pavillons hergerichtet, Läden mit Yogaklamotten eröffnet. Wer sich diesbezüglich schlau machen will, schaut sich die Pinnwände z.B. bei der Bäckerei Bali Buda oder in Penestanan an. Oder er/sie schaut vorbei in Ubuds Institution, wenn es um Yoga geht:

41 **Yoga Barn,** Jl. Sukma Kesuma, Tel. 0361 971 236, www.theyogabarn.com, tgl. 7–21 Uhr.

Wandern

Die Umgebung Ubuds lädt zu Wanderungen **durch Reisterrassen, Schluchten und kleine Dörfer** ein. Auf eigene Faust loszuziehen ist kein Problem. Jede Abzweigung in eine Gasse oder durch die Reisfelder bringt neue Eindrücke und Begegnungen.

Campuhan Ridge Walk

Wohl die bekannteste Wanderung ist der Campuhan Ridge Walk, ein echter **Klassiker,** den man nicht verpassen sollte. Am besten geht man am frühen Vormittag los, denn hier sind tagsüber viele Menschen unterwegs: Hochzeitspaare samt Fotografen, Selfie- und Instagramfreunde mit und ohne Sticks, Hobbyfotografen mit Drohnen – was aber der Schönheit der Wanderung keinen Abbruch tut.

Der Weg beginnt in der **Schlucht des Flusses Campuhan,** rund 1 km westlich der Innenstadt Ubuds. In der Schlucht befindet sich auf der rechten Straßenseite das Hotel Warwick Ibah, hier geht es hinunter in Richtung Fluss. Mit dem **Tempel Pura Gunung Lebah** passiert man einen der am besten renovierten historischen Tempel von Ubud; leider sind seine Pforten oft geschlossen. Anschließend steigt der Weg langsam an, es gibt ein paar Stufen, dann geht es auf einem gepflasterten Pfad 3 km entlang eines Grats, dem **Campuhan Ridge.** Der Ausblick hier oben ist in alle Richtungen herrlich, der Blick schweift über sattgrüne Reisfelder und dicht bewachsene Schluchten. Ist das nette **Karsa Kafe** (www.karsacafe.com) mit seinem sehenswerten Karpfenteich nach lockeren 45 Minuten erreicht, kann man hier einkehren und überlegen, ob man – weil es so schön war und die weitere Strecke nicht so ansprechend ist – auf demselben Weg zurückgeht oder aber die Schleife beendet. Also weiter der Straße folgen,

◻ Eine Wanderung durch Reisfelder bleibt in Erinnerung

xba020 sb

durch das Dorf **Bangkiang Sidem** in Richtung Payangan und schließlich nach **Kedetawan.** Ab hier kann man entlang der viel befahrenen Jl. Raya Sanggingan zurücklaufen oder aber ein Taxi oder Bemo nehmen, um zurück nach Ubud zu gelangen.

Kajeng Rice Field Walk

Ein anderer Pfad, der (noch) nicht so viel begangen wird, ist der Kajeng Rice Field Walk, der durch die aktiv bewirtschafteten Reisfelder nördlich von Ubud führt. Er wurde nicht als Touristenattraktion geschaffen, sondern auf dem Pfad gelangen die Bauern **von einem Reisfeld zum anderen.** In den letzten Jahren eröffneten hier Unterkünfte, Cafés und Shops. Ergänzt um den **Subak Juwuk Manis Rice Field Walk** kann man hier, im Gegensatz zum Campuhan Ridge Walk, eine komplette Schleife machen, anstatt zurückgehen zu müssen.

Der rund 45-minütige Spaziergang beginnt entweder am Ende der sehens- und erlebenswerten **Jl. Kajeng** oder an der **Jl. Raya Ubud;** hier startet er neben dem Paon International Restaurant (Paon Bali Cooking Class), einfach dem Schild „Subak Juwuk Manis" folgen.

Die nette, freundliche und überschaubare **Jl. Kajeng** zweigt hinter dem Tempel Pura Dalem von der Jl. Raya Ubud rechts ab. Es gibt hier einige **preiswerte Guesthouses,** manche in die Jahre gekommen, andere frisch renoviert. Nicht nur das **Restaurant Han Snel** bietet tolle Ausblicke auf die Reisfelder, auch manche Unterkunft kann damit glänzen. Je weiter sich die Jl. Kajeng von der Hauptstraße Raya Ubud entfernt, desto ruhiger wird es. Wenn das **Zen Resort** und das **Ubud Sari Health Resort** er-

Ubud Zentrum

Übernachtung
1 Shanti Homestay
4 Pondok Bambu Homestay
8 Suarsena House
9 Yuni's House
11 Rumah Kultur
16 Krisna House
20 Nirvana Pension & Gallery
21 Sayong House
22 Gandra House
24 Nick's Pension
30 Warung Garasi
33 Ubud Inn Cottages
34 Ubud Terrace Bungalows
35 Wenara Bali Bungalows
36 Ubud Tropical Garden
38 Villa Puriartha
44 Nuriani Guesthouse
47 Family Guesthouse
48 Rona Accomodation

Essen und Trinken
3 Babi Guling Gung Cung
5 Café Lotus
6 Mumbul Restaurant
7 Casa Luna und Kochkurs (Casa Luna Cooking School)
10 Nomad
12 Blackbeach Italian Restaurant
14 Bali Buda
17 Warung Lokal
18 Warung Siam
19 Warung Biah Biah
25 Tutmak Warung Kopi
28 Bumi Bali Restaurant und Kochkurs
29 Café Wayan
30 Warung Garasi
37 Warung Semesta und Kochkurs
43 Bebek Bengil
45 Kafe
46 Mamma Mia
49 Paon_Adua

Nachtleben
26 XL-Shisha Bar
27 CP Lounge Ubud
31 Laughing Buddha Bar
32 Donna Ubud

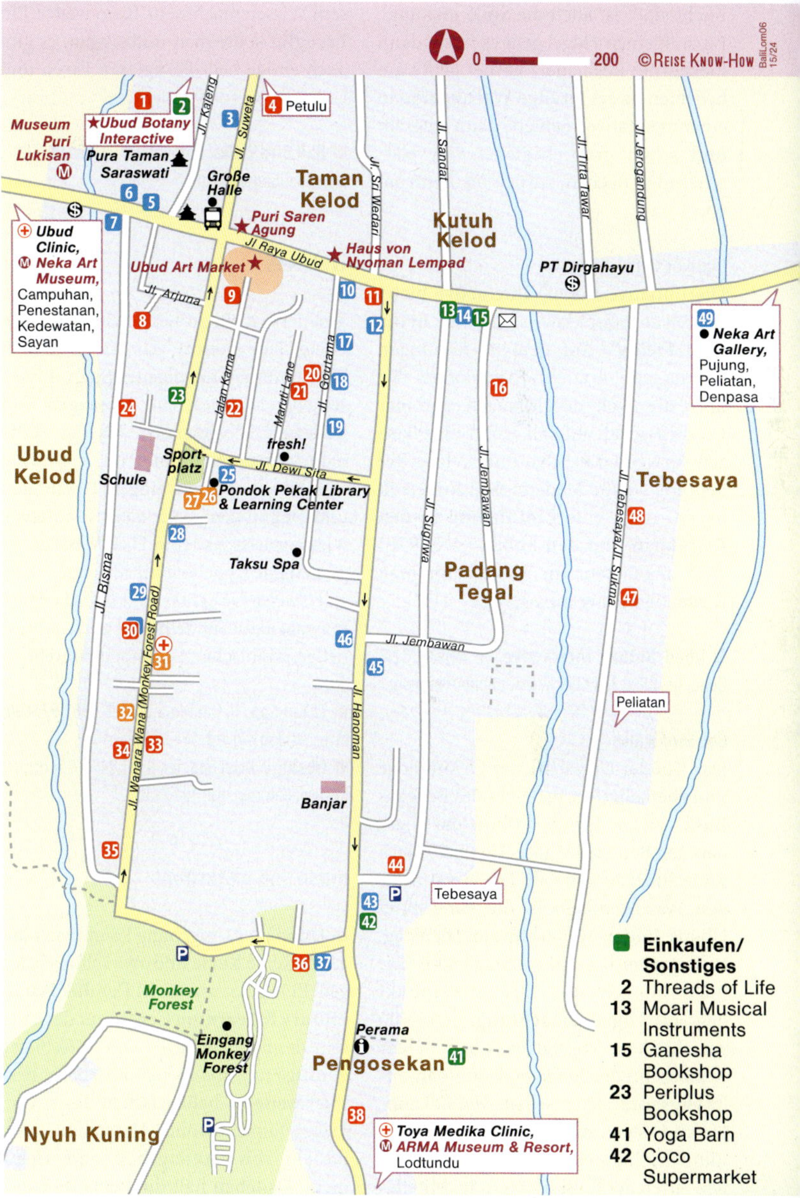

Einkaufen/ Sonstiges

- 2 Threads of Life
- 13 Moari Musical Instruments
- 15 Ganesha Bookshop
- 23 Periplus Bookshop
- 41 Yoga Barn
- 42 Coco Supermarket

reicht sind, ist auch die Stille maximal. Einen kleinen Hügel geht es hoch, dann locken die Reisfelder. Vorbei geht's am beliebten **Sweet Orange Warung** und in einer meditativen Schleife dann langsam und schön grün, begleitet von plätschernden Bächen, zurück ins Zentrum von Ubud.

Ubud Botany Interactive

Die Initiative Botany Interactive bietet Touren an, beispielsweise **„A walk in the Rice Fields"**. Auf dem 90-minütigen Spaziergang erfahren Neugierige viel über die Welt der Pflanzen und der Landwirtschaft auf Bali, wofür die Pflanzen verwendet werden und welche Bedeutung sie für Medizin und Kosmetik haben. Auch eine **Einführung in den Reisanbau und den Subak** (→ S. 478) wird angeboten. Im **Shop** kann man Kosmetika selber mixen.

■ **Ubud Botany Interactive,** Jl. Kajeng 32A, Ubud, Tel. 0856 3719259, www. ubudbotany.com.

Bali Bird Walks

Das Ubuder Urgestein, der Ornithologe und ehemalige Barmanager des Beggar's Bush, *Victor Mason,* erfand die sogenannten Bali Bird Walks. *Mason* verstarb Ende 2022, 85 Jahre alt. Die **vierstündigen Wanderungen** in die Umgebung Ubuds finden weiterhin am Dienstag, Freitag, Samstag und Sonntag jeweils um 9 Uhr morgens statt. Der Schwerpunkt liegt auf **Vogelbeobachtung,** denn 100 verschiedene Vogelarten leben in der Region; um die 30 davon kann man unterwegs ganz sicher sehen. *Mason* kannte sich bestens aus mit Schmetterlingen, Blumen, Bäumen und den verschiedenen Arten der Reiskultivierung. Mit diesem Wissen macht sein Team weiter. Ein **Fernglas** sollte man mitbringen, es gibt auch einige Leih-Ferngläser. Essen und Getränke werden gestellt.

■ **Bali Bird Walks,** Tjampuhan, Tel. 0361 975009, www.balibirdwalk.com.

Wellness

Wellness ist ein großes Thema rund um Ubud. Jedes Resort, das etwas auf sich hält, unterhält ein eigenes **Spa** mit verschiedenen Arten von **Massagen** und **Bädern.** Die balinesische Massage sollte man unbedingt probieren, sie ist eine Mischung aus Streichungen, Knetungen und Dehnungen, aber nicht so intensiv wie beispielsweise eine Thai-Massage. Es gibt etliche Angebote für Massagen, beispielsweise Gesichts- und Ganzkörpermassagen mit Sandelholzöl und traditionellen javanischen Schönheitsmitteln.

■ **Taksu Spa,** Jl. Gautama 28, Tel. 0361 971490, https://taksu.org, tgl. 11–21 Uhr.
■ **fresh!,** Jl. Dewi Sita, Tel. 0361 8493677, http://freshspabali.com, tgl. 10–21 Uhr.

Kurse und Workshops

In Ubud und Umgebung kann man eine ganze Reihe Kurse und Workshops belegen. Eine gute Adresse ist **Pondok Pekak Library & Learning Centre** auf der Ostseite des Fußballplatzes. Das Haus bietet günstige und spannende Einblicke, beispielsweise in balinesischen Tanz, Gamelan, Silberschmuck-Herstellung, das Basteln von Göttergaben und vieles mehr. Daneben hält die Bücherei rund

10.000 Bücher bereit – vom Krimi bis zur anthropologischen Studie.

■ **Pondok Pekak Library & Learning Centre,** Tel. 0361 976194, https://pondokpekak.com, tgl. 9–21 Uhr.

Das **ARMA Museum** (s.o.) bietet eine ganz Liste an sogenannten **Cultural Workshops,** die Besuchern das Leben auf Bali nahe bringen sollen; sie dauern in der Regel zwei Stunden.

Kochkurse (Karte S. 118)

Einige **Restaurants** locken mit halbtägigen Kochkursen – inklusive Besuch des heimischen morgendlichen Marktes, Rezeptbuch und gemeinsamem Mittagessen. Auf dem Programm stehen Köstlichkeiten wie Nasi Goreng, Saté oder Gado-Gado.

28 **Bumi Bali Restaurant,** Jl. Monkey Forest, Tel. 0361 976698, https://m.facebook.com/Bumi-Bali-Restaurant-169846643514837/, ist seit vielen Jahren eine bekannte Adresse für Kochkurse.

7 **Casa Luna Cooking School,** Jl. Raya Ubud, Tel. 0361 977409, https://casalunabali.com/casa-luna-cooking-school, die bekannte Kochschule bietet die Woche über verschiedene Halbtageskurse an. Auf der Website findet man die jeweiligen Rezepte, die von Chefin *Janet de Neefe* zubereitet werden.

37 **Warung Semesta,** Jl. Monkey Forest 9, Tel. 0361 970677, https://www.warungsemesta-ubud.com/cooking-course, Kochkurse für Liebhaber der vegetarischen Küche, von Tempe bis Tofu, von frischem Gemüse bis zur Erdnuss-Soße.

■ **Paon Bali Cooking Class,** Jl. Raya Laplapan, Petulu, Tel. 0813 37939095, www.paon-bali.com, bietet gut besuchte Kochkurse im Dörfchen Laplapan, quasi im Reisfeld.

Praktische Infos

Übernachten

In Ubud gibt es **zahlreiche Guesthouses und Hotels in jeder Preislage.** Alljährlich im August füllt sich Ubud mit Besuchern. Die Preise steigen, und manchmal wird es sogar schwierig, überhaupt ein Zimmer zu bekommen. Wer in dieser Zeit ohne vorherige Buchung nach Ubud kommt, sollte etwas Zeit mitbringen und den zahlreichen Hotel-Wegweisern folgen, die die Straßen schmücken. Wichtig bei der Unterkunftssuche ist, sich nicht von ganz kleinen Gassen abschrecken zu lassen. Gerade dort verbergen sich oft die schönsten Plätze. **WiFi (WLAN)** ist normalerweise immer inklusive, Schilder weisen darauf hin. Im Zweifelsfall fragen – das nächste Café oder Restaurant mit WiFi ist aber in Ubud sicher nicht weit.

„Painter and Homestay" heißt, dass das Guesthouse von einem Maler geführt wird. Manchmal ist die Terrasse zur Galerie umfunktioniert. Man kann dem „Meister" beim Malen zuschauen.

Wer einen längeren Aufenthalt plant, kann sich ein **Haus mieten,** meist im näheren Umland von Ubud. Infos über Vermietungen bieten die zahlreichen Pinnwände in Restaurants und an etlichen Straßenecken. Auch gängige Portale wie www.fewo-direkt.de haben die Gegend im Programm.

Zentral-Ubud: Monkey Forest Road und Umgebung (Karte S. 118)

Fast die ganze Straße besteht aus Geschäften, Restaurants und Hotels. In der „zweiten Reihe" befinden sich oft die schöneren Unterkünfte, weil ruhiger. Denn die ruhigen Zeiten sind in Ubud vorbei: In den Clubs entlang der Jl. Monkey Forest machen Party People die Nacht gerne zum Tag.

4 **Pondok Bambu Homestay**②, Jl. Suweta 37, Tel. 0812 94645532. Einfach eingerichtet, aber es gibt das, was es für einen guten Schlaf braucht. Daher eine bekannte, günstige und gute Adresse.

1 Shanti Homestay①-②, Jl. Kajeng 5, Tel. 0361 975421. Läuft unter „gut und günstig“, glänzt mit einem schön gepflegten Garten und ordentlichen Zimmern drum herum.

9 Yuni's House②, Jl. Karna 4, Tel. 0361 975701, befindet sich mitten in der Stadt, ist ein echter Ubud-Klassiker und seit vielen Jahren im Geschäft. Der Pool lädt zum Chillen nach einem anstrengenden Sightseeing- und Shoppingtag ein.

8 Suarsena House②, Jl. Monkey Forest, Tel. 0812 46349878. Überschaubares dreistöckiges Gebäude in einer kleinen Gartenanlage, sehr gut erhalten, sauber und freundlich. Schöne Doppelzimmer mit Balkon, Ventilator und heißem Wasser. Wer Glück hat, bekommt ein Zimmer ganz oben mit luftigem Blick über die Dächer von Ubud.

33 Ubud Inn Cottages④, Jl. Monkey Forest, Tel. 0361 975071, https://ubudinncottages.com. Nicht weit vom Monkey Forest und bekannt für seinen großzügigen Garten im Balistil. Pool, guter Service, gute Verpflegung.

34 Ubud Terrace Bungalows③, Jl. Monkey Forest 88, Tel. 0361 975690, www.ubudterrace-bungalows.com. Die lang gestreckte Anlage hat viele Stammgäste, einen Pool mittendrin und bietet ein ordentliches Preis-Leitungs-Verhältnis.

35 Wenara Bali Bungalows③, Jl. Monkey Forest, Tel. 0361 977384, www.wenarabali.com. Hier hüpfen die ersten Affen aus dem nahen Affenwald herum, aber keine Angst, die sind normalerweise harmlos. Bungalows mit Ventilator und Aussicht, teils auch mit Klimaanlage. Als Zugabe gibt es täglich den Breakfast- und Afternoon Tea gratis.

36 Ubud Tropical Garden③, Jl. Monkey Forest, Tel. 0361 978209, www.ubudtropicalgardenhotel.com. Charmantes Hotel mit Ausblick: Man nächtigt in zweistöckigen Häuschen im Reisfeld, im hübschen Garten lockt ein kleiner Pool. Das Frühstück wird im Tropical Bali Restaurant serviert. Die großartige Aussicht von Balkon oder Terrasse ist gratis.

Zentral-Ubud: Jl. Hanoman und Umgebung (Karte S. 118)

11 Rumah Kultur②-③, Jl. Hanoman 3, Tel. 0811 1006195. Sympathische Bleibe: Hier übernachtet, frühstückt und lebt man mit Familienanschluss. Das dreistöckige Guesthouse wurde in den Innenhof des Anwesens der Familie gebaut. Die Großmutter sitzt täglich in ihrem Pavillon bei der Handarbeit und eine ihrer Töchter kümmert sich persönlich um die Gäste. Die hervorragende Lage, die Hauptstraße liegt gleich ums Eck, ist ein weiterer Pluspunkt.

215ba sb

44 Nuriani Guesthouse③, Jl. Sugriwa, Tel. 0361 975346. Die Dachterrasse bietet Überblick, die renovierten, netten, sauberen Zimmer sind in zwei Geschossen um einen Innenhof angelegt.

Zentral-Ubud: Jl. Goutama und Umgebung (Karte S. 118)

Ein **nette verkehrsberuhigte Gasse** mit Guesthouses, Galerien und allem, was das Herz begehren könnte, vom Friseur über den Masseur und den Warung bis zum Buchladen.

20 Nirvana Pension & Gallery③, Jl. Goutama 10, Tel. 0361 975415, www.nirvanaku.com. Unterkunft mit Kunst: Die netten Bungalows im überschaubaren Garten sind schnell ausgebucht von Fans, die aus der ganzen Welt und seit Jahren kommen. Dazu trägt sicher auch der künstlerische Anspruch der Inhaberfamilie bei. Der Besuch der hauseigenen Galerie ist inklusive, ferner werden Batikkurse angeboten.

21 Sayong House②, Jl. Dewisita, Tel. 0361 973 305, https://sayong-house.business.site. Liegt ruhig am Ende der Gasse, Pool und Bungalows, die mit Ventilator oder Klimaanlage um einen Innenhof angelegt sind, Familienanschluss möglich.

22 Gandra House②, Jl. Karna, Tel. 0361 976529, ist schon seit vielen Jahren im Geschäft: luftige Bungalows mit Bad. Die Stammkundschaft liebt den schönen Garten und die herzliche Atmosphäre des Hauses.

West-Ubud: Jl. Bisma

Die Jl. Bisma verläuft parallel zur Monkey Forest Road und liegt westlich des Zentrums. Hier wird seit Jahren **heftig investiert und gebaut,** es kann also die eine oder andere Baustelle und Lkw-Verkehr geben. Alle Hotels liegen an Schluchten und bieten „Zimmer mit Aussicht". Die Szenerie ist schön, und mit ein bisschen Glück grüßt bei gutem Wetter auch der Gunung Agung mal herunter. Die Jl. Bisma mündet bei der Unterkunft Wenara Bali in die Jl. Monkey Forest – selbiger liegt nur ein paar Schritte weiter südlich.

☒ Wohnen mit Blick aufs Reisfeld

19 Puri Bayu Guesthouse②-③, Karte S. 132, Jl. Bisma, Tel. 0361 970382, http://puri-bayu.com/guesthouse. Ein plätschernder Bach vor dem Haus, darüber der Blick über die Reisfelder. Die Zimmer im zweistöckigen Bungalow mit Open-Air-Dusche, Ventilator und Moskitonetz bieten ein gutes Preis-Leistungs-Verhältnis. Lesertipp: „Geschmackvoll eingerichtete, geräumige, blitzsaubere Zimmer im ersten Stock mit herrlicher Terrasse mit kühler Brise, Blick auf die Reisfelder und nächtlichem Froschkonzert. Köstliches Frühstück, für uns das beste Frühstück in Bali, und zwar jeden Tag etwas anderes – einmal Omelette, einmal Hühner-Sandwich, einmal gebratener Reis, ein andermal balinesische Pancakes, etc., und immer zuerst frische Früchte."

18 Honeymoon Guesthouse③-④, Karte S. 132, Jl. Bisma, Tel. 0361 973282, https://honeymoon guesthouse.com. Wohnen und Kochen: Das Guesthouse gehört der Australierin *Janet De Neefe,* die als Köchin berühmt geworden ist. Die Bungalowanlage ist schön verwinkelt und raffiniert gestaltet, und es liegt auf der Hand, dass die Chefin feinste Kochkurse anbietet.

24 Nick's Pension③-④, Karte S. 118, Jl. Bisma 32, Tel. 0361 975636, http://nickspensionbali.com. Diese Anlage ist in eine Schlucht integriert, liegt auf beiden Seiten derselben, hat eine eigene Brücke über den Fluss und eine große Auswahl an Bungalows. Das Angebot beginnt beim schlichten Bungalow mit Ventilator und endet bei der Luxusausführung mit Fernseher, Kühlschrank und japanischer Toilette.

21 Tanah Semujan Bungalows②-③, Karte S. 132, Jl. Bisma, Tel. 0819 16236426, www.facebook.com/tanahsemujanbungalowubud, ist ein Lesertipp. Das freundliche Haus liegt am Ende einer von der Jl. Bisma abzweigenden Gasse und bietet nette Zimmer, Klimaanlage und Frühstück auf dem Balkon mit Blick auf den Garten.

Campuhan (Karte S. 132)

In der Gegend um Campuhan und Penestanan gibt es nur wenige Billigunterkünfte: Entweder handelt es sich, wie in Campuhan, um nicht gerade günstige Hotels oder, so in Penestanan, um Häuser, die langfristiger zu mieten sind – also ab einem Monat oder länger.

9 Hotel Tjampuhan Spa④, Jl. Raya Tjampuhan, Tel. 0361 975368, www.tjampuhan-bali.com. Das älteste der teuren Hotels in Ubud hat einen Quellwasser-Swimmingpool und liegt sehr ansehnlich und idyllisch am Hang. Dieses Hotel war der Ort, an dem *Walter Spies* in den 1930er-Jahren lebte, sein Bungalow ist zu mieten. Wer die Chance hat, sollte mal einen Blick hineinwerfen – allein schon wegen der Schwarz-Weiß-Bilder an den Wänden, die die alte Zeit wieder aufleben lassen.

Penestanan (Karte S. 132)

11 Lala & Lili④, Jl. Raya Campuhan, Tel. 0361 977 716, www.lalalilihouse.net. Glänzt mit einem plätschernden Teich und schönen mehrstöckigen und luftigen Bungalows; diese heißen treffenderweise Lili House und Lala House. Es ist ruhig hier oben. In dem zum Haus gehörenden Warung trifft sich die Gemeinde der Longstay-Urlauber aus der Gegend.

13 The Mansion Resort Hotel and Spa④, Jl. Penestanan, Tel. 0361 972616, www.themansionbali.com. Hotel, Restaurant, Spa und Shops, das Ganze im luxuriösen Zen-Ambiente. Im Mansion gibt es mehrere Pools, die man bei Bestellung eines Getränks umsonst nutzen darf.

14 Villa Nirvana④, Jl. Raya Penestanan Kaja, Tel. 0361 979419, www.balivillanirvana.com. Schmucke Villen im Grünen und mit allem, was das Herz begehren könnte. Dazu gibt es Suiten mit eigenem Pool. Das hauseigene **14 Restaurant Banana Leaf** überzeugt mit einer Fusion aus indischer, mexikanischer und indonesischer Küche – der Koch ist Inder – und engagiert sich per Spende für das Gemeinschaftsleben.

16 Gerebig Bungalows④, Jl. Raya Penestanan Kelod, Tel. 0813 37019757, https://gerebigbungalow.id-indonesia.com/de. Groß und luftig kommen die Bungalows daher, die um einen Swimmingpool gruppiert sind – der Blick auf die umgebenden Reisfelder ist inklusive.

Kedewatan und Sayan (Karte S. 132)

Folgt man der Jl. Raya Ubud stadtauswärts, erreicht man zuerst Campuhan, dann Kedewatan und nach dem Abbiegen an der folgenden Kreuzung nach links Sayan. An der schönen Schlucht des **Ayung River** (der größte Fluss Balis) hat sich eine absolute Luxuswohngegend entwickelt. Es gibt einige teure Hotels, die mit allem erdenklichen Zwick und Zupf ausgestattet und wunderschön gelegen sind.

1 Amandari④, Jl. Raya Kedewatan, Tel. 0361 975333, www.aman.com/resorts/amandari. Die Wohneinheiten bestehen aus einem großzügig angelegten doppelstöckigen Haus, erbaut mit teuersten Materialien (Marmor und edle Hölzer) im vornehmen balinesischen Kampungstil. Mitten durch die Hotelanlage führt ein Weg in die Schlucht zu einer heiligen Quelle. Der Weg durfte nicht bebaut werden, weil hier in bestimmten Zeitabständen Prozessionen zum Wasserholen durchgeführt werden. Der ursprüngliche Planungsfehler erweist sich nun als gute Werbung: Die Hotelgäste brauchen sich hier nicht außer Haus zu begeben, um einer balinesischen Prozession beizuwohnen.

2 Bambu Indah Resort④, Jl. Baung, Tel. 0361 977922, www.bambuindah.com. Punktet mit historischen Bungalows, die aus Java importiert und zeitlos schön sind. Das Bambu Indah ist ökolo-

Das Hotel Sabana richtet sich eher an junges und jung gebliebenes Publikum

gisch ausgerichtet, liegt mitten im Regenwald und verspricht „(...) eine Symphonie mit den umliegenden Gärten und dem Dschungel und lädt Besucher ein, sich für eine jenseitige Erfahrung anzuschließen." Wer jetzt neugierig geworden ist: Auch Tagesbesucher sind willkommen.

Süd-Ubud: Pengosekan

38 Villa Puriartha③, Karte S. 118, Jl. Raya Pengosekan, Tel. 0361 978118, https://villapuriarthaubud.zoombookdirect.com. Zehn schicke Zimmer im balinesischen Stil umrahmen einen Pool mit Wasserfall, zum ARMA sind's nur 100 m Fußweg.

MEIN TIPP: **26 Sapodilla**④, Karte S. 132, Jl. Raya Pengosekan, Tel. 0821 46077477 https://sapodillaubud.com, ausgezeichnetes Preis-Leistungs-Verhältnis. Die Vögel zwitschern im Innenhof, der Pool lädt zur Abkühlung ein, die 16 Zimmer sind geschmackvoll eingerichtet. Auf den Balkons und Terrassen kann man den ganzen Tag verbringen, das Team ist ungemein zuvorkommend. Ein Schmankerl ist der zum Service gehörende, gut funktionierende Shuttleservice in Ubuds Innenstadt.

28 Sabana④, Karte S. 132, Jl. Premasanti, Tel. 0821 46077478, https://sabanaubud.com. Das Schwesterhotel des Sapodilla liegt nur ein paar Meter vom Stammhaus (s.o.) entfernt und ist doch eine andere Welt: vielleicht nicht ganz so gediegen, eher auf junge und jung gebliebene Gäste ausgerichtet, aber mindestens ebenso relaxed und mit einem unglaublich freundlichen Team. Das i-Tüpfelchen hier ist die Dachterrasse mit Blick über die Dächer von Ubud bis hin zum Monkey Forest. Auch einen Shuttleservice gibt es.

Nyuh Kuning (Karte S. 132)

22 On's Hostel①, Jl. Nyuh Bojog 12, Tel. 0812 3912897, http://ons-hostel-ubud.bedspro.com. Für den kleinen Geldbeutel: On's ist ein Preisbrecher in Ubud und gleichzeitig eine gute Wahl. Das Hostel befindet sich nahe dem Monkey Forest. Man übernachtet in guten Stockbetten, es gibt einen Pool, das Team ist ausgesprochen freundlich und das Hostel sauber.

23 Swasti Eco Cottages④, Jl. Nyuh Bojog 3, Tel. 0361 974079, https://baliswasti.com. Schöne traditionelle Bungalows inklusive Open-Air-Bad in einem netten Park mit Pool und Yoga-Halle. Hier wird Öko gelebt: Im eigenen Biogarten wachsen Gemüse und Kräuter, die im Spa verwendeten Öle sind biologisch angebaut, die Wäscherei vermeidet Chemie. Der Spaß hat aber seinen Preis.

xba021 sb

25 **Mawa House**④, Jl. Nyuh Bojog, Tel. 0361 974 059. Lesertipp: „Klein, aber fein (8 Zimmer). Top Service, sehr charmant. Mit Pool, kostenlosem Kulturprogramm etc."

4 **Ulun Ubud Resort**④, Jl. Raya Sanggingan, Tel. 0361 975024, http://ulunubud.id. Schönes Beispiel für Hotels, die in die Schluchtenlandschaft eingebettet wurden. Eine der klassischen, eher hochpreisigen Unterkünfte. Ein bisschen weit weg vom Schuss, aber sehr schön und harmonisch in einen Hang der Campuhan-Schlucht hineingebaut – grandiose Ausblicke und Ruhe inklusive. Man kann sich das Essen auch auf die eigene Terrasse kommen lassen. Die im balinesischen Stil errichteten Bungalows sind schlicht, aber schön.

Ost- und Nord-Ubud (Karte S. 118)

48 **Rona Accomodation**②, Jl. Sukma Kesuma 23, Tel. 0361 973229. Mit Familienanschluss lebt es sich in den kleinen Bungalows neben einem Swimmingpool nicht schlecht.

47 **Family Guesthouse**②-③, Jl. Sukma Kesuma, Tel. 0361 974054, https://familyhouseubud.com. Schon lange da, in Familienbesitz und immer freundlich mit Springbrunnen im netten Innenhof und Vollkornbrot zum Frühstück.

16 **Krisna House**②, Jl. Jembawan 9B, Tel. 0812 3815708. Eigener Pool und schön gemachte Zimmer, die sich in zwei Geschossen um den Pool herum gruppieren.

Essen und Trinken

Zentral-Ubud (Karte S. 118)

14 **Bali Buda,** Jl. Jembawan 1, Tel. 0361 976 324, www.balibuda.com, tgl. 7–22 Uhr, hat sich seit 1994 der biologischen Ernährung verschrieben. Es gibt einen Lieferservice und vor allem ein schickes Café, in dem neben einer Portion Bienenpollen bis hin zum indischen Chai auch leckere Backwaren zu haben sind. Überhaupt lohnt sich der Blick in die Bäckerei: Wie wäre es z.B. mit Bread Fretzeln?

10 **Nomad,** Jl. Raya Ubud 35, Tel. 0361 977169, www.nomadubud.com, tgl. 10.30–23 Uhr, ist seit vielen Jahren hip und gut besucht. Es gibt Gerichte wie Garlic Kebab und Zaziki und eine große Auswahl an Alkohol und Steaks. Die Preise allerdings sind nicht von Pappe.

7 **Casa Luna,** Jl. Raya Ubud, Tel. 0361 977409, https://casalunabali.com, tgl. 8–23 Uhr. Das schicke und stylishe Restaurant auf zwei Stockwerken ist ein Ableger des Honeymoon Guest House von *Janet De Neefe* (s.o.) und anerkannt gut.

6 **Mumbul Restaurant,** Jl. Raya Ubud, Tel. 0361 975364, www.facebook.com/people/Mumbul-Restaurant-Bar/100065601125226, tgl. 8–22 Uhr. Lohnt sich für die abendliche Cocktail-Happy-Hour (zwei für einen), aber auch das nicht ganz günstige Essen, z.B. das Rendang, ist ein guter Deal.

5 **Café Lotus,** Jl. Raya Ubud, Tel. 0361 975660, www.cafelotusubud.com, tgl. 8–21.30 Uhr, liegt am Teich des Pura Taman Saraswati. Hier sitzt man hervorragend, nachdem man die „Wait to be seated"-Kontrolle passiert hat. Abends locken Tanzvorführungen.

3 **Babi Guling Gung Cung,** Jl. Suweta 23, Tel. 0878 60094370, tgl. 10.30–16.30 Uhr. In diesem eher unscheinbaren Imbiss gibt es das klassische balinesische Babi Guling in bewährter Qualität.

Zentral-Ubud: Jl. Hanoman (Karte S. 118)

12 **Blackbeach Italian Restaurant,** Jl. Hanoman 5, Tel. 0361 971353, www.blackbeach.asia, tgl. 7–23 Uhr, nennt sich „Italian Restaurant and Café" und kommt dementsprechend daher. Keine schlechte Location, um zu sehen und gesehen zu werden. Logischerweise gibt's „echte italienische Küche". Nicht ganz günstig, aber gut.

45 **Kafe,** Jl. Hanoman 44B, Tel. 0811 1793455, http://kafe-bali.com, tgl. 7.30–23 Uhr, gehört zum Dachverband Bali Spirit, dem wiederum verschiedene Selbsthilfegruppen (NGO) in und um Ubud angeschlossen sind. Der Milchkaffee ist eine Versuchung und der Black Rice Pudding einfach köstlich. Alles bio – natürlich.

43 **Bebek Bengil,** Jl. Hanoman, Tel. 0361 975489 www.bebekbengil.co.id/en, tgl. 10–22 Uhr, hier werden asiatische Touristengruppen busweise „abgefüttert", aber einen Besuch ist die Show wert: Es geht zu wie in einem Münchner Biergarten. In einem kleinen Park mit Reisfeldanschluss sitzen die Reisegruppen an großen Tischen in kleinen Pavillons und werden von der zuständigen Bedienung betreut. Highlight auf der Speisekarte ist der Namensgeber: „Bebek Bengil – the original crispy duck. Half a duck steamed in indonesian spices and deep fried for a crispy finish. Use your fingers!" Lesermeinung: „Vom Bebek Bengil waren wir „entenmäßig" enttäuscht. Die spärliche Portion liegt mittlerweile bei über 100.000 Rp. Dafür wird der dort angebotene Schoko-Kuchen *The Original Devil Sin* seinem Namen mehr als gerecht! Der Hammer!"

Zentral-Ubud: Jl. Goutama (Karte S. 118)

17 **Warung Lokal,** Jl. Goutama, Tel. 0812 4604 474, tgl. 8–22 Uhr. Mit Blick auf die verkehrsberuhigte Jl. Goutama und bei köstlichen indonesisch-balinesischen Mahlzeiten kann man wunderbar die vorbeischlendernden Menschen aus aller Herren Länder beobachten. Unbedingt den Klassiker Ayam Goreng Lalapan probieren!

18 **Warung Siam,** Jl. Goutama 17, Tel. 0811 3896 678, www.facebook.com/warungsiam, tgl. 12–21 Uhr. Anerkannt gute Thai-Küche, immer eine Versuchung wert und immer gut besucht.

19 **Warung Biah Biah,** Jl. Goutama 13, Tel. 0361 978249, www.facebook.com/warungbiahbiah, tgl. 11–23 Uhr. Leckere balinesische Küche – auf einem Palmenblatt serviert, schmeckt das hervorragende Nasi Campur gleich nochmal so gut.

Zentral-Ubud: Monkey Forest Road (Karte S. 118)

25 **Tutmak Warung Kopi,** Jl. Dewi Sita, Tel. 0361 975754, www.facebook.com/tutmakubud, tgl. 9–21 Uhr, schon lange da, immer gut. Hier kann man die Gelüste nach einem „richtigen" Kaffee befriedigen. Abends häufig Live-Musik.

28 **Bumi Bali Restaurant,** Jl. Monkey Forest, Tel. 0361 976698, https://m.facebook.com/Bumi-Bali-Restaurant-169846643514837, tgl. 8–24 Uhr. Wem es hier geschmeckt hat, der kann sich gleich selbst an die Arbeit machen: Die hauseigene Kochschule (s.o.) sorgt dafür, dass es zumindest annähernd so gut wird.

29 **Café Wayan,** Jl. Monkey Forest, Tel. 0361 975 447, www.cafewayan.com, tgl. 11–22 Uhr. Wird seit Jahren von einem geradezu legendären Ruf begleitet: balinesisch, dezent, stilvoll.

30 **Warung Garasi,** Jl. Monkey Forest 15, Tel. 0851 00811106, https://warunggarasi-restaurant.business.site, Mo–Sa 10–20.30 Uhr. Nette Idee: Die Eigentümer funktionierten ihre Garage zum Warung um und beschränken sich auf wenige Speisen. Ein Leser: „Das indonesische Essen ist unglaublich lecker und für kleines Geld zu haben. Der Besitzer hat das Warung in einer alten Garage eröffnet und seine alten Vespas dort u.a. zu Sitzmöbeln umgebaut. Ein nettes Ambiente!" Das Konzept geht auf: Mittlerweile werden auch **30** **Zimmer**① angeboten.

37 **Warung Semesta,** Jl. Monkey Forest 9, Tel. 0361 970677, www.warungsemesta-ubud.com, tgl. 8–21.30 Uhr. Sehr gute Adresse für die Freunde vegetarischen Essens: Köstliches vegetable Tempura mit Pilzen, Peperoni, Spinat, süßen Kartoffeln, französischen Bohnen, serviert mit Honig und Sojasoße. Dazu Stoffservietten, ausgezeichnete Bedienung und stimmige Atmosphäre. Klingt gut? Dann am besten gleich einen Kochkurs (s.o.) mitmachen.

West-Ubud (Karte S. 132)

20 **Café Kendi,** Jl. Bisma 45, Tel. 0361 972528, tgl. 11–22 Uhr, mit chinesischem Einschlag. Lesertipp: „Außer sehr leckerem Essen und einem schönen Ambiente bietet das Kendi seinen Gästen kostenloses Internet, PC inclusive."

Penestanan (Karte S. 132)

10 **Yellow Flower Café,** Jl. Raya Campuhan, Tel. 0812 38899695, https://de-de.facebook.com/people/Yellow-Flower-Cafe-Ubud-Bali/100063510

132352, tgl. 7–21 Uhr. Im Café sitzt es sich in Gesellschaft der in ihren Pausen hier verweilenden Yoga-Gemeinschaft der umliegenden Yoga-Häuser sehr nett. Man kann alles probieren, was die balinesische Küche so hergibt und drauf hat – von Fisch bis Tempe, Suppe und Süßigkeit inklusive.

11 **Lala & Lili Warung,** Jl. Raya Campuhan, Penestanan Kaja, Tel. 0361 977716, www.lalalili house.net, tgl. 8–22 Uhr. Hier kann man nicht nur den schönen Teich anschauen, sondern auch etwas Schmackhaftes essen. Die Suppen sind hervorragend, auch leckeres Nasi Campur steht auf dem Programm.

15 **Made's Warung,** Jl. Banjar Penestanan Kaja, Tel. 0361 977885, tgl. 8–22 Uhr. Ist nicht nur wegen der schönen Atmosphäre am Reisfeldrand einen Besuch wert, sondern auch für die frisch zubereiteten Mahlzeiten. Wer nahe der Küche sitzt, kann am Familienleben rund um den heimischen Fernseher teilhaben.

12 **Café Vespa,** Jl. Raya Penestanan Kaja, Tel. 0812 37918530, www.cafevespabali.com, tgl. 8–22 Uhr. Hier treffen sich die Bewohner der Häuschen in den Reisfeldern aus aller Herren westlicher Länder zu einem Plausch oder ausgedehntem Brunch. Der Kaffee ist hervorragend, und vor allem das täglich herrlich frische Brot (Ciabatta) wird oft nachgefragt.

Süd-Ubud

49 **Paon_Adua,** Karte S. 118, Jl. Raya Pengosekan, Tel. 0812 39167748, tgl. 10–21 Uhr. Mittlerweile leider eine Seltenheit: Im Paon_Adua kann man mit Blick aufs Reisefeld speisen, und das mitten in Ubud. Auf den Tisch kommen neben indonesischen Klassikern auch europäische Gerichte. Unten wird auf dem Boden sitzend gegessen, oben gibt es Stühle – beides mit reichlich Aussicht.

46 **Mamma Mia,** Karte S. 118, Jl. Raya Pengosekan, Tel. 0361 978475, www.facebook.com/MammaMiaBali, tgl. 11–22.30 Uhr. Hier gibt es köstlich-knusprige Pizza aus dem Steinofen, man kann den Pizzabäckern bei der Arbeit zusehen, und auch die Pasta ist nicht von schlechten Eltern. Die Atmosphäre ist sehr italienisch: Es wird geplaudert, gelacht und gescherzt. Jeden Abend kommt der Seniorchef vorbei und schaut nach dem Rechten.

MEIN TIPP: 27 **Babi Guling Ibu Gendut,** Karte S. 132, Jl. Raya Pengosekan, Tel. 0878 0343 5056, gegenüber der Tankstelle, tgl. 9–21 Uhr. Wer schon immer wissen wollte, wie ein balinesisches Babi Guling schmeckt, ist hier richtig. Denn bei Ibu Gendut wird das Spanferkelchen mit Liebe zubereitet. Am besten morgens vorbeischauen, dann ist das Ferkel noch besonders saftig und knusprig.

29 **Pizza Bagus,** Karte S. 132, Jl. Raya Pengosekan, Tel. 0361 978520, www.pizzabagus.com/en, tgl. 8.30–23 Uhr. Hervorragende Pizzen, auch die Pasta ist prima. Drinnen gibt's Klimaanlage, draußen kann man auch überdacht sitzen. Sehr gut ist der angeschlossene Deli: Wer die Nase voll hat von Nasi, kann sich hier ein prächtiges Panini mit italienischem Schinken und Käse basteln lassen.

Nord-Ubud (Karte S. 132)

7 **Sari Organik,** Jl. Subak Sok Wayah, Tel. 0812 46552409, tgl. 8–21 Uhr. Bio, wie der Name schon sagt, eigenes Gewächshaus, selbst gemachtes Brot, leckere Pizzen. Allein der Sari Salad aus heimischem Anbau lohnt den Aufstieg.

8 **Sweet Orange Warung,** Jl. Subak Juwuk Manis, Tel. 0813 38778689, www.facebook.com/sweetorangewarung, tgl. 9–21 Uhr. In-Location für Leute, die beim feinen Speisen ins Reisfeld schauen wollen. Der Warung liegt am Subak Juwuk Manis Rice Field Walk und ist bekannt für leckere indonesische Speisen – und längst kein Geheimtipp mehr.

8 **Dicarik Warung,** Jl. Kajeng, Tel. 081 99936 0090, tgl. 9–18 Uhr. Liegt nur ein paar Schritte vom bekannten und oft überlaufenen Sweet Orange Warung entfernt und ist doch ganz anders: Futtern wie bei Muttern, Gänse laufen vorbei, und der Blick über die Reisfelder reicht weit.

5 **Naughty Nuri's,** Jl. Raya Sanggingan 88, Tel. 0361 977547, www.naughty-nuris.com, tgl. 8–22 Uhr, gegenüber dem NEKA. Barbecue vom Feinsten zu annehmbaren Preisen, beliebt bei der Expat-Ge-

meinde Ubuds. Der Thunfisch vom Grill und auch das gezapfte Bier sind zu empfehlen.

3 FlyCafe & Cuisine, Jl. Raya Lungsiakan 2C, Kedewatan, Tel. 0361 975440, http://flycafebali.com, tgl. 10–22 Uhr, liegt zwar etwas ab vom Schuss, aber ein Ausflug lohnt sich. Vielleicht am Samstag zur Live-Musik oder am Freitag zum FlyDay, dann trifft sich die Expat-Community Ubuds und löst gemeinsam Ratespiele, die der australische Inhaber per Mikro in die Runde wirft. Gewinnen ist eine Frage der Ehre, weniger des Gewinns. Das Nasi Campur ist ein Genuss, dazu ein kaltes Bier, serviert mit der Flasche im Eiskübel und Erdnüssen.

Nachtleben (Karte S. 118)

27 CP Lounge Ubud, Jl. Monkey Forest 15, Tel. 0361 978954, https://cp-lounge.com, tgl. 13–4 Uhr. Pools und Billard, Live-Musik und Cocktails, Pizza und Shisha – unter dem Motto „eat, drink, dance, swim" kann man hier ordentlich Party machen. Besonders beliebt sind die „Rainbow Shots".

31 Laughing Buddha Bar, Jl. Monkey Forest, Tel. 0361 970928, https://laughingbuddhabali.com, tgl. 16–24 Uhr. Hier darf gelacht werden. Ernsthaft: Die Bar nennt sich „The happy happening place in town", wozu sicher auch die beiden Happy Hours beitragen.

32 Donna Ubud, Jl. Monkey Forest 67, Tel. 0812 77189610, tgl. 11.30–24 Uhr, Fr bis 2 Uhr. Der Spot für ernsthafte Freunde eines ernsthaften klassischen Cocktails. Die auffällige Bar direkt an der Straße verführt mit Drinks, Snacks, Musik und Tanz zum Bleiben.

26 XL-Shisha Bar, Jl. Monkey Forest 129, Tel. 0818 05575114, www.facebook.com/pages/XL-Shisha-Lounge/156826224380543, tgl. 10–2 Uhr. Hier, hinter dem Sportplatz, blubbern die Wasserpfeifen bei Live-Musik bis in den frühen Morgen.

24 Laka Léké Restaurant, Karte S. 132, Jl. Nyuh Bojog 32, Nyuh Kuning, Tel. 0361 977565, www.lakaleke.com, tgl. 9–23 Uhr. Ab 20 Uhr wird fast jeden Abend auf der Bühne getanzt, z.B. freitags der Froschtanz, dazu gibt es ein reichhaltiges Buffet.

Einkaufen

Märkte

■ **Ubud Art Market,** Karte S. 118, Jl. Raya Ubud 35, tgl. 10–17 Uhr, zeigt sich seit der Wiedereröffnung im Frühjahr 2023 frisch und aufgeräumt. Angeboten werden Souvenirs, Stoffe, Messingartikel, Taschen, Masken und und und.

29 Organic Farmer's Market, Karte S. 132, Jl. Raya Pengosekan, Tel. 085 237153280, www.ubudorganicmarket.com, Sa 9–14 Uhr vor dem Pizza Bagus. Genossenschaftliches Projekt mit Bio-Produkten wie Gemüse, Früchte, Kaffee oder Tee.

Supermärkte

In und um Ubud findet man kleine Läden und Supermärkte verschiedener Ketten. Die Platzhirsche, in denen auch die Expat-Community einkauft, sind:

6 Bintang Supermarket, Karte S. 132, Jl. Raya Sanggigan 45, https://bintangsupermarket.com, tgl. 8–22 Uhr.

17 Delta Dewata Supermarket, Karte S. 132, Jl. Raya Andong 14, https://deltadewata.co.id, tgl. 8–22 Uhr.

42 Coco Supermarket, Karte S. 118, Jl. Raya Pengosekan, https://cocogroupbali.com, tgl. 7–23 Uhr.

Malerei und andere Kunst (Karte S. 118)

Es gibt wohl **Hunderte Shops,** in denen Bilder, Gemälde, Schnitzereien, Garudas, fliegende Drachen oder Frösche, Stabpuppen, Masken oder Stoffe wie Ikats und Batiken, fertige Kleidung aus traditionellen Stoffen und vieles mehr verkauft wird. Beim Künstler persönlich sind Objekte meist preiswerter – manchmal lohnt sich ein kleiner Ausflug in die jeweiligen Dörfer, wo sie herkommen. Wer aber in Ubud kaufen will, sollte sich aufs Handeln einlassen – dann macht der Einkauf mit Sicherheit Spaß.

13 Moari Musical Instruments, Jl. Raya Ubud, Tel. 0858 47130885, tgl. 10–19 Uhr. Für Musikliebhaber eine gute Adresse, um vielleicht für die weitere Reise einen Didgeridoo oder schicke Bongos aus balinesischer Fertigung einzukaufen.

2 Threads of Life, Jl. Kajeng 24, Tel. 0361 972 112, www.threadsoflife.com, tgl. 10–18 Uhr. In der Galerie mit angeschlossenem Shop erhält man einen Einblick in die Vielfalt der indonesischen Textilkunst. Thread of Life veranstaltet auch Filmvorführungen, Unterrichtsstunden sowie Ausflüge zu Webereien auf Bali und ist außerdem Mitglied in der World Fair Trade Organization.

■ **Neka Art Gallery,** Jl. Raya Ubud, Tel. 0813 38424036, https://nekagallery.com, tgl. 9–17 Uhr. Interessante Auswahl an balinesischen Kunstwerken unterschiedlicher Richtungen und Schulen.

Bücher (Karte S. 118)

15 Ganesha Bookshop, Jl. Raya Ubud, Tel. 0361 970320, www.ganeshabooksbali.com, tgl. 9–18 Uhr. Klassiker im Buchgewerbe mit jahrzehntelanger Erfahrung, gutem Sortiment und einer Secondhand-Ecke.

23 Periplus Bookshop, Jl. Raya Ubud und Jl. Hanoman, tgl. 9–20 Uhr. Wer auf der Suche nach aktuellen Bestsellern oder schicken Bildbänden ist, ist hier richtig.

■ **Pondok Pekak Library & Learning Centre,** Tel. 0361 976194, https://pondokpekak.com, tgl. 9–21 Uhr, auf der Ostseite des Fußballplatzes gut aufgehoben. Mehr als 10.000 Bücher, darunter auch Kinderbücher, können ausgeliehen werden. Hier wird auch Kunstunterricht angeboten, z.B. Gamelan, Holzschnitzen oder balinesischer Tanz (s.o.).

Sonstiges

Geld

■ **Geldautomaten (ATM)** gibt es über den gesamten Ort verteilt sowie in oder bei den Supermärkten.

■ **PT Dirgahayu,** Jl. Raya Ubud, Tel. 0361 977365, www.balibestrate.com, tgl. 9–21.30 Uhr, eine gute Wahl für den Bargeldwechsel.

Medizinische Versorgung und Notfälle

■ **Toya Medika Clinic,** Jl. Raya Pengosekan, Tel. 0361 978078, http://toyamedika.com, hat einen 24-Std.-Service und nennt sich „die zuverlässigste Wahl bei medizinischen Notfällen in Ubud".

■ **Ubud Clinic,** Jl. Raya Campuhan 36, Tel. 0361 97411, http://ubudclinic.co.id, hat ebenfalls einen 24-Std.-Service.

Polizei

■ **Ubud Police Station,** Jl. Raya Ubud, Tel. 0361 975316.

Post

■ **Post Office,** Jl. Jembawan 1, gegenüber dem Ganesha Bookshop, mit Poste Restante, Mo–Sa 8–18 Uhr, So und Feiertag 9–15 Uhr.

Verkehr und Transport

Die meisten Sehenswürdigkeiten Ubuds sind glücklicherweise **bequem zu Fuß** vom Stadtzentrum aus erreichbar, denn tagsüber quellen die wichtigen Einbahnstraßen wie Jl. Monkey Forest, Jl. Raya Ubud und Jl. Hanoman aus allen Nähten. Ein Grund sind die vielen Tagestouristen, die Ubud besuchen und die Straßen mit Fahrzeugen, Minibussen und Taxis verstopfen. Dazu kommen Zeremonien, Prozessionen oder schlicht ein Starkregenereignis, das die Straßen in kürzester Zeit überfluten kann.

Bemos und Minibusse

■ **Bemos starten entlang der Jl. Raya Ubud** in Richtung Batubulan/Denpasar und nach Campuhan/Kedewatan mehrmals täglich. Es gibt keinen eigenen Bemo-Terminal. An Markttagen ist die Bemofrequenz deutlich höher, und zwar in alle Himmelsrichtungen. Es ist dann kein Problem, einen Direkttransport nach Pujung/Tegallalang oder Gianyar zu bekommen. Die Minibusse sind dann allerdings so voll, dass keine Mücke mehr zusätzlich hineinpasst. Die orangefarbenen Bemos fahren die Strecke Gianyar – Ubud, die braunen Batubulan – Ubud und weiter nach Kintamani.

■ Die bequemste und schnellste Fortbewegungsart zu anderen Touristenzentren sind die regelmäßig verkehrenden **Minibusse.** Die Ziele Kuta (100.000 Rp.), Airport (100.000 Rp.), Candi Dasa (100.000 Rp.), Sanur (80.000 Rp.), Lovina Beach (mind. 2 Pers., 250.000 Rp.), die Gilis und Lombok bieten mehrere Agenturen an der Jl. Raya Ubud, der Monkey Forest Road und der Jl. Hanoman an.

■ **Perama,** Jl. Raya Pengosekan, Tel. 0361 973316, www.peramatour.com.

■ **Kura-Kura Bus** (https://kura2bus.com) bedient tgl. 9–22 Uhr mit grünen Minibussen die Strecke von Ubud nach Kuta, Legian und Seminyak; Einzelfahrt Ubud – Kuta: 100.000 Rp., WiFi inklusive. Es werden auch Rundreisen angeboten. Die Haltestellen befinden sich bei Hotels und größeren Geschäften. Wo und wann es losgeht, verraten Schilder an den Masten der Haltestellen oder der Blick auf die Website.

Taxi und gojek

■ In Ubud gibt es keine offiziellen **Taxis** mit Taxameter, das wird von der lokalen „Taximafia" verhindert. Man muss also auf private Fahrer ausweichen und den Preis aushandeln. Glücklicherweise gibt es zahlreiche Fahrer, die meist am Straßenrand herumhängen und per Schild oder lautstark auf sich aufmerksam machen. Die meisten etwas abgelegenen Hotels bieten einen kostenlosen Transport ins Zentrum von Ubud an.

■ **Gojek und grab:** Per App kann ein grab- oder gojek-Transport hinten auf dem Scooter organisiert werden, Infos: www.grab.com/sg und www.gojek.com/en-id.

Fahrzeug mieten

Ein eigenes Fahrzeug ist **keine schlechte Idee,** um Ubud und das Umland zu erkunden. Sei es auch nur ein Fahrrad, um wie *Julia Roberts* in dem Film „Eat Pray Love" durch die pittoresken Reisfelder zu radeln. Auch ältere, ergraute Herrschaften wurden schon gesehen, blitzschnell auf einem gemieteten E-Bike um die Ecken flitzend.

Autos, Scooter und Fahrräder können in der Monkey Forest Road und der Jl. Raya Ubud an mehreren Stellen und in vielen Unterkünften direkt gemietet werden; Automiete ab 250.000 Rp. pro Tag für einen Kleinwagen ohne Versicherung, Scooter ab 70.000 Rp. pro Tag, Fahrrad (Mountainbike) ca. 30.000 Rp. pro Tag. Wer länger mietet, zahlt weniger. Grundsätzlich sind alle Preise verhandelbar.

Mietwagen mit Fahrer werden an fast jeder Ecke angeboten. Es ist kein Problem, ein Auto für einen Tag zu mieten, um eine Tour zu unternehmen, oder einen Transport von Ubud in einen anderen Ort zu finden. Pro Tag kostet der Service ca. 600.000 Rp.

Günstig parken in Ubud

Im Süden von Ubuds Zentrum, **neben dem Monkey Forest,** befindet sich ein **großer Parkplatz,** der gut ausgeschildert ist. Hier kann man parken und erspart sich nervenaufreibenden Verkehr und eine meist ergebnislose Parkplatzsuche. Auch Scooter können hier für überschaubares Geld abgestellt werden. Ab hier kann man die Sehenswürdigkeiten von Ubud locker zu Fuß erkunden.

Scooter kosten bis zu 1 Std. 2000 Rp., jede weitere Stunde 1000 Rp., ein **Auto** bis zu 1 Std. 5000 Rp., jede weitere Stunde 2000 Rp.

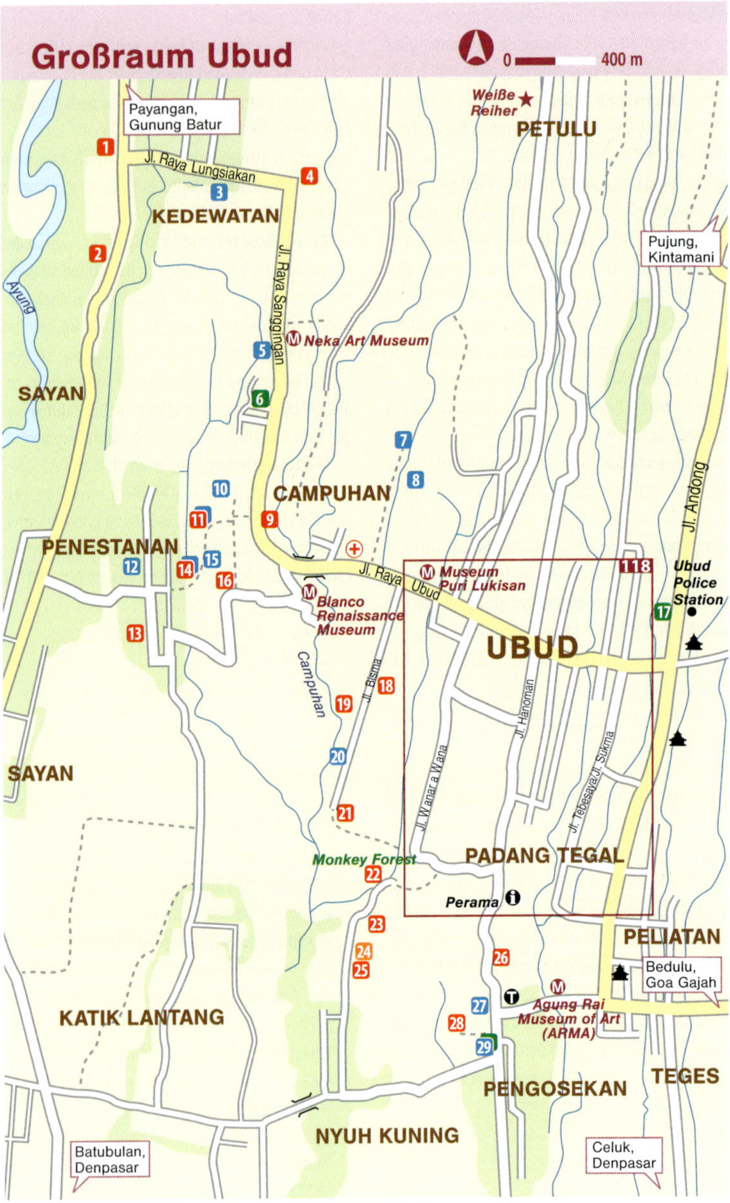
Großraum Ubud
0 400 m
Payangan, Gunung Batur
Weiße Reiher
PETULU
Jl. Raya Lungsiakan
KEDEWATAN
Jl. Raya Sanggingan
Pujung, Kintamani
Ayung
Neka Art Museum
SAYAN
CAMPUHAN
PENESTANAN
Jl. Raya Ubud
Museum Puri Lukisan
Blanco Renaissance Museum
Jl. Andong
Ubud Police Station
UBUD
Campuhan
Jl. Bisma
Jl. Hanoman
Jl. Wanara Wana
Jl. Tebesaya/Jl. Sukma
SAYAN
Monkey Forest
PADANG TEGAL
Perama
PELIATAN
Bedulu, Goa Gajah
Agung Rai Museum of Art (ARMA)
KATIK LANTANG
PENGOSEKAN
TEGES
NYUH KUNING
Batubulan, Denpasar
Celuk, Denpasar
118
1
2
3
4
5
6
7
8
9
10
11
12
13
14
15
16
17
18
19
20
21
22
23
24
25
26
27
28
29

Übernachtung
1 Amandari
2 Bambu Indah Resort
4 Ulun Ubud Resort
9 Hotel Tjampuhan Spa
11 Lala & Lili
13 The Mansion Resort Hotel and Spa
14 Villa Nirvana
16 Gerebig Bungalows
18 Honeymoon Guesthouse
19 Puri Bayu Guesthouse
21 Tanah Semujan Bungalows
22 On's Hostel
23 Swasti Eco Cottages
25 Mawa House
26 Sapodilla
28 Sabana

Essen und Trinken
3 FlyCafe & Cuisine
5 Naughty Nuri's
7 Sari Organic
8 Sweet Orange Warung, Dicarik Warung
10 Yellow Flower Café
11 Lala & Lili Warung
12 Café Vespa
14 Banana Leaf
15 Made's Warung
20 Café Kendi
27 Babi Guling Ibu Gendut
29 Pizza Bagus

Einkaufen
6 Bintang Supermarket
17 Delta Dewata Supermarket
29 Organic Farmer's Market

Nachtleben
24 Laka Léké Restaurant

Reisfelder

Nördliche Umgebung von Ubud

Mason Elephant Park & Lodge

Ein Ausflug von Ubud Richtung Norden führt zum **Elefantenpark bei Taro.** Ca. 1,5 km hinter Payangan verläuft eine kleine Straße nach Taro, wo sich der Mason Elephant Park & Lodge befindet. Seit 1998 wird der Park betrieben. Damals zogen 27 Sumatra-Elefanten von ihrer Heimatinsel nach Bali um. Das Areal ist 3,5 Hektar groß, mit einem kleinen See, in dem die Tiere gern baden. Heute handelt es sich weniger um einen Park als um ein **Luxus-Resort,** 2019 beim World Luxury Hotel Awards Gewinner in den Kategorien „Best Luxury Lodge in Asia" und „Best Luxury Eco Safari Lodge in the World". Hier kann man auf Elefanten reiten, im Park flanieren oder ins **Museum** hineinschauen und eine der wenigen vollständigen Nachbildungen eines Mammutskeletts in der Welt bestaunen.

■ **Mason Elephant Park & Lodge,** Jalan Elephant Safari Park, Banjar Desa Taro, Tel. 0361 721 480, www.masonelephantlodge.com, Terminbuchungen online.

Von Ubud nach Pujung

Drei interessante Dörfer liegen an der Straße, die in nördlicher Richtung über Pujung zum Gunung Batur führt. Am besten unternimmt man diese **Tagestour** mit dem Fahrrad, Scooter oder Auto, denn die individuellen Möglichkeiten zum Anhalten und Schauen machen den Reiz dieser Tour aus.

Aus Ubud kommend am Denkmal nach links abbiegen in die **Jl. Andong.** Die Straße ist eine einzige Werkbank mit zur Straße hin geöffneten Shops, dahinter liegen meist die Werkstätten. Hier gibt es fast alles, von Schmuckherstellern über Schreinereien für recyceltes Holz bis hin zu Metallwarenläden. Es ist recht unübersichtlich, aber wer sich auf die Suche einlässt und sich ausreichend Zeit nimmt, wird sicher fündig.

Petulu

In diesem netten Dörfchen, rund 2 km von der Hauptstraße weg (linke Seite), nisten in den Bäumen die **weißen Reiher,** die immer in den Reisfeldern zu sehen sind; 15.000 dieser Tiere sollen hier leben. Die **Straßen** sind **voller Federn, überall in den Bäumen** sind **Nester.** Auch wenn *Elizabeth Gilbert* in dem Film „Eat Pray Love" hier ihre Heldin auf einer Radtour unverrichteter Dinge wieder abziehen lässt, weil wohl keine Reiher da sind – es gibt sie: Die meisten Vögel sind ab ca. 17 Uhr zu sehen, da sie vorher überall auf Bali in den Reisfeldern Futter suchen. Aber auch tagsüber lohnt sich der Blick in die Bäume im Ort. Am Ortseingang sind 20.000 Rp. Eintritt zu entrichten.

xba023 sb

Tegallalang

Zurück auf der Hauptstraße folgt nach ca. 4 km Tegallalang. Unterwegs passiert man eine Vielzahl von **Geschäften, die Kunsthandwerk anbieten.** Hier wird fleißig investiert und gebaut, denn die Reisterrassen von Tegallalang ziehen als gern empfohlene sehenswerte Landschaft viele Besucher an, die dann auch mehr Geld hier lassen sollen.

Die **Reisterrassen von Ceking** im Tal von Tegallalang zählen zu den schönsten und eindrucksvollsten auf Bali. Täglich kommen scharenweise Urlauber aus allen Ländern der Welt, denn die Reisterrassen bieten eine **fantastische Gelegenheit zum Fotografieren:** Der Ausblick reicht über das saftige Grün an den Hängen und weit in das Tal hinunter. Die Einwohner des Ortes haben sich mit den Touristen arrangiert und einen großen, kostenpflichtigen **Parkplatz** am Ortseingang in Richtung Ubud und zahlreiche Selfiespots entlang der Straße angelegt. Es gibt **Souvenirshops, Cafés und Res-**

☐ Die Reisterrassen von Ceking sind einer der vielen Gründe, Bali zu lieben

taurants, davon viele mit großartiger Panoramasicht. Wer mit dem eigenen Fahrzeug oder Scooter anreist, muss möglicherweise eine Gebühr für die Durchfahrt und fürs Parken zahlen.

Wer dem touristischen Trubel aus dem Weg gehen möchte, kann vor den Reisterrassen rechts abfahren, vorbei am **Kampung Café.** Hier geht es geradeaus weiter, hinunter in die Schlucht und durch die Reisfelder hindurch, dann steil die andere Schluchtseite wieder hinauf – von oben genießt man einen grandiosen Ausblick von der „anderen Seite" der Schlucht.

Essen und Trinken

■ **Tis Cafe,** Jl. Raya Tegallalang, Tel. 0361 9083 873, https://tisrestaurant.com, tgl. 9–21 Uhr. Mittendrin und live dabei: Das Tis präsentiert sich in schickem Bambusdesign, man sitzt auf mehreren Ebenen, blickt über den Pool hinunter ins Tal mit den weltberühmten Reisterrassen und kann hier wunderbar etliche Stunden verbringen.

■ **d'Alas Warung,** Jl. Raya Pujung Kaja, Tel. 0361 902110, www.d-alas.com, tgl. 9–21 Uhr. Auch wenn es oberhalb von Tegallalang liegt, stimmt hier alles: die Architektur, die Atmosphäre, die Qualität der Mahlzeiten und der wunderschöne Ausblick auf Reisterrassen, die mit denen von Tegallalang gut mithalten können.

Pakudui

Hinter Tegallalang führt die zweite nach rechts abbiegende schmale Straße, die steil nach oben geht, nach Pakudui, ins **Dorf der Schnitzer,** die sich auf die Herstellung von Garudas spezialisiert haben. Überall entlang der Straße kann man Schnitzern bei der Arbeit zusehen, die teilweise drei bis vier Meter hohe **Garuda-Statuen** meißeln: Auftragsarbeiten von Banken und Hotels aus ganz Indonesien. Es wird nur bestes Holz verwendet, was sich auf die Preise niederschlägt.

Sebatu

Das quirlige Örtchen Sebatu wartet mit **zwei sehenswerten Attraktionen** auf: der parkähnlichen Tempelanlage Gunung Kawi Sebatu und dem örtlichen Waschplatz Genah Melukat (auch Sebatu Temple genannt).

Die **Tempelanlage Gunung Kawi Sebatu** liegt in einer Talsenke – einfach der Beschilderung ab der Hauptstraße folgen – und gilt noch als „Geheimtipp". Obwohl einer der am wenigsten besuchten Tempel Balis, ist er einer der ruhigsten und schönsten. Mit historischen Schreinen und grünen Gärten, die von kristallklaren Teichen samt Lotus und Karpfen umgeben sind, geht's hier wahrlich idyllisch zu.

■ **Gunung Kawi Sebatu,** Sebatu, tgl. 8–18 Uhr, Eintritt: 15.000 Rp. inkl. Sarong-Miete.

Der Straße weiter folgend, an der nächsten Kreuzung links, kommt man zu einem weiteren Tempel und dem **öffentlichen Waschplatz Genah Melukat Sebatu.** Mehr als 100 hohe Stufen geht es hinunter in die Schlucht. Mit ein bisschen Glück sind Bewohner da, die sich gerade **Melukat,** einer traditionellen Waschung unter einem Wasserfall, unterziehen – mit viel Ernst und viel Gelächter. Mittlerweile kommen Balinesen von der ganzen Insel, meist in Gruppen, zur Reinigung her; der Klassiker für Melukat, Tirta Gangga, ist vielen zu überlaufen. Ein- oder zweimal im Monat an einem freien Tag waschen sich Jung und Alt, Frau und Mann rituell im reinen Wasser, beten dazu und können wieder gestärkt in den Alltag zurückkehren. Kinder dürfen erst nach der traditionellen Zahnfeilung mitmachen. In Sebatu gibt es **Umkleidekabinen** und kleine **Warungs.** Man darf gern zuschauen und sollte sich nicht wundern, wenn eine ernst gemeinte Einladung zur Waschung erfolgt.

Pujung

Links und rechts der Straße befinden sich **Großhändler und Produzenten von schmiedeeisernen Waren und Holzschnitzereien:** Obst und Gemüse, Blumen, verrückte Figuren und Statuen, Motorräder, Kokospalmen und ganze Bananenplantagen, alles aus Holz, bemalt und unbemalt. Außerdem unechte **„Antiquitäten“:** Schnitzereien werden vergraben, gewässert oder sonst wie behandelt, bis sie aussehen, als seien sie 100 Jahre alt. Hier kaufen die Boutiquen aus Sanur, Kuta, Ubud und so weiter ein. Verkauft wird zu „Großhandelspreisen“; so kosten beispielsweise Schnitzereien im Antik-Stil nur einen Bruchteil dessen, was man woanders als angebliche „Antiquitäten“ für sie verlangt.

Tampaksiring

Etwa 18 km nordöstlich von Ubud liegt Tampaksiring, wo zahlreiche **Horn-, Kokosnuss- und Knochenschnitzer** leben. Shops säumen beide Seiten der Straße nach Norden, Richtung Gunung Batur. Knallbunte Sterne und Tiere baumeln tausendfach von den Decken der Läden herunter. Bekannt ist der Ort aber für seine zwei beliebten Hauptattraktionen: Gunung Kawi und Tirta Empul.

Gunung Kawi

MEIN TIPP: Ein **herrliches Tal** mit steilen Reisterrassen, durchflossen von dem hier noch einem Bach ähnelnden Fluss Pakerisan, ist die überwältigende Kulisse für das neben Goa Gajah älteste **Beispiel balinesischer Steinmetzkunst.** Bei dem Gesamtkunstwerk handelt es sich um einen gewaltigen **Komplex von zehn Candis,** die fast sieben Meter hoch in Nischen stehen und aus dem Fels geschlagen wurden. Es sollen Gedenk-, keine Begräbnisstätten von gottähnlichen Fürsten und deren Frauen und Konkubinen sein. Erbaut wurden sie um 1100. Sie sind immer noch erstaunlich gut erhalten.

Des Weiteren befinden sich innerhalb des Komplexes ein kleiner **Tempel** sowie einige **Höhlen,** in denen einst Mönche gewohnt haben sollen. Überall fließt **heiliges Wasser.** Die Steine sind bemoost, eine eigentümlich erhabene Atmosphäre herrscht an diesem Ort. Manche Reisende sagen, dieses Tal sei die landschaftlich schönste Gegend Balis. So lohnt allein schon der Blick in die umgebenden Reisfelder.

Gunung Kawi – verwunschener und ganz besonderer Ort auf Bali

Bevor man in dieses wunderschöne Tal gelangt, muss man allerdings eine **lange Gasse von Souvenirhändlern,** die auf Kundschaft warten, passieren und eine Menge Stufen bergab laufen. Zur Einstimmung lohnt sich ein Besuch im **Kafe Kawi** am oberen Ende der Treppe – nicht ganz günstig, aber der Ausblick von der Terrasse auf die Reisfelder ist wunderbar entspannend.

■ **Gunung Kawi,** Tampaksiring, tgl. 8–18 Uhr, Eintritt: Erwachsene 50.000 Rp., Kinder 20.000 Rp., Parkgebühr: Auto 5000 Rp., Motorrad 2000 Rp.

Pura Mengening

Von Gunung Kawi ist es nicht weit zur nächsten Attraktion, Tirta Empul. Vorher aber lohnt ein Zwischenstopp: Mit dem eigenen Fahrzeug oder zu Fuß nicht bis zur Hauptstraße vorlaufen, sondern vor dem Supermarkt rechts abbiegen und der Straße folgen. Kurz vor Tirta Empul folgt ein nettes Kleinod, Pura Mengening. Hier geht es in eine **Schlucht mit plätschernden heiligen Quellen,** einer Wasserlandschaft und einem recht eindrucksvollen, großteils aus schwarzem Gestein gebauten Tempel mit einer imposanten Treppe. Ruhig ist es hier. Unterhalb der heiligen Quellen gibt es einen **Waschplatz,** also nicht wundern, wenn plötzlich nackte, herumtollende Kinder den Weg kreuzen. Eintritt: Spende.

Tirta Empul

Schräg gegenüber an der Hauptstraße liegt Tirta Empul, balinesisch für „Sprudelnde Quelle". Der Ort ist in ganz Indonesien eben für diese **heiligen Quellen** bekannt. **Drei Einzeltempel und drei Badebecken** formen das Tempelgelände. Hierher kommen nicht nur Balinesinnen und Balinesen für rituelle Waschungen, auch Besucher können sich in das kühle Nass stürzen. Das Wasser gilt als heilig und sprudelt aus mehr als 30 Was-

077ba sb

serspeiern in die Becken. Es erlöst, so heißt es, Geist und Seele von bösen Gedanken und Problemen.

Wisma Negara heißt der ehemalige Sommersitz *Sukarnos* ganz in der Nähe. Die weitläufige, parkähnliche Anlage lädt zum Flanieren und Besichtigen ein. Besucht wird der Komplex hauptsächlich von indonesischen und asiatischen Touristen. An Sonn- und Feiertagen ziehen Besucherströme durch die Anlage.

■ **Tirta Empul,** Tampaksiring, tgl. 7.30–18 Uhr, Eintritt: Erwachsene 50.000 Rp., Kinder 25.000 Rp., Sarong-Miete inklusive, auch Schließfächer können gemietet werden (10.000 Rp.); Parkgebühr: Auto 5000 Rp., Motorrad 2000 Rp.

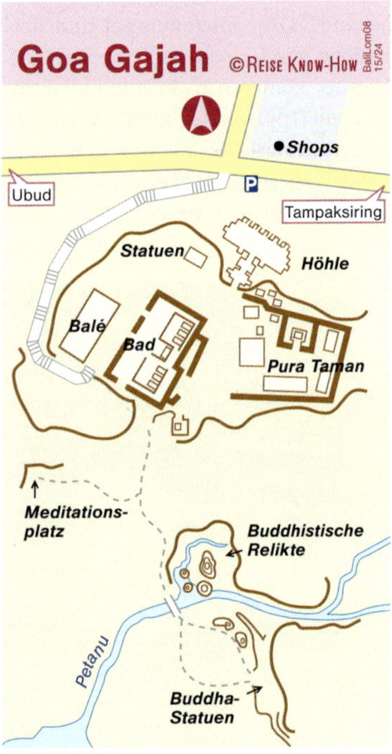

Östliche Umgebung von Ubud

Die Fahrt von Ubud Richtung Osten führt quasi „durch die Hintertür" nach Pejeng. Eine **landschaftlich sehr schöne Strecke** mit Kokospalmenalleen und Reisfeldern erfreut das Auge. Hier haben sich etliche Menschen aus dem Westen niedergelassen und sehenswerte Villen in die Reisfelder gebaut. Manchmal lohnt ein Blick über die umgebende Mauer. Wenn man auf die Straße Tampaksiring – Gianyar trifft, ist Pejeng erreicht.

Alternativ kann man an der Hauptkreuzung in Ubud nach rechts durch **Peliatan** fahren, wo man dann in **Teges** zur Abzweigung nach Denpasar kommt; hier nicht rechts abbiegen, sondern geradeaus Richtung **Bedulu** ins historische Bali weiterfahren. Die ältesten Zeugnisse der Insel-Frühgeschichte sind hier in Tagesausflugsnähe zu finden.

Wenige Kilometer nach Ubud zweigt hinter einer Brücke rechts eine Straße nach **Kemenuh** ab; links und rechts dieses Weges bieten zahllose Geschäfte noch zahllosere Holzenten an.

Elefantenhöhle Goa Gajah

Die „Elefantenhöhle", eines der ältesten Monumente Balis, wurde erst 1923 wiederentdeckt. Die Höhle befindet sich **in der Nähe von Bedulu in einem riesigen Felsblock** und diente wahrscheinlich im 11. Jahrhundert buddhistischen oder hinduistischen Mönchen als Einsiedelei.

Im Inneren der Grotte befinden sich Nischen, die die Asketen wohl als Schlafstelle benutzten, und eine Ganesha-Statue. Die senkrechte Frontwand des Felsens ist mit **Steinmetzarbeiten** reich verziert, dargestellt sind Wälder, Pflanzen, Wellen, Tiere und Menschen. Den Eingang krönt ein eindrucksvoller Dämonenkopf. Das Monument ist eines der berühmtesten in Bali und wird entsprechend häufig von Touristen besucht, folglich kann ein ziemlicher Rummel herrschen.

1954 brachten Ausgrabungen gegenüber der Höhle einen **Badeplatz** ans Tageslicht: Sechs steinerne Nymphen halten Vasen, aus denen Wasser in das Becken sprudelt. Verlässt man die Höhle nach links und klettert dann Reisterrassen und Geröllhalden hinunter, kann man weitere Überreste finden, vielleicht ein **abgestürzter Palast.** Es liegen Felsbrocken mit Relieffragmenten und andere Teile herum. Daneben gibt es eine kleine **Höhle** mit zwei Buddha-Statuen und den **Buddha-Tempel.** Hier wird eine kopflose Buddha-Statue verehrt, die aus dem 11. Jahrhundert stammen soll. Ist ein Priester in der Nähe, kann man sich für ein wenig Handgeld mit heiligem Wasser segnen lassen.

Wenn möglich, sollte man **am frühen Vormittag vorbeischauen,** da ab ca. 9.30 Uhr geführte Tagestouren hier haltmachen. Ist auf dem Gelände nicht viel los, wird es wahrlich magisch in dem kleinen Tal.

■ **Goa Gajah,** Petulu, tgl. 8–17 Uhr, Eintritt: Erwachsene 50.000 Rp., Kinder 25.000 Rp., Sarong-Miete inklusive, Parkgebühr: Auto 5000 Rp., Motorrad 2000 Rp., öffentliche Toiletten: 2000 Rp.; auch Bemos fahren die 5 km von Ubud nach Goa Gajah.

Yeh Pulu

Etwa 1,5 km von Goa Gajah entfernt befindet sich dieses **25 m lange und 4 m hohe Steinrelief,** das in eine Felswand geschlagen wurde. Es stammt wohl aus dem 14. Jahrhundert, und man nimmt an, dass es sich um eine Einsiedelei handelt, ähnlich wie Goa Gajah. Von der Höhle aus lässt sich Yeh Pulu zu Fuß erreichen, allerdings ist der Weg ab der Hauptstraße etwas verzwickt und führt durch einige Gassen. Zuerst der Hauptstraße nach rechts Richtung Gianyar folgen, dann nach rund 1 km wieder rechts und sich nach dem Schild „Villa Yeh Pulu" orientieren. Bald weisen kleine Schilder den Weg. Im Zweifelsfall einfach durchfragen.

Die Bedeutung der dargestellten **Szenen und Episoden** von Yeh Pulu ist nicht bekannt. Von links nach rechts sind zu sehen: ein Mann, der Palmbier trägt und dem eine Frau folgt; ein Haus, aus dem eine alte Frau heraustritt, daneben wiederum ein Mann, diesmal mit einer Axt, der sich mit einer anderen weiblichen Gestalt unterhält. Es folgt ein weiser Mann mit einem Turban, danach eine Jagdszene: Ein Raubtier wird von einem Jäger getötet, indem er ihm ein Messer in den Rachen stößt. Ein Frosch stößt einer angreifenden Schlange ebenfalls ein Messer in den Rachen. Als nächstes erscheinen zwei Männer, die auf ihren Schultern eine Stange tragen, an der zwei tote Tiere hängen.

■ **Yeh Pulu,** Batulumbang, Bedulu, tgl. 8–18 Uhr, Eintritt: 30.000 Rp., Kinder 15.000 Rp., Parken: 2000 Rp.; vom Eingang bis zum Relief sind es ca. 300 m Fußweg, direkt am Eingang befindet sich Mades Café, innen folgt das Café Pulu.

Bedulu

Wer von Goa Gajah oder Yeh Pulu weitergefahren ist, kommt im Ort Bedulu an eine Kreuzung: Hier geht es links ab nach Pejeng/Tampaksiring. Es ist schwer vorstellbar, dass dieser unscheinbare Ort **früher** das **Zentrum des mächtigen Königreiches Dalem Bedaulu** war, regiert von der Pejeng-Dynastie. Auf jeden Fall ist die Geschichte, wie sein Name entstanden sein soll, erzählenswert (→ Exkurs unten).

Eine Legende

Im 14. Jahrhundert wurde die Region um Bedulu von einem **Mann** regiert, der **übernatürliche Kräfte** besessen haben soll. Er konnte sich zum Beispiel enthaupten lassen und anschließend seinen Kopf wieder aufsetzen, ohne dass es ihm schadete. Das machte ihm so viel Spaß, dass er sich des Öfteren von seinem Diener köpfen ließ. Nun passierte es eines Tages, dass bei dieser Prozedur der **abgeschlagene Kopf** in einen Fluss fiel und weggetrieben wurde. Der Diener wusste sich nicht anders zu helfen, als dem erstbesten Tier, einem Schwein, den Schädel abzuhauen und diesen anstelle des Herrscherhauptes auf den Halsstumpf zu setzen. Das Resultat war, dass der Fürst sich in einen Turm zurückzog und verständlicherweise seinen Untertanen nicht mehr unter die Augen trat. Erst ein Kind entdeckte das Geheimnis, und seither wurde er *Dalem Bedaulu* genannt, d.h. **„Der seinen Kopf vertauschte“.** Von Bedaulu soll sich nach dieser Überlieferung der Ortsname Bedulu ableiten.

Pejeng

Wer an der Kreuzung in Bedulu links abbiegt, erreicht das Gebiet um Pejeng. Es gehört zu den ältesten Kulturgebieten der Insel, hier gibt es allein **40 Tempel aus ältester Zeit.** Das Büro des Archäologischen Institutes der Regierung ist aus diesem Grunde hier eingerichtet. In Pejeng selbst befindet sich der Tempel Penataran Sasih mit der berühmten Bronzetrommel.

Pura Penataran Sasih

Das Eingangstor dieses **großen Tempels direkt an der Hauptstraße** flankieren zwei Steinfiguren, die eine Kreuzung aus Schwein und Bär darzustellen scheinen. In einem Turm dieses Heiligtums wird die **weltgrößte Bronzetrommel aus einem Stück** aufbewahrt, über 1,80 m lang mit einem Durchmesser von 1,60 m; sie soll aus dem 3. Jahrhundert v. Chr. stammen. Die Herkunft der Trommel ist ungewiss; zwar ist der Stil dem der sogenannten Chinesen-Trommeln aus der Han-Epoche ähnlich, aber die stilisierten Gesichter auf dem Instrument sind indonesisch. Leider ist der Turm, in dem dieses seltene Stück steht, fast 6 m hoch, und man benötigt schon ein Fernglas oder ein Teleobjektiv an der Kamera, um die Ornamente und die Trommel – das „Mondgesicht“ – zu sehen.

Die Balinesen haben eine eigene **Erklärung für die Herkunft der Trommel:** Eines Nachts gingen zwei Monde auf. Der zweite fand aber keinen Platz mehr am Himmel und fiel deshalb auf die Erde. Er verfing sich in einem Baum und erleuchtete die Umgebung taghell.

Das ärgerte einige Diebe, die bei der Ausübung ihres schändlichen Handwerks gestört wurden. Einer von ihnen erkletterte den Baum und urinierte auf den Mond, um ihn abzukühlen. Dieser zerbarst mit einem lauten Knall und fiel als Trommel zur Erde. Den Riss im Sockel der Trommel kann man heute noch sehen.

In der weitläufigen Tempelanlage steht auch noch eine **Ganesha-Statue,** die aus dem 11. Jahrhundert stammen soll. Ein aufmerksamer Führer zeigt gegen eine Spende den Weg.

■ **Pura Penataran Sasih,** Jl. Raya, Pejeng, tgl. geöffnet.

Pura Kebo Edan

Der **„Tempel des verrückten Büffels"** ist klein, aber fein. Hier befindet sich eine 3,60 m hohe Statue, die *Bima* darstellt, wie er mit einem Büffel kämpft. Leider ist die Statue wegen Renovierungsarbeiten sauber in Einzelteile zerlegt worden, die wiederum in einzelnen Balés abgelegt sind. Mit ein bisschen Fantasie kann man sich vorstellen, wie die Statue original ausgesehen hat.

■ **Pura Kebo Edan,** Jl. Raya, Pejeng, tgl. geöffnet.

Archäologisches Museum

In der Jl. Raya Tampaksiring findet sich das Museum **Arkeologi Gedung Arca.** In vier Pavillons und auf einem Freigelände werden Sarkophage und andere historische Fundstücke aus der Region ausgestellt, mit Beschriftung auch in Englisch.

■ **Museum Arkeologi Gedung Arca,** Mo–Fr 8–16 Uhr, Eintritt: Spende erwünscht.

218ba sb

☒ Verschwiegene Türen

Südliche Umgebung von Ubud

Der Süden von Ubud ist eine viel befahrene Ecke von Bali, denn hier schlängelt sich der gesamte Verkehr aus dem Süden Richtung Ubud und zurück hindurch. Trotzdem sollte man sich die Chance nicht entgehen lassen, auf den rund 30 km ab Denpasar bis Ubud **fast alle Kunsthandwerksrichtungen der Insel** kennenzulernen.

Batubulan

5 km nördlich von Denpasar liegt Batubulan. Rechts und links säumen Shops, Möbelhändler, Häuser und Handwerksbetriebe die Straße. In Batubulan befinden sich, umgeben von Möbelgeschäften, Saronghändlern und sogenannten Antikshops, Steinmetzbetriebe, denn der Ort ist das **Zentrum der Steinmetzkunst.** Sie ist eine der letzten Kunstformen Balis, die bisher recht wenig durch die touristische Nachfrage kommerzialisiert wurde – einfach aus dem Grund, weil die Werke zu schwer zum Mitnehmen sind. Das Niveau der Steinmetzkunst ist hoch, und da hauptsächlich Einheimische die Abnehmer sind, halten sich auch die Preise in Grenzen.

Von einem guten Steinmetz verlangt die **Tradition,** dass er in der Lage ist, alle Figuren ohne Vorlage zu meißeln, und dass er weiß, welche Ornamente und Symbole zu welchem Gott oder Dämon gehören. Ganz Bali ist förmlich übersät mit Erzeugnissen der Steinmetze: An Wegkreuzungen, Brücken, Tempeln, an Eingängen, Toren, Verkehrsinseln, Staudämmen, überall stehen **aus Stein geschlagene Wächter,** die Böses abhalten sollen.

In den Shops an der Hauptstraße von Batubulan stehen Hunderte von „neuen" Dämonen und Göttern, die auf Käufer warten, um ihren Dienst irgendwo auf der Insel zu tun. Man kann hier gut einen ganzen Tag verbringen, die unglaubliche Geschicklichkeit der oft sehr jungen Künstler bewundern und sich die Darstellung der einzelnen Figuren erklären lassen. Ein gutes Beispiel für die angewandte Steinmetzkunst ist der **Tempel von Batubulan,** in dem ein meditierender Buddha sitzt.

Die Hauptstraße ist mehr der Ort des Großhandels, wer kleine Werkstätten sehen und eventuell ein Schnäppchen machen möchte, sollte nicht der Hauptstraße nach Ubud folgen, sondern besser geradeaus Richtung Singapadu/Sayan weiterfahren. Links und rechts der Straße befinden sich hier **kleine Handwerksbetriebe,** die ihre Kunstwerke vor Ort oder in Batubulan verkaufen.

Verkehr und Transport

Vom großen Busterminal in Batubulan fahren **Busse** in den Osten (Padangbai, Amlapura und Candi Dasa) und Norden Balis (Kintamani, Singaraja). **Bemos** fahren nach Denpasar, **Minibusse** nach Ubud (durch Celuk, Sukawati und Mas), Candi Dasa, Padangbai, Kintamani, Gianyar, Semarapura (Klungkung) und Nusa Dua.

▷ Ein Kasuar im Bali Bird Park

Kutri und Singapadu

In diesen kleinen Orten nördlich von Batubulan sind **Holzschnitzer und Steinmetze** ansässig. Die Steinfiguren sind hier oft preiswerter als in Batubulan. Einige Holzschnitzer sind spezialisiert auf spezielle Tische und Stühle mit dreidimensionalen Schnitzarbeiten, die etwa die Ramayana-Geschichte wiedergeben. So überrascht der Blick durch eine Tischglasplatte in einen Wald, in dem *Sita* von *Ravanna* überrumpelt wird. Die Figuren, Bäume und Blätter sind detailgetreu und filigran herausgearbeitet.

Bali Bird Park und Bali Reptile Park

In Singapadu befinden sich der Bali Bird Park und der Bali Reptile Park. Viele Bustouren machen hier Zwischenstation, daher sind die Anlagen gut ausgeschildert. Der **Bird Park** ist großzügig angelegt und die Heimat vieler Papageien, Kakadus, Flamingos und zahlreicher kleiner Vögel in begehbaren Freigehegen. Mit über 1350 Vögeln und 250 Arten zieht der Park jährlich über 200.000 Besucher an. Auf dem Gelände gibt es eine Bar und ein Restaurant.

■ **Bali Bird Park,** Jl. Serma Cok Ngurah Gambir, Singapadu, Tel. 0361 299352, www.balibirdpark.com, tgl. 9–17.30 Uhr.

Gleich nebenan liegt der **Reptile Park.** Hier leben Hunderte von Schlangen und Echsen, teilweise in Freigehegen und zum Anfassen – das Gelände ist aber deutlich kleiner als der Vogelpark. Lesermeinung: „Man kann diverse Warane und Schildkröten in die Hand nehmen und bekommt auch Vögel auf die Schultern gesetzt. Besonders für Kinder beeindruckend, da so etwas in einem Zoo bei uns nicht vorstellbar ist. Oder wer hat schon mal einen 1½ m langen Waran herumgetragen?“

■ **Bali Reptile Park,** Singapadu, Tel. 0361 299 344, https://balireptilepark.id, tgl. 9–17 Uhr. Tickets für beide Parks gibt’s mit tagesaktuellen Preisen online.

130ba pr

Celuk

Ein paar Kilometer östlich liegt Celuk. Der Ort erscheint wie ein riesiger Supermarkt für Silberschmuck und wird dementsprechend **„Silberdorf"** genannt. Wer hier zwei oder drei Läden aufsucht, stellt rasch fest, dass die Ware sich überall ähnelt. Die Herstellung muss schnell vonstatten gehen, daher ist die **Verarbeitung häufig nicht gut:** So sind Verbindungsnähte schlecht geschmiedet, ein Armreif oder Ring bricht dann leicht auseinander oder Steine fallen aus den Fassungen. Wer Wert auf Exklusivität und Qualität legt, sollte im eigentlichen Dorf abseits der Hauptstraße nach Silberschmieden suchen und Schmuck nach eigenem Entwurf in Auftrag geben.

Bali Zoo

Eine gerne besuchte touristische Attraktion der Insel ist der Bali Zoo mit mehr als **500 seltenen und exotischen Tieren** aus aller Welt. Es gibt ein Restaurant, Souvenirshops und einen Klettergarten, Trekkingtouren werden angeboten und die Möglichkeit, einen Abend im Zoo zu verbringen oder mit Orang-Utans zu frühstücken. Auch der Streichelzoo ist nicht von schlechten Eltern.

■ **Bali Zoo,** Jl. Raya Singapadu, Singapadu, Tel. 0361 294357, www.bali-zoo.com, tgl. 9–17 Uhr; die Online-Buchung bietet Special Packages inkl. Abholung, Programm und Mittagessen.

Sukawati

Der etwa 5 km Richtung Ozean gelegene Ort war einst Hauptstadt des gleichnamigen Königreiches. Hier ließen sich in der Zeit der Holländer viele **Chinesen** nieder. So entwickelte sich Sukawati zu einem blühenden Marktflecken, den zu besuchen sich unbedingt lohnt. Allerdings wurde der **Sukawati Art Market** 2020 „revitalisiert", also neu gebaut. Die Gebäude sind nun komfortabler, sauberer und gut organisiert, doch die früher dichte Marktatmosphäre hat leider ein wenig leiden müssen.

Einige Warungs gestalten den Besuch auch für den Magen erfreulich. **Souvenirshops** mit großem Busparkplatz sorgen für Trubel, verkauft wird alles, was Touristen wollen. Es gibt auffallend viel „Tempelbedarf" wie Schirme und Opferschalen, ebenso Sarongs, Schnitzereien und Malereien.

Sukawati genießt einen guten Ruf als eine der Hochburgen für **Wayang-Kulit-Aufführungen** und für sein großes **Gamelan-Orchester.** Im rund 1 km entfernten **Puaya** werden Lederpuppen für das Wayang Kulit hergestellt und Workshops für die Herstellung derselben angeboten.

Batuan

Sukawati und Batuan waren bis zum Jahr 1022 ein einziger Ort, dann veranlasste König *Marakata* die Teilung in zwei Ortschaften. Batuan wird von vielen **Tänzern** und insbesondere **Malern** bewohnt. Hier ist die Heimat des modernen **„Batuan-Malstils":** Die Künstler integrieren die Themen Tourismus, Umweltverschmutzung und Straßenverkehr auf ironische Art und Weise in ihre Kunst und in einen eigentlich balinesischen Bildaufbau. Einige ihrer Werke sind im Museum Puri Lukisan in Ubud ausgestellt. Bis heute ist Batuan ein **kommerzielles Zentrum** für alle Stilrichtungen der balinesischen Kunst.

Sakah

Nördlich von Batuan befindet sich der Ort Sakah, in dem rechts die Straße nach Semarapura/Amlapura abzweigt und links weiter durch Mas nach Ubud führt. Die **Kreuzung** kann man nicht verpassen, ein rund 8 m hohes Riesenbaby aus Stein thront mitten auf der Verkehrsinsel. Hier wechselt man das Bemo, wenn man weiter nach Osten will. Im Ort gibt es interessante „Antik"-Shops und Händler mit javanischen Teakholzmöbeln.

Mas

In diesem **Zentrum für Holzschnitzkunst** sehen alle großen Häuser aus wie Museen. Früher wurden hier ausschließlich Masken geschnitzt, heutzutage gibt es auch Katzen, Hunde, Kühe und Teddys aus Holz. Entlang der Straße finden sich Möbelgeschäfte.

Mas hat einen schönen Tempel vorzuweisen, den **Pura Taman Pule,** der an einem Platz abseits der Straße steht. Auf einer nahe diesem Platz gelegenen Bühne werden regelmäßig **Kecak-Tänze** aufgeführt. In Mas kann man Schnitzen lernen (im Dorf oder bei Schnitzern nachfragen).

Setiadarma House of Masks and Puppets

Auf der Hauptstraße zwischen Tegel und Sakah zweigt ziemlich mittig links eine Straße ab, die **Jl. Tegel Bingin;** wer ihr ca. 1,5 km folgt, erreicht die Ausstellungsgebäude des Setiadarma House of Masks and Puppets. In sechs gewaltigen antiken Joglohäusern aus Java befindet sich die **größte Sammlung von Masken und Schattenspielfiguren Indonesiens,** gut 1300 Masken und mehr als 5700 Figuren vor allem aus Indonesien – extrem sehenswert, wunderschön gelegen, super anzusehen und sehr gut aufbereitet.

■ **Setiadarma House of Masks and Puppets,** Jl. Tegal Bingin, Banjar Tengkulak, Tel. 0361 8987 493, www.maskandpuppets.com, tgl. 8–16 Uhr, Spende erwünscht.

Lodtunduh

Etwa 1 km westlich von Mas liegt das Straßendorf Lodtunduh. **Gemälde,** vor allem großformatige Bilder, lassen sich links und rechts der Straße ab Pengosekan bis Lodtunduh finden. Oft wirken die Läden von außen klein, geht man aber hinein, befinden sich **hinter den kleinen Shops Hallen,** in denen Bilder gestapelt an der Wand stehen. Die Motive wiederholen sich teilweise, aber Buddhas, fotorealistische Elefanten, *Mick Jagger, Ganesha, Bob Marley* oder *Jesus Christus* sind wirklich gut gemacht. Es lohnt sich durchaus, einmal durchzuschauen. Man kann sich auch Bilder oder Porträts nach eigenen Fotos bestellen, und die Werke sind nicht teuer!

Die Green School – ganz aus Bambus

In **Sibang Gede** einige Kilometer südwestlich von Ubud steht die Green School, das **größte aus Bambus gebaute Gebäude der Welt** – hier kann man sehen, was mit Bambus alles möglich ist.

Dass Bambus ein **besonderer Baustoff** ist, ist in Indonesien schon lange bekannt. Die Bambusstühle kennt man seit Langem auch in Europa: meist nicht sehr bequem, aber gut aussehend. **John Hardy,** kanadischer Ex-Kunststudent und heute Selfmade-Millionär mit Wohnsitz auf Bali, sah schon früh in Bambus die Zukunft. Er verkaufte sein erfolgreiches Schmuckunternehmen und wechselte auf den schnell wachsenden, ökologisch korrekten und gut zu verarbeitenden Rohstoff. Erst baute er Möbel, dann war es ein wenig Architektur wie beispielsweise das Bambu Indah Resort in Sayan, dann gründete er 2008 die Green School in Sibang. Hier werden zu 80 % westliche Kinder unterrichtet, 20 % sind balinesische Kids – von Eltern, die sich das leisten können. *Rudolf Steiner* und sein anthroposophischer Ansatz standen Pate, Bambus sollte der Grundstock für die Gebäude sein.

Heute gilt die mehrstöckige Green School als das **größte Bambusgebäude der Welt.** Architekten kommen aus aller Herren Länder, um es sich anzuschauen. Für den renommierten Aga Khan Award for Architecture kam die Green School 2010 auf die Shortlist.

■ **Green School Bali,** Jl. Raya, Sibang Kaja, Tel. 0361 469875. Wer sich das Gebäude anschauen will, kann online eine Tour buchen: www.greenschool.org/bali/green-school-experience.

Blahbatuh

In Blahbatuh, das etwa auf halbem Wege von Sakah nach Gianyar (jeweils etwa 5 km) liegt, befindet sich am Ortsende Richtung Bona ein Tempel, der **Pura Gaduh,** in dem **Kebo Iwo** verehrt wird. Dieser soll ein mit übernatürlichen Kräften ausgestatteter Riese gewesen sein, der in grauer Vorzeit große Steinmonumente der Insel erbaut hat, darunter die Höhle Goa Gajah, die er mit den Fingernägeln aus dem Felsen kratzte.

In einem Pavillon des Tempels befindet sich ein über 1 m hoher **steinerner Kopf** dieses Giganten. Er ähnelt keinem der bekannten Kunstwerke im hinduistisch-javanischen Stil. Es wird angenommen, dass er eine rein balinesische Schöpfung aus dem 14. Jahrhundert ist. Der heutige Tempel, der unter anderem innerhalb des Tores schöne Reliefs aufweist, ist eine Rekonstruktion des 1917 bei einem Erdbeben zerstörten Originaltempels, dessen Tor der Riese selbst gebaut haben soll. Mittlerweile ist der Kopf allerdings schon recht verwittert.

■ **Pura Gaduh,** Jl. Pantai Masceti, Medahan, tgl. geöffnet.

In der anderen Richtung (Denpasar) liegt am Ortsausgang rechts vor der Brücke die sehenswerte Anlage eines buddhistischen Tempels, **Vihara Amurva Bhumi Blahbatuh.** Sie erstreckt sich hinunter bis zum Flussstrand und erinnert an ein Kloster im Norden Indiens, Nepals oder Tibets, mit Buddha-Statue,

[>] Im Omma Dayclub Bali blickt man aus dem Pool auf einen Wasserfall

opulenten Treppen, Stupas und Fahnen. Auch wenn der Tempel geschlossen ist, lohnt sich der Weg nach unten.

■ **Vihara Amurva Bhumi Blahbatuh,** Jl. Wisma Gajah Mada 51, Kemenuh, tgl. 7–19 Uhr.

Kemenuh

Bei Kemenuh, etwas westlich von Blahbatuh, erstreckt sich ein großes Tal mit dem **Tegenungan-Wasserfall,** der in ein natürliches Becken fällt. Vorher aber passiert man den sehenswerten **Kemenuh Butterfly Park.** Der wunderschöne Schmetterlingspark mit seinem idyllischen Pool lädt zum Verweilen und Entdecken ein. Große und kleine Besucher können hier viel über das Leben der Schmetterlinge erfahren.

Kemenuh Butterfly Park, Jl. Ir. Sutami, Kemenuh, Tel. 082 145491272, tgl. 9–18 Uhr, Eintritt: Erwachsene 100.000 Rp., Kinder 50.000 Rp.

Am Tegenungan-Fall führen Treppen hinunter an den Fluss; überspannt wird die **Schlucht des Flusses Petanu** seit 2022 von einer 199 m langen gläsernen **Fußgängerbrücke** (Eintritt: 200.000 Rp.), die Kemenuh und das Dorf Saba verbindet. Unten befand sich früher der Dorfwasch- und Badeplatz, heute ist hier der sehenswerte und stylishe **Omma Dayclub Bali.** 2021 eröffnet, folgt er dem neuen Trend, ganze Tage in einem sogenannten Dayclub zu verbringen. Denn hier gibt es alles, was das Herz begehrt: eine herrliche Aussicht auf den berühmten Wasserfall, einen Infinity Pool, Gazebos, Daybeds, Cocktails, leckeres Essen und heiße Beats. Wer auf Nummer Sicher gehen will, bucht im Vorfeld über die Website seine Lounge oder eines der anderen Angebote, Mindestverzehr inklusive. Auch Walk-Ins sind möglich.

■ **Omma Dayclub Bali,** Jl. Raya Ubud, Kemenuh, Tel. 0811 396961, https://ommabali.com, tgl. 10–21 Uhr.

xba024 sb

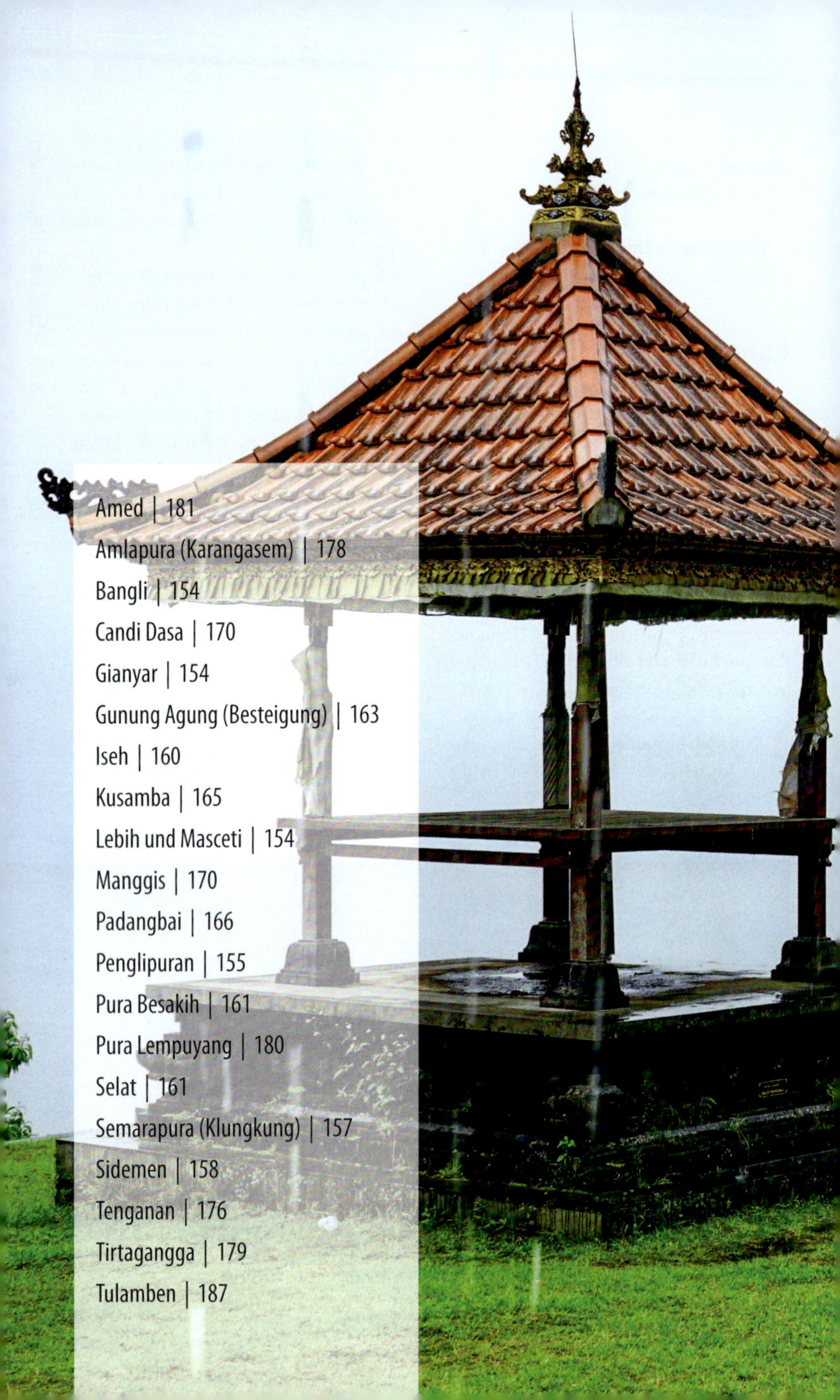

xba033 sb

3

Bali: Der Osten

» Ostbali hat viel mehr zu bieten, als vielen Menschen bewusst ist: von schwarzen Sandstränden bis zu wunderschönen Reisfeldern, von Wasserpalästen und weltbekannten Tauchspots bis zu einem Dorf der einheimischen Bali-Aga.

◁ Bei Regen wird ein Besuch am Pura Pasar Agung noch magischer

AN DEN HÄNGEN DES AGUNG

Balis Osten spiegelt die Geschichte der Insel von den Anfängen bis zur heutigen Zeit – in Geografie, Geologie und Geschichte. In Sidemen kann man durch pittoreske Reisfelder wandern, in der Kerta Gosa Kunstwerke bestaunen, in Tulamben abtauchen zu geheimnisvollen Wracks oder ganz hoch hinaufsteigen auf den Gunung Agung, den heiligen Berg. Mit der „Fledermaushöhle“ Pura Goa Lawah, dem Wasserpalast von Tirta Gangga und Tenganan, einem Dorf der Ureinwohner Balis, gibt es hier mehrere touristische Highlights.

NICHT VERPASSEN!

- Krasse **Malerei** im Wayang-Stil in der **Kerta Gosa** in Klungkung | 157
- Wunderschöne **Reisfelder** in unberührter Landschaft: **Sidemen** | 158
- Ein exklusiver Blick auf den Gipfel des Gunung Agung eröffnet sich am **Pura Pasar Agung** | 161
- **Padangbai** steht für „Laid-Back“-Atmosphäre, zu spüren im **Ozone Café** | 168
- **Candi Dasa**: Im **Vincent's** gibt's **Jazz** vom Feinsten | 175
- „Get wet in Amed“: **Schnorcheln** und **Tauchen** in **Amed** | 182, 185

Diese Tipps erkennt man an der gelben Markierung.

Spannende Landschaft – aus Asche entstanden

Ostbali gilt als eine der abgelegensten und exotischsten Gegenden Balis. So prägt der **Gunung Agung**, der **heiligste Berg der balinesischen Hindus,** mit seinen **3142 m** Höhe den gesamten östlichen Teil der Insel und ist fast von jedem Punkt aus zu sehen. An seinem Südwesthang befindet sich das größte Heiligtum der Insel, der **Muttertempel Besakih.**

Der Agung ist ein **aktiver Vulkan** und hat mit seinen Ausbrüchen – der letzte war im Juli 2018 – nachhaltige Spuren hinterlassen. Der **größte Ausbruch** bisher fand **1963** statt, gut 1600 Menschen starben, fast der ganze Osten versank in Lava und Asche. Viele Ortschaften und fast das komplette Straßennetz wurden zerstört. An der Strecke von Amlapura entlang der Ost- und Nordostküste Richtung Singaraja sind zum Teil noch Lavafelder erkennbar.

> Gartenanlage bei Kerta Gosa in Klungkung

Entlang der Küste Ostbalis gibt es **herrlich ruhige Strände** aus weißem und feinkörnigem schwarzem Vulkansand sowie dunkle Kieselstrände. In der Gegend um **Amed** wird bis heute Salz aus Meerwasser gewonnen. Hier, in der **trockenen Zone Balis,** prägen das Landschaftsbild Trockenwald, Kokospalmen und ausgedörrte Steppen. Es gedeihen Lontarpalmen, die selbst bei geringster Feuchtigkeitszufuhr existieren können.

Die **touristische Erkundung** Ostbalis **begann um 1984 in Candi Dasa.** Von dem einst so schönen Strand ist allerdings nicht mehr viel zu sehen; Candi Dasa gilt mit seinem in früheren Jahren abgetragenen Beach und dem abgebauten Korallenriff für ein Negativ-Beispiel der touristischen Auswüchse auf Bali.

Sicher ist: Schnorchler, Taucher und Sonnenaufgangsanbeter sind im Osten richtig, und hier kann man noch unberührte Strände, reichlich Kultur und Natur am Hang des Agung entdecken.

Ein wenig Geschichte

Gegen Ende des 15. Jahrhunderts bezwangen die Moslems das große **Majapahit-Königreich auf Java.** Der letzte regierende Monarch, *Bra Widjaya,* verbrannte sich selbst bei lebendigem Leibe, da er den Feinden nicht lebend in die Hände fallen wollte. Sein Sohn, der ein solches Martyrium nicht auf sich nehmen wollte, floh mit seinem Gefolge und der noch lebenden Oberschicht (Gelehrte, Priester, Künstler, Ärzte etc.) auf die Nachbarinsel Bali. Als neuen Wohnsitz, den er dann auch zur Hauptstadt Balis machte, wählte er **Gelgel,** ein Dorf zu Füßen des Gunung Agung. Sich selbst ernannte er zum König der Insel und verlieh sich den Titel **Dewa Agung.** An seinem Hof blühten die Künste auf: Musik, Tanz und vor allem die Malerei erhielten von hier wichtige Impulse.

Der Dewa Agung teilte Bali in **Provinzen** auf und setzte Verwandte oder

921ba sb

verdiente Generäle als Verwalter ein. Die machten sich bald selbstständig, und es entstanden nach und nach eigenständige **Fürstentümer.** Noch heute entsprechen die acht Verwaltungsbezirke Balis ungefähr den damaligen Fürstentümern. Die **Gelgel-Dynastie** behielt trotzdem eine besondere Macht- und Führungsstellung und beeinflusste das intellektuelle und kulturelle Leben der Insel stark.

1710 wurde die Hauptstadt von Gelgel nach **Klungkung** verlegt und ein neuer Palast erbaut. Wahrscheinlich gegen Ende des 17. Jahrhunderts errichtete man hier die **Kerta Gosa,** eine Gerichtshalle, in der das oberste Gericht der Insel tagte. Der König und drei Brahmanen sprachen an diesem Ort über Verbrechen Urteile, die im Banjar der Dörfer nicht gefällt werden konnten. Das Gericht war wegen seiner Härte und Strenge gefürchtet, und man versuchte alles, um in den Dorfgemeinschaften Streitigkeiten unter sich zu regeln. Der Gerichtshof bestand noch bis in die holländische Zeit. Das Gebäude selbst steht heute noch und ist mit seinen teilweise restaurierten Deckengemälden im berühmten Kamasan-Wayang-Malstil eines der vielen sehenswerten historischen Gebäude Balis.

Mehr als 300 Jahre bestand das Königsgeschlecht von Gelgel, erst die **Holländer,** die 1908 eine „Strafexpedition" nach Klungkung entsandten, machten der Dynastie ein Ende. Ähnlich wie der Herrscher von Badung (→ Denpasar) konnte auch der König von Klungkung nichts gegen die überlegenen Waffen der Niederländer ausrichten und wählte mit allen seinen Verwandten und seinem Gefolge lieber den **Freitod im Puputan** (Kampf bis zum Letzten), als unehrenhaft unterworfen zu werden.

0 5 km
©Reise Know-How
BaliLomK3 15/24
BALI-SEE
INDISCHER OZEAN
STRASSE VON LOMBOK
Kabupaten Karangasem
Gunung Agung 3142
161/163
Pura Besakih
161
Pura Pasar Agung
161
Besakih
163/197
Friedhof und Totenzeremonien
Dorf der Bali-Aga
186
Wrack der „SS Liberty"
187
Tulamben
182
Amed
181
Bunutan
181
Culik
181
180
Pura Lempuyang
Gunung Seraya 1175
179
Seraya
179
Tirtagangga
178
Amlapura (Karangasem)
178
Wasserpalast Taman Ujung
Wasserpalast
171
Jasri Beach
Virgin Beach
171
Pasir Putih
171
176
Bali-Aga
160
Bebandem
160
Iseh
161
Selat
158
Sidemen
170
Manggis
170
Mendira Beach
170
Candi Dasa
Teluk Amuk
166
Padangbai
165
Pura Goa Lawah
165
Kusamba
Muntigunung
Tigaron
Pejukung
Sukadana
Nusu
Tg. Sukadana
Rubaya
Kubu
Paleg
Ban
Pedahan
Bakalan
Juntal
Bantas
Temakung
Jatituhu
Dukuh
Salagading
Baluniti
Tg. Muntik
Batudawa
Tg. Batunidi
Gunungsa
Batudulu
Muntig
Merita
Bungah
Tg. Jambela
Jemeluk
Lipah
Datah
Kedampal
Kahangkahang
Salak
Linggawana
Selang
Tegalalas
Temukus
Tista
Bangle
Aas
Lebih
Pesagi
Tanah Aron
Margatelu
Kedungdung
Sebudi
Abang
Ngis
Kusambi
Sangkawasa
Nangka
Butus
Kikian
Pura
Badegtengah
Abadi
Bias
Tukadtiyis
Batusesa
Tihingsaka
Besang
Peladung
Bukit
Pangkuh
Tg. Batutiga
Muncan
Tukadsabuh
Kebon
Langsat
Bingin
Budakeling
Tukaditem
Selalang
Wates
Telaga
Ipah
Duda
Sibetan
Kastala
Tumbu
Kikihan
Pesangkan
Putung
Bedugu
Ujung
Sanggem
Bungaya
Subagan
Jasri
Sidakaria
Ngis
Tenganan
Asak
Batusangian
Selumbung
Timbrah
Telengan
Pasedahan
Perasi
S. Bulu
Apitjeh
Dlolyeh
Buwitan
Bugbug
Pakel
Ulakan
Sengkidu
Tg. Mulu
Gili Kuan
Gegelang
Mendira
S. Betel
Besan
Babakan
Antigantiga
Tg. Bugbug
Metulis
Gelogor
Gili Kambing
Sente
Intaran
Tg. Sari
Buayang
Yehmalet
Tg. Melanting
Timbul
Pande
Tg. Setra
Fährverbindung nach Labuhan Lembar/Lombok plus Speedboat auf die Gilis/Gili Trawangan
Fährverbindungen nach Jungutbatu (Nusa Lembongan), Toyapakeh, Sampalan (Nusa Penida)

Gianyar

Gianyar ist die **Hauptstadt der gleichnamigen Provinz,** die nach Semarapura (Klungkung) die zweitkleinste der acht Provinzen Balis ist. Hinter der Landwirtschaft ist der Tourismus die zweitgrößte Einnahmequelle dieser Region. Gianyar hat außer als **Verwaltungszentrum** mit kleiner Textilindustrie keine besondere Bedeutung und keine touristische Infrastruktur.

Lohnend ist der Besuch des **Nachtmarktes** an der Jl. Neurah Rai mit vielen Warungs, die u.a. auch Babi Guling servieren. Ein Leser schrieb: „Eine 30-Minuten-Fahrt von Ubud lohnt sich alleine deshalb (Auto mit Fahrer inkl. Wartezeit ca. 300.000 Rp. in der Hochsaison)."

Lebih und Masceti

Lebih ist ein Fischerdorf ca. 5 km südlich von Gianyar mit schönem, grauschwarzem Strand und einem Aussichtsturm. Der Strand liegt bisher nicht auf den touristischen Routen auf Bali, somit werden Besucher hier zumeist ruhige Stunden verbringen können. Auch wenn der Ozean nicht sehr einladend aussieht, lohnt auf jeden Fall die Aussicht auf Nusa Lembongan. Für Gaumengenüsse gibt es einige Warungs. Rund 100 m landeinwärts befindet sich ein großer Tempel, der **Pura Masceti,** der anlässlich besonderer Feste besucht wird. Die Strände von Lebih, Masceti und weiter südlich werden oft von Prozessionen besucht, bei denen die Asche verbrannter Toter dem Meer übergeben wird. Es gibt einige Resorts, die sicher auch auf die Besucher des nahen **Bali Safari & Marine Park** setzen. Dieser bietet auf einem in sich abgeschlossenen Terrain Safari-, Abenteuer- und Dschungeltouren an. Ähnlich wie in Disneyland wird man mit kleinen Bussen durch die Gegend kutschiert und kann mehr als 1000 Tiere und 120 Tierarten entdecken, darunter vom Aussterben bedrohte wie der Komodo-Waran, Orang-Utangs und der Balistar.

- **Bali Safari & Marine Park,** Jl. Prof. Dr. Ida Bagus Mantra km 19, Tel. 0361 950000, www.balisafarimarinepark.com, tgl. 9–17.30 Uhr (Tag-Safari) und 18–21 Uhr (Nacht-Safari).

Bangli

Die **weitläufige, verschlafene alte Königstadt** Bangli liegt an den Ausläufern des Zentralgebirges. Im Jahr 1204 wurde der Ort erstmals erwähnt, als man hier ein großes Fest feierte. Die Temperatur hier ist etwas angenehmer als in den heißen südbalinesischen Gefilden, die **gute, saubere Luft** Banglis ist berühmt. Die einzige touristische Attraktion ist der eher wenig frequentierte Tempel Pura Kehen.

Pura Kehen

Einer der größten und schönsten Tempel Balis, ein **Nationalheiligtum,** steht etwa 2,5 km nördlich vom Stadtzentrum. Er wurde terrassenförmig angelegt. Sehenswert sind das reich verzierte Eingangstor mit vielen Skulpturen rechts und links der Treppe, die chinesischen Teller, die in die Wände des äußeren Hofes eingelassen sind, und der **Dreierthron** im Inneren, der *Brahma, Shiva* und *Wishnu* als Ruheplatz dienen soll. Von dem Hügel hinter der Tempelanlage eröffnet sich eine gute Aussicht über das Tal und den Tempelkomplex. Unterhalb des Tempels gibt es eine **kleine Souvenirmeile.**

■ **Pura Kehen,** Jl. Sriwijaya 8, Eintritt: 30.000 Rp., Sarong-Miete inklusive.

Goa Raja

3 km Richtung Osten und Besakih ab dem Pura Kehen befindet sich dieser **Wasserfall,** ein nicht mehr so geheimer Geheimtipp, der aber sicher gut für ein Zwischenstopp ist. Hier kann man gut baden, es gibt Umkleidekabinen, der Ausblick über die abwechslungsreiche Landschaft ist sehr schön, und für Leib und Seele ist dank einiger Warungs auch gesorgt.

■ **Goa-Raja-Wasserfall,** Jehem, Tembuku, tgl. 8–18 Uhr, Eintritt: 20.000 Rp. als Spende.

Penglipuran

Penglipuran Village gilt als eines der am besten erhaltenen traditionellen Dörfer in Bali. Zumindest ist es wohl das sauberste – wirkt aber auch ein wenig steril. Das **(Museums-)Dorf** bietet eine kühle Bergatmosphäre auf rund 700 m über dem Meeresspiegel und liegt gut ausgeschildert direkt an der Hauptstraße zwischen Bangli und Kintamani. Hier kann man in die **Vergangenheit von Balis Hochland** eintauchen, denn die sonst spürbare Modernisierung ging weitgehend an Penglipuran vorbei. Häuser, Tempel, Gassen wurden im **ursprünglichen, traditionellen Zustand** belassen. Gepflegte Gärten säumen die auto- und scooterfreien gepflasterten Straßen, die durch das Zentrum des Dorfes zum örtlichen Tempel führen. Hinter uralten Eingangstoren und hohen Mauern verbergen sich historische Wohnhäuser, heute auch Shops.

xba025 sb

☒ Besuchergruppe im Musterdorf Penglipuran

Klungkungs Wayang-Malerei

Dieser Malstil befasst sich ausschließlich mit **Göttern, Teufeln, Prinzen und Prinzessinnen,** die Szenen aus den alten Legenden der Ramayana- und Mahabharata-Epen darstellen. Starr sind **Art der Darstellung und Bildaufbau festgelegt:** Das ganze Bild ist angefüllt mit winzigen Details, in der Mitte befinden sich stets die wichtigen Figuren. Oft werden mehrere Szenen, die eigentlich hintereinander ablaufen, gleichzeitig dargestellt. Die einzelnen Episoden werden dann durch Reihen von Bergen, Pflanzen oder Flammen abgetrennt, Comic-Strips nicht unähnlich. Perspektivische Verkürzungen sind unbekannt. Auch die Proportionen der einzelnen Figuren zueinander spielen eine unwichtige Rolle.

Die **Körper der Personen** werden stets frontal dargestellt – beide Schultern und Hüftknochen sind sichtbar –, während die Köpfe und Gliedmaßen von der Seite im Profil gemalt werden, ganz wie bei den alten Ägyptern.

Kampfszenen, die eine wichtige Rolle spielen, sind angefüllt mit vielen Kämpfern, der Himmel ist voll von herumfliegenden Pfeilen, Äxten, abgeschlagenen Gliedern, Köpfen usw.

081ba sb

Die **das Gute** repräsentierenden Personen (Götter, Prinzen und Helden) werden durch schlanke Körper mit dünnen, langen Gliedern und mit grazilen Händen und Füßen dargestellt. Adlernasen, Mandelaugen und ein lächelnder Mund charakterisieren die Gesichter. Die Kleidung ist kostbar und reich ornamentiert.

Die **bösen Charaktere** (Riesen, Hexen und Dämonen) sind das genaue Gegenteil: Ungeschlachte Körper, hervorstehende Augen, brutale Münder, oft mit Fangzähnen, und dicke Nasen sind typisch. Für sie werden nur dunkle Farben verwendet.

Der Malprozess ist einfach: Mit Tusche wird eine Vorzeichnung gefertigt, die dann anschließend koloriert wird. Ursprünglich hat man nur auf Holz gemalt, aber seit *Walter Spies* in den 1930er-Jahren Leinwände auf Bali vorstellte, benutzt man heute fast ausschließlich diese zum Erstellen der teppichartigen Bilder.

Man benutzt nur **fünf Hauptfarben,** die alle aus vorhandenen natürlichen Stoffen hergestellt werden: schwarz, rot, blau, gelb und weiß. Durch Mischen entstehen außerdem noch ein düsteres Grün und Braun.

Mit der Zunahme des Tourismus und der damit verbundenen großen Nachfrage nach Souvenirs ist auch die Wayang-Malerei zur **Massenproduktion** geworden. Heute arbeiten ganze Familien im Akkord, um den Käuferstrom befriedigen zu können. Dadurch ist viel der ehemaligen künstlerischen und handwerklichen Qualität verloren gegangen. Es gibt allerdings immer noch einige Meister des Wayang-Stils, deren Werke unter anderem in Denpasars Art Center ausgestellt sind. Das grandioseste Beispiel dieser Art Malerei ist aber sicher die Gerichtshalle in Semarapura, die **Kerta Gosa.**

Vor allem indonesische Tagestouristen kommen her, um eine andere Seite des balinesischen Lebens zu sehen. Sie erkunden das Dorf, wandeln auf Pfaden durch Bambuswälder und besichtigen historisches Ackerland. Am majestätischen **Pura Desa,** der am Ende der Steinstraße steht, ist dann höchste Zeit für ein Gruppenfoto oder zumindest ein Selfie.

■ **Penglipuran,** Kubu, Bangli, Tel. 0822 6600 7575, www.desapenglipuran.com, Eintritt: 50.000 Rp. Es werden Wanderungen und Kochkurse im Dorf angeboten, und man kann in einer einfachen Herberge übernachten.

Semarapura (Klungkung)

Die Stadt Klungkung hat sich im Jahr 2000 einen **neuen Namen** gegeben: Die Umbenennung in Semarapura soll das Ende des alten Königreiches und den demokratischen Neubeginn symbolisieren. *Semara* bedeutet auf Sanskrit „allumfassende Liebe", *pura* heißt „Stadt/Region". Semarapura ist die Hauptstadt des Bezirks Klungkung, der auch Nusa Penida umfasst. Heute erinnert nicht mehr viel an den früheren Glanz der **einstigen Königstadt.** So kommen die Besucher meist lediglich im Rahmen einer Tagestour, um die **berühmte Gerichtshalle** zu besichtigen. Nebenan lohnt sich auf dem Markt ein Blick in balinesisches Alltagsleben. Semarapura ist, wie Denpasar oder Singaraja, eine **geschäftige Stadt** mit viel Verkehr und Lärm.

■ Wer mit dem **Minibus** von Denpasar (Station Batubulan) oder mit dem **Bemo** von Gianyar anreist, wird am Semarapura Terminal abgesetzt und kann dann die letzten Kilometer laufen. Minibusse fahren von/nach Candi Dasa, Sidemen, Padangbai und Gianyar.

Sehenswertes

Nyoman Gunarsa Museum

Wer aus Richtung Gianyar kommt, sollte kurz vor der Stadtgrenze dieses dreistöckige Museum nicht verpassen (auf der linken Straßenseite in einer Kurve). Das imposante Gebäude und die interessante **Parkanlage** mit ihren Bauten beherbergen eine **schöne Sammlung des bekannten indonesischen Künstlers Nyoman Gunarsa** – von Holzschnitzereien bis zu Gemälden.

■ **Nyoman Gunarsa Museum,** Jl. Pertigaan Banda 1, Takmung, Tel. 0366 22255, Mo–Sa 9–16 Uhr, Eintritt: 50.000 Rp.

Taman Gili mit Kerta Gosa

Der Taman Gili, auch **Puri-Agung-Semarapura-Palast von Klungkung** genannt, beherbergt die Überreste des Königspalastes Klungkung; dieser wurde während der niederländischen Kolonisierung im 17. Jahrhundert zerstört. Übrig blieb der Taman Gili, der **„Wassergarten".** Sehenswert sind hier der **Bale Kambang,** ein schwimmender Pavillon in der Mitte eines Grabens, der Deckenbilder mit balinesischer Mythologie enthält, die **Kerta Gosa,** also die Halle der Gerechtigkeit mit typischer Architektur und Gemälden, sowie das überschaubare **Daerah Semarajaya Museum** mit Artefakten aus der Klungkung-Dynastie. Besonders die **Dachgewölbe,** die auf schön geschnitzten Säulen die große, offene Halle und die kleinere Halle Bale Kampung überspannen, sind ein Blickfang. Sie sind komplett **im Wayang-Stil bemalt,** allerdings handelt es sich nicht mehr um Originale. Mehrfach wurden die einzelnen Paneele bereits restauriert, übermalt oder ausgebessert. In der Kerta Gosa dargestellt sind Szenen, die den einstigen Angeklagten veranschaulichten, welche **Torturen** sie in der Hölle erwarteten: Diebe werden von schrecklichen Dämonen in Öl gekocht, Huren müssen auf Planken Feuermeere überschreiten, Lügner werden von Tigern zerrissen, Ratten fressen die Brüste von Frauen, die abgetrieben haben, und so weiter und so fort. Über diesen Schrecken der Unterwelt sieht man die Schönheit des Himmels und das Glück des Lebens. Ganz oben zeigen Bilder, wie herrlich es guten Seelen im Himmel ergeht.

■ **Taman Gili mit Kerta Gosa,** Jl. Kenanga 11, tgl. 8–17 Uhr, Eintritt: Erwachsene 50.000 Rp., Kinder 25.000 Rp.

Monument Puputan Klungkung

Gegenüber der Kerta Gosa steht ein riesiges Monument, das an den **Puputan der Fürstenfamilie** erinnert, die sich lieber umbrachte, als von den Holländern besiegt zu werden.

Sidemen

Eine **sehr schöne Anfahrt** nach Sidemen mit herrlichen Ausblicken über die Reisfelder der Region und malerische Dörfer führt ab Semarapura über die Jl. Gajah Mada Richtung Norden, durch Akah, die Jl. Raya Besakih hoch, vor Selat rechts Richtung Apet über den Fluss Telaga Waja weiter Richtung Tangkup und auf der Jl. Sangkan bis Sidemen auf der Jl. Sidemen.

In diesem **überschaubaren Ort** gibt es eine Post, Banken, Geldautomaten und Geldwechsler. Es ist deutlich kühler als Richtung Küste, die Luft ist frisch, und hinter jeder Straßenecke verbirgt sich ein neuer, interessanter Blick, beispielsweise in die ungemein **pittoresken Reisfelder.** Da von hier aus auch **Touren auf den Agung** starten, finden sich etliche Guesthouses und Resorts aller Preisklassen. Sidemen gehört – ähnlich wie Munduk – zu den touristisch sehr dynamischen Ortschaften auf Bali; ständig eröffnen neue Guesthouses sowie Cafés, und Bio wird großgeschrieben. Das Dorf kann in Sachen Ausblicke locker mit dem berühmten Reisterrassen von Jatiluwih mithalten. Nur ist hier längst nicht so viel los. Sidemen liegt idyllisch eingebettet in einem Tal an den südlichen Hängen des Gunung Agung. Die **Reisfelder und Plantagen** sind ideal für einen Spaziergang, eine (Geh-)Meditation oder einen Kochkurs.

› Grün, saftig, Sidemen

Sport und Aktivitäten

Wanderung auf den Gunung Agung

Wer hinauf auf den Gunung Agung will, muss früh aufstehen: Die Gruppen fahren um 2 Uhr morgens los, um dann **gegen Sonnenaufgang auf dem Gipfel** zu sein. Zwischen 10 und 11 Uhr ist man dann wieder in Sidemen. Die Touren werden von den Betreibern der Unterkünfte organisiert oder von einer der zahlreichen informellen Touristeninformationen.

Rafting auf dem Fluss Telaga Waja

Auf dem nahen Fluss Telaga Waja kann man Wildwasser-Rafting ausprobieren. Der Fluss bietet auf 18 km Länge **Stromschnellen der Klassen II und III,** die für Anfänger und Kinder geeignet sind. Man kann sich von der Unterkunft abholen und wieder zurückbringen lassen.

- **Telaga Waja Rafting,** Jl. Monkey Forest 99, Ubud, Tel. 081 237679172, www.telagawajabalirafting.com.

Praktische Infos

Übernachten

Es gibt in und um Sidemen etliche Unterkunftsmöglichkeiten mit Restaurants – diese bieten meist auch Wanderungen und andere Freizeitaktivitäten bis hin zu Rafting an.

Darmada Eco Resort④, Jl. Raya Darmada Banjar, Tel. 0853 38032100, www.darmadabali.com. Das Darmada bietet einen Pool mit Quellwasser und einen großen Park zum Flanieren, dazu Bungalows möbliert im Vintage-Style und farblich voneinander abgesetzt. Im Restaurant gibt es balinesische Küche, der Bio-Salat stammt aus eigenem Anbau.

- **Nirarta Center for Living Awareness**④, Banjar Tabola, Jl. Raya Tebola, Tel. 0811 3880065, www.awareness-bali.com. Ist mit einem ausladenden Se-

xba026 sb

minarangebot eher esoterisch angehaucht, hat nette Bungalows und ein Restaurant.

- **Krishna Homestay**②, Banjar Tabola, Tel. 0815 58321543, https://pinpinaryadi007.wixsite.com/khrisnahomestay. Liegt hübsch im Grünen, für Familienanschluss ist gesorgt. Die meisten der angenehmen Bungalows bieten einen Blick ins Reisfeld. Es gibt einen Bio-Garten, aus dem sich auch die hauseigene Küche bedient.
- **Subak Tabola Villa**④, Telaga Tawang, Tel. 081 13866197, https://subaktabolavilla.com, ist beliebt als Familienzuflucht. Für angemessene Unterkunft sorgt in dem Fall die Familienvilla. Aber auch sonst kein schlechter Spot mit schicker Aussicht, Pool und schönen Bungalows.

Einkaufen

- Am unteren Ortseingang befindet sich die **Weberei Pelangi,** Jl. Soka 67, tgl. 8–18 Uhr, die handgewebte Stoffe aller Art fertigt und verkauft. Firmen aus dem Ausland und natürlich auch aus Indonesien lassen hier Stoffe aus Baumwolle, Seide, Leinen oder Mischfasern produzieren. Überschüssige Ware wird an Privatkunden verkauft – sehr geschmackvolle Dekore!

Kochkurse

MEIN TIPP: **Green Kitchen & Organic Farm,** Tangkup, Tel. 0821 46060236, www.greenkitchenbali.com. Hier haben Besucher die Möglichkeit, traditionell balinesisch kochen zu lernen. In einer Hütte in Sidemens Reisfeldern geht es zur Sache: Hier wird das zubereitet, was vorher gemeinsam auf dem Markt in Klungkung eingekauft wurde – von *Jukut nangka* (Suppe mit Schwein und Jackfruit) bis *Bubur injin* (Pudding aus schwarzem Reis).

Iseh

Von Sidemen die Straße hinauf in nordöstlicher Richtung folgt nach ca. 5 km das Örtchen Iseh. Wer sich in der Gegend die wunderschönen **Reisterrassen,** umgeben von wild bewachsenen Hängen, anschaut, wird verstehen, warum sich in den 1930er-Jahren der **Maler Walter Spies** hier ein Zweithaus baute – mit Blick auf den Agung. Nach *Spies'* Tod bewohnte der Schweizer Maler *Theo Meier* das Anwesen. Es steht zwar noch, kann aber nicht besichtigt werden.

Ca. 10 km nördlich von Iseh erreicht man eine **Kreuzung:** Links abbiegend, gen Westen, kommt man nach ca. 1 km nach **Selat.** Rechts, ostwärts, führt die Straße, die Bergdörfer und eindrucksvolle Landschaften passiert, nach **Bebandem;** hier findet alle drei Tage ein Viehmarkt statt. Weiter geht es Richtung **Tirtagangga** im Norden oder **Amlapura** weiter östlich. In den kleinen Dörfern der Umgebung gibt es viele Schmiede, die schöne Messer herstellen.

- **Unterkunft: Great Mountain Views**③-④, Banjar Alas Tunggal, Duda, Selat, Tel. 085 85701 3416, www.greatmountainbali.com, opulent ausgeschildert. Bietet in der Tat einen großartigen Ausblick aus den ausladend verglasten Bungalows. Mit etwas Glück grüßt der Agung herüber. Die sechs Bungalows stehen verteilt in einem Garten, der an Reisfelder grenzt. Das lauteste Geräusch ist normalerweise das Rauschen des Windes. Wer dem lauschen will, kann das auch bei einer Mahlzeit aus dem angeschlossenen Bio-Restaurant tun.

Selat

Bei der **Fahrt den Hang des Gunung Agung hinauf** werden die Reisfelder entlang der Straße von dichten **Salak-Plantagen** abgelöst; von hier kommen die besten Salak-Früchte (Schlangenhautfrucht) Balis. Der Ort Selat, inmitten wunderschöner Reisterrassen, blieb vom Vulkanausbruch anno 1963 verschont. Hier zweigt eine schmale Straße rechts ab zum **Pura Pasar Agung,** einem **Tempel am Hang des Agung.**

Pura Pasar Agung

Die Straße führt von Selat rund 20 km nur bergauf. Hier werden Kies und Sand abgebaut, mit Lastwagen und einer kaputten Straße muss gerechnet werden. Wer beim Aufstieg nach links schaut, sieht riesige **Kiesgruben und Steinbrüche;** hier wird das aus dem Hang herausgeschnitten, was an den touristischen Orten der Insel wieder verbaut wird. Mit der Höhe des Aufstiegs steigt die Regenwahrscheinlichkeit. **Auf rund 1500 m Höhe** liegt, nur überragt vom Gipfel des Agung, der Tempel Pura Pasar Agung – **für viele schlichtweg der schönste Tempel Balis.** Wer die letzten 100 Treppenstufen ab dem Parkplatz zurückgelegt hat, wird es nicht bereuen: Oben geht der Blick bei gutem Wetter über den gesamten Südosten Balis und zur anderen Seite auf den Agung. Den Tempel selbst darf man nur zum Gebet betreten.

■ **Pura Pasar Agung,** Selat, Sebudi, Eintritt: 25.000 Rp.

Pura Besakih

Der **höchste Berg Balis** ist der **Gunung Agung** mit **3142 m** Höhe. Manche sagen, er sei nur noch 3014 m hoch, da 1963 seine Spitze bei einem Ausbruch explodiert sei. Die Balinesen glauben, *Shiva* habe den indischen Berg Mahameru nach Bali gebracht und ihn in zwei Vulkane zerteilt: Der eine ist der Batur, der andere der Agung. An seinem Hang auf 950 m Höhe (= 3333 Fuß) befindet sich der **wichtigste und heiligste balinesische Tempel** und zugleich der größte Tempelkomplex auf der Insel: Pura Besakih wird auch **„Muttertempel"** genannt und besteht aus etwa **55 Einzeltempeln und Schreinen, verteilt auf sieben Terrassen.** Der ganze Komplex wird stetig vergrößert, da Gemeinden, Provinzen oder reiche, angesehene Bürger die Anlage durch neue Schreine erweitern.

Schon vor der hinduistischen Invasion im 11. Jahrhundert war diese Stelle den Einwohnern heilig. Noch heute zeigen Inschriften, dass sich hier eine **animistische Kultstätte** befunden haben muss. Seit nunmehr über 1000 Jahren wird an dieser heiligen Stätte gebaut. Alle neun **balinesischen Königshäuser** ließen Schreine errichten, um ihren „vergöttlichten" Vorfahren zu huldigen. Der balinesischen Aristokratie obliegt es auch, den Tempel zu unterhalten. Damit ist er eine wahrlich „ganz-balinesische" Kultstätte, ein Symbol für die Einheit im Glauben aller Balinesen.

Innerhalb der Mauern befinden sich **elf Merus,** mehrstöckige Schreine: zwei mit drei Dächern (*Ratu Ayu Magelung*

xba_109 sb

und *Ida Tohyiwa* geweiht), zwei mit fünf Dächern (*I Gusti Ngurah Dauh* und *Ida Panatawan* geweiht), zwei mit sieben Dächern (*Ida Tulus Sadawa* und *Ratu Geng* geweiht), einer mit neun Dächern, der *Ratu Bagus Kubakal* geweiht wurde, und endlich vier mit elf Dächern zu Ehren von *Ratu Manik Makentel, Ratu Maspahit, Ratu Sunaring Jagat* und *Sanghyang Wisesa.* Insgesamt sind es mehr als 200 Gebäude, aus denen sich der Tempelkomplex zusammensetzt.

Im dritten Innenhof findet sich der **Sanggar Agung,** der Sitz der göttlichen Trinität *Brahma* (rechts), *Shiva* (Mitte) und *Wishnu* (links); vor diesen drei Steinsitzen huldigt man ihnen während der eindrucksvollen Zeremonien. Neben den Schreinen für die königlichen Ahnen und die göttliche Trinität befinden sich innerhalb des Tempelkomplexes noch eine Reihe anderer **Schreine;** sie sind anderen Gottheiten gewidmet wie dem Gott des Meeres *(Ratu Waruna),* dem Sonnengott *(Bhatara Syrya Candra)* oder der Muttergöttin, der großen Ernährerin.

Jedes Jahr einmal, bei Vollmond, pilgern alle **Fürsten Balis** nach Besakih, um ihren Vorfahren zu opfern; ein prachtvolles Fest, prunkvoll und farbig. Alle zehn Jahre wird **Panca Bali Krama** begangen, mit Tieropfern für die Götter, Prozessionen, Musik und einem geschmückten Aufgang zum Tempel. Auch eine dreitägige Prozession hinunter ans Meer gehört zum Programm. Panca Bali Krama findet das nächste Mal 2029 statt. Und alle 100 Jahre wird **Eka Dasa Rudra** gefeiert, eine Reinigungszeremonie für die ganze Insel: Jeder Balinese muss einmal im Jahr dieses Festes zum Besakih-Tempel pilgern, um sich symbolisch für das neue Jahrhundert zu reinigen.

Das letzte Mal sollte es 1963 gefeiert werden und endete, bevor es richtig angefangen hatte, mit einer **Katastrophe:** Genau am **8. März 1963,** als das große Fest beginnen sollte, brach der bis dahin als erloschen geltende Vulkan Gunung

Agung mit solcher Gewalt aus, dass **ein Viertel Balis mit Lava bedeckt** wurde. 1600 Menschen starben, 86.000 wurden obdachlos. Eigenartigerweise entging der Tempel dem Inferno, was die Bestürzung der Balinesen über dieses böse Zeichen der Götter kaum linderte. Es war der erste Ausbruch des Agung seit dem Jahr 1350. Das „Jahrhundertfest" wurde am 28. März 1979 nachgeholt.

Am stressfreiesten besichtigt man den Pura Besakih im Rahmen einer **geführten Tour.** Die beste Zeit für den Besuch ist der frühe Morgen vor 9 Uhr, dann hat sich der Agung wahrscheinlich noch nicht hinter Wolken versteckt, und die Regengefahr ist entsprechend geringer.

■ **Pura Besakih,** Rendang, tgl. 8–18 Uhr, Eintritt: 60.000 Rp.; für den Preis erhält man einen Leihsarong, einen individuellen Scooter-Transport zum Eingang des Tempels und eine kurze Einführung in Geschichte und Bedeutung des Tempels.

Praktische Infos

■ **Mahagiri Panoramic Resort & Restaurant** ②, Jl. Surya Indah, Rendang, Tel. 0811 3805009, www.facebook.com/mahagiripanoramicbali, tgl. 9–20 Uhr. Essen und trinken bei einer grandiosen Aussicht über Reisterrassen den Agung hinauf. Wer sich gar nicht losreißen kann, kann hier auch übernachten.

■ **Lereng Agung Restaurant,** Menanga, Rendang, Tel. 0812 3996614, tgl. 8–16 Uhr, ein Lesertipp: „All-You-can-eat-Buffet mit Blick über Wald und Reisfelder. Nicht zu teuer und Essen sehr zu empfehlen!"

☒ Prozession am Pura Besakih, dem größten Tempelkomplex Balis

■ **Verkehr und Transport:** Fast alle ausländischen Besucher kommen im Rahmen einer Tour oder mit Leihwagen. Aber auch mit öffentlichen Verkehrsmitteln (Bemo ab Semarapura) sind An- und Abfahrt gut möglich. Minibusse starten nicht vom Parkplatz, sondern ein Stück weiter weg von der Straße in Richtung Semarapura.

Besteigung des Gunung Agung

Es gibt zwei gängige Routen auf den Gunung Agung: Die eine beginnt beim Tempel Pura Pasar Agung (s.o.), die andere am Besakih-Tempel. Für Gipfelstürmer kommt eigentlich nur der Weg **ab Besakih,** also die **Südwestflanke,** in Frage. Sie führt auf den Gipfel, während die Tour über die Südflanke „nur" bis zum Kraterrand verläuft. Auch der Blick von dort ist schon den Aufstieg wert.

Die Besteigung empfiehlt sich nur mit ortskundigen **Guides,** denn die Pfade sind nicht immer gut erkennbar, und vor allem beim Abstieg kann man gelegentlich, gerade bei Nebel, die Übersicht verlieren. Beide Auf- und Abstiege sind an einem Tag machbar. Wenn man nicht einigermaßen fit ist, sollte man aber keine **eintägige Tour** unternehmen, da die Besteigung sonst zu einer nervenaufreibenden Angelegenheit wird; dabei könnte der Spaß auf der Strecke bleiben. Wer über Nacht am Hang campen will, muss sich dementsprechend professionell vorbereiten. So gehören zu einer **zweitägigen Tour** ein Schlafsack, eine Isomatte oder Rettungsdecke als Unterlage und ein Zelt als Regenschutz ins Gepäck.

adobe.stock © Tropical studio

Wichtig! Während bestimmter Zeremonien und Feierlichkeiten ist die Besteigung des Agung verboten. Am besten frühzeitig nachfragen, ob das gerade der Fall ist. Wenn dem so ist, werden die Guides kaum bereit sein, Besucher auf den heiligen Berg zu führen.

Bei der **Ausrüstung** sind feste Sportschuhe mit Profil angebracht, gute Bergschuhe sind natürlich besser. Ohne lange Hose, Stöcke, dicken Pullover, winddichte Jacke, Regenschutz sowie Mütze mit Ohrenschutz oder besser dicke Sturmhaube sollte man den Aufstieg nicht antreten. Auch Handschuhe sind keine schlechte Idee. In den Gipfelregionen stürmt es häufig sehr stark, und vor allem frühmorgens ist es eiskalt. Da der Aufstieg sehr schweißtreibend ist, empfiehlt es sich, entweder auf Funktionswäsche zu setzen oder ein T-Shirt zum Wechseln einzupacken – in nasser Kleidung kühlt der Körper schnell aus.

Eine kleine, starke **Halogentaschenlampe** inklusive Ersatzbatterien gehört ins Gepäck, da die Nächte stockdunkel sein können. Selbst bei einer Tagesbesteigung kann es sein, dass man einen Teil des Abstiegs im Dunkeln zurücklegen muss, da es auf Bali nur etwa zwölf Stunden hell ist.

Bei einem nächtlichen Aufstieg muss man wenigstens zwei Liter **Wasser** pro Person rechnen, bei einer Tagesbesteigung sollten es mindestens vier Liter sein und bei einer zweitägigen Tour sogar sechs Liter.

Bei Regen sollte man den Agung **niemals besteigen,** denn die Wege verwandeln sich blitzschnell in eine lebensgefährliche Rutschbahn. Sollte es während des Aufstiegs anhaltend regnen, ist es besser, umzukehren und unter erhöhten Vorsichtsmaßnahmen abzusteigen.

■ Ob der Agung bestiegen werden kann, hängt natürlich auch davon ab, ob der Vulkan gerade aktiv ist. Wer sich über die Entwicklungen und die Möglichkeiten der Besteigung auf dem Laufenden halten möchte, ist in der **Facebook-Gruppe Mount Agung Daily Report** gut aufgehoben: www.facebook.com/groups/415222448896889/about.

Organisierte Touren

Agung-Touren werden von verschiedenen Veranstaltern angeboten, mit Abholung am Hotel und Übernachtung unterwegs – meist in Ubud und Kuta Beach.

■ **Perama,** Jl. Legian 39, Kuta, Tel. 0361 751875, www.peramatour.com. Zuverlässiger Anbieter mit einer 15-stündigen Tour für 850.000 Rp. p.P. (Teilnahme von zwei Personen ist Minimum). Um 23 Uhr ist Abfahrt in Kuta, dann werden die Teilnehmer eingesammelt. Perama sorgt für die Fahrt, den Guide, ein leichtes Frühstück, und zum Abschluss gibt's Mittagessen.

Kusamba

An der Küste südöstlich von Semarapura liegt dieser wenig sehenswerte Fischerort. Er ist bekannt für seinen **schwarzen Strand,** an dem Hunderte von Salzgewinnungspfannen stehen. Ab hier fahren täglich **Schnellboote** nach Sampalan auf Nusa Penida.

■ **Sekar Jaya Fast Boat,** Jl. Pasir Putih, Kusamba, Tel. 0877 50652696, www.sekarjayafastboat.com.

Goa Lawah

Gleich östlich von Kusamba, in Richtung Padangbai auf der linken Straßenseite, liegt diese **Fledermaushöhle.** Der **Pura Goa Lawah** steht direkt an der viel befahrenen Hauptstraße zwischen Kusamba und Padangbai und ist einer der wichtigsten Tempel Balis. Es handelt sich um eine Tempelanlage, die im Örtchen **Dawan** um eine von Fledermaushorden bewohnte Höhle herum gebaut wurde – daher auch der Name „Fledermaushöhle". Der Sakralbau wurde im 11. Jahrhundert von *Mpu Kuturan* errichtet, einem Priester, der den Hinduismus nach Bali brachte.

Höhle und Tempel sind ausgesprochen sehenswert. Es heißt, von hier führe ein unterirdischer Tunnel bis zum Tempel in Besakih. So weit das Auge im Halbdunkel sehen kann, hängen die ganze Höhlendecke und die Felswand davor voller Fledermäuse, so dicht, dass es aussieht, als wenn die Felswand lebe. Der eigenartige, **süßliche Geruch** der zentimeterdick auf dem Boden liegenden Exkremente ist schon auf der Straße wahrzunehmen.

■ **Goa Lawah,** Jl. Raya Goa Lawah, tgl. 8–19 Uhr, Eintritt: Erwachsene 30.000 Rp., Kinder 15.000 Rp.

◁ Blick vom Nationaltempel Lempuyang auf den Gunung Agung, den höchsten Berg Balis

Padangbai

Padangbai (auch in der Schreibweise Padang Bai) ist ein lebendiger Hafenort, denn ab hier fahren die **Fähren** auf die Nachbarinsel Lombok und die **Schnellboote** auf die Inseln zwischen Bali und Lombok: Gili Trawangan, Gili Meno und Gili Air. Das führt dazu, dass sich in der Hochsaison täglich rund 2500 Reisende durch Padangbai zwängen, um am Fähranleger einen Platz in einem Boot zu ergattern. Dann macht der Ort einen hektischen und schmuddeligen Eindruck. Ein wenig Linderung bringt die Nebensaison: Nur rund 1000 Durchreisende sind dann täglich für ein paar Stunden hier. Der Ort selbst ist **klein und überschaubar,** es gibt rundherum **schöne Strände,** gute Schnorchelmöglichkeiten,

Übernachtung
1 Kubu Pilatus Inn
2 Alola Inn
3 Zen Inn
4 Fat Barracuda Hostel
7 Tirta Yoga Inn
11 Puri Rai Hotel
13 Topi Inn

Essen und Trinken
5 Padangbai Café
6 Ozone Café
9 Omang Omang
11 Puri Rai Restaurant
13 Topi Inn Restaurant

Tauchen
8 Paradise Diving
10 Livingseas
12 Water WorxX Dive Center
13 Geko Dive

Guesthouses für jeden Geldbeutel, Bars und Restaurants, ein Post Office, Geldwechsler und Geldautomaten.

Strände

Rechts und links der Hafenbucht liegen drei empfehlenswerte Strände:

Bias Tugal oder White Sand Beach

Die kleine Bucht erstreckt sich südlich des mächtigen Fähranlegers. Es gibt ein paar Warungs, **Schnorchler** kommen auf ihre Kosten, und in den Wellen kann man wunderbar **bodysurfen.**

Black Sand Beach

Liegt ein paar Kilometer südlich von Padangbai, ist **meist menschenleer** und mit seinem schwarzen Sand ein echter Hingucker.

Blue Lagoon Beach

Liegt rund 500 m östlich des Ortes und ist besonders für **Schnorchler** ein geeignetes Ziel. Man teilt sich das Gebiet allerdings häufig mit etlichen **Tauchbooten,** die ihre Kundschaft hier ins kristallklare Wasser abtauchen lassen.

Tauchen

Wegen der **großen Anzahl an Tauchanbietern,** die dieselben Spots anfahren, lohnt es sich auf jeden Fall, Preise und Leistungen vor Ort zu vergleichen. Schnorchelausrüstung leihen kostet um die 60.000 Rp., ein zweistündiger Schnorchelausflug an nahe Strände ist ab 250.000 Rp. zu haben, ein ganztägiger für 700.000 Rp.

MEIN TIPP: 12 **Water WorxX Dive Center,** Jl. Silayukti, Tel. 0363 41220, www.waterworxbali.com. Kleine, freundliche und serviceorientierte deutsche Tauchschule, die bereits seit 2001 in Padangbai und bekannt für ihre familiäre Atmosphäre ist. Im Angebot sind alle PADI- und SSI-Kurse, Tauchgänge vor Ort und Ausflüge rund um Bali. Water WorxX bietet auch Tauchgänge und Kurse für Menschen mit Behinderung an.

8 **Paradise Diving,** Jl. Silayukti 9B, Tel. 0811 393515, www.paradisedivingbali.com. Deutsche Tauchschule, die schon seit vielen Jahren auf Bali zu Hause ist und in Sachen Service und Sicherheit einen sehr guten Ruf genießt.

10 **Livingseas,** Jl. Silayukti, Tel. 0821 45901278, www.livingseas.asia. Tauchbasis unter deutscher Leitung mit Schwerpunkt auf der Wiederherstellung von marinen Ökosystemen. Das Livingseas Coral Restoration Project in Padangbai ist das zweitgrößte Korallenschutzprojekt in Indonesien.

13 **Geko Dive,** Jl. Silayukti 5, Tel. 0821 21801997, www.gekodive.com. Ökologisch sehr engagiertes PADI-5-Star-Tauchcenter unter niederländischer Leitung, bereits seit 1997 in Padangbai ansässig und damit der älteste Anbieter vor Ort.

Praktische Infos

Übernachten

Am Strand und im Ort gibt es zahlreiche Guesthouses und Hotels. In der Hochsaison im Juli und August steigen die Preise gewaltig an, in der Nebensaison lohnt sich das Handeln, dann purzeln die Preise oft um 30 %. Die Bungalows der Tauchcenter starten meist ab 50 US$/€ für die Übernachtung.

3 **Zen Inn**②, Gang Segara, Tel. 081 933092012, www.zeninn.com, direkt am Fährhafen mit Blick auf die Mauer des selbigen, neben dem gleichnamigen Café. Die Front sieht zwar nicht gerade attraktiv aus, der Blick hinein zeigt aber originelle Zimmer,

xba027 sb

teilweise mit eigenem Innenhof und kleinen Design-Gimmicks.

4 Fat Barracuda Hostel①-②, Jl. Segara, Tel. 0822 37971212, www.facebook.com/fatbarracuda. Einfache Bleibe mit Aussicht: Zehn Betten gibt es im Schlafsaal, im Stock darüber ein Doppelzimmer mit Balkon und Aussicht. Günstiger geht es im Ort kaum.

7 Tirta Yoga Inn②, Jl. Silayukti Gang Tongkol, Tel. 0363 41473, https://tirta-yoga-inn.business.site. Die freundliche Unterkunft ist zweigeschossig angelegt, unten befindet sich das Bad, oben der Schlafraum mit Balkon und Blick in den Garten.

11 Puri Rai Hotel③, Jl. Silayukti 7, Tel. 0363 41385, www.puriraihotels.com, mit schönen zweistöckigen Bambushäusern und Bungalows. Swimmingpool ist dabei, das Personal ist freundlich. Das **11 Restaurant** ist in Ordnung und bietet frischen Fisch „from local fisherman" an.

13 Topi Inn①-②, Jl. Silayukti 99, Tel. 0363 41424, www.topiinn.nl, hat ein treues Stammpublikum. Im ersten Stock gibt es ein paar Zimmer im Stil von Bangkok, Khao San Road: zugeschnittene Rechtecke, von dünnen Wänden umgeben, mit Gemeinschaftsbad. Im **13 Restaurant** mit Kinderspielecke können Wasserflaschen nachgefüllt werden, zudem gibt es Kochkurse und ein Freizeitprogramm.

2 Alola Inn②-③, Jl. Penataran Agung, Tel. 0813 37004422, https://alola-inn.business.site. Pool, Familienanschluss mit Oma, Opa, Hund und Katze, und zum White Sand Beach ist es nicht weit.

1 Kubu Pilatus Inn③, Jl. Penataran Agung 58, Tel. 0877 62629611, www.facebook.com/KubuPilatusInn. Ein begeisterter Leser schreibt: „Das Hotel liegt 10–15 Min. außerhalb der lauten Hafenstadt und dem White Sand Beach. Klimaanlage, kleiner Pool, wunderschöner Garten. Die Besitzer lesen einem alle Wünsche von den Augen. Wir haben uns wohl noch nie so wohl gefühlt an einem Ort."

Essen und Trinken

5 Padangbai Café, Jl. Segara, tgl. 7.30–23 Uhr. Genießt einen guten Ruf für Fischgerichte, die direkt am Strand günstig angeboten werden.

6 Ozone Café, Jl. Silayukti, Tel. 0363 4381466, www.facebook.com/Ozone2015, tgl. 8–23 Uhr. Kommt sehr gechillt daher und ist ein kleiner Ruhepol am umtriebigen Parkplatz. Auch die Speisekarte kann sich absolut sehen lassen.

MEIN TIPP: **9 Omang Omang**, Jl. Silayukti 12, www.facebook.com/OmangOmang999, tgl. 7.30–23 Uhr. Hier gibt es hervorragende und einigermaßen günstige Speisen: von Western bis Thai, von Spareribs bis zu leckerem Fish Curry. Montags Live-Musik.

Sonstiges

Geld

Es gibt ein paar **Banken und Geldautomaten** an der Hauptstraße nahe dem Hafen, **Geldwechsler** finden sich den Strand entlang.

Krankenhaus

■ **Puskesmas Padangbai,** Jl. Penataran Agung, Tel. 0813 38638992, Mo–Sa 9–12 und 18–22 Uhr.

Polizei

■ **Padangbai Police Station,** Jl. Pelabuhan Padangbai 5, Tel. 0361 41388.

Post

■ **Kantor Pos Padangbai,** Jl. Penataran Agung, Mo–Fr 8–16 Uhr.

Verkehr und Transport

Bemos und Minibusse

Wer mit dem **Bemo** von Candi Dasa oder Semarapura kommt, muss damit rechnen, dass er an der Abzweigung von der Hauptstraße, der Jl. Ulakan-Karangasem, nach Padangbai abgesetzt wird. Dann bleiben noch ca. 2 km, die man laufen oder bezahlen muss. Es stehen an der Kreuzung meist Typen mit Motorrädern herum, die einen zum Ort fahren. Besser also vorher fragen, ob die Fahrt auch direkt nach Padangbai geht. **Minibusse,** beispielsweise von Perama, fahren regelmäßig von/nach Denpasar, Amlapura, Candi Dasa und Gianyar.

Mit der Autofähre nach Lombok

Der Fährverkehr zwischen Padangbai und **Labuhan Lembar** auf Lombok wird von großen Autofähren bewältigt. Die Fahrzeit beträgt **zwischen 4½ und 5½ Stunden** je nach Strömung und Wellengang – wenn es ganz schlimm kommt, kann es durchaus mal sieben Stunden dauern. Zur Regenzeit kann das Meer sehr unruhig sein. Tickets werden links im Gebäude kurz vor dem Landungssteg verkauft.

Vorsicht bei der Abfahrt in Padangbai; insbesondere Frauen wird bei Verlassen des Busses und beim Übergang zur Fähre gern mehr oder weniger sanft das Gepäck aus der Hand genommen, um es schnell auf die Fähre zu bringen. Leider finden keine Preisverhandlungen statt und an Bord heißt es dann 5–10 US$ pro Gepäckstück. Wenn die Geneppten nicht zahlen, wird das Gepäck blitzschnell wieder von der Fähre geschafft. Also vorher unbedingt den Preis mit dem Träger aushandeln oder selbst tragen.

Fährpreise (Stand Herbst 2023): Erwachsene 62.200 Rp., Kinder 5900 Rp., Motorrad 160.600 Rp., Motorrad (über 500 ccm) 313.800 Rp., Auto 1.127.300 Rp., Fahrrad 77.700 Rp.

Mit dem Speedboat auf die Gilis

Etliche Anbieter fahren von Padangbai direkt nach **Gili Trawangan;** ein Return-Ticket liegt normalerweise bei etwa 1,2 Mio. Rp., in der Nebensaison lässt sich der Preis locker auf weniger als 600.000 Rp. drücken. Die Abholung in der Unterkunft samt Transport nach Padangbai ist normalerweise inklusive. Es lohnt sich, vor Ort die Preise zu vergleichen.

Mit der Fähre nach Nusa Penida

Zwischen Padangbai und **Sampalan** auf Nusa Penida verkehrt zweimal täglich, vormittags und nachmittags, eine Autofähre. Tickets gibt's im Hafengebäude.

◁ Strand beim Fähranleger von Padangbai

Manggis

Was von der Region Manggis beim Vorbeifahren in Erinnerung bleibt, ist der **Pertamina-Ölhafen in Teluk Amuk:** Hier werden die Tankwagen beladen, die Tankstellen auf Bali beliefern – meist rasen sie in einem Heidentempo über die Straßen. Im Ort Manggis selbst geht es sehr dörflich und ruhig zu. Von hier aus kann man gut ausgedehnte **Wanderungen** unternehmen.

Übernachten

- **Amankila**④, Jl. Raya Manggis, Tel. 0363 41333, www.aman.com/resorts/amankila. Gehört mit dem berühmten Terrace-Restaurant seit Langem zu den besten (und teuersten) Resorts auf Bali.
- **Alila Manggis**④, Desa Buwitan, Tel. 0363 41011, www.alilahotels.com/manggis. Spielt in derselben Preis- und Komfortklasse wie das Amankila, beide mit eigenem Strandabschnitt und einigen Pools. Das Alila ist auch bekannt für seine Kochschule, die eine der besten auf Bali sein soll.

Candi Dasa

Candi Dasa (auch Candidasa) ist der wohl **beliebteste Badeort an Balis Ostküste.** Die **Hauptstraße,** die **Jl. Raya Candidasa,** verläuft in diesem Straßendorf nahe der Uferlinie, rechts und links gibt es zahlreiche Unterkünfte, Geschäfte, Bars und Restaurants. Der Name Candi Dasa stammt entweder aus dem Balinesischen und bedeutet „Zehn Tempel", oder der Ort ist nach einer Statue im lokalen Tempel benannt. Der **Pura Candidasa** liegt direkt an der Hauptstraße, ist nett anzuschauen und wird gut in Schuss gehalten. Vorbeifahrende Auto- und Lkw-Fahrer nutzen die Chance, ihr Fahrzeug hier segnen zu lassen.

Das Korallenriff vor dem Strand wurde in den 1970er-Jahren abgetragen und die **Korallen als Baustoff** für die Tourismusindustrie verwendet. Aufgrund der darauf einsetzenden Erosion gibt es hier heute keinen langen Strand, dafür aber wenig ansehnliche **Beton-Wellenbrecher** in der Bucht. Andererseits kann man in den zwischen den Wellenbrechern entstandenen ruhigen Buchten sehr gut baden, beispielsweise im ersten Teilort (von Padangbai aus gesehen): **Mendira.** Zudem haben etliche Hotelbesitzer ihre Anlagen familienfreundlich gestaltet. Und sicher ist: Die Atmosphäre in Candi Dasa ist sehr „laid back", sehr entspannt. Und damit kommen wir zu dem, was Candi Dasa neben dieser lockeren Atmosphäre zu bieten hat: **Tauch und Schnorchel gut!**

Strände

Mendira Beach

Am Strand von Mendira bleiben viele Anreisende hängen und besuchen das eigentliche Örtchen Candi Dasa dann mit dem Taxi, dem Scooter oder dem Fahrrad. Hier ist es **ruhig,** die **Hotelanlagen** – für fast jeden Geldbeutel geeignet – sind schön, **Tauchcenter** laden zu Ausflügen in die Unterwasserwelt ein, und sicher liegt irgendwo ein Fischerbötchen, das für ein paar Stunden gemietet werden will.

Pasir Putih

Pasir Putih auf der anderen Seite von Candi Dasa Richtung Amlapura gelegen, ist ein **ehemaliger, heute gut ausgeschilderter „Geheimtipp“** mit Historie: 5 km hinter Candi Dasa, bei Perasi (Richtung Tempel, dann ein paar hundert Meter zu Fuß), lag eine weißer Strand – ohne Menschen, ohne Warungs und ohne Händler. Bis 2005 blieb das so, dann hatte es sich herumgesprochen. Heute ist Pasir Putih ein fester Bestandteil des touristischen Programms.

Virgin Beach

Folgt nur einen Katzensprung am Strand entlang Richtung Norden und ist, was das Angebot angeht, kaum mehr jungfräulich – aber **sehenswert.**

Jasri Beach

Einige Kilometer weiter nordöstlich, kurz vor der Abzweigung nach Amlapura, liegt Jasri, auch **Jasri Surf** genannt, denn nur Surfer verirren sich hierher. Jasri gilt als einer der besten Surfspots Balis – doch der „heiße Tipp“ geht schon von Surfermund zu Surferohr, die Propagandawelle rollt …

Tauchen

Getaucht wird vorwiegend **rund um die kleinen Inselchen, die der Küste vorgelagert sind.** Sie liegen in der Passage zwischen Bali und Lombok, und das bedeutet: **starke Strömung.** Ein komplexes Zusammenspiel verschiedenster Faktoren wie Gezeiten, Mondphasen, Topografie, Wetter etc. bestimmt hier die Bedingungen für das Tauchen, das nicht an jedem Spot für Anfänger geeignet ist. Aber davor sollten Interessierte keine Angst haben, Beispiel **Gili Tepekong:**

☐ Am Strand von Mendira bleiben viele Anreisende hängen – nicht ohne Grund

xba028 sb

Hier findet man normalerweise immer eine Seite, die im Strömungsschatten liegt und gefahrlos getaucht werden kann. Ähnlich **Gili Biaha:** Wenn auch nicht für wirkliche Anfänger geeignet, kann man eigentlich immer tauchen, da die Seite mit der Höhle zu 90 % im Strömungsschatten liegt. Ein anderes Beispiel für eine lokale Attraktion unter Wasser ist der **Spot Jetty** zwischen Candi Dasa und Padangbai, ein Juwel für Macro-Tauchgänge. Zu sehen gibt es im Idealfall Riesen-Anglerfische, Schwärme von Fledermaus-, Geisterpfeifen-, Stein- und Leierfischen, juvenile Makrelen und Barrakudas, Krabben und Garnelen, Oktopoden, Sepien, Seepferdchen und Muränen.

MEIN TIPP: 4 **Diving Candidasa,** Candi Beach Resort and Spa, Tel. 0812 36770281, www.diving.de. Das gesamte Team, geführt von einem Deutschen, ist ausgesprochen sympathisch – von Massenbetrieb keine Spur. Die indonesischen Guides kennen sich hervorragend aus und sind großartige „Spotter".

Candi Dasa

Übernachtung
1 Sea Breeze Candidasa
3 Amarta Beach Cottages
4 Candi Beach Resort and Spa
5 Nusa Indah Bungalows
6 The Nirwana Resort and Spa
7 Bali Santi Bungalows
10 Ari Homestay
17 Ida's Homestay, Rossa Garden Hotel

Essen und Trinken
2 Warung Padang Kecag
8 Warung Bintang
9 Candi Bakery
10 Hot Dog Shop
11 Watergarden Café
14 Warung Nyoman
15 Vincent's

Nachtleben
15 Vincent's

13 Bambu Divers, Jl. Raya Candidasa, Tel. 0363 41534, www.bambudivers.com. Sehr gut geführtes Tauchcenter unter holländischer Leitung, mit wirklich gutem Service und Equipment. Günstige Paketangebote mit Unterkunft im Resort Pondok Bambu.

18 Orca Dive Club, Hotel Puri Bagus, Jl. Raya Candidasa, Tel. 0811 3994200, www.orca-diveclub-bali.com. Orca Dive Clubs gibt es zahlreiche weltweit, auf Bali sind sie zweimal vertreten (Lovina und Candi Dasa). Die PADI-/SSI-Basis in Candi Dasa ist seit 2009 unter deutscher Leitung.

Schnorcheln

Am Ablauf des Süßwassersees im Ort liegen meist einige **Auslegerboote,** die für einen festen Preis **zu den drei kleinen vorgelagerten Inseln** fahren. Dort kann man ca. eine Stunde schnorcheln (300.000 Rp., mind. zwei Personen). Schnorchelausrüstung ausleihen kostet ab 60.000 Rp.

Praktische Infos

Information

- Es gibt eine **Touristeninformation** auf dem Parkplatz rechts hinter dem Ortseingang (von Padangbai aus gesehen). Mehr als Prospektmaterial, womöglich sogar veraltet, sollte man nicht erwarten.
- Ein nützliches Informationsblättchen ist das Online-Magazin **Candidasa Network,** www.facebook.com/groups/427380557321585.

Übernachten

Candi Dasa hat ein großes Angebot an Guesthouses und Hotels in **allen Preisklassen** (von 200.000 Rp. bis 300 US$).

1 Sea Breeze Candidasa④, Mendira Beach, Tel. 0363 42149, https://seabreezecandidasa.com. Sehr schick, direkt am Strand, der Infinity Pool lässt in Sachen Ausblick keine Wünsche offen. Auch die 14 Bungalows in einem kleinen Park kommen sehr edel daher.

4 Candi Beach Resort and Spa④, Mendira Beach, Tel. 0363 41234, www.candibeachbali.com, ist ein Juwel am Strand von Mendira. 94 Zimmer, die in einem großen, lichten Park verteilt entweder in mehrstöckiger Apartmentform oder als schicke, schnieke Bungalows mit privatem Pool angelegt sind. Vorne ein Infinity Pool mit Blick über das eigene Stückchen Strand. Geführt wird das Haus nach der balinesischen Harmonielehre Tri Hita Karana: Oberstes Gebot ist ein Leben in Harmonie mit anderen Menschen, der Natur und Gott. Das Ocean Spa ist ausgezeichnet, der Blick von dort geht, wer hätte es gedacht, über den Ozean. Außerdem ist hier das ausgezeichnete deutsche Tauchcenter diving Candidasa (s.o.) untergebracht.

3 Amarta Beach Cottages②-④, Mendira Beach, Tel. 0819 36506891, www.amartabeachcottages.com. Mit Restaurant und gemütlichen Bungalows in einem kleinen Garten am Strand, Ausblick aus dem Infinity Pool aufs Meer gehört dazu. Bungalows mit Ventilator oder Klimaanlage, das lauteste Geräusch ist das Rauschen des Meeres – oder der brutzelnde Barbecue-Grill.

6 The Nirwana Resort and Spa④, Jl. Sengkidu, Tel. 0812 46433233, https://nirwanabeachandresort.com. Schicke, gemütliche Luxus-Bungalowanlage an der Grenze zwischen Sengkidu und Candi Dasa, direkt am Strand in einem weitläufigen Garten mit Pool.

5 Nusa Indah Bungalows③, Jl. Pura Segara 8, Sengkidu, Tel. 0363 41062, www.nusaindahbali.com. Sehr schöne Anlage mit Pool, sauber und familiär, von deutschen Inhabern geführt, ca. 300 m von der Hauptstraße entfernt am Strand gelegen.

7 Bali Santi Bungalows④, Jl. Raya Candidasa, Sengkidu, Tel. 0363 41611, www.balisantibungalows.com. Freundliche, weitläufige Bungalowanlage mit geräumigen Villen und kleineren Zimmern. Je weiter Richtung Wasser, desto luftiger wird es. Hervorragender Service.

MEIN TIPP: **10 Ari Homestay**②, Jl. Raya Candidasa, Tel. 081 79707339, www.facebook.com/TheHotDogShopCandidasaBali. Preiswert mit Hotdogs: Wohl die günstigste, wenn auch sehr zweckmäßige Unterkunft in Candi Dasa und gleichzeitig der einzige Hotdog-Laden weit und breit (s.u.). Hier bleiben viele Urlauber hängen.

17 Ida's Homestay③, Jl. Raya Candidasa, Tel. 0363 41096. Ein echtes Juwel an der Straßenzeile in Candi Dasa: wunderschöne Anlage mit fünf zweistöckigen Bungalows in klassischem balinesischem Stil in einem großen, ruhigen Park direkt am Wasser. Die Wellenbrecher sind hier so gebaut, dass ein großer, gemütlicher Meerwasserpool entsteht.

17 Rossa Garden Hotel④, Jl. Pantai Indah, Tel. 0812 37315727, www.rossagardenbali.com. Das ehemalige Villa Rossa ist ein Lesertipp: „Die Apartments sind baulich voneinander getrennt und rund um einen sehr schönen Pool angeordnet. Die Zimmer bieten ausgesprochen viel Bewegungsraum

(...). Die Anlage ist sehr gepflegt und frei von Getier (kein offenes Dach, daher keine Geckos im Zimmer und erstaunlicherweise auch so gut wie keine Moskitos) und das Personal ausgesprochen liebenswürdig. Summa summarum: ausgezeichneter Standard und gleichzeitig sehr gemütlich."

Essen und Trinken

Die größeren Restaurants bieten normalerweise einen Hol- und Bringservice per Minibus oder Taxi.

2 **Warung Padang Kecag,** Jl. Mendira, Tel. 0813 38200482, tgl. 10–22 Uhr, ein Lesertipp: „Ist ausgezeichnet! 4-Sterne-Küche zum Warung-Preis! Der Koch war bis vor einiger Zeit Chef im Alila Resort Manggis und hat sich mit der Familie dann selbstständig gemacht."

MEIN TIPP: 8 **Warung Bintang,** Jl. Raya Candidasa, Nyuh Tebel, Tel. 0889 87259555, tgl. 12–20 Uhr. Typische balinesische Gerichte, zubereitet in außerordentlicher Qualität und mit einem gewissen Etwas: sehr lecker und preiswert. Dazu kommen ein toller Ausblick auf Reisfelder und – mit ein bisschen Glück – den Agung sowie ein ungemein herzlicher Service. Auch der Take Away wird gerne frequentiert, von Expats und von den Einheimischen gleichermaßen.

10 **Hot Dog Shop,** Jl. Raya Candidasa, Tel. 081 79707339, www.facebook.com/TheHotDogShop CandidasaBali, tgl. 11–20 Uhr. Wer keine Lust mehr auf Nasi Goreng hat, mag sich hier im Ari Homestay (s.o.) einen Hotdog oder fetten Burger gönnen.

14 **Warung Nyoman,** Sengkidu, Manggis, Tel. 0363 41179, tgl. 7–22 Uhr, wird hoch gelobt: klein, aber fein mit ausladender Speisekarte und köstlichen Gerichten.

11 **Watergarden Café,** Jl. Raya Candidasa, Tel. 0363 41540, www.watergardenhotel.com, tgl. 12–21 Uhr. Sehr idyllischer Garten, etwas teurer, dafür sitzt es sich sehr angenehm, erst recht zu den Happy Hours.

Nachtleben

15 **Vincent's,** Jl. Raya Candidasa, Tel. 0363 41368, www.vincentsbali.com, tgl. 9–23 Uhr. Das Vincent's ist Bar, Lounge und Restaurant in einem. Jeden Donnerstag ist Jazz@Vincent's angesagt, dann gibt es von 18 bis 21 Uhr Live-Musik, gespielt von Musikern aus der ganzen Welt.

Sonstiges

Geld

Entlang der Hauptstraße gibt es etliche **Banken und Geldautomaten.**

Krankenhäuser

- **Yagya Dasa Clinic,** Jl. Raya Candidasa, Sengkidu, Tel. 0363 41378, mit 24-Std.-Service.
- **Penta Medica,** Jl. Raya Manggis 88, Tel. 0363 41909, www.pentamedica.com, hat ebenfalls einen 24-Std.-Service und ist auf modernem Stand.

Verkehr und Transport

- **Bemos und Minibusse** bedienen die Strecken nach Denpasar, Semarapura, Padangbai und Amlapura. Nach Tenganan mit **Scootercharter** an der Kreuzung Hauptstraße/Tenganan, ca. 10.000 Rp. **Shuttlebusse** fahren von Candi Dasa mehrmals täglich nach Amed, Ubud, Kuta und Padangbai.
- **Perama,** Jl. Raya Candidasa, Tel. 0363 41114, www.peramatour.com.
- An **Auto-, Fahrrad- und Motorradverleihern** fehlt es nicht, Fahrräder ab ca. 30.000 Rp. pro Tag, andere Fahrzeuge ab 80.000 Rp.

Tenganan

Tenganan ist eines der wenigen Dörfer der **Bali-Aga,** der **Ureinwohner Balis,** und unterscheidet sich stark von anderen balinesischen Ansiedlungen. So gibt es beispielsweise **zwei parallel verlaufende gepflasterte Hauptstraßen.** Auf beiden Seiten befinden sich Wohnhäuser, alle fast identisch und von Mauern umgeben. An der breitesten Straße stehen das „Verwaltungsgebäude“, die Versammlungshalle, eine Schule und ein Reislager. An einem Ende der Straße befindet sich ein Platz, wo alle wichtigen Angelegenheiten besprochen und Feste gefeiert werden. Es hat sich ein Großteil der jahrhundertealten Bauweise und Architektur erhalten, obwohl einige Fernsehantennen und Stromkabel sichtbar sind. Fast alle historischen Häuser sind für Besucher geöffnet.

Tenganan besteht eigentlich aus zwei Dörfern: **Dauh Tukad** und **Pegringsingan.** Pegringsingan ist bekannt für seinen **Doppel-Ikat,** eine Webtechnik, die nur noch wenige Menschen beherrschen (→ Exkurs rechts). In Tenganan kann man **Handwerkern** bei der Arbeit zusehen; sie schnitzen Masken, flechten Körbe, malen oder zeichnen. Zu den Spezialitäten vor Ort gehören Handschriften auf Blättern der Lontarpalme, die für Weissagungen verwendet werden.

Das Dorf gehört zu den wohlhabendsten ganz Balis. Die rund **850 Hektar Ackerland,** die zu Tenganan gehören, lässt man von „normalen“ Balinesen bestellen, die die Hälfte der Ernte dem Dorf abliefern. So haben die Einwohner Zeit, ausschließlich der Erfüllung religiöser Riten nachzugehen, sich zu bilden und andere angenehme Dinge zu tun.

Die Menschen Tenganans wirken im Umgang freundlicher als die anderen Bali-Aga. Wegen der angestiegenen Be-

186ba sb

sucherzahlen haben sich die Tengananer **auf Touristen eingestellt.** Für die meisten großen Touristenbusse ist Tenganan ein Stopp auf ihrer Route. Diverse Stände und Shops verkaufen Kaffee, Softdrinks, Süßigkeiten und Doppel-Ikat-Webereien (→ Exkurs unten). Es handelt sich zwar nicht um zeremonielle Tücher, trotzdem erhält der Tourismus dieses Kunsthandwerk.

■ **Tenganan,** Jl. Raya Nyuh Tebel, tgl. geöffnet, Eintritt: Spende; Anfahrt: Von Candi Dasa geht es 3 km bergauf.

Veranstaltungen in Tenganan

Nur jungfräuliche Mädchen und Jungen führen den **rituellen Opfertanz Rejang** vor. Geschmückt sind die Mädchen mit Schärpen, aus Gold gehämmerte Blüten sind ihnen ins Haar gesteckt. Die tranceartige Darstellung wird begleitet von der Musik des Gamelan Selunding. Zum Orchester gehören xylophonartige Instrumente mit eisernen Klangplatten, die einen geheimnisvollen Sound erzeugen. Selten außerhalb dieses Dorfes zu hören.

Einmal im Jahr (Juni/Juli) wird das **Fest Usaba Sambah** gefeiert. Riesige Räder mit Sitzen werden aufgestellt, in denen Frauen Platz nehmen. Männer rollen sie stundenlang durch das Dorf. Höhepunkt ist ein ritueller Kampf, der nur zu diesem Fest veranstaltet wird. Zwei Männer kämpfen mit Büscheln von dornenbesetzten Pandanus-Blättern gegeneinander. Man schlägt richtig zu und schützt sich mit einem Schild vor Angriffen. Aufregend!

☐ Die Versammlungshalle in Tenganan ist der Mittelpunkt des Dorflebens

Kalender und Feste

Die Tengananer zählen die Zeit anders als die Balinesen. Es gibt **zehn Monate,** die festliegen und insgesamt ein Jahr er-

Der Doppel-Ikat

Diese **Webtechnik** beherrschen nur noch ganz wenige Menschen auf der Welt. In Tenganan leben die einzigen **Frauen** Indonesiens, die in dieser Kunst geschult sind. Nur in Indien existiert noch ein Dorf, in dem eine vergleichbare Technik angewandt wird.

Das Besondere ist, dass vor (!) dem Verarbeiten die Kett- und Schussfäden so **eingefärbt** werden, dass nach dem Webvorgang ein erkennbares, sauberes Muster entsteht. Die Stellen, die nicht eingefärbt werden sollen, werden fest umschnürt (*ikat* = Knoten); so kann die Farbe nicht eindringen. Das passend hinzukriegen, ist eine irrsinnige Rechnerei und erfordert sehr viel Übung.

Der so entstandene Stoff heißt **Kamben gringsing,** hat schachbrettartige Muster und soll magische Kräfte besitzen. Da die Herstellung, vom Einwickeln der Fäden bis zum fertigen Stoff, von einer Menge genau vorgeschriebener **Riten und Zeremonien** begleitet wird, dauert die Fertigstellung eines einzigen Stückes ca. fünf Jahre. Dass diese Stoffe, wenn sie überhaupt verkauft werden, unbezahlbar sind, versteht sich von selbst.

geben. **In jedem Monat** findet **eine spezielle Zeremonie** statt, wer Glück hat, kommt gerade passend:

- **Sasih Kasa** (Februar), Abuang-Tanz (Männer und Frauen)
- **Sasih Karo** (März), Reiszeremonie in den Feldern
- **Sasih Kapat** (Mai), Tempelfest, Gamelanmusik
- **Sasih Kelima** (Juni), Kare Kare (Kampfspiel)
- **Sasih Kepiton** (August), Friedhofszeremonie
- **Sasih Kawala** (September), Bananenzeremonie
- **Sasih Kasanga** (Oktober), Strandzeremonie
- **Sasih Kadasa** (November), Tempelfest
- **Sasih Jyesta** (Dezember), Fest im Dorftempel
- **Sasih Sada** (Januar), Fest im Tempel Tanjung Biru

Amlapura (Karangasem)

Karangasem **am Fuße des heiligen Gunung Agung** war eines der reichsten Königreiche Balis; heute ist vom einstigen Glanz nicht mehr viel übrig. Als **1963** der Vulkan ausbrach, verwüsteten die **Lavamassen** nicht nur die Umgebung, sondern fast den gesamten Osten Balis. Zwar erreichte die Lava nicht den Ort selbst, aber die begleitenden **Erdbeben** zerstörten fast alle Gebäude. 1976 folgte ein weiteres schweres Beben, das der Region den Rest gab. Da auch fast alle Zufahrtsstraßen lange Zeit unpassierbar waren, wurde dieser einst so blühende Marktflecken vom Rest Balis isoliert.

Nach der Naturkatastrophe gab die Gemeinde dem Ort den **neuen Namen Amlapura.** Das Wort setzt sich aus folgenden Abkürzungen zusammen: *am* = *amah* (gegessen), *la* = *lahar* (Lava), *pu* = *purat* (zerstört), *ra* = *rakyat* (Volk); das bedeutet: „Das durch Lava zerstörte und gefressene Volk".

Die Stadt bezeichnet sich heute als „eine der saubersten Städte auf Bali". Attraktionen sind der **Vormittagsmarkt** und die beiden Paläste Puri Agung und Puri Gede. Der **Puri Agung** wurde von den Holländern im späten 19. Jahrhundert erbaut, um den königlichen Anspruch auf die Region zu untermauern. Die Möbel stiftete Königin *Wilhelmina*, sogar ein Waschbecken mit laufendem Wasser war da. Die Sammlung an historischen Fotos ist sehenswert (Eintritt: 30.000 Rp., als Spende für Renovierungsarbeiten). Der **Puri Gede** gegenüber wird noch von Mitgliedern der königlichen Familie bewohnt. Das Gelände wurde aufwendig restauriert und in den Zustand der holländischen Kolonialzeit zurückversetzt (Eintritt: Spende).

Taman Ujung

Der letzte König war ein „Wasserfan". In Ujung, einem kleinen Fischerdorf 5 km von Amlapura entfernt an der Küste gelegen, ließ er bis 1919 einen **Wasserpalast** errichten. Nach dem Erdbeben 1963 wurde er opulent neu angelegt. Der Taman Ujung hat sich in den letzten Jahren zu einem der beliebtesten Selfie- und Instagramspots auf Bali entwickelt. Hierher kommen Hochzeitspaare und lassen sich auf dem Ruderboot fotografieren, sie füttern Fische und lustwandeln in **fast barocker Architektur,** einem Mix aus balinesischen und europäischen Stilelementen plus drei großen Teichen, die durch gebogene, elegante Brücken und Wege miteinander verbunden sind. Dazu die Berge im Norden und das Meer im Südwesten – ein Traum!

■ **Taman Ujung,** Tumbu, tgl. 7–19 Uhr, Eintritt: 75.000 Rp.

Eine kleine Rundfahrt

Mit dem eigenen Fahrzeug kann man eine landschaftlich reizvolle Rundfahrt **durch den äußersten Osten Balis** unternehmen. Von Ujung führt eine asphaltierte Straße zunächst entlang der Küste durch Seraya, über Bunutan nach Amed und von dort über Culik nach Tirtagangga und zurück nach Amlapura. Was man sieht, ist **wirklich spektakulär:** Die trockene, ausgelaugte (Steil-)Küste mit alten Lavaströmen und karger Vegetation verwandelt sich ab Culik plötzlich in eine Landschaft mit saftigen Reisterrassen. Es kann gut sein, dass einem in den rund anderthalb Stunden bis Amed kein Tourist begegnet. Dafür ist die Begrüßung durch die Dorfbevölkerung umso freundlicher.

Tirtagangga

Eine seiner Wasseranlagen baute der letzte Fürst von Amlapura 1947 in Tirtagangga (= „Wasser des Ganges"). Das **Bauwerk aus großen Wasserbecken, Springbrunnen, eigenartigen Figuren und Fabelwesen** ist zu einem beliebten und häufig überlaufenen Ziel für Einheimische und Touristen geworden. Der Wassergarten inmitten wunderschöner Reisfelder hat dennoch etwas Magisches.

Schön anzuschauen ist der Wasserpalast von Tirtagangga

097ba sb

Goldfische ziehen ihre Runden, und der Blick hinunter Richtung Küste oder in die Berge geht weit. Die Becken werden von klarem Bergwasser gespeist. Zum Baden gibt es eigene Becken, die von den anderen durch einen Zaun abgetrennt sind. Nach **Überflutungen** in den 2020er-Jahren wurde die Anlage wieder aufgehübscht und zeigt sich heute im alten Glanze. Auch für sonstige Unterhaltung ist gesorgt.

■ **Tirtagangga,** Jl. Raya Abang Desa Ada, Tel. 0363 22503, www.tirtagangga.nl, tgl. 6–19 Uhr. Eintritt: Erwachsene 50.000 Rp., Kinder 25.000 Rp.

Wandern

Die **Reisterrassenlandschaft** um Tirtagangga gehört zu den schönsten auf Bali und eignet sich gut zum Wandern. Den Ort **Budakeling,** in dem einige buddhistische Gemeinden ansässig sind, erreicht man über **Krotok** (Schmiede und Silberschmiede) nach einer ca. dreistündigen Wanderung durch Reisfelder. Es gibt auch eine Wanderung ins Bali-Aga-Dorf Tenganan.

Praktische Infos

■ **Rijasa Homestay**②, Tel. 0363 21873, liegt genau gegenüber dem Bad. Einfache, aber korrekte Zimmer mit Ausblick, Deckenventilator und Fernseher. Das Haus organisiert Wanderungen und zweistündige Ausflüge in die Reisfelder und Berge rund um Tirtagangga.

MEIN TIPP: **Cabé Bali Villa**④, Temega, Tel. 0363 22045, www.cabebali.com. Ein besonderer Tipp ist die Bungalowanlage von *Barbara Soetarto:* vier liebevoll eingerichtete Häuschen mit wunderbarer Aussicht auf Reisterrassen und den Gunung Agung plus kleinem Restaurant, Pool und einer fürsorglichen Managerin. Die Münchnerin hat ihren Lebenstraum vom kleinen, feinen Hotel auf Bali 1995 verwirklicht.

■ Es finden sich etliche Warungs um den Wasserpalast herum; hier kann man bei einer Schale Nudeln für günstiges Geld zuschauen, wer sich hier alles so tummelt. Explizit erwähnt sei **Warung Genta Bali,** Tel. 0856 3868352, tgl. 8–20 Uhr, direkt gegenüber dem Parkplatz: Hier gibt es leckeres Essen, das Nasi Campur ist sehr zu empfehlen.

■ **Busse und Bemos:** Jeder zwischen Amlapura und Singaraja oder Tulamben verkehrende (Mini-) Bus hält vor Ort.

Pura Lempuyang

Pura Lempuyangs Ruf als **schwer erreichbarer Tempel mit Tausenden von Treppenstufen,** die zu ihm führen, ist fast schon mythisch – und der Instagramshot im berühmten gespaltenen (Himmels-)Tor, dem **Candi Bentar,** umso begehrter. Der Pura Lempuyang ist **einer der ältesten und am meisten verehrten Tempel Balis** und steht dem Pura Besakih kaum nach. Man nimmt an, dass der Sakralbau älter ist als die meisten hinduistischen Tempel auf der Insel. Der Haupttempel erhebt sich auf 1058 m Höhe auf dem Gipfel des gleichnamigen Berges Lempuyang.

› Amed ist eine hübsche Aneinanderreihung von Dörfern und Stränden

Den **Aufstieg** muss man sich über unzählige Treppenstufen – mehr als 2900, heißt es – und steile Abhänge erkämpfen; insgesamt braucht man für Auf- und Abstieg rund vier Stunden. Auf dem Weg nach oben passiert man weitere Tempel, genießt den phänomenalen Ausblick über Ostbali und erblickt ganze Horden grauer Langschwanzmakaken, die in den umliegenden kühlen Bergwäldern leben. Insgesamt gibt es sieben Tempel auf dem Pura Lempuyang.

■ **Gunung Lempuyang,** Bunutan, tgl. 6–19 Uhr, Eintritt: 55.000 Rp.; das Ticket für den Shuttlebus vom Parkplatz zum Lempuyang-Tempel kostet 45.000 Rp. p.P. für Hin- und Rückfahrt, die Sarong-Miete 10.000 Rp. Anfahrt am besten mit dem eigenen Fahrzeug oder einer geführten Tour, es gibt keinen öffentlichen Nahverkehr; der Parkplatz befindet sich rund 8 km östlich von Abang.

Amed

Die Hauptstraße überquert nördlich von **Abang** einen serpentinenreichen Pass mit toller Aussicht auf Reisterrassen; nach rund 8 km ist der Ort **Culik** erreicht. Hier zweigt eine Straße rechts nach Amed ab, es beginnt die Meile der günstigen Hostels und Warungs von Amed, allerdings ist es bis zum Strand von Amed schon noch ein Stückchen.

Amed ist ein Sammelbegriff für einen rund **10 km langen Küstenstreifen mit** gleich **sieben Dusun,** kleinen und noch recht ursprünglichen Fischerdörfern: von Amed im Norden über **Jemeluk, Bunutan, Lipah, Selang, Banyuning** bis **Aas** im Süden. Hier liegen zahlreiche bunt bemalte **Jukungs** – traditionelle Fi-

xba029 sb

Amed und Umgebung

scherboote mit Auslegern – auf dem Kieselstrand, ein beliebtes Fotomotiv. Die Boote kann man auch für Schnorcheltouren mieten. Überhaupt ist die **wunderschöne Unterwasserwelt** das Highlight von Amed: Nur wenige Minuten vor der Küste entdeckt man bunte tropische Fische, Meeresschildkröten, Riffhaie, Rochen und gut erhaltene Korallengärten. Sogar das Wrack eines japanischen Schiffes zählt zu den Unterwasserattraktionen. Unter dem Motto **„Get wet in Amed"** gibt es Tauchzentren, Resorts, Hotels und Homestays für jeden Geldbeutel: vom einfachen Zimmer mit Familienanschluss und Hängebauchschwein in einem Fischerdorf bis hin zum Firstclass-Boutique-Resort.

Amed ist schon längst kein „Geheimtipp" mehr. Das touristische Leben in den Buchten besteht aus **Schwimmen, Schnorcheln, Strandlaufen und Spazierengehen.** Morgens fällt der erste Blick auf den Sonnenaufgang über Lombok, der zweite meistens durch die Taucherbrille auf das Unterwasserleben direkt vor dem Hotel; um zu schnorcheln reicht es, einfach ins Wasser zu gehen und zu schauen. Viele kleine Buchten

Free Diving in Amed

In Amed gibt es eine stetig wachsende Free-Diving-Gemeinde. Hier wird **ohne komprimierte Atemluft aus der Flasche** getaucht. Klingt herausfordernd, aber jeder gesunde Mensch kann es ausprobieren. Die Philosophie hinter dem Free Diving verfolgt einen ganzheitlichen Ansatz, ähnlich dem Yoga. Daher werden in Amed oft auch Yogakurse zusammen mit Free-Diving-Training angeboten.

13 **Apneista Freediving and Yoga School,** Jl. I Ketut Natih, Jemeluk, www.apneista.com.
2 **Fusion Freedive and Spearfishing,** Jl. I Ketut Natih, Jemeluk, www.fusionfreedive.com.

mit weißem, grauem oder schwarzem Sand, Korallen und ein kleines Wrack gibt es zu entdecken. **Schnorcheltrips** können leicht individuell organisiert werden, jede Unterkunft verleiht die nötige Ausrüstung für rund 60.000 Rp.

Praktische Infos

Übernachten

Die Gegend um Amed gehört zu einer der **touristischen Boom-Regionen Balis.** Guesthouses und Restaurants oder Warungs werden eröffnet und schließen nach einer Saison wieder, Straßen werden ausgebaut. Es lohnt sich, ein wenig Geduld und Zeit in die Suche nach dem idealen Dach über dem Kopf zu investieren. Die Hotels und Resorts haben meist ein eigenes Restaurant. Wer also nicht will, braucht die Anlage nicht zu verlassen – was aber ein großer Fehler wäre.

Amed

1 **Dalum Home Stay**②, Jl. I Ketut Natih, Tel. 0859 36154943, https://dalumhomestay.mystrikingly.com. Bietet „The true Bali experience" an der Straße von Culik nach Amed. Nette und günstige Bungalows im Reisfeld, zu Fuß nach Amed sind es gut zehn Minuten.

1 **Mesari Homestay**②, Jl. I Ketut Natih 14, Tel. 0817 4737898. Mit schönem Gartenblick, grünem Innenhof sowie reichlich Familienanschluss. 3 km sind's bis zum Strand.

3 **Hotel Uyah Amed & Spa Resort**③, Jl. I Ketut Natih 801, Tel. 0363 23462, www.hoteluyah.com/de. Nennt sich eco friendly, ist mit Lehm gebaut und organisiert Ausflüge zu den nahen Salinen. Zimmer mit Blick aufs Meer und über den Pool mit Klimaanlage oder Ventilator. Das hauseigene 3 **Café Garam** ist seit etlichen Jahren eine feste Größe.

Jemeluk

6 **Three Brothers Bobby's Villas**④, Jl. I Ketut Natih, Tel. 0813 38430009. Große Räume mit Badewanne, Klimaanlage, Kühlschrank und Safe am Kieselstrand, stylisher Pool am Meer.

8 **Sunrise Café Bungalows**②, Jl. I Ketut Natih, Tel. 0363 23477. Kleines 8 **Restaurant** mit Zimmern darüber und dahinter, drei davon mit Meerblick. Mit Familienanschluss.

11 **Kubuku Homestay**②, Purwakerti, Tel. 0852 05328813. Lesertipp: „Die kleine Gasse neben Eco Dive hoch, gleich die erste Unterkunft. Noch wirklich Homestay, man hat die ganze Zeit Kontakt mit *Wayan* und seiner Frau, die sehr nett sind und einem morgens Frühstück (Pancake, Obst, Kaffee/Tee) ans Zimmer bringen. Kleiner Garten mit Fischteich, Ausstattung sehr basic, kaltes Wasser, Fan, aber blitzsauber."

Bunutan

14 **Santai Hotel**④, Jl. Raya Amed, Tel. 0821 4776 0379, www.santaibali.com. Bungalows mit Klimaanlage und Ventilator, schön ausgestattete Räumlichkeiten, plus Restaurant und Pool.

15 **Aiona Garden Of Health**③, Jl. Raya Amed, Tel. 0813 338161730, www.aionabali.com. Für gesundheitsbewusste Reisende: Zum Angebot gehören Gesundheitsberatung, Heilbehandlungen und Kuren. Angeschlossen ist ein vegetarisches Restaurant. Der Garden of Health ist rauch- und alkoholfrei und steht unter deutsch-schweizerischer Leitung. Die hübschen Bungalows stehen locker verteilt in einem geschmackvoll angelegten Naturgarten.

16 **Double One Villas**②, Tel. 0363 22427. Große Bungalows mit Klimaanlage und Minibar in der Anlage, die zum Strand hin ausgerichtet ist. Zwei Restaurants und Infinity Pool.

Lipah

17 **Hidden Paradise Cottages**④, Jl. Raya Amed, Tel. 0363 23514, www.hiddenparadise-bali.com. Nach Aussage des Betreibers das erste Hotel, das in

der Region eröffnet wurde. Solide Bungalows mit Klimaanlage, Minibar und Open-Air-Bad in einem Park. Plus Restaurant, Sandstrand und Pool.

18 Coral View Villas④, Jl. Raya Amed, Tel. 0363 23493, www.coralviewvillas.com. Schicke Bungalows in einem grünen Garten, zum Strand ist es nicht weit. Im Preisniveau wie das Hidden Paradise, gehört auch demselben Unternehmen.

Selang

20 Bedulu Resort③, Jl. Raya Amed, Tel. 0363 4301030, www.beduluresort.blogspot.de. Schickes, ambitioniertes Projekt. Am Hang gebaut mit Blick über die Küste, lässt es sich hier gut leben – beim Planschen im Pool oder in den geschmackvoll gestalteten Bungalows mit großen Bädern. Die Zimmer sind mit Klimaanlage oder Ventilator und Minibar ausgestattet. Das dazugehörige Restaurant liegt unten an der Straße.

21 Good Karma Bungalows②-③, Jl. Raya Amed, Tel. 081 337531133. Es gibt ihn auch hier: den klassischen Beach Bungalow, komplett aus Bambus zweistöckig im Sumatra-Stil gebaut, einfach, aber nett, mit Open-Air-Bad, direkt vor dem Sandstrand. Die Anlage ist quasi in die Natur eingewachsen. Wer ein bisschen ökologisch denkt, kann seine Plastik-Wasserflasche im Restaurant nachfüllen lassen.

Aas

22 Meditasi Bungalows③, Tel. 082 8372 2738, http://meditasibungalows.blogspot.com. In die Öko-Strandbungalows geht es durchs Bad, und im Bungalow lässt sich eine ganze Wand öffnen, die den Blick über den geräumigen Balkon aufs Meer freigibt. Das angeschlossene **22 Smiling Buddha Restaurant** ist ideal zum Chillen: direkter Meerblick, indonesische Gerichte, Herbal Drinks und frische Fruchtsäfte, sehr freundlich.

Essen, Trinken und ein wenig Nachtleben

9 Green Leaf Café, Jl. Raya Amed, Jemeluk, Tel. 0812 38267356, tgl. 8.30–18.30 Uhr, www.facebook.com/GreenLeaf CafeAmed. Das Green Leaf Café ist ein Paradies für Vegetarier und Veganer direkt am Strand. Man kann hier auch gleich einen Yogakurs buchen.

xba030 sb

MEIN TIPP: **5** **Warung Amsha,** Jl. Raya Amed, Amed, Tel. 0819 16506063, tgl. 10–22 Uhr. Das Gemüse kommt aus dem eigenen Bio-Garten, das Warung liegt direkt am Strand, das Essen ist einfach yummy. Die Nachspeise LakLak sollte man unbedingt probieren.

7 **Warung Ole,** Jl. Raya Amed, Bunutan, Tel. 0819 36455626, tgl. 10–23 Uhr. Futtern wie bei Muttern, diese bietet auch Kochkurse an. Hinterm Haus blickt man über die hölzernen Salzpfannen, unterm Tisch liegen die Hunde des Hauses.

19 **Wayans Warung,** Jl. Raya Amed, Lipah, tgl. 10–22 Uhr. Hier trifft man sich zu erstklassigem Seafood – direkt aus dem Meer frisch auf den Teller.

Tauchen

4 **Amed Dive Center,** Jl. I Ketut Natih, Amed, Tel. 0363 23462, https://ameddivecenter.com. Tauchcenter unter deutsch-balinesischer Leitung, das sich nach eigenen Angaben verstärkt um ökologische Belange kümmert.

10 **Eco Dive Bali,** Jl. Jemeluk, Jemeluk, Tel. 0363 23482, https://ecodivebali.com. Das älteste und größte Tauchzentrum von Amed: Besitzer *John* ist seit über 40 Jahren im Tauchbusiness unterwegs und weiß, worauf es ankommt.

12 **Amed Scuba,** Jl. Amed, Jemeluk, Tel. 081 999123847, www.amedscuba-diving-bali.com. Die deutsche Biologin *Christine* leitet nicht nur das PADI-Tauchcenter in Amed, sie bietet auch Rundreisen über die ganze Insel an.

Sonstiges

Geld

Es gibt ein paar Geldautomaten an der Hauptstraße, auf die aber kein Verlass ist. **„Cash is King“,** damit kommt man in dieser Ecke von Bali am besten zurecht. Umso mehr, als dass nicht alle Unterkünfte und Restaurants Kreditkarte akzeptieren.

Am Strand von Amed

xba031 sb

Krankenhaus

- **Clinic Amed Medical,** Jl. I Ketut Natih, Abang, Tel. 0822 52529911, Di–Fr 8–21 Uhr, Sa & Mo 8–21.45 Uhr.

Verkehr und Transport

- **Bemos** auf der Strecke von Amlapura Richtung Norden halten nur in Culik; ab hier muss man nach privatem Transport Ausschau halten.

Der Untergang der „SS Liberty"

Das amerikanische Kriegsschiff „SS Liberty" wurde an einem Vormittag **Anfang Februar 1944** von japanischen Torpedos getroffen. Die Besatzung, auf dem Weg nach Norden durch die Lombok-Straße, hatte nicht bemerkt, dass ein japanisches U-Boot in der Nacht ihre Verfolgung aufgenommen hatte. Dann war es zu spät: **Zwei Torpedos** trafen das 120-Meter-Schiff knapp über der Wasserlinie. Die 1919 in Kearning, New Jersey, gebaute „Liberty" wurde beschädigt, sank aber nicht, und glücklicherweise gab es auch keine Toten und Verletzten.

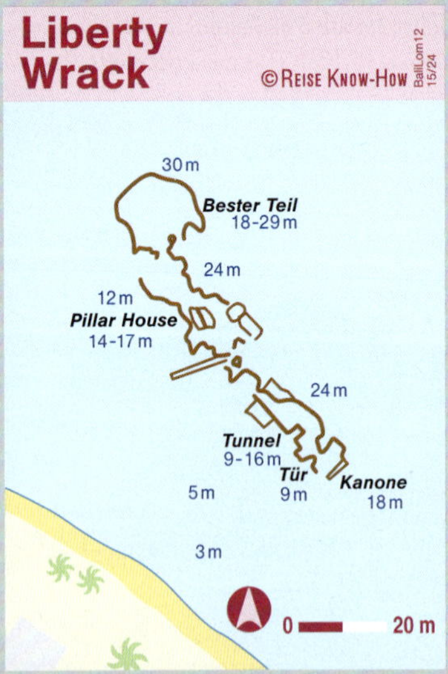

Die „SS Liberty" war als **Cargo-Schiff** sehr robust und gebaut für schwere Lasten. Im Krieg transportierte sie in erster Linie schweres Militärgerät. Die einzige kriegsbedingte Veränderung am Schiff waren **Kanonen,** die auf dem Deck angebracht waren.

Nach den beiden Torpedotreffern schleppten zwei Begleitschiffe die „Liberty" in Richtung des Hafens Singaraja, damals noch unter holländischer Kontrolle. Hier sollte es in erster Linie darum gehen, die Ladung zu löschen. Plötzlich aber kam **schweres Unwetter** auf – es war Monsun-Zeit –, und die „Liberty" konnte nicht mehr stabil im Wasser gehalten werden. Langsam, aber sicher lief das Schiff voll. Der Kapitän beschloss, das Schiff **auf Grund** zu **setzen.** Ein Strand war bald gefunden: westlich des Ortes Tulamben.

Die Operation klappte. Schnell wurden die Ladung gelöscht und alle weiter verwendbaren Teile abmontiert. Damit hatte die „Liberty" ihren Zweck erfüllt – keiner hatte mehr Interesse an dem Schiff. Bis zum 16. März 1963 sollte sie dort liegen: entkernt, aber mächtig, ein rostendes Wahrzeichen am Strand. An diesem Tag brach der **Vulkan Agung** aus und die Lava erreichte schnell die Gegend um Tulamben. Das anschließende **Erdbeben** und ein Lavastrom kippten die „Liberty" zuerst auf die Seite und schoben sie dann langsam zurück ins Meer – bis knapp unter die Wasseroberfläche, wo sie heute als Wrack liegt und das Interesse von Tauchern aus aller Welt weckt.

■ **Perama,** Jl. Legian 39, Kuta, Tel. 0361 751875, www.peramatour.com. Perama fährt Amed von allen größeren touristischen Orten auf Bali an; mind. 2 Pers., 200.000 Rp ab Ubud.

■ Vor Ort ist ein **Scooter** eine gute Wahl, den es ab verhandelbaren 80.000 Rp. pro Tag in so gut wie jeder Unterkunft oder am Straßenrand gibt.

Tulamben

Tulamben ist ein überschaubares, recht **abgelegenes Küstendorf** ca. 15 km nordwestlich von Amed. Die bedeutendste Attraktion des Ortes ist seit den 1980er-Jahren das **Wrack des US-amerikanischen Frachters „SS Liberty"** (→ Exkurs links); es gilt als eines der am einfachsten zu betauchenden Wracks der Welt. Jedes Jahr pilgern Tausende von Tauchern aus der ganzen Welt hierher, um die „Liberty" vom Strand aus zu besuchen; da kann es schon mal recht voll werden. Auch Tagestouristen kommen und nehmen von Tulamben selbst oft nur den Anblick des großen Parkplatzes mit, von dem es Richtung Strand und Tauchspot geht.

Über die Jahrzehnte mauserte sich Tulamben zu einem echten **Tauchzentrum,** denn nicht nur die Liberty ist ein Highlight: Bald entdeckten die Taucher unter Wasser das Paradise Reef, den Coral Garden und den Drop off – weitere Tauchspots, die ebenfalls gut erreichbar sind. Auch Schnorchler kommen auf ihre Kosten. Einen Sandstrand gibt es hier allerdings nicht. Die Mehrzahl der Besucher Tulambens übernachtet und speist in den Tauchzentren vor Ort, die meisten haben vorab ein Reisepaket gebucht.

Sport und Aktivitäten

Tauchen

Die **Anzahl der Tauchcenter** in Tulamben ist **groß.** Viele Taucher buchen bereits in der Heimat das komplette Paket.

xba032 sb

Wer ohne Buchung Tauchgänge am Wrack oder eine Ausbildung machen will, schaue sich am besten etwas um. Wer zum Wrack tauchen will, sollte früh da sein. Sobald sich die „Tagestaucher" einfinden, also die, die vormittags mit dem Minibus von ganz Bali angefahren werden, muss man ein wenig **Getümmel** in Kauf nehmen.

- **Aqua Dive Paradise,** Jl. Puri Madha 2, Tel. 081 237933104, www.tulambendivers.com. Kleine Tauchschule mit individuellem Service und gutem Ruf. Geführt wird das Tauchcenter von einem indonesischen Team, auch einfache Unterkünfte werden angeboten.
- **Joe's Diving Bali,** Jl. Raya Tulamben-Kubu, Tel. 0363 23552 oder 0813 37972688, www.joesdivingbali.com. Schwäbische Burg: Der Schwabe *Joe* hat sich etwas ganz Besonderes einfallen lassen und im wahrsten Sinne des Wortes eine „Tauchburg" rund um einen Pool und eine offene Bar erbaut. Zur Wahl stehen stilvolle Zimmer europäischen Standards, zudem gibt es ein Restaurant und natürlich ein komplettes Tauchangebot.
- **Matahari Tulamben Resort Dive & Spa,** Jl. Kubu-Abang, Tel. 0363 22916, www.divetulamben.com. Schon etwas in die Jahre gekommenes Resort mit eigenem Tauchcenter, auf das aber viele „Wiederholungstäter" schwören. Nitrox gibt es hier ohne Aufpreis. Nach dem Tauchen kann man sich im hauseigenen Spa verwöhnen lassen.

Schnorcheln

Schnorchelausrüstungen gibt's in allen Unterkünften und Tauchcentern. Wer vom Strandzugang in Tulamben dem Kieselstrand nach rechts folgt, also Richtung Amed, gelangt zu bizarren Lavafelsen. Etwa 20 m davon entfernt zieht sich eine **Korallenwand** (bis zu 35 m Tiefe) hin, ein Schnorchelparadies; hier kann man über einen Meter hohe Becher- und filigrane Fächerkorallen (Gorgonia) sehen. Im flacheren Wasser zu den Felsen hin trifft man manchmal auf über einen Meter große, gutmütige und neugierige Napoleonfische, neben Neonfischen oder auch Leopardendrückerfischen. Die Strömung ist hier relativ gering. In der Brandungszone an den Felsen sollte man allerdings unbedingt Tauchhandschuhe benutzen.

Sehr bequem zum Schnorcheln sind die Korallen am **Paradise Beach;** nur einige Meter vom Geröllstrand entfernt liegt parallel zum Strand ein leicht abfallendes Korallengebiet.

Praktische Infos

Übernachten

- **Ocean View Dive Resort**④, Jl. Raya Tulamben-Kubu, Tel. 0838 30325295, www.oceanviewtulamben.com, viel näher kommt man ans Wasser nicht ran. Recht neue nette Cottages in einem luftigen Garten, darin ein Pool mit Kinderplanschbecken.
- **Puri Aries**②, Tel. 081 916219861, www.ariestulamben.weebly.com. Einfache, aber angenehme Bungalows, die das günstige Tauchangebot des Hauses begleiten.
- **Ocean Sun Dive Resort**③-④, Jl. Raya Tulamben-Kubu, Tel. 0813 37573434, https://ocean-sun.com. Ein Lesertipp: „Großzügige, schöne Bungalows mit Warmwasser und allem Schnick und Schnack, nette Anlage, Pool, freundliches und bemühtes Team. Kann man sehr gut machen." Außerdem individuelle Tauchausbildung bis zu professionellen Stufen.
- **Bali Permai Tulamben**③, Jl. Raya Tulamben-Kubu, Tel. 0363 23429, www.facebook.com/Balipermaitulamben. Am Ende von Tulamben (von

Amed aus gesehen) sind nette, schicke Bungalows mit großen Bädern um einen kleinen Pool gebaut.

- **Tauch Terminal Resort Tulamben**④, Tel. 0363 772920, https://tulamben.com/de/homepage-german. Bungalows in einem schönen Garten am Meer mit Pool und Restaurant.

Essen und Trinken

Die Bewohner der Tauchcenter essen meist auch dort. Wer vor die Tür geht, findet beispielsweise:

- **Wayan Restaurant,** Ortsmitte Tulamben, Tel. 0813 38538996, https://wayan-restaurant-tulamben.business.site, tgl. 8–21 Uhr. Sehr leckeres Essen (u.a. Barracuda-Steak), schnell und frisch zubereitet, große Speiseauswahl für überschaubares Geld, gemütliche Veranda und angenehm luftige Terrasse im Obergeschoss mit Blick auf den Mt. Agung.
- **Slice & Brew,** Jl. Raya Kubu, https://ocean-sun.com/restaurants/slice-and-brew, tgl. 8–21.30 Uhr. Gehört zum Ocean Sun Dive Resort und bietet all das, was des (tauchenden) Urlaubers Herz kulinarisch begehren könnte. Auch Tapas und Pizza stehen auf der Karte.

Geld

An der Hauptstraße finden sich einige **Geldautomaten.**

Verkehr und Transport

- **Bemos** auf der Strecke von Amlapura Richtung Norden halten in Tulamben.
- **Perama,** Jl. Legian 39, Kuta, Tel. 0361 751875, www.peramatour.com. Perama fährt Tulamben ebenfalls an; mind. 2 Pers., 200.000 Rp ab Ubud.
- **Minibusse/Busse** gibt es von/nach Amlapura, Singaraja und Tirtagangga.

☐ Das berühmte Wrack der „SS Liberty" (siehe Exkurs S. 186) kann direkt von diesem Strand aus betaucht werden

401ba sb

4

Bali: Zentrales Hochland

» Zentral-Bali beheimatet eindrucksvolle Berge, tiefe Kraterseen, luftige Tempel, üppige Wälder, kühlende Wasserfälle und lauschige Pfade. Beim Sightseeing dreht es sich meistens um Natur, Tierwelt und Abenteuer.

[<] Fruchtbare Landschaft im zentralen Hochland

ZWISCHEN SEEN UND VULKANEN

Landschaftlich ist das zentrale Hochland Balis eine interessante Gegend. Hier oben regnet es gerne, und oft liegen die Ortschaften in den Wolken. In den Bergen befinden sich auch noch einige Bali-Aga-Dörfer. Auf den Feldern und Plantagen werden Kaffee, Gemüse, Früchte, Nelken und Blumen (Hortensien), in den Niederungen auch Reis angebaut. Die Menschen sind, auch wenn sie sich offiziell zum Hinduismus bekennen, vielerorts animistischen Glaubens; Zauberriten und Trance-Tänze sollen hier häufiger praktiziert werden, aber selten vor den Augen „ungläubiger" Besucher.

NICHT VERPASSEN!

- Mit dem **Gunung Batur** einen aktiven Vulkan erklimmen | 193
- 1755 Pflanzenarten kennenlernen im **Botanischen Garten von Bedugul** | 206
- Wasserfälle erkunden und den Blick schweifen lassen in **Munduk** | 209
- Malerisch gealtert: der Tempel **Pura Luhur Batukaru** | 211
- Atemberaubend schön: die **Reisterrassen von Jatiluwih** | 212

Diese Tipps erkennt man an der gelben Markierung.

Näher kann man dem **vulkanischen Ursprung der Insel** nicht kommen. Das wird deutlich bei einer Wanderung auf den noch tätigen **Gunung Batur** mit der grandiosen Caldera, dem gleichnamigen **See** und **Terunyan,** einem Dorf der Bali-Aga.

Im **Bratan-See** steht mit dem **Pura Ulun Danau Bratan** der wichtigste Wassertempel Balis und das wohl meistfotografierte Motiv der Insel. Im Botanischen Garten von **Bedugul** kann man die heimische Flora und Fauna kennenlernen, fährt dann vorbei an zahlreichen „Swings", den Selfiespots, an denen sich vor allem asiatische Besucher Balis gerne fotografieren lassen, und erreicht westlich des Tambligan-Sees den idyllischen Ort **Munduk** mit seinen Wasserfällen.

Nicht vergessen sollte man den mit 2278 m zweithöchsten Berg Balis, den **Gunung Batukaru,** einen erloschenen Vulkan, bedeckt von üppiger Vegetation und Wäldern. An seinem Südhang steht einer der wichtigsten Tempel der Insel, der **Pura Luhur Batukaru.** Hier gibt es waldbedeckte, grüne Berge mit spektakulär in den Hang gebauten Reisterrassen – wie jene von **Jatiluwih,** die zu den schönsten Landschaften Balis gehören.

▷ 1717 m hoch und noch aktiv – der Gunung Batur

Der Vulkan Gunung Batur

Der **aktive Vulkan** erhebt sich majestätisch über den **Süßwassersee Danau Batur** (auch Danu Batur) zu seinen Füßen. Hier oben ist es deutlich frischer als in der Ebene. Gegen Nachmittag können Wolken, Nebel und Regen aufziehen, weshalb man seine Besichtigungstour am besten frühmorgens starten sollte. Der erste Blick auf den Gunung Batur eröffnet sich am Kraterrand in Penelokan oder in Kintamani; hier gibt es jeweils zahlreiche Fotomöglichkeiten.

Die Region um den Gunung Batur gehört zu den spektakulärsten Landschaftsformen Balis. Ein **riesiger Krater,** der einen Durchmesser von mehr als 10 km aufweist und rundum etwa 600 m hoch ist, beherbergt den großen See Danau Batur und den Vulkan. Innerhalb dieser Caldera gibt es einige Dörfer, u.a. Toya Bungkah, landwirtschaftliche Flächen und gigantische Lavafelder. Auf dem Kraterrand reihen sich diverse Dörfer aneinander.

Der Batur ist ein durchaus **lebendiger Vulkan:** Zwischen 1804 und 2000 registrierten die Vulkanologen 26 Eruptionen; man nimmt an, dass der Batur seit 26.000 Jahren aktiv ist.

Besteigung des Gunung Batur

Vom Gipfel des 1717 m hohen Vulkans bietet sich ein **toller Panoramablick,** bei klarem Wetter bis zum Rinjani auf Lombok. **Toya Bungkah** ist ein **guter Ausgangspunkt** für Wanderungen auf den Batur, es gibt aber auch andere Routen (s.u.). Alle Guesthouses haben Touren

xba034 sb

im Angebot, genauso wie Einheimische, die Besucher darauf ansprechen. Wer auf Nummer sicher gehen will, fragt nach der **Qualifikation der Führer** oder geht zu **The Association of Mount Batur Trekking Guides,** einem Zusammenschluss ortsansässiger Guides.

■ **The Association of Mount Batur Trekking Guides,** Tel. 0878 63130080, www.facebook.com/people/The-Association-Of-Mount-Batur-Trekking-Guides/100064421333327.

Festes Schuhwerk, das dicht anliegt, ist notwendig, da der Lavasand auf dem letzten Drittel des Weges sonst ständig in die Schuhe rutscht. Die **beste Startzeit** ist **gegen 4 Uhr morgens,** d.h. es ist noch dunkel. Ab ca. 11 Uhr beeinträchtigen Wolken die Sicht vom Gipfel. Den Aufstieg von Toya Bungkah auf den Batur kann man vor dem zweiten Frühstück absolvieren. Die Wandergruppen umfassen **max. vier Personen,** los geht es um 4 Uhr morgens ab Guesthouse.

Bali: Zentrales Hochland

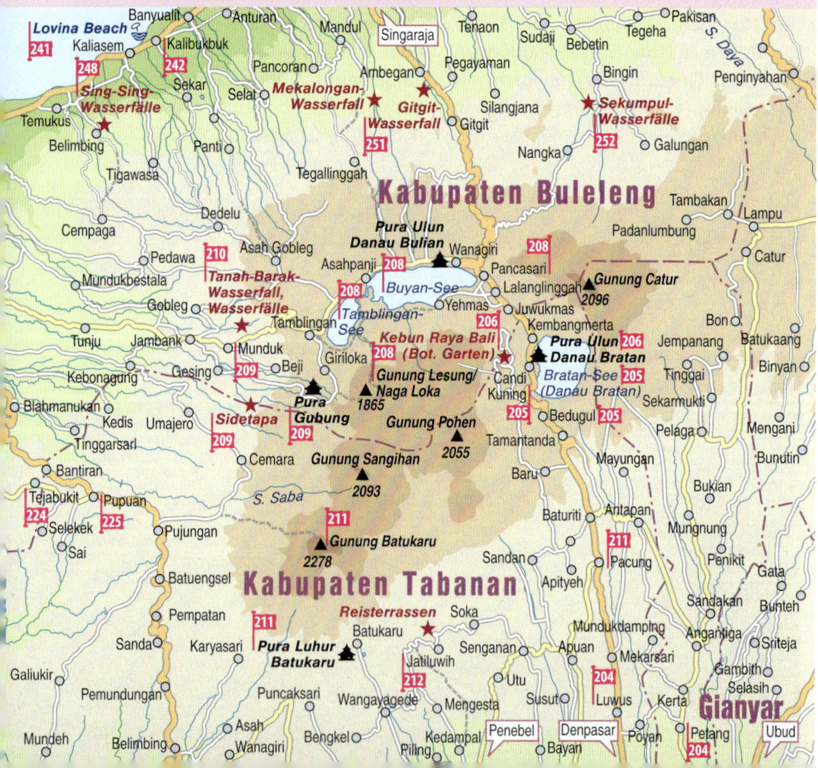

Routen

Ab Kintamani (Westen, 4–5 Std.)

Ausgangspunkt ist das geschlossene **Homestay Astini.** Zuerst muss man einem sehr steilen Pfad hinab ins Tal folgen. Im Tal durchquert man ein Dorf, und danach geht es steil und mühsam durch den Lavasand zum Gipfel hinauf. Den **Abstieg** macht man **nach Toya Bungkah;** von dort geht es mit einem Bemo oder per Anhalter wieder zurück.

Ein anderer Weg führt am Tempel im Dorf **Batur** abwärts in den äußeren Krater; man trifft auf die Straße, die zu den heißen Quellen bei Toya Bungkah führt. Nach ca. 30 Min. erreicht man das alte Dorf Batur. Weiter siehe nächsten Abschnitt „Ab Penelokan".

Ab Penelokan (Süden, ca. 4 Std.)

Mit dem Bemo kann man von Penelokan zum **alten Dorf Batur im Krater** unten fahren. Die Geisterstadt belebt

sich nur einmal im Jahr bei einem 3-Tage-Fest. Ab dem Dorf steigt man dann gerade hinauf in die Lavafelder, dann folgt man rechts einem Pfad, der durch den **Einschnitt zwischen Batur und Abang** führt; nicht den Weg links den Hang hochklettern, der führt in die Irre. Nach einiger Zeit sind der See, die Orte und die Straße zu sehen. Nun geht es leicht abwärts in Richtung See, dann querfeldein durch die grasbewachsene Böschung **hinauf ins Lavafeld** (dabei Ausschau nach einer Stange halten). Von dort sieht man zwei Rinnen an der Bergflanke, auf die man direkt zulaufen muss. Man erreicht dann ziemlich bald einen **Warung mit Getränken; ab dort** ist der **Weg gekennzeichnet.** Beim Aufstieg folgt man einer Art ausgetrocknetem Flussbett auf der linken Seite. Der Pfad führt erst zum linken Kraterrand. Man umwandert ihn gegen den Uhrzeigersinn und folgt dem Pfad hinauf, dann erreicht man den **Gipfel.** Nicht dem Weg nach links folgen, das Gestein ist dort porös, locker und scharfkantig, d.h., die Abrutschgefahr ist hoch. Der **Abstieg** erfolgt entweder den gleichen Weg zurück zum alten Dorf Batur oder zu den heißen Quellen bei Toya Bungkah.

Ab Toya Bungkah (Westen, knapp 3 Std.)

Vom Parkplatz mit Guide Office in Toya Bungkah (hier Zuweisung eines Führers) erst ca. 45 Min. auf einem Fahrweg flach bis zur Flanke des Berges. Dann auf gut erkennbarem Pfad mit Vulkangeröll **in Serpentinen bergauf.** Insgesamt ca. 700 Höhenmeter und zwei Stunden Aufstieg. Nach ca. 1½ Stunden erreicht man den **Kraterrand mit** einer einfachen Hütte und **Aussichtsterrasse;** die meisten Touristen bleiben hier, um den Sonnenaufgang zu beobachten. Zum höchsten Punkt am Kraterrand (= Gipfel) geht man nochmal ca. eine halbe Stunde steil im rutschigen Sand bergauf. Am Gipfel gibt es auch eine Aussichtsterrasse, und für Gruppen wird ein heißer Tee zubereitet. Man kann den **Kraterrand** anschließend auf einem schmalen, abschüssigen Pfad (Schwindelfreiheit und Trittsicherheit erforderlich) umrunden. Auf diesem Pfad kommt man an einigen Dampfaustrittsstellen (Fumarolen) vorbei, die von der Aktivität des Vulkans zeugen.

Ab Songan (Norden, ca. 1 Std.)

Eine andere Aufstiegsmöglichkeit liegt ca. 1 km hinter dem Dorf Songan. Von dort dauert der Aufstieg nur eine Stunde; es geht einfach **steil bergauf.** Schilder kennzeichnen die Stelle, an der man hochlaufen muss.

Penelokan

„Penelokan“ bedeutet „Ort der Aussicht“, und das Dorf macht seinem Namen alle Ehre. Von hier (1450 m hoch) hat man nicht nur einen **herrlichen Blick** auf den Vulkan Batur und den Kratersee, bei klarem Wetter reicht er sogar bis hinüber zum Rinjani, dem höchsten Berg Lomboks. Ursprünglich lag dieser Ort am Fuße des Vulkans, doch nach den letzten schweren Ausbrüchen 1917 (1300 Tote), 1926 und 1963 wurden die Menschen aus Schaden klug und zogen auf den sichereren **Kraterrand.** Heute gibt es eine Promenade, Cafés und Restaurants und reichlich indonesische Touristen.

■ Es wird eine **Eintrittsgebühr** in Höhe von 50.000 Rp. pro (ausländischer) Person für den Ort und den gesamten Geopark bei der Anfahrt kurz vor Penelokan erhoben. Das Ticket sollte man nicht verlieren, denn Kontrollen sind möglich.

■ **Information: Yayasan Bintang Danu,** Tel. 0366 51370. Die Nichtregierungsorganisation hat an der Hauptstraße ein kleines Büro und informiert über die Gegebenheiten der Region.

Batur Geopark Museum

MEIN TIPP: Seit 2012 gehört die Batur-Region zum **UNESCO Global Park Network,** 2015 wurde das Museum eröffnet. Es bietet eine Vielzahl an Informationen über die nationale und internationale Vulkansituation und damit einen guten Einstieg in die gesamte Thematik der **Vulkanologie.** Hier wird gezeigt, wie Vulkane funktionieren und welchen Einfluss sie auf die Gestaltung der Landschaft haben. Anhand von Gesteinsproben, Simulationen und Kurzfilmen können Neugierige einen **interaktiven Einblick** in die Natur der Vulkane gewinnen – leider sind nur wenige Beschreibungen auf Englisch.

■ **Batur Geopark Museum,** Jl. Raya Penelokan, Tel. 0366 91537, www.baturglobalgeopark.com, Mo–Fr 8–16 Uhr, Sa & So 8–14 Uhr, Eintritt frei.

Wanderungen

Der **Gunung Abang** (2152 m) östlich von Penelokan ist bis zum Gipfel von Regenwald bedeckt. Der Aufstieg dauert fünf bis sechs Stunden, je nach Kondition. Von Penelokan ca. 5 km der Straße auf dem Kraterrand folgen, dann kommt eine Kreuzung; rechts geht es hinunter nach Besakih. Geradeaus führt der Weg weiter auf den Gipfel des Abang.

Eine andere Wanderung folgt einer einsamen Straßenstrecke südlich nach **Besakih** (ca. 15 km, 7 Std.). Die Einwohner unterwegs sehen selten westliche Touristen, so wird der Besucher schon mal selbst zum Besichtigungsobjekt.

xba035 sb

[>] 2015 eröffnet und sehr informativ – das Batur Geopark Museum

Praktische Infos

Übernachten

Lake View Batur④, Jl. Raya Penelokan, Penelokan, Tel. 0366 52525, https://lakeviewbatur.com. Öko mit Aussicht: Das Lake View ist eine der ältesten und bekanntesten Unterkünfte in Penelokan, seit einiger Zeit mit Öko-Touch. Die Aussicht aus dem hauseigenen Café mit Restaurant und von der Terrasse ist einfach grandios.

Verkehr und Transport

- Von Denpasar (Batubulan Terminal) braucht man zwei **Minibusse,** erst nach Gianyar oder Bangli, dann umsteigen nach Kintamani. Von Singaraja fährt ein **Bus.** Es ist auch möglich, von Denpasar mit dem Direktbus nach Singaraja zu fahren und in Penelokan auszusteigen.
- **Minibusse** fahren von/nach Kedisan oder Toya Bungkah, Bangli, Denpasar, Singaraja, Kintamani und Gianyar. Zwischen Kintamani und Penelokan verkehren regelmäßig **Bemos.**
- Die Anreise mit dem **eigenen Fahrzeug** ist die beste Wahl; so kann z.B. auch ein Ausflug ins Bali-Aga-Dorf Terunyan (s.u.) unternommen werden. Wer mit dem **Scooter** kommt, sollte an eine dickere Jacke und einen regenfesten Umhang denken. Ab Mittag steigt die Regenwahrscheinlichkeit.

▷ In Songan eröffnet sich ein toller Blick über den Batur-See

Batur-See

In **Kedisan** werden ausländische Besucher regelmäßig von Schleppern aufgehalten, die Führungen auf den Friedhof von Terunyan anbieten. Wer das vermeiden will, kann am Hafen ein **Motorboot chartern** und damit alle „Sehenswürdigkeiten" rund um den See abhaken: **Terunyan,** seinen **Friedhof** und die **heißen Quellen von Toya Bungkah** auf der westlichen Seeseite. Ein Bootsausflug nach Terunyan kostet 600.000 Rp. p.P. Wer Terunyan in Eigenregie erleben will, folgt der **einspurigen Straße** entlang dem südlichen und östlichen Ufer bis zu ihrem Ende. Am besten jedoch kommt man im Rahmen einer **organisierten Tour.**

Übernachten am Seeufer

- **La Danu Glamping and Restaurant**③, Jl. Windu Sara, Kedisan, Tel. 0878 48893976. Für Camper sicher eine gute Adresse: geräumige Zelte direkt am Seeufer mit brauchbarer Ausstattung.
- **Hotel Astra Dana**②, Jl. Raya Kedisan, Tel. 0366 52091. Ein Klassiker, zwei neue Bungalows vor dem Haus Richtung See, Zimmer mit tollem Ausblick.
- **Resto Apung and Bungalow Kedisan Red-Partner**③-④, Jl. Raya Kedisan 10, Tel. 0366 51627, www.reddoorz.com. Ist bekannt für sein Floating Restaurant. Es gibt auch schicke Bungalows in balinesischem Stil direkt am Ufer. Bei deutschen Gruppen beliebt. Wer hier eincheckt, bekommt ein Kanu zum Bungalow dazu.
- **Baruna Cottages**③, Jl. Trunyan, Tel. 0813 3877 8696, https://baruna-cottages.business.site. Recht moderne Anlage in Buahan, die kontinuierlich in Richtung hochpreisig erweitert wird: Bungalows mit viel Glas und Blick auf den See sowie große Lumbung-Häuser in traditionellem Stil.

Terunyan

Das wohl bekannteste Dorf Balis, in dem **Bali-Aga** wohnen, liegt am Ostufer des Batur-Sees. Es ist der einzige Ort innerhalb des Kraters, der von Ausbrüchen des Vulkans verschont blieb, da die Lavaströme vom Wasser abgehalten wurden. Terunyan ist für seine **uralten Bestattungsriten** auf dem Friedhof bekannt. Die hier lebenden Bali-Aga (Ureinwohner) äschern ihre Verstorbenen nicht wie die Mehrheit der balinesischen Hindus in verschwenderischen Bestattungszeremonien ein, sondern legen die Leichname **auf dem Boden** des rund 500 m vom Ort entfernten Friedhofs aus; hier werden sie **der Verwesung überlassen.** Es soll, so heißt es, keine Gerüche geben, denn auf dem Friedhof wächst der **Taru Menyan,** der **Myrrhenbaum** *(Commiphora myrrha).* Die Bali-Aga sagen, dieser Baum unterbinde zusammen mit der kühlen Bergluft auf wundersame Weise den Geruch der sich zersetzenden Körper. Übrig blieben nur die Knochen. Diese werden dann in einem anderen Teil des Friedhofs auf moosbedeckten Stufen abgelegt. Knochen und Schädel sind ein beliebtes Fotomotiv. Der Friedhof kann per Führung besichtigt werden.

Zu den Hauptattraktionen des wohl im 10. Jahrhundert gegründeten Dorfs gehört der **Tempel Pancering Jagat** mit seiner fast vier Meter hoch aufragenden Statue des Bali-Aga-Gottes Dewa Ratu Pancering Jagat. An einem bestimmten Tag wird die Statue einer Reinigung unterzogen und mit einer Mischung aus Wasser, Kalk und Honig neu bemalt. Dieses Ritual darf nur von einem bis dahin unberührten Knaben *(truna)* vorgenommen werden und wird von verschiedenen Zeremonien begleitet. Die Ein-

xba036 sb

Totenzeremonien in Terunyan

Terunyans Totenzeremonien bestehen aus **zwei Teilen: Der erste** wird im Haus des Toten und auf dem Friedhof abgehalten. Eine Leiche wird nie länger als einen Tag und eine Nacht im Haus aufbewahrt. Dem frisch Verstorbenen, falls er eines natürlichen Todes gestorben und ein normales Dorfmitglied ist, werden alle Kleidungsstücke, Schmuckstücke und gar Zahngoldfüllungen genommen. Man bedeckt den nackten Toten mit einem neuen Stück Batiksarong und wartet auf die Ankunft der männlichen Verwandten, die die Leiche dann waschen. **Tote werden nur von Männern behandelt,** auch wenn es sich um weibliche Verstorbene handelt.

Nach der Reinigung beten alle Anwesenden. Die Zähne reinigt man mit einer Art Backpulver, dann legt man der Leiche einen Rubin in den Mund, da man glaubt, das würde den Körper vor Verwesung schützen. 20 gerollte Betelblätter, durch die viereckigen Löcher alter chinesischer Münzen geschoben, steckt man zwischen die Finger und Zehen der Toten. Die Hände, zusammengebunden mit einer Baumwollschnur, bedecken die Geschlechtsteile. Dann werden das Haar mit Kokosöl eingerieben und der Körper mit heiligem Wasser besprenkelt. Auf den Bauch reibt man einen Balsam namens Ampok. Dann rollt man den Körper in eine Bambusmatte, und ein Mitglied des traditionellen Gemeinderates rezitiert ein Gedicht.

Die Leiche wird mittels einer Bambustrage in ein Bötchen verladen und zum **Friedhof** gebracht. Dort wartet man, bis der **rituelle Platzkauf,** durchgeführt von älteren Verwandten, abgeschlossen ist. Gezahlt wird mit alten chinesischen Münzen. Da die Kapazität auf sieben Leichenplätze beschränkt ist, von denen zwei nur für Mitglieder des traditionellen Dorfrates reserviert sind, müssen die alten Knochen der neuen Leiche weichen. Der Tote wird auf den Friedhof gebracht, und eine **zweite rituelle Waschung** wird an ihm vorgenommen. Man nimmt der Leiche den Rubin aus dem Mund, damit der Körper nun verwesen kann und die Seele frei wird. Sofort nach dieser Zeremonie positioniert man den Körper richtig: die Füße zum See *(kelod)* und den Kopf zum Berg Agung *(kaja).* Ein Batiktuch bedeckt den Körper vom Hals bis zu den Füßen. Kopf und Hüften werden mit Handtüchern umwickelt. Ein paar Reiskuchen legt man auf Magen und Hüften, einige Rupiah-Scheine unter die Leiche. Alle Anwesenden murmeln **Abschiedsworte,** dann wird die Leiche mit einer Bambusmatte bedeckt. Damit ist diese Leichenzeremonie abgeschlossen, und jeder kehrt in sein Haus zurück.

Innerhalb von zwei bis drei Wochen bleibt von der Leiche nur noch das Skelett. Der **Verwesungsprozess** an der Luft verläuft viel schneller als in der Erde. Tiere tragen ihren Teil bei.

Für den **zweiten Teil der Totenzeremonie** wird ein großer Turm aus Bambus und buntem Papier gebaut, mit Miniaturpuppen aus Sandelholz, die den Toten darstellen. Es wird eine Prozession mit dem Turm veranstaltet, an deren Ende das Bauwerk im Batur-See nahe dem Friedhof versenkt wird. Dieser Teil befreit den Toten endgültig von seiner vorherigen Existenz.

wohner haben sich in ihrem Brauchtum und Glauben bis heute der Hindukultur Balis widersetzt und lebten schon vor der javanischen Invasion im Jahre 1343 sehr zurückgezogen in dieser Siedlung.

Toya Bungkah

Innerhalb des Kraters, am Westufer des Batur-Sees, befinden sich **heiße vulkanische Quellen,** die mit schönen Außenanlagen versehen sind. Seit 1930 wird Toya Bungkah von Besuchern angesteuert. Waren es zuerst Anthropologen, so sind es heute Wanderer und Heiße-Quellen-Fans. Von Toya Bungkah starten **Trekkingtouren** auf den Batur, und es gibt eine überschaubare Guesthouse- und Warung-Szene.

Rundfahrt um den Gunung Batur

MEIN TIPP: **Ab Songan** nördlich von Toya Bungkah führt mit der Jl. Serongga eine (mittlerweile) gut befahrbare Straße rund um den Gunung Batur herum. In gut einer Stunde ist die Umfahrung machbar. Hier sieht und erlebt man **ländliches Leben,** kleine Dörfer wie Pekraman, lachende Kinder auf dem Weg von der Schule nach Hause und den einen oder anderen Tempel. In ausladenden Gemüsegärten wachsen und gedeihen Chilis, Tomaten, Zwiebeln und Knoblauch, im Hintergrund linker Hand grüßt immer der Vulkan – aber mit bisher noch nicht gekannten Perspektiven. An einige **Aussichtsplattformen** mit erklärenden Tafeln lohnt sich ein Stopp – Kamera nicht vergessen. Beim „The Caldera Management“ geht es dann steil und serpentinenreich den Berg hoch bis Kintamani. Oder geradeaus weiter bis zum Ufer des Bratan-Sees.

144ba gu

Natural Pool bei Toyah Bungkah

Heiße Quellen (Air Panas)

Wer die müden Knochen nach einer Wanderung wieder aufheizen möchte, hat in Toya Bungkah einige Möglichkeiten, seine Füße und mehr in das **40°C heiße Wasser** zu tauchen. Badekleidung nicht vergessen. Frauen können zur Not einen Sarong anziehen.

- **Batur Natural Hot Spring,** Tel. 0821 4468 1554, www.baturhotspring.com, tgl. 7–19 Uhr. Mehrere Becken, Restaurant mit Bar und Massageangebote, Eintritt ab 190.000 Rp., es gibt verschiedene buchbare Pakete mit Handtuch, Getränken, Mahlzeiten usw.
- **B'Mas Natural Hot Spring,** Tel. 0821 4539 0475, tgl. 7–21 Uhr, kleine private Anlage im Ort, Eintritt: 100.000 Rp.

Praktische Infos

Alle **Guesthouses und Hotels** organisieren Trekkingtouren, Wanderungen und andere Ausflüge auf den Berg, auf dem See und am Seeufer.

- **Toya Devasya Resort & Spa**④, Jl. Puri Bening, Toya Bungkah, Tel. 0366 51205, www.toyadevasya.com, größtes und elegantestes Resort am Ort. Wer das Ganze als zu posh empfindet, aber trotzdem ein wenig Luxus braucht, der oder die fühlt sich sicher wohl im hauseigenen Hiker's Camp.
- **Arlina's Bungalow**③, Jl. Pendakian Gn. Batur, Tel. 0878 63278887, zentral, freundliches, engagiertes Management.
- **Mapa Lake View**③, Jl. Bukit Selat, Songan, Tel. 0813 38382096, beliebte Anlage, die mit viel Engagement geführt wird. Lesertipp: „Die Unterkünfte, zwei Doppelzimmer, sind sauber, der Service ist freundlich. *Jack*, der Betreiber, spricht gut Englisch."

MEIN TIPP: **Igloo Glamping Bali**③, Jl. Pura Yeh Panes, Songan, Tel. 0831 15850560, www.iglooglampingbali.com. Die nett anzuschauenden Kuppelzelte in Songan kommen mit Blick auf den See und in die Berge drumherum. Dazu ein bisschen Campingplatz-Feeling beim Sonnenaufgang und Morgenkaffee.

- Es gibt einen unregelmäßigen **Minibusverkehr** zwischen Toya Bungkah und Penelokan.

Batur

Der Ort Batur liegt etwa auf halber Strecke zwischen Penelokan und Kintamani. Bis zum Jahre **1926** befand sich das Dorf am Fuße des gleichnamigen Vulkans. **1917** brach dieser das erste Mal im 20. Jahrhundert aus und begrub das ganze Dorf unter Lava. Tausende von Menschen starben, 60.000 Häuser und 2000 Tempel wurden zerstört. Allerdings wurde der Dorftempel Baturs von der Vernichtung verschont. Das hielten die Überlebenden für ein Wunder, sie beschlossen, Batur wieder an der gleichen Stelle aufzubauen. Schon neun Jahre später erfolgte die nächste **Eruption,** diesmal wurde neben dem neu erbauten Dorf auch der Tempel unter den Lavamassen begraben. Nur ein einziger Schrein, welcher **Devi Danau,** der Göttin des Sees, gewidmet war, konnte gerettet werden.

So siedelte die Dorfgemeinschaft 1926 auf den Kraterrand um. Der Schrein wurde in den neuen Tempel, den **Pura Ulun Danau Batur,** integriert. Die Einweihungszeremonie fand am 14. April 1935 statt. Noch heute wird im April eine große Zeremonie zur Erinnerung gefeiert. Der Pura Ulun Danau Batur, ein schöner, großer, aus schwarzem Lavagestein erbauter Tempel, ist architektonisch beeindruckend und sehr sehenswert. Er ist einer der wichtigsten Tempel in Bali und dient als Bewahrer der Harmonie und Stabilität der gesamten Insel.

■ **Pura Ulun Danau Batur,** Jl. Raya Kintamani, Batur, tgl. geöffnet.

Kintamani

Das Bergdorf Kintamani liegt ziemlich genau auf dem Pass, der Nord- und Südbali trennt. Alle drei Tage findet ein **Markt** statt, zu dem viele Bewohner aus den nahen Dörfern kommen, um ihre Produkte anzubieten. Hier gibt es **Gemüse- und Obstsorten,** die man sonst kaum auf Bali bekommt. Damit ist Kintamani der bedeutendste Marktflecken der Region.

Ansonsten zehrt der Ort ein wenig von seinem Ruf, **früher** die **Basisstation für die Besteigung des Batur** gewesen zu sein. Es gab bekannte Guesthouses und eine einmalige Traveller-Atmosphäre. Die Wanderer saßen abends ums Kaminfeuer und erzählten sich ihre Abenteuer. Heute ist Kintamani ein Ort, der meist und im wahrsten Sinne des Wortes links liegen gelassen wird. Immerhin gibt es Geldautomaten an der Hauptstraße.

Zu beachten sind die Hunde in dieser Region, **Bali-Berghunde** oder auch Kintamani genannt. Ihr Aussehen erinnert an die Chow-Chow. Die Hunde werden als intelligente und gute Wachhunde beschrieben.

Bei einer Umrundung des Gunung Batur tun sich immer wieder neue Perspektiven auf

xba037 sb

Von Kintamani führt eine schöne, wenig befahrene **Straße über Peludu und Payangan hinunter nach Ubud** (zu Fuß etwa 12 Stunden, mit dem eigenen Fahrzeug ca. eine Stunde, gut für Fahrradfahrer): viel Natur, Bambuswälder, kleine Dörfer. Es geht immer bergab, bis die Reisfelder um Ubud beginnen.

Praktische Infos

■ **Miranda Homestay**①-②, Jl. Kintamani, Tel. 0366 52022, www.mirandahomestay.com. Direkt an der Hauptstraße, ist so ziemlich das Einzige, was aus der großen Trekkingzeit Kintamanis an klassischen Homestays übrig geblieben ist: Doppelzimmer unter 200.000 Rp., Kaminfeuer, einfach und sauber. Der Chef organisiert Touren auf den Berg (ab 400.000 Rp.).

Buahan, A Banyan Tree Escape④, Jl. Buahan Kaja, Tel. 0361 6208181, https://escape.banyantree.com. Quasi im Herzen von Bali und auf halber Strecke zwischen Kintamani und Ubud. Einsames Resort, dessen traumhaft im Wald und am Hang gelegenen, ökologisch angelegten Villen nach dem Motto „Keine Wände, keine Türen" direktes und unverfälschtes Naturerleben versprechen. Luxus pur, inmitten der Natur!

■ **Jajan Mata Satu**, „Plätzchen mit einem Auge", heißt eine köstliche Plätzchensorte, die es nur in Kintamani geben soll. Man bekommt sie an allen Warungs. Durchmesser ca. 10 cm, heller Mürbeteig, in der Mitte eine Erdnuss, daher der Name.

■ **Bemos und Minibusse:** Es gibt regelmäßige Verbindungen von/nach Singaraja, Penulisan, Denpasar, Semarapura, Gianyar und Penelokan.

☒ Buahan, A Banyan Tree Escape – luxuriös und naturnah übernachten

Penulisan

Penulisan liegt 8 km nördlich von Kintamani an der Hauptstraße nach Singaraja. Hier befindet sich der **höchstgelegene Tempel Balis:** Der **Pura Tegen Koripan** – auch Pura Puncak Penulisan genannt – liegt 1745 m hoch über dem Meeresspiegel, quälende 337 Stufen führen hinauf, aber die Anstrengung lohnt. Von oben hat man bei klarem Wetter einen Blick bis Singaraja, frühmorgens ist die beste Zeit. Aber auch zu späteren Tageszeiten ist es spannend, den sich verdichtenden Wolken über dem Kraterrand zuzuschauen. Der Tempel selbst bietet kaum Besonderheiten, obwohl er zu den heiligsten Tempeln Balis gehört, lediglich einige **sehenswerte Steinskulpturen** aus dem 11. Jahrhunderte fallen ins Auge.

■ **Pura Tegen Koripan,** Jl. Raya, Sukawana, tgl. geöffnet, Eintritt: Erwachsener 30.000 Rp.

Wer, von Kintamani kommend, hinter dem Tempel links, westwärts, abbiegt (Jl. Catur), kommt auf eine **einsame Straße durch eine kaum bewohnte, agrarisch geprägte Gegend** (Vanille, Limonen, Tomaten, Kaffee, Zwiebeln, Papaya etc.). Hunde kreuzen die Gassen, und aus den Schulfenstern winken Kinder den Vorbeifahrenden zu. Von dieser Straße erreicht man Richtung Nordwesten über 2 km Wanderweg durch eine herrliche Bergwelt und einsame Dörfer das **Bali-Aga-Dorf Selulung,** wo kleine Stufenpyramiden stehen.

Via Lampu und Catur kann man Richtung Süden bis **Petang** weiterfahren, dort geht es rechts ab nach **Luwus;**

dies ist die kürzeste Verbindung in die Bedugul-Region. In Luwus trifft man auf die Hauptstraße, die nach Norden zum Bratan-See führt.

Bedugul und Bratan-See

Mit **Bedugul** bezeichnet man eine Region, die 1200 m hoch am Bratan-See inmitten des zentralen Hochlandes liegt. Der See füllt, genauso wie der Batur-See, einen Krater aus, hier fehlt allerdings der „rauchende Vulkan".

Das nicht unerhebliche Namensgewirr, das entsteht, sobald man sich in dieser Gegend orientieren will, lässt sich leicht erklären: Bedugul nennt sich ein großes Hotel direkt am **Bratan-See (Danau Bratan).** Es war das erste hier oben, darum haben sich die Balinesen angewöhnt, Touristen gegenüber die ganze Region so zu nennen. Die Ortschaft Bedugul wird von fast niemandem wahrgenommen, weil sie etwas südlich des Sees liegt. Die Busse fahren normalerweise – auch wenn der Fahrer sagt, es gehe nach Bedugul – nach **Candi Kuning;** der Ort liegt ca. 2 km hinter dem Hotel Bedugul am See. In Candi Kuning finden sich die Busstation, Banken mit Geldautomaten und der **zentrale Markt,** eine Mischung aus Souvenir- und Blumenmarkt, versetzt mit Obstständen; ab 9 Uhr wird aufgebaut, um 10 Uhr ist alles verkaufsbereit. Im Gegensatz zur Region um den Gunung Batur ist die Gegend hier **grün und üppig.** Viele Orchideen und dunkle, dicht bepelzte Affen sind hier heimisch. Man kann **schöne Wanderungen** unternehmen, z.B. im Botanischen Garten.

xba038 sb

Kebun Raya Bali

Der **Botanische Garten** wurde 1959 gegründet. Er ist 154 Hektar groß und liegt auf 1250 bis 1400 m Höhe, die Temperaturen schwanken zwischen 11 Grad in der Nacht und 30 Grad am Tag. Die Anlage ist ein **beliebter Erholungsort für Familien** und eignet sich gut zum Wandern und Spazierengehen. Am Wochenende kann man auch mit dem eigenen Auto im Park herumfahren. Hier wachsen 1755 verschiedene Pflanzenarten. Darüber hinaus wird der Garten für **Forschung, Arterhaltung und Bildungsaktivitäten** genutzt. Es gibt ein Herbarium, eine Samenbank, eine Bibliothek, Gewächshäuser, Baumschulen und Pflanzendatenbanken.

■ **Kebun Raya Bali,** Candi Kuning, Tel. 0368 22050, www.krbali.lipi.go.id, tgl. 8–18 Uhr, Eintritt: 20.000 Rp., Fahrzeug 12.000 Rp. Auf dem großen Parkplatz vor dem Botanischen Garten gibt es Warungs, ein Souvenirshop, ein Restaurant und Toiletten.

Bratan-See

Der See ist ein **beliebtes Ausflugsziel und Fotomotiv.** Am Südufer gibt es zahlreiche Souvenirstände und teure Restaurants, der große Parkplatz ist voller Reisebusse hauptsächlich mit indonesischen Besuchern. Unten am See werden **Kanus und Motorboote** angeboten, mit denen man auf dem See herumkurven kann, beispielsweise zum Tempel Ulun Danau Bratan. Sogar Wasserski ist möglich.

Pura Ulun Danau Bratan

Der Pura Ulun Danu Bratan (auch Pura Ulun Danau Beratan) ist ein bedeutender Tempelkomplex an der Westseite des Bratan-Sees und der **meistfotografierte Tempel Balis.** Urlauber interessiert vor allem der **Wassertempel,** der bildschön am Seeufer steht und mitunter gleichsam über dem See zu schweben oder auf ihm zu schwimmen scheint. Sein Abbild hat es sogar auf den 50.000-Rupiah-Geldschein geschafft.

Ulun Danu Bratan bedeutet „Quelltempel des Sees von Bratan“. Das oft wolkenverhangene Bedugul-Gebirge rund um den See ergänzt die **malerische Kulisse** des Sakralbaus. Er wurde 1663 vom Herrscher von Mengwi erbaut, um die hinduistische Dreifaltigkeit – *Brahma, Wishnu* und *Shiva* – sowie die Seegöttin *Dewi Danu* zu ehren. Errichtet auf kleinen Inseln, besteht der Tempelkomplex aus **vier Gruppen von Merus,** also Schreinen oder Pagoden, die – je nach Rang der Gottheiten – eine unterschiedliche Anzahl von Dächern aufweisen.

Besondere Bedeutung kommt dem Wassertempel im Rahmen des **Subak** (→ Exkurs S. 478) zu, der von der UNESCO anerkannten balinesischen Wasserversorgung der Reisfelder. Denn der Pura Ulun Danu Bratan gilt hierbei als Haupttempel: Hier kommt alles Wasser her.

Neben dem **hinduistischen Tempel** steht ein **buddhistischer Stupa** mit Buddha-Statue, erbaut in den 1950er-Jahren. Überragt wird die pittoreske Szenerie von einem gewaltigen **Moschee-Neubau** – friedliches Nebeneinander der verschiedenen Religionen auf Bali.

■ **Pura Ulun Danau Bratan,** Candi Kuning, tgl. 7–18 Uhr, Eintritt: Erwachsene 50.000 Rp., Kinder 25.000 Rp.

Praktische Infos

Übernachten

An Feiertagen wie Weihnachten, Neujahr und dem chinesischen Neujahr ist Bedugul häufig ausgebucht, da viele Touristen aus Java (besonders Chinesen) hier ihre freien Tage verbringen. Für Balinesen ist die Region ein Wochenendausflugsziel.

■ **Bali Outbound & Farmstay**②-④, Jl. Pasar Induk Sayur Baturiti, Tel. 081 13806633, www.balioutboundandfarmstay.com, in Baturiti, ein paar Kilometer Richtung Denpasar, also südlich des Sees, angekündigt mit Plakaten am Straßenrand. Großer Campingplatz inklusive Abenteuerpark – beides fest in indonesischen Händen – inmitten zehn Hektar bewirtschafteten Landes. Hier kann man Erdbeeren pflücken, eine Rinderfarm besichtigen, das Landleben kennenlernen. Man übernachtet in Zelten, die gestellt und nach der Anzahl der Personen ausgesucht werden.

Bedugul

In Bedugul am Südufer gibt es ein paar Cheapies, die aber meist die besten Jahre hinter sich haben. Hinzu kommen einige Neueröffnungen im unteren Preissegment, meist auf indonesisches Publikum ausgerichtet.

■ **The Sila's Agrotourism**①-②, Candi Kuning, Tel. 0857 37103000, www.thesilasagrotourism.com. Hier kann man inmitten eines Parks mit Hüpfburg und Spielplatz in großen Zelten übernachten. Tagestouristen kommen zum Radeln, Reiten, Wandern oder Erdbeerenpflücken.

■ **Melati 2 Homestay**②, Jl. Raya Bedugul 99, Tel. 0812 45986088, https://melatihotel2.busness.site. Einfach, aber okay, mit TV, heißem und kaltem Wasser – und in Gehdistanz zum Botanischen Garten.

■ **Pelangi Homestay RedPartner**②, Jl. Baturiti Bedugul 19, Tel. 0823 34222223, www.reddoorz.com. Nette, aufgeräumte Bungalows, und es gibt sogar eine behindertengerechte Dusche.

Wassersport

Am Ufer des Sees kann man gegen überschaubares Geld **Motorboot** und **Jetski** mieten, **Parasailing** und **Banana Boat** ausprobieren oder sich ins **Kanu** schwingen.

Verkehr und Transport

■ Wer mit einem **Bemo** aus Richtung Singaraja kommt, landet in Pancasari und muss bis zum Markt in Candi Kuning stolze 5 km gehen oder gegebenenfalls noch einmal das Bemo wechseln. Auch wer von Süden kommt, hat ähnliche Probleme, wenn er nicht aufpasst und früh genug aus dem Bemo aussteigt.

■ **Perama,** Jl. Raya Pengosekan, Tel. 0361 973316, www.peramatour.com. Mini- und Shuttlebusse wie die von Perama halten in Candi Kuning neben dem Markt.

Pancasari

Pancasari liegt etwas nördlich von Candi Kuning und ist Anbaugebiet für Gemüse und Obst. Hier gibt es große **Erdbeerplantagen,** die je nach Saison mit gelöcherten Folien abgedeckt sind – der richtige Ort, um einen Erdbeer-Fruchtsaft zu probieren oder Erdbeeren selbst zu pflücken.

MEIN TIPP: Wem es beim Tempel Ulun Danau Bratan (s.o.) zu umtriebig war, der sollte sich den schmucken **Pura Ulun Danau Bulian** mit neunstufigem Stupa direkt am nördlichen Ufer des Buyan-Sees neben dem Tempat Recreasi (Erholungsgelände) nicht entgehen lassen. Eintritt: Spende.

Übernachten und Golfen

- **Handara Golf & Resort**④, Pancasari, Tel. 0362 3422646, www.handaragolfresort.com. Großzügige Hotelanlage inmitten des Golfplatzes (s.u.) mit klasse Ausblick auf die gesamte Region. Schicke, vor einigen Jahren renovierte Zimmer. Das **Candi Bentar** an der Einfahrt zum Golfplatz hat es zu einem der beliebtesten Selfie- und Instagramspots Balis geschafft. Wer sich hier verewigen will, sollte frühzeitig da sein und so die Schlange beim Anstehen fürs Foto vermeiden. Der **Golfplatz** des Handara Golf & Resort gehört laut „Golf Magazine" zu den 50 besten 18-Loch-Golfplätzen der Welt, gestaltet von *Peter Thomson* und *Michael Wolferidge.*

Ein Selfie auf der Swing

Mittlerweile gehören Selfie- und Instagram-Touren zu den wichtigsten Tourangeboten auf Bali: Im Rahmen einer Rundreise werden jene Punkte besucht, wo man sich selbst besonders schön fotografieren kann, am besten mit einer grünen Schlucht, pittoresken Reisterrassen oder einem hübschen Tempel im Hintergrund. Diese Bilder werden dann bei **Instagram & Co.** gepostet. Ganz besonders schick wird das Foto, wenn man allein oder zu zweit auf einer „Swing" sitzt, also einer Schaukel, die über der Schlucht, der Reisterrasse oder vor dem Tempel schwingt. Zu den besonders beliebten und oft kostenpflichtigen Spots zählen die **Straßenkilometer am Kraterrand oberhalb der Buyan- und Tamblingan-Seen.** Man kann auf verwegenen Holzkonstruktionen, die alle paar hundert Meter an den Hang gebaut wurden, schaukeln oder sich in ein geflochtenes Herz setzen – und dann heißt es: Cheese!

Buyan-See und Tamblingan-See

Ein paar Kilometer nördlich des Bratan-Sees zweigt links eine **Straße nach Munduk** ab. Die **urtümliche Waldgegend,** Orchideen, Affen und die herrlich blauen Seen Buyan und Tamblingan lohnen den Ausflug. Die Straße führt nördlich der beiden Seen entlang und bietet bei gutem Wetter schöne Aussichten auf die Gewässer. Ein Ausgangspunkt für Trekkingtouren liegt etwas weiter entlang der Straße; dort führt eine steile Treppe zu den Seen hinunter, **sieben Tempel** liegen verteilt um sie. Die Hänge sind mit dichtem Primärwald bewachsen.

Der **Krater des Gunung Lesung** südlich des Tamblingan-Sees heißt **Naga**

Loka (1865 m); hier steht ein Tempel, der Weg hinauf ist beschwerlich. Weitere 500 m die Straße entlang folgt ein kleiner Tempel, es führen Stufen zum See.

Ca. 1 km weiter folgt ein Abzweig nach **Sidetapa,** einem Bali-Aga-Dorf (10 km). Die Hauptstraße weiter kommt nach rund 1,5 km eine Kreuzung mit einer kleinen Steinpyramide; links führt der Weg zum **Pura Gubung** und einem winzigen Ort. Ab der Kreuzung bis zum Tempel sind es insgesamt 3 km, pro Person werden 5000 Rp. Eintritt fällig. Zum Gunung Lesung dauert es ab hier ca. drei Stunden hoch und zwei hinunter.

Wer der Straße an der Pyramide nach rechts folgt, erreicht nach 1,5 km ein **Restaurant** mit der Möglichkeit, die balinesische Kaffeeproduktion kennenzulernen. Bei klarem Wetter lohnt es sich, auf einen Kaffee anzuhalten, denn es gibt eine super Aussicht.

■ **Ngiring Ngewedang Restaurant,** Munduk, Tel. 0877 62522227, https://ngiringngewedang.com, tgl. geöffnet.

Munduk

Rund 18 km von Bedugul entfernt Richtung Nordwestküste liegt das **nette, überschaubare Bergdörfchen** Munduk (ca. 5000 Einwohner). Das Klima ist angenehm (20–30°C), und genauso angenehm riecht es oft nach **Kaffee,** der hier angebaut wird – oder nach **Nelken.** Auffallend ist die Blüten- und **Pflanzenvielfalt.** Es wachsen Dahlien, Astern, Weihnachtssterne, Ackerwinden, Rosen und einiges mehr. Erntezeit für Nelken ist zwischen Juli und Oktober, die dann überall ihren Duft verströmen. Kakao, Robusta-Kaffee und Vanille wurden von den Holländern 1918 eingeführt. Arabica-Kaffee wird hier bereits seit 1870 gepflanzt. Die Atmosphäre ist **entspannt,** bislang wurden noch keine Souvenirshops eröffnet. Dafür gibt es aber auch (noch) keinen Geldautomaten oder eine Bank, also Bares mitbringen. Munduk ist ein hervorragender Ausgangspunkt für **Wanderungen** in die Umgebung.

Während der Kolonialzeit war Munduk bereits ein attraktiver Erholungsort für die **Holländer.** Um 1906 entstand das erste und lange Zeit einzige Guesthouse. Später sollten es die **Puri Lumbung Cottages** sein, die mit ihren einzigartigen Stelzenhäusern Besucher von nah und fern nach Munduk lockten. Der Ort wurde zu einem „Geheimtipp", der bald nicht mehr so geheim war. Mittlerweile wird sichtbar **investiert, renoviert,** neue Homestays eröffnen. Kamen früher vor allem trekkinginteressierte Reisegruppen, so sind jetzt auch Einzelreisende anzutreffen, die die Straße hinauf und hinunter „lustwandeln". Denn es gibt eigentlich nur eine Straße.

In Munduk wurde zum ersten Mal eine **Kooperation zwischen der Tourismusschule Balis (Tourism Institute Bali) und der Kommune** verwirklicht. Das Ziel ist ein gelenkter Tourismus mit dem Schwerpunkt, Besuchern möglichst intensive Einblicke in das kulturelle und spirituelle Leben Balis zu vermitteln. Neben Angeboten wie Reiten, Wandern, Fischen und Werkstattbesuchen kann man sich zum Beispiel über die traditionelle balinesische Medizin und Yoga informieren oder balinesisch Kochen lernen.

219ba sb

Wanderungen und Touren

Ein schöner Ausflug ist die Wanderung zum ca. 40 m hohen **Tanah-Barak-Wasserfall.** Hübsch sind der Garten und die Wasserspiele, die um den Wasserfall angelegt sind; man kann im Auffangbecken baden. Um den Wasserfall zu finden, folgt man der Straße nach Bedugul. Nach einer halben Stunde, ca. 2 km hinter den Puri Lumbung Cottages, zweigt links ein Weg von der Straße ab (Schild); von dort sind es dann noch ca. zehn Minuten bergab.

Fast jedes Homestay organisiert individuell geführte Touren ins Umland. Die bei Besuchern beliebteste Trekkingroute ist die Tour zu den drei **Wasserfällen Red Coral, Labuan Kebo** und **Langaan** – hier gibt es am meisten zu sehen inklusive Abkühlung. Die Preise für die jeweiligen Touren werden von der lokalen Trekking Guide Organisation Giri Suta festgelegt. Je besser das Englisch des Guides und desto größer sein Wissen, umso teurer wird's. Wer allein zwei bis drei Stunden losziehen will, der kann sich den Weg in der Unterkunft erklären lassen, manchmal gibt es auch eine kleine Karte dazu.

⌃ Über den Dächern von Munduk eröffnet sich ein großartiger Ausblick aufs Umland

Praktische Infos

Übernachten

- **Puri Lumbung Cottages**④, Dinas Taman, Jl. Raya, Tel. 0812 3874042, http://purilumbung.com. Übernachten im Stelzenhaus: In der ältesten noch bestehenden Unterkunft Munduks nächtigt man in bald 100 Jahre alten Stelzenhäusern, die früher als Reisaufbewahrungsstätten dienten und von denen einige einen wunderbaren Ausblick über die Reisterrassen, Hügel und Täler bieten.
- **Meme Surung Guesthouse**③, Jl. Kayu Putih, Tel. 0812 3874042. Das überschaubare Guesthouse ist in Familienbesitz, von oben gibt es eine herrliche Aussicht, und das hauseigene Warung Dedalu Restaurant sorgt gelungen für leibliches Wohl.

■ **Made Homestay②**, Tel. 0819 33054911. Wunderschöner Ausblick von der Terrasse jedes Bungalows über die Berge und ins Tal. Die Bungalows sind groß, günstig, nett eingerichtet und sauber.

■ **Guru Ratna Homestay③**, Munduk, Tel. 081 337194398, www.facebook.com/madeheryanjaya. Wohnen im Kolonialhaus: Hier schläft man günstig mitten im Dorf in einem renovierten holländischen Kolonialhaus mit neu angebautem Bad. Alles ist sehr gepflegt und sauber, die Leute sind ausgesprochen nett.

■ **One Homestay①**, Jl. Pura Puseh, Tel. 0852 37188980, ist die günstigste Unterkunft in Munduk. Zwei einfache Zimmer mit einfachem Bad und Familienanschluss gibt es. Vom oberen Zimmer ist die Aussicht ein bisschen besser, daher kostet es ein wenig mehr.

■ **Karang Sari Guesthouse②**, Tel. 0821 4484 4844. Man kann in drei Zimmern eines alten, charmanten Hauses im Kolonialstil wohnen, das vom Vater des heutigen Eigentümers gebaut wurde, oder in sechs moderneren Zimmern im Neubau. Das Essen ist bekannt gut, die Aussicht ins Tal auch.

■ **Hyang Lala Home Stay③**, Tel. 0823 4141 9913. Wer das ultimative „Zimmer mit Aussicht" sucht, ist hier richtig – auch und vor allem im Restaurant auf dem Dach. Lesertipp: „Die Menschen sind toll, sehr freundlich und man fühlt sich sofort wie zu Hause. Der Blick (bis zum Lovina Beach) ist atemberaubend und das Essen sehr preiswert und lecker."

Essen und Trinken

Normalerweise gibt es gutes Essen in der Unterkunft. Trotzdem hat sich eine kleine Warung- und Restaurantszene etablieren können, z.B.:

■ **Eco Café 2,** Jl. Raya, Tel. 0813 38738007, tgl. 8–22 Uhr. Berühmt für den hauseigenen Kopi Luwak (die Zibetkatzen werden nicht in Käfigen gehalten), auch Speis und Trank sind hervorragend.

■ **Munduk Farm House,** Jl. Kayu Putih, Tel. 0819 11170512, tgl. 8–21 Uhr. Besonders zum sehenswerten Sonnenuntergang finden sich hier die Freunde vegetarischer Genüsse ein. Frischer geht's kaum, denn Obst, Kräuter und Gemüse werden quasi hinter dem Haus angebaut.

Sonstiges

■ Es gibt im Ort (bisher) **keinen Geldautomaten,** der nächste befindet sich im Örtchen Banyuatis ca. zehn Fahrminuten Richtung Seririt. Also: Bargeld lacht!

■ Morgendliche **Minibusse** fahren bis Seririt oder Lovina. Die Anfahrt mit öffentlichen Transportmitteln ist recht mühselig, ein eigenes Fahrzeug zu empfehlen.

■ **Perama,** Jl. Raya Pengosekan, Tel. 0361 973316, www.peramatour.com. Perama fährt die Strecke von Ubud nach Munduk für 200.000 Rp. p.P.

Am Südhang des Gunung Batukaru

In diese Gegend gelangt man über die Hauptverkehrsader Denpasar – Bedugul – Singaraja und biegt in **Pacung** links ab. Eine langsamere, landschaftlich reizvolle Route führt über die Marktstadt **Penebel** zu den Attraktionen der Region.

Pura Luhur Batukaru

Der **Gunung Batukaru (2278 m)** ist der westlichste der drei hoch aufragenden Berge auf Bali. Er beherrscht die Landschaft rund um Tabanan und ist bis zum

Gipfel mit unwirtlichem Dschungel bewachsen. Inmitten dieser Wildnis liegt auf 817 m Höhe mitten im Wald das Heiligtum Pura Luhur Batukaru, in dem der **„Geist des Berges", Mahadeva,** verehrt wird. Der Tempel gilt als eines der sechs Nationalheiligtümer Balis und damit als **heiliger Ort.** Die meist von Nebel verhangenen Berghänge verstärken seine spirituelle Anmutung ungemein. Die schlichten, aber ergreifenden Schreine und Gebäude kommen ohne kunstvolle Schnitzereien und Vergoldungen aus, denn sie bilden mit dem umliegenden nebligen Wald ein mit Moos bedecktes Gesamtkunstwerk. Schon im 11. Jahrhundert soll hier ein Tempel gestanden haben, der allerdings zu Beginn des 17. Jahrhunderts geschleift wurde.

Mahadeva gilt als Beherrscher der Luft, des Wassers und der Pflanzen. Im Haupttempelhof gibt es eine **Frischwasserquelle,** deren Wasser als Weihwasser für Gebete und Zeremonien dient. Eine weitere Quelle dient Reinigungsritualen. Im Innenhof steht ein siebenstöckiger **Meru-Schrein,** der dem Herrscher gewidmet ist, der im 17. Jahrhundert das Mengwi-Königreich errichtete. Ein weiterer, dreistufiger Schrein gilt dem Begründer der Regentschaft der Tabanan aus dem 18. Jahrhundert. Die Nachkommen beider Dynastien pflegen den Tempel gemeinsam mit der Dorfgemeinschaft von Wongayagede bis heute.

■ **Pura Luhur Batukaru,** Jl. Raya Batukaru, Wongayagede, Penebel, tgl. 8–18.30 Uhr, Eintritt: Erwachsene 40.000 Rp., Kinder 20.000 Rp, Leihsarong inklusive.

xba039 sb

Jatiluwih

Das Bergdorf Jatiluwih **am Fuße des Gunung Batukaru** ist längst ein fester Anlaufpunkt auf einer Tagesrundfahrt. Kein Wunder: Von ca. 700 m Höhe eröffnet sich hier ein **Blick über endlose Reisterrassen bis zum Meer hinunter** – die Aussicht ist wahrlich atemberaubend und gehört zu den schönsten Panoramen Balis. Die Reisfelder umfassen eine Fläche von mehr als 600 Hektar und gehören als Bestandteil des **Subak-Systems** (→ Exkurs S. 478) zum **UNESCO-Weltkulturerbe.** Die Felder schmiegen sich an die sanften Hügel, Täler und Schluch-

Die Ausblicke in Jatiluwih sind immer überwältigend – daher ist das Örtchen so beliebt

ten und folgen so der Topografie des Batukaru-Gebirges. Kein Wunder, dass *jatiluwih* „wunderschön" bedeutet.

Die Luft hier oben ist frisch, das Auge blickt weit, ein Spaziergang oder eine Radtour durch die Reisterrassen drängen sich geradezu auf. Hier eröffnen sich 180-Grad-Panoramen über die sanften, grünen Hügel, an denen man sich kaum sattsehen kann. Es gibt Warungs mit vorbereiteten Mittagsmenüs, Minibusse verstopfen die Straßen, Urlauber aus aller Welt wandeln fotografierend durch die pittoresken Reisterrassen. Wanderer können einsame, **kilometerlange Ausflüge auf gut präparierten Pfaden** durch Reisfelder und alte balinesische Dörfer unternehmen, vorbei an kleinen, scheinbar vergessenen Schreinen.

■ **Jatiluwih,** Wongayagede, Penebel, rund 2,5 km westlich des Pura Luhur Batukaru, tgl. geöffnet, Eintrittsgebühr in Höhe von 40.000 Rp. pro (ausländischer) Person, Kinder 20.000 Rp., Auto 5000 Rp., die Gebühr wird bei der Anfahrt kurz vor den Reisterrassen erhoben, das Ticket sollte man nicht verlieren, denn Kontrollen sind möglich.

Praktische Infos

Übernachten

■ **Teras Subak Homestay**②, Jl. Jatiluwih Kawan, Tel. 081 237026333, https://teras-subak-homestay.business.site. Die großzügig verglasten Zimmer liegen zwar an der Straße, überblicken aber die Reisterrassen. Auch vom hauseigenen Warung schaut man über die schöne Gegend und genießt bei den Mahlzeiten das Gemüse aus eigenem Anbau. Das Haus vermietet Fahrräder.

■ **Prana Dewi Mountain Resort**④, Wongayagede, Tel. 0813 53553531, www.balipranaresort.com. Zehn saubere, hübsche Bungalows mit Terrasse und einem Pool liegen einsam im Reisfeld. Für gute Verpflegung sorgen die Vermieter, in Yogakursen können gestresste Urlauber zur Ruhe kommen.

■ **Espa Hot Springs Resort**③, Penatahan, Tel. 0813 38562431. Versteckt gelegenes Bungalow-Resort, dessen neun Becken mit heißem Schwefelwasser aus dem Vulkanboden gespeist werden. 12 km von Tabanan Richtung Penebel bis zur Abfahrt nach Wanasari, dort links zum Pura Luhur Batukaru abbiegen, dann bis zum Parkplatz fahren.

Radfahren

■ **Green Bikes Bali,** Banjar Gunungsari, Desa Jatiluwih, Tel. 0811 3535575, www.ebiketourbali.com. Wer die Gegend auf dem E-Bike erkunden will, ist bei Green Bikes Bali richtig: Das Unternehmen bietet verschiedene Radtouren ins Grüne an, Abholung im Hotel ist inklusive.

Verkehr und Transport

■ **Bemos** fahren von Tabanan bis Tuak Ilang und von dort weiter über Penebel bis zur Kreuzung Wangayagede (630 m), bestehend aus einem Warung und einigen wenigen Häusern. Ab dort muss man zum Pura Luhur entweder ein Bemo chartern oder zu Fuß laufen. Es ist eine schöne Wanderung durch den Wald: 2,6 km mit einer leichten, gleichmäßigen Steigung. Der Rückweg ist schwierig, denn ab ca. 16 Uhr fahren keine Bemos mehr.

■ Am besten besucht man den Tempel und die Reisfelder im Rahmen einer **geführten Tagestour.** Die selbst organisierte Anfahrt aus dem Süden oder aus Ubud kann sich hinziehen.

■ Ein sehr schöne **Anfahrt** mit großartigen Ausblicken auf Reiseterrassen führt **über das Örtchen Mengesta:** Langsam steigt die Straße ab Tabanan an, rechts und links sattes Grün und reichlich Landleben in den Dörfern …

5

Bali: Der Westen

» West-Bali punktet mit dem einzigen Nationalpark auf der Insel, mit grandiosen Tauchplätzen, ganz besonderen Tempeln und beliebten Surfspots.

Der Bayan Ancient Tree ist über 500 Jahre alt

REISTERRASSEN UND UNBERÜHRTE WILDNIS

Der relativ schmale Westteil Balis wird in der Mitte von einer Bergkette in einen nördlichen und einen südlichen Teil getrennt. Ganz im Westen reicht Bali bis auf 4 km an Java heran. Der Fährhafen Gilimanuk wickelt den Waren- und Personenverkehr mit der Hauptinsel Indonesiens ab – ansonsten geht es in Balis Westen abseits der Hauptstraße recht ruhig und beschaulich zu. Denn der Westen ist der am dünnsten besiedelte und wildeste Teil der Insel.

NICHT VERPASSEN!

- Der **Tempel Taman Ayun** in **Mengwi** gilt als einer der schönsten Balis | 217
- Der **Tempel** in **Tanah Lot** steht dem wegen seiner einzigartigen Lage im Meer nicht nach | 221
- Mit ein bisschen Glück findet gerade ein **Wasserbüffelrennen** in **Negara** statt | 225, 226
- **Pulau Menjangan** glänzt mit einigen der schönsten Tauchgründen Asiens | 229

Diese Tipps erkennt man an der gelben Markierung.

Die Ausblicke rechts und links der **viel befahrenen Straße** sind abwechslungsreich und reichen von menschenleeren Sandstränden bis hin zu malerisch terrassierten Reisfeldern und tropischem Regenwald. Hier lässt sich ein wenig Alltagsleben beobachten, gleichzeitig laden Abzweige Richtung Strand dazu ein, **edle Resorts** zu besichtigen. Drei Tempel thronen spektakulär am Ufer des Ozeans: **Tanah Lot, Rambut Siwi** und **Pulaki** – und sind sicher einen Besuch wert.

Im **Nationalpark Bali Barat** leben neben Wildschweinen und Nashornvögeln auch Hirsche und der seltene Balistar. Die Gegend und besonders die **Insel Pulau Menjangan** an der Nordküste sind wegen der Korallengärten für Schnorchler und Taucher interessant. Um **Pemuteran** sind in den letzten Jahren etliche Hotels und Resorts entstanden, hier trifft sich die Tauchszene. Der touristische Standard ist ein wenig höher als in **Lovina** weiter östlich, denn hier wird auf ein gesteuertes Miteinander zwischen der Dorfgemeinschaft und den Hotelanlagen gesetzt.

› Begegnung im Reisfeld

Der Westen Balis ist zwar mit öffentlichen Verkehrsmitteln zu bereisen: Im Südwesten zieht sich die Küstenstraße von Denpasar bis Gilimanuk, im Nordwesten geht's von Gilimanuk nach Singaraja. Es empfiehlt sich aber, **mit eigenem Fahrzeug** oder mit einem gecharterten Vehikel eine **Rundtour** zu unternehmen oder gleich den Wunschort anzupeilen.

Der Südwesten

Mengwi

Mengwi liegt an der Straße nach Norden zum Bratan-See, 17 km nordwestlich von Denpasar. Vor den Türen des Ortes Richtung Tabanan (Westen) liegt der gigantische **Mengwi Busterminal,** über den der Überlandverkehr Balis Richtung Java und Lombok abgewickelt wird. Die Attraktion des Ortes aber ist der Tempel Pura Taman Ayun.

Pura Taman Ayun

Der Taman Ayun **gehört zu den Nationaltempeln Balis** und ist das Wahrzeichen von Mengwi. Er wird nicht nur von der Gemeinde Mengwis genutzt und unterhalten, sondern von allen Balinesen. Der Tempelkomplex steht mitten in der Stadt auf einer Anhöhe, umgeben von einem breiten Wassergraben. **27 Schreine, Pavillons und Merus** befinden sich innerhalb der Tempelmauern. Vor allem die Türen der Schreine weisen kunstvolle Schnitzereien auf. Allein fünf Merus mit elf Dächern und vier niedrigere geben der Anlage auch eine gewisse Ausdehnung nach oben. Während der Odalan-Festtage finden hier prachtvolle Zeremonien statt. In den **wunderschönen Fischteichen** wächst der Lotus durch die Wasseroberfläche. Ein schöner Anblick – Taman Ayun bedeutet nicht ohne Grund so viel wie „schöner Garten".

Erbaut wurde der Tempel 1634 vom damaligen Herrscher des Mengwi-Fürstentums, *Tjokerda Sakti Blambangan.*

104ba sb

1937 wurde er renoviert. Der Pura Taman Ayun diente als Hauptanbetungsstätte für die Bevölkerung von Mengwi, damit sie für ihre Gebete nicht zu den größeren Tempeln in Besakih, Batukaru oder Batur reisen musste. Zudem ist er ein wichtiges Element im **UNESCO-geschützten Subak-System** der Wasserverteilung für den Reisanbau (→ Exkurs S. 478).

■ **Pura Taman Ayun,** Jl. Ayodya 10, Mengwi, tgl. 7–16 Uhr, Eintritt: Erwachsener 20.000 Rp., Kinder 10.000 Rp.

Übernachten und Touren

■ **Villa Kompiang**④, Jl. Mawar, Mengwi, Tel. 081 246218000, www.villakompiangbali.com. Hier gibt es geräumige Bungalows in einem Garten mit Pool. Frühstück ist inklusive, Küchennutzung ebenfalls. Wer will, kann sich ein opulentes Abendessen zubereiten lassen. Der Inhaber der Villa Kompiang, *Gery Nutz,* organisiert auch Hochzeiten auf Bali (→ „Heiraten im Paradies", S. 408) und VW-Touren im 181er-Kübelwagen über die Insel; auf acht verschiedenen Routen kann man Bali auf eine etwas andere Art entdecken.

Sangeh: Monkey Forest

Der Affenwald ist sehenswert und nicht so gut besucht wie der in Ubud. Hier verehren die Balinesen die **Nachkommen** der Legionen **des Affenhelden Hanoman.** 14 Hektar umfasst der Wald und steckt voller verspielter Affenfamilien. Der **Baumbestand** gilt als **außergewöhnlich,** hier befindet sich die größte Sammlung des gefährdeten *Dipterocarpus hasseltii* (Zweiflügelfruchtbaum) auf Bali. Die **Affen** teilen sich in verschiedene Familien auf, die **jeweils eigene Reviere** haben. Bei etwaigen „Übergriffen" kommt es zu erbitterten, höchst unheiligen Kämpfen. Ein **Führer** begleitet unentgeltlich Besucher, um die Affen in Schach zu halten. Eine große Bühne für Aufführungen, Souvenirstände, Händler und bettelnde Kinder bilden das Begleitprogramm in der Hochsaison. Innerhalb des Waldes befindet sich ein **malerischer Tempel** – sehr fotogen, sehr verwunschen.

■ **Sangeh Monkey Forest,** Jl. Brahmana, Sangeh, Tel. 0851 00422740, https://sangehmonkeyforest.business.site, tgl. 8–17 Uhr, Eintritt: Erwachsene 30.000 Rp., Kinder 15.000 Rp.

Marga

Kriegergedenkstätte Margarana

Westlich von Marga liegt die Kriegergedenkstätte Margarana, die Straße dorthin ist ab Tabanan ausgeschildert. Das **Ehrendenkmal** wurde in Gedenken „an den heldenhaften Kampf des Guerillabataillons des Kommandeurs **Ngurah Rai** gegen die Holländer" errichtet. Sein ganzes **Bataillon** weigerte sich am 20. November **1946,** den Widerstand gegen die erdrückende Übermacht der Holländer aufzugeben, und **kämpfte,** ähnlich wie die Fürsten mehr als hundert Jahre zuvor, **bis zum letzten Mann.** Damit schuf es einen Mythos, der nicht unerheblich dazu beitrug, den Widerstand gegen die erneute Inbesitznahme Indonesiens

durch die Niederländer zu stärken. Der Internationale Flughafen von Bali trägt im Übrigen den Namen dieses Nationalhelden.

Für jeden in dieser Schlacht gefallenen Soldaten und noch viele andere wurden **zahlreiche Grabsteine** aufgestellt, die an Stupas erinnern. Weiterhin befinden sich hier einige **Versammlungshallen** und ein **Museum.** Am Monument in der Mitte wird in einer Inschrift der denkwürdige Text wiedergegeben, mit dem *I Gusti Ngurah Rai* die Weigerung, sich zu ergeben, den Holländern übermittelte. Eine seltsam eigenartige Stimmung herrscht auf diesem Platz. Ein Besuch lohnt sich, denn die gesamte Anlage ist in ihrer Monumentalität sehr beeindruckend.

■ **Margarana National Monument Park,** Kelaci, tgl. 8–17 Uhr.

Fliegende Hunde

(Lat.: *Pteropus*, indon.: *Kalong*)

Die **Fledermaus** ist das einzige Säugetier der Welt, das fliegen kann. Die Tiere sind behaart und säugen ihre Jungen, genau wie andere Säugetiere auch. Bislang gibt es 800 entdeckte Arten mit zwei Unterordnungen: **Microchiroptera (Klein-Fledertiere)** und **Megacheroptera (Groß-Fledertiere).** Zu Letzteren gehören die Fliegenden Hunde, die ein Gewicht bis zu einem Kilo mit einer Flügelspannweite bis zu 1,50 m erreichen.

Das Gesicht ähnelt dem eines Hundes, daher der Name Flughund. Diese Art Fledermaus verbringt den **Tag schlafend** und kopfüber in einem Baum hängend. Kleinere Arten bevorzugen Höhlen. Bei Einbruch der Dämmerung fliegen sie in Scharen los, um Nahrung zu suchen.

Der **Geruchs- und Sehsinn** ist **ausgezeichnet.** Eine Echoortung wie andere Fledermäuse haben sie nicht. Hauptnahrung ist Obst. Manchmal werden sie zur wahren Plage, wenn sie nämlich ganze Obstplantagen leer räumen. Ihr **Orientierungssinn** in Bezug auf reife Früchte scheint **untrüglich.** Falls das nächstgelegene Areal gerade nichts an Nahrung zu bieten hat, können sie Distanzen von 60 bis 70 km zurücklegen.

Ab Margarana lohnt sich ein Abstecher: Ca. 10 km nördlich auf der Jl. Raya-Apuan, im Ort Bayan (immer der Beschilderung folgen), steht der **Wisata Kayu Putih,** ein sehenswerter, seltener und riesiger Eukalyptusbaum. Er ist mehr als 500 Jahre alt und wird auch **Bayan Ancient Tree** genannt, da er eben in Bayan zu finden ist. Der Baum steht an einem heiligen Ort namens **Pura Babakan,** der zur Zeit von König *Perean* erbaut wurde, und ist etwa 50 m hoch, der Stammdurchmesser beträgt gut 6 m. Der untere Rand des Baumstamms ist einzigartig, da die Wurzeln über die Jahre ein beeindruckendes Geflecht gebildet haben. Hier wird so manches Selfie- oder Instagramfoto geschossen.

■ **Wisata Kayu Putih,** Bayan, tgl. geöffnet, Spende erbeten.

Alas Kedaton

Wer von Marga Richtung Tabanan fährt, kommt etwa 2 km vor dem Ort am **Affenwald** Alas Kedaton vorbei. Hier bewachen Langschwanzmakaken den **Pura Dalem Kahyanyan Kedaton.** Der

Wald ist aber nicht nur ein Heim für Affen, sondern auch für Obst fressende **Flughunde (Kalong),** die nachts aktiv sind. Tagsüber hängen sie schlafend in den Bäumen, und man muss schon richtig schauen, um sie zu finden.

Es gibt hier genauso viele Affen wie in Sangeh, aber deutlich weniger Touristen. Der Ruf des Parks hat in den letzten Jahren ein wenig gelitten. Häufig wird er als „Touristenfalle" bezeichnet, und die Souvenirhändler hier gelten als äußerst aggressiv. Auf dem riesigen Parkplatz gibt es **diverse Warungs,** die etwas zu essen anbieten. Sonn- und feiertags drängeln sich hier balinesische Touristen.

■ **Alas Kedaton,** Jl. Raya Alas Kedaton, Kukuh, Tel. 0361 814155, tgl. 9–17 Uhr, Eintritt: 30.000 Rp.

☐ Pura Tanah Lot liegt wunderschön auf einer kleinen Felseninsel

Pura Tanah Lot

„Leider völlig überlaufen" – so eine gängige Besucherkritik in Sachen Tanah Lot. Kein Wunder: Der **Meerestempel** von Tanah Lot an der Südwestküste ist **einer der Nationaltempel Balis,** die von allen Balinesen verehrt werden. Er ist **den Meeresgöttern geweiht,** hier erbitten die Gläubigen Schutz vor bösen Dämonen, die in den Tiefen des Meeres wohnen. Derartige Meerestempel gibt es einige an der Südküste Balis. Pura Uluwatu beispielsweise auf der Halbinsel Bukit ist ein anderer bekannter Vertreter dieser Tempelart, ebenso Pura Rambut Siwi weiter westlich. Tanah Lot ist wegen seiner außergewöhnlich schönen landschaftlichen Lage berühmt. Er liegt – wie auf einem japanischen Holzschnitt – **auf einer kleinen Felseninsel** in unmittelbarer Nähe der Küste. Der Sonnenuntergang von Tanah Lot ist absolut sehenswert.

xba041 sb

xba101 sb

Der Legende nach entstand der Tempel auf Anraten des **Priesters Nirartha,** der einst die Südküste bereiste, als er die Lehre des Hinduismus nach Bali brachte. Er sah das kleine Eiland und fand es so idyllisch, dass er beschloss, die Nacht hier zu verbringen. Obwohl Fischer kamen und ihm ein Lager in ihren Hütten anboten, übernachtete er auf der Insel. Am nächsten Tag gab er den Fischern den Rat, auf dem Felsen einen Schrein zu bauen, da es ein heiliger Platz sei.

Der Tempel an sich ist recht klein. Er ist nur bei Ebbe zu erreichen und darf selbst nicht betreten werden. Mitsamt Felsen ist er **vor allem bei Sonnenuntergang sehenswert.** Auch heute noch gibt es übrigens Schlangen in einer Höhle; sie werden allerdings morgens extra hierhergebracht und abends von ihren Hütern wieder mit nach Hause genommen.

⌃ Der Pura Batu Bolong auf dem Gelände des Tanah Lot steht auf einer Felsbrücke und wurde zu Ehren des Meeresgottes Dewa Baruna errichtet

Auch das **Drumherum** hat es in sich: Die Parkplatzanlage ist gewaltig, es gibt Geldwechsler, Warungs, öffentliche Toiletten, einen Art Market und Richtung Ozean ein **parkähnliches Gelände mit reichlich Aussichtspunkten und Tempeln.** Dazu diverse Surf- und Souvenirshops, Eisdielen und Bankautomaten. Man kann Fotos mit Schlangen von sich machen lassen, es gibt Postkartenverkäufer, Tempelerklärer und Kokosnüsse. Viele indonesische Touristen kommen her, um sich vor dem Tempel fotografieren zu lassen.

■ **Tanah Lot,** Jl. Raya Tanah Lot, Beraban, Tel. 0361 880361, www.tanahlot.id, tgl. 7–19 Uhr, Eintritt: Erwachsene 60.000 Rp., Kinder 30.000 Rp.

Praktische Infos

Die **Übernachtung lohnt sich,** denn die Anlage zeigt sich am Morgen im wahrsten Sinne des Wortes in ganz anderem Licht – ohne Business und Belästigung.

■ **Dewi Sinta**②-③, Jl. Tanah Lot, Tel. 0361 812 933, www.dewisinta.com. Es gibt einen Pool, Spa, ein Restaurant und abends Tanzvorführungen auf einer großen Bühne. Das Junior-Standard-Zimmer – sauber und geräumig – hat Blick in den Garten, Klimaanlage und Heißwasser. Wer eine Minibar, eine schönere Lage und auf den Pool schauen will, zahlt mehr.

■ **Bali Beach Glamping**④, Jl. Kebo Iwa, Br. Batu Tampih Kangin, Tel. 0812 80015758, https://balibeachglamping.com. Hier, am poshen und von Resorts besetzten Strand von Yeh Gangga, wird vom Allerfeinsten am Beach geglampt: 50 todschicke Zelte mit allem, was das Herz begehrt, und zum Strand ist es nicht weit.

■ **Tanah Lot Tourist Police Station,** Kediri, Tel. 0361 812399.

■ **Um zum Tempel zu gelangen,** verlässt man in Kediri die Hauptstraße von Denpasar in Richtung Gilimanuk und folgt der Jl. Tanah Lot bis zum Ende. Es gibt keinen brauchbaren öffentlichen Nahverkehr, im Zweifel sollte man im Rahmen einer geführten Tour kommen.

Von Kuta, Legian, Seminyak oder Canggu zu Fuß am Strand entlang ist wohl die schönste, aber auch anstrengendste Art und Weise, den Tempel zu erreichen. Teilweise muss ein wenig über Steine gekraxelt und Furten gequert werden.

Tabanan

Die Verwaltungshauptstadt des gleichnamigen Kabupaten liegt inmitten einer fruchtbaren Kulturlandschaft, umgeben von grünen Reisfeldern, und ist ein **geschäftiges Zentrum** mit zahlreichen Shops. Die quirlige Stadt hat einen großen Markt in der Mitte und die übliche verstopfte Hauptstraße. Einstmals war Tabanan Sitz eines Fürstengeschlechts, das seinen Ursprung von der Gelgel-Dynastie ableitete. Es gibt ein **bekanntes Gamelan-Orchester,** und ein erwähnenswerter Künstler wohnte vor Ort: **Kay It** (1938–1977), chinesisch-balinesischer Abstammung, tat sich als Maler, Batikkünstler und Keramikdesigner hervor und wurde überregional durch eine Ausstellung in Australien bekannt.

Tabanan ist die **„Hauptstadt" der Christlichen Mission auf Bali.** Viele der Namen der hiesigen christlich-balinesischen Dörfer enden auf sari.

Museum Subak

MEIN TIPP: Rund 1,5 km ab der Stadtmitte von Tabanan auf der Jl. Pahlawan Richtung Osten an der rechten Straßenseite befindet sich das Museum Subak. Gezeigt wird die **Entwicklung der balinesischen Reisgenossenschaften (Subak)** seit dem 6. Jahrhundert und alles, was mit Reisanbau zu tun hat. Ein traditionelles balinesisches Gehöft steht nachgebaut zur Besichtigung bereit, und im örtlichen Fischteich kann man angeln. Das Subak Museum liefert nicht nur reichlich Informationen über den Subak, sondern zeigt auch eindrücklich, wie tief der Reisanbau mit dem täglichen Leben der Balinesen sowie mit der balinesischen Kultur und Religion über die Jahrhunderte verbunden ist.

■ **Museum Subak,** Jl. Gatot Subroto II 5b, Banjar Anyar, Tel. 0361 810315, https://museum-subak.business.site, Sa–Do 8–16.30 Uhr, Fr 8–12.30 Uhr, Eintritt: 15.000 Rp.

Verkehr und Transport

Minibustransport gibt es nach Kediri, Negara, Denpasar und Penebel, mit dem **Bus** nach Denpasar und Gilimanuk.

Sandan: Bali Butterfly Park

Ca. 7 km nördlich von Tabanan Richtung Batukaru befindet sich beim Dorf Sandan der Bali Butterfly Park **(Taman Kupu Kupu).** Nicht nur Fachleute empfehlen das Gelände, auf dem rund **1000 Schmetterlingsarten** leben, teilweise riesige, glitzernde Falter. Dazu gehören Atlasfalter, zwölf verschiedene Arten Papilio, drei Arten Ornithoptera (darunter der seltene *O. croesus Lydius*) und sieben Troides-Arten. Hinzu kommen Stabheuschrecken und Skorpione. Hier werden die Falter auch gezüchtet, man kann ihnen beim Schlüpfen zuschauen. Gut geeignet zum Fotografieren sind die Wasserstellen zwischen 9 und 11 Uhr und zwischen 15 und 17 Uhr. Ein **Restaurant** ist angeschlossen. Lesermeinung: „Sehr zu empfehlen, vor allem die riesigen Insekten, Hirschkäfer etc. sind aufregend."

■ **Bali Butterfly Park,** Br. Sandan Lebah, Jl. Batukaru, Tel. 0878 63075006, tgl. 8–17 Uhr, letzter Einlass 16 Uhr, Eintritt: Erwachsene 100.000 Rp., Kinder 50.000 Rp.

Die Südwestküste von Tabanan bis Gilimanuk

15 km westlich von Tabanan führt die Hauptstraße hinter Selamadeg zum kleinen Ort **Antosari;** hier biegt die Straße scharf nach links ab zum Meer. Rechts verläuft eine landschaftlich schöne und einsame Straße **über Pupuan an die Nordküste** nach Seririt. In dieser Ecke kann man herrlich sattgrüne Reisterrassen bestaunen, die bis zum Meer hinunter angelegt sind.

Balian Beach

10 km südlich von Antosari folgt am Strand die **Surfer-Enklave** Balian Beach; hier hat sich eine Surfergemeinschaft mit eigener Infrastruktur gebildet: Surfshops, Warungs und Guesthouses, die meist ähnlich (günstig) sind.

Übernachten

■ **Gajah Mina Beach Resort**④, Jl. Pantai Balian, Tel. 0811 386052, www.gajahminaresort.com. Schickes Resort mit schönen Villen in einem Park plus unmittelbarer Zugang zum Meer – fest in französischer Hand.

Von Pulukan an die Nordküste

Eine landschaftlich schöne Strecke führt von Pulukan **über Pupuan und Banyualis** zur Nordküste **nach Seririt** (oder über Munduk nach Bedugul). Zunächst werden **Nelken- und Kautschukplantagen** durchfahren. 8,6 km hinter Pulukan steht ein gigantischer **Bayan-Baum,** der **Bunut Bolong,** durch den die Straße mitten hindurchführt; hier liegt ein Rastplatz mit ausgezeichneter Aussicht auf den Nationalpark Bali Barat ganz im Nordwesten. Es folgen die Dörfer **Manggisari** und **Dapdap Putih.** Zwischen **Kerobokan** und **Tegalasih** säumen Kaffeesträucher den Weg.

Unterwegs fallen die **vielen kleinen Reisspeicher** auf. Das Besondere daran sind die großen Steinplatten, auf denen die tragenden Pfosten aufliegen; die Speicher werden so vor dem Eindringen lästiger Nager geschützt. Vor **Tejabukit,** dem nächsten Ort weiter im Osten, gibt es eine wunderbare Aussicht auf den Gunung Batukaru.

34 km hinter Pulukan ist **Pupuan** erreicht, vorher sieht man noch schöne Reisterrassen. In Pupuan führt die Straße nach links in den Norden (Seririt), nach rechts (Süden) zurück nach Antosari an der Hauptstrecke Denpasar – Gilimanuk. Auch in **Kekeran** weiter im Norden säumen **Reisterrassen** die Straße. An der Kreuzung in **Banyualis** geht es links nach Seririt an die Nordküste und rechts über Munduk nach Bedugul (→ Kapitel „Bali: Zentrales Hochland“).

Pantai Medewi

Kurz hinter Pulukan (rund 70 km nordwestlich von Denpasar), weist ein Schild nach links zum **Medewi Surfing Point.** Hier befindet sich ein kleines Surferdorf rund um das Medewi Beach Inn & Restaurant, mit Surfshops und dem üblichen gastronomischen Angebot von Burger bis Pizza und auch indonesischen Optionen. Das Meer ist zum Schwimmen nicht besonders geeignet, der Strand ist steinig, aber zum Surfen sind die Wellen ideal.

Übernachten, Essen und Trinken

■ **Mai Malu Homestay & Restaurant**①-②, Jl. Pantai Medewi, Tel. 0365 4700068, www.facebook.com/MaiMaluHomeStayRestaurant. Luftige Zimmer mit Ausblick im ersten Stock. Im netten Restaurant gibt es Frühstück und herzhafte Burger.

Mendoyo: Pura Rambut Siwi

Einige Kilometer weiter westlich liegt links vor Mendoyo der sehenswerte Meerestempel Pura Rambut Siwi, der **„Seegras-Tempel“.** Die sehr schöne Anlage wurde auf Anraten des **Wanderpriesters Nirartha** um 1500 gebaut; einige Haare von *Nirartha* sollen hier „begraben“ sein. Besucher können sicher sein, von dem dort lebenden Priester begleitet zu werden, der einiges zur Geschichte des Tempels sagen kann und

Wasserbüffelrennen

Wasserbüffelrennen werden seit mehr als 100 Jahren veranstaltet. Das **Makepung Bullock Race** oder **Negara Bull Race** ist eines der beliebtesten Bullenrennen auf der Insel, dabei wird viel gewettet. Ein solches Rennen sieht ungefähr so aus: Jeweils zwei Wasserbüffel ziehen einen zweirädrigen Karren, auf dem der „Jockey“ steht. Die Büffel sind mit bemalten Hörnern, Wimpeln, Ornamenten und hölzernen Kuhglocken geschmückt. Quasi eine „Buffalo-Modenschau“. Die **Kuhglocken** haben den Zweck, den sonst ziemlich klobigen Tieren eine elegante Gangart aufzuzwingen, da es ihnen so unmöglich ist, den Kopf zu senken. Immerhin erreichen die Büffel auf der 2,5 km langen, geraden Rennstrecke eine Geschwindigkeit von 50 km/h.

Die Büffel, die an den Start gehen, werden extra zu diesem Zweck gezüchtet, sie haben niemals auf einem Reisfeld arbeiten müssen. Die Familie, deren Gespann gewinnt, ist hoch angesehen; der Preis des Tieres steigt um 100 %. Da Balinesen einen guten Stil höher als Kraft bewerten, wird nicht immer der schnellste Bulle prämiiert.

■ Die **Termine und Orte** der Veranstaltungen müssen aktuell erfragt werden, am besten in der jeweiligen Unterkunft. In der Regel finden die Rennen jeden Monat von Juli bis November an einem Sonntagmorgen statt.

natürlich anschließend sein Spendenbuch aufschlägt.

■ **Pura Rambut Siwi,** Yeh Embang Kangin, Mendoyo, tgl. geöffnet, Spende erbeten.

Negara

Negara ist die Hauptstadt des wenig besiedelten und zum größten Teil mit tiefen Wäldern bewachsenen Distriktes

Bali: Der Westen

Jembrana. Die Stadt liegt 95 km von Denpasar entfernt, etwa im zweiten Drittel des Weges nach Gilimanuk. Eine weitläufige vierspurige Schnellstraße führt durch den Ort, der **wenig Sehenswertes** bietet. Aus diesem Grund verirren sich selten Touristen hierher. Die einzige Attraktion sind die sagenumwobenen **Wasserbüffelrennen,** die offiziell einmal im Jahr rund um Kuningan statt-

finden. In Negara gibt es auch Rennen, die eigens für Touristen ins Leben gerufen wurden (→ Exkurs S. 225).

Die Sari-Dörfer

Nördlich und westlich von Negara gibt es einige Dörfer, deren Namen auf -sari enden. Es handelt sich um **christliche Gemeinden,** die einzigen, die hier bekehrt werden konnten. Es gibt unterschiedliche Ausrichtungen: **Blimbingsari** z.B. ist protestantisch (mit der größten protestantischen Kirche), **Palasari** ist katholisch; hier steht die größte katholische Kirche Ostindonesiens, Hati Yudu Yesus. Die balinesische Kirchenarchitektur ist sehenswert, sonntags zum Gottesdienst kann man die Kirchen von innen anschauen.

Cekik

Cekik liegt etwa 20 km nordwestlich von Negara nahe Gilimanuk. Hier zweigt die **Straße zur Nordküste nach Singaraja/ Lovina** ab. An der Kreuzung stehen Bemos und warten auf Kundschaft nach Lovina, auch Busse starten von hier. In Cekik befindet sich die **Nationalparkverwaltung des Bali Barat.**

- **Bali Taman Nasional Bali Barat,** Jl. Raya Cekik, Gilimanuk, Tel. 0365 61060, Mo–Fr 7.30–16 Uhr.

Verkehr und Transport

- Von der Busstation in Cekik fahren von 6 bis ca. 16 Uhr **Busse und Minibusse** nach Singaraja (1½–2½ Std.) und Denpasar (3–4 Std.), nach Lovina und via Singaraja nach Amlapura.
- Wer zur **Fähre nach Gilimanuk** möchte und mit dem **Bemo** anreist, sollte darauf bestehen, bis zum Hafen gebracht zu werden, sonst wird man 1 km vorher abgesetzt; der Fußweg zum Fährhafen ist staubig und zieht sich.

Gilimanuk

Von diesem **Hafenort am äußersten Westzipfel Balis,** dem Endpunkt der Hauptstraße, die über Negara nach Denpasar führt, geht die **Fähre nach Java.** Es gibt einfache Guesthouses, teils auch stundenweise zu mieten; sie liegen wie an einer Perlenschnur aufgereiht an der Zufahrtsstraße zum Fährhafen. Zum Zeitvertreib gibt es einen **Nachtmarkt.**

Übernachten

- **Hotel Sari**②, Jl. Pogot, Tel. 0365 61264, in Strandnähe, ordentliche Zimmer mit Frühstück, Karaoke-Bar.
- **Hotel Lestari**①, Jl. Gilimanuk, Tel. 0813 8222 2430, https://hotel-lestari.business.site, brauchbare Anlage mit aufgeräumten Zimmern.

Verkehr und Transport

- Zu An- und Abreise per **Bus oder Bemo** siehe Cekik.
- Die **Fähren nach Java (Ketapang)** fahren alle halbe Stunde (ohne nächtliche Pause), Fahrzeit ca. 15 Min. – in der Theorie, denn das Problem können zu viele Fähren sein. So kann es passieren, dass eine Fähre warten muss, bis ein Anlegeplatz frei ist. Der Fährhafen-Terminal ist gut organisiert: Wer nach Java will, läuft/fährt einfach am passenden Schalter vorbei. Preise: Fußgänger 6500 Rp., Motorrad (unter 500 ccm) 29.050 Rp., Motorrad (über 500 ccm) 42.500 Rp., Auto (unter 5 m Länge) 199.850 Rp.
- Wer von Java kommt und gleich mit dem Bus weiterfahren möchten, braucht nur die Straßenseite zu wechseln, hier befindet sich der große **Bus-**

bahnhof. Es gibt keinen Ticketschalter, man wird sofort gefragt, wo es hingehen soll. Hinter dem ziemlich abgerissenen Terminal stehen die Busse in mit dem Namen des Zielortes beschilderten Boxen; einfach zum Bus gehen und dort zahlen. Die beiden wichtigen Strecken sind Gilimanuk – Singaraja und Gilimanuk – Denpasar. Aussteigen unterwegs ist jederzeit möglich.

- Wer kurze Distanzen mit dem **Bemo** machen will, läuft an der Straße entlang Richtung Cekik und lässt sich aufsammeln oder fährt von der Kreuzung in Cekik ab (siehe dort).

Der Nordwesten

Nationalpark Bali Barat

Der Nordwesten Balis wird zu einem Großteil von fast **undurchdringlichem Dschungel** bedeckt. Es gibt nur eine Straße im Norden, sie führt an der Küste entlang von West nach Ost. Ein großer Teil dieser Wildnis wurde zum Nationalpark (19.000 ha) erklärt, und so leben hier in absoluter Ruhe etwa 1000 Hirsche, jede Menge Wildbüffel, Wildschweine und Affen und natürlich noch viele andere kleinere Tiere.

Zum Nationalpark gehört die **Insel Pulau Menjangan.** Sie ist unbewohnt, hat mit die schönsten Korallengärten Indonesiens und einen enormen Fischreichtum. Auch diese Unterwasserwelt steht unter Schutz.

Es gibt 315 Vogelarten auf Bali, rund 160 davon leben im Nationalpark. Eine davon gibt es nur hier: den **Balistar** (→ Exkurs S. 230), auch **Bali-Mynah** genannt. Der hübsche weiße Vogel, etwa so groß wie eine Amsel, ist eine Rarität. Sein Brutgebiet befindet sich auf der Halbinsel nahe der Insel Menjangan.

Pulau Menjangan

MEIN TIPP: Tauch-Profis sind der Meinung, dass rund um die Insel Menjangan **einige der schönsten Tauchgründe in Asien** zu finden sind. Sogar *Jacques Cousteau* ließ sich wohl zu Lobeshymnen hinreißen wegen der einzigartigen Korallenvielfalt. In ganz Bali bieten Veranstalter Ausflüge nach Menjangan an; da die Wege von Südbali in den Norden aber recht weit sind, lohnt sich der Tauchausflug mit Übernachtung.

Um das **Banyunandi Crossing Center,** den Hafen nach Pulau Menjangan, und in Pemuteran hat sich über die Jahre eine eigene Tauchgemeinschaft gebildet, die sich um die **zwölf Tauchspots rund um Menjangan** kümmert. Es gibt Steilhänge und Abhänge, die mit Weich- und Hartkorallen bedeckt sind. Schwämme und Gorgonien sind hier genauso zu finden wie zahlreiche Fischarten, Schnecken oder Schildkröten. Mit ein bisschen Glück zieht auch mal ein Hai oder ein Napoleonfisch vorbei.

Die Korallenriffe rund um die Insel können auch beim **Schnorcheln** besichtigt werden. Nur 20 m vom Strand entfernt fällt eine **Wand aus Korallen** mit vielen Fischen 50 m tief steil ab – das Wasser ist normalerweise glasklar.

Nationalpark: Infos und Eintritt

- **Büros** des Nationalparks befinden sich in Cekik (s.o.) und in Labuhan Lalang, Tel. 081 23491259. Geöffnet ist der Park tgl. 7–17 Uhr, **Eintritt:** Mo–

Eine Insel für den Balistar

Der Balistar *(Leucopsar rothschildi)* lebt ausschließlich auf Bali. Die **hochgefährdete Art** aus der Familie der Stare wird ca. 25 cm groß. Das Federkleid ist **weiß, bis auf die schwarzen Flügel und Schwanzspitzen.** Um die Augen hat der Balistar eine leuchtend blaue Zeichnung. Auffallend lang, insbesondere beim Männchen, ist der Kopfkamm. Die Vogelart wohnt bevorzugt in **trockenem, bewaldetem Flachland.** Ihr Futter besteht aus Körnern, Samen und Insekten. Die Eier legen die Vögel in Baumhöhlen, benutzen aber auch gern unbewohnte Spechtbauten. Zwischen Januar und März legen sie ca. drei bis vier blassblaue Eier, von den geschlüpften Jungen überlebt normalerweise nur eines.

Der Balistar (engl.: **Bali Starling**) war vom Aussterben bedroht. Nachdem 2005 bei einer Zählung im Nationalpark festgestellt wurde, dass es wahrscheinlich weniger als zehn wild lebende Exemplare im Park gibt, wurde über alternative Räume für den seltenen Vogel nachgedacht. Denn er **wird immer noch gejagt,** ein Exemplar bringt auf diversen Vogelmärkten auf Bali und Java etliche tausend Dollar. So suchte der Tierarzt *Bayu Wirayudha,* anerkannter Experte für Balistare, nach einem neuen, sicheren Lebensraum und fand **Nusa Penida,** die abgelegene Insel vor der Südostküste Balis. Hier gab es so gut wie keinen Tourismus, kaum Infrastruktur und nur wenige Straßen – ideale Bedingungen für den Vogel.

Gemeinsam mit den **Friends of the National Parks Foundation (FNPF)** ging *Wirayudha* nach Nusa Penida und arbeitete zwei Jahre mit den Einheimischen an der Idee. Die Bewohner besuchten Lehrgänge und waren so Teil eines landesweiten Pilotprojekts. 2007 gab die indonesische Regierung ihr Okay, einige Balistare aus der Begawan Giri Foundation, die sich der Aufzucht angenommen hatte, in die Freiheit auf Nusa Penida zu entlassen. Heute leben mehr als 100 Exemplare frei auf der Insel, und es wird darüber nachgedacht, Nusa Penida auch zur Heimat von anderen bedrohten Tierarten zu machen. Wer sich das selbst anschauen und dabei lernen will, kann an einem Volunteer-Programm der FNPF teilnehmen. Infos auf der Website.

■ **Friends of the National Parks Foundation,** Banjar Intaran, Desa Pejeng, Kecamatan Tampaksiring, Gianyar, Tel. 0361 4792286, www.fnpf.org.

xba042 sb

Fr 200.000 Rp., Sa & So 300.000 Rp. Der Eintrittspreis wird nur fällig, wenn man Wanderungen oder Tauchgänge unternimmt. Bei der Fahrt mit dem Scooter oder Auto auf der Hauptstraße durch den Nationalpark wird keine Gebühr erhoben. Die **geführte Tour** mit dem Auto innerhalb des Parks kostet für bis zu 6 Std. 500.000 Rp., mit dem eigenen Fahrzeug darf man das Gebiet des Nationalparks nicht befahren.

Auch wer nur Menjangan oder die Tauchspots besuchen will, muss den vollen Eintritt für den Nationalpark zahlen. Für **Taucher** fallen zusätzlich 25.000 Rp. an, für **Schnorchler** 15.000 Rp. sowie 4000 Rp. für eine Versicherung. Bei einem organisierten Tauch- oder Schnorcheltrip mit einem Tauchcenter, der meist in Pemuteran startet, ist der Eintritt normalerweise inbegriffen.

Übernachten

Im Nationalpark

■ **The Menjangan Resort**④, Tel. 0362 94700, www.themenjangan.com. Hier gibt es in einem weitläufigen Gelände von 382 ha – mit Wanderpfaden inklusive botanischen Bezeichnungen an den Bäumen – zwei Resorts und eine komplette, hochpreisige Infrastruktur. Man kann auf Trekkingtour gehen, die Tierwelt beobachten, Fahrradtouren machen und tauchen. Eine Attraktion im Menjangan Resort lohnt den Abstecher: der Bali Tower (s.u.)

Nahe Banyunandi Crossing Center

■ **Mimpi Resort**④, Banyuwedang, Tel. 0361 415 020, https://mimpi.com. Schöne Anlage mit Restaurant, Pool, Tauch- und Spa-Angeboten. Jedes Bad wird mit heißem Wasser aus den Quellen versorgt.

■ **Naya Gawana**④, Banyuwedang, Tel. 0362 945 98, https://nayaresorts.com. Stelzenhäuser im Lumbung-Stil mit Restaurant, Pool und eigenem Anlegesteg. Das resorteigene Tauchcenter bietet Tagestouren nach Menjangan an.

Pemuteran

Pemuteran ist ein **ruhiges Küstendorf** im Norden Balis. Um hierher zu kommen, braucht man ab Südbali und durch das Hochland von Bedugul gut fünf Stunden, ab Ubud immer noch drei Stunden. Wer also einen Aufenthalt abseits der Massen sucht, ist hier richtig. Der Ferienort kann mit **Tauchspots** aufwarten, die zu den besten Balis, wenn nicht sogar Indonesiens zählen. Es gibt etliche Tauchresorts, die sich zumeist direkt am Strand befinden. Auch die Nähe zu Pulau Menjangan (s.o.) sorgt dafür, dass die Möglichkeiten zum Tauchen und Schnorcheln hervorragend sind. Zugleich ist Pemuteran ein guter Ausgangspunkt, um das Gebiet des Nationalparks Bali Barat (s.o.) zu entdecken.

Das Dorf selbst erstreckt sich auf beiden Seiten der Jl. Singaraja-Gilimanuk auf gut 5 km Länge; auf der einen Seite hinter den Resorts liegt der Strand, auf der anderen erheben sich die Berge. Es gibt Geldautomaten und insgesamt eine **gute touristische Infrastruktur.**

Die Hauptattraktion des Ortes ist der **Pemuteran Beach,** an dem mit dem **Proyek Penyu** ein Schildkröten-Schutzprojekt verwirklicht wurde und vor dem eines der größten künstlichen Riffprojekte der Welt zu finden ist: **Pemuteran Bay Reef Restorations.** Das zwei Hektar große Küstenareal mauserte sich rasch zu einem der am besten funktionierenden Meeresschutzgebiete Indonesiens – und lässt sich bei Tauchgängen erkunden. Das gilt ebenso für den **Garden of Gods,** mehr als 30 Statuen und Skulpturen, die als Tauch- und Schnorchelattraktion in 400 m Entfernung vom Strand ins Meer gesetzt wurden.

Den Ort umgeben Perlenaufzuchtfarmen. Die Gegend war immer besonders arm, für landwirtschaftliche Nutzung der Boden zu mager. Die meisten Bewohner lebten vom Fischen. Aber durch den Weinanbau und insbesondere die entstandenen **Resorts und Tauchcenter** sind für viele Bewohner Einkommensquellen entstanden. Und das mit Strategie und Ideenreichtum, denn, da waren sich alle Beteiligten einig: Pemuteran dürfe nie so werden wie Lovina in seinen touristischen Hochzeiten. Also setzten sich Bürgermeister, Einwohner und Investoren aus dem Westen zusammen, um eine **Strategie** zu entwickeln. Das Ergebnis: Es gibt keine Preiskämpfe in Sachen Unterkunft oder Gastronomie. Das Riff vor der Haustür muss intakt bleiben und sogar wieder in Teilen zum Leben erweckt werden. Das Dorf muss sauber bleiben.

Wegen der Taucher, die offensichtlich bereit sind, mehr Geld für umweltfreundliches Tauchen auszugeben, ist Pemuteran allerdings teurer als Lovina. Aber auch Nicht-Taucher kommen auf ihre Kosten: Der **Strand** ist schön, Ausflüge in den **Nationalpark** sind schnell organisiert und die **Tempel** der Umgebung einen Besuch wert.

Banyupoh: Pura Pulaki

Im Nachbarort Banyupoh befindet sich der Tempel Pulaki, der **zu den sechs wichtigsten Tempeln Balis** gehört und entsprechend verehrt wird. Er erinnert an die Ankunft des javanesischen Priesters *Nirartha,* der im frühen 16. Jahrhundert nach Bali kam, um den Hinduismus zu lehren. Zum Tempelkomplex, der **Pesanankan** heißt, gehören die umliegenden Tempel in Pemuteran, Kerta Kawat und Pabean.

Die Landschaft drumherum mit überhängenden Felswänden und tosender Brandung hat etwas Grandioses. Es werden **unheimliche Geschichten** über die Gegend erzählt, z.B. sei hier ein ganzes Dorf zwar vorhanden, aber unsichtbar: Als *Nirartha* in Gelgel lebte, musste er seine Tochter vor dem König schützen, der sie verführen wollte; also suchte *Nirartha* einen einsamen Platz auf Bali und machte diesen Ort unsichtbar. Bis heute heißen die Menschen, die in dem unsichtbaren Ort leben, Gamang. Sie sollen nach wie vor die Gegend heimsuchen.

■ **Pura Pulaki,** Jl. Singaraja-Gilimanuk, Banyupoh, tgl. geöffnet, Eintritt: 10.000 Rp.

Pura Melanting

In Banyupoh führt eine kleine Straße nach Süden (ca. 1,5 km) zum Pura Melanting, einer **großzügigen Tempelanlage,** landschaftlich sehr schön gelegen. Leider gibt es in der Nachbarschaft einen Schießstand der Armee, die hier an der Küste ein Lager unterhält. In diesem Tempel wird in erster Linie für den eigenen wirtschaftlichen Erfolg gebetet.

■ **Pura Melanting,** Jl. Raya Gilimanuk, Banyupoh, tgl. geöffnet, Eintritt: 10.000 Rp.

Praktische Infos

Information

■ **https://pemuteranbayfest.com,** eigentlich die Website für das Pemuteran Bay Festival, ein Festival im Herbst mit Musik, Yoga, Kunst und Sport, ist auch eine hervorragende Informationsquelle rund um einen Aufenthalt in Pemuteran und Umgebung.

Übernachten

- **Pondok Sari**④, Tel. 0362 94738, www.pondoksari.com, ist eine außergewöhnlich schöne Bungalowanlage mit Restaurant und Pool. Die teilweise mehrstöckigen Bungalows im balinesischen Stil mit Schnitzereien an den Wänden sind auf antik gemacht oder wirklich antik und strahlen in dem schön gestalteten Park Würde und Ruhe aus.
- **Puri Ganesha Homes by the Beach**④, Tel. 0812 3932984, http://puriganesha.com, ist ein Luxus-Sahnehäubchen unter den vielen Resorts und Villen auf Bali. Es gibt vier zweistöckige Häuser mit jeweils eigenem Pool, verteilt auf einem großzügigen Grundstück mit eigenem Strand. Alle Häuser sind individuell mit ausgesuchten Möbeln und Stoffen eingerichtet.
- **Suka Sari Cottages**③, Jl. Singaraja-Gilimanuk, Tel. 0857 38237737, hat schöne, große Bungalows, verteilt in einem grünen Park. Die Open-Air-Bäder sind riesig. Zur Wahl stehen Bungalows mit Deckenventilator oder Klimaanlage, allen gemeinsam ist der wunderschöne Ausblick auf Palmen.
- **Kubuku Eco Divelodge**②, Jl. Singaraja-Gilimanuk, Tel. 0362 3437303, https://kubukubali.com. „Kubuku" bedeutet „kleines Haus", und ein kuscheliges Häuschen für alle Besucher sollen die 19 geräumigen Zimmer auch sein. Das Restaurant ist bio und die Qualität ganz hervorragend.
- **Taruna Boutique Homestay**②-③, Jl. Singaraja-Gilimanuk, Tel. 0813 38536318, http://tarunapemuteran.com, ist bekannt für das ungemein freundliche Personal und die schöne, sehr gepflegte Anlage. Hier halten es auch Urlauber aus, die so gar nichts mit Tauchen am Hut haben.
- **North Bali Beach Cottages**③-④, Penyabangan, Tel. 088 971834777, www.balidivecenter.com, einige Kilometer östlich von Pemuteran. Nette Beachhäuser mit AC, Deckenventilator und Aussicht sowie frei stehende Bungalows direkt am Strand; diese gehören zum North Bali Divecenter (s.u.). Das lauteste Geräusch nachts kommt vom Meer. Die Einsamkeit ist gewollt, wie *Jörg Scharf*, der deutsche Eigentümer, erklärt: „Bei uns gibt's eben gar nix drumrum (...). Das war eine sehr bewusste Entscheidung, ebenso wie für die Größenbegrenzung der Tauchgruppen auf vier Personen. Wenn es der Massentourismus in den Nordwesten schafft, was gut passieren kann, dann möchte ich dabei nicht mitmachen, sondern weiterhin eine Alternative bieten: klein, familiär und persönlich, auch wenn das vielleicht Verzicht auf Umsatz bedeutet, vor allem in der Hochsaison."

Essen und Trinken

Die meisten Besucher essen im jeweiligen Resort. Entlang der Hauptstraße gibt es ein paar günstige Rumah Makan und Warung.

- **La Casa Kita,** Jl. Gilimanuk-Seririt, Tel. 0852 38890253, https://la-casa-kita.business.site, tgl. 14–23 Uhr. Pizza und kaltes Bier, ein angenehmes Ambiente und ein engagiertes Team. Dazu kann man das abendliche Treiben auf der Hauptstraße beobachten.

Mein Tipp: **Bali Tower Bistro,** The Menjangan, Bali Barat, Jl. Raya Denpasar-Gilimanuk, Pejarakan, Tel. 0362 94700, www.themenjangan.com/bali-towerbistro, geöffnet: in der Regenzeit 7–15 Uhr, in der Trockenzeit 7–23 Uhr. Vom fünfstöckigen Holzturm aus überblickt man den umliegenden Nationalpark und kann dabei einen Eiskaffee oder Cocktail schlürfen oder sich im zweiten und dritten Stock mit feinster Fusionsküche verwöhnen lassen. Am besten im Vorfeld online reservieren.

Nachtleben

- **Joe's Bar and Restaurant,** Jl. Seririt-Gilimanuk, Tel. 0852 37390151, https://m.facebook.com/profile.php?id=987184384695241, tgl. 16–24 Uhr. Pemuteran ist in Sachen Nachtleben eher schwach aufgestellt. Für ein paar Getränke und gute Gespräche am Abend ist Joe's die richtige Adresse.

Tauchen und Schnorcheln

■ **Reef Seen,** Jl. Seririt-Gilimanuk, Tel. 0812 3894 051, www.reefseenbali.com. Das 1991 eröffnete Tauchzentrum war das erste in Pemuteran, diverse Tauchplätze erhielten ihren Namen vom Gründer *Chris Brown* und seiner Crew. Er ist, gemeinsam mit anderen Personen und Organisationen, u.a. verantwortlich für die Schildkröten-Aufzuchtstation, den Temple Garden und das Biorock Project.

■ **Sea Rovers,** Jl. Singaraja-Gilimanuk, Tel. 0811 3857118, http://searovers.net. Eigentümer ist der Engländer *Paul Turley,* ein früherer Weggefährte von *Chris Brown.* Hier herrscht ein lockerer Umgangston, und alles hat immer irgendwie mit Piraten zu tun. Äußerst service- und sicherheitsorientiert, gutes Equipment, reibungslose Organisation.

■ **North Bali Divecenter,** Penyabangan, Tel. 088 971834777, www.balidivecenter.com. Hier geht es sehr familiär zu, die große Stammkundschaft kann das bezeugen. Die Tauchgruppen sind klein, die Zeitabläufe flexibel. Abends isst man gemeinsam und lässt den Tag Revue passieren. Auch ein kleines Wellness-Angebot gibt es. *Jörg* und sein Team organisieren zudem Ausflüge an Land.

Geld

Geldautomaten befinden sich entlang der Hauptstraße. Resorts und Tauchcenter können oft mit **Kreditkarte** (evtl. 3 % Aufschlag) bezahlt werden.

Post

■ **Kantor Pos,** Jl. Singaraja-Gilimanuk, Mo–Sa 7–15 Uhr.

Verkehr und Transport

■ **Minibusse und Bemos:** Pemuteran liegt an der Bus- und Bemostrecke Gilimanuk – Lovina (Gilimanuk 1 Std., Lovina 1¾ Std.); Singaraja (Banyuasri Terminal, 2¼ Std.)

■ Ein **privater Transport** in den Süden wie beispielsweise nach Ubud oder zum Flughafen kostet rund 600.000 Rp.

■ Ein **Scooter** ist im Norden eine gute Wahl; der Verkehr ist längst nicht so stressig wie in Balis Süden und man kann Ausflüge auf eigene Faust machen; Preis: ca. 80.000 Rp. pro Tag.

Grokgak

Rund um Grokgak und weiter Richtung Seririt wird Wein angebaut, Interessierte können sich die bewirtschafteten **Weinberge** anschauen: Das balinesische Unternehmen **Hatten Wines** macht's möglich, sein Weingut befindet sich in Sanggalangit. Die Weinstöcke kann man von der Hauptstraße aus sehen. Zum Weingut gehört ein **Welcome Center:** Hier gibt es einen Shop, **Weinverkostungen** werden angeboten und eben Touren durch die Weinberge. Von der Aussichtsplattform genießt man einen wunderbaren Ausblick über die Nordküste Balis.

Und der Wein ist gar nicht mal schlecht. Denn der nährstoffreiche vulkanische Boden ist perfekt und ermöglicht **drei Wachstumszyklen pro Jahr.** Dabei hilft die kühlende Meeresbrise, das heiße und feuchte Klima abzumildern. Hatten führt hier das umfangreichste Weinbauforschungs- und -entwicklungsprogramm der Insel durch und arbeitet mit einem Netzwerk lokaler Landwirte zusammen. Angebaut werden

▷ Rund um Grokgak wird Wein angebaut

zehn Rebsorten, von Muscat St. Vallier bis zum Syrah. Einfach mal bei einer Verkostung probieren!

■ **Vinyard of Hatten Wines,** Jl. Raya Seririt-Gilimanuk, Sanggalangit, Tel. 0812 9645077, http://adventure.hattenwines.com, Mo–Sa 10–16.30 Uhr.

Seririt

In Seririt trifft die Straße aus dem Inselinneren auf die Nordverbindung. Wer hier **nach Süden abbiegt,** erlebt eine wunderschöne Landschaft, Postkarten- und Instagrammotive liegen hinter jeder Kurve entlang der Straße, der sogenannten **„Antosari Road"**, die über die Berge und Pupuan in den Süden führt.

Seririt selbst ist mit seinen gut 100.000 Einwohnern ein **geschäftiger Marktflecken.** Urlauber werden hier kaum anhalten, außer zum Tanken oder Einkaufen.

Im **Vorort Ume Anyar** westlich von Seririt hat sich eine überschaubare touristische Szene entwickelt.

Übernachten/Tauchcenter

■ **Zen Resort**④, Jl. Ume Anyar, Desa Ume Anyar, Tel. 0362 93578, https://zenresortbali.com. Ein Resort vom Feinsten in einer Parkanlage auf einem Hügel mit Meerblick, traditionellen Bungalows, Umkleideräumen und Open-Air-Bädern, viel Holz und Stein und reichlich Designverständnis dazu. Es gibt Wellnesspakete mit Ayurveda, Yoga und Meditation und Öko-Seife zum Waschen. Das angeschlossene Tauchcenter **Zen Dive** bietet ein „Harmony Diving Program", in dem Yoga-, Meditations- und Atemtechniken das Tauchen noch eindrucksvoller machen sollen. Infos: https://zenresortbali.com/zen-harmony-diving.

■ **Nibbana Bali Resort**④, Jl. Ume Anyar, Desa Ume Anyar, Tel. 0823 34643066, https://nibbanaresort.com, liegt einen Hügel weiter vom Zen Resort. Pool, Ausblick, schöne Bungalows im balinesischen Stil mit Open-Air-Bädern und Klimaanlage.

xba043 sb

xba047 sb

6

Bali: Die Nordküste

» Der nördliche Teil von Bali wird von den Bergen geschützt, die die Insel von Ost nach West teilen. Und bis heute glänzt der Norden mit typischen Riten und Bräuche sowie kulturellen und landschaftlichen Highlights.

< Am Strand von Kalibukbuk

WEITE STRÄNDE UND KURIOSE TEMPEL

Bei einer Reise durch den Norden muss einem das Herz aufgehen: das saftige Grün, die Reisterrassen, die schroffen Berge, die vielen Düfte und dann die ruhigere Gangart, die Stille. Im Vergleich zum Süden vollzog sich die touristische Entwicklung hier später und langsamer. Am oft menschenleeren Sandstrand von Lovina kann man sich fühlen wie auf Bali vor 20 Jahren. Und während im Süden der Indische Ozean mit hohen Wellen gegen die Küste brandet, ist das Meer im Norden eher ruhig und oft spiegelglatt.

Hier befindet sich **Singaraja,** die zweitgrößte Stadt Balis. Im Hinterland locken heiße Quellen bei den **Banjar Hot Springs,** mit dem **Brahma Vihara** der größte buddhistische Tempel Balis, in Richtung Hochland der **Gitgit-Wasserfall,** und im **Tempel Pura Meduwe Karang** in Kubutambahan begegnet den Besuchern an einer Tempelmauer ein in Stein gemeißelter radelnder Holländer mit Blumen in den Speichen.

Ein bisschen Geschichte

Heute ist von der **holländischen Kolonialherrschaft** nicht mehr viel übrig außer den baumbeschatteten Alleen in Singaraja. 1848 beendeten die Niederländer das Feudalsystem des Königreiches Buleleng und machten Singaraja zur

Bali: Die Nordküste

Hauptstadt. Das heutige Hotel Buleleng war seinerzeit Sitz des Gouverneurs. Bulelengs Frauen und Mädchen waren die ersten, die ihren Oberkörper bedecken mussten, um die „Moral der Niederländer nicht zu gefährden". Im Gefolge der Holländer kamen **Chinesen** und **javanische Moslems,** wodurch sich die balinesischen Traditionen verwischten. Hier spielen das Kasten- und das Banjar-System keine so bedeutende Rolle wie im Süden. Da sich das Interesse der Nordbalinesen mehr auf die Familie und nicht so sehr auf die Dorfgemeinschaft bezieht, fehlen hier die prunkvollen, vom Banjar organisierten Feste und Prozessionen. Hinzu kommt, dass sich viele Einwanderer aus Java im Norden niedergelassen haben. Die große und zunehmende Anzahl an Moscheen verdeutlicht, welcher Religion sie angehören.

Die **Tempelarchitektur** unterscheidet sich insbesondere im Nordosten der Insel deutlich von der Südbalis. Der Stein, der hier gefunden wird, ist weicher und lässt sich einfacher bearbeiten. Das hat zu einer **barocken Überladung** der Bauwerke geführt. Jede Ecke und Fläche wird verschnörkelt und verziert.

Singaraja, größte Stadt des Nordens und Verwaltungssitz des Kabupaten Buleleng, ist unaufgeregt, ruhig und etwas verträumt. Es gibt so gut wie keine touristische Infrastruktur und kein namhaftes Restaurant. Für diese Annehmlichkeiten fahren die Einwohner nach **Lovina** und genießen hier die ewig langen Sandstrände – und das seit Jahrzehnten.

Schon in den 1960er-Jahren war der Norden das Rückzugsgebiet für „touristenrummelmüde" Traveller aus Kuta. **Hippies im Sarong** waren es meist, die auf der Suche nach einer alternativen Lebensart hierher kamen. Sie brauchten nicht viel: ein Stück Strand, etwas zu essen und ein Dach über dem Kopf. Ersteres war da, die beiden anderen Basics erhielten sie schnell und problemlos von

den Einheimischen – im Hinterhof, mit Familienanschluss. So entstanden bis in die Mitte der 1980er-Jahre zahllose Bungalows für Besucher. Im Gegensatz zu anderen Regionen Balis aber standen sie auf balinesischem Grund und Boden – es waren **keine (ausländischen) Investoren** an der Erschließung beteiligt, und es gab keinen wirklichen Plan, nach dem vorgegangen wurde.

Dann war dieser erste Schub irgendwann vorbei, **Finanzkrisen** hinterließen ihre Spuren. Die Balinesen hatten kein Geld, in den Unterhalt ihrer Bungalows zu investieren. Mit dem schlechten Zustand der Bungalows ging auch die **Anzahl der Übernachtungen zurück.** Als Bali in den Fokus der Pauschaltourismusindustrie geriet, ließen sich die Unterkünfte in Lovina kaum in ein Komplettpaket eines großen Reiseanbieters integrieren. Somit ging diese Entwicklung an Lovina vorbei.

Der zweite Besucherschub erreichte Lovina Ende der 1990er-Jahre in anderer Form: Villen statt Strandtourismus. Einigermaßen wohlhabende **Frühpensionäre aus dem Westen** begannen, sich Häuser für ihren Lebensabend an den Hängen und Stränden der Region zu bauen. Land war günstig, Bauen war günstig, das Wetter hervorragend.

Parallel dazu kam frisches Geld über **Investoren** in die Region. Sie bauten neue Hotels und steckten viel Geld in die **Infrastruktur:** Läden, Hausmeisterservice, Fahrdienste, Bäckereien, Bars und auch Spas. Die Zeiten der Hippies waren

NICHT VERPASSEN!

- Bei einer „rücksichtsvollen" **Delfintour vor Lovina** den Tieren ganz nahe kommen | 246
- Hat ein bisschen was vom sagenhaften Borobudur: das **Kloster Brahma Vihara** | 249
- Das eigene Schicksal in Lontarblättern entdecken in der **Gedong Kirtya** in **Singaraja** | 250
- Ein radelnder Holländer an der Tempelmauer in **Kubutambahan** | 253
- Auf Schleichwegen nach **Yeh Mempeh,** einem beeindruckenden Wasserfall | 255

Diese Tipps erkennt man an der gelben Markierung.

xba045 sb

Geschichte, nun wurde Lovina bevölkert von Honeymoonern, Familien und älteren Langzeiturlaubern.

Der **Schock der Balibombe 2002** ging natürlich auch an Lovina nicht vorbei. Touristen blieben aus, die Einheimischen unter sich. Doch sie verloren nicht ihre Zuversicht und machten weiter. Die Villen sind noch da, und sie müssen betreut, verwaltet und ihre Bewohner unterhalten werden.

Heute hat Lovina eine **gute Infrastruktur, wenig Verkehr** und einen **wunderschönen Strand** inklusive Sonnenuntergang. Dazu reichlich Reisfelder und Bergrücken, die bis ans Meer reichen. Zudem ist Lovina ein guter Ausgangspunkt für viele schöne Ausflüge.

Die **Preise** – mit Ausnahme der Luxushotels – sind niedriger als im Süden, das Leben ist deutlich ruhiger, die Atmosphäre sehr entspannt. **Viele Westler,** oft mit balinesischem Ehepartner, haben sich hier niedergelassen, da das Land preiswert ist und der Raum nicht so dicht bebaut. Einige errichteten sich ihr zweites Zuhause, andere kleine Guesthouses oder Hotels, manche mit Seminarprogrammen esoterischer oder ökologischer Ausrichtung.

◁ Lovina – Delfin-Statue am Strand von Kalibukbuk

Lovina

Als **Lovina Beach** wird der ganze Abschnitt an der Nordküste Balis, der westlich von Singaraja liegt, bezeichnet. Es gibt keinen gleichnamigen Ort, vielmehr handelt es sich um eine gut 8 km lange Aneinanderreihung von Stränden, die zu **mehreren Dörfern** gehören: Temukus, Kaliasem, Kalibukbuk, Banyualit, Anturan, Tukadmungga und Pemaron (von West nach Ost).

Lovina ist eine **schöne und preiswerte Alternative** zu den sehr beliebten und häufig überfüllten Stränden im Süden Balis. Es hat einen ganz eigenen Reiz, der vielleicht etwas versteckt daherkommt:

Der Norden und der Müll

Wer Pech hat, dem kann es passieren, dass das **Meer** an der Nordküste eine Zeit lang stark **verschmutzt** ist. Das liegt auch an den Einleitungen der Dörfer und touristischen Anlagen, meist aber sorgt das Wetter für das Ärgernis: Kommen **Regen, Wind und Strömung** ungünstig zusammen, kann es überall an der Nordküste aussehen wie auf einer Müllkippe. Das passiert sogar zwei- bis dreimal im Jahr im Nationalpark Menjangan. Es gibt viele Versuche, von den Dorfgemeinschaften selbst und von den Tauchcentern, die starkregenbedingten Einleitungen aus den Bergen mit **Netzen** aufzufangen, bevor sie ins Meer gelangen. Aber leider wurden diese Maßnahmen bisher nicht überzeugend von Erfolg gekrönt. Auch andere Küstenregionen leiden heute unter dem Problem …

Man muss sich also etwas Zeit nehmen, ihn zu entdecken.

Auch in der Hochsaison wirkt der Ort kaum belebt. Es gibt zwar Cafés und Pubs mit Happy Hour, die Restaurants sind gut und günstig und die Einwohner freundlich. Dennoch macht Lovina immer einen **etwas verschlafenen Eindruck,** so lässig-entspannt geht es hier zu. Wer nicht nur am Strand liegen will, kann ein wenig **schnorcheln** oder einen **Ausflug zu den Delfinen** (→ S. 246) unternehmen.

Die Gewässer hier oben sind ruhig, es gibt keine Unterströmungen. Der Ort **Kalibukbuk** mit der bekannten Delfin-Statue bildet eine Art Zentrum der Region, hier befinden sich die meisten Restaurants, Bars und Shops. Jedes Dorf von Lovina hat ein eigenes Stückchen Strand. Dieses wird von der Dorfgemeinschaft und den dortigen Hotels in Schuss gehalten und gesäubert. Meist ist der **Sand eher grau** und vulkanischen Ursprungs, also nicht weiß wie im Süden.

Kalibukbuk Beach ist der wohl am besten gepflegte Strand mit den meisten Cafés und einem Pier. Hier ist der Sonnenuntergang am schönsten. Bunt bemalte Fischerboote, Jukungs, liegen im Sand und geben ein schönes Fotomotiv ab. Man sollte beim Schwimmen und Schnorcheln aufpassen, dass man nicht zu dicht an die Korallen herankommt: Schnell kann es passieren, dass man sich an den scharfen Kanten schneidet.

Woher der Name „Lovina" kommt

Über den Ursprung des Namens „Lovina" ranken sich einige Legenden: Eine der schönsten ist **„Love in Indonesia",** zusammengerafft eben zu Lovina. Wer weiter recherchiert, findet einen anderen Grund: Namensgeber für diese Region war wohl **Pandji Tisna,** der letzte König Bulelengs (1908–1978), ein Schriftsteller. 1953 ließ er für sich und seine Gäste ein Homestay in Kaliasem bauen, das er Tasik Madu („Meer des Honigs") nannte. Sein Grundstück nannte er „Lovina"; das Wort beschreibe „die Liebe, die im Herzen aller Menschen ist". Rund um das Tasik Madu entstanden weitere Hotels, die das Wort Lovina mitbenutzten. Im Laufe der Jahre wurde der Begriff zum Markenzeichen der Region.

Praktische Infos

Information

- **Lovina Government Tourist Information Service,** Jl. Seririt-Singaraja, Kalibukbuk, Tel. 0819 36352377, Mo–Sa 8.30–18 Uhr.

Übernachten

Die einzelnen **Guesthouses, Resorts und Hotels ziehen sich über mehrere Kilometer** die Küstenstraße und ihre Quergassen entlang. Da die Unterkünfte weit auseinanderliegen, ist es wichtig, an der „richtigen Ecke" auszusteigen; die meisten Minibusse laden ihre Passagiere bei der Delfin-Statue unten am Strand in Kalibukbuk ab, es sei denn, es wurde ein direkter Hotelzubringer gebucht.

Es gibt Hunderte von Unterkünften, daher sollte man ein wenig Zeit in die **Suche** nach dem idealen Strand und dem perfekten Bungalow investieren. Klar ist: Je näher am Beach, desto teurer wird es.

☒ Lovina ist nicht so überfüllt wie die Strände im Süden Balis

Temukus

■ **Deutsches Eck in Bali**②-③, Jl. Singaraja-Seririt, Banjar Labuhan Aji, Tel. 0813 37937718, www.deutscheseckbali.com. Liegt ganz im Westen von Temukus und ist bekannt für sein Restaurant (s.u.). Es gibt aber auch vier nette „Gästezimmer", die mit Fan oder Klimaanlage, TV und Safe ausgestattet sind. Pool ist vorhanden. Der Deutsche *Richard* und seine Frau *Ketut* teilen sich die Aufgaben: Er baut und verwaltet, sie kocht. Die Atmosphäre ist locker, die Zimmer sind stabil, zweckmäßig und luftig.

■ **Lilin Lovina Beach Hotel**④, Jl. Singaraja-Seririt, Tel. 0362 41670, www.lilinlovinabeachhotel.com. Die sieben schicken Villas des Lilin Lovina Beach sind fest in amerikanischer Hand. Hier geht es um gute Schwingungen, man kann Bambuspfade beschreiten oder im Pool seine Bahnen ziehen.

Kalibukbuk

Unbestritten das **Zentrum Lovinas** mit zahlreichen Restaurants, Shops, Spas, Bars und Beachlife. Es gibt eine beschattete Promenade direkt am Strand. Von der Delfin-Statue aus, einem Ankunftspunkt für Minibusse, setzen sich Reisende oft in Bewegung, um die geeignete Unterkunft zu finden, und davon gibt es unzählige – hier eine Auswahl:

■ **Nirwana Seaside Cottages**②, Jl. Pantai Binaria, Tel. 0878 55927769, ein günstiger Klassiker am Strand. Die einfachen Bungalows entlang der den Strand vom Resort trennenden Mauer sind ein wenig in die Jahre gekommen und recht dunkel. Die neuen Zimmer im zweigeschossigen Gebäude am Pool sind schlicht.

■ **Sea Breeze**③, Jl. Pantai Binaria, Tel. 0362 41138, www.facebook.com/SeaBreezeLovina. Mittendrin und am Meer: Hier gibt es das wohl schönste Café direkt am Strand und schicke klimatisierte Bungalows in einem kleinen Park hinter dem Pool, einige mit Meerblick.

■ **Homestay Purnama**②, Jl. Raya Lovina, Tel. 0362 41043. Familiäre Atmosphäre: Man wohnt günstig und mit Familienanschluss. 100 m sind es zum Strand.

xba046 sb

■ **Pondok Visata Elsa II**②, Jl. Pantai Lovina, Tel. 0812 38466863. Übernachten im Hofhaus: Das sympathische Guesthouse befindet sich in den Hinterhöfen von Kalibukbuk. Das Personal ist ungemein engagiert, die kleinen Bungalows mit oder ohne Klimaanlage, aber immer mit Frühstück, sind nett, das Preis-Leistungs-Verhältnis stimmt.

■ **My Lovina**③, Jl. Pantai Binaria, Tel. 0853 3375 4233. My Lovina präsentiert sich mit zehn Deluxe-Rooms mit Aussicht, Terrasse und Klimaanlage mitten in einem schön angelegten Garten am Ende der Gasse.

■ **Taman Ganesha**③, Jl. Kartika 45, Tel. 0812 3771381. Liegt in einem herrlichen Garten mit tiefblauem Pool und vielen Skulpturen sowie Bungalows mit insgesamt vier Zimmern. Die Anlage wurde von einem deutschen Künstler und Gärtner eingerichtet. Hier kann man ein paar ruhige und entspannte Tage verbringen.

Kayuputih (in den Hügeln)

■ **Puri Mangga**③, Jl. Damai, Kayuputih, Tel. 0811 398252, www.puri-mangga.de, Lesertipp: „Fühlt sich an wie ein Luxus-Hotel, ist aber relativ klein und wunderschön gelegen (…). Man hat einen Infinity Pool und ein Restaurant mit Meerblick, das Essen war echt lecker und die Mitarbeiter sehr aufmerksam." Zudem gibt es einen Shuttle-Service nach Lovina.

Anturan

Anturan ist ein kleiner Fischerort mit ein paar Unterkünften, kleinen Warungs und echtem, völlig entspanntem Fischer-Strandleben.

■ **Mumbul Guesthouse**③, Gang Mumbul, Tel. 0831 47659233, www.mumbul.net. Hier blicken die riesigen Bungalows mit hohen Decken, viel Holz und Steinboden auf die Reisfelder, die Klimaanlage sorgt für die rechte Temperierung, auch der Pool in der Mitte der Anlage sorgt für Abkühlung.

MEIN TIPP: **Gede Homestay**②, Jl. Kubu Cembong, Tel. 0362 41526, www.gedehomestay.com. Die beliebte Anlage ist bekannt für das musikalische Programm, das der Eigentümer, *Mister Gede*, gelegentlich abends auf die Bühne bringt. Auch das Restaurant ist gut, man schaut direkt aufs Meer. Die großen, sauberen Zimmer hinter dem Restaurant haben Deckenventilator oder Klimaanlage.

Selat

■ **Sananda Bungalows**③, Jl. Selat-Anturan, Tel. 0812 3641781, www.sanandabungalows-bali.com, ein Lesertipp: „In dieser ruhigen, friedvollen Anlage lebt man mit der Natur und Kultur von Bali im Einklang. Man kann eine unbeschreibliche Harmonie spüren und fühlt sich sofort zu Hause." Auch wird hier biologisch angebaut, und die Abwassersysteme sind ökologisch angelegt.

Essen und Trinken

Viele Hotels haben ein eigenes Restaurant. Warungs gibt es in allen Orten von Lovina. Daneben finden sich etliche Bars, Cafés und Restaurants, die gutes, preiswertes Essen anbieten – teilweise auch als Buffet mit Live-Musik und Tanz.

Temukus

■ **Deutsches Eck in Bali,** Jl. Singaraja-Seririt, Banjar Labuhan Aji, Tel. 0813 37937718, www.deutscheseckbali.com. Wenn *Ketut,* die einige Zeit mit ihrem Mann *Richard* in Deutschland gelebt hat, den Herd anschmeißt, gibt es z.B. Rouladen, Spätzle und Rotkohl oder Kassler mit Sauerkraut und Salzkartoffeln. Wem das zu viel ist, der kann auch ein mit Wurst belegtes Brot nehmen.

Kaliasem

■ **Superman Restaurant,** Jl. Krisna, Tel. 0852 37514220, tgl. 7–22 Uhr, fällt fast nicht auf am Straßenrand, sollte aber nicht übersehen werden. Gute Küche zu guten Preisen.

Kalibukbuk

■ **Sea Breeze Café,** Jl. Pantai Binaria, Tel. 0362 41138, www.facebook.com/SeaBreezeLovina, tgl. 8–23 Uhr. Vielleicht der schönste Platz am Strand für einen Sundowner und etwas von der umfangreichen Speisekarte. Die abendliche Musikunterhaltung ist als Wunschprogramm gestaltet.

Akar Café, Jl. Binaria, Tel. 0362 3435636, Kalibukbuk, tgl. 7–22 Uhr. Falafel, Pita, Hummus – hier gibt's reichlich Vegetarisches und Veganes, selbst gemacht natürlich. Lecker sind die Mahlzeiten auch noch.

■ **Kakatua Bar & Restaurant,** Pantai Lovina, Tel. 0362 41344, https://kakatua-bar-restaurant.busi ness.site, tgl. 10–22 Uhr, mit einer langen Speisekarte, die für jeden Geschmack etwas bietet.

■ **Bakery Lovina,** Jl. Raya Lovina, Kalibukbuk, https://caferestaurantlo vina.com, tgl. 6–21.30 Uhr. Hier gibt es den vielleicht besten Kaffee in Lovina. Freunde von süßem Gebäck oder frisch gebackenem Brot kommen sicher auf ihre Kosten.

■ **Bintang Bali Restaurant,** Jl. Mawar, Tel. 0819 36310404, tgl. 7–23 Uhr. Macht von außen nicht viel her, ist aber ein angenehmes Plätzchen mit Ausblick aufs Meer und ideal für einen frisch gepressten Saft oder eine stärkende Suppe.

Banyualit

■ **Sunset Ayu Restaurant,** Tel. 0362 41054, tgl. 7–22 Uhr. Ins Auge springt die Speisekarte: Es gibt Schweinebraten mit Bratkartoffeln, Cordon Bleu und Curry – in freundlicher Umgebung und bei günstigen Preisen.

Pemaron

■ **Warung Bambu,** Jl. Hotel Puri Bagus, Tel. 0857 37522161, tgl. 10–20.30 Uhr, ein Lesertipp: „Eine Empfehlung könnte ich noch geben, das Restaurant Warung Bambu Pemaron, es liegt zwischen Lovina Beach und Singaraja in Pemaron an der Straße zum Hotel Puri Bagus Lovina. Die Inhaberin *Beate Dotterweich* mit ihrem balinesischen Mann *Nyoman Tirtawan* bietet balinesische Küche mit europäischem Standard, einfach köstlich. Sie vermieten übrigens auch zwei traumhaft gelegene und eingerichtete Bungalows in den Bergen oberhalb von Kubutambahan, ein Traum, wenn man das ländliche Bali mag." Es werden auch Kochkurse angeboten.

Nachtleben

In Lovina gibt es so etwas wie eine „Szene". Viele **Bands,** die jeder denkbaren Musikrichtung anhängen, haben sich hier gebildet und treten in diversen Restaurants und Kneipen auf. Auch werden in einigen Restaurants in Kalibukbuk **Tänze** vorgeführt.

■ **Kantin21,** Jl. Raya Lovina, Kaliasem, Tel. 0362 3435635, tgl. 13–2 Uhr. Bekannt für gute Stimmung und Pizza. Die Bude wird schnell voll und „wehrt" sich mit fettem Live-Programm und entsprechenden Beats gegen die vorbeiführende Hauptstraße.

MEIN TIPP: **Zigiz Bar,** Jl. Binaria, Anturan, Tel. 0877 15588766 tgl. 16.30–24 Uhr. Mittendrin und live dabei. Zigiz liegt einen Steinwurf von der Delfin-Statue entfernt, also im Herzen von Lovina, und ist ein beliebter Treff. Kein Wunder in Anbetracht des immer freundlichen Personals und der günstigen Getränke.

■ **Poco Lounge Bar,** Jl. Binaria, Anturan, Tel. 0821 47125917, https://pocoloungebar.com, Di–So 17–2 Uhr. „Live, gut und günstig" ist das Motto von Poco. Hier kommen viele heimische Künstler zum Einsatz, und bei einem günstigen Happy-Hour-Bier kann man sich auf den Musikgenuss wunderbar einlassen.

■ **Volcano Club,** Jl. Raya Lovina, Banyualit. Ist die einzige Disco im Ort und am Samstag geöffnet. Hier kommen auch die Einheimischen her, um mal wieder ordentlich Dampf abzulassen.

Delfine beobachten – muss das sein?

Eine der Attraktionen in Lovina ist das **„Dolphin Spotting".** An allen Ecken und Enden wird es angepriesen, auch seriöse Anbieter haben es für 150.000 Rp. p.P. im Programm. Es gibt Urlauber, die davon begeistert sind, es gibt in den einschlägigen Foren aber auch reichlich kritische bis vernichtende Stimmen.

Folgende **Verhaltensregeln** sollte man immer bei Delfintouren einhalten – aus Rücksicht auf die Tiere; die Kapitäne halten sich leider nicht immer daran:

- **Sich den Tieren nur langsam und leise nähern.**
- Der **Abstand** zu den Delfinen sollte **nicht weniger als 50 m** betragen. Auch wenn der Bootsmann seinen Gästen die beste Show bieten will, sollte er höflich darauf hingewiesen werden, dass es genügt, die Delfine aus der Distanz zu betrachten.
- Die **Delfingruppen nicht durchfahren und keine Tiere vereinzeln,** um sie dann zu umkreisen.
- Sich **nicht von hinten nähern** und die Delfine **nicht jagen.**
- Die Tiere **weder füttern noch Müll ins Meer werfen.**
- **Nicht aus dem Boot steigen, um mit den Delfinen schwimmen zu wollen.**

412ba au

Sonstiges

Geld

Es gibt **Geldwechsler** und reichlich **Geldautomaten** entlang der Hauptstraße und in den Shops.

Krankenhaus

- **Lovina Clinic,** Jl. Raya Lovina, Tel. 0362 41106, mit 24-Std.-Service.

Sport und Aktivitäten

Radfahren ist für Lovina eine gute Idee; ein ordentliches Bike kostet ca. 45.000 Rp. am Tag.

Delfintouren

So gut wie alle Hotels, Guesthouses, Cafés und Touristeninformationen bieten Delfintouren an. Schon früh am Morgen um 6 Uhr werden die Kunden zu einer bestimmten Stelle geschippert und warten dann ab, wo die Delfine springen. Das **„Dolphin Spotting"** ist umstritten (→ Exkurs links).

Tauchen und Schnorcheln

- **Arrows Dive Center,** Jl. Mawar, Kalibukbuk, Tel. 0821 44825022, http://arrows-dive.com. Indonesisch geführtes PADI-Tauchcenter mit gutem Ruf in Sachen Service.

Wassersport

An den Stränden Lovinas gibt es quasi alle Wassersportarten, vom Banana Boat über Parasailing, Jetski, Flyboard bis hin zum SUP.

- **Krisna Wassersport,** Jl. Seririt-Singaraja, Temukus, Tel. 0811 3973311, www.facebook.com/KrisnaWatersportsSingaraja.

⊡ Fischerboote am Lovina Beach

Verkehr und Transport

Die meisten Besucher kommen mit dem Mini- oder Shuttlebus an; entweder ist dann schon ausgemacht, bei welcher Unterkunft man aussteigt, oder man wird beim Delfin-Monument in Kalibukbuk rausgelassen.

- **Mini- und Shuttlebusse** fahren von Lovina aus alle wichtigen Touristenzentren an; übliche Preise (jeweils mind. 2 Pers.) sind: Bedugul 150.000 Rp., Kuta 250.000 Rp., Ubud 250.000 Rp., Canggu 325.000 Rp.
- **Perama,** Perama Hotel, Jl. Singaraja-Gilimanuk, Anturan, Tel. 0362 41161, www.peramatour.com.
- Der Transport entlang der Hauptstraße per **Bemo** ist machbar. Bei Tag sind Bemos quasi ununterbrochen unterwegs. Man sollte darauf achten, dass man als Tourist nicht allein im Bemo sitzt; der Fahrer könnte das so verstehen, dass man das ganze Bemo gemietet hat. Dann steigt der Preis.
- Die meisten Hotels und Reisebüros organisieren **Scooter und Autos.** Der Mietpreis für ein Scooter beträgt 70.000–90.000 Rp. pro Tag inklusive Versicherung, ein Auto kostet ab 200.000 Rp./Tag, ein Auto mit Fahrer ca. 600.000 Rp./Tag.

Umgebung von Lovina

Lovina ist eine hervorragende Ausgangsbasis, um **selbst organisierte Ausflüge** in die Region zu unternehmen. Die Länge der Strecken hängt natürlich auch vom gewählten Fahrzeug ab.

Radtour in die Berge

Wer ein Fahrrad gemietet hat, kann **von Kalibukbuk aus** zu einer kleinen Tour Richtung Berge starten. Die Straße zum Damai Hotel an der einzigen Ampelanlage in Kalibukbuk führt mitten hinein in **Berge, Wälder und Dörfer.** Ab und zu liegt mal eine Expat-Villa mit Aussicht über die Bäume am Weg. Bis zum **Damai Hotel** hochradeln, hier vielleicht eine Verschnaufpause im zugehörigen Restaurant oder Café einlegen, dann noch ein wenig den Berg hoch nach rechts, dann das Damai umrunden. Die Straße führt dann wieder abwärts Richtung Kaliasem, vorbei an Schulen, Werk-

179ba sb

111ba sb

stätten, Wohnhäusern und Dschungelflächen. Unten an der Hauptstraße rechts halten und bis zur Ampelkreuzung zurückfahren.

Sing-Sing-Wasserfälle

Ca. 5 km westlich von Kalibukbuk führt eine kleine ausgeschilderte Straße nach Süden. Nach 1 km kommt auf der rechten Seite ein Warung im Ort **Belimbing;** dort kann man gegen eine Spende das Fahrzeug parken und dann die ca. 200 m zu Fuß zu den zwei Wasserfällen Sing Sing laufen. Der größere ist ca. 12 m hoch, hier kann man wunderbar in erfrischend kühlem Wasser **baden.** Während der Trockenzeit ist der Wasserfall weniger spektakulär, und manchmal kommt es sogar vor, dass gar kein Wasser herunterrauscht.

■ **Air Terjun Sing Sing, Tigawasa,** tgl. geöffnet.

⊼ Hat eine gewisse Ähnlichkeit mit dem Borobudur auf Java: das Kloster Brahma Vihara

Heiße Quellen bei Banjar

In Banjar, 4,6 km vom Ortseingang Lovina (Temukus) entfernt, führt eine asphaltierte Straße (ca. 2,4 km) zu den heißen Quellen **Air Panas Banjar.** Die jahrhundertealte Anlage mit ihren bis zu 38 Grad warmen Quellen wurde im Laufe der Jahre mehrmals erweitert und renoviert. Heute gilt sie bei Einheimischen und Urlaubern gleichermaßen als **beliebter Rückzugs- und Erholungsort.** Die heißen Wasserquellen enthalten viel Schwefel und bieten so nicht nur ein entspannendes, sondern auch ein **therapeutisches Badeerlebnis.** Die Bäder wurden während der japanischen Besetzung ausgebaut, denn die Japaner hatten erkannt, dass das hiesige Wasser verschiedene Hautprobleme und rheumatische Beschwerden heilen bzw. lindern kann. Ein **schöner Tagesausflug,** den man am besten mit Scooter oder Auto unternimmt.

■ **Air Panas Banjar,** https://banjarhotspring.co.id, tgl. 8.30–17.30 Uhr, Eintritt: Erwachsene 20.000 Rp., Kinder 10.000 Rp.

Brahma Vihara Arama

MEIN TIPP: In Banjar führt eine asphaltierte Straße 800 m bis zur Kreuzung in Ambengan; dort links fahren Richtung Osten. Nach 700 m kommt erneut eine Kreuzung, dort rechts abbiegen Richtung Nordost. Nach 1,5 km erreicht man Brahma Vihara Arama, **Balis größtes buddhistisches Kloster.** 1970 eröffnet, beeindruckt es durch seinen Baustil, der stark an den Borobudur auf Java erinnert, die größte buddhistische Tempelanlage der Welt. Es gibt zahlreiche Meditationsräume, Bibliotheken und **wunderschöne meditative Gärten;** hier stehen **Buddha-Figuren mit unterschiedlichen (Hand-)Haltungen,** den Mudras. Interessant sind zwei vergoldete Bronzestatuen, die 1977 als Geschenke aus Thailand und Sri Lanka kamen. Der Tempel ist während **Vesak,** dem Fest zu Buddhas Geburtstag, Meditationsort für buddhistische Pilger aus ganz Bali. Für Besucher aus dem Westen werden regelmäßig **Achtsamkeitsmeditationskurse** (Vipassana) auf Englisch veranstaltet.

■ **Brahma Vihara Arama,** Gang Sahadewa, Banjar Tegeha, tgl. 9–17 Uhr, Eintritt: Spende.

Singaraja

Singaraja ist mit 120.000 Einwohnern die größte Stadt im Norden und nach Denpasar die **zweitgrößte Stadt Balis.** In dieser ehemaligen Hafenstadt wohnen relativ viele Chinesen, Muslime und Christen. Es gibt im Stadtbild **Tempel vieler Religionen.** Trotz der Größe erscheint Singaraja ruhig, sogar ein wenig verschlafen, zumindest wenn man es mit dem quirligen Treiben in Denpasar vergleicht. Der **moderne Hafen** befindet sich **in Celukan-Bawang** etwa 25 km westlich von Singaraja.

Singaraja ist der Ort Balis, der **zuerst Kontakt mit Europäern** hatte, und zwar Ende des 16. Jahrhunderts mit den **Holländern.** Außer von der Gastfreundschaft der Fürsten waren die Holländer vor allem von den Profiten, die hier ganz offensichtlich zu erwirtschaften waren, beeindruckt, da Singaraja schon in damaliger Zeit einen **guten Hafen** hatte. Allerdings dauerten die „freundlichen" Handelsbeziehungen nicht lange. Schon bald war die Gier der Europäer nicht mehr auf friedliche Weise zu befriedigen, und 1846 kam es zum ersten Invasionsversuch der Holländer. Diesem trotzten die Balinesen zwei Jahre lang. 1848 aber waren die nördlichen Königreiche Buleleng und Jembrana **endgültig unter holländische Kontrolle** geraten. Damit wurde der Norden Balis genau 60 Jahre früher als der Süden kolonisiert, was bis heute Nachwirkungen zeigt. Singaraja war während der gesamten Kolonialzeit und danach bis 1953 Verwaltungszentrum für die damalige Provinz Nusa Tenggara.

Den alten Hafen gibt es nicht mehr, dafür eine Art **Hafen-Museums-Meile** mit auf Stelzen ins Meer gebauten Restaurants, ein wenig Parklandschaft und einigen Warungs. Hier steht das **Monument Yudha Mandala Tama,** das balinesische Freiheitskämpfer zeigt, begleitet von *Garuda* und *Naga.* Nahebei befindet sich unübersehbar der farbenfrohe chinesische **Tempel Gwan Ling Khong.**

Da es in Singaraja **keinerlei touristische Infrastruktur** gibt, ist die Stadt eher einen Ausflug ab Lovina wert als eine Übernachtung. Allerdings kann man hier **gut shoppen** und **ausgezeichnet speisen,** denn zahlreiche Imbissstände, Warungs und Restaurants servieren so einiges: von Nasi Campur und Babi Guling bis hin zur Padang-Küche. Sehenswert sind das Museum Buleleng und die Schriftsammlung Gedong Kirtya.

Museum Buleleng

Hier gibt es eine nette kleine Sammlung von Fundstücken und Fotografien, die die **Geschichte des Königshauses von Singaraja** dokumentieren. Einige Gegenstände aus dem Leben von *Pandji Tisna,* dem letzten König von Buleleng, sind ausgestellt, etwa sein Auto oder seine Schreibmaschine.

- **Museum Buleleng,** Jl. Veteran 23, Tel. 0362 3303368, Mo–Sa 8–16 Uhr, Eintritt: Erwachsene 10.000 Rp., Kinder 5000 Rp.

Gedong Kirtya

Eine nicht nur für Kenner interessante **Sammlung alter balinesischer Schriftstücke:** Insgesamt lagern in der Gedong Kirtya etwa 3000 bis zu 1000 Jahre alte **Lontar-Manuskripte.** Sie sind teilweise kunstvoll illustriert und in verschiedene Themenbereiche aufgeteilt: von Astrologie über Philosophie und den balinesischen Kalender bis hin zur balinesischen Küche. Die verwendeten Sprachen reichen vom klassischen Sanskrit bis zum alten Javanisch. Noch älter sind einige **Prasastis,** die ebenfalls gezeigt werden, Metallplatten, auf denen seinerzeit Könige ihre Erlasse einritzen ließen.

- **Gedong Kirtya,** Jl. Veteran, Tel. 0362 25141, Mo–Do 7–14.30 Uhr, Fr 7–12 Uhr, Eintritt: Spende.

Praktische Infos

- **Geld:** Es gibt im Stadtzentrum Banken und Geldautomaten.
- **Krankenhaus: Kertha Usadha Hospital,** Jl. Cendrawasih 7, Kaliuntu, Tel. 0362 26277, www.rsukerthausada.com, mit 24-Std.-Notdienst.
- **Zahnarzt: Dr. Ifsil Ari Permana,** Jl. Ahmad Yani 189 A, Banyuasri, Tel. 0813 92166621, www.facebook.com/ifsil.nurvikha, Mo–Sa 17–21 Uhr.
- **Polizei: Buleleng Police Resort,** Jl. Pramuka 1, Tel. 0362 22510, 24 Std. geöffnet.
- **Post: Kantor Pos Singaraja,** Jl. Gajah Mada 156, Tel. 0362 21788, tgl. 7.30–20 Uhr.
- **Visumverlängerung: Kantor Imigrasi,** Jl. Singaraja-Gilimanuk, Tukadmungga, Tel. 0362 32174, Mo–Do 8–16 Uhr, Fr 8–16.30 Uhr.

Verkehr und Transport

Es gibt **drei Busstationen** in Singaraja (zwischen den Stationen pendeln Minibusse und Bemos; mit einem Bemo gelangt man auch nach Lovina Beach):

- **Banyuasari:** Busse/Minibusse nach Lovina, Denpasar, Bedugul und Gilimanuk.

■ **Penarukan:** Der Busbahnhof liegt ca. 4 km östlich außerhalb der Stadt und ist mit dem Bemo erreichbar. Busse/Minibusse Richtung Osten nach Kintamani, Amlapura sowie nach Semarapura (Klungkung) über Kintamani und Yeh Sanih.
■ **Sukasada (Sangket):** Busse/Minibusse nach Denpasar über Bedugul, Gilimanuk und Lovina.

Gitgit-Wasserfall

Der rund 40 m hohe Gitgit-Wasserfall **(Air Terjun Gitgit)** ist eine gern angefahrene Attraktion auf der Strecke von Singaraja nach Bedugul (11 km). Die **Straße** wurde 2022 auf 6 km Länge aufwendig **ausgebaut,** die Reisezeit zwischen Singaraja und Mengwi ist jetzt gut 45 Minuten kürzer. Auf der Strecke blieben die Straßenhändler und Märkte rund um Candi Kuning, die jetzt aufgrund der neuen Straßenführung umgangen werden. Dafür aber kommen mehr Südbalinesen in den Norden und damit zum Wasserfall.

Zu ihm gelangt man beispielsweise bei **km 9** oder **11** ab Singaraja. Bei **km 14** gibt es keinen Parkplatz, hier muss am Straßenrand geparkt werden. Nachdem man eine üppig bewachsene Schlucht hinuntergewandert ist, erreicht man die Kaskade und kann sich an der Gischt erfrischen. Im felsigen Becken unter dem Wasserfall kann man anschließend ein **kühles Bad** nehmen oder spazieren gehen: Weiter den Hang hinauf folgt ein weiterer **Wasserfall,** der **Mekalongan.**

■ **Air Terjun Gitgit,** Jl. Bedugul-Singaraja, Parkplätze bei km 9, 11 und 14, Eintritt: Erwachsene 20.000 Rp., Kinder 10.000 Rp., Parken 5000 Rp.

Sangsit

In diesem Dorf östlich von Singaraja befindet sich ein sehenswerter Tempel, ca. 200 m links von der Straße nach Yeh Sanih/Amlapura. Der **Pura Beji** ist der Landwirtschaftsgöttin *Dewi Sri* geweiht und ein **gutes Beispiel für die Tempelarchitektur Nordbalis.** Diese zeichnet sich durch eine schier überwältigende Vielfalt an Reliefs, Steinmetzarbeiten und Verschnörkelungen aus. Außerdem fehlen oft die einzelnen Merus und Schreine, an deren Stelle lediglich ein einziges Podest errichtet wurde, das normalerweise einen Thron des Sonnengottes und verschiedene andere „heilige Häuser" trägt, in denen Reliquien aufbewahrt werden.

■ **Pura Beji,** Jl. Raya Sangsit, tgl. 8–17 Uhr, Eintritt: Spende (10.000–20.000 Rp.).

Pura Dalem Jagaraga

Den Hang hinauf, in Jagaraga, sollte man sich links an der Straße einen **Tempel** nicht entgehen lassen: Der Pura Dalem Jagaraga stammt aus dem Jahr 1849 und wurde von der Dorfgemeinschaft als spirituelle Antwort auf die andauernde militärische Bedrohung durch die holländische Kolonialmacht erbaut. Denn hier erfuhren die Holländer 1849, nach ihrem Angriff auf das nordbalinesische Königreich, was **Puputan** bedeutet: Ein Massenselbstmord fand statt, man wollte sich nicht von der Kolonialmacht unterdrücken lassen. So bedeutet der Name Jagaraga „Pass auf Dich auf". Denn das

924ba sb

Dorf nahm an, dass die Holländer jeden Augenblick zur Eroberung ansetzen könnten. Nicht nur der Bau- und Ornamentstil des Pura Dalem Jagaraga unterscheidet sich von anderen balinesischen Tempeln. Es sind vor allem die **Reliefabbildungen,** die **sehenswert** sind: Sie deuten darauf hin, dass die Dorfbevölkerung mit einem Angriff über Land, aus der Luft und über das Wasser rechnete. Der **nordbalinesische Hang zur Karikatur** hat hier ein Meisterwerk vollbracht: Zwei korpulente Europäer sitzen in einem uralten Ford und werden von einem bewaffneten Banditen bedroht. Vom Himmel fallen Flugzeuge ins Meer, auf dem holländische Dampfschiffe von Seeschlangen angegriffen werden. Außerdem erscheinen die Hexe *Rangda* und verschiedene Fruchtbarkeitssymbole – eine balinesische Art, mit den holländischen Besatzern abzurechnen.

■ **Pura Dalem Jagaraga,** Jagaraga, tgl. 8–18 Uhr, Eintritt: 20.000 Rp. inklusive Führung.

Wasserfälle von Sekumpul

Die **Air Terjun Sekumpul** erreicht man ab Sangsit über Jagaraga und Sawan. Sie sind mit 80 m Höhe wohl **Balis spektakulärste Wasserfälle** und die größten auf der Insel. Ab Sekumpul und dem offiziellen Parkplatz dauert der Aufstieg 30 bis 45 schweißtreibende Minuten. Die aber lohnen sich, denn die Landschaft ist sehr abwechslungsreich, und beim Aufstieg gibt's einiges zu sehen. In der Regenzeit warten oben gleich **sieben Wasserfälle,** die die schroffen Klippen lautstark hinunterstürzen – zwei sind es das ganze Jahr über. Der Wasserfall ist längst kein Geheimnis mehr. Da er aber weit weg der üblichen Wege von Urlaubern ist, ist der Andrang noch überschaubar.

■ **Sekumpul Waterfalls,** Sekumpul, tgl. 8–17 Uhr, Eintritt: 20.000 Rp., Parken (Official Parking): 5000 Rp.

Kubutambahan

In dem ca. 12 km von Singaraja entfernten Ort am Nordzipfel Balis lohnt sich ein kurzer Stopp, um den **Pura Meduwe Karang,** den **„Tempel des Herrn, dem die Erde gehört"**, zu besichtigen. Hier bitten die Dorfbewohner um eine gute Kaffee- und Maisernte. Der Pura Meduwe Karang ist ein Bau im typisch nordbalinesischen Stil mit vielen Abbildungen aus dem Alltag. Seine Besonderheit aber ist ein sehr **eigentümliches Wandrelief;** es zeigt einen Mann aus dem Westen in traditioneller balinesischer Kleidung, der auf einem **Fahrrad** fährt. Die Räder sind mit Blumenornamenten verziert, und der Mann, so sagt es sein Gesichtsausdruck, ist in einer Mission unterwegs. Es wird allgemein angenommen, dass es sich bei dem Radler um den niederländischen Künstler, Lithographen und Ethnologen **Wijnand Otto Jan Nieuwenkamp** (1847–1950) handelt, der 1906 wohl als erster europäischer Künstler die Insel besuchte. *Nieuwenkamp* verbrachte auf der Suche nach Motiven aus Kunst und Kultur viel Zeit in dieser Gegend, dabei war er häufig mit dem Fahrrad unterwegs. Dieses damals noch nie gesehene, seltsame Verkehrsmittel begeisterte die Einheimischen offensichtlich so sehr, dass sie ihm ein Denkmal setzten. Mehrmals wurde das Relief renoviert, so kamen die Verzierungen an den Reifen wohl erst später dazu. Sehenswert ist der radelnde Holländer allemal.

◁ Relief eines „radelnden Holländers" an der Tempelmauer des Pura Meduwe Karang

■ **Pura Meduwe Karang,** Kubutambahan, tgl. 8–17 Uhr, Eintritt: Spende. Es steht normalerweise ein Führer bereit, sobald Interessierte auftauchen.

Air Sanih

Auf der Fahrt weiter nach Osten erreicht man diesen kleinen und ruhigen Ort, die Attraktion ist ein **Süßwasserpool direkt am Strand,** der aus einer unterirdischen Quelle gespeist wird. Nicht nur feiertags ist Air Sanih ein beliebtes Ausflugsziel für Bewohner der Umgebung. Das Meer und der Frischwasserpool laden zum Schwimmen ein. Ein angenehmer Platz zum Ausruhen und um das dörfliche Bali zu erkunden. Nach Osten und vor allem nach Westen liegen **einsame dunkelgraue bis schwarze Strände.** Die Hotels an der Straße haben meist ein Restaurant, häufig mit Meerblick. Ansonsten befinden sich an der Hauptstraße mehrere Warungs.

■ **Air-Sanih-Süßwasserpool,** tgl. 7–19 Uhr, Eintritt: Erwachsene 10.000 Rp., Kinder 5000 Rp.

Übernachten

MEIN TIPP: **Cilik's Beach Garden**④, Jl. Raya Air Sanih, Tel. 0878 60551888, www.ciliksbeachgarden.com. Großzügige Villen im balinesischen Stil mit allem Komfort in einem gepflegten, weitläufigen Palmengarten (fast ein Park) direkt am Strand, sehr stilvoll angelegt. Ideal für Urlauber, die einen sehr komfortablen und familiären Ort zum Rückzug suchen. Es gibt einen sehr schön gemachten Pool, jede Villa hat einen eigenen „Butler" und Gärtner, die Mahlzeiten werden in privaten Pavillons oder auf der eigenen Terrasse gereicht, und es gibt „High Tea" mit Tee, Kaffee und einem Snack am Nachmittag – ganz nach Wunsch. Ein Besuch in der Küche ist jederzeit möglich, und das freundliche Koch-Team erfüllt alle Wünsche – bis hin zum eigenen Babi Guling (balinesisches Spanferkel) inklusive Gamelan und Tanz.

Pacung

In diesem Küstenabschnitt führt die Straße für etliche Kilometer durch **eine der interessantesten Küstengegenden Balis.** Ein wenig sieht es aus wie an der französischen Côte d'Azur.

Übernachten

■ **Villa Boreh Beach Resort**④, Jl. Singaraja-Amlapura, Tel. 0362 3303475, www.villaboreh.com. Die Anlage überzeugt mit schicken Alang-Alang-Bungalows, einem eigenen Seminarbereich und allem, was des Ruhebedürftigen Herz begehrt.

Sembiran

Sembiran, ein sehenswertes Dorf der **Bali-Aga,** liegt an den Nordhängen des Gunung Batur. Man erreicht es von der Nordküste, indem man in Pacung Richtung Berge abbiegt. Die hier lebenden Menschen haben eine Sprache, die sich von der der anderen Bali-Aga unterscheidet, und sie praktizierten einen **besonderen Totenkult.** Die Verstorbenen wurden gewaschen, neu eingekleidet und mit Geschenken und Opfern neben dem Dorftempel für drei Tage hingelegt. War der Leichnam danach nicht verschwunden, nahm man an, dass die Götter ihn ablehnten, und warf ihn den wilden Tieren vor. Mittlerweile ist man dazu übergegangen, die Toten zu begraben.

Ab Sembiran kann man mit dem eigenen Fahrzeug eine **Tour bis zum Kraterrand des Gunung Batur** machen: Es geht, grandiose Ausblicke über Nordbali inbegriffen, durch Reisterrassen, Kaffee- und Obstplantagen und kleinste Dörfer mit kläffenden Hunden. Hier zeigt sich Bali noch von einer Seite, die gänzlich vom Tourismus unberührt ist.

922ba un

Tejakula

Einige Kilometer weiter ostwärts die Küste entlang erreicht man das Örtchen Tejakula. In der Ortsmitte befindet sich eine Kreuzung mit einer Statue; dort nach Süden in die Berge abbiegen und Richtung Markt (Pasar) fahren. Nach 100 m folgen die **öffentlichen Bäder** auf der rechten Seite mit Wasserstatuen und wasserspeienden Figuren.

Übernachten

■ **Gaia Oasis**④, Jl. Singaraja-Amlapura, Dusun Tegal Sumaga, Tel. 0362 3436305, www.gaia-oasis.de. Eine Gruppe von Deutschen hat hier ein „Center für Vision, Kreativität und Meditation" gebaut. Die Bungalowanlage Gaia Oasis Pantai liegt direkt am Meer, die andere, Gaia Oasis Abasan, am Berg.

Yeh Mempeh

Hinter Tejakula sollte man die Beschilderung zum **„40 Meter Waterfall"** nicht übersehen. Nach 1 km kommen auf der linken Seite eine kleine Hütte und ein Warung mit Parkplatz. Dann folgt man zu Fuß rund 15 Minuten einem schmalen Weg Richtung Wasserfall. Es geht durch ein **lauschiges Waldgebiet** immer an einem Bach entlang, einzelne Hütten stehen rechts und links. Bald erscheint der Wasserfall. Mit seinen 40 m ist er einer der höchsten Balis, und die Stimmung zu seinen Füßen kann man ohne Übertreibung als **magisch** beschreiben – nichts als Rauschen umgeben vom Dschungel.

■ **Air Terjun Yeh Mempeh,** Les, tgl. 6.30–19 Uhr, Eintritt: Erwachsener 20.000 Rp., Kinder 10.000 Rp., Parken Auto 5000 Rp., Scooter 1000 Rp.

Sambirenteng und Geretek

Wer weiter der **Küstenstraße** nach Osten folgt, erreicht als nächste Orte Sambirenteng und Geretek. Am Ortseingang von Sambirenteng führt ein Weg nach links Richtung Küste. Bis nach Tulamben sind es noch ca. 25 km.

Übernachten

■ **Agung Bali Nirwana**④, Jl. Segara, Sambirenteng, Tel. 081 23947308, www.agung-bali-nirwana.com. Befindet sich direkt am Meer. Schicke Villen, Frühstücks- und Spa-Paket inklusive, Pool und Restaurant gibt es natürlich auch.

■ **Alam Anda**④, Jl. Singaraja-Amlapura, Tel. 0812 4656485, https://alam-anda.com. Die Anlage aus neun Bungalows und vier Zimmern liegt unmittelbar am Sand-/Steinstrand, Frühstück ist inklusive. Angeboten werden auch Ayurveda-Massagen und vor allem Tauchen.

☐ Typisches Dorf im Hochland des Nordens

xba053 sb

7
Die Gilis

»Ach ja, die Gilis. Die drei Inselchen sind perfekt für alle, die der Hektik Balis entfliehen möchten. Jede ist anders – ganz nach den Vorlieben ihrer Besucher.

‹ Strandherrlichkeit auf Gili Meno

TAUCH-, CHILL- UND PARTYPARADIES

Drei kleine, Lomboks Nordwestküste vorgelagerte Inseln mit herrlich weißen Sandstränden und Korallenriffen – das sind die Gilis. Gili bedeutet in der lokalen Sprache Sasak „kleine Insel“, und das sind Trawangan, Meno und Air in der Tat. Glasklares Wasser, glitzernde Unterwasserwelt, schöne Muscheln – hier lassen sich gute Plätze zum Ausruhen, Erholen und Tauchen finden. Dazu kommt aber auch ein sagenumwobenes, wildes Partyleben. Auch wenn die Gilis bei den Erdbeben 2018 schwer verwüstet wurden, so wurde sofort wiederaufgebaut und investiert. Heute brummen die Inseln längst wieder und sind nun wirklich kein Geheimtipp mehr.

Von Bali geht es meist direkt mit einem Express-Boot auf eine der Inseln, die **zu Lombok gehören** – und sei es nur für ein „dirty weekend“ auf Gili Trawangan. Daher erleben die Gilis **zur Hochsaison** oft einen derartigen **Besucherzustrom,** dass man im Juli/August vormittags ankommen muss, um ein Zimmer zu ergattern. Wer zu spät anreist, schläft am Strand, es sei denn er hat vorausgebucht.

Alle Inseln haben eine zentrale **Stromversorgung;** fällt der Strom aus, kann es laut werden, wenn die Diesel-Aggregate angeworfen werden. Eine Taschenlampe ist auf den Gilis ein gern gesehenes Objekt. Gern gesehen wird auch ein sparsamer Umgang mit Wasser, denn selbiges muss vom Festland hergebracht oder durch Pipelines gedrückt werden.

NICHT VERPASSEN!

- **Gili Trawangan** – schaukelnd den Sonnenuntergang erleben im **Exile** am **Sunset Beach** | 266
- **Gili Meno** – über die Insel flanieren und in der **Brotherhood Bar** einen Drink mit Mission nehmen | 268, 270
- **Gili Air** – alles da: von der Hängematte zum Chillen bis zum köstlichen Barbecue in der Zipp Bar | 271

Diese Tipps erkennt man an der gelben Markierung.

Praktische Infos zu den Gilis

- Es gibt einige (private) Websites rund um die Gilis, auf denen man sich schlau machen kann, genannt seien **www.thelombokguide.com** und **http://gilis.asia.**
- Seit September 2022 gilt eine offizielle Eintrittsgebühr für Besucher der Gilis, sie beträgt **10.000 Rp. pro Person** und wird jeweils einmalig beim Anlanden der Schnellboote erhoben. Das Ticket sollte man gut aufheben.

Anreise ab Bali

Etliche Anbieter fahren **von Serangan, Sanur und Padangbai** mit PS-starken **Schnellbooten** direkt nach Gili Trawangan und/oder Gili Air. Einige passieren unterwegs Nusa Lembongan und/oder Nusa Penida. Vor allem in der Nebensaison sind Preisvergleiche und -verhandlungen angebracht; normalerweise ist die Abholung am Hotel inklusive. **Anbieter und Angebote ändern sich von Saison zu Saison.** Wer auf Nummer sicher gehen will, checkt aktuell die Websites oder sucht (Reise-)Büros auf.

Achtung! In der Regenzeit und bei hohem Wellengang fallen Verbindungen aus oder Abfahrtszeiten werden verschoben, auch ist die Überfahrt dann echt kein Vergnügen. Wer einen empfindlichen Magen hat und unbedingt auf die Gilis will, sollte über eine Anreise mit der Autofähre ab Padangbai nach Labuhan Lembar auf Lombok und dann weiter ab Bangsal auf die Gilis nachdenken.

- **Blue Water Express,** Tel. 081 338418988, https://bluewater-express.com. Verbindet Serangan mit Nusa Penida, dann geht es weiter auf die Gilis und Lombok. Eine Verbindung führt über Padangbai und von dort direkt nach Gili Trawangan.
- **Eka Jaya,** Jl. Setia Budi 18, Kuta, Tel. 0361 8496 222, www.baliekajaya.com. Die gewaltige Fähre fährt täglich ab Padangbai und/oder Serangan nach Trawangan; Eka Jaya ist sicher einer der zuverlässigsten Express-Boot-Anbieter.
- **Gili-Gili,** Terminal Silayukti, Padangbai, Tel. 0363 4381733, www.giligilifastboat.com. Fährt täglich ab Padangbai über Gili Trawangan weiter nach Air und Bangsal (Lombok).
- **Gili Getaway,** Jl. Tukad Punggawa 25, Serangan, Tel. 081 337074147, https://giligetaway.com.

Verbindungen ab Serangan: Nusa Penida, die Gilis, Lombok und Gili Gede im Süden Lomboks.

- **Super Scoot,** Jl. Hang Tuah 27, Sanur, Tel. 0361 285522, www.scootcruise.com. Ist schon sehr lange zuverlässig im Geschäft und fährt von Sanur über Nusa Lembongan nach Trawangan und Telok Kodek auf Lombok.

Empfehlenswerte Buchungsportale

- **www.gilibookings.com** ist ein Portal, bei dem man bei den Anbietern Reservierungen machen und Tickets buchen kann.
- **www.lombokfastboats.com** und **www.gili-islandtransfers.com** bieten einen ähnlichen Service wie gilibookings.

Anreise ab Lombok (Bangsal)

In Bangsal, dem Hafen von Pemenang, läuft der Bootsverkehr heute im Gegensatz zu früher einigermaßen organisiert ab. Fahrscheine für die **öffentlichen Boote** zu den drei Gilis gibt es an kleinen Schaltern rechts und links des Jettys: Rechter Hand geht's nach Air, linker Hand nach Meno und Trawangan. Es stehen immer Männer bereit, die einem gerne den richtigen Schalter zeigen.

Wer mit dem Shuttlebus z.B. von Senggigi kommt, wird in einem Café an der Zugangsstraße zum Hafen abgesetzt;

Umweltschutz über und unter Wasser

Ein ständig wachsendes Problem ist der Müll, der durch den Tourismus verursacht wird. Er findet sich häufig im Wasser oder im Hinterland der Inseln. Wer z.B. Trawangan quer durch die Insel erkundet, wird die Müllberge sehen. Je nach Jahreszeit und Wellengang sind nicht nur Fische vor der Schnorchelbrille, sondern auch Plastiktüten. Als Insel-Besucher sollte man also darauf achten, so wenig Müll wie möglich zu produzieren, bzw. ganz zu vermeiden.

Ein weiteres Problem, verursacht durch die ständig steigenden Besucherzahlen, ist die **fortschreitende Zerstörung der Korallenriffe.** Auf allen Gilis weisen die Korallen in Strandnähe erhebliche Beschädigungen auf. Durch das Ankern der Boote inmitten der Korallen und natürlich durch rücksichtslose Taucher, die unbedingt eine Trophäe mitbringen müssen, wurden die Korallengärten in der Vergangenheit beträchtlich zerstört. Dazu kamen die Auswirkungen der zyklisch auftretenden warmen Meeresströmung El Niño und eine dazugehörige Korallenbleiche.

Aus diesen Gründen haben die Tauchschulen auf Gili Trawangan und die Bewohner der Insel den **Gili Eco Trust** gegründet. Ziel ist es, die Korallenwelt wieder herzustellen und dem Müllproblem zu begegnen. So darf jetzt nur noch an Bojen geankert werden. **Mülltrennung** wird ebenfalls probiert; die drei Mülltonnen in Blau, Gelb und Grün am Straßenrand machen zwar einen fortschrittlichen Eindruck, allerdings ist der Weg bis zur allgemeinen Akzeptanz noch lang.

Ein anderer Projektbereich des Eco Trust ist die **Gesundheit der Pferde** der zahlreichen Cidomos. Die Tiere sind teilweise in recht erbärmlichem Zustand. Eco Trust sorgt für regelmäßige Besuche von Tierärzten auf Trawangan, die sich um die Vierbeiner kümmern. Und, zu guter Letzt: **Jute statt Plastik!** Es gibt Bestrebungen, die zahlreich ausgegebenen Plastiktüten gegen wiederverwertbare Jutetaschen auszutauschen.

- **Gili Eco Trust,** Jl. Ikan Hiu, Gili Trawangan, Tel. 08133 9600553, https://giliecotrust.com.

hier werden die Passagiere gesammelt und dann gemeinsam zu Fuß zum Public Boat geschickt. Die Anfahrt im Shuttlebus (Ticket für das Boot ist inklusive) ab Senggigi samt Überfahrt ab Bangsal kostet ca. 100.000 Rp., ein privater Transport ab Senggigi kommt auf verhandelbare 200.000 Rp. fürs Fahrzeug bis Bangsal Harbour.

Wer die Ochsentour machen will, schnappt sich in Mataram oder Senggigi ein **Bemo nach Pemenang;** ab der Kreuzung dort sind's gut 1,5 km bis Bangsal (zu Fuß oder mit Cidomo).

Das **Public Boat** legt täglich von 8 bis ca. 17 Uhr ab, immer dann, wenn 40 Passagiere eine Fahrkarte gekauft haben. Nach einer Durchsage geht's durchs Wasser watend aufs Boot.

Ticketpreise für das Public Boat ab Bangsal

- **Gili Air:** 18.000 Rp.
- **Gili Meno:** 21.000 Rp.
- **Gili Trawangan:** 23.000 Rp.

Preis für ein Charterboot mit max. 20 Personen ab Bangsal

- **Gili Air:** 560.000 Rp.
- **Gili Meno:** 650.000 Rp.
- **Gili Trawangan:** 750.000 Rp.

Es kann sich lohnen, bei Tauchveranstaltern, beispielsweise in Senggigi, nachzufragen, ob sie einen Platz **auf einem Tauchboot** frei haben und einen gegen Unkostenbeitrag mitnehmen. Da diese Boote sowieso auf die Gilis fahren, ist das manchmal ein schneller, einfacher und vor allem günstiger Weg.

Island Hopping

Mit ein bisschen **Geduld** kann man mit den öffentlichen Booten und für günstiges Geld zwischen den Inseln verkehren.

- **Gili Trawangan:** Gili Air nach Gili Meno und weiter nach Gili Trawangan, 8.30 und 15 Uhr, 40.000 und 45.000 Rp.
- **Gili Trawangan:** Gili Meno nach Gili Trawangan, 8.50 und 15.20 Uhr, 40.000 Rp.
- **Gili Trawangan:** Gili Trawangan nach Gili Meno und Gili Air, 9.30 und 16 Uhr, 40.000 und 45.000 Rp.
- **Gili Trawangan:** Gili Meno nach Gili Air, 9.50 und 16.20 Uhr, 40.000 Rp.

Dieselben Strecken werden auch von einem öffentlichen **Schnellboot** befahren, im Idealfall täglich und ab 9 Uhr stündlich; Kosten: 85.000 Rp. Unbedingt vor der Fahrt im Büro am Hafen nachfragen!

Wer es ein wenig persönlicher mag, fragt am Strand den nächsten Fischer wegen einer Überfahrt zur nächsten Insel. Regelmäßig werden dann 300.000 Rp. für Überfahrt und Boot aufgerufen.

Verkehrsmittel auf den Gilis

Die Zeiten der unsäglichen Preisverhandlungen mit den **Cidomo-Fahrern (Pferdekutschen)** sind vorbei. Konnten sie früher ihr Transportmonopol gnadenlos ausspielen, so haben sie heute Konkurrenz bekommen durch **Leihfahrräder** (40.000–60.000 Rp./Tag). Wer ein Cidomo nehmen will, sollte nicht den zuerst geforderten Preis annehmen. So sollte eine Inselumrundung auf Gili Trawangan nicht mehr als 250.000 Rp. kosten, kurze Distanzen 50.000 Rp.

Gili Trawangan

Übernachtung
2 Alam Gili
4 Gili Eco Villas
5 The Exile
12 The Beach House Resort
13 Nirwana Guesthouse & Villa
14 Pondok Sunrise 2
15 Marta's Hotel
16 Funny Home Stay
17 Happy House
18 Rumah Kundun
25 Dream Village

Essen und Trinken
3 Karma Kayak
8 Vila Ombak
9 Scallywags Seafood Bar & Grill
11 New Rudy's Bar
22 Coco Cafe & Ice Cream, Gili Gelato, Le Petit Gili

Nachtleben
5 The Exile
6 Paradise Sunset Bar
10 Irish Pub Tir Na Nog
23 Sama-Sama Reggae Bar

Einkaufen
21 William Bookshop

Tauchen/ Wassersport
1 Lutwala Dive
7 Fly Gili Watersports
19 Dream Divers
20 Blue Marlin Dive
24 Gili Divers
26 Trawangan Dive
27 Mango Dive & Bungalow

Gili Meno

Übernachtung
- 2 Le Pirate Gili Meno
- 4 BASK
- 5 Mahamaya Gili Meno
- 6 Seri Resort
- 7 Villa Sayang

Essen und Trinken
- 1 Sasak Café
- 3 Brotherhood Bar
- 8 Ya Ya Warung
- 9 Rust Warung

Tauchen/ Wassersport
- 10 Blue Marlin Dive Gili Meno
- 11 Gili Meno Divers

Gili Air

Übernachtung
- 1 Salili Bungalows
- 2 Begadang Backpackers
- 4 Youpy Bungalow
- 6 The Mandana Suites and Villas
- 8 Biba Beach
- 10 Salabose Cottages
- 11 Lucky’s Cottage
- 15 Zipp Bar

Essen und Trinken
- 5 Good Earth Café
- 7 Kiosko
- 9 Green Chili Rest.
- 12 JUJU Zero Waste Store & Vegan Café
- 14 Scallywags Beach Club
- 15 Zipp Bar

Nachtleben
- 3 Space Bar

Tauchen/Wassersport
- 13 Oceans 5 Dive Resort

Gili Trawangan

Gili Trawangan ist mit 338 Hektar Fläche und ungefähr 1000 Einwohnern **die größte der drei Inseln.** Erst Mitte der 1970er-Jahre wurde sie mit Umsiedlern aus Sulawesi besiedelt. Heute ist Trawangan **die am meisten besuchte Insel,** der Hotspot der Gilis.

Seitdem es einen regelmäßigen Express-Bootverkehr ab Bali gibt, hat die Insel **gewaltig an Charme verloren.** Nicht umsonst wird Trawangan **„Party-Insel"** oder kurz „Gili T." genannt. Wer keine Lust auf Party hat, zieht ins Dorf und lauscht dem Muezzin. Oder spaziert an der Küste entlang, bis er oder sie den idealen Strand oder die optimale Unterkunft gefunden hat.

Für Abwechslung steht der Bereich **am Hafen,** das **„Center":** Hier hat sich ein überschaubares Zentrum entwickelt. Mit Cidomos, die Touristen, Sand, Zement, Hölzer, Bier und die Dinge des täglichen Lebens die Straße hinauf und hinunter transportieren. Dazu Souvenirstände, ein Nachtmarkt, Büchershops, Warungs, Tauchschulen und vieles mehr. Hier sind besagte Party-Locations, hier steht aber auch die gediegene Villa Ombak – Luxus vom Feinsten.

Dahinter, **im Dorf,** leben die Menschen, die den Tourismus ermöglichen: Früher fast alle Bauern, sind etliche von ihnen heute Homestay-, Warung- oder Shopbesitzer. Im Dorf selbst hat das Erdbeben von 2018 Spuren hinterlassen – aber die Maschine läuft weiter.

Vom Bootsanleger in der östlichen Inselmitte bieten sich **drei Wege** an: am Strand entlang nach links (Süden), nach rechts (Norden) oder geradeaus ins Inselzentrum. 50 m Abstand zur Wasserlinie musste hier beim Bau der Häuser eingehalten werden, daher verläuft der Weg mit den Häusern auf der einen und dem Strand auf der anderen Seite.

Wer Probleme mit **Lärm** hat, sollte sich nicht in der Nähe einer Party-Location niederlassen, sondern sich eine entlegenere Ecke auf der Insel suchen. Viel ruhiger ist es nördlich des Anlegers oder ganz im Süden. Vom windigen und erodierten Nordzipfel ist allerdings rund eine Stunde Wanderzeit angesagt, um ins „Zentrum" zu gelangen.

Sport und Aktivitäten

Einmal um die Insel herum

Eine Inselumrundung dauert etwa **zwei Stunden.** Der Strand ist meist weiß und schattig, da überall hohes Buschwerk wächst. Einen **herrlichen Sonnenuntergang** mit Blick auf den Rinjani (Lombok) und den Gunung Agung auf Bali kann man **am Nordzipfel** der Insel erleben, allerdings wird langsam, aber sicher erosionsbedingt der Sandstrand von den Naturgewalten abgetragen. Man muss ein wenig auf Steinmauern balancieren, mit dem Fahrrad gibt es kein Durchkommen mehr; Radler und Cidomos müssen die Insel weiter unten queren.

Auf dem **höchsten Punkt** der Insel, dem Gipfel eines etwas größeren Hügels, befand sich eine japanische Festung aus dem Zweiten Weltkrieg. Drei Kanonen bewachten hier einst die Küste. Der Aufstieg lohnt sich: Man hat einen **hervorragenden Blick** über ganz Trawangan und die beiden Nachbarinseln.

Baden und Schnorcheln

Baden lässt sich am besten **an der Stelle, an der die öffentlichen Boote anlegen.** An anderen Stellen ist das Wasser eher flach, überall sind Korallen, zwar nicht superschön, aber mit vielen **Korallenfischen.** Häufig sind **Schildkröten** zu sehen, die sehr nah heranschwimmen. Zum Schnorcheln geht man am besten 200 m nördlich der Bootsanlegestelle ins Wasser; mit der **seichten Strömung** wird man ohne Anstrengung bis zur Bootsanlegestelle getrieben – ein Gefühl wie im Kino. Nicht vergessen: **Auf die Boote achten!** Ein Schnorchel-Equipment zu leihen kostet ab 40.000 Rp.

Tauchen

Es gibt rund 30 Tauchcenter, die häufig auch Unterkunft anbieten. Etliche haben Ableger auf den anderen Gilis. Alle haben sich zusammengeschlossen und eine **einheitliche Preisstruktur** vereinbart, um „Billigheimer" zu verhindern.

20 Blue Marlin Dive, Tel. 0877 59367889, www.bluemarlindive.com. Großes Tauchcenter unter englischer Leitung, das seit 1992 auf Trawangan ansässig ist und über entsprechende Erfahrung verfügt.
19 Dream Divers, Tel. 0370 6134496, www.dreamdivers.com. SSI-Tauchschule unter deutscher Leitung. Guter Service und Standards, in der Regel sind auch deutschsprachige Instruktoren vor Ort.
27 Mango Dive & Bungalow, Tel. 0370 6146096, www.mango-trawangan.com/de. Sehr entspanntes, freundliches Tauchcenter in österreichischer Hand, relativ weit nördlich und daher ruhig gelegen. Die Bungalows sind hübsch und gepflegt.
26 Trawangan Dive, Tel. 0811 38102929, www.trawangandive.com. Wie Blue Marlin einer der größeren Anbieter, überhaupt scheint hier alles ein bisschen größer zu sein, manchmal auch die Gruppen. Ideal für Taucher, die Anschluss suchen und dem Nightlife nicht abgeneigt sind.
24 Gili Divers, Tel. 0821 47890017, https://gilidivers.com/de. Freundlich und professionell geführtes englisch-schwedisches PADI-/SSI-Tauchcenter. Dementsprechend viele skandinavische Gäste.
1 Lutwala Dive, Tel. 0859 55216926, www.lutwaladive.com. Liegt ruhig im Norden der Insel am Halik Beach. 2009 gegründet, gehört es zu den jüngeren Tauchcentern und hat einen guten Ruf.

Reiten

■ **STUD Horse Riding & Rescue,** Jl. Ikan Pari, Tel. 0813 39600553, www.facebook.com/studhorseriding. Hier kann man auf dem Rücken eines Pferdes die Strände erleben.

Wassersport

Einige Anbieter im Ort bieten eine **Tour zu den besten Korallenstellen** der drei Gilis mit dem **Glasbodenboot (Glassbottom Boat)** an. Es geht zum Good Heart Reef, wo es Blaue Korallen gibt, dann weiter zur Gili Meno Wall, wo normalerweise Schildkröten zu sehen sind, danach nach Gili Air und zum Gili Air Slope.

7 Fly Gili Watersports, Tel. 0819 07683924, www.facebook.com/Flygilparasailing. Bietet alles an Wassersportmöglichkeiten, was man sich vorstellen kann.

Yoga

■ **Gili Yoga,** Tel. 0813 92866683, www.giliyoga.com. Unterrichtet Vinyasa-Flow und bietet auch Kurse im Free Diving – Apnoe-Tauchen – an.

Praktische Infos

Übernachten

Es gibt unzählige Unterkunftsmöglichkeiten, vom Einfachst-Homestay für 150.000 Rp. bis zur Luxusvilla für 1000 US$ die Nacht. Etliche Unterkünfte und Restaurants haben in den Zerstörungen des Erdbebens von 2018 eine Chance erkannt und erweitert, saniert, umgebaut – und in der Corona-Zeit gelitten. Aber heute ist Gili T. wieder voll da.

Am Strand

12 The Beach House Resort④, Tel. 0821 6140 0500, www.beachhousegilit.com. Nach dem Erdbeben von 2018 wieder aufgebaut und vor allem „aufgehübscht" – was auch stilvoll gelungen ist. Gleich zwei Pools gibt es und alles, was das Herz begehrt.

Im Dorf

13 Nirwana Guesthouse & Villa③, Tel. 081 9164 16438. Mitten im Dorf und von außen unauffällig – innen aber schick mit viel Holz plus Pool.

14 Pondok Sunrise 2①, Tel. 0370 6194905. Einfach, freundliches Personal, gutes Frühstück. Einige Backpacker haben hier schon Monate verbracht.

15 Marta's Hotel②-④, Tel. 081 23722777, www.martasgili.com. Schick, fällt ein wenig aus der Billigreihe. Der Innenhof ist parkähnlich hergerichtet, das Highlight ein Pool. Die teureren Bungalows haben Klimaanlage, Heißwasser, zwei Stockwerke und sind auf antik gemacht.

16 Funny Home Stay②, Tel. 0817 5711160. Vier Zimmer um einen netten, kleinen Garten, mit oder ohne Klimaanlage, gut in Schuss und garantiert mit Familienanschluss.

17 Happy House②, Tel. 0823 59183894. Liegt ebenfalls mitten im Dorf und überzeugt mit einem putzigen Garten im Innenhof und recht stylishen Zimmern. Sympathisch, einfach, gut.

18 Rumah Kundun②, Tel. 081 338631414. Nicht ganz einfach zu finden: Von den Trawangan Cottages weiter Richtung Hügel, dann links halten. Ein kleines Juwel: nur ein paar Räume, ein nettes Eigentümerpaar und – wer hätte es gedacht – alles mit tibetischem Touch. Als der Sohn auf die Welt kam, sah er aus wie ein tibetischer Mönch, zumindest hatten die Eltern diesen Eindruck, daher nannten sie ihn *Kundun*. Zimmer mit Ventilator oder Klimaanlage. Das Haus ist oft ausgebucht.

Vom Anlegesteg Richtung Norden

25 Dream Village③-④, Tel. 0852 05054211, ist fest in italienischen Händen und sehr schön gemacht: Ein Laubengang führt ins Innere der Bungalowanlage. Die Zimmer dahinter im balinesischen Stil haben zwei Stockwerke, stilvolle Holzböden, die passenden Möbel sowie Safe, Minibar und Fernseher. Sehr schön, aber nicht günstig.

2 Alam Gili③-④, Tel. 0361 974629. Freundliche und angenehme Parkanlage mit Bungalows. Das Alam Gili gehört zum Café-Wayan-Imperium mit Ablegern in Ubud, Senggigi und eben hier. Bungalows mit Deckenventilator und schönen Open-Air-Bädern. Besonders empfehlenswert ist die Fish Suite, ein zweistöckiges Haus mit viel geschnitztem und verziertem Holz, Schlafraum, zwei Badezimmer und Ankleideraum.

4 Gili Eco Villas④, Tel. 6136057, https://giliecovillas.com, ist erreicht, wenn das Windrad pfeift. Die Philosophie von Eco Villas heißt: *Minimal impact on environment*. Es gibt ein Gewächshaus, der Müll wird getrennt und so viel wie möglich recycled. Die Energie kommt per Windrad aus der Luft und per Photovoltaik von der Sonne, das Regenwasser wird zur weiteren Verwendung gesammelt. Gili Eco Villas engagiert sich außerdem für das Wiederaufleben der geschädigten Korallenriffe. Die Villen mit jeweils zwei Zimmern sowie einem offenen Wohnzimmer und Küchenzeile sind aus alten Schiffsplanken gebaut und sehen gut aus.

Sunset Side

5 The Exile②-③, Tel. 0819 07229053, www.facebook.com/theexilegili. Ein netter Ort für den allabendlichen Sonnenuntergang. Und wer danach noch ein wenig chillen oder quatschen will, ist an der 5 **Bar** (s.u.) gut aufgehoben. Die Bungalows sind zweckmäßig und haben hinten schicke Open-Air-Bäder angeschlossen.

Essen und Trinken

So gut wie alle Unterkünfte in Strandnähe haben ein eigenes Restaurant. Wie immer in Indonesien lohnt sich ein abendlicher Ausflug auf den Nachtmarkt, den **Pasar Malam** (im Center). Hier gibt's an Kaki-Limas günstiges und authentisches indonesisches Essen; dazu gehört Soto Ayam genauso wie Nasi Campur, Fisch, Meeresfrüchte und andere Spezialitäten frisch aus dem Meer.

22 **Coco Cafe & Ice Cream,** gleich neben dem Nachmarkt, tgl. 7– 22 Uhr, bietet Köstliches für Freunde der vegetarischen oder veganen Küche.
22 **Le Petit Gili,** Pasar Seni, Tel. 0878 65855545, www.facebook.com/LePetitGili. Hat gefühlt immer offen und ist ein guter Platz, um das Treiben auf dem Markt zu verfolgen – bei einem kalten Bier und günstigen indonesischen Mahlzeiten.
9 **Scallywags Seafood Bar & Grill,** Tel. 0370 648792, https://scallywagsresort.com/dine-gili-trawangan, tgl. 9–22 Uhr. Hat sich ein biologisch-organisches Profil verschafft. Das Wasser der Bungalows dahinter wird per Solarthermie beheizt, und die Tagesangebote auf der Speisekarte sind eine Versuchung wert.
8 **Vila Ombak,** Tel. 0370 6142336, www.vilaombak.com/wine-dine.html, tgl. 8–23 Uhr. Das hauseigene Seahorse Restaurant ist nicht nur für den kulinarischen Genuss ein Erlebnis. Es gibt zusätzlich drei weitere Bars mit Café, täglicher Live-Musik, Open-Air-Kino, eigener Tauchschule und einer guten Touristeninformation.
11 **New Rudy's Bar,** Tel. 0370 6194908, ist ein netter Platz zum Sitzen. Die Pizza Frutti di Mare geht günstig über die Theke, und es gibt eine lange Happy Hour.
22 **Gili Gelato,** Tel. 0878 65776429, tgl. 8–23 Uhr, kommt ungemein gut an und das zu jeder Tageszeit: kleine Eisstände mit vielen Sorten für den Eishunger zwischendurch.
3 **Karma Kayak,** Tel. 0818 05593710, https://karmakayak.com, tgl. 7–21.30 Uhr. Liegt an der windigen Nordspitze Trawangans. Das Beach BBQ des Karma Kayak mit allem, was Hunger und Durst begehren, ist bekannt und berüchtigt. Nach Anmeldung wird vom Team alles stilecht am Strand aufbereitet, der Party steht nichts im Wege.

Nachtleben

Party, Party, Party – viele Urlauber aus Bali kommen allein deshalb nach Gili T., gern auch nur für ein „dirty weekend". Dementsprechend groß ist das Angebot an Happy Hours und sonstigen Attraktionen für Nachtschwärmer. Einfach den Schildern und ihren Versprechungen folgen!

23 **Sama-Sama Reggae Bar,** Tel. 0811 3941 6415, www.facebook.com/samasamabar2020, tgl. 7–1 Uhr, Sa bis 3 Uhr. Logischerweise geht hier mit reichlich *Bob Marley* und anderen Reggae-Recken die nächtliche Party ab.
10 **Irish Pub Tir Na Nog,** Tel. 0819 58852790, www.tirnanogbar.com, tgl. 7–2 Uhr, Mi bis 4 Uhr. Gibt es gefühlt schon immer und ist spätestens, wenn die Sonne untergeht, gut gefüllt. Live-Acts schauen vorbei, und es fließt reichlich Alkohol.
6 **Paradise Sunset Bar,** tgl. 7–23 Uhr, füllt sich – wer hätte es erwartet – pünktlich zum Sonnenuntergang. Lagerfeuer und Feuerspucker gehören zum Inventar.
5 **The Exile,** Tel. 0819 0722 9053, www.facebook.com/theexilegili, tgl. 7.30–23 Uhr, s.a. „Übernachten", mit weniger aufdringlicher, cooler musikalischer Untermalung und der einen oder anderen fetzigen Trommelbegleitung.

Sonstiges

Geld

Geldautomaten gibt es etliche an der Hauptstraße, beispielsweise bei der Villa Ombak und im Dorf.

Krankenhaus

■ **Trawangan Medical Service,** im Dorf, Tel. 0878 58941440, mit 24-Std.-Service.

Einkaufen, Post

21 Im **William Bookshop** am Art Market kann man nach Büchern stöbern, zudem übernimmt der Laden sämtliche Postdienstleistungen.

Gili Meno

Als *Elizabeth Gilbert* 2004 hierher kam und sich inspirieren ließ, um dann ihren Bestseller „Eat Pray Love" zu schreiben, fand sie eine **kleine, überschaubare, sandige Insel mit blauem Wasser und Palmen** vor. Es gebe keinen Fleck auf der Insel, wo der Ozean nicht zu hören sei, schwärmte sie. Nicht zu hören sind motorisierte Fahrzeuge, denn es gibt einfach keine. *Gilbert:* „Das ist der ruhigste Ort, an dem ich jemals gewesen bin."

Gili Meno ist etwa 100 Hektar groß und hat rund 400 Einwohner. Sie gilt als die urtümlichste der drei Gilis, zumindest vom Bewuchs her. Zahlreiche Quer- und Verbindungswege erschließen die Insel – ein **idealer Ort zum Spazierengehen.** Auch einen Blick ins Dorf kann man schon mal riskieren. Im Inselinneren befindet sich ein **Salzsee;** in ihm brüten keine Moskitos, um mit diesem alten Vorurteil einmal aufzuräumen. Auf

☐ Gili Meno – eine ruhige Oase ist die Villa Sayang mit ihrem schönen Garten

xba049 sb

Gili Meno gibt es nicht mehr oder weniger Moskitos als auf den anderen Gilis. Hier ist es einsamer, es kommt ein bisschen Robinson-Crusoe-Atmosphäre auf, daher wird Meno auch **„Honeymoon Island“** genannt. Kam früher das Süßwasser mit Tankschiffen, so gibt es heute Unterwasserleitungen nach Lombok für Frischwasser und Strom. Fällt dieser aus, übernehmen Generatoren.

Die Insel eignet sich sehr gut für einen **Urlaub mit Kindern** – und natürlich zum Abhängen, Erholen, Wohlfühlen.

Die besten **Schnorchelgründe** liegen direkt vor dem Homestay-Strand, doch verhindern die Korallen bei Ebbe teilweise den Zugang zum Wasser. Auf den Korallen herumzulaufen, verbietet sich, da sie sonst zerstört werden.

Seit 2017 ist die Unterwasserwelt rund um Gili Meno um eine Attraktion reicher: In Schwimmentfernung zum Resort BASK (s. Übernachten), in 3 m Tiefe, steht die **Skulptur „The Nest“**, errichtet von dem bekannten Bildhauer und Fotografen *Jason DeCaires Taylor*. Er hatte bereits in der Karibik und auf den Kanarischen Inseln Unterwasserskulpturen aufgestellt. Zu sehen und zu beschnorcheln gibt es 48 lebensgroße Figuren, die beieinander stehen oder auf dem Boden liegen. Diese sollen durch Korallenbewuchs ein künstliches Riff formen, einerseits für die Fische, andererseits um mehr schnorchelnde und fotografierende Besucher nach Gili Meno zu locken.

Eine weitere Attraktion ist die **Schildkrötenaufzucht:** Was einst als One-Man-Show des Einheimischen *Boulong* begann, ist auch mit Unterstützung der Expat-Community zu einer anerkannten Einrichtung zum Schutz der Schildkrötenpopulation geworden. Man kann den Babyschildkröten in ihren Becken beim Herumpaddeln zuschauen und/oder eine Schildkröte ins Meer aussetzen (Spende erwünscht).

■ **Gili Meno Sea Turtle Sanctuary,** Tel. 0813 39599644, tgl. 9–21 Uhr.

Praktische Infos

Übernachten

1986 entstand das erste Hotel auf Meno, etliche folgten. Während der Corona-Pandemie mussten zahlreiche, eher günstige Unterkünfte schließen. Die teuren Häuser überlebten, dementsprechend hoch ist das Preisniveau im Vergleich zu Trawangan und Air. Allerdings wird dafür auch einiges geboten.

4 BASK, https://baskgilimeno.com. Offensichtlich ist Meno dem internationalen Großkapital nicht verborgen geblieben. An der Westküste steht BASK, ein Investmentprojekt unter australischer Federführung und mit illustrer Unterstützung z.B. durch den ehemaligen US-amerikanischen Baywatch-Star *David Hasselhoff.* BASK sei, so heißt es, das erste 5-Sterne-Luxus-Resort auf den Gilis, wo man Bungalows mitsamt Landbesitz frei erwerben könne.

5 Mahamaya Gili Meno④, Turtle Point, Tel. 0370 637616, www.mahamaya.co. Todschickes Resort für Urlauber mit großem Geldbeutel. Dafür wird aber auch an Style und Luxus aufgefahren, was geht. Kein Wunder, dass es schon den „World Luxury Hotel Award“ gewonnen hat.

6 Seri Resort④, Tel. 0822 37596677, www.seriresortgilimeno.com, wirbt mit einem trefflichen Versprechen: „Seri Resort is simply paradise“. Da gibt's nicht mehr viel zu kommentieren.

MEIN TIPP: **7 Villa Sayang**④, Tel. 0818 363 952, http://villasayanggilimeno.com/villa-sayang-en.htm. Eine Villa ist größtenteils aus antiken Hölzern gebaut und mit Liebe zum Detail dem traditionellen Lombok-Stil angepasst – offenes Wohn- und Esszimmer, komplett eingerichtete Küche und schönes Open-Air-Bad. Im oberen Stockwerk gibt es zwei gemütliche, luftige Doppelschlafzimmer mit Moskitonetzen, Ventilator und Extra-Bett. Dazu gibt es in dem weitläufigen, ruhigen Garten ein weiteres Haus mit Unterkünften und mittendrin einen Pool. *Sylvia*, eine Deutsche, und ihr indonesischer Mann *Saleh* haben in jahrelanger Kleinarbeit die Elemente für das Haus in Indonesien zusammengetragen.

2 **Le Pirate Gili Meno**④, Tel. 0813 38389360, https://lepirate.com/gilimeno. Gehört zu einer Kette, die auf Nusa Ceningan und in Flores ebenfalls Ableger hat. Sehr nette Anlage im karibischen Stil mit Bungalows auf Stelzen. „Barfuß" ist das Motto in der nicht ganz günstigen Location.

Essen und Trinken

8 **Ya Ya Warung,** tgl. 7.30–22 Uhr. Einer der ersten Warungs auf der Insel, betrieben von einer sehr netten Familie. Bekannt und beliebt, da lecker und billig.

9 **Rust Warung,** Tel. 0819 07855755, tgl. 8–23 Uhr. Ist über den Strand gebaut und serviert indonesische Mahlzeiten bis hin zu über Meno hinaus bekannten Fischgerichten.

3 **Brotherhood Bar,** Tel. 0878 66844531, tgl. 8–24 Uhr. Eine nette Bar mit einer Mission: Die Eigentümer zeigen Kindern und Interessierten, wie auf Meno Recycling und Upcycling umgesetzt werden können. Auch die Bar selbst ist mit Recycling-Elementen und -Dekoren wie leeren Bierflaschen usw. ausgestaltet.

1 **Sasak Café,** tgl. 8–23 Uhr. Hier gibt's Bier und Cocktails, Currys und Snacks zu günstigen Preisen – und alles immer bei guter Stimmung.

Tauchen und Schnorcheln

11 **Gili Meno Divers,** Kontiki Cottages, Tel. 0878 64095490, www.gilimenodivers.com. Tauchcenter unter französischer Leitung, Team und Gäste sind aber sehr international. Die Hauptstelle ist auf Gili Air. Auf Gili Meno befindet sich ein kleinerer Ableger. Geboten werden alle PADI-/SSI-Kurse.

10 **Blue Marlin Dive Gili Meno,** am Fährhafen, Tel. 0370 639980, www.bluemarlindive.com/gili_meno. Mit ähnlichem Angebot wie die Meno Divers und Ableger auf Gili Air.

Karibik-Feeling in Indonesien – die Anlage des Le Pirate Gili Meno

xba050 sb

Sonstiges

Geld

In der Nähe des Anlegestegs finden sich **Geldautomaten.**

Krankenhaus

■ **Blue Island Medical Clinic,** 50 m vom Hafen entfernt, Tel. 0819 99705702, http://blueislandclinic.com, mit 24-Std.-Service.

Gili Air

Gili Air ist vom Festland aus gesehen die erste der drei Inseln. Sie ist 100 Hektar groß und mit rund 900 Einwohnern **am dichtesten besiedelt.** In der Mitte liegt das Dorf, in dem Besucher am Leben der Einheimischen teilhaben können. Air ist **von hohen Palmen bewachsen, schattig und ruhig.** Die Insel gilt als Mittelding zwischen der umtriebigen Gili Trawangan und der gechillten Gili Meno.

An der **Westküste** von Air gibt es etliche nette Homestays zu teilweise recht günstigen Preisen für den klassischen Beach-Bungalow. Hier, an der **Sunset Area,** findet man sich pünktlich zum Sonnenuntergang ein – und genießt bei einem Sundowner denselbigen sowie einen prächtigen Blick auf die benachbarten Gilis. Gleich nebenan fällt der Blick auf eine Ruine: Die helle Front des **Ombak Paradise** ist weithin sichtbar, allerdings ist es eine leblose Hülle, denn das Hotel ist lange geschlossen. Davor liegt ein Bootsfriedhof samt Werft.

Von der Anlegestelle geradeaus führt ein geteerter Weg Richtung **Inselmitte und Dorf;** hier gibt es ausreichend touristische Infrastruktur sowie Unterkünfte, Cafés und Restaurants.

An der **Ostküste** liegen Tauchschulen, Warungs und Restaurants – ein wenig Nachtleben gibt es auch. Wie auf den Gilis üblich führt ein Weg um die Insel herum, immer am Strand entlang; zu Fuß dauert der Spaziergang 1½ Stunden.

Gili Air – in der Mitte der Insel liegt das Dorf

xba051 sb

Praktische Infos

Übernachten

Auf Gili Air gibt es zahlreiche Bungalowanlagen mit unterschiedlichem Standard und Preisen; Doppelzimmer mit Frühstück kosten ab 200.000 Rp. bis über 1 Mio. Rp.

Im Süden und Westen

11 **Lucky's Cottage**②-③, Tel. 087 864133290, ist ein echter Klassiker im Beach-Bungalow-Gewerbe. Seit 1992 an derselben Stelle, ein Teil der Bungalows ist mitgealtert. Aber es wird beständig investiert, vor allem in die Beach Bar. Die Atmosphäre hier ist locker und dem Strandleben angepasst.

10 **Salabose Cottages**②, Tel. 0852 05770542, www.facebook.com/SalaboseCottagesGiliAir, ist ähnlich: nette kleine Bungalows, Restaurant und Bar direkt am Strand. Wer einen schönen und neuen Bungalow möchte, muss ein wenig tiefer in die Tasche greifen.

1 **Salili Bungalows**④, Tel. 081 805212393. Geräumige Bungalows mit Garten- oder Strandblick, klimaanlagengekühlt, alles untergebracht in einem großzügigen Garten.

2 **Begadang Backpackers**②, Tel. 0813 5396 0730, etwas weg vom Strand, aber der Weg lohnt zum günstigen Dach über dem Kopf: Pool, nette Schlafsäle und natürlich eine Bar, an der reichlich Kontakte geknüpft werden.

Im Dorf

6 **The Mandana Suites and Villas**④, Tel. 0819 17086973, http://themandanagiliair.com. Das Haus von *José David Jurado* ist eine wunderschöne kleine, aber feine Anlage im Inneren der Insel. Es gibt einen Pool, sehr geschmackvoll eingerichtete Zimmer, ungemein freundlichen Service und ein Frühstück, wie man es wahrscheinlich noch nie gesehen hat. Es kann durchaus passieren, dass man gar nicht mehr hinaus möchte. Nicht zu vergessen das hauseigene Kiosko (s.u.).

Im Osten

4 **Youpy Bungalow**②, Tel. 0819 99435791, www.facebook.com/giliairtrip, Lesertipp: „Liebevoll gestaltetes Bad, schöne Anlage, tolle Strandseparees und zuvorkommendes und aufgeschlossenes Personal. Das Frühstück ist reichhaltig und lecker."

MEIN TIPP: 15 **Zipp Bar**③, Tel. 0853 3301 3575, www.facebook.com/zippbarrestaurantand bungalows. Um die Zipp Bar (s.u.) kommt wohl kaum jemand herum, wenn es um Essen, Trinken und Live-Musik geht. Interessant ist die Bungalowanlage hinter Bar und Küche: In einem Hinterhof samt Pool stehen vier javanische Häuser aus Teakholz; sie wurden hier wieder aufgebaut und liebevoll renoviert. Dazu ist es hier sehr ruhig, während vorne am Strand einiges geboten ist.

8 **Biba Beach**③, Tel. 0819 17274648, www.biba beach.com. Sehr sympathische Anlage im Stil klassischer Beach-Bungalows ohne Schnickschnack. Es gibt auch Klimaanlagen für die, die die Hitze gar nicht aushalten. Die anderen machen bei einem Yogakurs mit.

Essen und Trinken

14 **Scallywags Beach Club,** Tel. 0819 17432086, https://scallywagsresort.com/dine-gili-air, tgl. 7–23 Uhr, bietet wie auf Gili Trawangan ein bekannt ausladendes Menü mit Ökotouch.

MEIN TIPP: 15 **Zipp Bar,** Tel. 0853 33013575, www.facebook.com/zippbarrestaurantandbunga lows. Weithin bekannter und beliebter Fischgrill, ein guter Platz zum Abhängen und um das eine oder andere Bintang oder einen Cocktail in der langen Happy Hour zu trinken. Das klappt gut und gerne in den beschatteten Pavillons, die vorne am Strand stehen. Zweimal die Woche gibt's Live-Musik, jeden Abend superleckere Riesenkebabs (Fisch, Huhn, Rind oder gemischt) und Barbecue.

9 **Green Chili Restaurant,** Jl. Mojo. Eher unauffällig, die Öffnungszeiten hängen manchmal von der Laune des Teams ab, auf dem Holzschild am Ein-

gang heißt es: „Unser Bier ist so eiskalt wie das Herz Deiner Ex" – na ja. Das wirklich eiskalte Bier passt erstklassig zur erstklassigen Speisekarte mit indonesischen Klassikern, die von der Mutter des Hauses unter großem Anteil der Familie zubereitet werden. Hier gibt es Rendang, Curry und Nasi, Soto und Mie – aber auch internationale Klassiker.

12 **JUJU Zero Waste Store & Vegan Café,** Jl. Mojo, Tel. 0812 38262754, www.facebook.com/jujuzerowaste, Mo, Di, Do, Fr 8–17 Uhr, Mi, Sa, So 8–21 Uhr. Hier gehen alle Gerichte mit gutem Gewissen weil bio über die Theke – vegan natürlich. Dazu Kaffee und Tee und das Gefühl, auch in dieser Ecke der Welt auf der richtigen Seite zu stehen.

7 **Kiosko,** Jl. Mojo, Tel. 0813 38463735, www.facebook.com/KioskoSpanishTapasAndChurros, tgl. 12–21.30 Uhr. Für Freunde der spanischen Lebensart bringt das Team von *José David Jurado,* Besitzer der Mandana Suites, Tapas, Churros und andere Leckereien aus der fernen Heimat auf den Tisch.

5 **Good Earth Café,** Jl. Buddha Way, Tel. 0877 61038836, www.facebook.com/GoodEarthCafeGiliAir, tgl. 7–17 Uhr. Der Name sagt es schon, hier geht's gesund und umweltfreundlich zu – bei Rawfood, vegetarischen und glutenfreien Speisen.

Nachtleben

Das Nachtleben findet vorwiegend in der **„Sunset Area"** im Westen der Insel statt. Die jeweiligen Bars der Bungalowanlagen, Lucky's, Salabose und Mowie's at the Beach, sind immer gerüstet.

3 **Space Bar,** Tel. 0823 41235799, www.facebook.com/groups/12492106385/about, tgl. abends bis in die Nacht. Trance- und chillige Musik, ein Touch Goa vielleicht, die Space Bar hat ihr Stammpublikum klar definiert.

Tauchen und Schnorcheln

Schnorchelequipment verleiht jede Unterkunft für rund 40.000 Rp. Und es gibt rund um die Insel viele schöne Schnorchelspots, beispielsweise an der Ostküste auf Höhe der Zipp Bar.

13 **Oceans 5 Dive Resort,** Tel. 081 33877144, www.oceans5dive.com. Gut laufendes PADI-Five-Star-Resort mit Pool- und Garten-Bungalows, Shops und eigenem Café. Auch ökologisch und sozial ist das Resort recht engagiert: Es gibt regelmäßige Beach und Reef Clean ups sowie Kooperationen mit Shark Guardian, Disabled Divers International und anderen.

Sonstiges

Geld

Es gibt etliche **Geldautomaten** am Hafen und an der Jl. Mojo.

Krankenhaus

■ **Blue Island Medical Clinic,** im Dorf, Tel. 0819 99705703, http://blueislandclinic.com, mit 24-Std.-Service.

xba052 sb

⊡ Strandszenerie auf Gili Air

xba056 sb

8

Lombok: Der Westen

» West-Lombok ist das bevölkerungsreichste Gebiet der Insel. Rund um die Hauptstadt Mataram gibt es mit schönen Stränden und Landschaften, Shops und Restaurants, Dörfern und faszinierenden religiösen Stätten etliches zu entdecken.

< Sonntagsausflügler in Mangsit nördlich von Senggigi

DIE WESTKÜSTE MIT LOMBOKS HAUPTSTADT MATARAM

Es gibt balinesische Tempel auf Lombok, es gibt Reisterrassen, die den balinesischen in nichts nachstehen, und auch die Strände haben – was Schönheit und Unberührtheit angeht – Weltklasseniveau. Auf Balis Nachbarinsel sind Besucher mit ein bisschen Eigeninitiative sogar noch näher am Leben der Bewohner dran als auf der „Insel der Götter".

Schon seit vielen Jahren und mit großen Plänen versuchen die indonesischen Fremdenverkehrsbehörden, den legendären, paradiesischen Ruf Balis auf die Nachbarinsel Lombok auszuweiten. Einerseits wollen sie damit das

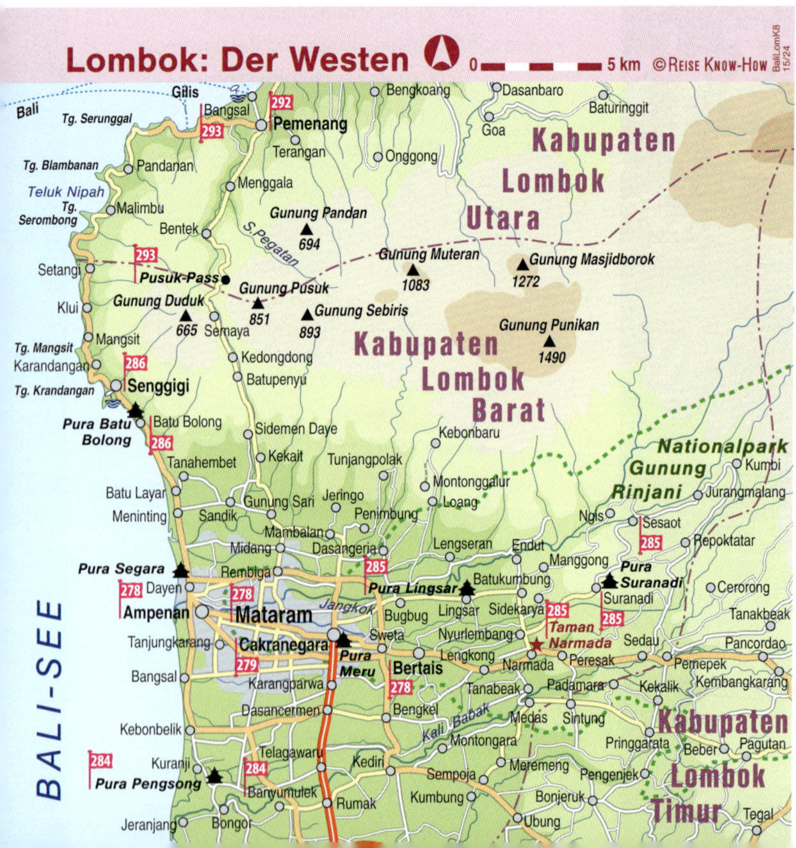

durch den Tourismus belastete Bali entlasten, andererseits dem unterentwickelten Lombok auch einen Teil des Touristengeldes sichern. Um das zu erreichen, erschien nichts einfacher, als die Attribute Balis auch auf Lombok anzuwenden, nach dem Motto: „Lombok, die schöne Schwester Balis".

Lombok – völlig anders und einzigartig

Lombok lässt sich nicht mit Bali gleichsetzen. Der Satz „Lomboks Strände sind die schönen Schwestern der balinesischen Strände" würde zwar stimmen, aber Lombok und Bali bestehen nicht nur aus Badestränden. Wer den Rest der Insel betrachtet, und das ist nun einmal nicht gerade wenig, wird **fast keine Gemeinsamkeiten** mehr entdecken: Lombok ist völlig anders und einzigartig! Ganz „nebenbei" thront hier mit dem **Rinjani** der **zweithöchste Vulkan Indonesiens** und will entdeckt werden.

Durch die **Wallace-Linie** (→ Exkurs S. 442) von Bali und damit von Asien getrennt, rechnet man Lombok und alle östlichen Inseln zur **australischen Region:** Flora und Fauna weisen große Unterschiede auf, das Klima ist trockener. Während auf Bali alles wild wuchert, grünt und wächst, dominieren auf Lombok Trockenwald und Steppe.

Auch die Menschen sind anders. Die ursprünglichen Einwohner Lomboks heißen **Sasak** und haben ihre eigene Kultur. Ein Großteil bekennt sich offiziell zum **Islam,** der animistische Gebräuche zurückdrängt. Diese werden allerdings noch gepflegt, jedoch mehr im Verborgenen. Es gibt eine nur auf Lombok vorkommende Mischreligion: **Wetu Telu.** In ihr verbinden sich islamische, hinduistisch-balinesische und animistische Elemente.

Lombok hat in der Vergangenheit fast immer unter **fremder Herrschaft** gestanden. Die Sasak haben nie ein bedeutendes Königreich oder Ähnliches hervorgebracht. Stets waren andere – **Balinesen, Holländer** oder **Javaner** – die Herrscher. Das hat wohl Auswirkungen auf die Bewohner gehabt: Eigeninitiative und Kreativität sind im Vergleich zur balinesischen Kultur nicht so ausgeprägt. Der weitaus größte Teil der Sasak arbeitet in der Landwirtschaft, die Geschäfte werden von Vertretern anderer Volksgruppen gemacht – Chinesen, Javaner oder Arabern.

NICHT VERPASSEN!

- Islamische Opulenz erspüren in der grandiosen Moschee des **Islamic Center in Mataram** | 279
- Großstadtluft schnuppern bei einem Shoppingtrip in **Matarams Epicentrum Mall** | 282
- Ausgedehnte Wanderungen rund um den ältesten Hindutempel Lomboks: **Suranadi** | 285
- **Senggigi** will entdeckt werden – ein guter Abschluss ist ein **Abendessen im Asmara Restaurant** | 286, 290

Diese Tipps erkennt man an der gelben Markierung.

Der größte Unterschied zu Bali aber besteht darin, dass der organisierte Tourismus vergleichsweise wenig Spuren hinterlassen hat. **Touristenzentren** sind die **Gilis** (→ S. 256), **Senggigi** an der Westküste und ein Teil des südlichen Lombok mit dem Örtchen **Kuta,** der dortigen Rennstrecke und den sich anschließenden Buchten.

Das Leben auf Lombok ist einfacher und im Vergleich zu Bali auch heute noch **„indonesischer“,** und im Hinterland sind Reisende immer noch eine kleine Attraktion. Lombok ist großteils einfach nur Indonesien, **unverfälscht, ungeschönt,** nicht für Fremde herausgeputzt, aber gerade deshalb sehenswert. Einfach mal vorbeischauen!

xba054 sb

Mataram – die Hauptstadt

Mataram ist mit bald 500.000 Einwohnern die Verwaltungshauptstadt von Nusa Tenggara Barat (NTB). Die Stadt besteht aus vier Orten, die zu einem zusammengewachsen sind. Jeder der **vier Ortsteile** hat seinen eigenen Charakter: **Ampenan** ist die ehemalige, heute sehr verschlafene Hafenstadt, **Mataram** das moderne Verwaltungszentrum, **Cakranegara** das quirlige Geschäftsviertel. **Bertais** ist bekannt und berüchtigt durch den größten Busterminal Lomboks, den Terminal Mandalika.

Ampenan liegt direkt am Meer. Das **ehemalige Hafengebiet** mit seiner Mischarchitektur im holländischen, arabischen und chinesischen Baustil der Kolonialzeit hat den Charme einer heruntergekommenen Westernstadt. Sehenswert ist hier einer der wichtigsten balinesischen Tempel Lomboks, der **Pura Segara.** Dahinter schließt sich der riesige **chinesische Friedhof** an, auf dem sich ein Spaziergang lohnt. Wer noch weiter geht, kommt zum **muslimischen Friedhof** – ein erstaunlicher Gegensatz.

Sehenswertes

Nusa Tenggara Barat Museum

In einem modernen Gebäude etwas außerhalb von Ampenan Richtung Süden befindet sich eine gut sortierte Sammlung zu allen **Lebensbereichen der Bewohner von Lombok und Sumbawa:**

handwerkliche Erzeugnisse, ein Webstuhl, Modelle von Häusern und Schiffen, Trachten, Waffen und Blasrohre. Erklärungen in Indonesisch und Englisch.

■ **Nusa Tenggara Barat Museum,** Jl. Panji Tilar Negara 6, Tel. 0623 70632159, https://museumntb.id, Di–Do 8–15 Uhr, Fr 8–11 Uhr, Sa & So 8–15 Uhr, Eintritt: 5000 Rp.

Islamic Center Lombok

Gegenüber dem Kantor Imigrasi (s.u.) in der Jl. Udayana steht, weithin sichtbar, eine **riesige Moschee.** Die Ausmaße der bunt gekachelten Moschee des Islamic Center sind schlicht gewaltig, und vom Minarett überblickt man die ganze Stadt. Trotz aller Opulenz geht's auf dem Gelände recht locker zu. Wer will, kann sich hier **frei bewegen** oder einem der zahlreichen Führer anvertrauen und sich etwas über den Islam auf Lombok und seine Geschichte erzählen lassen.

■ **Islamic Center,** Jl. Udayana & Jl. Pejanggik, Tel. 0819 17325666, https://islamiccenter.ntbprov.go.id, tgl. geöffnet.

Cakranegara („Cakra")

Cakranegara als der **älteste Stadtteil** des „Dreiergebildes" aus Ampenan, Mataram und eben Cakranegara wurde gegründet, als das balinesische Heer Anfang des 18. Jahrhunderts Lombok erobert hatte. Der König des Reiches Mataram hatte hier seinen Sitz und ließ viele Bauwerke errichten, von denen einige noch stehen. Cakra ist ein **quirliger Marktort** bzw. Stadtteil mit Basar, Geschäften und Dienstleistungsbetrieben. Fast alle Läden führen Chinesen.

◁ Islamic Center – weithin sichtbar ist die riesige Moschee

▽ Willkommen in der Hauptstadt

926ba sb

Pura Meru

Den **größten Hindu-Tempel der Insel** ließ der balinesische Fürst *A. Made Karang* 1720 erbauen. Im ersten Hof steht das Glockenhaus, von dem aus die Gläubigen zu Zeremonien gerufen werden (Kul-Kul). Im zweiten Teil werden die Opfer abgestellt, zwei große Häuser sind dafür vorgesehen. Im dritten Teil befinden sich die **Merus;** an der **Anzahl der**

Dächer erkennt man, wem sie geweiht sind (elfstöckig = *Shiva*, neunstöckig = *Wishnu*, siebenstöckig = *Brahma*).

■ **Pura Meru,** Jl. Selaparang, tgl. 8–17 Uhr.

Taman Mayura Park

Der übrig gebliebene und renovierte Teil des balinesischen **Wasserpalastes** Taman Mayura wurde Ende des 19. Jahrhunderts erbaut. In der Mitte des Sees

befindet sich das **Bale Kampung,** hier wurde früher Gericht gehalten.

■ **Taman Mayura,** Jl. Purbasari 29, Tel. 0878 6328 6625, tgl. 8–20 Uhr, Eintritt: 10.000 Rp.

Praktische Infos

Übernachten

In Mataram übernachten eigentlich nur Geschäftsleute. Besser übernachtet man in Senggigi, dort ist die Auswahl an Unterkünften deutlich größer und die Atmosphäre um einiges lockerer als in der großen, hektischen Hauptstadt. Wer aber hängen bleibt, könnte es hier probieren:

4 Lombok Raya Hotel④, Jl. Panca Usaha 11, Mataram, Tel. 0370 632305, https://lombokrayahotel.com. Die erste Adresse für Geschäftsreisende, dementsprechend das Publikum. Punktet mit Pool, Restaurant und Spa.

8 Hotel Ratih②-③, Jl. Pejanggik 127, Cakra, Tel. 0370 631096, https://hotel-ratih.business.site, ist ein Favorit in Cakra: Der Innenhof glänzt mit einem bewachsenen Laubengang, es gibt einen Springbrunnen. Economy-Zimmer mit Deckenventilator, WiFi und Frühstück inklusive. Das Haus hat im Hinterhof einen Parkplatz.

Essen und Trinken

Ampenan

1 Barokah Cake and Bakery, Jl. Saleh Sungkar 22, Tel. 0817 368007, www.facebook.com/BarokahBakerylombok, tgl. 8–22 Uhr. Gute Donuts und superscharfe Samosas, es gibt auch Lombok-Kaffee.

Mataram

Ab 17 Uhr erwachen die unzähligen Kaki Limas und kleinen Warungs an der Jl. Pejanggik gleich bei der Mataram Mall; hier gibt es schlichte, aber überzeugend gute Nudelsuppen.

6 Delicio Bakery & Café, Jl. Pejanggik 105, Mataram Mall, Tel. 0370 629915, tgl. 11–21.30 Uhr. Bäckerei, Café, Restaurant mit AC, am vorderen Parkplatz in der Mataram Mall. Hier gibt es Kaffee in vielen Varianten, Bier vom Fass, gutes Essen und guten Service zu moderaten Preisen. Dreimal wöchentlich wird abends Live-Musik geboten.

5 Rumah Makan Dirgahayu, Jl. Cilinaya 10, Tel. 0370 6605039, tgl. 9–22 Uhr. Riesiges Restaurant mit langer indonesischer Speisekarte. Aquarien zieren den Innenraum. Preiswert und lecker.

Cakranegara

Nach Sonnenuntergang verwandeln sich einige Straßen Cakras zum Nachtmarkt, insbesondere die Jl. Airlangga. Hier lohnt es sich, verschiedenste Leckereien zu probieren, herzhafte und süße.

9 Seafood Ikan Bakar 99, Jl. Subak III Nr. 10, Tel. 0819 33138188, tgl. 11–21.30 Uhr, Fr ab 13 Uhr. Der frische Fisch und die leckeren Meeresfrüchte locken Hungrige von nah und fern.

Einkaufen

3 Lombok Epicentrum Mall, Jl. Sriwijaya 333, Tel. 0370 6172999, www.lombokepicentrum.com, tgl. 10–22 Uhr. Nur wenige Fahrminuten vom religiösen Zentrum kann man sich mit durchaus weltlichen Genüssen und Reizen umgeben. Die Epicentrum Mall hat der Mataram Mall längst den Rang abgelaufen und glänzt recht westlich mit einem Burger King, Sushi, Supermärkten und den üblichen „Global Brands" – alles schön klimaanlagengekühlt natürlich.

7 Mataram Mall, Jl. Pejanggik, Tel. 0819 1771 6414, tgl. 10–22 Uhr. Ein wenig in die Jahre gekommen: Shoppingcenter mit Supermarkt, Elektroshops, Boutiquen, Restaurants, Parkmöglichkeiten und Geldautomaten. Wer es moderner und schicker mag, geht in die Epicentrum Mall (s.o.).

11 Der **Shopping-Komplex Pasar Mandalika** in Bertais ist riesig, hier ist wenigstens ein halber Tag Zeit angesagt. Geschäft reiht sich an Geschäft. Die Anlage liegt am Busbahnhof Mandalika.

Kunsthandwerk

10 **Pasar Cakranegara,** Jl. AA Gede Ngurah & Jl. Selaparang, tgl. 9–18 Uhr. Hier haben sich viele Verkäufer von Kunsthandwerk versammelt. Die Preise sind Verhandlungssache, aber recht korrekt. Große Auswahl an Webartikeln und Schnitzwerk. Die Masken und Skulpturen sind von hoher Qualität. Daneben gibt es fast alles zu kaufen, insbesondere Tabak, Obst und Gemüse. Besuchen kann man Handwerker, Silber- und Goldschmieden und „Antik-Shops".

Sport und Aktivitäten

■ **G.E.C. Rinjani Golf & Resort,** Jl. Lapangan, Narmada, Tel. 0370 6171775, www.lombok-golf.com. Liegt ca. 3 km nördlich an der Hauptstraße von Mataram nach Labuhan Lombok (von dieser in Sedau abbiegen). Es handelt sich um ein riesiges Areal mit Luxus-Unterkunft, Tennisplatz und einem 18-Loch-Golf-Course.

Kura-Kura Waterpark, Jl. Sriwijaya 95, Mataram, neben dem Grand Legi Hotel, Tel. 03709 6160474, tgl. 9–18 Uhr. Eine Attraktion für die Kleinen! Geboten werden Wasserfälle, Naturpfade, ein Trampolin, Bungee-Jumping und ein Fischteich, in dem geangelt werden kann.

Ausflüge und Touren

2 **Bidy Tours and Travel,** Jl. Ragigenep 17, Ampenan, Tel. 0370 632127, http://bidytour-lombok.com. Großer Tour-Veranstalter mit gut ausgebildeten Reiseleitern, im Programm: die Besteigung des Gunung Rinjani oder Angeltouren. Der Chef des Unternehmens, *Pak Husein,* hat die Organisation Going Green gegründet. Jeder Gast kann sich für einen kleinen Betrag ein Bäumchen kaufen und damit einen Beitrag zur Aufforstung leisten.

Sonstiges

Geld

In der Stadt und entlang der Hauptstraßen gibt es zahlreiche **Geldautomaten** und **Wechselstuben.**

Krankenhäuser

■ **Siloam Hospital Mataram,** Jl. Majapahit, Tel. 0811 8951181, www.siloamhospitals.com/rumah-sakit/siloam-hospitals-mataram.

■ **Risa Sentra Medical Hospital,** Jl. Pejanggik 115, Cakranegara, Tel. 0370 625560, www.risasentramedika.co.id, mit 24-Std.-Service.

Post

■ **Kantor Pos Mataram,** Jl. Sriwijaya 37, Mataram, Mo–Sa 7.30–21 Uhr, So 7.30–13.30 Uhr; Zweigstelle an der Jl. Raya in Senggigi.

Visumverlängerung

Als Hauptstadt der Provinz Nusa Tenggara Barat (NTB), zu der Lombok und Sumbawa gehören, ist Mataram Sitz zahlreicher Behörden und Banken; in der Stadt befindet sich auch der Kantor Imigrasi.

■ **Kantor Imigrasi,** Jl. Udayana 2, Mataram, Tel. 0370 632520 und 0819 99949000 mit WhatsApp-Anleitung für die Visumverlängerung, https://kanimmataram.kemenkumham.go.id, Mo–Do 8–16 Uhr, Fr 8–16.30 Uhr.

Verkehr und Transport

Überlandbusse/Busbahnhof

Wer mit dem Fernbus aus anderen Ecken Lomboks oder von den benachbarten Inseln ankommt oder von dort abfährt, muss zum gut organisierten **Busterminal Mandalika in Bertais;** ab hier geht es mit dem Bemo weiter.

Bemos

Bemos fahren **auf festgelegten Routen** kreuz und quer durch Ampenan, Mataram und Cakranegara bis zu den Endstationen Bertais, dem Busbahnhof im Osten, und Kebon Roek im Westen. Innerstädtisch sind die gelben Bemos die richtigen. Sobald es dunkel wird, so ab 18.30 Uhr, wird der Bemo-Verkehr allerdings sehr spärlich; es lohnt sich dann, in ein Taxi umzusteigen. Von Kebon Roek am Ortsausgang von Ampenan fahren Bemos nach Senggigi und weiter nach Norden, ab Bertais fahren Busse in alle Richtungen.

Minibusse und viel mehr

- **Perama Tours & Travel,** Jl. Pejanggik 66, Mataram, Tel. 0370 635928, www.peramatour.com. Shuttlebusse plus gute, aktuelle Infos über Bali, Lombok, Sumbawa und Komodo, Tickets aller Art, Auto- und Motorradverleih und auch Zubehör für die Rinjani-Besteigung.

Taxi

- **Lombok Bluebird Taxi,** Jl. Koperasi 102, Ampenan, Tel. 0370 627000, www.bluebirdgroup.com oder über die App My Blue Bird.
- **Express Group Taxi,** Tel. 0370 644444, http://expressgroup.co.id/expressweb.
- **Grab und gojek:** Per App kann auch für Mataram und Umgebung ein grab- oder gojek-Transport organisiert werden. Infos: www.grab.com/sg und www.gojek.com/en-id.

Fähren nach Bali (Padangbai)

Labuhan Lembar (→ Kap. Lombok: Der Süden) knapp 20 km südlich von Mataram ist der **Fährhafen** für Padangbai auf Bali. Der Ort selbst liegt etwa 1 km landeinwärts. Es gibt einen kleinen Markt an der Bemostation. Das Hafengelände ist gut ausgebaut, alles läuft normalerweise organisiert ab, und es gibt Geldautomaten. Nur wenn die Minibusse mit den Touristen eintreffen, kann es hektisch werden: Jeder will etwas verkaufen, am besten sofort. Da heißt es, Ruhe zu bewahren. Hafen und Dorf liegen in einer tief eingeschnittenen Bucht, begrenzt durch hohe Berge, die den Ausblick aufs Meer verhindern. Auf der anderen Seite der Bucht Richtung Süden befindet sich **Gili Mas,** der 2020 eröffnete Hafen für Kreuzfahrtschiffe.

Umgebung von Mataram

Pura Pengsong

Von diesem **Bali-Tempel auf einem Berg mit vielen Affen,** ca. 9 km südlich von Mataram gelegen, genießt man eine schöne Aussicht. Einmal im Jahr wird hier zum Dank für eine gute Ernte ein **Büffel geopfert,** der mit großem Spektakel die steile Treppe (236 Stufen, 75–100 m hoch) hinauf in den Tempel geschafft wird. Den genauen Termin erfährt man bei Balinesen. Eintritt gegen eine Spende.

Banyumulek

Ein Zwischenstopp im nahen Örtchen Banyumulek ein paar Kilometer südöstlich lohnt sich. Denn Banyumulek ist bekannt für seine **Töpferkunst.** So gut wie jedes Häuschen im Dorf verfügt über eine eigene Werkstatt, der Brennofen wird geteilt. Hier kann man sich gerne umsehen und schauen, wie von Hand getöpfert wird. Wer ein wenig Indonesisch kann, der findet immer Gelegenheit für ein Schwätzchen. Einige Läden bieten auch Workshops für Urlauber an.

Taman Narmada

12 km östlich von Cakra an der Hauptstraße nach Labuhan Lombok liegt dieser alte **Tempel- und Palastbezirk.** Er wurde 1805 von einem balinesischen Fürst erbaut, der sich hier Dorfschönheiten auswählte. Die **Parkanlage** ist dem Rinjani-Massiv nachempfunden, benannt wurde sie nach einem heiligen Fluss in Indien. Der Park ist in Narmada mit „Taman Narmada" (von Mataram kommend rechts) beschildert. Heute ist er ein **populäres Erholungsgebiet** mit drei Swimmingpools, Bäumen und Gärten (Frauen gehen besser mit Oberbekleidung ins Wasser). Es gibt aber auch noch eine separate Badeanstalt innerhalb der Anlage (kostet extra Eintritt, dafür aber weniger Publikum).

■ **Taman Narmada,** Jl. Raya Mataram Labuhan Lombok, tgl. 8–17 Uhr, Eintritt: 10.000 Rp.

Suranadi

Ein herrlicher Ort für einen Tagesausflug ist Suranadi, wo sich der **älteste Hindu-Tempel Lomboks** befindet. Er wurde um eine heilige Quelle gebaut, in der vier gigantische (über 1,50 m lange) **heilige Aale** hausen. Sie verstecken sich normalerweise unter der Uferböschung des kleinen, glasklaren Tümpels, erscheinen aber, wenn sie von einem „Fachmann" mit hart gekochten Eiern zum Fressen gelockt werden. Gleich nebenan befindet sich das **Hotel Suranadi** mit einem kühlen Quellwasser-Swimmingpool (Wasser 18°C, Eintritt: 10.000 Rp.), ein beliebter Ausflugsort wohlhabender Lomboker. Trotzdem ist es **unter der Woche ruhig und leer,** ein herrlicher Platz zum Faulenzen. Auch die Umgebung ist schön: Urwald, Felder, viele Affen, Schmetterlinge und Vögel. Ein Spaziergang lohnt sich.

Sesaot

Sesaot liegt an der gleichen Straße wie Suranadi, ca. 4 km entfernt, gerechnet von der Kreuzung, an der es rechts nach Suranadi geht. Ein bequemer Fußweg führt zu dem Marktflecken. Der Ort liegt **am Rande des Dschungels,** in dem Edelhölzer geschlagen und abtransportiert werden. In der Regenzeit von Januar bis Mai gibt es hier Stromschnellen, eine schöne Gegend für Wanderungen.

MEIN TIPP: Wer mit eigenem Fahrzeug unterwegs ist und noch ein wenig Zeit hat, fährt die **Straße** einfach **weiter:** Es folgen rund 30 Minuten mit Sasak-Dörfern, Kakao- und Orangenplantagen, Dschungelszenerie und Dörfern mit Namen wie Labahsempaga oder Repoktatar. Die gut befahrbare Straße endet in **Sedau,** von hier geht es auf der Hauptstraße von Mataram nach Labuhan Lombok zurück.

Pura Lingsar

Die **große Tempelanlage** von Lingsar liegt 6 km östlich von Mataram, im gleichnamigen Ort. 1714 erbaut und 1874 renoviert, ist sie nicht nur den Hindus auf Lombok heilig, sondern auch den Anhängern des Wetu Tulu und den Moslems der Insel. Vor ihr breitet sich ein **großzügiger Park** aus, in dem oft Picknicks veranstaltet werden. Hier befinden sich ein Becken mit **heiligen Aalen** und einige Schreine, in denen **Steine vom Gunung Agung (Bali)** seit der Tempelgründung aufbewahrt werden. In dem Becken liegen hauptsächlich Geldmünzen. Die Aale selbst seien gelegentlich zu sehen, sagt der Verkäufer von gekochten Eiern.

■ **Pura Lingsar,** Jl. Raya, Batu Kumbung, Lingsar, tgl. 8–18 Uhr, Eintritt: Spende, Tempelschal erbeten.

Das Festival Perang Topat

Jährlich zum sechsten Vollmond (nach dem Bali-Kalender) wird in **Lingsar** das Perang-Topat-Festival gefeiert (Ketupat, abgekürzt Topat = in Palmblätter eingewickelter und gekochter Reis; Perang = Krieg). Der **„Krieg"** findet nachmittags nach den Opferungen und Zeremonien des Tages vor dem Tempel **zwischen Hindus und Wetu Telu** statt, indem sich die Beteiligten mit **Ketupat-Reiskugeln** bewerfen. Jeder, der dieser Zeremonie beiwohnt, muss damit rechnen, dass er getroffen wird. Anschließend werden die gebrauchten Reiskugeln gesammelt und auf den Äckern vergraben. Das soll die Fruchtbarkeit steigern. Schon zehn Tage vor dem Perang Topat finden Veranstaltungen als Rahmenprogramm zu diesem Fest statt, z.B. Kampfspiele und Topengtanz. Das Programm ist in der jeweiligen Touristeninformation zu erfahren.

Senggigi

Im Straßenörtchen **Batu Bolong** nördlich von Ampenan wird schnell klar, dass es nicht mehr weit nach Senggigi ist, denn die Dichte an Restaurants und Guesthouses nimmt stetig zu. Bis dorthin sind es noch etwa 2 km Strandwanderung bzw. 3 km auf der Straße. Sobald das bekannte Café Wayan auf der rechten Straßenseite liegt, ist lockere Fußentfernung nach Senggigi Beach erreicht. Senggigi als Urlauberort erstreckt sich von hier auf gut **10 km Länge** bis in den Norden und nach Mangsit.

Einer der ältesten balinesischen Tempel auf Lombok ist der **Pura Batu Bolong.** Er ist auf einer Felsklippe erbaut, die ins Meer ragt, allerdings nicht mit den Tempeln auf Bali zu vergleichen. 2010 wurde die Anlage renoviert und erstrahlt seitdem in neuem, altem Glanz. Besonders der **Sonnenuntergang** hier ist sehenswert, bei gutem Wetter kann die Sicht bis zum Gunung Agung auf Bali reichen. Spektakulär brechen sich hier die Wellen bei rauer See. Schön ist es, morgens und abends Balinesen zuzuschauen, die Opfer bringen oder im Warung vor dem Eingang sitzen.

■ **Pura Batu Bolong,** Jl. Raya Senggigi, tgl. geöffnet, Eintritt: Spende.

> Weitläufig und oft menschenleer präsentiert sich der Sengiggi Beach

Auf den ersten Blick wirkt Senggigi verschlafen. In der Tat hat die „Primadonna" von Lombok schon bessere Zeiten gesehen – die Karawane der Investoren ist gen Süden und Kuta weitergezogen. Dafür ist der **Strand weitläufig und oft menschenleer,** die Stimmung ist recht locker und Senggigi ist nach wie vor ein guter Ausgangspunkt für Trips auf die Gilis oder durch Lombok.

Senggigis **Sonnenuntergang** ist **wunderschön,** und das fast jeden Abend. Häufig kann man sogar den Agung auf Bali sehen. Kaum ist es dunkel, erscheint eine lange Lichterkette auf dem Meer – ein Fischerboot reiht sich ans nächste. Eine besondere Anziehungskraft über die Lomboker Expat-Szene hinaus gewinnt Senggigi durch seine so erfrischend **unkonventionellen Bars und Restaurants.** Wer samstags bei Live-Musik das Leben im Happy Café sieht, glaubt sich um Jahre zurückversetzt – und wird seinen Spaß haben.

Praktische Infos

Information

■ **Perama,** Jl. Raya Senggigi, Tel. 0370 693008, www.peramatour.com, ist eine gute Quelle für erste Informationen. Es hilft, sich auch in den Hotels und Restaurants zu erkundigen.

Übernachten

Die meisten Unterkünfte an den Stränden rund um Senggigi gehören zur gehobenen Klasse ab 50 US$ pro Tag aufwärts. In der mittleren Preisklasse und der zweiten Reihe oder im Dorf gibt es einige Zimmer und Bungalows zu erschwinglicheren Preisen.

Batu Bolong

MEIN TIPP: **18** **Café Alberto**③-④, Jl. Raya Senggigi 1G, Batu Bolong, Tel. 0370 693039, http://cafealberto.com, nett am Strand gelegen. Die Café-Zeiten waren einmal. Heute ist das Café Alberto ein hervorragendes Beach Side Restaurant samt Bed &

127ba sb

Übernachtung
1 Jeeva Klui
2 Qunci Villas
4 Puri Bunga Beach Cottages
7 Mamma Bella's
8 On The Way Hostel
12 The Wira Café & Guesthouse
13 Sendok Hotel
16 Hotel Aruna Senggigi
18 Café Alberto

Essen und Trinken
3 Lotus Bayview, The Office Restaurant
6 Asmara Restaurant
9 Square Restaurant
10 Bale Tajuk
12 The Wira Café
17 Temptations
18 Café Alberto
19 Café Wayan
20 La Chill Bar

Nachtleben
3 Coco Beach Restaurant
11 Happy Café
15 Marina Café

Tauchen
5 DSM Dive
14 Blue Marlin

Breakfast mit vier nett eingerichteten Zimmern im Nebengebäude. Es gibt mitten in der Anlage einen gerne genutzten Pool, die Speisekarte hat einen wunderbar italienischen Einschlag. Der Service ist hervorragend und *Alberto*, der Manager, immer gut für ein paar Tipps und einen kleinen Plausch.

Senggigi Beach

Am Senggigi Beach ist die Auswahl recht groß, alle Preisklassen sind vorhanden.

16 **Hotel Aruna Senggigi**④, Jl. Raya Senggigi, Tel. 0370 6197777, https://arunasenggigi.com. Das frühere Graha Beach Senggigi hat sich ein bisschen hübscher gemacht und modernisiert. Das Hotel hat links und rechts der Hauptstraße Gebäude, der klasse Pool mit kindgerechter Wasserrutsche liegt leider nicht an der Strandseite.

13 **Sendok Hotel**②, Jl. Raya Senggigi km 8, Tel. 0370 693176, www.facebook.com/sendokhotelombok, liegt an der Hauptstraße und hat ein gutes Preis-Leistungs-Verhältnis. Sehr ruhige, saubere und hübsche Zimmer mit Ventilator, Bad (Kaltwasser) und Veranda nach hinten zum gepflegten Garten, alles in gutem Zustand, mit Pool.

12 **The Wira Café & Guesthouse**①-③, Jl. Raya Senggigi km 8, Tel. 0370 692153. Um einen netten Innenhof stehen Bungalows, in der Ausstattung von Standard bis Deluxe mit Klimaanlage, DVD und 2x2-Meter-Bett, ferner gibt einen Schlafsaal mit günstigen Pritschen. Wer sich an die gemütliche Geschwindigkeit der Küche gewöhnt hat, hält es auch im Café bei WiFi gut aus. Die Deluxe-Zimmer allerdings sind den Preis nicht (mehr) wert.

8 **On the Way Hostel**①, Senggigi Square, Tel. 0370 693880. Für Freunde der wirklich günstigen und einfachen Unterkunft: Es gibt zwei Schlafsäle à zwölf Personen, Männlein und Weiblein getrennt. Gemeinschaftswaschräume und die einfache Lobby schaffen Jugendherbergsfeeling. WiFi inklusive.

7 **Mama Bella's**②, Gang Arjuna III Nr. 11, Senggigi, Tel. 082 297098654, https://mamabellasretreat.com. Liegt mitten im Dorf und ist trotzdem schön grün und luftig. Überzeugt mit Pool, freundlichem Service durch ein indonesisch-holländisches Eigentümerpaar und gutem Preis-Leistungs-Verhältnis. Am Pool lässt es sich gut chillen, die Bungalows sind in einem guten Zustand.

4 **Puri Bunga Beach Cottages**③-④, Jl. Raya Senggigi, Tel. 0370 693013, www.puribungalombok.com. Die Cottages liegen nicht am Strand, wie der Name vermuten lässt, sondern auf der anderen Straßenseite gegenüber dem Kunstmarkt, in den Hang gebaut; der Vorteil: Der Blick geht von oben über den Strand auf das Meer, und gelegentlich weht ein Lüftchen; der Nachteil: Auf- und Abstieg zum netten Bungalow können schweißtreibend sein. Aber allein der Ausblick vom jeweiligen Balkon lohnt die Mühe.

Mangsit

2 **Qunci Villas**④, Jl. Raya Mangsit-Senggigi, km 5, Tel. 0370 693800, www.quncivillas.com. Ist schon lange da und schon lange gut – aber nicht günstig. Gut 150 Meter eigener Strand liegen vor einem schicken Infinity Pool in einem parkähnlichen Gelände, darin locker verteilt die Villas. Sehr edel das Ganze. Bei klarer Sicht geht der Blick ungetrübt bis nach Bali und zum Agung.

Klui

An der Straße weiter Richtung Pemenang folgen noch einige Resorts der höheren Preisklassen, darunter das schicke 1 **Jeeva Klui**④, Malaka, Pemenang, Tel. 0811 3810050, www.jeevaklui.com.

Essen und Trinken

19 **Café Wayan,** Tel. 0370 693098. Frisches Brot, Brötchen, Croissants usw. Dem Besitzer gehört auch das Café Wayan in Ubud (Bali).

20 **La Chill Bar,** Tel. 0370 693925, www.lachill.com, tgl. 16–24 Uhr, mit Pizza und Beanbags am Strand ein guter Ort, um den Sonnenuntergang chillend zu erleben.

adobe.stock © Christopher Howey

17 Temptations, BTN Green Valley, Tel. 0370 693463, www.temptations-lombok.com, Mo–Fr 10.30–19 Uhr, Sa & So 10.30–20 Uhr. Glänzt mit Marmeladen, Joghurt, Kuchen, Brot und vielem mehr – alles selbst gemacht und lecker.

6 Asmara Restaurant, Jl. Raya Senggigi, Tel. 0370 693619, www.asmara-group.com, tgl. außer Do 17–22 Uhr, gute europäische und indonesische Küche. Hier gibt es die wohl besten Steaks auf ganz Lombok, aber auch vegetarische Gerichte. Außerdem Pool-Billard, Kisten voller Legosteine für die Kleinen, angenehme Atmosphäre und guter Service. Jeden Fr „Stammtisch“: Menschen aus vielen Nationen treffen sich, um über aktuelle Geschehnisse, Gott und die Welt zu diskutieren.

3 Lotus Bayview, im Art Market, schön am Strand gelegen, Tel. 0370 693758, www.facebook.com/lotusbayview, tgl. 8–23 Uhr. Die Speisekarte hat eine Western Corner: Hier gibt es alles von Pizza bis Spaghetti.

3 The Office Restaurant, im Art Market, Tel. 0370 693162, tgl. 11–21 Uhr, guter Platz zur Happy Hour von 17 bis 19 Uhr.

⌃ Fischerboote am Senggigi Beach

9 Square Restaurant, Jl. Raya Senggigi km 8, Tel. 0370 693688, https://squarelombok.com, tgl. 11–23 Uhr. Könnte auch in Ubud oder Legian auf Bali sein: schönes, wertvolles, zeitloses Design, zur Straße hin offen. In der Küche lässt sich der Chef so einiges einfallen.

MEIN TIPP: **10 Bale Tajuk,** Jl. Raya Senggigi, Tel. 0819 07313455, tgl. 8.30–23 Uhr. Macht zwar auf den ersten Blick nicht viel her, dafür hat die Küche einiges zu bieten: Sasak-Küche aus Lombok vom Feinsten, beispielsweise Ayam Taliwang, Huhn in einer Soße nach heimischem Stil, mit Kokosmilch und Zitrone – lecker! Damit ist das Bale Tajuk eines der wenigen Restaurants weit und breit, das noch echte Sasak-Küche anbietet.

Nachtleben

11 Happy Café, Jl. Raya Senggigi, Tel. 0370 6197 640, tgl. 12–24 Uhr. Hierher kommen viele Expats und Einheimische. Täglich Live-Musik, jeder Abend wird zur Party.

15 Marina Café, Jl. Raya Senggigi, Tel. 0370 693 136, www.facebook.com/marina.senggigi, tgl. 18–2 Uhr, jeden Abend Live-Musik, mit Sexy Dancers und allem, was des Tanzwütigen Herz begehrt.

3 Coco Beach Restaurant, Kerandangan, Tel. 0821 44683300, tgl. 11–21 Uhr. Hier sitzt man in Berugas, kleinen Pavillons, nahe dem Strand und raucht Shisha oder trinkt ein Bierchen. Wer es gesünder mag, probiert einen der Healthy Cocktails mit Produkten aus eigenem biologischem Anbau aus dem Kräutergarten.

Sonstiges

Geld

■ **PT. Multigraha Kelolavalas,** Jl. Raya Senggigi 10, Tel. 0370 693680, tgl. 9–21 Uhr, bietet als Geldwechsler einen guten Kurs. Es gibt noch weitere Geldwechsler und reichlich Bankautomaten entlang der Hauptstraße und in vielen Shops.

Krankenhaus

■ **Medika Husada Clinic,** Jl. Raya Senggigi, etwa 50 m vom Kunstmarkt entfernt, Tel. 0370 6644820, mit 24-Std.-Service.

Polizei

■ **Senggigi Tourism Police,** Jl. Raya Senggigi, Tel. 0370 632733.

Post

■ **Kantor Pos Senggigi,** Jl. Raya Senggigi, Mo–Fr 8–19 Uhr, Sa 8–17 Uhr, So 8–15 Uhr.

Sport und Aktivitäten

Tauchen

14 Blue Marlin, Holiday Resort Lombok, Jl. Raya Senggigi, Tel. 0370 693719, www.bluemarlinsenggigi.com. Professionelles Unternehmen mit Zweigstellen auf den Gilis und in Kuta/Lombok.

5 DSM dive, Puri Bunga Cottages, Senggigi, Tel. 0878 10848384, www.dsmlombok.com. Hat außerdem einen Tauchshop auf Gili Trawangan und bietet ein ähnliches Angebot wie Blue Marlin.

Wandern

■ **Rinjani Trekking Club,** Jl. Raya Senggigi, Tel. 0818 03627365. Organisiert werden Wanderungen auf den Gunung Rinjani, den zweithöchsten Vulkan Indonesiens (→ nächstes Kapitel, S. 301).

Ausflüge und Touren

Als Ausgangspunkt für Kurztrips mit einem **gemieteten Auto oder Scooter** auf der Insel ist Senggigi ideal. Mit öffentlichen Verkehrsmitteln muss man mindestens den doppelten Zeitaufwand einplanen. Senggigi liegt gut, weil relativ zentral und es viele **Touranbieter und Verleihfirmen** für Fahrzeuge aller Art gibt. Bei solchen Touren möchte man natürlich nicht das gesamte Gepäck mit sich herumschleppen; man sollte sein Zimmer behalten oder den Hotelbesitzer bitten, das Gepäck aufzubewahren, was normalerweise kein Problem ist.

Ein zuverlässiger **Fahrer** für einen Tagesausflug ist **Ridwan,** Tel. 0818 05270938.

Die **Mietpreise für ein Auto oder Scooter** sind saisonabhängig und verhandelbar; wer für längere Zeit mietet, kann einen Discount herausholen. Normalpreis: Motorrad/Scooter 80.000 Rp., Auto ab 250.000 Rp.

Verkehr und Transport

Bemos

Von Ampenan fahren Bemos in regelmäßigen Abständen nach Senggigi; einfach an die Straße stellen und ein Fahrzeug durch Handzeichen anhalten bzw. schon mal loslaufen.

Minibusse

■ **Perama,** Jl. Raya Senggigi, Tel. 0370 693008, www.peramatour.com, bietet Bustickets, Rinjani-Tour-Beratung und Shuttlebus-Service für Lombok und nach Bali. Auch Autos und Motorräder können geliehen werden.

DAMRI

Ein von Urlaubern wenig genutztes öffentliches Verkehrsmittel sind die **Minibusse** von DAMRI. Sie verbinden stündlich und für überschaubares Geld Senggigi und Mataram (Epicentrum Mall) mit dem Internationalen Flughafen in Praya. Die Busse nach Senggigi fahren weiter bis Bangsal; dort ist es nur noch ein Katzensprung auf die Gilis. Tickets gibt's im Bus. Wo die nächste Haltestelle ist, erfragt man am besten in der jeweiligen Unterkunft.

Taxi

- **Lombok Bluebird Taxi,** Jl. Koperasi 102, Ampenan, Tel. 0370 627000, www.bluebirdgroup.com oder über die App My Blue Bird.
- **Express Group Taxi,** Tel. 0370 644444, http://expressgroup.co.id/expressweb.
- **Grab und gojek:** Per app kann auch für Mataram und Umgebung ein grab- oder gojek-Transport organisiert werden. Infos: www.grab.com/sg und www.gojek.com/en-id.

Pemenang

Auf der Fahrt von Senggigi nach Pemenang **an der Küste entlang** kommt man an einigen **schönen Buchten** vorbei, die zum Schwimmen und Schnorcheln einladen. Getrennt werden die Buchten durch steil ins Meer abfallende Berge und Klippen. Unterwegs hat man immer wieder eine **tolle Aussicht** auf die drei Gilis: Air, Meno und Trawangan.

Eine der malerischen Buchten auf der Fahrt von Senggigi nach Pemenang

adobe.stock © iferol

Bangsal, der Hafen von Pemenang, ist der Ort an der Küste, von dem man die Gilis erreicht (36 km von Ampenan entfernt). Es gibt einen Markt, Busse und Bemos nach Norden und Süden, den **Sira Beach** sowie Korallenriffe. Der umtriebige Hafen ist eine Ansammlung von kleinen Häuschen, Restaurants, Warungs und den Ticketbüros auf die Gilis (Anreise zu den Inseln → S. 260).

Verkehr und Transport

- **Minibusse oder Bemos** fahren von Bertais (Mataram) über Senggigi nach Pemenang.
- **Nach Bangsal (Hafen)** sind es ca. 10 Min. zu Fuß. Auf die Cidomos kann man also verzichten, wenn man nicht allzu viel Gepäck schleppen muss.

Fahrt über den Pusuk-Pass

Von Pemenang gibt es einen Weg **durch das Inselinnere nach Süden,** und zwar über den Pusuk-Pass mit seinen vielen Affen. Die Strecke über die mit dichtem Dschungel bewachsenen Berge ist eine der schönsten auf Lombok. Hinter dem Pass kann man entweder in **Gunung Sari** (dort Bambusmöbelherstellung, außerdem täglicher Markt) nach rechts zurück zur Küstenstraße nach Senggigi fahren oder weiter über **Rembiga** nach Ampenan/Mataram.

☐ In Bangsal sorgen Public Boats für den Transport auf die Gili-Inseln

xba055 sb

9

Lombok: Rund um den Rinjani

» Die Wanderung auf den Rinjani mag eine große Herausforderung sein, aber der atemberaubende Sonnenaufgang und der Blick über die Landschaften Lomboks einschließlich der Gilis und bis Bali belohnt für die Mühen.

adobe.stock © Marvin

< Gunung Rinjani – Kratersee Segara Anak und Vulkankegel Baru Jari

INDONESIENS ZWEITHÖCHSTER VULKAN UND SEIN UMLAND

Der Norden Lomboks glänzt mit atemberaubenden weißen Stränden und einem Hinterland, das seinesgleichen sucht: grüne Berge und Hügel und natürlich der Gunung Rinjani, mit stolzen 3726 m Höhe der zweithöchste Gipfel Indonesiens und aktiver Vulkan. Viele begeisterte Wanderer suchen Jahr für Jahr ihren Weg zum Gipfel und dem berühmten Kratersee, dem Segara Anak.

Der Norden und die Mitte von Lombok am Südhang des Rinjani sind den größten Teil des Jahres **üppig und grün.** Viele sagen, dass diese Ecke Lomboks **wie Bali vor zwanzig Jahren** sei – unerschlossen, neu, ein bisschen aufregend. Gleichzeitig ist es hier ruhig und ereignislos. Es gibt **nur wenige Dörfer,** und in denen kann es durchaus passieren, dass die Einheimische einem das Gefühl geben, noch nie einen Weißen gesehen zu haben.

NICHT VERPASSEN!

- Ein Einheimischen-Dorf besuchen, vielleicht vom **Rinjani Mountain Garden** aus | 300
- **Gunung Rinjani:** den zweithöchsten Vulkan Indonesiens besteigen | 304
- Lustwandeln an grünen Hängen **rund um Tetebatu** | 308
- **Mas-Mas:** ein Tag bei einem Projekt für fairen Tourismus | 309

Diese Tipps erkennt man an der gelben Markierung.

Die Nordwestküste

Der in diesem Kapitel besprochene Abschnitt beginnt in **Tanjung,** der Hauptstadt von Lombok Utara (Nord-Lombok). In dem typischen indonesischen Städtchen ist jeden Tag Markttreiben angesagt, und am Sonntag gibt es sogar einen Viehmarkt.

[>] Sonnenuntergang an der Nordwestküste

Gondang

Gondang ist das nächste Örtchen an der Küste und bekannt für seine **Wasserfälle:** Der Beschilderung folgend erreicht man den **Kerta Gangga** (9 km), einen Zwei-Stufen-Wasserfall mit Höhle und Pools zum Baden. Wer die Anfahrt gemeistert hat, wird von Parkplatzwächtern empfangen, die Geld für das Parken und 25.000 Rp. Eintritt verlangen; der Preis für den Eintritt ist verhandelbar. Wer mit einem Guide anreist, erspart sich die Diskussion. Der Blick von hier oben über die Reisfelder Richtung Küste ist wirklich beeindruckend.

Zum Wasserfall **Tiu Pupus** sind es von hier rund 45 Minuten Fußmarsch oder eine kürzere Anfahrt mit dem eigenen Fahrzeug. Er ist ca. 50 m hoch und ebenfalls mit natürlichem Pool und Höhlen. Zum Ende der Trockenzeit (Sept./Okt.) führt er wenig Wasser. Eintritt: 30.000 Rp.

Bayan

Bayan war einst Zentrum eines Königreichs und Stammland der nur auf Lombok vorkommenden **Wetu-Telu-Religion** (→ S. 504). Seinerzeit soll **Abu Sufijan,** einer der einflussreichsten Männer Mekkas, den König von Bayan besucht haben. Dabei empfahl er ihm, seine Untertanen entweder zu Moslems oder zu Mu'mis zu machen. Der Herrscher entschied sich für die zweite Möglichkeit. Aus den Mu'mis hat sich die Wetu-Telu-Religion entwickelt, der noch heute fast alle Bewohner dieser Region anhängen. Hier werden noch alte Hindu-Tänze aufgeführt. Die Menschen sind hauptsächlich Bauern.

Im Dorf auf einem kleinen Hügel steht die **Moschee Kuno Bayan,** wohl die älteste Lomboks. Sie stammt aus dem 17. Jahrhundert und wurde Anfang der 1990er-Jahre mit großem Aufwand restauriert. Die Moschee, die auf vier Holz-

146ba sb

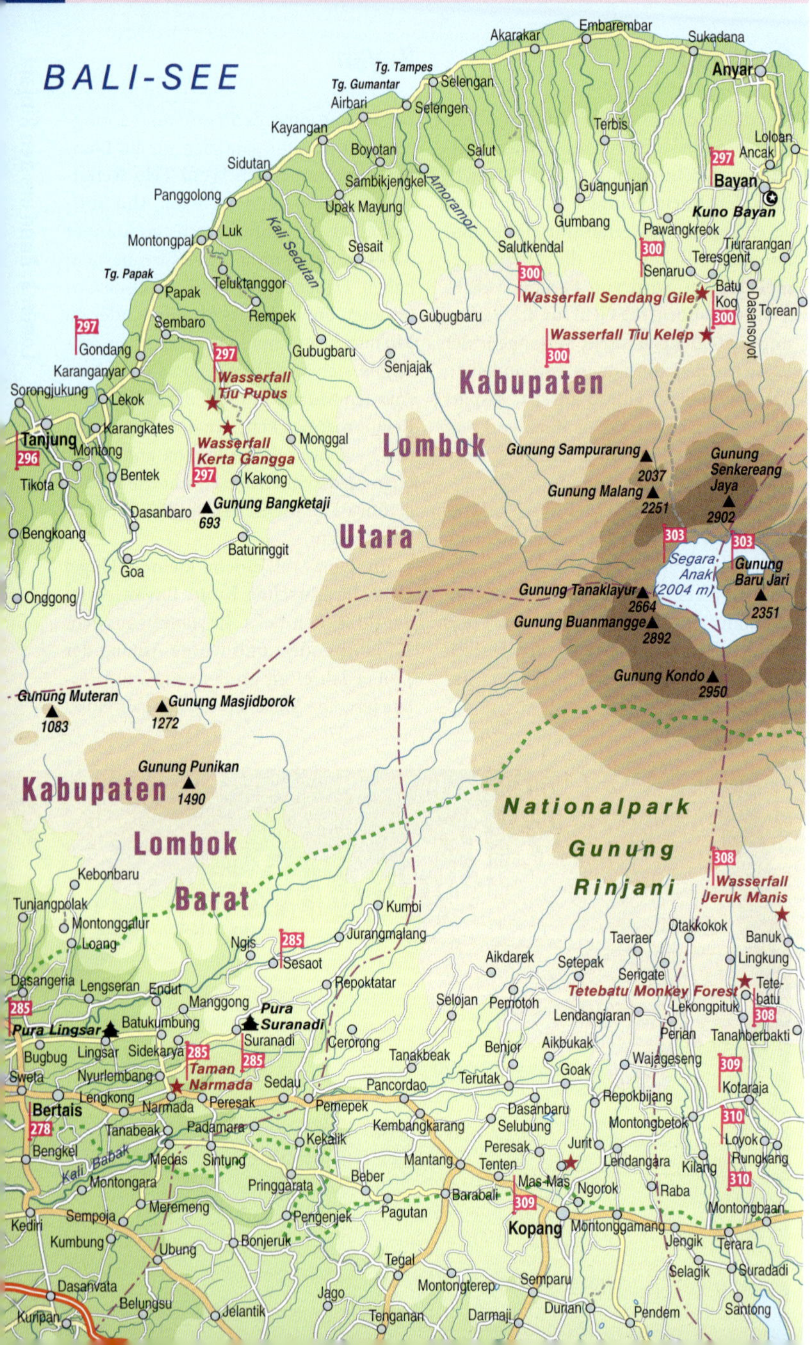
BALI-SEE
Kabupaten Lombok Utara
Kabupaten Lombok Barat
Nationalpark Gunung Rinjani
Tg. Tampes
Tg. Gumantar
Tg. Papak
Akarakar
Embarembar
Sukadana
Anyar
Selengan
Selengen
Airbari
Kayangan
Boyotan
Salut
Terbis
Loloan
Ancak
Bayan
Kuno Bayan
Sidutan
Sambikjengkel
Amoramor
Guangunjan
Gumbang
Panggolong
Upak Mayung
Pawangkreok
Montongpal
Luk
Kali Sedutan
Sesait
Salutkendal
Tiurarangan
Teresgenit
Senaru
Batu Koq
Dasansoyot
Torean
Teluktanggor
Papak
Rempek
Wasserfall Sendang Gile
Wasserfall Tiu Kelep
Gubugbaru
Sembaro
Gondang
Karanganyar
Senjajak
Sorongjukung
Lekok
Wasserfall Tiu Pupus
Tanjung
Karangkates
Montong
Wasserfall Kerta Gangga
Monggal
Gunung Sampurarung 2037
Gunung Senkereang Jaya 2902
Gunung Malang 2251
Tikota
Bentek
Kakong
Dasanbaro
Gunung Bangketaji 693
Bengkoang
Baturinggit
Goa
Segara Anak (2004 m)
Gunung Baru Jari 2351
Onggong
Gunung Tanaklayur 2664
Gunung Buanmangge 2892
Gunung Kondo 2950
Gunung Muteran 1083
Gunung Masjidborok 1272
Gunung Punikan 1490
Kebonbaru
Tunjangpolak
Montonggalur
Loang
Kumbi
Jurangmalang
Wasserfall Jeruk Manis
Otakkokok
Banuk
Taeraer
Lingkung
Aikdarek
Setepak
Serigate
Ngis
Sesaot
Repoktatar
Tetebatu Monkey Forest
Tetebatu
Dasangeria
Lengseran
Endut
Manggong
Pura Suranadi
Selojan
Pemotoh
Lekongpituk
Lendangiaran
Pura Lingsar
Batukumbung
Suranadi
Cerorong
Perian
Tanahberbakti
Bugbug
Lingsar
Sidekarya
Tanakbeak
Benjor
Aikbukak
Wajageseng
Sweta
Nyurlembang
Taman Narmada
Sedau
Terutak
Goak
Kotaraja
Lengkong
Narmada
Peresak
Pancordao
Repokbijang
Bertais
Pemepek
Dasanbaru
Tanabeak
Padamara
Kembangkarang
Selubung
Montongbetok
Loyok
Bengkel
Kekalik
Peresak
Jurit
Rungkang
Kali Babak
Medas
Sintung
Mantang
Tenten
Lendangara
Kilang
Montongara
Pringgarata
Beber
Mas-Mas
Ngorok
Raba
Barabali
Meremeng
Pengenjek
Pagutan
Montongbaan
Sempoja
Kopang
Montonggamang
Kediri
Kumbung
Bonjeruk
Jengik
Terara
Ubung
Tegal
Selagik
Suradadi
Dasanvata
Montongterep
Semparu
Belungsu
Jago
Durian
Pendem
Santong
Kuripan
Jelantik
Tenganan
Darmaji
296
297
300
303
308
309
310
285
278

BALI-SEE
Tg. Batugambir
Putih
Kali Putih
305
Obel-Obel
Putih
Beburung
Medas
Gumbang
Tg. Batu
Timbagading
Pegadungan
Pedamekan
Lepekloang
Gili Lawang
305
Belanting
Menangareak
Birak
Kolohsepang
Gili Sulat
Sajang
Gunung Turunanjalan
1626
Sandongan
Tekalok
Dasantanggik
Karya
Gunung Anak Baru
1937
Tibulele
Sugian
305
Rajak
Dadap
304
Mentagi
Sembalun Lawang
Belik
Suradadi
Telaga
Sambelia
304
Sembalun Bumbung
Gunung Iyasa
2029
Maroak
Gunung Kanji
2045
Gunung Atas Timur
2238
Senanggalih
Labuhan Pandan
306
3726
Gunung Rinjani
301/304
Gunung Propok
2077
Gunung Nangi
2330
Transat
Tg. Layur
Kampungbaru
Gili Bidara
Tg. Prepe
Gili Kondo
Gili Lampu
Kabupaten
306
Bunutunjang
Brettwurzelbäume
Permatan
Lombok
Rarem
Tg. Kayangan
Gili Lebur
Poto Tano (Sumbawa)
311
Limbungan
Sapit
Seruni
Kayangan
Pesugulan
Batucangku
Perigi
Timur
Bebatean
Labuhan Lombok
306
Otakgawar
Aikembuk
310
Kontrak
Modok
Kuangreban
Dasanduduk
Gunung Kukus
974
Timbanuh
Suwela
Gederung
Cemporonan
Duren
Tampatan
Brangbantu
Aiklomak
Karangbaru
Segare
Blimbing
Selaparang
Pringgabaya
Pengadangan
Aikmel Utara
Joga
Aikmel
Wanasaba
Poh Gading
Dedalpak
310
Pancor Kopang/ Pancor Buling
Mambendaya
Mambenlauk
Apitaik
Sukamulia
Gegurun
310
Lendang Nangka
Pringgasela
Lenek
Jurit
310
311
Suralaga
Aikdalem
STRASSE VON ALAS
Danger
310
Hikmah
Anjani
Dasankubur
Dasanbaru
310
Masbagik
Reban
Kesik
Masjid Jami' Al Akbar
Reriu
Lembak
Paokmotong
Sukamulia
Cengok
Gubuklauk
Sekarteja
Padamara
Dasanlekong
Aikampat
Ijobalit
INDISCHER OZEAN
Jantuk
Kalik
Selong
Geres
Setanggor
311
Labuhan Haji
Pancoran
Tanjung
Lengkok
311
Kuangberora

pfeilern gründet, vereinigt Architektur aus dem hinduistischen Bali und dem islamischen Java. Ein Besuch ist nur mit einer geführten Tour oder zum Gebet möglich, aber auch von außen sieht das Gotteshaus recht imposant aus.

Praktische Infos

■ **Rinjani Mountain Garden**③, Teres Genit, Bayan, Tel. 0818 569730, www.facebook.com/groups/367259582560, ist einmalig unter den Unterkünften auf Lombok und auch auf Bali. Ein luftiges und vor allem nachts frisches Paradies am Rinjani-Hang mitten in den Reisfeldern – aus ausgewählten natürlichen Materialien. Hier oben lebt man vom Ausblick und der Atmosphäre. Der morgendliche Blick auf den noch nicht wolkenverhangenen Rinjani ist genauso einzigartig wie der Blick hinunter aufs Meer. Das Gelände ist parkähnlich angelegt, es gibt einen Swimmingpool und ein Restaurant. Der Strom stammt aus einem Wasserkraftwerk, alles selbst Angebaute ist biologisch. Auch Touren in die Umgebung werden angeboten: Allein schon der geführte **Spaziergang ins nahe Einheimischen-Dorf Teres Genit** („Juckende Ameise") ist den Besuch im Rinjani Mountain Garden wert. Anfahrt: Mit Public Bus von Pemenang nach Anyar, von dort weiter mit dem Mopedtaxi zum Rinjani Mountain Garden bei Teres Genit, oder Abholung durch das Team des Rinjani Mountain Garden.

■ **Verkehr und Transport:** Bis Bayan fahren beinahe stündlich Busse von Bertais (Mataram) und Senggigi und wieder zurück.

Batu Koq und Senaru

In den beiden Orten starten **Rinjani-Besteigungen. Batu Koq** ist eine Ansammlung von ein paar Häusern, Unterkünften und Restaurants mit kleinen Shops, die sich auf die Bedürfnisse der Trekker eingestellt haben. Es gibt Zelte, Jacken, Schlafsäcke und einiges mehr zur Ausleihe. Guides bieten ihre Dienste an, Lebensmittel wie Dosenfisch, Schokolade und Kekse können eingekauft werden.

Senaru ist der dem Rinjani am nächsten gelegene Aufstiegsort. In dem traditionellen, armen Dorf scheint die Zeit stehen geblieben zu sein. Die Bewohner gelten als unglaublich freundlich, was so schön wie verwunderlich ist, da sie vom Rinjani-Tourismus in keiner Hinsicht profitieren. Wer mag, kann (und sollte) eine Spende für das Dorf geben.

Im August 2018 wurden beide Dörfer von den **Erdbeben** stark in Mitleidenschaft gezogen, mittlerweile aber läuft die Rinjani-Maschine wieder.

Wasserfälle im Umland: Sendang Gile und Tiu Kelep

Der **Sendang Gile** ist an Sonn- und Feiertagen ein beliebtes Ausflugsziel von Einheimischen (zu Fuß etwa 15 Min.). Es wird gepicknickt, die Kids schleppen ihren Ghettoblaster mit und hören Lagu Pop Indonesia (indonesische Schlager) oder Hardrock. Wer noch ein Stück weiter läuft (ca. 1 Std.), kommt an den **Tiu Kelep.** Insgesamt eine lohnende Tour, die etwa zwei Stunden in Anspruch nimmt. Am besten, man nimmt einen Jungen aus dem Dorf als Guide mit.

Praktische Infos

Übernachten, Essen und Trinken

■ **Ila Homestay**③, Jl. Pariwisata Senaru Bayan, Tel. 0853 37533889, www.facebook.com/people/

ILA-Homestay-Senaru. Freundliche und günstige Unterkunft, vorwiegend für Wandersleute.

■ **Pondok Senaru Cottages**③, Jl. Pariwisata Senaru Bayan, Tel. 0818 03624129, etwa 1 km vor dem Einstieg in die Trekkingstrecke auf den Rinjani. Das Restaurant kann sich sehen lassen, und auch der Ausblick ist nicht schlecht.

Touranbieter auf den Rinjani

■ **Rinjani Trekking Club, Senaru,** Tel. 0817 5754551, http://rinjanitrekkingclub.com. Es werden Touren über drei Tage und zwei Nächte und zwei Tage, eine Nacht angeboten, durchorganisiert bis ins kleinste Detail. Der Preis richtet sich nach den Bedürfnissen und Ansprüchen der Wanderer: Mindestens zwei Wanderer müssen zusammenkommen, dann geht es los.

■ **Perama,** Senggigi, Tel. 0360 693007, www.peramatour.com. Das renommierte Unternehmen bietet eine zwei- bis viertägige Trekkingtour über Senaru oder Sembalun ab 2,5 Mio. Rp. p.P. an.

■ **Rudy Trekker,** Jl. Pariwisata Senaru, Bayan, Tel. 081 803652874, www.rudytrekker.com, ein Lesertipp: „Unseren Rinjani-Ausflug haben wir mit Rudy Trekker gemacht und waren mehr als zufrieden!"

■ **Rinjani Mountain Garden,** Teres Genit, Bayan, Tel. 0818 569730, www.facebook.com/groups/367259582560. Im Angebot sind private Touren auf den Berg, von zwei Tagen und einer Nacht bis zu drei Tagen und zwei Nächten, bis zum Kraterrand und zum See (ab 2 Mio. Rp. p.P.).

Eintritt in den Nationalpark

1984 ist das gesamte Rinjani-Massiv (41.330 ha) zum Nationalpark (www.rinjaninationalpark.com) erklärt worden und damit **der Naturschutzbehörde unterstellt.** Diese legt fest, in welchen Monaten der Berg bestiegen werden darf. Der Eintritt in den Park kostet **150.000 Rp. p.P.** Von dieser Gebühr gehen 13 % an die Nationalparkbehörde, 62 % fließen in das Rinjani-Ökotourismus-Trekking-Programm und 25 % werden für die Pflege der Wanderroute ausgegeben.

Gunung Rinjani

Der Gunung (= Berg) Rinjani ist mit **3726 m** der **höchste Berg Lomboks und zweithöchste Vulkan Indonesiens.** Nur der Vulkan Kerinci auf Sumatra ist höher. Vormittags, bevor die Wolken seinen Gipfel einhüllen, ist er von jeder Stelle Lomboks aus zu sehen. Das ganze sichtbare Massiv ist der Rand eines riesigen Kraters, der Rinjani ist der höchste Gipfel. Den Krater füllt teilweise der See **Segara Anak** aus. In dessen Mitte befindet sich wiederum ein Vulkan, der **Baru Jari.** Er ist aktiv, stets steigt eine feine Rauchfahne von seinem Gipfel auf. Am Rande des Sees breitet sich ein **Wald** aus, der von Affen, Wildschweinen und anderen Tierarten bewohnt wird. Den See bevölkern Wasservögel und Fische.

1847 gab es den letzten Rinjani-Ausbruch. Am **3. Juni 1994** zeigte der Berg aber wieder, dass er nicht schläft. Es kam zu **Eruptionen** und es entstand ein neuer kleiner Berg in der Kratermitte. Der Wasserspiegel soll kurzfristig um neun Meter angestiegen sein, im See wurden die Fische gekocht. Die Asche flog von Lombok bis Sumbawa. 2009 und 2010 meldete sich der Baru Jari: Einige Monate lang schleuderte er Gestein und Vulkanasche in die Gegend. Für das Umland bestand keine Gefahr, da der Baru Jari sich in der großen Caldera, dem Becken des Rinjani, befindet.

Das gesamte **Rinjani-Massiv bedeckt mehr als die Hälfte Lomboks,** es gibt keine Straße, die es überquert. Im Norden, Westen und Osten ziehen sich die **Hänge bis an die Küste,** im Süden schlängelt sich die Straße Mataram – La-

148ba cn

buhan Lombok immer am Fuße dieses gewaltigen Berges entlang. Im Nordosten schließt sich ein fruchtbares Hochplateau mit kühlerem Klima an; hier wird Gemüse angebaut, außerdem wird Pferdezucht betrieben.

Bis auf eine Höhe von etwa 2000 m sind die Hänge mit **dichten Wäldern** bewachsen; Affen, Wildschweine, Hirsche und große Schlangen tummeln sich hier. Die Bewohner dieser Region leben vom **Edelholzabbau:** Teak- und Mahagonistämme werden gefällt, per Hand zu völlig rechtwinkligen Kanthölzern zurechtgeschlagen und auf dem Rücken bergab transportiert. Da mittlerweile das Gunung-Rinjani-Massiv zum Naturschutzgebiet erklärt wurde, ist das Abholzen in einem Gebiet von 51.500 Hektar Fläche untersagt.

Je höher es geht, desto eigentümlicher wird die Vegetation – besonders in der **Nebelwaldregion,** die in einer Höhe liegt, auf der die Wolken täglich hängen bleiben. Weiter oben lichtet sich der Wald nach und nach und geht in **busch- und steppenartigen Bewuchs** über. Bis an den Rand des großen Kraters wächst **Gras.** Von hier hat man frühmorgens, bevor die Wolken kommen, eine Sicht bis weit über Bali und Sumbawa hinaus.

Sitz der Götter

Für die Balinesen Lomboks ist der Berg der „Sitz der Götter", also das **Gegenstück zum Gunung Agung auf Bali.** Auch die Sasak glauben an die magischen Kräfte des Berges. Besonders zu Vollmond besteigen Hunderte den Gipfel, um in den heißen Quellen innerhalb des großen Kraters zu baden, denen man heilende Kräfte nachsagt. Die Lomboker Balinesen pilgern jedes Jahr einmal zu Vollmond im Oktober oder November zum Kratersee. **Mulang Pekelem** heißt die Zeremonie, bei der goldene Gegenstände in den See geworfen werden, um *Bhatara,* dem Herrscher des Berges, zu opfern.

⌃ Eine Rinjani-Besteigung ist nur mit Führer erlaubt

Die Vegetationszonen

Der Gunung Rinjani gliedert sich in **verschiedene, höhenabhängige Vegetationszonen.** Am Fuße sind Urwald, Bambuspflanzungen und Bananen sowie Reisfelder vorherrschend; bis auf 1500 m Höhe wächst Nutzholz, vor allem Teakholz. Dort, wo der Berg meist von Wolken verhangen ist, dominiert Nebelwald, es ist feucht und moderig, es wachsen Schlingpflanzen wie Lianen und Rotang, mannshohe Farne. Der Wald ist zwar dicht, jedoch nicht so undurchdringlich wie tropischer Regenwald. An die Nebelwaldzone schließt sich eine eher spärlich bewachsene Region mit hohem Gras und Koniferen an, ein ganz und gar „untropischer" Anblick. Im Krater des Rinjani hat sich ein **eigenständiges Biotop** entwickelt.

Segara Anak

Der 230 m tiefe **See im Innern des Kraters** liegt **auf 2004 m Höhe** halbmondförmig um den Baru Jari, den kleinen aktiven Krater in der Mitte. Die Ufer sind von Bäumen bestanden, das Klima ist gemäßigt. Nachts kühlt es ab bis auf 15°C, tagsüber herrschen 20–28 Grad. Es wachsen dort hauptsächlich Koniferen. Das Wasser aus dem See ist zwar trinkbar, aber nicht besonders schmackhaft.

☑ Gunung Rinjani – mit 3726 m der zweithöchste Berg Indonesiens

Fakten zur Rinjani-Besteigung

Die Besteigung ist ohne Führer offiziell nicht erlaubt. Man sollte sich die lizensierten Führer aber genau ansehen und ein vorbereitendes Gespräch führen: Wie gut ist das Englisch? Kann er etwas über den Vulkan, Flora und Fauna erzählen?

Zur **Ausrüstung** gehören Wanderschuhe oder zumindest Turnschuhe mit guter Profilsohle und Wanderstöcke für steiles und rutschiges Gelände, außerdem eine lange Hose, Stirn- oder Taschenlampe, evtl. eine Isomatte, ein Schlafsack, Mütze und Handschuhe sowie Sonnenschutz und -brille. Das Wetter kann kippen, daher Regen-/Windjacke, warme Fleecejacke/Pullover und dicke Socken nicht vergessen.

Nüsse, Kekse, Müsliriegel sollten in den **Tagesrucksack** für den Snack zwischendurch sowie eine eigene Mülltüte und reichlich Taschen- oder Hygienetücher.

Wichtige Tipps und Regeln

- **Niemals ohne Führer gehen,** sondern bei einer Agentur buchen; das gewährleistet optimale Sicherheit, und für die gesamte Ausrüstung, Träger und Verpflegung ist gesorgt.
- **Keine Billigangebote annehmen!**
- Es gibt während des Aufstiegs ab Senaru nur ein Mal **Trinkwasser. Salzmangel** mit Salz oder Salztabletten ausgleichen!
- Das **Tempo** sollte nicht der Führer bestimmen, er ist zu schnell. Versucht man mitzuhalten, fehlen später die Kräfte.
- **Nicht vergessen:** Salz, Zigaretten (zumindest für die Träger), Streichhölzer, Socken, Tee, Pullover, Wasserkanister/-flasche, Taschenlampe, Batterien, Taschenmesser, Wörterbuch.

Besteigung des Rinjani

Die Besteigung des Massivs und ein Aufenthalt am Kratersee Segara Anak ist wohl das Spektakulärste, was man auf Lombok unternehmen kann. Die **organisierten Touren starten meist in Senaru** mit dem Abstieg nach Sembalun Lawang. Es gibt weitere Möglichkeiten, den Berg zu erklimmen, beispielsweise ab Sapit, Timbanuh, Tanjung über Santong und Sesaot.

Sembalun Lawang

Wer von Bayan weiter nach Osten fährt, kommt kurz hinter der Brücke über den **Kali Putih** („Weißer Fluss“) in das gleichnamige Dorf; hier zweigt die Straße rechts ab. Es war früher eine Sackgasse, die nur zu den beiden Orten führte, die jeweils mit Sembalun beginnen: Sembalun Lawang und **Sembalun Bumbung** ein paar Kilometer südlich. Mit viel Mühe wurde sie ausgebaut, nun ist sie recht gut befahrbar und stellt eine Verbindung nach Süden Richtung Sapit her. Von Sembalun Lawang kann der Rinjani bestiegen werden.

Die beiden Orte sind Produzenten und Lieferanten von **Zwiebeln** *(bawang meah)* und **Knoblauch** *(bawang putih)* für ganz Lombok. Der Knoblauchgeruch beherrscht die beiden Dörfer, die Anbaugebiete liegen dazwischen. Es gibt sogar ein Knoblauch-Monument in Sembalun Lawang.

305

In beiden Sembaluns wird noch vereinzelt gewebt. Die hier hergestellten **Sarongs** sind kariert, die **Schals** gestreift. Die **Kain Tenunan** („gewebte Stoffe") sind ein Stück Stoff von etwa 2 x 1 m Größe. Die „Bauchbinden", die ca. 50 cm lang und gestreift sind, werden **Ikat Pinggang** genannt. Das Garn, aus dem die **Webarbeiten** hergestellt wurden, war keine Baumwolle, es handelte sich um **Kapok** oder Kapas. Auch heute noch findet man aus Kapokfaser gewebte Sarongs, allerdings selten. Das Garn wurde früher mit Pflanzenfarben – beispielsweise Indigo – gefärbt, heute kommen meistens chemische Farben zum Einsatz. Die Grundfarben der Webereien sind ein dunkles Rotbraun oder Blau. Die Preise für einen Sarong sind relativ hoch, billiger gibt es die gleichen Stoffe in Art-Shops in Senggigi und Ampenan oder im Pasar Cakra, dem Hauptmarkt in Cakranegara.

Die Nordostküste

Hinter dem Abzweig ins Inland bei Kali Putih führt die nordöstliche Küstenstraße **bis Labuhan Lombok.** Auf ihr gibt es kaum Verkehr, die Dörfer sind klein und touristisch noch „unbeleckt". Schwarzen Strand findet man bei **Obel Obel,** der Ort ist recht trocken und staubig. **Belanting** ist ein größerer Ort, in dessen Umgebung riesige Wasserbüffelherden weiden. Von **Sugian** aus hat man einen guten Ausblick auf die vorgelagerten Inseln, die dicht mit Kokospalmen bewachsen sind.

Kapok

Kapok ist das Material, mit dem in Indonesien u.a. Matratzen und Kissen gestopft werden; bei uns sind in der Regel Futons damit gefüllt. Kapok wächst am **Kapok-Baum** *(Ceiba pentandra),* er wird bis zu 50 m hoch. Charakteristisch sind seine Brettwurzeln. Die 10–15 cm langen, bananenähnlichen Fruchtkapseln enthalten einen in weißlich-gelber Wolle eingehüllten Samen. Wenn die Kapseln aufspringen, wird das **weiße Samenhaar,** genannt Kapok, sichtbar. Gerade zur Trockenzeit, wenn die Bäume fast blattlos sind und die weißen Büschel an den Ästen hängen, fallen sie besonders auf.

Ein ausgewachsener Baum von etwa 30 m Höhe ergibt eine Ernte von 15–20 kg Kapokfaser. Kapok hat zwei besondere Eigenschaften, die eine ist die **hohe Elastizität** aufgrund besonders vieler Lufteinschlüsse in der Faser. Zwar sitzt und liegt sich das Material recht schnell platt, legt man aber die kapokgefüllte Matratze in die Sonne, plustern sich die Fasern wieder auf. Die andere gute Eigenschaft ist die **Unempfindlichkeit gegen Feuchtigkeit,** denn die „Wolle" ist mit einer natürlichen Wachsschicht bezogen. Kapokmatratzen sollen außerdem besonders gut für Allergiker sein, da die Fasern einen natürlichen Bitterstoff enthalten, den die gemeine Hausstaubmilbe überhaupt nicht mag.

In Sembalun und auch auf Bali wird die Kapokwolle **gezupft, gewaschen und in der Sonne getrocknet,** so wie bei uns die Schafwolle. Erst dann wird das Material versponnen. Da Kapok kein besonders weiches Material ist, kann man nur recht grobes Garn daraus spinnen.

171ba pr

Immer ein besonderer Anblick sind die mächtigen Brettwurzelbäume

Labuhan Pandan

In dem **kleinen Fischerort** ist wieder Strand angesagt, mit Booten, Fisch- und Meeresgeruch und einem Ausblick nach Sumbawa. Von hier kann man **Schnorchelausflüge zu den drei vorgelagerten unbewohnten Inselchen** machen (ca. 40 Min. Bootsfahrt). Der Strand ist schneeweiß, die Inseln umgeben Korallengärten, in denen viele bunte Fische leben. Auch die Mangrovenlandschaft ist noch gut in Schuss. 3–4 km Richtung Sambelia befindet sich ein Affenwald. Nach Labuhan Lombok sind es noch ca. 18 km bzw. etwa 30 Minuten Fahrt.

Brettwurzelbäume

Etwa 10 km südlich von Labuhan Pandan Richtung Labuhan Lombok steht ein ausgesprochen **sehenswertes Wäldchen** aus riesigen Brettwurzelbäumen an der Straße (auf der rechten Seite, landeinwärts). Diese Riesen mit gigantischen Brettwurzeln scheinen **der Urwelt entsprungen** zu sein. Ein tolles Fotomotiv, aber auch einfach so ein Erlebnis. Wer nach Sumbawa fährt, kann die Bäume vom Schiff aus sehen. Der Hain steht mittlerweile unter Naturschutz. **Pohon sina** heißen die Bäume auf Indonesisch, **Pohon lian** auf Sasak.

Labuhan Lombok

Labuhan Lombok ist der **östliche Fährhafen nach Sumbawa.** Im Ort ist nicht viel los. Nur wenn Fähren ankommen oder ablegen, steigt das Verkehrsaufkommen merklich. Hier spürt man schon sehr deutlich den Einfluss der Kultur Sumbawas. Sehenswert ist die **Bugis-Siedlung** auf dem Weg zum alten Hafen. Besonders auffällig sind die Häuser; sie heißen **Rumah pangun,** „Stelzenhäuser". Der unter dem Haus liegende Platz wird zur Unterbringung von Vorräten, Gerätschaften, aber auch als Viehstall benutzt. Häufig ist er von Flechtwerk umgeben. Der Eingang liegt stets zur Straße, man steigt auf einer

Sumbawa-Fähre im Hafen von Labuhan Lombok

Treppe bzw. Leiter hinauf. Häufig befindet sich hier eine Veranda, auf der die Leute sitzen und das Treiben auf der Straße beobachten. Die Häuser werden aus Holz gebaut und sind recht stabil und oft auch noch transportabel.

Der **Hafen,** von dem die Autofähren nach Sumbawa starten, liegt ca. 4 km außerhalb in einer malerischen Bucht. Man folge der Straße, die rechts am Markt entlangführt (Bemo); hier eröffnet sich ein toller Panoramablick über den Hafen und bis nach Sumbawa.

Am Wasser Richtung Hafen werden große Holzschiffe gebaut; diese **Prahu Layar** wickeln in Indonesien den Hauptwarenverkehr zwischen den Inseln ab. Sie tragen bis zu 200 Tonnen und werden von Bugis-Leuten (aus Sulawesi) komplett per Hand gebaut, ohne Plan, ohne Wasserwaage oder rechten Winkel. Wenn gerade gebaut wird, kann man zuschauen.

Verkehr und Transport

Bemos und Busse

Zwischen Bertais (Mataram) und Labuhan Lombok gibt es einen regelmäßigen **Bemo- und Busverkehr. Expressbusse** bewältigen die 69 km in 1½ Std. Mehrmals täglich fahren Bemos die Strecke Sembalun – Labuhan Lombok.

Fähren

Der Hafen mit den Fähren **nach Poto Tano (Sumbawa)** liegt ca. 4 km außerhalb; die Fähren fahren 24 Std. am Tag, die Fahrzeit beträgt ungefähr 1½ Std., Tickets gibt es im Busbahnhof Bertais, bei den Reiseanbietern als Kombinationsticket für Bus (Lombok), Fähre und Bus (Sumbawa) oder bei der Einfahrt ins Hafengelände. Die Busse fahren so, dass in den meisten Fällen ziemlich nahtlos Anschluss an die Fähre besteht.

152ba sb

Am Südhang des Rinjani

Der Südhang des Rinjani-Massivs ist **relativ feucht und fruchtbar,** der Boden wird zum **Reis-, Gemüse- und Tabakanbau** genutzt. Außerdem wachsen hier Kokospalmen, andere Palmenarten und Bananen. Es ist **erfrischend kühl, schöne Wanderungen** bieten sich an, auf denen Affen und andere Tiere entdeckt werden können. In diesem fruchtbaren Gürtel, der sich von West nach Ost und entlang der Hauptverbindungsstrecke von Mataram nach Labuhan Lombok quer durch Lombok zieht, lebt der **größte Teil der Inselbevölkerung.**

Tetebatu

Tetebatu ist ein bei Urlaubern recht beliebtes, schön gelegenes Dorf am Fuße des Rinjani-Massivs und **gut für einen mehrtägigen Aufenthalt geeignet.** Viel Wald, Wasserfälle und malerische Reisfelder laden in rund 650 m Höhe und frischer Luft besonders in der Hauptsaison Juli und August zum Wandern ein.

Oberhalb des Ortes bietet sich ein Blick über die weitläufigen Reisterrassen von Kembang Kuning und den Gunung Rinjani. Auf der anderen Seite hat man bei klarem Wetter Sicht bis zum Meer (Labuhan Haji).

Die Attraktion nördlich von Tetebatu sind die schwarzen Affen im **Tetebatu Monkey Forest** (tgl. 7–17 Uhr). Man begegnet den Tieren aber auch auf Wanderungen in der Umgebung des Dorfes.

Praktische Infos

MEIN TIPP: **Pondok Tetebatu Cottages**②, Tel. 0818 05767153, www.facebook.com/people/Pondok-Tetebatu-Cottages-and-cafe/100069267887538. Nette Leute, gut geführt, mit kleinem Restaurant, Frühstück ist inklusive.

- **OYO 1320 Green Orry Inn**②-③, Jl. Air Terjun, Tel. 0812 3724040, an der Straße zum Wasserfall, sehr beliebt. Bungalows und Zimmer mit Frühstück. Es gibt ein nettes Restaurant. *Orry,* der Besitzer, ist sehr freundlich und hilfsbereit.
- **OYO 1321 Mountain Resort**④, Tel. 085 3375 40777. Schicke zweistöckige und bunte Lumbung-Häuser mitten im Reisfeld umrahmen das gute Restaurant. Dazu Ausblick in die Berge – was will man in Tetebatu mehr?
- **Cendrawasih Cottages**②, Tel. 0819 1736 1273. Kleine Bungalowanlage in den Reisfeldern mit Blick auf den Rinjani.
- **Johnny Tour Guide,** Tetebatu, Tel. 0853 3741 5142, www.jonnytourguide.com. Tageswanderung ins Umland von Tetebatu inklusive Dorfbesichtigung, schwarzen Affen und Speisen im Sasak-Stil.
- **Verkehr und Transport:** Die einfachste Lösung für die Anreise ist ein Scooter oder Auto. Der öffentliche Nahverkehr ist nicht besonders komfortabel. Tetebatu wird auch von privaten Shuttlebussen ab Senggigi und Kuta angefahren. In Tetebatu gibt es für rund 50.000 Rp. am Tag Fahrräder zu mieten, ein Scooter kostet 85.000 Rp.

Umgebung von Tetebatu

Jeruk Manis

Der ca. 20 m hohe **Wasserfall** ist etwa 6 km von Tetebatu entfernt. Der rund 1½-stündige Fußweg führt durch Reisfelder und das Affenwäldchen (s.o.). Wer auf Nummer sicher gehen will, besorgt sich in der Unterkunft einen Guide. Am Wochenende kann es am Wasserfall voll werden, da auch Städter aus Mataram in die Sommerfrische fliehen.

Kotaraja

Kotaraja ist kaum mehr als eine Verkehrskreuzung, aber bekannt und sehenswert dank der hier ansässigen **Korbflechter,** die aus Bambus und ähnlichen Materialien kunstvoll Matten, Körbe und Behälter herstellen. Auch einige **Eisenschmiede,** die Werkzeuge und Messer produzieren, finden sich im Ort und in der Umgebung. Es wird am offenen Feuer mit Blasebalg geschmiedet. Jeden Montag und Mittwoch ist großer Markt. Der Ort eignet sich als Tagesausflugsziel von Mataram, von Tetebatu erreicht man ihn auch zu Fuß.

Mas-Mas – ein Projekt für den fairen Tourismus

Mein Tipp: Seit 2009 wird im Dorf Mas-Mas am Fuße des Rinjani (ein wenig südlich von Aik Bukak in Richtung Kopang) eine besondere Art des Tourismus praktiziert. Damals hatte sich die **Gruppe „Kemus"** gegründet, geleitet von dem Gedanken, Dorfbewohner mit Touristen zusammenzubringen, die einen fairen Tourismus bevorzugen. Das heißt, dass die Menschen sich gegenseitig kennen und schätzen lernen sollen.

Mas-Mas, rund 1½ Stunden entfernt von Mataram, ist ein **typisches Dorf mit heimischer Kleinindustrie und Handwerkern.** Es werden Ziegelsteine hergestellt, Kunsthandwerk wird betrieben, ebenso wie Viehzucht. Das Einkommen ist extrem niedrig, obwohl alle Bewohner täglich beschäftigt sind.

Meist sind es **Lehrer,** die in ihrer Freizeit mit Kemus versuchen, ihr Dorf voranzubringen und **nach außen zu öffnen.** Sie unterstützen die Bauern im Dorf und haben für jene Kinder eine Schule gebaut, die nicht auf die weiterführenden Schulen gehen können. Für das „Grassroots"-Tourismusprojekt im eigenen Dorf schult Kemus die Dorfbewohner für den **Umgang mit Touristen** und startete außerdem einen **Englischkurs.**

Ein Besuchstag in Mas-Mas besteht aus einer **spannenden Rundtour:** Besuch des Büros der Dorfleitung und der Schule; rund 1½ Stunden Spaziergang durch die Reisfelder, Kontakt mit den Menschen, die dort arbeiten, einstündiger Gang durchs Dorf; Besuch der örtlichen Handwerker, z.B. der Korbmacher, und Blick in die Häuser, in denen gearbeitet wird. Hier erhält jeder Besucher ein Souvenir. Die Zubereitung der Speise Kerupak kann man hautnah miterleben und die fertige Leckerei probieren. Abschließend gibt es ein traditionelles Essen.

Die Tour findet täglich statt. Um 9 Uhr geht es los, fünf bis sechs Stunden dauert der Besuch. Wer teilnehmen will, sollte sich den **lokalen Gepflogenheiten anpassen** und ein T-Shirt und lange Hosen oder Rock tragen; einen Sarong stellt Kemus. **150.000 Rp. p.P.** kostet die Teilnahme, Mahlzeit, Getränke und ein Souvenir sind im Preis enthalten. Das eingenommene Geld verteilt Kemus auf dörfliche Bildungs- und Entwicklungsprojekte wie den Bau von sanitären Anlagen.

■ **Kontakt:** Tel. 081 907982864, www.vbtmasmas.wordpress.com.

Loyok

Loyok, 3 km von Kotaraja entfernt, beheimatet wahre **Meister der Korbflechtkunst.** Oft in mehreren Farben (rot, gelb, schwarz) werden die schönsten Muster geflochten. Je feiner und aufwendiger ein Stück gestaltet ist, desto teurer ist es natürlich.

Lendang Nangka

Eine **schöne Wanderung durch Reisfelder** führt in etwa 1½ Std. in das Dorf Lendang Nangka (8 km). Der größte Teil der Bewohner sind Bauern, der Rest setzt sich zusammen aus Ziegelmachern, Schreinern und anderen Handwerkern. Es gibt Messer-, Werkzeug- und Hufschmiede im Ort.

Pancor Kopang und Pancor Buling

Hier befinden sich mehrere **Wasserfälle.** Es besteht die Gelegenheit zu sehr schöne **Wanderungen,** die man durch erfrischendes Duschen unterbrechen kann; es handelt sich um Quellwasser, sehr frisch und sauber. Von Lendang Nangka mit dem Cidomo bis zur Kreuzung (ca. 3 km) fahren und dann zu Fuß.

Pringgasela

MEIN TIPP: Hier werden **Sarongs** in stark leuchtenden Farben mit geometrischen Motiven gewebt, die **„Lombok Ikat“.** Die Farben sind erdiger als die in Bali, der Stil ist von dem der Sasak inspiriert. Man kann zuschauen, wie die Tücher entstehen. Die Frauen von Pringgasela lernen bereits im Alter von zehn Jahren den Umgang mit dem Webstuhl. Beigebracht wird er ihnen von ihren Müttern, die wiederum von ihren Müttern gelernt haben. Und erst wenn sie damit umgehen können, haben sie ein heiratsfähiges Alter erreicht. An einem Sarong wird zwei bis vier Wochen gearbeitet, täglich rund sechs Stunden, der Preis hängt vom Arbeitsaufwand ab. Preisverhandlungen sind schwierig; wer auf mit natürlichen Farben gefärbte Stoffe steht, muss mit 500.000 bis 1 Mio. Rp. für das gute Stück rechnen. Wem chemisch hergestellte Farben reichen, der kommt mit 400.000 bis 700.000 Rp. davon. Wer dann immer noch Geld in der Tasche hat, sollte sich nach einem **Songket** erkundigen; hier sind Silber- oder Goldfäden in den Ikat eingewebt, was den Stoff schicker, schimmernder und damit auffälliger macht – und teurer. Generell herrscht eine nette Atmosphäre und kein Kaufzwang in allen Shops.

Rungkang

In dem kleinen Ort ca. 1 km östlich von Loyok werden **Tonwaren** hergestellt. Die Gefäße werden zur Dekoration und besseren Haltbarkeit mit Schnur umhäkelt.

Kesik

Traditionelle Sasak-Häuser und **Bambuswälder** hat Kesik zu bieten. Von Loyok zu Fuß bis Rungkang gehen, ab dort mit dem Bemo weiter.

Gunung Kukus

Vom Gipfel des Kukus hat man eine **schöne Aussicht** über die südliche Hälfte Lomboks. Normalerweise springen hier auch schwarze Affen herum.

Masbagik

Masbagiks ganzer Stolz ist es, mit der **Masjid Jami' Al Akbar** die wohl größte und schönste Moschee Lomboks präsentieren zu können. Ansonsten ist Masbagik eine nicht sonderlich attraktive und recht staubige Stadt mit einer großen **Bemo-Umsteigestation;** hier teilt sich die Ost-West-Verbindung in die Route nach Labuhan Lombok und die nach Selong/Labuhan Haji. Letztere ist die von Touristen wenig befahrene Straße in den Südosten.

Lenek

Lenek liegt etwa 6 km östlich von Masbagik an der Hauptstraße nach Labuhan Lombok und beherbergt einige **Webereien.** Der Ort gilt als Zentrum für **traditionelle Sasak-Tänze.** Zudem kann man hier gut wandern und sich erholen.

Sapit

Von diesem schönen Dörfchen, kühl im Wald gelegen, gibt es eine **tolle Aussicht über Ost-Lombok,** teilweise bis Sumbawa. Rund um den Ort nahe der Verbindungsstraße nach Norden (Sembalung Lawang) wird hauptsächlich **Tabak** angebaut. Das Dorf eignet sich gut zum **Wandern** und als Ausgangsbasis für eine **Rinjani-Besteigung.**

Übernachten, Essen und Trinken

■ **Homestay Hati Suci & Restaurant**②, Jl. Raya Sapit, Tel. 0821 47024526, http://hatisucihomestayresto.blogspot.com. Von hier gibt's eine tolle Aussicht über Reisterrassen und Kokospalmenhaine. Angenehme Atmosphäre und nette Leute, großer Garten, schöne Anlage. Die Leute vom Hati Suci organisieren nach rechtzeitiger Anmeldung eine Rinjani-Besteigung (www.lombokrinjanitrekkinginfo.com); der Aufstieg zum Kraterrand dauert ca. 6 Std., zum Gipfel sind es weitere 2 Std. Es wird am Kraterrand übernachtet. Am nächsten Tag geht es in den Krater, dort wird die zweite Nacht verbracht. Am dritten Tag geht man nach Senaru.

Selong

Selong ist **Verwaltungssitz** des Kabupaten Lombok Timur. An der etwa 3,5 km langen Hauptstraße (Jl. Pahlawan) reihen sich großzügig angelegte Verwaltungsgebäude und Kantors mit ebenso weitläufigen Vorgärten aneinander. Die Stadt mit ihren **zahlreichen Moscheen** (hier leben die „konservativsten Moslems" Lomboks, was nicht heißen soll, dass die Leute nicht freundlich wären) ist mit Pancor zusammengewachsen. **Pancor** ist die Bus- und Bemostation der Region. Jeden Montag findet ein sehr sehenswerter riesiger **Viehmarkt** statt: Auf dem großen Platz (ca. elf Fußballfelder) tummeln sich Büffel, Ziegen, Obst- und Gemüsehändler, Verkäufer, Käufer, Schaulustige und manchmal auch Touristen.

Labuhan Haji

Weiter auf der gut ausgebauten Straße von Selong Richtung Südwesten erreicht man den Küstenort Labuhan Haji, einen ruhigen Fischerort. Den Namen **„Hafen der Pilger"** erhielt der Ort, weil früher hier die lange Reise der Pilger nach Mekka ihren Anfang nahm. Sonntags findet ein Markt statt.

10 Lombok: Der Süden

» Süd-Lombok lockt mit unberührten tropischen Stränden, ideal für Strandläufer und Abenteuersuchende. Der Hauptort Kuta ist ein umtriebiges Surferdörfchen und idealer Ausgangspunkt, um die Umgebung zu erkunden.

‹ Wasserbüffel – gewichtige Verkehrsteilnehmer

WEISSE STRÄNDE, EINSAME BUCHTEN

Im Süden Lomboks ist deutlich der Einfluss der heißen Winde vom australischen Kontinent zu spüren. Hier ist es trockener als im Norden. Die Menschen leben – außer vom Tourismus – vom Ertrag der spärlich wachsenden Nutzpflanzen wie Maniok, Zwiebeln und Kokospalmen sowie von Fischerei oder Viehzucht (Rinder, Büffel). Zahlreiche unberührt wirkende Strände wie Mawun und Tanjung Aan locken Strandläufer und Sonnenanbeter an die Küsten des Südens.

NICHT VERPASSEN!

- Das Surferdorf **Kuta** und eine ungewisse Zukunft – jetzt hinfahren | 318
- Auf dem Radl durchs Sasak-Dorf: unterwegs mit **„The Power of Local Woman"** | 321
- Barfuß über den Kugelsand am Strand von **Tanjung Aan** | 323
- Wunderschöne Strände mit wenigen Besuchern liegen **westlich von Kuta** | 326
- **Schnorcheln** – auch für Anfänger: die Korallenwelt rund um **Gili Nanggu** | 330

Diese Tipps erkennt man an der gelben Markierung.

Kuta/Lombok ist ein überschaubares Surferdorf und trotzdem Hotspot des Südens – mit Bars, Restaurants, Yoga- und Surfschulen. Der Ort erstreckt sich entlang der Strände und Hügel und bietet eine freundliche Atmosphäre und eine schöne Aussicht. Zu den weltbekannten Surfspots ist es nicht weit, und auf der Halbinsel Ekas kann man sogar kitesurfen. Direkt neben Kuta wurde der **Mandalika International Street Circuit** in die Hügel gemeißelt – eine Motorradrennstrecke, die im November 2021 feierlich eröffnet wurde. Sie verfügt mit dem Jl. Bypass Mandalika über eine vierspurige Zubringerstraße ab dem Internationalen Flughafen und soll ein-, zweimal im Jahr Rennsportfreunde aus aller Welt in den Süden Lomboks locken. Wenn keine Rennen sind, erinnern die gigantischen ungenutzten Parkplatzflächen – beispielsweise direkt hinter dem Strand von Tanjung Aan – an die großen Pläne. Große Pläne gibt es auch für die **Secret Gilis.** Diese werden seit Langem als „Geheimtipp" gehandelt und sollen die Urlauberströme weg von den drei bekannten Gilis Trawangan, Meno und Air hin in den Südwesten lenken. Bisher aber heißt es hier: „Schnorcheln und chillen gut und ungestört."

> Hier ist noch Handarbeit angesagt – Weberin in Sukarara

Praya

Praya ist Verwaltungssitz des Bezirks Lombok Tengah, ein **recht angenehmer, aber geschäftiger und staubiger Ort.** Hier gibt es einen **riesigen Samstagsmarkt,** auf dem ein auffallend reichhaltiges Sortiment an Emaille-Waren angeboten wird: Tassen, Teller, Tabletts, Töpfe und Schüsseln in den tollsten Farben. Bekannt ist Praya aber eher durch den 2011 eröffneten **Internationalen Flughafen Lombok (LOP),** der ein paar Kilometer südlich liegt.

Umgebung von Praya

Sukarara

Das sehenswerte Dorf Sukarara nordwestlich von Praya Richtung Mataram ist das **Zentrum der Weber.** Fast vor oder auch in jedem Anwesen steht wenigstens ein Webstuhl recht primitiver Art, an dem die **Frauen** mühselig arbeiten und komplizierteste Muster zustande bringen. Immerhin gut 1000 Menschen sind mit der Weberei beschäftigt. Wer die Dorfstraße entlanggeht, wird oft angesprochen oder gar eingeladen, sich die Produktion der Webereien anzusehen.

Bis zu drei Monate arbeiten Frauen an den aufwendigen Stücken. Gewebt werden hauptsächlich **Sabuk Nala,** zwei gleiche Tücher, etwa 2 m lang und häufig recht bunt, **Sabuk Antang,** traditionelle Gürtel der Sasak-Frauen, 4 m lang und 30–40 cm breit, und **Purbasari,** große Tücher, die wie ein Sarong zu Festtagen getragen werden. Die Designs der guten Stücke entstehen aus der Vorstellungskraft der Weberinnen. Es werden also im Vorfeld keine Skizzen angefertigt.

Der Ort wird regelmäßig von Touristengruppen besucht, daher sind die Preise mit 500.000 bis 2 Mio. Rp. relativ hoch angesetzt. Wer hier etwas kaufen will, sollte sich zuvor nach Preisen und Qualitätsmerkmalen erkundigen.

406ba sb

■ Eine gute Adresse ist **Panji Sari,** die Frauenkooperative des Dorfes, Jl. Tenun Desa Sukarara, Tel. 0819 07455335. Auch Gratisführungen.

Beleka

Nahe dem Dorf **Ganti,** etwa 10 km südöstlich von Praya Richtung Keruak, werden die **Korbbehälter** hergestellt, die jeder Antik-Händler anbietet. Aus Rattan gefertigt, haben sie eine bauchig-kugelige Form. In Beleka gibt es die Behälter auch mit einem Durchmesser von über 50 cm (hervorragend als Wäschekorb geeignet). Aber es gibt auch transportfreundlichere Modelle ab 10 cm. Die Flechter heißen *Tukang Anyaman Rotan.*

Lombok: Der Süden

Sengkol

Etwa 8 km südlich von Praya gelegen, findet in Sengkol jeden **Donnerstagvormittag** ein **großer Markt** statt – wohl einer der interessantesten auf Lombok überhaupt. Frauen kommen aus den Bergen der Umgebung, um zu kaufen und zu verkaufen. Auffallend viele tragen die **traditionelle Tracht (Lambung):** schwarzer Sarong und Bluse, nur mit einem bunten, 4 m langen, handgewebten **Gürtel (Sabuk)** geschmückt. Es gibt vom rostigen Nagel bis zum Rinderbraten alles zu kaufen, besonders schön: Töpfer-, Web- und Flechtwaren. Wer hier herkommt, mache sich auf extremes Gedränge gefasst.

Das Nyale-Festival

Jedes Jahr an einem **Vollmond im Februar oder März** wird die Gegend um Kuta aus ihrer Beschaulichkeit gerissen. Hunderte von Sasak kommen zusammen, um den **Nyale-Wurm** zu fangen. Die Eier der zwischen den Korallen lebenden Würmer *(Eunice viridis)* steigen zur Meeresoberfläche und beginnen zu leuchten. Zahl und Größe sind ein Vorzeichen für gute oder schlechte Ernte. In Kokosblättern werden die gefangenen Würmer gebacken und verspeist; sie haben einen süßlichen Geschmack. Die Blätter werden anschließend in den Reisfeldern vergraben, um diese fruchtbar zu machen.

Dieser Brauch geht auf eine **Legende** zurück: Vor vielen Jahrhunderten soll sich hier eine Prinzessin ins Meer gestürzt haben, weil sie sich nicht entscheiden konnte, welchen der acht Prinzen, die um ihre Hand anhielten, sie zum Mann nehmen sollte. Dadurch, so hieß es, wurde die Insel fruchtbar, und das Haar der Prinzessin verwandelte sich in Meerwürmer, die einmal im Jahr auftauchen, um an dieses Ereignis zu erinnern.

Für **junge Leute** hat das Fest allerdings eine andere Bedeutung: Unverheiratete lernen sich in diesen Nächten kennen, Hochzeitsverträge werden geschlossen, die ganze Nacht können Jungen und Mädchen schmusen und „Süßholz raspeln". Eine Sache, die zu anderer Zeit, an anderem Ort unmöglich ist, da nach den strengen Sittengesetzen Lomboks selbst Gespräche unter Unverheirateten beiderlei Geschlechts unmoralisch sind. Nach der Ernte, etwa zwei bis drei Monate später, wird dann Hochzeit gefeiert.

Nyale-Fangplätze sind Seger, Aan, Belowan, Awang und Sekaroh.

Rambitan und Sade

Ein paar Kilometer nördlich von Kuta liegen zwei traditionelle **Sasak-Dörfer,** bekannt für ihre **unter Denkmalschutz stehenden Bauwerke.** Beide Dörfer sind touristisch aufgemacht und regelmäßig Station von Rundreisetouren.

Von Sengkol kommend, erreicht man zuerst **Rambitan,** das rechts der Straße auf einem Hügel liegt. Rambitan ist mit Abstand der angenehmere der beiden Orte. Nette Leute führen einen herum und sind besonders stolz auf die mitten im Dorf stehende **Moschee Nahdlatul Wathan,** eine der ältesten Lomboks; der quadratische Holzbau darf allerdings nicht betreten werden.

Sade liegt etwa 1 km weiter links an der Straße. Hier kann man den Leuten beim Weben von Stoffen zuschauen. Auch hier wird kein Eintritt verlangt, aber eine Spende erwartet.

Kuta

Die **malerischen Strände** von Kuta und Umgebung, ca. 60 km von Mataram entfernt an der Südküste, ziehen seit Jahren Traveller und Surfer aus aller Herren Länder an – und Spekulanten. Immerhin steht das erste Hotel, das Novotel, seit 1997. Und seitdem gab und gibt es große Pläne, am größten vielleicht die Motorradrennstrecke **Mandalika International Street Circuit,** die die Landschaft hinter den wunderschönen Stränden von Tanjung Aan und Kuta nachhaltig verändert hat. Wer sich die Ausmaße der menschlichen Eingriffe anschauen will, peilt den bekannten Aussichtspunkt **Bukit Merese** bei Tanjung Aan an: vorne Küste und Strand, hinten Rennstrecke. Zur Publikumsbespaßung wurde nebenan der **Bazar Mandalika** angelegt. Wer ihn besuchen will, sollte oder muss in einem der Hotels und Restaurants des Bazars etwas konsumieren, ansonsten Eintritt zahlen. Dafür gibt es ein umfangreiches Eventprogramm, Souvenirstände und reichlich Attraktionen, die auf ein einheimisches Tagesausflüglerpublikum zugeschnitten sind – ähnlich einem englischen Seebad. Somit ist heute ein großer Teil des berühmten Strandes von Kuta für die Öffentlichkeit nur noch unter den genannten Einschränkungen zugänglich; das gilt für den größten Teil der Jl. Pariwisata Pantai Kuta Richtung Osten.

Wer **das „alte" Kuta** sucht, muss seine Schritte Richtung Kuta Market und früheren Ortskern richten. Ansonsten haben Geldautomaten und eine ausladende touristische Infrastruktur auch für Besucher aus dem Westen längst ihren Weg nach Kuta gefunden.

Die **abwechslungsreiche Küste mit ihren tiefen Buchten** bietet Strand und Felsen und ist gut geeignet für Strandwanderungen. Das Schwimmen ist allerdings etwas schwierig, da das Wasser für einige hundert Meter flach bleibt. Kuta ist bekannt für seine **Surfspots,** zum Beispiel in den **Nachbarbuchten Tanjung Aan oder Mawun;** man kann hier Surfkurse belegen und Ausrüstung leihen. Aber auch wer das übliche Strandleben sucht, wird hier und in den Nachbarbuchten nicht enttäuscht. Gegen Abend werden die Musikanlagen angestellt und die ersten Bintangs serviert.

☑ Blick auf Kuta und die unendlichen Weiten des Indischen Ozeans

xba057 sb

Kuta (Lombok)

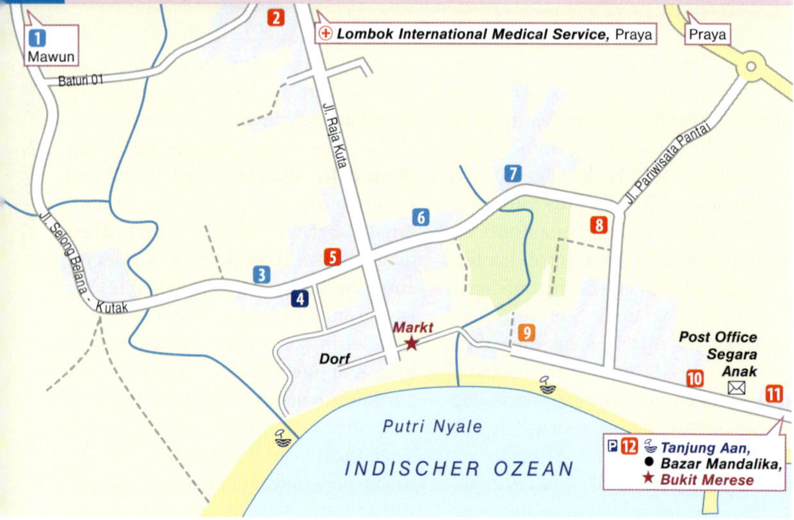

Praktische Infos

Übernachten

In und rund um Kuta gibt es einfache Unterkünfte für 200.000 Rp. im Doppelzimmer genauso wie Bungalows für 600.000 Rp. oder Luxusunterkünfte wie das Novotel oder das Pullman. Die Preise steigen in der Hochsaison im Juli und August oder an Renntagen.

5 **Matahari Inn**②-④, Jl. Pariwisata, Jl. Mawun 16, Tel. 0878 43322139, wurde von einer Schweizerin und ihrem indonesischen Mann aufgebaut. Die mit Kunstgegenständen aus ganz Indonesien eingerichteten Bungalows liegen in einem wunderschönen alten Park und sind mit viel Liebe zum Detail angelegt. Pool und Kinderpool, sehr kinderfreundliches Personal. Alles ist schon ein wenig in die Jahre gekommen, aber immer noch recht charmant.

10 **OYO 1871 Surfer's Inn**②, Jl. Pantai Kuta, Tel. 0370 655582. Schnuckelige Anlage mit Pool, familiäre Atmosphäre, schöne Zimmer.

8 **OYO 1895 Lamancha Homestay**②, Tel. 0370 6155186, an der Straße nach Sengkol. Klein und gepflegt, fünf Zimmer mit Bad, gut gebucht.

11 **Sekar Kuning Bungalows**②, Tel. 0818 0575 3646, macht einen guten Eindruck und wird gern von Surfern genutzt. Die gepflegten Zimmer im Hinterhof haben Moskitonetz und sind recht ruhig.

12 **Kuta Paradise**②, Jl. Pariwisata Pantai Kuta, Tel. 0821 44446768, zeigt sich nicht nur architektonisch als recht ambitioniertes Projekt: Hinter dem Restaurant ist Rollrasen ausgelegt, zu den Bungalows führen Trittsteine, der Swimmingpool liegt dazwischen. Bungalows mit Klimaanlage, DVD-Player und Fernseher.

2 **Yulis Homestay**②, Jl. Baturiti, Tel. 0819 1710 0983, www.yulishomestay.com. Ist seit 2010 am Markt und damit schon fast ein Klassiker. Mitten im Dorf liegen die Bungalows in einem schönen Garten, es gibt gleich drei Pools, und Besucher sollten unbedingt das Sasak Buffet probieren – zubereitet von Frauen aus dem Ort.

12 **Novotel Lombok Resort & Villas**④, Tel. 0370 653333, www.novotellombok.com, das Luxushotel steht seit 1997. Sehenswerte und gut gebuchte An-

Übernachtung
2 Yulis Homestay
5 Matahari Inn
8 OYO 1895 Lamancha Homestay
10 OYO 1871 Surfer's Inn
11 Sekar Kuning Bungalows
12 Kuta Paradise, Novotel Lombok Resort & Villas

Essen und Trinken
1 Ashtari – Slow Food
3 Family House
6 Terra – Plant Based Food
7 Lombok Lounge

Nachtleben
9 Surfer's Bar

Tauchen
4 Suba Froggy

lage im Sasak-Stil an einem schönen Strandabschnitt. Nett ist es, bei Sonnenuntergang über den eigens gepflasterten Weg zum Novotel zu laufen und in einer der Bars einen Drink zu genießen, den Pool kann man dann mitbenutzen. Wer Glück hat oder gut plant, kommt zur Happy Hour.

Essen und Trinken

Es gibt zahlreiche kleine Restaurants mit Bar, Warungs und Cafés entlang der Straßen und direkt am Strand.

3 Family House, Kuta Beach, Tel. 0370 6507576, tgl. 7–23 Uhr. Hier wird frischer Fisch serviert, sehr lecker zubereitet. Preiswertes Essen, guter Service.

1 Ashtari – Slow Food, Jl. Mawun Prabu, Tel. 0811 3884838, www.ashtarilombok.com, tgl. 8–21 Uhr. Liegt prominent an der Straße nach Mawun, überblickt seit 2006 vom westlichen Hügel aus die ganze Gegend rund um Kuta. Auf ganz Lombok, auch nach mehrmaligem Inhaberwechsel, bekannt für seine gute Küche, die Koch- und Yogakurse.

6 Terra – Plant Based Food, Jl. Kuta Lombok 83582, Tel. 0859 36633130, https://terra.health, tgl. 8–16 Uhr. Mal ganz etwas anderes: Auf die Teller kommen nur 100 % pflanzliche Speisen. Alle Lebensmittel sind vegan und glutenfrei, 50 % roh und 50 % gekocht.

7 Lombok Lounge, Jl. Pariwisata, Tel. 0878 6487 9883, tgl. 8–24 Uhr. Schon ein wenig angegraut, aber mit ausgezeichneter lokaler Küche (frischer Fisch, Krabben und Hummer) zu niedrigen Preisen.

Nachtleben

9 Surfer's Bar, Jl. Raya Kuta, Tel. 0853 38497038, https://de-de.facebook.com/surfersbarkutalombok, tgl. 9–1 Uhr. Hier gibt's Happy Hours, regelmäßig DJs, Cocktails, reichlich Surferfeeling und viele gute Gespräche an der Bar.

Unterwegs mit dem Bike und local women

Tia, Maria, Susan, Mona und *Lia* stammen aus dem Dorf Sade bei Kuta und hatten vor einiger Zeit eine gute Idee: Wie wär's mit einer **Biketour durch authentische Sasak-Dörfer,** organisiert von einheimischen Frauen? Gedacht, getan: Heute bieten die fünf unter dem Motto **„The Power of Local Women"** eine Tour zum Markt, ins Dorf mit Blick in die Moschee, den Besuch einer Fledermaushöhle sowie Rast an zwei Aussichtspunkten; 4 Stunden dauert der Ausflug, unterwegs gibt's Früchte und vor allem Einblicke in die Welt der Sasak. 200.000 Rp. kostet der Spaß pro Nase, das Fahrrad muss selbst mitgebracht werden.

Bike Tour – „The Power of Local Woman", Tel. 0878 82037639, Instagram: thepoweroflocalwomen.

xba058 sb

Surfen

Das Ausleihen eines Surfbretts kostet rund 75.000 Rp. pro Stunde, Unterricht gibt es für 500.000 Rp. den halben Tag, alles inklusive. Verschiedene Anbieter machen halb- oder ganztägige **Surftouren** in die Umgebung, so nach Gerupuk (450.000 Rp.), Mawi (500.000 Rp.). Weitere Infos unter www.kuta-lombok.net.

Tauchen

4 **Scuba Froggy,** Jl. Mawun, Tel. 0878 64541402, www.scubafroggy.com. Das PADI-5-Star-Dive-Center hat einen Ableger im Novotel (s.o.) und fährt ab Kuta die bekannten Tauch- und Schnorchelspots des Südens an, darunter Kuta, Gerupuk und Tampah für Anfänger und zertifizierte Taucher, Belongas für zertifizierte Taucher und erfahrene Taucher, Pink Beach und Belongas für zertifizierte Taucher und Schnorchler.

Bukit Merese gilt als einer der schönsten Aussichtspunkte rund um Kuta

Sonstiges

Geld

Etliche **Geldautomaten** sowie **Wechselstuben** im Ort und im Novotel.

Krankenhaus

- **Lombok International Medical Service,** Jl. Raya Pantai Kuta 100, Tel. 0818 353343, https://lombok-international-medical-service.business.site, mit 24-Std.-Service.

Post

- **Post Office Segara Anak,** Jl. Raya Pantai Kuta, Tel. 0817 366457, tgl. 7–22 Uhr.

Verkehr und Transport

- Mit dem **Bemo** bzw. **Minibus** von Bertais (Mataram) erst bis Praya, dann weiter bis Kuta. Zahlreiche Minibus-Anbieter in Senggigi fahren Kuta regelmäßig an.
- **Fahrräder und Scooter** können bei etlichen Verleihern in und rund um Kuta geliehen werden und sind ein gutes Fortbewegungsmittel auf den meist wenig befahrenen Straße des Südens; Bikemiete: ca. 60.000 Rp./Tag, Scooter ca. 85.000 Rp.

Östlich von Kuta

Wunderschöne Buchten schließen sich östlich (und westlich) an Kuta an. Meist gibt es für wenig Geld einen staubigen Parkplatz, ein paar Warungs und Strandpavillons, in denen man im Schatten das Strandleben genießen kann.

Tanjung Aan

Die **sehr schöne Bucht** Tanjung Aan liegt eine Stunde Fußweg östlich von Kuta und ist auch einfach mit dem Fahrzeug zu erreichen. Sie ist gut zum Schwimmen geeignet, hier gibt es den begehrten „Kugelsand".

Gerupuk

An der nächsten Bucht liegt Gerupuk (8 km von Kuta), ein **recht ursprüngliches Fischerdorf,** das sich durch die Surfer nicht großartig in seinem Alltagsleben stören lässt. Am **Strand von Bumbangku** ganz in der Nähe gibt es einige Surferunterkünfte.

Awang

Awang (12 km östlich von Kuta) ist ein **netter Fischerort mit Stelzenhäusern** und einem **schönen, langen Strand** mit vielen bunten Booten. Von hier kann

Tanjung Aan liegt ganz nah an Kuta

xba060 sb

xba061 sb

man mit einem gecharterten Boot zu dem auf der anderen Buchtseite liegenden Fischerdorf Ekas übersetzen oder zu dem etwa 4 km südlich davon liegenden Surfstrand.

Halbinsel Ekas

Auf der **Halbinsel im äußersten Südosten Lomboks** ist es sehr trocken, die Vegetation savannenähnlich. Ekas ist ein kleines Nest, die Bewohner leben vom Fischfang und Seegras-Anbau. Der **Strand** ist **spektakulär:** Steile Klippen wechseln sich mit weißen Sandbuchten ab. Nahebei liegt die **Surfer-Enklave Pantai Sorga.**

Übernachten

■ **Heaven on the Planet**④, Lendang Terak, Ekas Bay, Tel. 0812 3751103, https://heavenontheplanet.com. Diese schöne Anlage wurde von einem neuseeländischen Aquakultur-Professor erbaut, der auf seinem Grundstück tropische Fische züchtet und dem Dorf Ekas Geld zukommen lässt. Oben auf den steilen Felsen hat er Villen errichtet, von dort blickt man auf die gewaltige Awang-Bucht. Der Ausblick ist einer der schönsten Lomboks, dazu ein fantastischer Sonnenuntergang. Die Villen sind der Natur angepasst – kein Strom, der Generator läuft nur abends für ein paar Stunden. Wer baden möchte, hat die Wahl zwischen zwei Stränden mit weißpulvrigem Sand oder Pool. Heaven on the Planet organisiert Tauchtouren, Surf-Exkursionen und Naturwanderungen. Die Übernachtung geht nur all inclusive, Vorausbuchung ist angesagt.

Pantai Seriwe

Weiter im Südwesten liegt dieser **atemberaubende Strand:** tolle Bucht, knallblaues Wasser, weißer Sand, uralte Kasuarina-Bäume, Schafherden am Strand und kaum eine Menschenseele.

Tanjung Ringgit

In die hinterste Ecke im Südostzipfel Lomboks fährt man auf der Ekas-Halbinsel 12 km durch die Einsamkeit ostwärts. Nach etwa 4,5 km führt eine Stra-

⌃ Schnappschuss auf der Reise

ße nach links (Norden) zum **Makam Tanjah Anjah** (3 km); es handelt sich um das Grab eines berühmten Wetu-Telu-Lehrers.

Am östlichen Ende der Straße steht ein einsamer **Leuchtturm.** Hier gibt es neben der grandiosen Landschaft ein Kuriosum zu besichtigen: **zwei Kanonen aus dem Hause Krupp.** Ziemlich große Dinger, mit denen die Japaner im Zweiten Weltkrieg die Selat-Alas-Wasserstraße zwischen Lombok und Sumbawa bewachten und beschossen. Außerdem gibt es eine **Fledermaushöhle** zu erkunden; man sollte eine gute Lampe dabeihaben, will man darin etwas sehen.

Westlich von Kuta

Die ausgebaute **Straße** führt entlang der Südküste **Richtung Belongas.** Sie wurde aus den Hügelrücken herausgeschnitten und/oder -gesprengt und begleitet die Landschaft in mehr oder weniger sanftem Hoch und Runter, mal nach links, mal nach rechts. Immer wieder gibt es **tolle Aussichten auf blaues Meer, spektakuläre Klippen und weiße Strände.** Mit dem Scooter wird man ein wenig Schwierigkeiten bekommen bei den teilweise recht steilen Anstiegen. Aber mit ein bisschen mehr PS oder einem Auto/Minibus ist das kein Problem. Die Straße quert etliche kleine Weiler, in denen die Zeit stehen geblieben zu sein scheint. Und man sollte sich nicht wundern, wenn eine Wasserbüffelherde für ein paar Minuten den Verkehr aufhält.

In der Gegend wird nach wie vor nach **Gold** geschürft. Früher gänzlich illegal, werden die Siedlungen auf den Bergrücken heute politisch geduldet, denn vom erzielten Goldpreis können alle profitieren. Die Siedlungen erkennt man an den hellen, meist hellblauen oder gelben Zeltplanen, die auf den Bergen über dem Gebüsch zu sehen sind. Es lohnt sich, dann kurz anzuhalten und zu lauschen: Das Tackern der Pumpen ist gut zu hören. Besuchen sollte man die Häuseransammlungen allerdings nicht, Fremde sind nicht gerne gesehen.

Mawun

Die gerne bei einem Ausflug ab Kuta besuchte Mawun-Bucht ist ein sehr schöner Strand mit kleinen schattigen Unterständen. Selong Belanak (s.u.) und Mawun werden häufig im Rahmen einer Tagestour in den Süden Lomboks angefahren, es kann also voll werden. Man kann hier ganz hervorragend **am Strand abhängen, baden, aus Kokosnüssen trinken** und an den kleinen Warungs einen Snack nehmen.

xba059 sb

Tampah Beach

Die Zufahrt sollte man nicht verpassen, zum Glück ist sie gut ausgeschildert: „The cleanest beach in Lombok“ nennt sich Tampah Beach recht selbstbewusst. Und in der Tat geben sich die Einheimischen größte Mühe, den **blütenweißen Strand** sauber zu halten.

Selong Belanak

Nach Selong Belanak sind es ca. 22 km ab Kuta, man landet in einem **kleinen, ruhigen Fischerort mit einem endlosen Strand.** Seit man von Praya und dem Flughafen aus besser in den Süden kommt, ist auch Selong Belanak aus dem Dornröschenschlaf erwacht. Die Anfahrt lohnt sich allein schon wegen der Aussichtspunkte im Hinterland, von denen man wunderschöne Blicke auf die Strände und die Umgebung genießt.

Selong Belanak verfügt über eine kleine **Infrastruktur,** die eher auf Tagestouristen ausgelegt ist. Es gibt einen Geldautomaten, Warungs, und es werden **Surfkurse** angeboten (200.000 Rp. bis man auf dem Board stehen kann). Eine einfachste Unterkunft gibt es im Dorf , schicker wird es in den Sempiak Villas, die mit dem Laut Biru Café ein nettes, aber nicht ganz günstiges Restaurant neben den Strand gesetzt haben.

Übernachten

■ **Sempiak Villas**④, Tel. 0821 44303337, http://sempiakvillas.com. Sieben schicke Villen am Hang, hergestellt aus Naturmaterialien, mit allem, was des Strandurlaubers Herz begehrt. Das Konzept scheint aufzugehen: In der Hochsaison sind sie normalerweise ausgebucht.

◁ Die Fahrt ganz in den Westen führt über die weite Bucht von Belongas

▽ Ein Traum von einem Strand – Tampah Beach

932ba un

Belongas

Über die Hügel und durchs Hinterland führt die Straße weiter nach Sepi und Belongas. Die dortige Bucht vereint alles, was man sich an **„tropischer Strandszenerie"** so vorstellt: grüne Hänge, die in weiße Strände münden, ein blauer Ozean bis zum Horizont, ein paar Reusen und Fischerboote, die der Idylle noch ein wenig mehr Inhalt und Kontrast geben, davor ein pittoresk aus dem Hang geschnittenes Reisfeld mit einer kleinen Hütte; hier wird Gogorancha angebaut, eine speziell für trockene Gebiete bestens geeignete Reissorte.

In Belongas befindet sich auch ein bekannter **Tauchspot mit Großfischen.** Die Belongas-Bucht eignet sich allerdings nicht für Tauchanfänger, denn hohe Wellen und starke Strömungen gehören zur Tagesordnung. Zu sehen gibt es viele verschiedene Arten von Großfischen (Mola-Mola, Barrakudas, diverse Haiarten) in einer unberührten Korallenwelt, z.B. an den Tauchspots Magnet und Cathedral. Das Highlight: Zwischen April und Oktober halten sich vor Ort oft **Hammerhaischulen** mit über 100 Tieren auf. Es kann hier aber auch gesurft werden.

Übernachten

■ **Belongas Bay Lodge**④, Tel. 0370 645974, www.thelodge-lombok.com. Nicht ganz günstig, aber schick, mit Park und Ausblick, eine Brise vom Meer kommt auch durch.

Weiter geht's über die Berge und Mekaki – hier lohnt ein Abstecher zum Mekaki Beach – nach Pelangan. Von dort führt die Straße **nach Westen** an der Nordküste der Halbinsel entlang nach Bangko-Bangko. An der gesamte Küste befinden sich die **Secret Gilis,** kleinste Inselchen, immer gut für ein bisschen Robinso-Crusoe-Feeling. **Gen Osten** geht es über Sekotong nach Labuhan Lembar und weiter gen Norden.

Pelangan

Pelangan besteht aus drei Dörfern; diese reihen sich an einem Weg Richtung Inland auf. Das freundliche Örtchen **Pelangan Barat** liegt ca. 1 km vom Wasser entfernt (zum Baden ist es nicht so schön) und ist recht groß. Es gibt Geschäfte, einen Markt, Warungs und eine große Kreuzung. Ab hier stehen der Süden und Westen unter Naturschutz. Sehenswert am Meer sind die **Winkerkrabben** mit der überdimensional großen, weißen Schere, die in Schlammlöchern wohnen.

Die Straße nach links führt nach **Pelangan Timur,** zuletzt kommt **Pelangan Tengeh.**

Labuhan Poh

Labuhan Poh ist nach weiteren 8 km gen Westen erreicht. Bis hierher gibt es regelmäßigen **Bemo- und Lkw-Verkehr** (bis ca. 16 Uhr). Hinter Labuhan Poh folgt eine japanische Perlenzucht-Farm.

Bangko-Bangko

5 km hinter Labuhan Poh **endet die asphaltierte Straße,** von hier sind es noch einmal ungefähr 2 km bis Bangko-Bangko. Der Ort liegt in einem Waldgebiet im

Westen der Landzunge. Hier gehen reichere Lomboker auf Jagd, es soll viele Hirsche *(rusa)* und Wildschweine *(babi hutan)* geben. Bangko-Bangko gilt als **gute Surfmöglichkeit** für besonders wagemutige Wellenspezialisten; berühmt ist der **Desert Point Surf Break,** von dem etliche Surfer als dem besten Spot der Welt schwärmen.

Pengawisan

6 km sind es von Pelangan nordostwärts auf der Straße am Meer entlang zu dem wunderschönen Strand **Pantai Pengawisan.** Der tolle Badestrand hat weißen Sand, klares Wasser und Schatten spendende Bäume. Nicht zu vergessen der schöne Ausblick auf die nahen Gilis (s.u.). Die Bucht ist gut geschützt, es gibt kaum Wellen – optimal für Kleinkinder und Kanufahrer. Am Strand stehen **Berugas,** perfekte Picknickplätze, die an Sonn- und Feiertagen vorwiegend von Einheimischen besetzt sind. Auf der anderen Seite der Landzunge (ca. 50 m) liegt eine japanische Perlenfarm.

Die Secret Gilis

Kurvenreich führt die Straße ab Labuhan Lembar im Osten oder aus dem Süden zu den **„geheimen Inselchen“.** Dann geht's im Hafen auf ein Auslegerboot, Flossen und Schnorchel werden ausgepackt und das Schnorchel- und Erkundungsabenteuer kann beginnen.

Die Secret Gilis sind längst kein „Geheimtipp“ mehr und werden ab Senggigi oder Bangsal im Rahmen von **Tagestrips** direkt angefahren. Man kann so locker vier Secret Gilis an einem Tag „machen“ und abends nach Senggigi zurückkehren. Oder man bleibt einfach. Denn sei es **Nanggu, Gede** oder **Layar** – jede der Gilis ist einzigartig.

Am besten erobert man sie ab dem Dorf **Sekotong** mit seiner überschaubaren Anzahl an Unterkünften oder ab dem Hafen von **Tawun** 5 km nordwestlich von Sekotong, wo die Anbieter täglich auf Kunden warten. Hier gibt es übrigens einen weißen Strand und gute Bademöglichkeiten.

Praktische Infos

- **Nirvana Roemah Air**④, Jl. Raya Medang, Sekotong, Tel. 0370 629496. Ein Honeymooner-Hotel, das aus Bungalows besteht. Diese jedoch sind kleine Hausboote, die per Anker am Meeresboden befestigt und ausgestattet sind mit Klimaanlage, Glasboden zur Beobachtung der Wasserwelt, Kühlschrank, DVD-Player und Walkie Talkie für den Room-Service, plus Kanu und Angelruten.
- **Palm Beach Garden Bungalows**②, Jl. Raya Siung, Batu Putih, www.misterknittel.magix.net/public/home.html. Projekt eines Deutschen mit fünf Bungalows in einem kleinen Park in einer sehr ruhigen Ecke von Lombok. Das Preis-Leistungs-Verhältnis wird von Lesern gelobt. Ins Restaurant gehen auch gerne Urlauber, die nicht hier wohnen.
- **Cocotinos Sekotong**④, Jl. Dusun Pandanan, Tanjung Empet, Tel. 0819 07972401, www.cocotinos-sekotong.com. Schönes Strandresort mit Pool, Spa und vielen anderen Annehmlichkeiten. Das Cocotinos ist kein explizites Tauch-Resort, Tauchen ist hier nur eine der Optionen. Internationale Gäste.
- **Blow Bubble Divers,** Sekotong, Tel. 0811 3901 900, www.blowbubblesdivers.com. SSI-Scuba-School-International-Tauchcenter in französischer Hand und mit ökologischem Anspruch.

Gili Nanggu

Die paradiesische **Robinson-Insel** liegt ziemlich genau gegenüber von Tawun. Seit 1995 hat Nanggu ein eigenes **Turtle Conservation Program** zur Rettung der Schildkröten; dort wurden bisher rund 5000 Schildkröteneier ausgebrütet. Man kann zu bestimmten Zeitpunkten und gegen Spende die kleinen Schildkröten ins Meer begleiten oder sie in ihrem Becken füttern. Die umliegenden Inseln gelten als gute **Schnorchelinseln,** um **Gili Sudak** gibt es blaue Korallen.

Die Winker- oder Mangrovenkrabbe

Die **Gattung der Uca** umfasst **70 Arten,** die in tropischen Zonen auf der ganzen Welt vorkommen. Insbesondere **Mangrovensümpfe** beherbergen oft Scharen dieser Tiere. Der Körper ist **rechteckig, ausgerüstet mit ausfahrbaren Augen und zwei sehr unterschiedlichen Scheren.**

Pierre Pfeffer („Auf den Inseln des Drachen", Stuttgart 1965, S. 153/154) beschreibt die Winkerkrabben sehr treffend: „Tausende von bunten Krabben, kaum größer als ein Markstück, ziehen schon von weitem den Blick des Reisenden an und scheinen ihn herbeizurufen, indem sie ständig ihre Scheren schwingen. Lässt man sich aber von dieser Einladung verführen, so wird man unfehlbar enttäuscht, denn beim Näherkommen muss man feststellen, dass die hübschen kleinen Krabben sofort in einer der Behausungen verschwinden, deren Eingänge die Oberfläche des Schlamms förmlich übersäen.

Nur wenn man sich niederkauert und etwa zehn Minuten regungslos wartet, wird man belohnt; denn jetzt erscheint am Eingang der Behausung zuerst auf einem langen Stiel vorsichtig ein Auge, dann, wenn ihm alles in Ordnung zu sein scheint, der Besitzer des Auges persönlich. Zunächst macht er eine kleine Runde vor seinem Bau und untersucht mit seinen Periskopen sorgfältig die Umgebung. Man darf sich ja nicht rühren, denn bei der geringsten Bewegung geriete das Schalentier wieder in Panik. Hat man aber ganz still gehalten, so kommt es näher, und man kann es mit Muße beobachten.

Dann stellt man fest, dass es nur eine große Schere hat, die fast ebenso umfangreich wie der ganze Leib und weiß gefärbt ist. Die andere ist sehr viel kleiner und dient der Krabbe nur dazu, ihr Schlamm zuzuführen, aus dem sie Algen und andere organische Nährstoffe aufnimmt. Das Tier, das man vor sich hat, ist ein Männchen, es hat einen türkisblau und rot oder orange gefärbten Leib. Das Weibchen, dessen Scheren beide kleiner sind, trägt ein schmuckloses, blasses Braun.

Jedes Männchen besitzt sein Territorium, einen kleinen Umkreis im Schlamm, den es heftig gegen seine Rivalen verteidigt. Im Kampf packen sich die beiden Krabben gegenseitig mit ihrer großen Schere und versuchen mit einer heftigen Bewegung, die Schere des Gegners zu zertrümmern. Wenn sich ein solcher Kämpfer nicht genügend im Boden festklammert, kommt es oft vor, dass ihn der andere fast einen Meter weit fortschleudert.

In der Mitte seines Territoriums gräbt das Krabbenmännchen einen schmalen, etwa vierzig Zentimeter langen **Erdbau.** Es arbeitet unaufhörlich an seiner Verbesserung und schichtet

Übernachten, Essen und Trinken

■ **Gili Nanggu Cottages**③, Tel. 0878 64582020, www.gilinanggu.com. Bungalows und Cottages mit Ventilator und Frühstück. Gegessen wird im angeschlossenen Restaurant.

das ausgeworfene Erdreich zu einer senkrechten Säule auf, die sich manchmal ein wenig neigt wie der Turm von Pisa en miniature.

Aus Schlamm stellt es sich eine Art Pfropfen her, und wenn die Flut steigt, sucht es Zuflucht in seiner Behausung und macht die Tür hinter sich zu, um sie erst wieder zu öffnen, wenn sich das Wasser zurückgezogen hat. Hindert man eine solche Krabbe an der Herstellung dieses Deckels, dann wird man erleben, wie sie sich aufregt, wenn die ersten Wellen kommen, fieberhaft eine Schlammkugel herstellt und mit ihr den Bau verschließt.

Was aber schon lange die Aufmerksamkeit des Zoologen auf sich gezogen und den kleinen Tieren den Namen „Winkerkrabben" eingebracht hat, das ist ihre ständig wiederholte Gebärde. Die **ständige Bewegung der großen Schere** ist nämlich ein Ruf, der freilich nicht dem Reisenden gilt, sondern dem Weibchen. Da die Krabben beachtlich scharfe Augen haben, wird jedes Weibchen sofort ausgemacht, und alle Männchen ringsumher recken sich auf ihren Beinen so hoch wie möglich und schwingen ihre weißen Scheren rhythmisch in einem richtigen Ballett, bis die Schöne der Einladung eines der Herren folgt und sich in seine unterirdische Behausung mitnehmen lässt."

Gili Gede

Gili Gede ist umgeben von Korallenbänken und weißem Strand. Die **„Große Insel"** ist in der Tat die größte der Inseln hier. Lange ein „Geheimtipp", ist sie heute eine der wenigen Gilis der Umgebung, auf der es gleich vier Unterkünfte gibt. Hier kann man prima **schnorcheln,** über den Berg **wandern** und die Ausblicke genießen – oder **einsame Strände und Höhlen** entdecken. Auch gelten die Einwohner der Insel, traditionell Schiffsbauer, als touristisch noch „unverdorben" und sehr freundlich.

Übernachten, Essen und Trinken

■ **Secret Island Resort**③, Tel. 0818 03762001, www.facebook.com/secretislandresort. Zimmer in Bungalows am Hang und auf dem Wasser in alten javanischen Teakhäusern.

■ **Via Vacare**③, Tel. 0821 44215074, www.facebook.com/viavacare, ein eher auf Ruhe ausgelegtes, meditatives Resort. Hier soll man auf gut deutsch „wieder herunterkommen" und nicht viel tun. Das Yoga-Angebot wird dabei sicher helfen.

■ **Yut Inn Flower Paradise**③, Tel. 0817 9783 508, https://yutinnflowerparadise.com. Sechs schicke Bungalows, teilweise aus Bambus und Holz, plus Aussicht auf den Beach.

Gili Layar

Mehr und mehr eine **Alternative zu Gili Gede** wird die private Nachbarinsel Gili Layar; dazu ein Leser: „Hier ist der Strand schöner und teilweise auch sauberer als auf Gili Gede."

Stylish
Scoopy
DK 2651 FBM

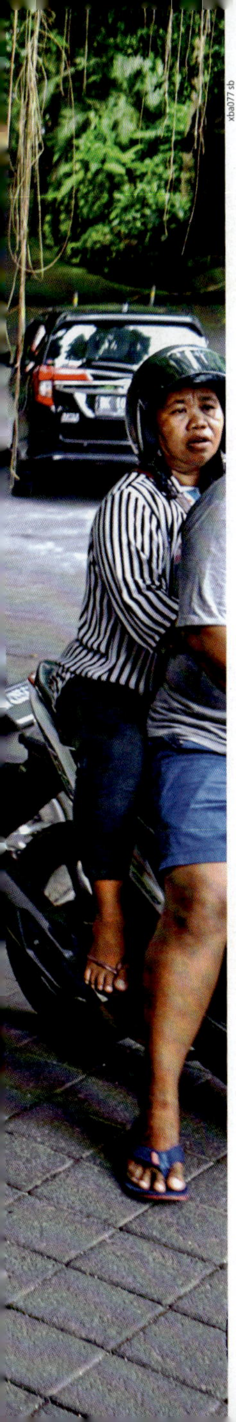

11 Praktische Reisetipps A–Z

Scooter-Verkehr bzw. -Stau in Ubud (Bali)

Anreise

→ Auto- und Motorradfahren
→ Verkehrsmittel

Flug

Nonstop-Verbindungen von Mitteleuropa nach Bali und Lombok gibt es nicht, es sind immer ein oder zwei **Zwischenstopps** nötig. Sei es beispielsweise in Dubai, Bangkok, Singapur oder Hongkong, durch die Transferzeit verliert man natürlich einige Stunden. Somit dauert die **13.000 km lange Anreise** gut und gerne 16 bis 20 Stunden. Urlauber, die es nicht ganz so eilig haben, nutzen den Stopover für eine kleine Stadtbesichtigung, beispielsweise in Bangkok – was für Asienneulinge sicher ein guter Einstieg ist.

Nach Bali (DPS) fliegen ab Deutschland, Österreich und der Schweiz **zahlreiche Fluglinien.** Dazu zählen Emirates (www.emirates.com), Singapore Airlines (www.singaporeair.com), Thai Airways (www.thaiairways.com), Turkish Airlines (www.turkishairlines.com), Qatar Airways (www.qatarairways.com) und andere. Die jeweiligen Ticketpreise variieren saisonal zwischen 900 und 1300 € pro Person. In der Hauptreisezeit von Ende Juni bis Ende August sowie zur Weihnachts- und Neujahrszeit sind die Preise normalerweise am höchsten.

Um mit dem Flieger **nach Lombok (LOP)** zu kommen, muss man in Bali umsteigen oder einen der wenigen internationalen Flüge erwischen. Beispielsweise fliegt Air Asia (www.airasia.com) ab Kuala Lumpur nach Lombok oder Scoot (www.flyscoot.com) ab Singapur.

Mini-„Flug-Know-how"

Check-in

Nicht vergessen: Ohne einen gültigen Reisepass oder Personalausweis für EU-Staatsbürger und Schweizer kommt man nicht an Bord. Kinder benötigen einen eigenen Reisepass.

Das (Hand-)Gepäck

Man darf **pro Person** in der Regel ein **Handgepäck-** (10 kg) **plus ein Gepäckstück** (23 kg) einchecken. Aufgepasst: Informieren Sie sich vor Ihrem Flug bei Ihrer Airline über die konkreten Bestimmungen, da diese mitunter stark voneinander abweichen. Beim Packen des Handgepäcks sollte man darauf achten, dass **Flüssigkeiten** jeder Art nur in geringen Mengen bis zu jeweils 100 ml mit ins Flugzeug dürfen. Diese Substanzen muss man separat in einem durchsichtigen Plastikbeutel (z.B. Gefrierbeutel) transportieren, den man beim Durchleuchten in eine der bereitstehenden Schalen auf das Fließband legen sollte. Auch **elektronische Geräte** müssen in diese Schale gelegt werden, ebenso Gürtel mit einer Schnalle aus Metall.

Aus Sicherheitsgründen dürfen scharfe Gegenstände wie Messer, Nagelfeilen oder Scheren nicht im Handgepäck untergebracht werden. Diese Gegenstände sollte man zu Hause lassen oder im aufzugebenden Gepäck verstauen, sonst werden sie bei der Sicherheitskontrolle einfach weggeworfen. Darüber hinaus gilt, dass leicht entzündliche Gase in Sprühdosen (Schuhspray, Campinggas, Feuerzeugfüllung) und Feuerwerkskörper etc. nicht im Koffer oder dem Handgepäck transportiert werden dürfen. Für die Raucher unter uns: Ins Handgepäck und auch in den Koffer dürfen bei innereuropäischen Flügen weder Feuerzeug noch Streichhölzer, man darf aber ein Feuerzeug oder eine Streichholzpackung pro Person am Körper mitführen.

Ein kleiner **Tipp:** Um Stress und Ärger zu vermeiden, packen Sie neben den wichtigsten Dingen auch Utensilien ins Handgepäck, die Sie am ersten Tag in Ihrem Urlaub gebrauchen könnten. Wenn es an den Strand geht, packen Sie zum Beispiel direkt die Badekleidung ein. Falls das Gepäck Verspätung hat oder verloren geht, können sie trotzdem schon den ersten Tag genießen und müssen nicht direkt einkaufen gehen.

Klimabewusst nach Bali reisen

Wer von Frankfurt über Bangkok nach Denpasar und zurück fliegt, verursacht laut Emissionsrechner der Klimaschutzagentur Atmosfair eine sogenannte **Klimawirkung von insgesamt 6614 kg CO_2.** Das ist nicht wenig, bedenkt man, dass das „klimaverträgliche Jahresbudget eines Menschen" bei 1500 kg CO_2 liegt, ein Jahr Autofahren bei 2000 kg, und ein Mensch in Äthiopien auf 560 kg CO_2 im Jahr kommt. Wer also nach Bali fliegt, hat für gut vier Jahre sein Guthaben aufgebraucht.

Klar, fürs Klima wäre es das Beste, gar nicht mehr zu fliegen. Aber an ferne Orte geht es fast nur mit dem Flieger. Wochenlange Schiffsfahrten wie in früheren Zeiten muss man sich, nicht nur zeitlich, leisten können.

Es gibt verschiedene gemeinnützige und profitorientierte Organisationen, bei denen man **für „Klimasünden" bezahlen** kann. Für jede Tonne CO_2 berechnen diese Klimaschutzagenturen eine freiwillige Abgabe zwischen 9 und 60 €. Dieses Geld wird gesammelt und dann in Klimaschutzprojekte investiert, die möglichst die gleiche Menge Kohlendioxid einsparen sollen. Wer eine der **Klimaschutzagenturen** unterstützen möchte, sollte sich vorher gut über das Programm informieren. Es gibt leider kein Prüfzertifikat, aber auf den jeweiligen Websites können sich Interessierte recht schnell einen Überblick verschaffen.

Atmosfair empfiehlt, für den Hin- und Rückflug von Frankfurt über Bangkok nach Denpasar 153 € in ein Klimaschutzprojekt zu investieren. Wer weniger einzahlen möchte, kann das natürlich auch tun. Als Belohnung gibt es ein Zertifikat und – vielleicht – ein etwas besseres Gefühl.

Hier ein paar Adressen von **Klimaschutzagenturen** mit Emissionsrechnern:

- www.atmosfair.de
- www.climatefriendly.com
- https://de.myclimate.org/de
- https://klimatkompensera.se

005ba sb

⊡ Herzlich willkommen auf Bali, Insel der Götter und Dämonen

Der **Internationale Flughafen Balis,** Ngurah Rai International Airport, befindet sich in **Tuban,** rund 13 km südlich der Hauptstadt Denpasar und etwa 3 km von Kuta Beach entfernt. **Der von Lombok liegt bei Praya,** quasi in der Mitte der Insel; ab hier sind alle touristischen Ziele innerhalb von 45 Min. erreichbar.

Wer ein bisschen mehr Zeit zur Verfügung hat, flexibler bleiben und sich vielleicht auch in Indonesien selbst unabhängig von festen Flugdaten oder -linien bewegen will, kann beispielsweise den Weg **über Singapur** wählen, die Drehscheibe in Südostasien. Also in Singapur zu festen Daten an- und abfliegen, dazwischen **innerasiatische Routen** nutzen. Beispielsweise von Singapur weiter nach Bali mit Air Asia, über die Gilis nach Lombok und Rückflug nach Singapur von Lomboks Internationalem Flughafen mit Scoot. Die meisten dieser innerasiatischen Verbindungen können mittlerweile auch von der Heimat aus im Voraus gebucht werden. Eine gute Webadresse für einen unmittelbaren Vergleich ist www.skyscanner.de. Ein gutes Portal für den Flug nach Singapur ist www.yoursingapore.com. Für die Weiterflüge ist z.B. www.focussingapore.com hilfreich.

Etliche Reiseveranstalter bieten **Pauschalreisen** nach Bali an, hier ist das Flugticket bereits inklusive. Ja nach Saison und Sternezahl des Resorts oder Hotels sind zwei Wochen Südbali, beispielsweise Sanur, Tanjung Benoa oder Nusa Dua, ab 1500 € drin. Es gibt auch einige wenige Pauschalangebote für Lombok.

Ankunft am Flughafen

Bali: Ngurah Rai International Airport (DPS)

Der **Internationale Flughafen** wurde 1931 eröffnet und ist benannt nach dem balinesischen Nationalhelden *I Gusti Ngurah Rai*, der mit wenigen Kämpfern

906ba sb

am 20. November 1946 beim Ort Marga der holländischen Übermacht bis zum letzten Mann standhielt, um mit seinen Mannen im aussichtslosen Kampf zu sterben.

Über die Jahrzehnte wurde und wird der Flughafen **wegen der steigenden Flug- und Besucherzahlen aufgestockt und erweitert.** Als Flughafenzubringer gibt es mittlerweile eine schicke vierspurige mautpflichtige Schnellstraße – mit eigener Scooter-Spur –, die mitten in die Mangroven und die Lagune zwischen Flughafen, Benoa und Nusa Dua gesetzt wurde. Damit verkürzt sich die Anfahrt zum Flughafen aus diesen Richtungen um bis zu 30 Min.

Nach Ankunft, Einreiseformalitäten und dem Einsammeln des Gepäcks geht man durch das **International Arrival Terminal,** vorbei an Geldautomaten, Wechselstuben und SIM-Karten-Verkaufsständen und gelangt hinter der Absperrung in den öffentlich zugänglichen Bereich; hier warten **Taxis und Minibusse** auf ihre Passagiere. Taxitickets gibt es zu festgelegten Preisen am Schalter, beispielsweise nach Kuta Beach und Legian für 200.000 Rp. oder nach Ubud für 300.000 Rp. Wer auf eigene Faust weiterreisen will, lässt sich auf eine Diskussion mit den nicht ganz legalen Taxichauffeuren ein, die in der Regel günstigere Angebote machen. Wer diese Dienste wahrnimmt, sollte darauf achten, dass der Fahrpreis richtig verstanden wurde.

Außerhalb des Flughafens, an der Hauptstraße, kommen regelmäßig **Bemos** vorbei, die Fahrgäste mitnehmen wollen. Endstation eines Trips nach Kuta ist der Bemo Corner. Für Reisende mit kleinem Gepäck sind **Scootertaxis (Ojek)** eine Alternative: Mit dem Moped und Fahrer geht es günstig und schnell an den Autoschlangen vorbei nach Kuta (50.000 Rp.).

Für die Rückfahrt zum Flughafen gelten dieselben Preise. Für die **Ausreise** setzen die Taxis und Touristen-Shuttlebusse aus ganz Bali ihre Passagiere vor dem **International Terminal** ab. Die Check-in-Schalter öffnen drei Stunden vor Abflug. Wer bereits online eingecheckt hat, kann die Check-in-Schlangen umgehen und den Baggage-Drop-Off-Schalter direkt ansteuern. Anschließend folgen die Ausreiseformalitäten und ein Aufenthalt im Terminal mit seinen Duty-Free-Shops, Cafés und Restaurants.

- **Ngurah Rai International Airport (DPS),** Tel. 0361 751011, www.baliairport.com

Lombok International Airport (LOP)

Wer nach Lombok fliegt, landet auf dem **Bandara Internasional Lombok bei Praya.** Der **Flug von Bali** dauert gerade mal **20 Min.,** für das Einchecken muss man etwa eine Stunde einkalkulieren. Schwierigkeiten, einen freien Platz zu bekommen, könnte es zur Jahreswende und zum Ende der Fastenzeit (Idul Fitri) geben. Auch an anderen indonesischen Feiertagen kann es schon mal eng werden; dann sind die meisten Flüge eine Woche im Voraus ausgebucht.

An **Freigepäck** gewähren alle Fluggesellschaften 15–20 kg.

[<] Am Internationalen Flughafen Ngurah Rai in der Nähe von Denpasar, der Hauptstadt Balis

Der **Flughafen** selbst ist ein offener Terminal, geteilt in **Domestic** und **International,** umgeben von Parkplatzflächen. Das Gebäude beherbergt Büros der Fluglinien, Cafés, eine Post, Geldwechsler und -automaten. Hinter der Gepäckausgabe folgen private Informations- und Taxischalter, bei denen man sich beraten lassen oder buchen kann.

Vom Flughafen weg führen **gut ausgebaute, vierspurige Straßen,** z.B. in den Süden Richtung Kuta oder Nordwesten Richtung Mataram.

Wer nicht abgeholt wird, kann sich am offiziellen Taxischalter gegenüber dem Gepäckband auf der rechten Seite ein **Airport Taxi** besorgen; nach Senggigi z.B. kostet eine Fahrt mit dem Taxameter rd. 300.000 Rp. An den **privaten Schaltern** kostet ein Taxi nach Senggigi verhandelbare 250.000 Rp.

Eine Alternative bietet normalerweise die **staatliche Busgesellschaft DAMRI** (beim Verlassen des Terminals links halten). Der offizielle Schalter des Tourismus-Büros daneben ist leider meist unbesetzt.

- **Lombok International Airport (LOP),** www.lombok-airport.co.id

Von Java mit der Fähre nach Bali

Wer eine Reise durch Java über Land durchgestanden hat, wird Bali wahrscheinlich frühmorgens vor Sonnenaufgang das erste Mal betreten. Die **Expressbusse** von Surabaya, Jakarta oder Yogyakarta fahren die Nacht durch und werden per Fähre vom javanischen Ketapang gleich weiter nach **Gilimanuk** auf Bali geschippert.

Wer mit dem **Zug** kommt, fährt bis **Banyuwangi** im Osten Javas. Der Bahnhof allerdings ist nicht direkt am Fährhafen: Nochmal 15 Min. müssen gefahren werden. Empfehlenswert ist es, gleich am Bahnhof in einen Bus zu steigen. Nachts kann es ein paar Stunden dauern, bis der Bus auf die Fähre kommt.

Die Fähren fahren alle 20 Min. rund um die Uhr. In **Gilimanuk,** dem Fährhafen auf Bali, warten tagsüber **Minibusse, Busse und Bemos** auf Gäste Richtung Denpasar oder Singaraja.

In **Denpasar** fahren die Busse bis zum Busbahnhof Ubung, dem westlichen Terminal der Hauptstadt. Zu den Terminals Kereneng (sprich: Krnäng), Batubulan oder Tegal geht es weiter mit dem Bemo. Ab Kereneng erreichen die Reisenden Sanur, über das Terminal Batubulan Ubud und so ziemlich alle anderen Orte auf der Insel, von Tegal geht es weiter nach Kuta.

Wer keine Lust auf den öffentlichen Nahverkehr hat, besorgt sich einen **Chauffeur mitsamt Auto** oder begibt sich vertrauensvoll in die Hände von privaten **Bus- und Minibusunternehmen.** Zuverlässig und gut strukturiert ist **Perama** (www.peramatour.com); die Agentur bietet Shuttlebusse, Boots- und Tagesausflüge, Trekkingtouren, Auto-, Moped- und Radverleih, Flugbuchungen etc. Für Vielfahrer gibt es die Member Card, die bei jeder Buchung für 10 % Preisnachlass gut ist (einfach danach fragen). Auch das Vorzeigen eines gebrauchten Perama-Tickets bringt 10 %.

Von Bali mit der Fähre nach Lombok

Der **Fährverkehr zwischen Padangbai und Labuhan Lembar** auf Lombok wird von großen Autofähren bewältigt. Alle ein bis zwei Stunden verlassen die Schiffe Padangbai und Labuhan Lembar, die Fahrzeit beträgt zwischen 4 und 5½ Std. je nach Strömung und Wellengang – kommt es ganz schlimm, kann es durchaus auch mal 7 Std. dauern. Zur Regenzeit kann das Meer sehr unruhig sein, wer zu Seekrankheit neigt, hat dann einige schlechte Stunden. Hin und wieder fällt eine Fähre aus, dann gerät der Plan etwas durcheinander. Bei wirklich hohem Seegang und/oder Unwetter fahren die Fähren nicht. Versüßt wird die Überfahrt mit ein bisschen Glück durch **Delfin-Spotting:** Ganze Schulen ziehen an der Fähre vorbei, und die Passagiere beklatschen jeden springenden Delfin.

Tickets können nur für denselben Tag gekauft werden; verkauft werden die Fahrkarten bei der Einfahrt auf das Hafengelände. Man sollte sich frühzeitig um ein Ticket kümmern, da der Andrang recht groß sein kann.

Wer mit einem Motorrad oder Auto übersetzen will, benötigt einen **Internationalen Führerschein** (der auf Bali gemachte gilt nicht für Lombok). Es gibt auch Zollbeamte, die sich ggf. den Pass anschauen und fragen, wo es hingehen soll.

Auf der Fähre von Bali nach Lombok

Auto- und Motorradfahren

→ Anreise
→ Verkehrsmittel

Selber fahren ist auf Bali kein Problem: Alles, was es dazu braucht, sind ein **Internationaler Führerschein** und ein wenig Bargeld, besser noch eine **Kreditkarte,** um ein Fahrzeug zu mieten. Wer für das Motorrad keinen Führerschein besitzt, kann sich nach einer Prüfung bei der Polizei in Denpasar einen ausstellen lassen. Auf Bali und Lombok wird **links gefahren.** Es herrscht **Anschnallpflicht,** was aber recht locker gehandhabt wird. Es gelten **Geschwindigkeitsbegrenzungen,** die meist auf Straßenschildern ausgewiesen werden: Innerorts sind es 30–40 km/h, außerhalb der Ortschaften 80–100 km/h. Allerdings fließt der Verkehr auf Bali kaum schneller als mit 40 km/h, im Süden häufig eher in Schrittgeschwindigkeit.

Scooter mieten

Auf Bali und Lombok Scooter zu fahren, kann Spaß machen oder schnell zum stressigen Abenteuer werden. Achtung: Offizielle Voraussetzung ist, dass ein **Internationaler Führerschein mit der beglaubigten Klasse A** vorhanden ist; wer den nicht hat, muss bei einer Kontrolle mit hohen Strafen rechnen. Es besteht **Helmpflicht.** Achtung: Es wird kontrolliert und kassiert – 50.000 bis 100.000 Rp. sind der Preis für Fahren ohne gültigen Führerschein!

Leute ohne Fahrpraxis sollten **höchstens als Beifahrer** auf dem Scooter mitfahren: Der Verkehr auf Bali ist ausgesprochen dicht und funktioniert anders als bei uns. Nicht so auf Lombok: Hier gibt es Straßenstücke, auf denen überhaupt kein Verkehr herrscht. Und man kann sich wunderbar auf dem Scooter den Wind um die Nase blasen lassen. Trotzdem sind Unfälle keine Seltenheit, insbesondere solche, in die Touristen verwickelt sind. **Gefahrenquellen** sind beispielsweise der ungewohnte Linksverkehr, enge Straßen, Öl, Rollsplit, Schlaglöcher, Kinder, Hunde und Schweine auf dem Weg sowie Lastwagen, die einem mit Höllentempo in der Kurve entgegenkommen.

In der **Abenddämmerung** sollte nur fahren, wer eine Motorradbrille trägt; es fliegen zu viele Insekten umher, die gefährliche Augenverletzungen verursachen können. Generell ist **nachts fahren** tollkühn: Tiere, Menschen, Fahrzeuge, meistens unbeleuchtet, lauern überall. Und die Nacht beginnt um 18.30 Uhr, das Ziel sollte also vorher erreicht sein.

Trotzdem: Scooter eignen sich gut, um flexibel und recht schnell die Inseln zu erkunden. **In allen Touristenorten werden sie angeboten.** Bei 90 % der Motorräder handelt es sich um Maschinen bis 125 ccm. Die Mietpreise liegen auf Bali und Lombok je nach Saison und Mietdauer zwischen 60.000 und 90.000 Rp. pro Tag.

Bevor man einen Scooter mietet, sollte er auf seine **Funktionstüchtigkeit** untersucht werden. Insbesondere Kupplung, Bremsen, Reifen, Hupe (!), Licht und Blinker sollten gründlich kontrolliert werden. Sind Rückspiegel vorhanden? Vor einer mehrtägigen Tour empfiehlt es sich, die Maschine ein längeres Stück Probe zu fahren. So kann man sich mit den Tücken des Scooters vertraut machen und erlebt unterwegs keine bösen Überraschungen. Geht unterwegs etwas kaputt, können die Reparaturkosten eventuell später vom Mietpreis abgezogen werden.

Ein **Helm** ist meist im Mietpreis inbegriffen, der für den Beifahrer muss extra gemietet werden. Leider sind das manchmal Helme, die in anderen Regionen der Welt auf der Baustelle getragen werden. Es gibt auch richtige Motorradhelme – z.B. mit Visier. Nierengurte, Handschuhe, Motorradstiefel sind kaum bekannte Gegenstände. Wer viel Motorrad fahren will, sollte diese Sachen von zu Hause mitbringen.

Tipps fürs Scooterfahren

- Wer **längere Strecken** fahren will, sollte auf ein langärmliges Kleidungsstück umsteigen; ganz schnell sind die Unterarme von der Sonne verbrannt. Am besten auch noch die Hände bedecken – leichte Handschuhe zu tragen ist empfehlenswert.
- Gesicht, Hals und Nacken gut mit **Sonnenschutz** eincremen. Durch den ständigen Fahrtwind merken Fahrer und Sozius die brennende Sonne nicht.
- Der Scooter ist nach Fußgängern und Fahrrad das niedrigste Objekt in der Hackordnung im Straßenverkehr, also **extrem aufmerksam fahren.** Busse und größere Fahrzeuge nehmen keine Rücksicht auf die zweirädrigen Objekte.
- Die **Straßenverhältnisse** können schlagartig wechseln: Ein hervorragend ausgebautes Stück endet plötzlich in einer verschlammten Piste. Besonders auf Lombok ist Vorsicht geboten.
- **Windschattenfahren** macht zwar Spaß, ist aber nicht ungefährlich. Das Schlagloch, das der Tankwagen vor dem Motorrad zwischen die Räder genommen hat, kann für Motorrad und Fahrer fatal sein.
- Die **Tankuhr** am Motorrad gibt meist nur einen groben Hinweis auf die verbleibende Spritmenge. Am besten häufig tanken, auch wenn es nur ein oder zwei Liter sind.
- **Getankt** wird an Pertamina-Tankstellen – Premium ist die Sorte der Wahl – oder an Shops am eher ländlichen Straßenrand. Diese haben schön aufgeräumte, fast schon pittoreske Ständer mit Schnaps- oder Absolut-Wodka-Flaschen ausgestellt; hier ist der Sprit drin. Also anhalten, *satu liter* oder *dua liter* für einen oder zwei Liter sagen, dann wird der Sprit aus der Schnapsflasche durch einen Trichter in den Tank geleert. Hier kostet der Liter etwas mehr, denn diese Kollegen holen ihn an der

xba063 sb

▷ Scooter sind auf Bali das Verkehrsmittel schlechthin

Verhalten bei einer Polizeikontrolle im Straßenverkehr

Besonders rund um die großen Feste und Feiertage muss man als selbst fahrender Besucher aus dem Westen damit rechnen, in eine Polizeikontrolle zu geraten. Normalerweise geht alles gut, wenn man den Internationalen Führerschein dabeihat und als Scooterfahrer einen Helm trägt. Allerdings kann es passieren, dass einem ein **Vergehen „angedichtet"** wird: beispielsweise eine weiße Linie übertreten, auf der falschen Seite überholt zu haben oder nicht richtig abgebogen zu sein. Hier geht es dem freundlichen Polizisten meist darum, seine und damit die Familienkasse für die nächste Zeremonie ein wenig aufzufüllen. Diskutieren ist sinnlos – es sei denn, man spricht sehr gut Indonesisch. Ansonsten wird einem eine vermeintliche Liste mit den Strafen für die Übertretung gezeigt (auf Indonesisch) und angedroht, den Führerschein einzuziehen. Diesen könne man dann irgendwann die nächsten Tage auf dem Polizeirevier abholen. Lösung: **Freundlich bleiben.** Fragen, wie man denn jetzt gemeinsam das Problem aus der Welt schaffen könne, und vielleicht dezent die Geldbörse zücken, in der sich das leider einzige Bargeld des Tages befindet, vielleicht 50.000 oder 100.000 Rp. Der Rest des Tagesetats steckt vorsichtshalber in einer anderen Tasche. Normalerweise wird auf das Gesicht des Polizisten ein breites Lächeln treten, der Schein wechselt den Besitzer, und es geht weiter.

Tankstelle, und für den Service sollten sie auch bezahlt werden. Vor allem, wenn die Tankstellen der Region tagelang keinen Sprit haben.

- Nicht nur in der Regenzeit ist ein **Regenumhang** eine feine Sache. Die balinesischen Versionen sind meist gut regendicht, lassen sich auf kleinstmögliches Maß zusammenfalten und dann unter der Sitzbank verstauen. Auch der Preis ist kein Problem: Für 50.000 Rp. lassen sich nasse Klamotten vermeiden.
- Wer sich die Beine der einheimischen Mopedfahrer anschaut, wird häufig an der rechten Wade den sogenannten **Bali Kiss** sehen: eine vernarbte Stelle, meist rund. Hier ist die Wade mit dem heißen Auspuff in Kontakt gekommen. Also Vorsicht als Sozius beim Füße auf den Boden Stellen und immer links absteigen!

Auto mieten

Auf Bali gibt es ein **großes Angebot an Mietwagen:** Vans und Kleinwagen von Daihatsu bis Suzuki, auch VW-Kübelwagen, ganz nach Geschmack, Anspruch und Geldbeutel. Die balinesische Autovermietung **Auto Bali Car Rental** gibt auf ihrer Website www.autobali.com einen Überblick über mögliche Mietwagentypen und Kosten. Fahrzeuge können von Privat oder von „Rent Car"-Shops gemietet werden, die Auswahl ist riesig. Um ein Auto zu mieten, braucht man einen **Internationalen Führerschein (Klasse B)** und seinen **Reisepass.**

Vor dem Start mit dem Mietwagen sollten auf jeden Fall **alle Funktionen überprüft** werden, insbesondere die **Hupe** muss tadellos funktionieren, denn ausschließlich darauf reagieren Hühner, Hunde und Menschen! Auch Werkzeug zum Reifenwechseln und ein intaktes Reserverad sollten unbedingt an Bord sein. Wichtig ist es auch, genau zu prüfen, wo sich **Lackkratzer** oder **Beulen** befinden. Das sollte schriftlich festgehalten werden, sonst gibt es hinterher Probleme, wenn der Halter behauptet, die Mieter hätten diese verschuldet und müssten nun die Lackierung bezahlen.

Wohnmobile kann man auf Bali (bisher) nicht mieten, denn es gibt so gut wie keine. Dafür sind die Straßen einfach zu schmal und zu unübersichtlich.

Kosten

Auf Bali zahlt man pro Tag je nach Saison **ab etwa 250.000 Rp. für einen Kleinwagen.** Je größer, desto teurer. Ein Suzuki-Kleinbus beispielsweise schlägt mit 450.000 Rp. zu Buche. Allerdings sind alle Preise verhandelbar. Allein über die Mietdauer lässt sich einiges beeinflussen. Auf Lombok kostet ein Fahrzeug pro Tag 300.000 bis 500.000 Rp. inklusive Vollkaskoversicherung.

Zu den Tagespauschalen kommen ggf. die **Versicherung** (s.u.) und eventuell ein **Fahrer** (30.000–50.000 Rp. pro Tag). Normalerweise verlangt der Verleiher eine **Anzahlung** auf den ausgehandelten Gesamtpreis oder eine Kreditkarten-Nummer als Sicherheit.

MEIN TIPP: Urlauber sollten darüber nachdenken, sich gleich einen **Wagen mit Chauffeur** zu mieten. Denn die Straßen sind sehr eng, die Beschilderung sparsam und die balinesischen Autofahrer wenig rücksichtsvoll. Parkplätze und -flächen sind rar und fast immer belegt (→ Info-Kasten S. 131). Meist ist der Preisunterschied zu einem Leihwagen gering, man kann sich auf die Ortskenntnis der Fahrer verlassen und sich außerdem so manche Anekdote und Geschichte erzählen lassen.

☐ Autofahren auf Bali hat seine Tücken

xba064 sb

Besondere Verkehrsregeln und Gefahrenquellen

- Es herrscht **Linksverkehr!**
- Häufig sind Straßen im Innenstadtbereich für den **Durchgangsverkehr** gesperrt. Hängt darunter ein Schild mit der Aufschrift „Kecuali Kandaraan Parawisata!", bedeutet das, dass Touristen durchfahren dürfen.
- **Hati Hati** oder **Awas** bedeutet „Achtung, Vorsicht!" Oft stehen Schilder auf der Straße: „Hati Hati, ada Projek". Dann sollte schleunigst gebremst werden, denn Straßenbauarbeiten sind im Gang. Die „Vorwarnzeit" durch diese Schilder beträgt in der Regel nur 20 Meter.
- Wenn an einer Steigung oder in unübersichtlichem Gelände ein **großer Stein am Straßenrand** liegt, heißt das, dass gleich eine Problemstelle folgt. Das kann ein abgestelltes Auto sein oder ein liegengebliebener Lkw. Es kann aber auch sein, dass der Stein nach Beseitigung des Problems vergessen wurde und nichts mehr folgt. Also ist, wie immer auf Bali, Vorsicht die Mutter der Porzellankiste.

adobe.stock © Nikolai Sorokin

- Häufig sind auf kleinen Straßen durch Ortschaften **Speedbreaker** in Form von zementierten kleinen Schwellen. Diese sollen vom Rasen abhalten und können zu ordentlichen Hüpfern beim Überfahren sorgen. Nett ist der balinesische Name: *Polici tidur*, „Schlafender Polizist".

Hupe, Blinker und Lichthupe

Hupe, Blinker und Lichthupe spielen eine **wichtige Rolle im indonesischen Straßenverkehr.** Was ein anderer Verkehrsteilnehmer damit anzeigen will, sollte man verstehen.

Wenn er …

- … entgegenkommt und kurz die Lichthupe betätigt, heißt das: „Ich fahre auf jeden Fall durch, fahr du zur Seite oder brems ab." Kommt vor, wenn beispielsweise etwas auf der Straße liegt.
- … entgegenkommt und rechts blinkt, heißt das: „Fahr weiter an den Straßenrand, es wird eng."
- … vor einem fährt und rechts blinkt, heißt das: „Nicht überholen, es kommt Gegenverkehr".
- … vor einem fährt und links blinkt, heißt das: „Du kannst überholen."
- … hinter einem fährt und kurz hupt, heißt das: „Ich überhole dich jetzt."

Wer zweimal kurz hupt, zeigt damit Fußgängern oder Radlern an, dass sie auf den Seitenstreifen sollen, da sonst kein Vorbeikommen ist – etwa durch Gegenverkehr. Wer selbst auf dem Fahr- oder Motorrad sitzt, tut gut daran, diesen „Befehl" sofort auszuführen. Nicht erst umschauen und überlegen, es könnte schon zu spät sein. Wird hinter einem dauergehupt oder mehrfach schnell hintereinander, sollte man sich noch schneller nach links retten!

Benzin

In Indonesien ist der Sprit **günstig** im Vergleich zu europäischen Preisen: Im Herbst 2023 kostete ein Liter Pertamax rund 14.000 Rp., also ca. 0,90 €.

Das **Tankstellennetz des staatlichen Pertamina-Konzerns** ist relativ gut ausgebaut, gezapft wird vom Tankwart. Man sollte darauf achten, dass die Säule vorher auf Null gestellt wurde, sonst kann es passieren, dass plötzlich 60 Liter in einen 40-Liter-Tank passen. Auch ist es beliebt, für beispielsweise 30 Liter Geld zu verlangen, obwohl lediglich 25 Liter getankt wurden; der Beweis fällt meist schwer, da zwischenzeitlich die Tankuhr schon wieder auf Null gestellt wurde. Ein Ausweg: Deutlich sagen, dass eine bestimmte Literzahl getankt werden soll. Das indonesische Wort für Liter lautet *liter.* Aber die Tankwarte sind angehalten, den Kunden auf die auf 0 gestellte Anzeige an der Zapfsäule hinzuweisen und erst dann mit dem Tanken zu beginnen.

Überall da, wo es keine großen Tankstellen gibt, verkaufen kleine Stände – sie haben Ähnlichkeit mit Warungs – **Benzin aus Flaschen** zu etwas höheren Preisen (500–1500 Rp. Aufschlag/Liter).

Versicherung

Es lohnt sich, für Motorräder und Autos eine Teil- oder sogar **Vollkaskoversicherung** abzuschließen; normalerweise bietet dies der Vermieter an. Tut er es nicht, sollte gefragt werden, ob der Preis inklusive Versicherung gedacht war. Auf jeden Fall ist das Fahrzeug nur versichert, wenn eine entsprechende Police unterschrieben und ausgehändigt wurde. Die meisten privaten Motorräder sind nicht versichert. Das heißt: Selbst wenn der Motorradfahrer z.B. bei einem Auffahrunfall nachweislich schuld ist, wird höchstwahrscheinlich kein Geld fließen.

Die **Versicherungsprämien** richten sich nach Dauer, Selbstbeteiligung und Versicherungshöhe. Wer eine Versicherung abschließen möchte, sollte sich genauestens nach deren Kriterien erkundigen. Auch in Indonesien ist das Kleingedruckte das Wichtigste. Versicherungen dort funktionieren genauso wie in der Heimat. Die Versicherungsprämie kann den Mietpreis des Wagens durchaus übertreffen.

Pannen

Die Wahrscheinlichkeit, irgendwo einen **platten Reifen** zu erwischen, ist auf Balis und Lomboks Straßen recht groß. Dank der Schlaglöcher, ausgedehnter Kies- und Sandstrecken und herumliegender loser Teile bleibt mancher Nagel im Mantel hängen. Das ist aber kein Problem: In jedem Dorf gibt es eine kleine Werkstatt, die das Problem innerhalb von zehn Minuten behebt. **Bengkel** heißen diese Buden, die mit allem ausgerüstet sind, was ein Mechaniker braucht. Alter Schlauch raus, Loch flicken oder neuer Schlauch rein, aufpumpen, zehn Minuten warten. Kosten fürs Flicken um die 25.000 Rp., 60.000 Rp. für einen neuen Schlauch. Auch für größere Schäden sind diese Shops die erste Anlaufadresse.

Barrierefreies Reisen

Für Menschen mit körperlichen Behinderungen sind Bali und Lombok **keine einfachen Reiseziele:** Der öffentliche und private Personennahverkehr ist kaum auf Rollstühle und andere Hilfsmittel eingestellt, und allein die Dichte des allgegenwärtigen Verkehrs auf Straßen und Gassen macht jede Fortbewegungsart außerhalb der gesetzten Normen schwierig. Die Bürgersteige sind eng und löchrig, es geht über hohe Kanten. Viele Sehenswürdigkeiten können nur über Treppen erreicht werden. Selbst der Flughafen Ngurah Rai ist kein Highlight.

Die Balinesen begegnen Menschen mit Behinderungen mit großer **Freundlichkeit und Hilfsbereitschaft.** Normalerweise wird kein Rollstuhlfahrer am Straßenrand verzweifeln müssen, weil ihm niemand über die Straße hilft. Einfacher aber ist es sicher, **mit einer Gruppe** zu **reisen** und entsprechende Verkehrsmittel zu nutzen, beispielsweise Minibusse mit mobilen Rampen oder spezielle Taxis. Wer einen Betreuer dabeihat, sollte sich auf Bali und Lombok gut zurechtfinden können.

Es empfiehlt sich, eine Reise nach Bali oder Lombok **gut** zu **planen** und alle Eventualitäten möglichst vorherzusehen. Das indonesische Fremdenverkehrsamt (siehe „Information") hilft gern mit Tipps weiter. Vor Ort gibt es Anbieter wie **Bali Access Travel,** die Bali und Lombok für Rollstuhlfahrer zugänglich machen.

- **Bali Access Travel,** Jl. Danau Tamblingan 31, Sanur, Tel. 0361 8519902, www.baliaccesstravel.com. Veranstaltet Touren mit dem Minibus, ausgestattet mit Hydrauliklift, und vermittelt Unterkünfte mit Sitzduschen.
- **Bali One Care,** Jl. Pendidikan 60, Denpasar, Tel. 0361 85101782000, http://balionecare.com. Bali One Care organisiert Transportmöglichkeiten für Menschen mit Behinderung und stellt unter anderem Rollstühle und Rollatoren zur Verfügung.

Zwei Kontaktadressen in Europa

- **Bundesverband Selbsthilfe Körperbehinderter e.V. (BSK),** Altkrautheimer Straße 20, 74238 Krautheim, Tel. 06294 42810, www.bsk-ev.org.
- **Mobility International Schweiz (MIS),** Rötzmattweg 51, 4600 Olten, Tel. 062 2126740, www.facebook.com/MobilityInternationalSchweiz.

Camping

Die Auswahl an Campingplätzen auf Bali ist überschaubar. Möglichkeiten findet man beispielsweise im Bergland, rund um die Seen **Bratan** (→ S. 206) und **Batur** (→ S. 198). Auf Lombok gibt es einen etwas ungewöhnlichen Campingplatz im **Rinjani Mountain Garden** (www.facebook.com/groups/367259582560) in den Reisfeldern am Hang des Gunung Rinjani. Oberhalb des Ortes **Bayan** auf Lombok haben die Eigentümer ein kleines Paradies kreiert, dazu gehört ein Campingplatz mit Lagerfeuerromantik und Restaurant; Zelte werden gestellt, Waschgelegenheiten und Toiletten sind vorhanden.

Natürlich gibt es die Möglichkeit, **inoffiziell** zu **campen;** das wird vielleicht geduldet, kann aber nicht empfohlen werden. Die überdachten Unterkünfte auf Bali und Lombok sind normalerweise so günstig, dass sich nicht mal das Nachdenken übers Zelten lohnt. Manch ein Hotel weist möglicherweise die Wiese hinter dem Haus als Campingplatz aus, dies dann aber eher für Besuchergruppen.

Einkaufen

→ Essen und Trinken

Souvenirs

Bali ist ein Einkaufsparadies, kein Zweifel. Da reicht bereits ein Spaziergang über den Ubud Art Market, um die Überfülle zu erleben. Es lohnt sich, vor oder während des Bali-Aufenthalts eine kleine mögliche **Einkaufsliste** anzulegen und diese Zug um Zug abzuarbeiten. Auf dieser Liste könnte beispielsweise Kleidung stehen – von coolen Surfershorts bis hin zu bunten Kleidern im Balistil – sowie Kunsthandwerk, Schmuck, Lederwaren, Masken, Seifen, Musikinstrumente, Töpferwaren, Schirme, Fächer oder gewebte Stoffe.

Das Zentrum der **Steinmetzkunst** ist das Dorf Batubulan. Diese Ecke Balis gilt als Handwerksmeile der Insel. Hier unterscheidet sich das angebotene Kunsthandwerk von Dorf zu Dorf und es lohnt sich, unterwegs einen Stopp am Straßenrand einzulegen.

Wer **kleine Werkstätten** sehen und ein Schnäppchen machen möchte, sollte weiter nach Norden in Richtung Sayan fahren. Links und rechts der Straße befinden sich kleine Handwerksbetriebe, die ihre Werke vor Ort verkaufen. Noch

In Songan im Hochland von Bali kann schick geglampt werden

xba065 sb

günstiger sind **Steinmetz- und Holzschnitzarbeiten** in den Örtchen Kutri und Singapadu. Celuk hingegen ist ideal für den Einkauf von **Gold- und Silberschmuck.** Wer sein Herz an feine Holzschnitzereien verloren hat oder noch verlieren will, ist in Mas, kurz vor Ubud, richtig. **Malerei** findet man westlich von Mas im Dorf Lodtunduh: Hier wird allerdings eher Massenware hergestellt, oft sieht man dieselben Motive.

Wer nicht die einzelnen Dörfer abklappern will, folgt einfach der **Jl. Andong** von Ubud nach Tegallalang; entlang dieser kilometerlangen Verkaufsmeile gibt es wirklich alles, was auf Bali hergestellt wird.

Händler aus den genannten Dörfern treffen sich ferner auf den großen **Kunstmärkten,** beispielsweise in Ubud, oder auf dem **Pasar Seni Kumbasari** in Denpasar.

Bevor man dem Kaufrausch verfällt, sollte man sich überlegen, wie viel Platz noch im Rucksack oder Koffer ist, und darauf achten, dass die **Freigepäckmenge** der Fluggesellschaft nicht überschritten wird. Auch ist es keine schlechte Idee, sich vor dem Kauf eines Schildkrötenpanzers, einer Muschel oder eines Stücks Koralle die **Einfuhrverbote** des Zolls anzuschauen. Denn weder Schildkröte noch Muschel oder Koralle dürfen aus- oder eingeführt werden, was unter Umständen auch für Gegenstände aus Tropenholz gilt.

Märkte (Pasar)

Die Märkte Indonesiens sind nach wie vor die **Haupteinkaufs- und -verkaufsplätze.** In etlichen großen Gemeinden wie Ubud, Gianyar oder Sukawati wurden diese in den Jahren 2020 bis 2023 saniert, renoviert oder gleich neu gebaut. Damit verloren sie deutlich an Flair, gewannen aber an Hygiene – auch so manche Rolltreppe oder gar ein Aufzug wurden installiert.

In größeren Dörfern findet der Markt **zweimal,** in kleinen **einmal in der Woche** statt. Von weit her, teilweise bis zu 20 km, kommen Leute, die kaufen oder verkaufen wollen, oft schon um 5 Uhr morgens. Alle machen sich „schick", kommen gut vorbereitet und mit Geschichten im Gepäck: Der Markt ist **Kommunikationszentrum Nr. 1.** Hier wird nicht nur gehandelt, sondern auch viel geredet, alle Neuigkeiten werden weitergegeben.

Hauptsächlich **Frauen** sind zuständig für den Kauf und Verkauf von Lebensmitteln, Stoffen, Kleidern, Körben, Geschirr, Kurzwaren, Tabak und vielem mehr. **Männer** halten sich mehr in den „Abteilungen" für Eisenwaren und Baumaterialien auf, beispielsweise beim Material zum Dachdecken. Man kommt in der Tracht des eigenen Dorfes. Angeboten wird, was in der jeweiligen Region produziert wird. **Jeder Markt ist anders,** ein standardisiertes Angebot gibt es nicht.

In den **ummauerten Dauermärkten** werden fast alle Erzeugnisse der jeweiligen Insel angeboten. Garagenartige Shops (Tokos) reihen sich endlos aneinander, es gibt Handwerker (Goldschmiede, Uhrmacher), auch Antiquitätenhändler. Halbedel- und andere Schmucksteine werden gehandelt, natürlich jede Menge Fisch (hauptsächlich getrocknet), Gemüse, Fleisch und Obst, Tabak nicht zu vergessen. Da sich der

Transport im Preis niederschlägt, sind alle Dinge hier ein wenig teurer als direkt im Erzeugerdorf.

Auf allen Märkten gibt es jede Menge **Warungs,** die die hungrigen Mägen versorgen: gutes Essen, sehr billig. Käufer wie Verkäufer benutzen, wenn sie nicht zu Fuß gehen oder mit dem Motorrad kommen, öffentliche Verkehrsmittel, vor allem **Bemos.** Geht der Markt zu Ende, meistens gegen 16 Uhr, sind die Bemos völlig überfüllt, vollgestopft mit Waren. Wer auf eine bequeme Fahrt Wert legt, sollte nicht bis zum Schluss bleiben.

Supermärkte und Shops

Egal ob in Ubud oder Bedugul, in Mataram oder Bayan: Nie ist es weit zu einem Shop, der die **Dinge des täglichen Lebens** vorrätig hat. Und wer Sehnsucht nach europäischem **Supermarktgefühl** verspürt, findet sich hervorragend in einem Bintang-, Indomaret- oder Alfamaret-Supermarkt zurecht. Hier gibt es Parkplätze, Toiletten, Klimaanlagen, gekühlte Produkte, und man kann in der Regel mit Kreditkarte zahlen. **Shopping Malls** gibt es in Kuta Beach, Denpasar und Mataram auf Lombok.

Morning Business

Nicht nur Balinesen glauben, dass die **Geschäfte eines ganzen Tages** nur dann **positiv** verlaufen, wenn die erste Verkaufsgelegenheit wahrgenommen wird. Wer das nicht tut, riskiert angeblich schlechte Einflüsse für den ganzen Tag. Das heißt, dass der erste Kunde des Tages die größeren Chancen hat, den Preis bis auf ein Minimum an Profit herunterzuhandeln. Darum sollte man, vor allem bei größeren Einkäufen, früh aufstehen. Wenn aber ein Verkäufer einen Preis als besonders günstig deklariert, weil es sein erstes Geschäft am Tage sei, glaubt man ihm besser nicht; wäre es wirklich so, würde er sich hüten, es zu verraten.

Handeln

Auf allen Märkten, vor allem auf den für Urlauber interessanten Souvenirmärkten, kann, darf und soll gefeilscht werden. Falls Handeln ausgeschlossen ist, beispielsweise in den Souvenirshops am Internationalen Flughafen, dann sind „Fixed prices" am Produkt vermerkt. Ansonsten folgt man den verlockenden Rufen wie „Come in my shop", „Lookie, Lookie", „Cheap, cheap" oder „Morning price", sieht sich im Laden um und feilscht nach Herzenslust.

Es ist ratsam, sich vorher zu überlegen, wie viel man bereit ist auszugeben. Auch kann man sich in der Unterkunft erkundigen, was das Wunschobjekt ungefähr kosten sollte. Im Laden lässt man sich zunächst vom Verkäufer einen **ersten Preis** nennen, der aber nie der Verkaufspreis sein sollte. Dann runzelt man die Stirn, sagt „no, no" oder „mahal" („teuer") und unterbietet den genannten Preis um vielleicht ein Drittel der Summe. Je nach Reaktion des Verkäufers kann man das **Spiel** weiterführen, bis Einigkeit erzielt ist. Wird der Wunschpreis nicht erreicht, bedankt man sich freundlich und verlässt den Laden. Ist der Händler noch interessiert, wird er dem potenziellen Kunden einen letzten Preis hinterherrufen.

xba105 sb

In den Dörfern rund um Ubud arbeiten zahlreiche Holzschnitzer

Der englische Schriftsteller *Nigel Barley* findet in seinem Roman „Bali – das letzte Paradies" wunderbar **passende Worte** für die Kunst des Feilschens, wie sie von seinem Helden *Walter Spies* zur Perfektion getrieben wird: „*Walter* wendete sich wieder dem Mann zu und feilschte auf witzige Art und Weise mit ihm um den Preis. Er rollte mit den Augen, schlackerte mit den Armen, keuchte, umklammerte seinen Kopf. Beide Männer schmunzelten und seufzten. Schließlich Harmonie, Händeschütteln, Schulterklopfen, Lächeln. Man war sich handelseinig geworden."

Handwerkskunst auf Bali

Bambusmöbel

In riesiger Auswahl in Bona und Blahbatuh; beide Orte sind zu einem zusammengewachsen.

Flechtwaren

Körbe, Taschen, Matten werden überall in unterschiedlichsten Qualitäten angeboten. Die wunderschönen Rattankörbe (dunkelbraun) stammen hauptsächlich aus Lombok.

Gamelan-Instrumente

In Tihingan, in der Nähe von Semarapura (Klungkung), gibt es mehrere Schmieden. Weitere finden sich in Sawan im Norden Balis.

Holzschnitzereien

Echte Schnitzkunst wird in Mas vollbracht, uralte Brahmanenfamilien führen hier die Geschäfte. Edle Hölzer, edle Formen, perfekt gemacht, dafür auch sündhaft teuer! Genauso kunstvoll sind die Schnitzereien, die in Kemenuh produziert werden, nur sind die viel wahnsinniger, im wahrsten Sinne des Wortes.

Hier werden knorrige Äste und verschlungene Wurzeln verarbeitet. Ergebnis ist in der Regel der „nackte Horror". Unbedingt ansehen!

Garudas

Spezialisiert auf klassische Barong-Masken, Garuda-Statuen etc. sind die Schnitzer von Tegallalang. Die teuersten Figuren sind aus dem **gelben Holz des Jackfruitbaumes (Nangka)** geschnitzt. Leuchtend bunt bemalte Figuren sind oft billiger, da das Holz minderwertig ist.

Masken

Topeng-Masken kommen traditionell aus Mas, auch wenn man heute Schwierigkeiten hat, gute Schnitzer zu finden. Die meisten Maskenschnitzer sind auf **„Pop"** umgestiegen.

Pop-Schnitzereien

Das sind teilweise ausgesprochen gut gemachte Früchte, Blumen, Motorräder, Bananenstauden bis zu 180 cm Höhe, Katzen, Hunde, Christbaumschmuck, Osterhasen, kurz: **alles, was man sich vorstellen kann.** Jährlich wechselt das Programm, je nachdem, was der internationale Markt gerade braucht. Pujung ist das absolute Zentrum.

Bildmöbel, Bildertüren

Sie sind eine **Spezialität Balis** und völlig überladen. In zwei, manchmal drei Ebenen geschnitzte Platten werden zu Bildern, Türblättern oder Tischplatten verarbeitet. Diverse Werkstätten stehen an der Straße von Batubulan nach Sayan, eine große auch in Kemenuh.

Knochen, fossiles Elfenbein

Früher war Tampaksiring das Zentrum der Elfenbeinschnitzer, die wirklich tolle Sachen schnitzten, nur leider das falsche Material verwendeten. Seitdem (glücklicherweise) niemand mehr Elfenbein kaufen will bzw. darf, sind die Schnitzer auf **Knochen, Walrosszähne** (auch nicht gut) und **Horn** umgestiegen. Man findet äußerst feine Arbeiten, allerdings zu entsprechend hohen Preisen.

Es wird auch wieder Elfenbein verarbeitet – das von Mammuts. Dieses **fossile Elfenbein** stammt aus Russland und Alaska, und man kann niemandem vorwerfen, der Kauf würde zum Aussterben von Mammuts beitragen …

Lederwaren

Kleidungsstücke wie Hosen und Hemden werden in den Boutiquen Kutas angeboten. **Koffer, Rucksäcke** u.Ä. kommen aus Java und sind ebenfalls vor allem in Kuta zu haben.

Malerei

Wer sich für Malerei interessiert, sollte unbedingt die **Galerien in Ubud** (Peliatan, Penestanan) besuchen.

Messerschmiede

Im Umland von Tirtagangga und in Sawan/Nordbali stellt man **Gebrauchsmesser** her, nicht mehr und nicht weniger. Auf jedem größeren Markt werden solche Produkte angeboten.

Rattan

Rattan (Rotang) kommt aus Borneo. **Möbel,** die in Bali hergestellt werden, sind qualitätsmäßig mit ähnlichen Produkten, etwa von den Philippinen, zu vergleichen, insbesondere moderne **Designer-Kreationen,** die gutes Geld kosten. Angeboten werden sie nicht nur in den Boutiquen Kutas, sondern auch direkt von den Herstellern aus Kalimantan, und zwar an der Jl. Bypass kurz vor dem Flughafen.

Schattenspielfiguren

In Puaya bei Sukawati gefertigt, sind sie sehr teuer.

Schirme und Fächer

Tempelschirme, ein-, zwei- oder dreistöckig, gibt es für wenig Geld in Semarapura (Klungkung). Die sehr schönen Schirme sind handbemalt und eignen sich nicht für den Einsatz in unserem Regenklima. Auch **überdimensionale Fächer** (als Wandschmuck) werden hier produziert. Ähnliches stellt man in Sukawati her, nur nicht ganz so billig, aber auch nicht wirklich teuer.

Silberschmuck

Silberschmuck wird **in ganz Bali** angeboten. Es gibt sehr gute Geschäfte in Kuta und Ubud, die nicht zu überhöhten Preisen verkaufen. Produziert wird in Celuk; hier gibt es in fast jedem Haus eine Silberschmiede und an der Straße ein „Kaufhaus" neben dem anderen. Von Schmied zu Schmied zu laufen lohnt sich hier lediglich, wenn man eine Spezialanfertigung will. Ansonsten ist man in den empfohlenen Läden besser bedient, weil es in Celuk zum einen nicht unbedingt billiger ist und zum anderen die Einzelschmiede nur ein sehr begrenztes Angebot haben. Modernen, getriebenen Schmuck gibt es bei Purpa in Ubud, kaum in Celuk.

Traditioneller indonesischer Silberschmuck (sehr filigran) wird in Bratan (Singaraja) hergestellt.

Steinmetzarbeiten

Skulpturen (Götterfiguren, Dämonen, Tiere, Buddha-Statuen, aber auch Manneken Pis) **aus Paras,** einem ziemlich weichen Sandstein, der aus den steilen Schluchtwänden der Flüsse Was und Mumbul gebrochen wird, werden hauptsächlich in Batubulan angeboten. Preiswerter bekommt man sie, wenn man an der Kreuzung in Batubulan geradeaus Richtung Sayan fährt. Links und rechts der Straße tauchen bald die Anwesen auf, die die Skulpturen produzieren, die in Batubulan verkauft werden.

Teakmöbel

Es gibt Läden in Ubud, Mas und Blahbatuh, die Möbel kommen **aus Java,** darunter schöne Stücke nach historischen Vorbildern (Rokoko bis Jugendstil).

▷ Das Töpferdorf Banyumulek auf Lombok ist eine erstklassige Adresse für Töpferwaren

Tonwaren

Die besten Tonwaren, **Skulpturen, Vasen, Dachziegel, Kacheln** und **Windlichter** kommen aus Pejaten in der Nähe von Tanah Lot. Verkauft werden sie in Kapal für erstaunlich wenig Geld. Die großen Vasen werden in Lombok produziert.

Webereien

Webstoffe und Textilien, insbesondere **Ikat-Stoffe,** werden meist in Gianyar hergestellt. Man kann dort den Frauen beim Weben zusehen. Größere Mengen Stoff sind dort nie auf Lager, sie müssen geordert werden. Geschäfte mit großer Auswahl an Stoffen findet man vor allem in Kuta und Ubud.

Eine Weberei besonderer Art findet sich in Sidemen: Stoffe mit ausgesprochen aparten Mustern, zum größten Teil aus **Seide.**

Doppelt-Ikat-Weberei wird nur noch in drei Orten der Welt hergestellt, einer liegt auf Bali: das Bali-Aga-Dorf Tenganan. Sündhaft teuer.

Handwerkskunst auf Lombok

Schnitzereien

Verarbeitet werden im „Lombok-Stil" **edle Hölzer, Horn und Knochen,** die mit Korbarbeiten kombiniert werden. Sindu und Senanti sind Zentren der Schnitzkunst.

933ba sb

Flechtwaren

Auf Lombok werden Körbe und Behältnisse geflochten. Als Material dient alles, was sich flechten lässt: **Rattan, Bambus, Palmblätter.** Eine Spezialität sind die fein geflochtenen Rattan-Körbe aus Beleka, runde, braune Körbchen mit einem Durchmesser von 10 cm bis 1 m. Ursprünglich wurden sie so dicht geflochten, dass sie als Wasserbehälter dienten.

Webereien

Das Weben von **Stoffen, Decken und Gürteln** ist auch auf Lombok weit verbreitet. Je nach Region herrschen verschiedene Muster vor, so gibt es in Südlombok (Selong) bis zu 4 m lange Gürtel (Sabuk), die Bestandteil der dortigen Sasak-Frauentrachten sind.

Ikat-Weberei wird in Mataram und Cakranegara produziert.

Tonwaren

Lomboks Tonwaren genießen **Weltruf.** Um dieser hohen Kunst nahezukommen, die von Frauen ausgeübt wird, lohnt ein Besuch im Dorf Banyumulek.

Bambusmöbel

Auch auf Lombok werden Bambusmöbel hergestellt, im Großen und Ganzen handelt es sich um die **gleichen Modelle wie auf Bali.** Lomboker behaupten, hier sei der Bambus härter. Zudem werden diese Möbelstücke mit lombokischen Mustern und Einlegearbeiten verziert.

Ein- und Ausreisebestimmungen

→ Anreise
→ Mit Haustier unterwegs

Da sich die Bedingungen für Einreise und Visum häufig ändern, sollte man sich vor der Reise auf der **Website der jeweiligen indonesischen Botschaft** oder des Konsulats informieren. Gleichzeitig sollte man einschlägige, als aktuell bekannte **Onlineportale und Blogs** checken, ob sich gerade etwas geändert hat oder ändern wird. Kurzfristige Anpassungen sind in Indonesien immer möglich, und Gerüchte über zukünftige Änderungen gehören zur Tagesordnung.

- Die Website der indonesischen Botschaft **https://indonesianembassy.de/visa/voa** informiert ausführlich auf Englisch.
- Informationen gibt es auch beim **Auswärtigen Amt** (www.auswaertigesamt.de bzw. www.bmeia.gv.at oder www.eda.admin.ch) oder der jeweiligen Botschaft.

Visumfreie Einreise/Visa on Arrival

Zum Zeitpunkt unserer Recherche durften Reisende aus 87 Ländern mit einem Visa on Arrival **nach Bali** einreisen und **maximal 30 Tage** bleiben. Deutschland, Österreich und die Schweiz gehören dazu. Das Visum wird **direkt am Flughafen ausgestellt** und ist vor Ort um weitere 30 Tage verlängerbar (s.u.). Das Visa on Arrival kann im Vorfeld der Reise auch **online beantragt** werden unter https://molina.imigrasi.go.id.

Ohne Visum kann unter folgenden **Bedingungen** eingereist werden: Der **Reisepass** ist bei Einreise noch mindestens sechs Monate gültig; **Rück- oder Weiterflugticket** in ein anderes Land ist vorhanden; Aufenthalt von höchstens 30 Tagen (nicht zum Arbeiten).

Zwei Tage vor Reiseantritt sollte man online die **Zollerklärung** ausfüllen unter https://ecd.beacukai.go.id und mit dem zugeschickten Barcode ausdrucken.

Wer es eilig hat, findet Anbieter im Internet, die das Formularwesen gegen Gebühr erledigen, z.B. **www.visum.de.**

Bei der **Einreise** auf dem Ngurah Rai International Airport gilt es dann, folgende Schritte zu erledigen:

- Urlauber sollten vor dem Abflug die **SATUSEHAT-Mobile-App** downloaden, diese auf dem Smartphone installieren und sich am Flughafen registrieren lassen. Es müssen in der App keine Impfungen oder Tests hochgeladen werden.
- **Zahlung von 500.000 Rp.** entweder bar – auch in € oder US-Dollar (ca. 35 US$) – oder per Kreditkarte.
- Seit 1. Januar 2024 müssen ausländische Touristen „zum Erhalt und zur Förderung der Schönheit Balis" eine zusätzliche **Gebühr von 150.000 Rp.** (ca. 9 €) bei der Einreise bezahlen – bar oder elektronisch.

Am Schalter der Einwanderungsbehörde

Hier werden **Boarding Pass und Reisepass kontrolliert,** dazu der Zahlungsbeleg für die 500.000 Rp., evtl. wird nach dem Rück- oder Weiterflugticket gefragt. Zur Belohnung gibt es den Visumkleber in den Pass. Danach folgt die **Gepäckabholung,** anschließend wird die Zollerklärung eingesammelt oder der vorliegende Barcode gescannt.

Visumverlängerung

Das Visa on Arrival kann für 500.000 Rp. **um weitere 30 Tage** verlängert werden. Eventuell ist nur Barzahlung möglich. Dazu muss man mindestens sieben Tage vor Ablauf des 30-Tage-Visums oder gleich nach der Einreise das jeweilige **Kantor Imigrasi (Immigration Office)** in Denpasar, Jimbaran oder Singaraja aufsuchen. Auf Lombok befindet es sich in der Hauptstadt Mataram.

Indonesische Vertretungen

In Deutschland

- **Botschaft der Republik Indonesien,** Lehrter Straße 16–17, 10557 Berlin, Tel. 030 47807-200, www.kemlu.go.id/berlin.
- **Indonesisches Generalkonsulat,** Bebelallee 15, 22299 Hamburg, Tel. 040 51325711, www.kemlu.go.id/hamburg.
- **Indonesisches Generalkonsulat,** Zeppelinallee 23, 60325 Frankfurt am Main, Tel. 069 247 0980, www.kemlu.go.id/frankfurt.

In Österreich

- **Botschaft der Republik Indonesien,** Gustav-Tschermak-Gasse 5–7, 1180 Wien, Tel. 01 47623, https://kemlu.go.id/vienna/lc.

In der Schweiz

- **Botschaft der Republik Indonesien,** Elfenauweg 51, 3006 Bern 15, Tel. 031 3520983/84/85, www.kemlu.go.id/bern.

In den Ämtern sind die **Schalter für „Foreigner"** gut ausgeschildert, das Personal spricht Englisch. Hier gibt es die nötigen Formulare. Neben einem Antrag sollte man gleich einen Packen **Kopien** dabeihaben:

- **Pass mit Foto;**
- die Seite im Pass, auf der das **Visa on Arrival** gestempelt ist;
- **Embarcation & Departure Card;**
- **Quittung** über bezahlte 35 US$ (gibt's bei der Bezahlung bei Einreise);
- **Rück-/Weiterflugticket** in ein anderes Land.

Achtung: Das Verfahren ist recht aufwendig und dauert meist um die sieben Tage, notwendig sind in der Regel drei Besuche auf dem Amt. Man kann diese Wege allerdings mithilfe einer Agentur (Kosten: ca. 1,2 Mio. Rp. = ca. 73 €) beschleunigen und muss dann nur einen Behördengang auf sich nehmen.

- Die Ämter in Denpasar und Mataram (Lombok) haben eine **WhatsApp-Nummer mit Livechat,** unter der man sich die einzelnen Schritte zur Visumverlängerung erklären lassen kann. Auch Nachfragen nach dem aktuellen Stand der Bearbeitung sind möglich: **Kantor Imigrasi Denpasar,** Tel. +62 812 4618 3838, **Kantor Imigrasi Mataram,** Tel. +62 819 9994 9000.

Visum B211A/C für 2–6 Monate Aufenthalt

Wer sicher mehr als 30 oder mit Verlängerung 60 Tage bleiben will, kann vor der Abreise ein sogenanntes B211-Visum bei der indonesischen Botschaft oder bei einem Konsulat beantragen. Das Besuchsvisum Typ B211A/B211C ist ein **Einzelreisevisum,** das für einen Aufenthalt von bis zu 60 oder **max. 180 Tagen** gültig ist. Das 60-Tage-Visum kann auch zweimal 60 Tage bei der nächstgelegenen Einwanderungsbehörde verlängert werden. Jede Verlängerung ermöglicht eine Aufenthaltsdauer von 60 Tagen und maximal 180 Tagen.

Als Dokumente müssen vorgelegt werden

- Ein **Reisepass,** der für mindestens 12 Monate gültig ist, für einen Antrag auf ein Besuchervisum mit einer Gültigkeitsdauer von 180 Tagen; ein Reisepass, der für mindestens sechs Monate gültig ist, für einen Visumantrag für Besucher mit einer Gültigkeitsdauer von 60 Tagen.
- Ein **Garantieschreiben** des Sponsors oder ein Nachweis der Einwanderungsgarantiekaution für einen Ausländer für Vorinvestitionszwecke.
- Ein Nachweis der **Lebenshaltungskosten** für den Antragsteller und/oder seine Familie von mindestens 2000 US$ oder gleichwertig eine **Auslandskrankenversicherung** mit einer Deckung von 25.000 US$ inkl. Covid-19-Versicherung.
- Ein **Rückflugticket oder Weiterflugticket,** um die Reise in ein anderes Land fortzusetzen.
- Zwei **Kopien von farbigen Fotos** mit einer Größe von 4 x 6 cm plus zwei farbige biometrische Passfotos.

Gebühren

Für das Single Entry Visa (gültig für 60 Tage) werden **2.000.000 Rp. p.P.** fällig. Es gibt Agenturen, die sich um das B211-Visum kümmern; zu denen mit gutem Ruf gehören Bali Visum, https://bali-visum.de, und Essence of Asia, www.essenceof.asia.

ITAS/ITAP (Aufenthalte über 1 Jahr hinaus)

Wer länger als ein Jahr in Indonesien verbringen will, muss eine Aufenthaltsgenehmigung beantragen. Die **befristete Aufenthaltserlaubnis (ITAS)** wird in der Regel für ein Jahr ausgestellt und kann jährlich verlängert werden. Sie eignet sich vor allem für Studenten, Rentner, Arbeitsverhältnisse etc.

Die **unbefristete Aufenthaltsgenehmigung (ITAP)** gilt fünf Jahre und kann in eine lebenslange Aufenthaltserlaubnis umgewandelt werden.

Als Dokumente müssen vorgelegt werden

- **Ausgefülltes Formular** mit zwei farbigen Passbildern.
- **Original-Reisepass** mit einer Gültigkeit von mind. 6 Monaten und Kopie der ersten Seite.
- **Flugbuchung** (Hin-und Rückflug).
- **Kopie des letzten Kontoauszugs** (bei einem Aufenthalt von mehr als zwei Monaten).
- Für **Alleinreisende unter 18 Jahren:** Bestätigung der Eltern über finanzielle Unterstützungen während des Aufenthaltes in Indonesien und für die Rückflugkosten.

Falls vorhanden

- **Sponsorenbrief** von Personen/Firmen in Indonesien und ihre Ausweiskopien.
- **Reservierungsbestätigung** eines Hotels oder einer Ferienwohnung.
- **Ausgefülltes Visum-Antragsformular.**
- **Kopie der Heiratsurkunde.**
- Ein adressierter und frankierter **Rückumschlag** (mit Einschreiben).

Einreise mit Kindern

Generell gelten für Kinder jeweils die gleichen Visabestimmungen wie für ihre Eltern. Achtung: Für jedes Kind wird ein **eigenes Ausweisdokument** benötigt. Wird eine Reise mit Pflegekindern unternommen, sollte man sich vor der Abreise informieren, ob zusätzliche Dokumente zur Einreise notwendig sind.

Einverständniserklärung für Minderjährige

Reisen Kinder nur mit einem Elternteil, kann sowohl bei der Ausreise als auch bei der Einreise eine Einverständniserklärung des anderen Elternteils erforderlich sein. Detailinfos erhält man beim Auswärtigen Amt und beim zuständigen Konsulat.

Einfuhrbeschränkungen und Zollbestimmungen

Neben üblichen Beschränkungen für u.a. **Tabak** und **Alkohol** gilt: Frisches **Obst** und einige **Medikamente** (v.a. nicht vom Arzt verschriebene, rezeptpflichtige Arzneimittel) dürfen nicht eingeführt werden. Der Besitz selbst geringer Mengen an **Drogen** wird mit hohen Haftstrafen geahndet, bei Drogenhandel droht die Todesstrafe.

Mobiltelefone, Laptops, Videokameras etc. müssen **bei der Einreise deklariert** und bei der Ausreise wieder ausgeführt werden (soweit die Theorie, in der Praxis wird das bei der Einreise selten kontrolliert).

Weitere Informationen, auch zur Ausfuhr

- **Deutschland:** www.zoll.de oder unter Tel. 0351 44834510.
- **Österreich:** www.bmf.gv.at oder unter Tel. +43 (0) 50233740.
- **Schweiz:** www.ezv.admin.ch oder unter Tel. +41 (0) 584671515.

Überschreitung der erlaubten Aufenthaltsdauer

Wer länger als die erlaubte Aufenthaltsdauer in Indonesien bleibt und erwischt wird, der wird sich mit dem Einwanderungsgesetz Nr. 6/2011, Artikel 119 auseinandersetzen müssen: Es kann zu einem **Bußgeld** in Höhe von 300.000 Rp. pro Tag kommen; wer sich mehr als 60 Tage in Indonesien ohne ein gültiges Visum aufhält, riskiert eine **Haftstrafe** bis zu fünf Jahre oder eine Geldstrafe in Höhe von 500 Mio. Rp.

Einreisebeschränkungen

Visa oder Einreisestempel des Staates **Israel** im Reisepass können eventuell zu Problemen bei der Einreise führen.

Meldepflicht

Grundsätzlich besteht eine Registrierungspflicht **innerhalb von 24 Stunden nach Einreise;** die Meldung wird vom Hotel vorgenommen. Wer Freunde oder Bekannte in Indonesien besucht, sollte den Gastgeber darauf ansprechen, damit dieser die Registrierung beim örtlichen Gemeindevorsteher, dem RT *(Rukun Tetangga)*, vornimmt.

Devisenbestimmungen

Es gibt **keine Ein- oder Ausfuhrbeschränkungen für Fremdwährungen.** Ab einem Betrag im Gegenwert von 100 Mio. Rp. (ca. 6100 €) muss der Betrag bei der Einreise angegeben werden, sonst drohen hohe Geldstrafen. Bei der Ausfuhr von Fremdwährung im Gegenwert von über 10.000 US$ ist eine Genehmigung der indonesischen Zentralbank erforderlich.

Bei Ein- und Ausfuhr der Landeswährung in Höhe von bis zu 5 Mio. Rp. kann die Landeswährung bei der Ausreise **zurückgewechselt** werden. Die Bedingung ist allerdings, dass die Umtauschbelege vorliegen müssen. Überhaupt ist es immer ratsam, Umtauschbelege auch für andere Kontrollen aufzubewahren.

Elektrizität

Die Stromspannung beträgt **220 Volt/50 Hertz.** Deutsche Stecker passen problemlos in die Steckdosen Balis und Lomboks. Schweizer benötigen einen Adapter. Weniger verlässlich ist die Stromversorgung: Starke Schwankungen sind möglich, genauso wie **Stromausfälle;** diese treten bevorzugt in der Regenzeit auf. Die großen Hotels und Resorts haben ein Notstromaggregat, das in dem Fall lautstark anspringt. Ansonsten heißt es: Warten, bis es wieder Strom gibt.

In älteren Guesthouses oder Hotels kann es schon mal passieren, dass die Benutzung eines Föns die gesamte Stromversorgung des Hauses lahmlegt. Bis zur Fehlerbehebung dauert es aber erfahrungsgemäß nicht lange. Der Klassiker ist es also, immer eine **Taschenlampe** zur Hand zu haben oder zumindest aufs Nachtkästchen zu legen – oder ein Smartphone in Griffweite zu haben.

Essen und Trinken

→ Sprachhilfe
→ Verhaltenstipps

Die **Essgewohnheiten** in Bali und Lombok sind **völlig anders als unsere.** Frühmorgens, mit dem ersten Hahnenschrei, werden die Töpfe gefüllt. Die Frau des Hauses kocht den Tagesvorrat Reis, schnippelt Gemüse, röstet Erdnüsse und gibt etwas Tofu, Tempe oder Ei dazu. Das Ganze kommt auf eine Art Buffet und bleibt dort den ganzen Tag. Wer aus der Familie tagsüber Hunger hat, nimmt sich von den kalten Speisen und isst allein. Nach dem Essen gibt es ein Glas Wasser oder lauwarmen Tee. Fleisch ist hauptsächlich zu festlichen Gelegenheiten Bestandteil einer Mahlzeit und wird im Alltag eher sparsam verwendet.

Zum **Frühstück** gibt es Tee oder Kaffee und dazu gebratene Bananen oder Reiskuchen. Zwischendurch wird den Göttern mit Reisgaben oder kompletten Gerichten geopfert.

Diese traditionellen Essgewohnheiten erlebt man als **Urlauber** jedoch nur noch, wenn man mit Familienanschluss übernachtet. Reisende können, müssen sich aber nicht auf diese Weise ernähren. Den für Südostasien obligatorischen Bananen-Pfannkuchen, den **Banana Pancake,** gibt es überall, dazu Müsli, Cornflakes, Toast mit Marmelade, Eier in allen Variationen – kurz: alles, was das westliche Herz begehrt.

Blick in eine typische balinesische Küche

939ba sb

938ba sb

Wer aber ein paar Schritte aus seiner Unterkunft hinausgeht, findet schnell das beste Essen und das zu jeder Tageszeit: **Warungs** (siehe „Gastronomie") und **Kaki Limas,** die an den Straßen stehen; dort gibt es alles von der Suppe bis zum gebratenen Reis. Kaki Limas sind mobile Essstände, meist mit einem Kessel, in dem die Brühe blubbert, und einer kleinen Auslage für die Suppeneinlagen. „Kaki Lima" bedeutet „Fünf-Füßer": Drei Füße hat der Wagen und zwei derjenige, der ihn bedient. Die Speisen, die es in Warungs und an Kaki Limas gibt, sind in Touristenrestaurants zwar häufig schöner angerichtet, dafür sind die Portionen oft kleiner und dennoch teurer.

Vegetarisch essen

In touristischen Orten auf Bali und Lombok – hier vor allem in Senggigi und auf den Gilis – finden Vegetarier und Veganer **ohne Probleme** Restaurants mit entsprechendem Angebot. Etliche haben sich auf ernährungsbewusste Besucher spezialisiert. Besonders in Ubud wird das schnell deutlich. Was aber auch kein Wunder ist, bei der dortigen Dichte an Yoga-Treibenden, die gerne fleischlos unterwegs sind. **Selbstversorger** kommen überall vegetarisch gut zurecht, da es in jedem Dorf mindestens einen kleinen Laden gibt, der Reis, Eier, abgepacktes Brot und sonstige Grundnahrungsmittel verkauft. Nicht zu vergessen die kleinen Stände oder großen Märkte, die mit üppigem **Gemüse** und tropischen **Früchten** aufwarten. Oder die westlich angelegten Supermärkte, die alles bereithalten, was Vegetarier bevorzugen. Die Preise bewegen sich – außer beim lokalen Obst und Gemüse – meist auf westlichem Niveau.

Wer im Warung oder Restaurant sichergehen will, dass auch wirklich kein Fleisch dabei ist, der fügt bei der Bestellung hinzu: **„tanpa daging"**, **„ohne Fleisch"**, oder „dengan sayur", „mit Gemüse". Das fehlende Eiweiß kann leicht ersetzt werden, denn die indonesische Küche bietet reichlich Fleischersatz in Form von Tofu oder Tempe (s.u.). **Tofu** wird „tahu“ genannt, ist weit verbreitet und kommt in vielen leckeren Sorten und Zubereitungsarten in den Topf oder die Reisschale. Veganer können sich normalerweise darauf verlassen, dass keine Milchprodukte zur Zubereitung der Speisen verwendet werden. Käse kommt in der indonesischen Küche nicht zum Einsatz, und statt Kuh- wird meist Kokosmilch verwendet.

Klingt gut, einen Haken gibt es allerdings: Auch wenn vieles auf der Speisekarte lecker vegetarisch oder vegan klingt, ist es das **nicht immer in Reinkultur.** Denn oft wurde der eine oder andere Bestandteil der Mahlzeit mit **Fischsauce** gekocht, oder in der **Würzpaste** sind kleinste Geflügelstücke versteckt. Geschmacklich kein Problem, fällt gar nicht auf. Wer sich aber daran wirklich und nachhaltig stört, der muss in letzter Instanz selbst kochen oder eben ausgewiesene vegetarische oder vegane Lokalitäten aufsuchen.

Die indonesische Küche

Die indonesische Küche hat eine **große Tradition.** Alle durchreisenden Mächte haben ihre Spuren hinterlassen: Chinesen und Inder, Araber und Holländer. **Exotische Gewürze** waren es, die schon im 3. Jahrhundert Araber und Inder ins Land lockten. Immerhin ist Indonesien das Ursprungsland von Gewürzen wie Nelken, Pfeffer oder Muskat. Nicht ohne Grund bedeutet Lombok „Chili“, der übrigens aus Amerika nach Indonesien kam und heute kaum mehr wegzudenken ist in der südostasiatischen Küche.

◻ Typisches Nasi-Campur-Gedeck – alles, was mit Nasi beginnt, bezeichnet ein Reisgericht

Indonesische Gerichte können **recht scharf** sein, niemals sind sie aber so feurig wie die in Thailand, Südindien oder Sri Lanka, allerdings in der Regel stärker gewürzt als die chinesische Küche. Charakteristisch für indonesische Gerichte sind Bestandteile wie **Sojasprossen, Kokosmark und -milch, Chili, Ingwer, Erdnüsse.** Gemüse und Fleisch werden häufig im Saft von ausgepresstem Kokosmark (Santen) gekocht und bekommen dadurch einen ganz unverkennbaren Geschmack. Gebraten wird oft in **Kokosnussöl,** was sich ebenfalls geschmacklich bei Fisch, Fleisch und Gemüse bemerkbar macht. **Bananen** werden als Gewürz verwendet, gekocht oder gebraten.

Der größte Anteil eines Gerichtes besteht immer aus **Reis:** gekocht, gebraten, gebacken, als schwarzer oder weißer Reis, süß, scharf, salzig, sauer, in Bambusrohren geröstet oder in Bananen- oder Palmblättern gekocht. Der Anteil an Gemüse, Fleisch oder Fisch ist für den europäischen Geschmack recht klein, oft gibt er dem riesigen Berg Reis nur etwas Beigeschmack. Alles, was in der Speisekarte mit **Nasi** beginnt, bezeichnet ein Reisgericht.

Obwohl das Essen recht einfach sein kann, bleiben in Sachen Nährwert keine Wünsche offen. Wichtig bei der Zusammenstellung ist das stets gegenwärtige **Tahu oder Tempe,** eierstichartige Beilagen **aus Soja,** die reich an Eiweiß sind. Tahu entspricht dem mittlerweile auch in Europa bekannten Tofu aus Sojamilch. Tempe dagegen wird aus fermentierten ganzen Sojabohnen hergestellt und hat mehr Biss als Tofu.

Balinesische Besonderheiten

Die balinesische Küche unterscheidet sich schon dadurch von der indonesischen, dass es Schwein gibt. Als **Babi Guling, Spanferkel,** knusprig im Ganzen gegrillt, hat das Schwein lange seinen festen Platz auf den balinesischen Speisekarten erobert – in einem muslimischen Land eigentlich undenkbar. Babi Guling fehlt bei keinem Festmahl, und viele Restaurants bieten Spanferkel für mehrere Personen auf Bestellung an – als **fürstliches Essen** für Geburtstage oder ähnliche Anlässe. Das Schwein wird über offenem Feuer am Spieß gegrillt und mit Chili, Knoblauch, Ingwer sowie einer ganzen Menge weiterer Zutaten gefüllt und mit Gewürzen eingerieben.

Auch die in Bananenblatt gewickelte und über Reisstroh 8 bis 10 Stunden **gegarte oder gegrillte, köstlich gewürzte Ente** zählt als **Bebek Betutu** zu den typisch balinesischen Gaumengenüssen.

Die **touristische Erschließung** Balis seit den 1930er-Jahren hat auch vor dem Essen nicht haltgemacht. Das Essen auf Bali sei ziemlich westlich, europäisiert, heißt es. Auf der anderen Seite führt die Auseinandersetzung bekannter europäischer Köche mit der klassischen balinesischen Küche dazu, dass diese eben wieder bekannter wird. Das wird deutlich an der **großen Anzahl balinesischer Kochbücher,** die in der Heimat kursieren. Sie machen sich gut im Bücherregal neben der indischen und chinesischen Küche und bringen ein bisschen „Bali-Feeling" nach Europa. Nicht ohne Grund gibt es zahlreiche **Kochkurse,** die auf Bali nicht von Balinesen, sondern von eingewanderten Köchen abgehalten werden – für Menschen aus dem Westen. Doch der „normale" Tourist wird unter Umständen von diesen Entwicklungen nicht viel mitbekommen. Den erfahrungsgemäß empfindlichen Touristenmägen zuliebe verzichten viele Kü-

xba066 sb

chenmeister in den **touristischen Zentren** häufig auf typische Gewürze und bieten alternativ Wiener Schnitzel, Hamburger oder Spaghetti an.

In großen europäisierten Supermärkten kann man natürlich den eigenen Speisezettel kreativ gestalten. Die Frage ist immer, außer für den begeisterten Hobbykoch, ob sich der Aufwand lohnt. Immerhin gibt es **im Warung** leckeres Essen für um die 4 €, mit ein paar Extras werden 5 € daraus, und wer noch einen großen Saft dazu trinkt, kommt mit 6 € davon – will man da kochen?

Spezialitäten

Balinesische Spezialitäten

Babi Guling

Knusprig gebratenes Spanferkel (s.o.).

Bebek Betutu

Eine **in Bananenblatt gewickelte Ente** (s.o.).

Lawar-Salat

Die **Mischung aus Gemüse, Kokosnuss und manchmal Hackfleisch** ist reich an Kräutern und Gewürzen.

Dadar Gulung

Köstliches Dessert: dicke, mit Pandanblättern grün gefärbte Crêpes, gefüllt mit frischer Kokosnuss und Palmzucker. Leicht und frisch, mit einem Klecks Vanilleeis schmecken sie noch besser!

◁ Babi Guling – auf Bali ein Festessen

Indonesische Spezialitäten

Gado Gado

Wohl das typischste aller indonesischen Gerichte, eine der billigsten, nahrhaftesten, verbreitetsten und am schnellsten zubereiteten Speisen. Gado Gado wird kalt gegessen und besteht aus verschiedenen kurz gekochten **Gemüsen (häufig Sojasprossen und Bohnen), Tahu und Reis.** Über alles kommt eine Soße aus zerstampften Erdnüssen mit Kokosmilch und reichlich Gewürz.

Nasi Goreng und Mie Goreng

Gebratener Reis und **gebratene Nudeln** stammen aus Südchina und gehen dort als Chaofan und Chaomian über die Theke. Vorgekochter Reis oder Nudeln

Kleine Wortkunde zum Thema Reis

Reis ist das wichtigste Nahrungsmittel Indonesiens. Auf Bali, Lombok und anderen Inseln, überall dort, wo genügend Wasser vorhanden ist, wird Reis auf dem **Sawah (Nassreisfeld)** angebaut. In anderen Gebieten wird er trocken auf dem **Ladang (Trockenreisfeld)** kultiviert.

Für das Wort „Reis" gibt es im Indonesischen **mehrere Bezeichnungen,** die den jeweiligen „Zustand" des Getreides bezeichnen:

- **padi** heißt die Reispflanze, die auf dem Feld steht;
- **gabah** werden die gedroschenen, aber noch nicht geschälten Körner genannt;
- **beras** heißt der geschälte Reis, so wie er auf dem Markt angeboten wird;
- **nasi** heißt er dann, wenn er gekocht ist und auf dem Teller dampft.

werden in einer Pfanne mit Zwiebeln, Gemüse, Tomaten und Gewürzen gebraten, je nach Preis und Ort auch mit Fleisch, Huhn, Fisch, Muscheln, Krabben, kurz: mit allem, was es gibt. **Istimewa** bedeutet, dass ein Spiegelei den Berg Reis krönt. In Qualität und Geschmack kann das Ergebnis sehr unterschiedlich sein. Im schlimmsten Falle handelt es sich einfach nur um Reis oder Nudeln, die mit bestimmten Gewürzen rot gefärbt werden.

Nasi Campur

„Reis gemischt“, so die Übersetzung, besteht aus weißem Reis und einer Auswahl von Gemüsen, Fleisch, Ei und Tofu oder Tempe. Wie viel Verschiedenes auf dem Teller liegt, richtet sich nach dem Restaurant und der Saison. Für Einsteiger sehr zu empfehlen, da man einen sehr guten Überblick über die Geschmacksrichtungen bekommt.

Cap Cai

So heißt die indonesische Variante des chinesischen Allerweltgerichtes **Chop Suey.** Rohes Gemüse wird mit wechselnden Zutaten in einer Pfanne gebraten.

Nasi Padang

Padang ist eine Hafenstadt in West-Sumatra. Hier kamen die Gewürzwelten der Kolonialmacht Holland und von Sumatra zusammen, daraus entstand eine **eigene Kochtradition.** Aus Padang kommt Nasi Padang, die Spezialität der Minangkabau, heute überall in Indonesien in bestimmten Restaurants (Rumah Makan Padang) zu bekommen. Nasi Padang bezeichnet nicht ein Gericht, sondern eine **Zubereitungsart:** Fleisch, Fisch, Gemüse, Eier usw., alles sehr scharf gewürzt, stehen in Schüsselchen im Schaufenster oder im Tresen. Die großen Mengen Chili verhindern das Verderben der ungekühlten Speisen. Man wählt an der Theke aus, mit was man seinen Reis aufpeppen will, und würzt dann nach Belieben mit den köstlichen Soßen, die dazu gereicht werden.

Rendang

Üppiges Schmorgericht, meistens mit Rindfleisch **(Rendang daging),** das in einer mit Kräutern und Gewürzen gewürzten Kokosmilch langsam gekocht und geschmort wird, bis die Flüssigkeit verdampft und das Fleisch dunkelbraun und zart wird. Dabei karamellisiert es und wird komplett mit den reichen Aromen durchzogen. Rendang stammt ursprünglich aus dem Westen Sumatras und wird traditionell bei zeremoniellen Anlässen wie beispielsweise Hochzeiten serviert.

Sambal

Sambal ist eine **sehr scharfe Soße,** die oft auf einem Tellerchen zum Essen serviert wird. Die Zubereitung ist **regional unterschiedlich.** Manchmal ist Sambal einfach nur eine Paste zerstoßener Chilischoten, oft wird aber auch ein Mix aus Sojasoße, Zwiebeln, Essig, ganzen oder zerstampften Chilis, manchmal mit Zitrone oder Knoblauch vermengt, angeboten. **Vorsicht** ist auf jeden Fall angesagt; schon eine Messerspitze kann manchem das ganze Essen verderben. Falls das Essen dennoch zu scharf war und der ganze Mund brennt, helfen Milch, Joghurt, Banane, Butter-Brot oder Kokosraspeln – Wasser hilft nicht!

Soto und Sop

Diese Suppen werden durch das angehängte Wort näher charakterisiert: **Soto Ayam** ist Hühnersuppe, **Soto Sayur** Gemüsesuppe, **Soto Daging** Suppe mit Fleischeinlage. Die Unterscheidung zwischen Soto und Sop ist nicht ganz klar, eine Erklärung ist: Soto ist eine Suppe, die mit Santen (Kokosfleischsaft) eingedickt wird, Sop dagegen ist eine klare Brühe. Eine andere besagt: Soto ist eine original indonesische Suppe, Sop eine, die dem europäischen Geschmack angepasst wurde. Wie auch immer sie heißt – die Suppe schmeckt.

Saté

Saté ist ein **weltbekanntes Nationalgericht** und wird hauptsächlich abends und nachts am Straßenrand zubereitet. Aus dem arabischen Raum wurden die Spieße importiert, die Ähnlichkeit mit Schisch Kebab ist offensichtlich, die Einfachheit bei der Herstellung imponierend: Der Saté-Mann trägt seine ganze Küche auf den Schultern. Wo es ihm günstig erscheint, stellt er seinen Holzkohlegrill ab, entfacht ein Feuer und grillt darauf kleine **Fleischspieße.** Je nach Gegend und Geschmack werden Huhn, Rind, Schwein, Büffel, Ziege oder Schaf als Saté angeboten. Das Gericht wird oft mit Erdnusssoße, aber auch mit verschiedenen anderen Tunken serviert. Zehn Spießchen gelten als vollwertige Mahlzeit. Auch Restaurants oder Warungs bieten Saté an, dort schmeckt es genauso gut. Doch **Vorsicht!** Oft ist das Fleisch noch halb roh; um Risiken zu vermeiden, sollte man genau darauf achten, dass das Fleisch durchgebraten ist.

Lontong und Ketupat

Lontong wird kalt gegessen. Es ist ein traditionelles javanisches Festtagsessen, das beispielsweise zum Ende des Fastenmonats oder zum moslemischen Neujahrsfest mit Saté und Gule gereicht

☐ Soto Ayam – ein indonesischer Klassiker

xba066 sb

wird. Reis wird in ein gerolltes Bananenblatt gefüllt und gekocht, bis er zusammenklebt. So entsteht eine Reisrolle, die in Scheiben geschnitten serviert wird.

Ketupat ist eine Variante von Lontong. Die viereckigen Behälter werden allerdings aus Kokosblattstreifen geflochten. In Warungs hängen oft zwanzig bis dreißig Ketupat in Fenstern oder unter dem Dach. Ketupat wird zu Gado Gado serviert.

Ikan

Frischen **Salzwasserfisch** isst man am besten an der Küste, in auf Fisch spezialisierten Gastronomien wie beispielsweise in Jimbaran. Dort gibt es ihn fangfrisch in allen erdenklichen Varianten, gebraten, gegrillt, roh, im Curry oder gekocht. Aber auch sonst auf der Insel gibt es guten Fisch und das nicht nur in den Edelrestaurants. **Süßwasserfische (Ikan danau)** haben oft einen starken Modergeschmack; das liegt daran, dass sie teilweise in überfluteten Reisfeldern gefangen werden. **Trockenfisch (Ikan kering)** gibt es überall in Mengen; er ist sehr salzig und intensiv fischig, daher für ungeübte europäische Gaumen nur in kleinsten Mengen zu Reis genießbar.

Rujak und Petis

Rujak und Petis ist eine Kleinigkeit für zwischendurch, ein traditioneller javanischer **Salat,** der ein **Mix aus Gemüse, Obst und süß-scharfer Soße** ist. Auf fast jedem Markt findet sich ein Rujak-Stand. Manchmal bieten auch Restaurants diese feine Kleinigkeit an.

Krupuk

Die **aus Krabben oder Fisch hergestellten „Riesenkräcker“** werden in heißem Fett gebraten und gehen ähnlich wie Popcorn auf. Es gibt viele verschiedene Formen und Farben, von weiß oder goldgelb bis dunkelorange, manchmal mit einem Loch in der Mitte, um sie auf einem Stock aufzustapeln.

Jaffle

Jaffle ist eine australische Erfindung, die überall in indonesischen Touristengebieten angeboten wird. **Zwei Toasts** werden in einer Art Waffeleisen **zusammengebacken,** dazwischen kommt eine beliebige **Füllung:** Banane, Erdnussbutter, Spaghetti, Tomaten, Käse, Zwiebeln, Knoblauch – je nach Wunsch.

Speiseeis (Es Ys)

Eisdielen sind groß in Mode. Milchshakes und „Hawaii-Becher“ werden in sogenannten Ice Palaces angeboten. Die ganze Familie begibt sich abends dorthin, lässt sich von Western-Style-Popmusik berieseln und frönt dem „1950er-Jahre-Feeling“. Das Eis ist in diesen Eisdielen meist recht gut und hygienisch einwandfrei zubereitet. Es gibt **ausgefallene Geschmacksrichtungen:** Erdnuss-, Kokos-, Durian- und Lychee-Eis. Man bekommt auch abgepacktes Speiseeis.

Traditionelles **indonesisches Eis** sieht so aus: Mit einer Raspel wird von einem Wassereisblock eine Plastiktüte voll gehobelt und mit leuchtend buntem Zuckersirup geschmacklich aufbereitet. Der Eismann auf dem Fahrrad macht schon von Weitem auf sich aufmerksam. Eine Musikaufnahme in Endlosschleife begleitet seinen Weg. **Langnese** wird in Indonesien übrigens unter dem Namen **Walls** vertrieben; es gibt Walls-Männer mit speziellem Walls-Wagen und Walls-sound.

Arabische Spezialität

Martabak

Der **dünne Fladen** ist gefüllt mit pikant gewürztem Fleisch, Gemüse oder Ei; wird mit grünen Chilischoten serviert und ist abends an kleinen Straßenständen zu haben.

Tischsitten

In ländlichen Gegenden wird das Essen noch häufig **auf Bananenblättern serviert** und **mit den Fingern gegessen.** Natürlich sind auch Teller und Besteck weit verbreitet, zumindest ein Exemplar findet sich in jeder Küche für „feinere Leute". Es braucht nur ein wenig Übung, aber dann macht es viel Spaß, genauso geschickt mit den Fingern zu essen wie ein Indonesier – ohne sich von oben bis unten zu bekleckern. Elementar und eine wunderbare Möglichkeit, sich zu blamieren, ist die Tatsache, dass **ausschließlich mit der rechten Hand** gegessen werden darf. Die Linke ist unrein, mit ihr wird normalerweise die Reinigung nach dem Toilettengang vollzogen.

Gibt es **Besteck** zum Essen, besteht dieses aus Löffel und Gabel, Messer benötigt man nicht. Falls es etwas zu schneiden gibt wie Fleisch oder Fisch, dann hat der Koch das bereits getan. Die Stücke sind **„mundgerecht" vorbereitet,** gelöffelt wird mit der rechten Hand. Seitdem die Nutzung von Plastik auf Bali mehr und mehr verpönt ist und sogar verboten wurde, werden wieder mehr Mahlzeiten auf den klassischen Bananenblättern angerichtet.

Speisen werden **häufig lauwarm oder kalt serviert,** selten heiß. Das liegt daran, dass der Reis schon morgens gekocht wurde und kalt geworden ist. Auch andere Zutaten werden schon bei Tagesanbruch vorbereitet. Wirklich heiß werden nur Suppen serviert, da sie den ganzen Tag auf dem Feuer stehen oder frisch zubereitet werden. Wer sich beschwert, das Essen sei zu kalt oder nur lauwarm, wird auf Unverständnis stoßen. Das gilt natürlich nicht für Speisen, die frisch zubereitet werden; die sollten selbstverständlich heiß auf den Tisch kommen.

Bei Sonderwünschen, aufwendigen Speisefolgen oder großen Gruppen mit vielen Einzelbestellungen kann es passieren, dass es **etwas länger dauert,** bis das Essen serviert wird. Das liegt daran, dass häufig in der Küche auf einem offenen Feuer mit nur einer Pfanne gekocht wird. Somit bereitet der Koch alle Gerichte nacheinander und frisch zu.

Gastronomie

Warung

Das **günstigste und oft auch authentischste Essen** gibt es in den an jeder Straßenecke zu findenden Warungs. Das sind **winzige Buden oder einfache Stände** mit einer Holzbank oder ein paar Plastikstühlen und kleinen Tischen. Sie bieten nur ein oder wenige Gerichte und sind meist gut besucht. Um Staub und Sonne abzuhalten, ist oft ein Tuch vom Dach bis zum Boden gespannt, auf dem dann steht, was es zu essen gibt: Gado Gado, Soto Ayam oder Ähnliches.

Warungs sind die **„Restaurants der einfachen Leute"**, ein Treffpunkt zum Essen, Trinken und Ausruhen, am ehes-

210ba sb

ten mit einem Schnellimbiss bei uns zu vergleichen. Hier trifft sich das Dorf, hier werden Neuigkeiten ausgetauscht, für Reisende eine wunderbare Möglichkeit, Leute zu beobachten oder vielleicht sogar kennenzulernen. Man isst sozusagen direkt in der Küche und kann Sonderwünsche anmelden: „viel *(banyak)*" hiervon, „wenig *(sedikit)*" oder „gar nichts *(tidak)*" von jenem.

In vielen Warungs, teilweise auch in Restaurants, wird **Nasi Bungkus** zum Mitnehmen verkauft: ein in Bananenblätter, Papier oder Plastik eingewickeltes Reisgericht, ideal als Proviant für längere Bus- oder Schiffsfahrten.

Neben „Speisewarungs" gibt es auch solche für **Snacks:** Hier erhält man Tee und Kaffee, Soft Drinks und abgepackte Säfte. Bonbons, Kekse, Kuchen usw. befinden sich in säuberlich aufgereihten Gläsern.

Mitmachen erlaubt – das Team in der Küche des Hotels Tandjung Sari in Sanur freut sich über Gastköche

Rumah Makan

Etwas höherwertiger als ein Warung ist der Rumah Makan, das „Esshaus". Es handelt sich um ein **günstiges Restaurant mit nicht allzu umfangreicher Speisekarte.** Jeder Rumah Makan hat seine eigene **Spezialität;** so schmeckt Nasi Goreng in dem einen völlig anders als im anderen. Auch wenn man nicht genau versteht, was auf der Karte steht, einfach mal probieren, oft wird so ein neues Lieblingsgericht entdeckt. Und sollte es mal wirklich nicht ganz den Geschmack treffen – da die Preise niedrig sind, kann jederzeit ein bekanntes Gericht nachbestellt werden. Als Faustregel gilt: Je mehr Einheimische dort einkehren, desto besser ist im Allgemeinen das Essen.

Restoran/Restaurant

Viele dieser Etablissements haben sich ausschließlich auf **ausländische Gäste** eingestellt oder auf betuchte Indonesier.

Einige Touristenorte auf Bali glänzen mit Restaurants, die nicht ein einziges indonesisches Gericht anbieten – dafür aber alle möglichen Hamburger- und Pizza-Variationen sowie Fine Dining aus allen Ecken der Welt. Die **indonesischen Gerichte** auf solchen Speisekarten sind oft **dem westlichen Geschmack angepasst.** Natürlich gibt es auch hervorragende Spezialitätenrestaurants, die ausgezeichnetes Essen anbieten, aber dieses ist häufig weder landestypisch zubereitet noch besonders preiswert.

Chinesische und japanische Restaurants

Neben den vielen Möglichkeiten, original indonesisch zu essen, **lohnt sich** der Weg in eines der zahlreichen chinesischen Restaurants; hier gibt es neben der klassischen chinesischen Küche auch einige indonesische Standardgerichte. Etliche japanische Restaurants – beispielsweise die Kette Ryoshi – sind in den letzten Jahren in den wichtigen Touristenorten dazugekommen, denn die vielen japanischen Touristen essen nun mal am liebsten japanisch.

Wichtig zu wissen

Etliche Restaurants müssen **10 % des Rechnungsbetrages als Steuer** abführen. Diese Steuer wird nicht gleich in den Preis auf der Karte hineingerechnet und ausgewiesen, sondern später auf den Gesamtbetrag der Rechnung aufgeschlagen. Manche Restaurants addieren gar 15 oder 21 %. Jeder Aufschlag muss aber auf der Speisekarte oder einem Aushang vermerkt sein. Daher nicht nur die angegebenen Preise beachten, sondern unbedingt nach dem, oft kleingedruckten, Hinweis auf die zusätzliche Steuer schauen.

Trinkgeld

Trinkgeld ist nicht üblich, ein wenig zu geben schadet aber nicht. Immerhin sind Bedienungen in Restaurants nicht gut bezahlt, und mit wenig Aufwand – ein paar tausend Rupiah – kann man die balinesische Gastronomie und vor allem die **Angestellten sinnvoll unterstützen.** In hochpreisigeren Restaurants und Hotels werden bis 21 % als Steuer- und Serviceabgabe auf den Endpreis aufgeschlagen, die **Plus Tax.** Ein Teil davon (11 %) sollte theoretisch als **Service Tax** weitergegeben werden an die Angestellten des Hauses, aber nachprüfen kann das natürlich niemand. Vorschlag also: **guter Service, gutes Trinkgeld.**

Nachtmärkte (Pasar Malam)

Wer bereit ist, etwas zu experimentieren und vor allem die **Spezialitäten der Region** kosten möchte, kommt um die Nachtmärkte nicht herum. In jeder etwas größeren Stadt öffnet bei Einbruch der Dämmerung der Pasar Malam. Unzählige kleine **Warungs** bieten Hauptgerichte, Suppen, Schleckereien, Kuchen, Obst und Getränke an, alles recht preiswert. Jeder Nachtmarkt ist eine Einladung zur genussvollen Entdeckungsreise in neue kulinarische Welten.

Früchte vom Markt

Auf den lokalen Märkten gibt es eine Unmenge an Früchten zu kaufen, allerdings nicht, wie bei uns, das ganze Jahr über das gleiche Angebot, sondern **je nach Jahreszeit und Gegend verschiedene Sorten und Mengen.** Die Reifezeit für viele Obstsorten liegt nach oder während der Regenzeit, dann quellen die Märkte über und die Preise sind günstig. „Out-of-season"-Angebote sind meist teuer, genauso wie importierte Ware. Eine kleine Auswahl:

Durian

Die **Stinkfrucht** ist eine besondere Spezialität Indonesiens. Die mindestens fußballgroße, ovale Frucht mit stacheliger Schale wächst an Bäumen und zeichnet sich durch einen wahrlich „abartigen" Geruch aus. Sie wird von vielen Einheimischen sowie einigen Ausländern sehr geschätzt und gilt als **Aphrodisiakum.** Nicht umsonst besagt ein indonesisches Sprichwort: „Sind die Durians unten, gehen die Sarongs hoch!" Durian soll die einzige Frucht sein, die von Tigern gegessen wird. Aus den Blättern und Wurzeln stellen Balinesen traditionelle Medizin her.

Zum **Verzehr** wird die harte, stachelige Schale aufgebrochen und der Inhalt ausgelöffelt, der **Geschmack** ist – **unbeschreiblich.** Vielleicht eine Mischung aus Erdbeeren, Zwiebeln, Karamell und Camembertkäse. Entweder entwickelt sich eine Art Sucht danach, oder man bekommt Brechreiz, schon dann, wenn man nur zusammen mit so einer Frucht im selben Raum ist. Wer sich trotz des abschreckenden Geruchs an Durian wagen will, sollte **mit einer eisgekühlten Frucht beginnen** – dann schmeckt es nicht so intensiv. Reifezeit ist zwischen Januar und März. Alkohol und Durian gelten als teuflische Mischung!

Avocado (Apokat)

Die Früchte werden zu **Salaten** verarbeitet, aber auch als **Getränk,** gesüßt mit Kondensmilch, serviert. Die Frucht ist sehr fett-, protein- und vitaminhaltig.

Banane (Pisang)

Es gibt sie immer und überall, gut 20 verschiedene Sorten werden angebaut. Vertreten sind **alle Formen, Geschmacksrichtungen, Farben und Größen** – von der winzigen, fingerlangen **Pi-**

xba068 sb

sang Tuju bis zur fast einen Meter langen **Pisang Raja** (Königsbanane). Mit und ohne Samen, wild und gezüchtet, gelb, grün und rot, manche nur gekocht genießbar und mit Kartoffelgeschmack, andere süß und saftig. Keine sieht aus wie eine Chiquita, aber fast alle schmecken besser.

Mango (Mangga)

Die **längliche Steinfrucht** kann grün, gelb oder rötlich sein. Das Fleisch ist saftig und lässt sich schwer vom Stein trennen. Mangos schmecken ausgesprochen gut. Saison ist ab September.

Mangostine (Manggis)

Runde, lila-schwarze Frucht, innen weiße, süß-saure Segmente, ziemlich glibberig, aber unvergleichlich lecker.

Schlangenhautfrucht (Salak)

Die Frucht mit reptilhautartig geschuppter, brauner fester Schale hat Ähnlichkeit mit einem geschlossenen Tannenzapfen. **Sehr angenehm zu verzehren** und praktisch für längere Bustouren und Ausflüge, da nicht klebrig und gut zu schälen. **Schmeckt apfelartig säuerlich.** Von der Schlangenhautfrucht gibt es 21 verschiedene Sorten allein in Indonesien, es handelt sich um die Frucht einer Palmenart.

Ananas (Nanas)

Viel wohlschmeckender als in Europa aus dem Supermarkt. Ist reif, wenn sie auch nach Ananas riecht.

◁ Garantiert gesund, frisch und lecker!

Zitrusfrüchte (Jeruk)

Der indonesische Begriff wird für alle im Land vorkommenden Zitrusfrüchte genutzt: **Orange, Zitrone, Mandarine, Grapefruit.**

Sawo

Sawo (Ausspr.: s-a-u) **sieht aus wie eine Kartoffel** und schmeckt supergut.

Rambutan

Haarig, rot, etwa tischtennisballgroß, **süßes, weißes, saftiges Fruchtfleisch,** sehr lecker. Es gibt elf verschiedene Sorten in ganz Indonesien.

Papaya (Pepaya)

Die **Melonenart** hat grüne bis gelbe Haut und **sehr saftiges, orangerotes Fruchtfleisch** mit schwarzen Samen. Schmeckt sehr lecker mit Zitronensaft. Papayas beinhalten das zur Proteinspaltung wichtige Enzym Papain.

Wasserapfel (Jambu Air)

Klein und birnenförmig, außen rosarot, innen weiß, **säuerlicher, erfrischender Geschmack.** Gesundheitsbewusste sollten die Frucht eigentlich schälen, aber dann bleibt nichts mehr übrig.

Passionsfrucht (Markisa)

Tennisballgroße gelbe Frucht, deren Schale aufgebrochen wird, um sie auszuschlürfen. Ausgesprochen wohlschmeckend.

Jackfruit (Nangka)

Die große, **bis zu 20 kg schwere Frucht** wird **in Stücken angeboten,** aus denen das Fruchtfleisch herausgepult werden muss. Die Schale sondert eine bittere, klebrige Flüssigkeit ab. Diese geht kaum von den Fingern wieder ab, wenn man sie nicht vorher in Öl getaucht hat. Schmeckt auch unreif, wenn sie wie Gemüse gekocht wird. Die stachelige Schale ähnelt der Durian.

Drachenfrucht (Buah naga)

Findet man oft wegen ihrer **leuchtend pinken Schale** als Hingucker auf Obsttellern. Das weiße oder violette Fruchtfleisch mit vielen schwarzen Kernen schmeckt aber **eher fade.**

Erdbeere (Stroberi)

Erdbeeren werden – auch, wenn man das nicht erwarten würde – **in den Bergen von Bali angebaut** und sind bei Einheimischen ein beliebtes Mitbringsel.

Getränke

Tee (Teh oder Air Panas)

Tee ist eines der Nationalgetränke Indonesiens. Bei jedem Besuch in einem balinesischen Haus wird als erstes Tee oder Kaffee angeboten, jeweils **mit sehr viel Zucker,** sodass die Geschmacksnote vor allem süß ist.

Warungs bieten zum Essen manchmal kostenlos kalten oder lauwarmen Tee an, der **recht dünn** ist und hauptsächlich nach Wasser schmeckt. Wer außerhalb der Touristenorte einfach Tee bestellt, erhält meist **hellbraunes Zuckerwasser.** Je nach Region gibt es Teh oder Air Panas (*air* = Wasser, *panas* = heiß). Möchte man Tee **ohne Zucker,** muss *pahit* oder *tawar* (= bitter) bestellt werden. Da aber Teetrinken ohne Zucker in Indonesien undenkbar zu sein scheint, sollte man sich nicht wundern, wenn trotzdem Zucker drin ist.

Teh Es ist gesüßter Tee mit Eiswürfeln. In Fabriken abgefüllter – natürlich stark gesüßter – Tee wird verkauft als **Teh Botol** (Tee, Flasche) oder **Teh Kotak** (Tee, Packung).

Kaffee (Kopi)

1699 brachten die Holländer den Kaffee nach Indonesien, der hier seither angebaut wird. Er wird geröstet, zerstampft und dann mit heißem Wasser aufgebrüht. Serviert wird er meistens in Gläsern mit einem Plastikdeckel drauf. Wer von zu Hause nur Filterkaffee gewohnt ist, sollte einmal frisch gerösteten, dickflüssigen, schwarzen indonesischen Kaffee probieren, ein **wunderbares Geschmackserlebnis.** Teilweise wird Kaffee mit gerösteten Erdnüssen gestreckt oder als Energiedrink mit Honig oder Ingwer angeboten. Der Geschmack ist entsprechend. Ungepanschter Kaffee heißt **Kopi Murni.**

Jede Insel ist stolz auf ihren eigenen Kaffee: Kopi Bali, Kopi Lombok oder Kopi Java gelten, je nachdem, wo man gerade ist, als die besten Sorten der Welt. Wahrlich sagenumwoben ist **Kopi Luwak,** der als teuerste Sorte der Welt gilt: Luwak ist eine Schleichkatzenart, die dank ihres hervorragenden Riechorgans junge Kaffeefrüchte aufstöbert und dann frisst. Verdaut wird nur das Fruchtfleisch, die Kerne/Bohnen werden von den Enzymen der Darmflora des Luwak nur fermentiert – nach dem Ausscheiden gelten sie als die besten Kaffeebohnen und sind dementsprechend teuer.

Sie werden eingesammelt, gereinigt, geröstet und verkauft. Häufig werden die armen Tiere in Käfigen gehalten und dann mit den Kaffeefrüchten gefüttert, was dem Mythos des Kopi Luwak natürlich nicht sonderlich zuträglich ist.

Wer sich das Werden des Kopi Luwak einmal anschauen will, ist auf der Straße zwischen Tampaksiring und Kintamani auf Bali richtig. Hier reiht sich eine Kaffeeplantage an die andere, so gut wie alle machen Verkostungen und Führungen. Nett, persönlich und aufschlussreich ist es bei **Oka Agriculture Bali,** Br. Temen, Susut, Bangli, direkt an der Hauptstraße, Tel. 0813 38388422; eine Verkostung mit den Tees und Kaffees, die die Öko-Plantage liefert, ist gratis.

Limonaden

Neben **Coca-Cola, Fanta, Sprite** und den anderen Marken, die überall erhältlich sind, gibt es **indonesische Varianten westlicher Erfrischungsgetränke** in reichlichen Mengen sowie in allen Farben, alle ziemlich süß und mehr oder weniger sprudelnd. Diese Getränke sind zwar preiswerter als die bekannten „Weltmarken", aber für den europäischen Gaumen nur bedingt geeignet.

Ansonsten sind an Warungs oder ähnlichen Ständen eine Reihe von **Fantasie-Getränken** zu bekommen, die meist unter dem Namen **Es Minuman,** auch **Bajigur,** gehandelt werden. Sie bestehen hauptsächlich aus Kokosmilch. Hinein kommen verschiedene Früchte und andere undefinierbare, meist sehr bunte, glibberige Zutaten. Das Ergebnis kann bitter, süß oder sauer sein.

Fruchtsäfte

Zu wahrer **Meisterschaft** haben es die Balinesen in der Herstellung von Fruchtsäften, den **Fruit Juices,** gebracht. Alle erdenklichen Arten von Obst und Gemüse werden zusammen mit Eis durch einen Entsafter gejagt. Was herauskommt, sind **eiskalte, herrlich erfrischende Getränke,** die süchtig machen können. Der Kombinationsfantasie sind keine Grenzen gesetzt. Wie wäre es mit Avocado-Pineapple-Juice oder Papaya-Lemon? Wird dann noch Joghurt oder Milch hineingemixt, entstehen köstliche Lassis oder Shakes mit wunderbar abkühlender Wirkung.

Die Indonesier trinken meist nur Orangen- oder Limonensaft (Air Jeruk), in der Regel mit Wasser verdünnt, heiß oder kalt. **Zuckerrohrsaft** wird häufig von fliegenden Händlern auf der Straße angeboten; an ihrem mobilen Stand füllen sie, mit einer handgekurbelten Presse, den Saft direkt ins Glas.

Alkohol

Da Indonesier hauptsächlich islamischen Glaubens sind, ist der Alkoholkonsum im Land relativ niedrig, alkoholische Getränke sind recht teuer. **Starke Alkoholika, Minuman keras,** sind auf Inseln, deren Einwohner mehrheitlich Moslems sind, generell verboten; das bezieht sich zumindest auf den Ausschank westlicher Produkte. **In muslimischen Gebieten** gibt es alkoholische Getränke häufig nur in Geschäften und Restaurants, die von Chinesen geführt werden. Allerdings verzichtet der Indonesier ungern auf seine traditionellen und meistens hausgemachten „Trinkdrogen". Auf **Bali, eben nicht muslimisch,** wird das alles ein wenig lockerer gesehen, die Auswahl an Alkoholika ist recht groß.

Brem (Reiswein) ist ein süßes, dickflüssiges, trübes alkoholisches Getränk, das aus Reis hergestellt wird. Eine spezielle Reissorte wird hierfür gekocht, zusammen mit Kokosnussmilch in Gefäße gefüllt, mit Hefe versetzt und einige Tage lang vergoren. Zucker wird nicht zugesetzt. **Alter Reiswein, Brem Tuah,** gärt länger als drei Tage, hat einen stärkeren Alkoholgehalt und ist nicht ganz so süß. **Neuer Reiswein, Brem Muda,** ist schon nach zwei Tagen fertig, nicht so stark und sehr süß. Am besten ist selbst gemachter Brem, den man in vielen Warungs oder im Guesthouse bekommt. Es gibt auch industriell hergestellten Brem in kleinen Flaschen zu kaufen, geschmacklich ist er aber viel schlechter. Wenn Brem rot ist, liegt das daran, dass es auch roten Brem-Reis gibt.

Im Falle von **Tuak** wird die Blüte der **Aren-Palme** angeritzt und der austretende Saft in darunter befestigten Gefäßen aufgefangen. Die Flüssigkeit gärt dann einige Tage und entwickelt einen mittelmäßigen Alkoholgehalt, der geringer als beim Bier ist. Getrunken wird meistens aus Bambusrohren und in Gesellschaft. Balinesische Männer treffen sich gegen Abend an bestimmten Plätzen, den **tempat tuak,** sitzen herum, rauchen, reden und trinken. Hersteller verkaufen das Gebräu aus großen Plastikkanistern. Für einen zünftigen Rausch muss ein Europäer schon relativ große Mengen zu sich nehmen, was neben den üblichen Nachwirkungen oft Blähungen verursacht.

Arak wird aus Tuak oder Beras (= Reis) gebrannt. Der Alkoholgehalt ist vergleichbar mit unserem Korn, der Geschmack von **Arak Beras** ebenfalls. Er schmeckt ganz hervorragend in Kaffee **(Kopi Arak)** oder heißer Schokolade. **Arak Tuak** ist pur kaum genießbar. Arak, oder vielmehr der Genuss desselben, ist immer wieder in die Schlagzeilen gekommen: Touristen erblindeten oder mussten sogar sterben, nachdem sie **mit Methanol versetzten Arak** getrunken hatten. Das Phänomen ist nicht auf Bali oder Indonesien beschränkt, Arak gilt in vielen Ländern des Südens als der Schnaps der armen Leute und wird häufig in Plastikkanistern gepanscht. Selbst in guten oder bekannten Bars und Restaurants ist man nicht gefeit vor dem schädlichen Getränk und gesundheitlichen Schäden. Um jeglichem Risiko aus dem Weg zu gehen, sollte man gar keinen offen ausgeschenkten Arak trinken, auch nicht als Mixgetränk wie beispielsweise den berühmt-berüchtigten **Arak Attack.** Wer unbedingt probieren will, sollte sich an die im Handel üblichen verschlossenen Flaschen aus industrieller Abfüllung halten.

Bier (Bir) ist fast überall erhältlich, je mehr Touristen, desto mehr Bier ist im Angebot – in kleinen und in großen Flaschen. **Bali Hai** und **Bir Bintang** sind die indonesischen Hausmarken, aber auch die europäischen und australischen Weltmarken haben Bali längst erobert. Eine Flasche Bier kann so viel kosten wie ein reichhaltiges Mittagessen. Echte

[>] An den Vorbereitungen zu einem Tempelfest auf Bali ist immer die ganze Familie beteiligt

Bierfreunde sollten sich also die zahlreichen **Happy Hours** nicht entgehen lassen, mit denen die Bars – meist ab 17 Uhr – die Theke zu füllen versuchen.

Wein gibt es auf Bali, und er muss nicht aus Australien oder Südafrika importiert werden, denn er kommt sogar von hier. **Hatten Wines** beispielsweise produziert seit 1994 auf einem eigenen Weingut im Norden Balis Wein. Dazu gibt es einen Flagship Store in Sanur (www.hattenwines.com). Ein Besuch lohnt, und manch Weinkundiger wird beim Genuss des Aga White positiv überrascht sein: Schön rund, grundsolide und trocken kommt das Getränk gekühlt ins Glas. Natürlich gibt es auch Rosé- und Rotweine – einfach mal einen Versuch wagen!

Feiertage, Feste und Events

→ Zu jeder Zeit

Feiertage in Indonesien

Die Feiertage richten sich hauptsächlich nach der jeweiligen Glaubensgemeinschaft und werden daher nicht überall begangen. Da Indonesien großteils **muslimisch** ist, sind die wichtigsten islamischen Feste, aber auch die anderer Religionen, staatliche Feiertage. Die religiösen Feste auf Bali richten sich nach dem 210-tägigen balinesischen Kalender (→ Info-Kasten S. 516).

020ba sb

- **1. Januar: Neujahr**
- **Januar/Februar: Chinesisches Neujahr**
(10. Februar 2024, 29. Januar 2025)
- **März: Balinesisches Neujahr Nyepi**
(11. März 2024, 29. März 2025)
- **Lailat al Miraj, Himmelfahrt des Propheten**
(7. Februar 2024, 27. Januar 2025)
- **April: Karfreitag**
(29. März 2024, 18. April 2025)
- **1. Mai: Tag der Arbeit**
- **Mai/Juni: Vesak, Geburtstag Buddhas**
(23. Mai 2024, 12. Mai 2025)
- **Mai: Christi Himmelfahrt**
(9. Mai 2024, 29. Mai 2025)
- **Idul Fitri, Ende des Ramadan**
(9. April 2024, 30. März 2025)
- **1. Juni: Hari Lahir Pancasila, Tag der fünf Prinzipien**
- **Idul Adha, Opferfest**
(17. Juni 2024, 6. Juni 2025)
- **17. August: Unabhängigkeitstag**
- **Islamisches Neujahr**
(7. Juli 2024, 25. Juni 2025)
- **Maulid Nabi Muhammad, Geburtstag des Propheten**
(16. September 2024, 4. September 2025)
- **25. Dezember: Weihnachten**

Festivals

Neben den zahlreichen Festen mit religiösem Hintergrund gibt es noch etliche andere interessante Festivitäten auf Bali und Lombok:

Bali Spirit Festival

Dass Ubud eine Hochburg des Yoga ist (→ S. 116), wird besonders im **März** jeden Jahres mit dem Bali Spirit Festival deutlich. Hier trifft sich die weltweite Yoga-Gemeinschaft unter dem Motto **„Yoga – Dance – Music"**, um zu lernen, zu lehren und zu feiern. Weitere Infos: www.balispiritfestival.com.

Bali Arts Festival

Das kunterbunte Festival beginnt jedes Jahr am zweiten Samstag im **Juni** und dauert bis zum zweiten Samstag im **Juli.** Es findet in Denpasar statt. Hier gibt es farbenprächtige **Paraden** auf dem Puputan-Platz sowie **Tanz- und Kunstaufführungen** im Taman Werdhi Budaya Arts Center. Tanzgruppen aus ganz Bali kommen nach Denpasar, um dem interessierten Publikum ihre Kunst zu präsentieren.

Bali Kite Festival

Beim Drachenfestival steht der **traditionelle balinesische Drachen** im Mittelpunkt. Es ist ein toller Anblick, Hunderte von Drachen über Sanur am Himmel zu sehen. Zum Kite Festival kommen Gruppen aus allen Ecken der Insel, um ihre riesigen traditionellen Drachen vorzustellen und damit vor allem bei der Jury Eindruck zu machen. Das Festival findet in der Regel zu Beginn der windigen Jahreszeit **zwischen Juni und August** statt – je nach Windbedingungen.

Ubud Writers & Readers Festival

Dieses Festival ist das Hauptprojekt der gemeinnützigen **Stiftung Yayasan Mudra Swari Saraswati.** Es wurde 2004 von **Janet De Neefe** als Reaktion auf den ersten Bombenanschlag auf Bali ins Leben gerufen und findet jedes Jahr im **Oktober** statt. Die Australierin *De Neefe* ist eine Institution auf Bali; seit 1984 lebt sie auf der Insel und betreibt eine Bäckerei, ein Restaurant und ein Guesthouse. Sie verfasst Kochbücher, gibt Kochkurse und bemüht sich um einen interkulturellen Dialog, der weit über Ubud und Bali hinausgeht. Das Ubud Writers & Readers Festival bringt **Künstler, Autoren, Denker und Darsteller** zusammen und soll als Plattform für konstruktiven Austausch dienen. An fünf Tagen bietet das Festival ein abwechslungsreiches Veranstaltungsprogramm – von Gesprächen über Live-Performances bis hin zu Workshops. Infos und Termine: www.ubudwritersfestival.com.

Bau Nyale Festival

Das wohl bekannteste und beliebteste Fest auf Lombok findet jedes Jahr im **Februar oder März** in Südlombok rund um Kuta statt. Gefeiert werden die **Meereswürmer,** die zu der Zeit an die Oberfläche steigen (→ Exkurs S. 318).

Fotografieren

→ Verhaltenstipps
→ Zu jeder Zeit

Man sollte reichlich Speicherplatz mitbringen: Es gibt sicher nur wenige Plätze auf der Welt, die so fotogen sind wie Bali und Lombok. Fotomotive in Sachen **Natur, Landschaft, Menschen, Feste und Zeremonien** begegnen einem ständig.

Einige Fotografiertipps

Das beste Fotolicht gibt es frühmorgens, denn schon ab 9 oder 10 Uhr scheint die Sonne so grell, dass die Bilder zu kontrastreich werden. Das **gleißende Licht** verursacht grau-bläuliche Bilder. Wer einen **Polfilter** besitzt, kann diesen unangenehmen Effekt ein wenig abschwächen. Das schöne Nachmittagslicht nimmt den Fotos etwas die Schärfe; das lässt sich durch einen **Skylight-Filter** ein wenig ausgleichen. Das Licht der tief stehenden Sonne fällt gern ungewollt ins Objektiv, was sich meist mit einer **Sonnenblende** ausschließen lässt.

Problematisch ist das **Fotografieren im Schatten,** z.B. unter Bäumen, bei Tieren im Wald oder in bewaldeten Schluchten. Aufhellblitzen oder das Hochschrauben der ASA-Zahl helfen hier. Das heiß geliebte **Sonnenuntergangsfoto** gelingt am besten, wenn die Kamera zuerst die Belichtungszeit des Himmels misst – ohne Sonne – und dann mit dieser Belichtungszeit die untergehende Sonne aufgenommen wird. Das bekannteste und begehrteste Motiv auf Bali sind sicher die **Reisterrassen.** Aufnahmen werden richtig gut, wenn die Sonne im Rücken des Fotografen steht.

Einige Verhaltensregeln

Wer auf Festen und Verbrennungszeremonien fotografiert, wird schnell die Erfahrung machen, dass **fast alles geht.** Besonders auf Bali sind die **Menschen** nicht nur ungemein fotogen, sondern sie lassen sich auch gern fotografieren. Natürlich hilft es, vor dem Foto höflich zu fragen – vor allem auf Lombok. Manchmal reicht ein Zeichen mit der Kamera, auf das ein **zustimmendes Nicken** des „Models“ erfolgt. Natürlich muss die Fotografin oder der Fotograf damit rechnen, dass die Menschen ihre Bilder sehen wollen; meist genügt es, das Ergebnis auf dem Display zu präsentieren.

Auf Bali fotografieren – ein Gespräch mit Rio Helmi

Der Indonesier **Rio Helmi** wurde 1954 geboren und verbrachte große Teile seiner Kindheit als Sohn eines Diplomaten in der Schweiz, Australien und Deutschland. Seit 1978 lebt er als Fotograf auf Bali. *Helmi* war als Fotojournalist beispielsweise im Auftrag von „New York Times" und „Geo" in der ganzen Welt unterwegs, seit Ende der 1980er-Jahre investiert er viel Zeit in Buchprojekte. Sein bekanntestes fotografisches Werk, **„Bali Style"**, erschien 1995 und ist bis heute im wahrsten Sinne des Wortes stilbildend. Mehr über *Helmi* gibt's online: www.facebook.com/riohelmi.photography.

Reise Know-How: Bali ist bunt und lebendig, die Menschen lassen sich gern fotografieren und an jeder Ecke gibt es eine Zeremonie. Wie können Fotografen da den Überblick behalten?

Helmi: Seit mehr als 44 Jahren fotografiere ich auf Bali, und es hat sich gezeigt, dass die besten Bilder entstehen, wenn der Fotograf mit Herz und Verstand bei der Sache ist. Also nicht einfach drauflosschießen, sondern vorher gut überlegen: Was will ich mit dem Bild sagen? Was ist das Besondere an der Situation? Bin ich nur überwältigt, ist sie nur spektakulär, was auf Bali kein Problem ist, oder verstehe ich, was gerade vor sich geht? Oder versuche ich es wenigstens zu verstehen? Es ist wichtig, sich wirklich hineinzudenken, sich dementsprechend zu verhalten und dann teilzuhaben am Geschehen, nicht nur zuzuschauen.

Reise Know-How: Apropos Verhalten: Balinesen lassen sich gern ablichten, und kaum jemand wird Probleme bekommen, beispielsweise eine Verbrennungszeremonie zu fotografieren. Denn je mehr Leute, desto besser die Stimmung, sagen die Balinesen.

Helmi: Was aber nicht dazu führen sollte, dass ein Tourist mit kurzen Hosen, T-Shirt und Sandalen in eine Zeremonie eindringt, eine seiner drei großen, teuren Spiegelreflexkameras zückt und mit riesigem Objektiv und 1000 Millimeter Brennweite dann die Menschen abschießt. Ernsthaft: Wie würden sich Europäer vorkommen, wenn eine Horde Japaner mit Kameras ein Begräbnis heimsuchen würde? Meine Erfahrung

018ba sb

ist: Verhalte dich als Fotograf immer der Situation angemessen. Das beginnt bei der Kleidung, die einfach zum Umfeld passen muss. Das geht weiter mit dem Verhalten, das vor allem durch Respekt geprägt sein sollte. Respekt gegenüber den Menschen, die ich ja fotografieren will. Das kann auch heißen, diese Menschen um Erlaubnis zu fragen, bevor ich ihnen den Augenblick mit meiner Kamera stehle. Wenn es nur mit einer Kopfbewegung ist oder mit einem Zeigen auf die Kamera, „darf ich?" Und falls das nicht geht, weil einfach zu viel los ist, dann sollte ich wenigstens ein Gespür dafür haben, ob es okay ist. Das alles gilt auch für das Equipment. Eine Kamera reicht, vielleicht klassisch mit 24-70-mm-Objektiv, unauffällig eingesetzt, nicht spektakulär in Szene gesetzt.

Reise Know-How: Und dann heftig in die Gruppe blitzen?

Helmi: Bitte nicht. Mit den heutigen Kameras kann vieles ohne Blitz gemacht werden, 1600 ASA sind häufig kein Problem. Ein Blitz kann die ganze Atmosphäre zerstören, etwa bei einem Tanz oder einem Schattenspiel.

Reise Know-How: Nicht blitzen, passend angezogen sein, mitdenken und unauffälliges Equipment. Das ist alles?

Helmi: Nein. Mehr als mitdenken: Mitfühlen ist gefordert. Das Herz mit reinpacken, nicht nur das Kameraauge die Arbeit machen lassen. Sich interessieren, verstehen, mit den Menschen wirklich kommunizieren, Teil des Ganzen werden. Denn Balinesinnen und Balinesen sind sehr aufmerksam, auch wenn Besucher das nicht bemerken. Sie beobachten genau und bilden sich dann eine Meinung. Und wer hier als Fotograf durchfällt, wird nie zu richtig guten Bildern kommen.

Ein paar Regeln helfen, die zwischenmenschliche Ebene schnell herzustellen und Ärger zu vermeiden. So sollte auf **Tempelfesten** nicht geblitzt werden. Es ist verboten, zum Beispiel zwischen Priestern und Betenden Aufstellung zu nehmen, um etwa ein Porträt des Würdenträgers zu erhaschen. Auch sollte **nicht von oben** fotografiert werden; damit würde sich der Fotograf über die Menschen erheben, und das steht ihm in dem Augenblick nicht zu. Hier helfen ein wenig Entfernung von der Prozession oder Zeremonie und eine große Brennweite.

Menschen in peinlichen und intimen Situationen zu fotografieren, etwa beim Baden im Fluss, ist auf Bali genauso unangemessen wie in unseren Breiten. Ein Beispiel für diese Art der **voyeuristischen Fotografie** ist der Deutsche **Gregor Krause.** Als Arzt 1912–1914 auf Bali unterwegs, machte er dort Tausende von Aufnahmen. 1918 brachte er gemeinsam mit dem holländischen Künstler *Wijnand Otto Jan Nieuwenkamp* erstmalig balinesische Kunst nach Europa – in einer Ausstellung in Amsterdam. Aber besonders seine Bilder sorgten 1920 in Deutschland nach ihrer Veröffentlichung in zwei Fotobänden für eine mythische Verklärung der Menschen Balis als „edle Wilde". Denn *Krause* hatte mit versteckter Kamera fotografiert, und etliche Bilder zeigten nackte Frauen und Männer beim Baden in freier Natur. Damit bediente er im prüden und vom Ersten Weltkrieg gebeutelten Deutschland

< Touristen fotografieren eine Verbrennungszeremonie (Ngaben)

so manches **Klischee** von den in der Natur und im Einklang mit dieser lebenden barbusigen, glücklichen Menschen. Vielleicht hatte *Krause* das nicht bedacht, aber seine Bilder lösten eine Sehnsucht nach dem vermeintlichen Paradies und dessen Unberührtheit aus, der Künstler, Schriftsteller, Fotografen und andere Freigeister nach Bali folgten. Unter ihnen z.B. die Schriftstellerin *Vicky Baum,* der Maler *Walter Spies* oder später der weltberühmte Fotograf *Henri Cartier-Bresson.* Und in Deutschland war der Bali-Tourismus geboren.

Heute stehen die **Selfie-, Instagram- und Facebook-Fotografie** ganz hoch im Kurs bei Urlaubern – nicht nur aus dem asiatischen Raum. Daher hat sich eine richtige Industrie auf Bali entwickelt: Im Rahmen einer Rundreise werden jene Punkte besucht, an denen man sich selbst besonders schön fotografieren (lassen) kann, am besten mit einer grünen Schlucht, einer pittoresken Reisterrasse, einem hübschen Tempel oder einem herrlichen Strand inklusive Klippen im Hintergrund. Diese Bilder werden dann ordnungsgemäß gepostet und tragen dazu bei, dass diese Orte später rein fürs Foto heimgesucht werden.

xba069 sb

Geld

→ Notfälle
→ Öffnungszeiten

Indonesische Währung

Die indonesische Währung heißt **Rupiah (IDR oder Rp.).** Die Rupiah wurde mit der Gründung des Staates Indonesien 1949 die offizielle Währung. Im Umlauf befinden sich **Münzen** zu 100, 200, 500 und 1000 Rp. und **Scheine** zu 1000, 2000, 5000, 10.000, 20.000, 50.000 und 100.000 Rp. Die Rupiah gilt nicht gerade als stabile Währung oder sichere Wertanlage.

Wechselkurse (Herbst 2023)

- **1 €** = 16.670 Rp., 10.000 Rp. = 0,60 €
- **1 SFr** = 17.367 Rp., 10.000 Rp. = 0,58 SFr
- **1 US$** = 15.190 Rp., 10.000 Rp. = 0,66 US$

Wahl der Zahlungsmittel

Der **Euro (€)** wird normalerweise überall akzeptiert, auch **Schweizer Franken** können bei den Geldwechslern eingetauscht werden.

Sinnvoll ist es, den eigenen **Cashflow** gut zu planen: Wer einen zweiwöchigen Trip auf Lombok über den Rinjani mit Besuch einiger Sasak-Dörfer plant, sollte vorher genug Bargeld tauschen und vielleicht doch ein paar **US-Dollar** in kleinen Scheinen in der Tasche haben, falls alle Stricke reißen. Der Trick ist, **von allem etwas** dabeizuhaben: Immer genug Bargeld und die Kreditkarte zum Abheben und zum bargeldlos Zahlen. **Geld-**

automaten (ATM) gibt es mittlerweile reichlich; schon bei den Gepäckbändern an Balis Flughafen Ngurah Rai bitten sie um die Karten der Einreisenden.

Bargeld

„Bargeld lacht!", dieser Spruch gilt auch auf Bali und Lombok. Bares ist die einfachste Methode, an indonesische Rupiahs zu kommen. Gut darauf achten, dass die Rupiah-Scheine einen nicht zu großen Wert haben; schon ein 50.000-Rp.-Schein kann einen Bemofahrer in den Wahnsinn treiben. **Kleine Scheine** sind immer und überall eine gute Lösung für die Geschäfte des Alltags.

Banken, Geldautomaten (ATM) und **Geldwechsler** sind die Stationen, die in Sachen Bargeld für finanzielle Unabhängigkeit sorgen. Hotels wechseln zwar auch Bargeld, aber normalerweise zu schlechteren Konditionen als der Geldwechsler auf der anderen Straßenseite. Für Freunde der „Nummer sicher" sind Banken und ihre Geldautomaten die erste Anlaufadresse.

Geldautomaten (ATM)

Das Abheben am Automaten **mit Kreditkarte** ist die sicherste Methode, zu Barem zu kommen. Ein oder mehrere ATMs gibt es mittlerweile in so gut wie jedem Ort. Bei den meisten Automaten kann bis **maximal 2,5 Mio. Rp. pro Transaktion** abgehoben werden. Ein Aufkleber am Automat macht klar, ob der Automat 50.000- oder 100.000-Noten ausgibt. 50.000-Rp.-Scheinen ist der Vorzug zu geben, da diese lieber als größere Scheine angenommen werden.

Beim Abheben von Bargeld in Landeswährung wird manchmal angeboten, dass die Abrechnung mit dem eigenen Konto in Euro erfolgen kann; das Verfahren ist als **Dynamic Currency Conversion (DCC)** bekannt. Wählt man diese Option, die ja sicherer erscheint, wird aber ein ungünstiger Wechselkurs zu-

Zerrissene Scheine

Es kommt vor, dass sich **Händler oder Taxifahrer weigern,** zerschlissene oder angerissene alte Scheine anzunehmen. Auf der anderen Seite bekommt man diese mit Vorliebe als **Wechselgeld** zurück. Wer sie nicht haben will, sollte sich standhaft weigern und neuere Scheine verlangen. Oder am besten gleich auch „small change" für die Bezahlung der jeweiligen Dienstleistung bereithalten. Auch kann es vorkommen, dass man im Shop bei einem Kauf anstatt Wechselgeld in Münzen Bonbons entgegennehmen darf.

Hinweis: Wer mit seiner normalen Bankkarte (statt einer Kreditkarte) im Ausland zahlt, nutzte dafür bisher meist den **Maestro- oder V PAY-Standard** (zu erkennen am entsprechenden Zeichen auf der Karte). Diese von den Kreditkartenfirmen MasterCard und VISA angebotenen Systeme laufen aus und werden durch die neuen Standards **MasterCard debit** und **VISA debit** ersetzt. Bankkunden erfahren das in der Regel dadurch, dass sie eine entsprechende neue Karte ausgestellt bekommen. Ob die neuen Karten dann schon überall funktionieren, lässt sich zurzeit noch nicht sagen. Im Zweifel erkundigen Sie sich vor der Reise bei Ihrer Bank.

grunde gelegt, der erhebliche Kosten verursachen kann. Deshalb sollte man Abhebungen immer in der Landeswährung vom eigenen Konto abbuchen lassen, dann legt die eigene Bank den offiziellen Devisenkurs zugrunde.

Debitkarten (Girocards)

Viele Banken sperren die Debitkarten aus Sicherheitsgründen für den Einsatz im außereuropäischen Ausland oder beschränken den Verfügungsrahmen. Außerdem statten einige deutsche Banken ihre Debitkarten mit der **Bezahlfunktion V PAY** aus, bei der nicht der kopierbare Magnetstreifen, sondern der Chip ausgelesen wird. Das hat zur Folge, dass an Bankautomaten in Indonesien mit solchen Karten kein Geld gezogen werden kann, denn die Automaten können die Chips schlicht nicht lesen. Wer im Ausland mit seiner Debitkarte bezahlen oder Bargeld abheben möchte, sollte sich im Vorfeld bei seiner Bank erkundigen und die Karte ggf. für das Reiseland freischalten lassen.

Ob **Kosten bei einer Barabhebung** entstehen und wie hoch diese letztendlich sind, variiert sehr je nach kartenausstellender Bank und je nach Bank, bei der die Abhebung erfolgt. Man sollte sich daher vor der Reise bei seiner Hausbank informieren, mit welcher Bank sie vor Ort zusammenarbeitet und auch bei www.geld-abheben-im-ausland.de die Konditionen für die Kreditkarten vergleichen, mit denen man im Ausland gebührenfrei Bargeld abheben kann.

American Express, MasterCard und **VISA** werden in Touristenzentren von größeren Hotels, Restaurants und Reisebüros akzeptiert. Aber **Vorsicht:** Häufig werden die 2 bis 3 %, die das Hotel an die Kreditkartenorganisation abführt, auf den Endpreis aufgeschlagen. Auch eine kleine Bearbeitungsgebühr könnte dazukommen. Um Überraschungen zu vermeiden, am besten vorher fragen.

Reisekosten

Bali und Lombok sind recht günstige Reiseziele, Wechselkurse hin oder her. Natürlich können Touristen auch in einem Hotel oder Resort der 300-€-Klasse wohnen und essen. Wer aber vor die Tür geht, findet von der günstigen Unterkunft für rund 10 € bis zur Schüssel Nudelsuppe für 1 € alles, was das Herz begehrt. Nicht zu vergessen, dass der Liter Sprit gerade mal um die 90 Cent kostet; ein Ausflug mit dem Motorrad oder Leihwagen ist also im Vergleich zu heimischen Verhältnissen ein eher günstiges Vergnügen.

Einige Preisbeispiele

- **Guesthouse**①, einfach: 10–15 €
- **Mittelklassehotel**②-③: 15–50 €
- **Erstklassiges Hotel**④: ab 50 €
- **Bustour,** ca. 30 km: 3 €
- **Bemo,** Kurzstrecke: 0,50 €
- **Bier,** 0,33-l-Flasche: 2 €
- **Kaffee:** 0,80 €
- **Softdrink:** 1 €
- **Einheimische Zigaretten/Kretek,** Packung: 1,50 €
- **Nasi Goreng** (gebratener Reis), Portion: 2–3 €
- **Sarong:** 5 €
- **Massage:** 5–15 €
- **Moped,** Tagesmiete: 4 €
- **Eintritt Monkey Forest:** 5 €

Gesundheit und Hygiene

→ Essen und Trinken

Impfungen

Wer sich innerhalb der letzten sechs Tage vor der Einreise in einem **Gelbfieber-Endemiegebiet** aufgehalten hat, von dem wird eine gültige Gelbfieber-Impfbescheinigung verlangt.

Standardimpfungen nach dem deutschen Impfkalender, speziell Tetanus, Diphtherie, Hepatitis B, Polio, sind empfehlenswert, darüber hinaus Hepatitis A, Typhus und Tollwut.

Welche Impfungen man darüber hinaus vornehmen sollte, hängt von dem **aktuellen Infektionsrisiko** vor Ort, der Art und Dauer der geplanten Reise, dem Gesundheitszustand und dem vorhandenen Impfschutz ab. Man sollte sich vier bis sechs Wochen vor Reiseantritt von einem tropen-/reisemedizinisch erfahrenen Arzt oder Apotheker beraten lassen. „Keine Impfvorschriften" bedeutet jedoch nicht, dass es auf Bali keine Infektionskrankheiten gibt.

Ortstypische Krankheiten

Ein Risiko für **Durchfallerkrankungen** besteht auf Bali und Lombok durchaus. Immerhin muss sich der Darm erst umstellen auf andere Gewürze, auf die Schärfe der Speisen usw. Während dieser Umstellungsphase kann es zu Verstopfung oder Durchfall kommen, normalerweise ohne Fieber. Ein, zwei Tage Diät mit Brot, Tee und Elektrolyt-Lösungen sollten helfen. Fieber oder lang anhaltender Durchfall können auch andere Ursachen haben. In diesem Fall sollte man einen Arzt oder eine Apotheke aufsuchen.

Denguefieber

Im Jahr 2020 wurden in Indonesien über 100.000 Infektionen mit dem Denguefieber und 747 Todesfälle gemeldet. Das Auswärtige Amt warnt ausdrücklich vor der **Viruserkrankung,** die überwiegend **von tagaktiven Mücken übertragen** wird. Das Ansteckungsrisiko ist während der Regenzeit besonders hoch. Zum Schutz werden geschlossene Kleidung und wirksamer Mückenschutz (s.u.) empfohlen. Seit Februar 2023 ist eine effektive Impfung verfügbar.

Malaria

Auf Bali und Lombok besteht nur ein **geringes Malaria-Risiko.** Mit **konsequentem Mückenschutz** – vor allem in den Abend- und Nachtstunden – kann das Risiko weiter verringert werden. Am besten ist es, sich während der Dämmerung und nachts in mückengeschützten

Centrum für Reisemedizin: Auf der Homepage www.crm.de können viele reisemedizinische Informationen eingeholt werden: Einreise-Impfvorschriften, empfohlener Impfschutz, aktuelle Meldungen usw. Ein Blick vor der Reise lohnt sich!

Räumen aufzuhalten, z.B. solchen, in denen eine Klimaanlage läuft, denn Mücken fliegen nicht vom Warmen ins Kalte. Beim Aufenthalt im Freien sollte man abends und nachts weitgehend körperbedeckende Kleidung mit langen Ärmeln und Hosen tragen. Unbedeckte Hautstellen sollten mit insektenabwehrenden Mitteln bedeckt werden. Die Räume selbst kann man mit Aerosolen, Verdampfern, Kerzen und Räucherspiralen mückensicher machen. Am besten schläft man unter einem Moskitonetz.

Tollwut

Auch Touristengebiete wie Ubud und Kuta Beach sind vom Auftreten der Tollwut seit 2008 betroffen. Auf Bali gibt es weiterhin einen Mangel an Immunglobulinen. Moderne Zellkulturimpfstoffe sind nach Auskunft des Auswärtigen Amtes in einigen Zentren und Krankenhäusern verfügbar, man sollte sich jedoch nicht darauf verlassen. Es empfiehlt sich eine **Impfung in der Heimat.**

Sonnenschutz

Die Stärke der Sonneneinstrahlung und damit das Hautkrebsrisiko so nah am Äquator sollten nicht unterschätzt werden. Ein Sonnenschutzmittel mit **Lichtschutzfaktor 30 oder höher** – 50 ist ein guter Wert – gehört unbedingt ins Reisegepäck. Für die ersten Tage kann auch ein **Sunblocker** für Gesicht, Nacken, Unterarme und alle ungeschützten Körperbereiche eine gute Lösung zur Prävention sein. Generell ist es immer gut, den **Schatten** aufzusuchen. Auch Sonnenhungrige sollten die Mittagshitze mit der intensivsten Sonnenstrahlung meiden. Studien haben gezeigt, dass je nach Hauttyp schon 20 Minuten in der prallen Sonne zu Schäden führen können.

Achtung: Auch im Schatten oder bei bewölktem Himmel besteht Sonnenbrandgefahr!

Reiseapotheke

Auf Bali, weniger auf Lombok, gibt es **zahlreiche Apotheken,** in denen alles für alle möglichen (Un-)Fälle gekauft werden kann – rezeptfrei und deutlich günstiger als in Europa. Trotzdem sollten **rezeptpflichtige Medikamente aus dem Heimatland** mitgebracht werden. Es empfiehlt sich, eine individuelle Reiseapotheke mitzunehmen und unterwegs den Temperaturen entsprechend zu schützen. Dazu gehören **Medikamente gegen Durchfall, Reisekrankheit, Schmerzen und Fieber.** Am besten nutzt man Paracetamol und kein Aspirin oder Ibuprofen, denn Letztere wirken bei einer eventuellen Dengue-Infektion (s.o.) zusätzlich blutverdünnend.

Außerdem braucht man Wunddesinfektionsmittel, Insekten- und Sonnenschutzmittel, Salbe bei Insektenstichen oder anderen Hautreizungen, Fieberthermometer und Verbandsmaterial. Nicht zu vergessen die Medikamente, die regelmäßig eingenommen werden müssen. Wer auf Nummer sicher gehen will, nimmt von seinem Arzt ein am besten auf Englisch verfasstes Schreiben mit, das die Einnahme verschreibungspflichtiger Medikamente bestätigt.

Zur Reisevorbereitung gehört auch, sich um eine **Auslandskrankenversicherung** zu kümmern, die man dringend abschließen sollte.

Wen beim Busfahren oder auf dem Boot **Reisekrankheit oder Übelkeit** überkommen, die oder der greift am besten zu „Antimo-Dimenydrinate"-Tabletten. Die praktischen Pillen gibt es in so gut wie jedem Laden auf Bali und Lombok, eine kostet 500 Rp. Balinesen schwören auf die Anti-Übelkeitstabletten und „essen sie wie Smarties", so die erstaunte Beobachtung eines dort lebenden Deutschen.

Geschlechtskrankheiten

Auch im „Paradies" lauert die Ansteckungsgefahr. Um sich Peinlichkeiten zu ersparen, hier das passende Vokabular: **Penyakit kotor** heißt Geschlechtskrankheit (wörtlich „schmutzige Krankheit"). Der entsprechende Facharzt nennt sich **Ahli Penyakit Kelamin.**

Trinkwasser

Für alle Länder des Südens gilt, dass auf eine **sorgfältige Trinkwasser- und Nahrungsmittelhygiene** zu achten ist. Man sollte Wasser vor der Benutzung zum Trinken, Zähneputzen und zur Eiswürfelbereitung immer abkochen oder sterilisieren. Praktisch jeder Indonesier beherzigt dies. **Abgepacktes Wasser** ist eine einfache Lösung. Aber Vorsicht: Beim Kauf von Wasserflaschen – meist aus Plastik – sollte darauf geachtet werden, dass die Original-Verpackung nicht angebrochen ist.

Beliebt bei Touristen wie bei Indonesiern, türmen sich **Plastik-Einwegbehälter** leider überall in der Landschaft. Also der Umwelt zuliebe: Tee trinken! Als Alternative zu den Liter- oder Halbliterflaschen gibt es Fünf-Liter-Kanister,

Das Quellwasser von Gunung Kawi gilt als heilig

019ba sb

xba070 sb

die billiger sind und nicht weggeworfen werden, sondern im Haushalt sehr begehrt sind als verschließbarer Aufbewahrungsbehälter. Eine Option sind auch sogenannte **Refill-Stationen,** die in etlichen Unterkünften und Restaurants angeboten werden; hier kann man seine Plastikflasche mit Trinkwasser auffüllen, ohne eine neue kaufen zu müssen. Oder man nimmt gleich eine wiederverwendbare Aluminiumflasche mit auf die Reise. Die **Website und App „Refill My Bottle"** informieren darüber, wo man seine Flasche auffüllen lassen kann: www.refillmybottle.com.

Refill-Station auf Gili Air – so werden Plastikflaschen überflüssig

Lebensmittel

Milchpulver oder Dosenmilch sollte man immer mit keimfreiem Wasser anrühren. **Milchprodukte** jeder Art können Salmonellen enthalten – es sei denn, sie kommen pasteurisiert aus dem Supermarkt oder basieren auf Milchpulver. Das betrifft insbesondere Mayonnaise, offenes Speiseeis und Joghurt. In den Touristenzentren bekommt man in den Restaurants Cappuccino, Milchkaffee oder Latte Macchiato angeboten. Die Getränke werden in der Regel mit H-Milch zubereitet. Wer sicher gehen will, bestellt einen **Kopi pahit,** schwarzen Kaffee.

Fleisch- und Fischgerichte schmecken am besten heiß und gut durch. Beim intensiven Kochen oder Anbraten werden Infektionsrisiken deutlich verringert. Alles, was nicht durchgegart ist, birgt Gefahren: halb rohes Fleisch beispielsweise am Saté, halb roher oder roher Fisch, Muscheln oder rohe Eier.

Für **Salate, Blattgemüse, ungeschältes Obst und Gemüse** besteht die Gefahr, dass niedrig wachsende Pflanzen mit Fäkalien gedüngt wurden. Dadurch könnten sich Amöben (Ruhr) und andere Krankheitserreger darauf festgesetzt haben. Ein einfaches Abwaschen vertreibt die Biester nicht. Zwar ist Fäkaliendüngung auf Bali nicht üblich, doch mittlerweile ist auch in Indonesien oft nicht mehr sicher, woher die Waren kommen. Alles, was hoch oben wächst wie beispielsweise Papaya oder Äpfel ist weniger riskant, sollte aber trotzdem geschält werden. Finger weg von Tomaten- und Gurkenscheiben, Kohlschnitzeln, Salatblättern. Traditionell werden ohnehin nur Gurkenscheiben gereicht, und die sind meist geschält. Gekocht ist das Gemüse natürlich bedenkenlos genießbar. Obst sollte man schälen.

In **Restaurants, Rumah Makan und Warungs** können die angebotenen Speisen in der Regel bedenkenlos genossen werden, wenn man diese Regeln beachtet. Wer die Liste durchgeht, wird feststellen, dass die „Gefahrenquellen" meist im Zusammenhang mit typischen Touristenspeisen zu finden sind. Indonesier essen keine Milchspeisen, kochen ihre Eier hart und essen nur sehr wenig Fleisch.

Das traditionelle Essen ist **grundsätzlich recht bekömmlich,** wenn auch teilweise schärfer gewürzt als in mitteleuropäischen Breiten. Salz wird in Indonesien hingegen deutlich weniger verwendet. An Mangelerscheinungen muss niemand leiden, es sei denn, er ernährt sich einseitig, weil er sich nicht traut, das Angebot auszunutzen.

Wasch- und Toilettenangelegenheiten

Indonesier legen Wert auf Sauberkeit, täglich wird bis zu dreimal geduscht. Das klassische indonesische **Badezimmer (Kamar mandi)** hat mit dem unsrigen wenig gemein. Es besteht aus einem Becken, das ein wenig Ähnlichkeit mit einer Badewanne hat. Direkt daneben befindet sich oft das Hockklo. Irgendwo gibt es auch noch eine Kelle, mit der das Wasser aus dem Becken geschöpft und dann über den Körper gegossen wird. Damit das Wasser im Becken sauber bleibt, sollte man nicht auf den Gedanken kommen, sich hineinzusetzen.

In **Touristenunterkünften** sind Dusche und Sitzklo die Regel. Trotzdem wird oft auf das **Bak,** das Wasserbehältnis für die Kippdusche, nicht verzichtet, da auch viele Urlauber die Vorzüge dieser Art des Duschens schätzen gelernt haben.

Die indonesische Toilette ist ein **Hockklo;** hier hockt Frau/Mann auf der im Boden eingelassenen Keramik mit dem Gesicht zur Tür. Gereinigt wird mit der linken Hand und Wasser. **Toilettenpapier** gilt als unhygienisch und wird von Indonesiern nicht benutzt (höchstens als Serviette). In Reichweite befindet sich immer ein Wasserhahn, ein gefüllter Eimer oder Topf. Toilettenpapier kann allerdings fast überall erworben werden.

Medizinische Versorgung

Die medizinische Versorgung auf Bali und Lombok ist, gerade auf dem Land, nicht mit der in Europa zu vergleichen. Sie ist vielfach **problematisch,** in technischer, apparativer und hygienischer Hinsicht. Trotzdem besteht auf Bali **kein Mangel an Ärzten,** die sich vor allem in größeren Orten niedergelassen haben, die meisten in Denpasar und Südbali. Dort gibt es auch Spezialisten, die natürlich auch Spezialbezahlung verlangen.

Da es in Indonesien keine Krankenkassen gibt, müssen Behandlungskosten bei Arztbesuchen oder Krankenhausaufenthalten umgehend **vor Ort bezahlt** werden. Zu beachten ist, dass europäisch ausgebildete, Englisch oder Französisch sprechende Ärzte eher rar sind. Daher ist es gut, sich **vor dem Trip reise- oder tropenmedizinisch beraten** zu lassen.

Wer ärztliche Betreuung braucht oder einen Notfall hat: In den Touristenzentren Balis und Lomboks gibt es einige recht gut eingerichtete **Kliniken** mit 24-Stunden-Service (siehe auch bei den jeweiligen Ortsbeschreibungen):

Bali

- **International SOS Bali,** Jl. Bypass Ngurah Rai 505, Kuta, Tel. 0361 710505, www.internationalsos.com.
- **Dental Clinic Raya Kuta,** Jl. Raya Tuban 62, Kuta, Tel. 0361 758033, zahnärztliche Klinik.
- **BIMC Hospital Ubud,** Jl. Raya Sanggingan 21, Kedetawan, 24-Std.-Service, Tel. 0361 2091030, http://bimcbali.com.
- **Manuaba Hospital,** Jl. HOS Cokroaminoto 28, Denpasar, Tel. 0361 426393, www.rsumanuaba.com.

Lombok

- **Siloam Hospital Mataram,** Jl. Majapahit, Tel. 0811 8951181, www.siloamhospitals.com/rumah-sakit/siloam-hospitals-mataram.
- **Risa Sentra Medical Hospital,** Jl. Pejanggik 115, Cakranegara, Tel. 0370 625560, www.risasentramedika.co.id, mit 24-Std.-Service.

Kinder

Die **medizinische Versorgung** ist in den touristischen Regionen Balis und Lomboks **recht gut gesichert.** Es gibt eigene Kinderärzte, auf Lombok ist die Ärztedichte geringer als auf Bali. Die Praxiszeiten liegen in den frühen Morgen- und Abendstunden. Man erkundige sich, ob der Arzt Englisch spricht, wenn nicht, ist ein Dolmetscher sehr nützlich.

Ein **medizinisches Notfall-Set** sollte man auf jeden Fall schon von zu Hause mitnehmen. Dazu gehören Medikamente gegen Durchfall, Hustensaft, fiebersenkende bzw. schmerzstillende Medizin (als Saft oder Tropfen, da Zäpfchen in der Wärme schmelzen), Wundsalbe, reichlich Wunddesinfektionsmittel und Pflaster. Jeder kleine Kratzer oder aufgekratzte Mückenstich sollte sofort desinfiziert werden, da es in den Tropen sehr schnell zu Entzündungen kommt. Welche Medikamente für das jeweilige Kind angemessen sind, sollte man mit seinem Kinderarzt zu Hause besprechen.

Mit Haustier unterwegs

Generell können Hunde und Katzen aus mindestens zwei Jahre Tollwut-freien Ländern wie Deutschland, Österreich und der Schweiz nach Bali und Lombok einreisen. Alle Katzen und Hunde müssen vor der Reise nach Indonesien **gegen Tollwut und andere Haustierkrankheiten geimpft** werden. Für Hunde gelten folgende Impfungen: Staupe, Hepatitis, Leptopirose, Parvovirus, Parainfluenza, Bordetella, für Hauskatzen Calicivirus, Panleukopenie, Rhinotracheitis, Chlamydien. Der Impfstoff muss mindestens 30 Tage und nicht mehr als elf Monate vor der Reise verabreicht werden.

Zusätzlich brauchen die Vierbeiner ein **Gesundheitszeugnis** vom heimischen Doktor. Die Einreisegenehmigung erteilt der Direktor für Tiergesundheit, Generaldirektion Tierhaltung in Indonesien. Klappt alles, dann müssen die Tiere nach der Einreise noch für einige Tage zur Beobachtung in Quarantäne.

Information

→ LGBT+

Indonesien im Internet

Im Internet als eine der wichtigsten Informationsquellen für Bali und Lombok sind viele Infos nicht unbedingt auf den „offiziellen" Seiten zu finden. Interessant sind solche, die aus dem Land selbst erzählen. Aber die **Recherche** per Google etc. **lohnt sich:** Man kann viele **aktuelle Informationen schon vor der Reise** sichten, bewerten und sammeln. Auch sind die großen Hotels normalerweise online, kleinere Hotels und Guesthouses präsentieren sich ebenfalls häufig mit eigenen Facebook-Seiten. Gleiches gilt für touristische Orte, Surf- und Tauchschulen, Anbieter von Exkursionen, Restaurants und Kochschulen. Bali und Lombok sind ausgiebig im Internet vertreten.

An dieser Stelle können unmöglich alle Info-Adressen genannt werden. Oft hapert es an der Aktualität der jeweiligen Website – besonders, was Preise und andere Angebote angeht. Nachstehend **ein paar Adressen,** die sofort weiterhelfen. Etliche der Sites sind auf Englisch, andere bleiben der persönlichen Recherchefreude überlassen.

Indonesien

- **https://deutsch-indonesische-gesellschaft.de:** Die Website der Deutsch-Indonesischen Gesellschaft e.V. in Köln bietet reichlich Angebote zur Vorbereitung einer Reise.
- **http://indojunkie.com:** Die deutschsprachige Website nennt sich recht selbstbewusst „Der beste Reiseblog für Indonesien". Hier gibt es viele Infos und Tipps für eine eher jüngere Zielgruppe.
- **www.indonesia.travel:** Die offizielle Internetpräsenz des Tourismusministeriums unter dem Slogan „Wonderful Indonesia" ist eine zuverlässige Informationsquelle für touristische Angebote, die das Land zu bieten hat.
- **www.travelindo.com:** Die Seite punktet mit Inlandsflügen zu deutlich günstigeren Preisen als z.B. in Deutschland.
- **https://jakarta.diplo.de:** Die Website der deutschen Botschaft in Jakarta bietet grundsätzliche Reiseinformationen zu Reisesicherheit, Gesundheit und Passangelegenheiten.

Bali

- **www.bali.com:** Eine Adresse, die schon wegen ihrer Einfachheit auf der Hand liegt. Es gibt einen sehr guten Überblick über Essen, Trinken, Kulturelles, Hotels mit Rabatten und mehr.
- **https://bali-tourguide.com:** Wertungen zu den Fluglinien nach Bali, empfiehlt neben Ticketanbietern Villavermietungen, gibt Reise- und Insidertipps. Eine gute erste Anlaufadresse.
- **www.balidiscovery.com:** Bietet neben den oben genannten Angeboten aktuelle Meldungen und Nachrichten aus Bali. Wer sich für den E-Mail-Newsletter einträgt, wird recht regelmäßig über Neuigkeiten informiert.
- **www.balivillas.com:** Wartet auf mit großen Hotels, die oft zu sehr günstigen Konditionen gebucht werden können.
- **www.budgetbali.com:** Nennt ebenfalls preiswerte Hotels und Transportmöglichkeiten.
- **http://kalenderbali.org:** Erzählt auf Indonesisch alles rund um den balinesischen Kalender.

Lombok

- **www.lombok.com:** Nennt sich „Travel Guide" und bietet in der Tat einen bunten Eindruck von dem, was es auf Lombok alles zu entdecken gibt.
- **http://thelombokguide.com:** Gibt es schon lange und ist (nicht nur in gedruckter Form) eine erstklassige Informationsquelle rund um die gesamte Insel.

■ **www.facebook.com/mylombokmag:** Ein anderes Magazin mit ähnlicher Themenstellung.

Blogs

Über Bali und Lombok wird auch gebloggt – gute Quellen für aktuelle **Informationen aus erster Hand:**

■ **www.baliblog.com:** Erzählt werden bunte Geschichten aus Bali, vom Foto des Tages bis hin zu „5 Speisen, die Sie probieren sollten". Nette, lockere Informationsquelle.
■ **http://news.bali.de:** Hier gibt's Nachrichten von allen touristischen Orten der Insel und reichlich Reisetipps.
■ **http://blog.baliwww.com** (auf Englisch): Bunte Mischung an Themen von Fitness bis zu internationalen Events.
■ **www.worldofinternetcafes.de:** Verschafft einen aktuellen Überblick über weltweite Adressen von Internetcafés, Flüge können gleich mitgebucht werden.

Sinnvolle Apps fürs Smartphone

Zum regulären Taxiservice auf Bali, beispielsweise vertreten durch die Bluebird Group (MyBluebird Taxi bzw. MyBluebird), gibt es Alternativen. Dazu gehört der **Fahrdienstanbieter Grab.** Mit der **App Gojek** kann man oder frau sich ein Ojek – also ein Motorradtaxi – bestellen. Alle gibt es kostenlos für Android und iOS (siehe in den Ortskapiteln).

Informationsstellen vor Ort

Das **Department of Tourism** hat **auf Bali** einige Informationsstellen für Touristen eingerichtet, was aber nicht heißt, dass es immer gute Informationen gibt. Oft hängt deren Qualität vom Können und Wollen des jeweiligen Gesprächspartners ab.

xba106 sb

Denpasar/Bali

- **Bali Tourism Board Denpasar,** Jl. Raya Puputan 41, Renon, Tel. 0361 235600, https://balitourismboard.id, Mo–Sa 9–17 Uhr. Hier bekommt man Prospektmaterial, aber viel mehr sollte man nicht erwarten.
- **Denpasar Tourism,** Jl. Majapahit 1, Denpasar, Tel. 0361 8495707, https://denpasartourism.com. Die Website ist eine Quelle des Wissens rund um Denpasar und bietet einen Veranstaltungskalender.

Kuta/Bali

- **Indonesia TIC/TIC MPU Kuta-Bali,** Jl. Raya Kuta 2, Tel. 0361 766181, Mo–Fr 9–17 Uhr. Gut für ein paar Flyer und Tipps.
- **Perama Tour & Travel,** Jl. Legian 39, Kuta, Tel. 0361 751875, www.peramatour.com, tgl. geöffnet. Touristische Infos und Tickets für Touristenshuttles, Fähren, Flüge und Tanzveranstaltungen.

Neben den offiziellen Stellen gibt es auf Bali und Lombok in den von Touristen besuchten Regionen und Dörfern oder Städten meist **kleine, oft private Touristeninformationsbüros.** Das Niveau der gebotenen Informationen kann aber sehr unterschiedlich sein: von Prospekten und intensiver Beratung auf Englisch bis hin zu ungenügender Information und kaum ausreichenden englischen Sprachkenntnissen. Sicher ist aber, dass man immer freundlich behandelt wird. Und wenn alle Stricke reißen, niemand mehr weiter weiß und der letzte Minibus des Tages gerade am Horizont verschwindet, lohnt ein Besuch auf der örtlichen **Polizeiwache.** Dort tut man zumeist sein Bestes und findet manche Lösung – von der alternativen Fortbewegungsmethode per öffentlichem Nahverkehr bis zur Unterbringung für eine Nacht in einem Hinterzimmer.

◁ Informationsstellen und Reiseagenturen wie Perama helfen bei der Organisation des Urlaubs

Im Ernstfall

Insbesondere bei außergewöhnlichen Zwischenfällen wie Naturkatastrophen, Massenunfällen oder Terroranschlägen sind folgende Adressen wichtig, wenn man beispielsweise aktuelle **Hinweise zur allgemeinen Sicherheitslage** benötigt. Hier wird bei Notfällen im Ausland rund um die Uhr weiter geholfen:

- **Deutsches Auswärtiges Amt,** www.auswaertiges-amt.de, Tel. 030 18172000 (auch App „Sicher Reisen" für iOS und Android).
- **Außenministerium Österreich,** www.bmeia.gv.at, für generelle Anfragen Tel. 01 901153775, für dringende Fälle Tel. 01 901154411 (auch Auslandsservice-App für iOS, Android und BlackBerry).
- **Eidgenössisches Departement für Auswärtige Angelegenheiten (Schweiz),** www.eda.admin.ch, Tel. 0800 247365 oder 0584653333 (auch itineris-App für iOS und Android).

Presse und Radio

Info-Hefte

- Für Touristen und Expats auf Bali gleichermaßen interessant sind die englischsprachigen Gratisblätter **„Bali Advertiser"** (www.baliadvertiser.biz) und **„Yes Bali Pages"** (www.facebook.com/yesbalipages). Der „Advertiser" erscheint 14-tägig und ist eine Fundgrube an Infos rund um das Leben auf

Bali, mit Geschichten, Adressen, Tipps und einem umfangreichen Anzeigenteil, der zeigt, wo und wann was los ist. Die „Pages" erscheinen monatlich und liefern teilweise auch gute Karten einzelner Touristenorte.

- **https://bali-travelnews.com** ist eine andere, eher werblich orientierte Informationsquelle, mit aktuellen Meldungen aus der Welt des balinesischen Tourismus. Die „Travel News" sind ebenfalls kostenlos und erscheinen 14-tägig.
- **„Bali Art Voice"** ist die Stimme für Kunst und künstlerische Events auf Bali mit Schwerpunkt Ubud. Das Heftchen erscheint monatlich und ist kostenlos erhältlich.
- **https://thebeatbali.com** ist für das eher jüngere oder jung gebliebene Publikum, ein 14-tägig erscheinender Entertainment Gig Guide; hier sind Konzerte, Events und Partys in Südbali aufgeführt.

Zeitungen und Magazine

- Das Magazin **„Bali Now!"** (http://nowbali.co.id) erscheint monatlich, kostet gedruckt 30.000 Rp. und ist eine Edel-Zeitschrift mit schönen Bildern und Artikeln rund um balinesische Themen (vor allem für Langzeiturlauber oder Expats interessant).
- Eine englischsprachige Tageszeitung neben der **„Jakarta Post"** (www.thejakartapost.com) gibt es auch: **„The Bali Times"** (www.thebalitimes.com). Eine andere Tageszeitung ist die **„Bali Post"** (www.balipost.com).
- **„Bali Buzz"** (www.facebook.com/BaliBuzz) ist eine Monatsbeilage der „Jakarta Post". Unter dem Motto „Sun, Sea and Sand" werden hier in erster Linie touristische Aspekte beleuchtet.

Regionale Blätter

In Kuta Beach, Ubud und anderen **touristischen Orten** gibt es verschiedene kostenlose Anzeigenblätter.

- In Kuta liegt **„Kuta Weekly"** (www.facebook.com/kutaweekly) aus, in Ubud die **„Ubud Community"** (http://ubudcommunity.com). **„Ubud Life"** (www.facebook.com/ubudlifemagz/) ist ein weiteres, recht ambitioniertes Projekt, die Region werblich zu unterstützen und interessante Geschichten zu erzählen. In Lovina erscheinen **„The Lovina Pages"** (www.facebook.com/TheLovinaPages).
- Das passende Gegenstücke auf Lombok ist der **„Lombok Guide"** (http://thelombokguide.com). Der Guide gilt als die Informationsquelle in der Expats-Community und erscheint 14-tägig.
- **„GiliLife"** (www.facebook.com/Gililife) kommt monatlich mit viel Werbung, Adressen und aktuellen Infos rund um die Gilis in den Handel.

Radio

- **„Radio Paradise"** (http://paradisefmbali.blogspot.com) auf 100,9 FM ist der Radiosender Balis mit der besten Musikunterhaltung, wobei sich das Musikprogramm nach ein paar Tagen wiederholt. Pünktlich um Mitternacht ist Schluss.
- **„The Beat Radio Bali"** (https://thebeatbali.com/the-beat-radio-bali) auf 98,5 FM unterhält im Süden mit brauchbarer Musik und macht mit aufwendigen Partys und anderen Aktionen in und rund um Seminyak auf sich aufmerksam.
- Auf 87,8 FM bedient das **„Hard Rock Radio Bali"** (www.hardrockhotels.com/bali/hard-rock-fm-bali.aspx) seine Fans mit hartem Sound und Geschichten über Musik, Partys und Promis.
- **„Kuta Radio"** (www.facebook.com/106kutafm) auf 106 FM versorgt die surfende Region rund um Kuta mit Nachrichten und Musik.
- **„FBI Bali Radio 91.8"** (http://fbibaliid.radio.net), Online-Radio, 24 Stunden täglich, sieben Tage die Woche music, culture, lifestyle auf Englisch.

☐ Das Pondok Pekak Learning Centre in Ubud bietet Kurse im Holzschnitzen an

Mit Kindern unterwegs

Im Buch steht dieses Symbol für **Kinder-Tipp** und kennzeichnet Sehenswürdigkeiten, Unterkünfte, Aktivitäten usw., die kleine Urlauber ansprechen.

Wer sich entschlossen hat, mit Baby oder Kleinkind eine Reise nach Asien zu unternehmen, hat mit **Bali als Reiseziel** eine **ausgesprochen gute Wahl** getroffen. Balinesen sind sehr kinderfreundlich und stets bemüht, den kleinen Erdenbürgern alles Mögliche recht zu machen. Jedes Kind wird umworben mit „manis" („wie süß"), und wenn es Unheil anrichtet, kann man sich eines „tidak apa-apa" („macht nichts") oder „biasa begitu" („das ist normal") sicher sein. Fast immer ist jemand da, der das Kind gern herumtragen oder mit ihm spielen will. Ist das Kind einmal müde, findet sich in fast jedem Restaurant eine Decke sowie eine ruhigere Ecke für ein einigermaßen geruhsames Schläfchen. Geduldig werden Fläschchen gewärmt und gewürzarme Kost (immer erst probieren, da manchmal zuvor in der gleichen Pfanne ein Chili-Gericht gekocht wurde) zubereitet. Gelassen werden in eine Schlucht gestürzte Kinderspielzeuge gerettet.

In **touristischen Orten** gibt es Geschäfte mit am westlichen Geschmack orientierter Kinderkleidung und Spielsachen. In Supermärkten werden Pampers und Babynahrung verkauft.

Die **Zeitumstellung** lässt sich mit Kind nicht ignorieren. Spielstunden in den ersten zwei bis vier Nächten werden vom Kind zwangsverordnet. Man sollte Kleinigkeiten zu essen und trinken bereitstellen, denn auch der Kindermagen benötigt Zeit für die Umstellung.

Zudem sollte man vor Ort die **Reisegeschwindigkeit den kindlichen Bedürfnissen anpassen.** Schnelle Ortswechsel, zehn Tempelbesuche pro Tag, 20 Antiquitätengeschäfte pro Stunde er-

021ba sb

zeugen unvermeidbar schlechte Laune und lautstarke Proteste. Ein **strukturierter Tag** mit festen Spielstunden, eine „Heimat", von der man Ausflüge unternimmt, immer wieder dieselben Restaurants mit demselben Personal schaffen ein Zuhause. Bei Ausflügen sollte man stets etwas Trinkbares mit sich führen und dem Kind immer wieder anbieten.

Dehydration/Austrocknung passiert fast unmerklich und bei Kindern noch viel schneller als bei Erwachsenen. Kinder, die keine Flüssigkeit zu sich nehmen können, müssen sofort zum Arzt. Babyfläschchen und spezielle Babymilch gibt es in den Supermärkten.

Zum **Überbrücken langer Distanzen** sollte man nur gelegentlich lange Busfahrten in Kauf nehmen, denn hier kann es recht eng und stickig werden. Anders ist die Situation bei Bus-, Reise- oder Shuttleunternehmen. Hier wird sich allein schon das Personal intensiv um den Nachwuchs kümmern. Die beste und einfachste kindgerechte Transportlösung ist ein mittelgroßer **Leihwagen** mit Klimaanlage. Profis bringen ihren eigenen Kindersitz aus der Heimat mit. Damit das alles klappt, sollte man das schon bei der Buchung des Leihwagens klären – wenn man sie von zu Hause aus vornimmt. Ansonsten hilft die Verleihfirma vor Ort sicher gern weiter. Die Autositzschalen haben den Nebeneffekt, dass die Kleinen im Restaurant gut abgestellt werden können.

Auch Kinder haben **bevorzugte Reiseziele** wie z.B. Strände und Swimmingpools, Märkte, Werkstätten (Schmiede, Maler, Holzschnitzer), der Warung mit der besonders lieben Besitzerin, Vergnügungsparks wie der Waterbom in Kuta, Spielwarengeschäfte oder das indonesische Nachbarkind, mit dem so schön gespielt werden kann.

Sinnvollerweise sollte man einen kleinen **Bungalow oder** ein **Häuschen mit Terrasse mieten.** Das ist ein überschaubarer Bereich. Außerdem kann man auf der Terrasse gemütliche Abende in Hörweite des Kindes verbringen. Das Umfeld des Hotels sollte viel Abwechslung bieten.

Es ist im Übrigen recht einfach und preiswert, ein **Kindermädchen** (*pembantu,* engl.: *maid*) zu finden (im Hotel oder Guesthouse nachfragen), es muss ja nicht gleich eine 24-Stunden-Betreuung sein. Ein paar Stunden am Tag, in denen die Eltern ihr Programm machen dürfen, reichen völlig aus. Während der Abwesenheit der Eltern wird das Kind absolut verwöhnt, es darf alles tun, was es nur will. Die Pembantu greift lediglich ein, wenn das Kind sich oder andere in Gefahr bringt. Wer ein Haus mietet, kann häufig die Maid gleich „mitmieten"; sie kümmert sich sowohl um den Haushalt wie um den Nachwuchs.

Einen Kinderwagen oder Buggy mitzunehmen ist völlig unnütz. Die Straßen und Wege sind in der Regel so schlecht, dass man die meiste Zeit das Kind und den Buggy trägt. Außerdem geht es immer recht eng zu. Für kleine Kinder empfiehlt sich eine gute **Rückentrage mit Hüftgurten.**

Für die größeren Kinder kann man sich in **Restaurants** speziell etwas zubereiten lassen. **Tidak pedas** („nicht scharf!") oder **Jangan isi bumbu** („nicht würzen!") sind die Zauberworte. Nachsalzen kann man die Speisen immer noch. Die riesige Auswahl an Früchten sichert ein gutes Frühstück und die kleinen Mahlzeiten zwischendurch. Nicht vergessen: Das Obst sollte immer geschält werden.

Wickelkinder sollten so wenig wie möglich Windeln tragen. In der feuchten Hitze entwickelt sich schnell Windeldermatitis. Bei kleinen Pickelchen, nicht nur am Po, handelt es sich meistens um Hitzepickel, die von alleine wieder verschwinden. Wer mit der **Babyflasche** reist, sollte eine Flaschenbürste nicht vergessen, da sich in Babyflaschen durch die Hitze schnell Pilzkulturen bilden.

Tritt etwas Ungewöhnliches auf, hat man auch die Möglichkeit, per Telefon oder E-Mail den **Kinderarzt zu Hause** zu befragen; die Telefonnummer des Kinderarztes sicherheitshalber einpacken. Weiterhin sollte man sich sicher sein, dass das Kind die Schutzimpfungen gegen Polio und Tetanus erhalten hat.

Im Großen und Ganzen muss man sich darüber im Klaren sein, dass man seinem Kind, insbesondere am Anfang des Aufenthaltes, **mehr Aufmerksamkeit** schenken muss. Bei den vielen spannenden und abwechslungsreichen Möglichkeiten, die Bali und Lombok bieten, sollte es allerdings nicht schwerfallen, das Kind zu unterhalten. Muscheln sammeln am Strand, durch die Reisfelder stromern, im Pool planschen – alles geht. Und wenn das nicht reicht: Bali hat ein umfangreiches Kinder- und Familienprogramm auf Lager. Für Lombok gilt Ähnliches, denn mit reichlich Stränden, Wandermöglichkeiten, Swimmingpools und lokalem Handwerk ist auch hier für reichlich Abwechslung gesorgt.

- **www.baliforfamilies.com:** Forum, Unterkunftsmöglichkeiten und Vorschläge für ein kindergerechtes Tagesprogramm. Auch Lombok und die Gilis sind dabei.

Klima und Reisezeit

→ Klima/Land und Leute
→ Reisegepäck und Ausrüstung

Bali und Lombok liegen **etwas südlich des Äquators,** dementsprechend ist das Klima **tropisch:** 30 Grad Celsius sind immer drin. Jahreszeiten, wie sie in den gemäßigten Breiten bekannt sind, gibt es nicht. Der **Wechsel von Trockenzeit und Regenzeit** bestimmt das Wetter. Aber auch auf Bali wirkt sich der weltweite **Klimawandel** aus. Die Regenzeit kann früher beginnen, dafür aber früher aufhören. Oder es regnet zum falschen Zeitpunkt zu viel.

Als Faustregel gilt, dass die Monate **April bis September** zur **Trockenzeit** zählen. Dann kann es kurz oder länger regnen, danach aber scheint mit Sicherheit wieder die Sonne, und die vermeintliche Abkühlung trägt zur erhöhten Luftfeuchtigkeit bei. **März und Oktober bis November** sind **Übergangsmonate,** in denen es regnen kann, aber nicht muss. Wer also einen reinen Strandurlaub z.B. auf Lombok plant, sollte in der Trockenzeit reisen. Dummerweise fällt diese zusammen mit der Hauptreise- und Urlaubszeit in Mitteleuropa und Asien. So sind viele Reisende auf den Inseln unterwegs, und in den Touristenballungszentren kann sich die Suche nach einer günstigen Unterkunft schwierig gestalten.

Die **Regenzeit** dauert ungefähr von **November bis März** und kann stundenlange, oft sintflutartige Regenfälle bringen. Das klingt aber schlimmer als es ist:

In der Regel regnet es ab dem späten Nachmittag, sodass man sich gut auf den Tagesablauf einstellen kann. Dass der Himmel länger grau und trübe bleibt, ist eher ungewöhnlich. Sicher ist aber, dass es immer warm ist. Von **Dezember bis Februar** fällt der **meiste Regen.**

Trotz Regenrisiko sind Bali und Lombok immer eine Reise wert in den Monaten März, April und Oktober bis Dezember. Dann sind deutlich weniger Reisende unterwegs, und die Leute, die mit dem Tourismus zu tun haben, sind nicht so gestresst. Zu **Weihnachten** und **Anfang Januar** reisen **viele Australier** nach Südbali, dann ist dort vorläufig Schluss mit der Ruhe. Wer die sucht, sollte den Süden meiden oder in der Regenzeit kommen.

Es lohnt sich also, seinen Aufenthalt nicht unbedingt vom Klima abhängig zu machen. **Zu erleben gibt es auf Bali und Lombok immer etwas.** Wem es in der Trockenzeit am Wasser zu heiß ist, der macht einen Ausflug in die kühleren Berge. Und wem es im feuchteren Süden zu viel regnet, der probiert es mit dem trockeneren Norden. Die besucherarme Zeit hat dazu den Vorteil, dass die Preise günstiger und viele Zimmer frei sind; mit ein bisschen Geschick ist mancher Discount drin. Es gibt weniger Nepp, an den Stränden ist es ruhiger, und die geschäftstüchtigen Balinesen haben mehr Zeit für ein Schwätzchen oder gegenseitiges Kennenlernen

[>] „Wir haben kein WiFi" – das ist die absolute Ausnahme

Kommunikation unterwegs

Die Dichte an **WiFi (WLAN)** ist auf Bali und Lombok ungemein hoch und mit Mitteleuropa nicht zu vergleichen. **So gut wie jedes Guesthouse, Hotel und Restaurant** hat ein geschlossenes WiFi, in das man sich mit Smartphone, Tablet oder Laptop einwählen kann. Man sollte sich bewusst sein, dass die kostenlosen WiFi-Netze oft nicht geschützt sind und man darüber z.B. keine sensitiven Anmeldedaten (Bank-Login u.Ä.) eingeben sollte, wenn man sich nicht durch einen zusätzlichen Dienst wie z.B. einen VPN-Anbieter (Virtual Private Network) wie z.B. www.expressvpn.com absichert.

Auch außerhalb dieser WiFi-Spots ist es gut, weiterhin auf das Internet setzen zu können, beispielsweise per **Google Maps,** das sich auf Bali und Lombok zu einem wichtigen Hilfsmittel entwickelt hat. Denn die Straßenbeschilderungen und -führungen sind nicht immer eindeutig, Hausnummern eine Seltenheit.

Wer Bali und Lombok besuchen will, sollte vorher klären, dass die **SIM-Karte auf beiden Inseln** funktioniert.

Wer kapitalkräftig ist, lässt auf dem eigenen Smartphone aus der Heimat das **Datenroaming** zu und legt los – und hat vorher hoffentlich beim Provider die Kosten für das Datenroaming auf Reisen eingeholt.

Seit dem April 2020 müssen offiziell in Indonesien eingeführte **Mobiltelefone** bei der Zollerklärung registriert werden, um unbegrenzt eine beliebige indonesische SIM-Karte nutzen zu können.

Wer allerdings für Urlaubszwecke ins Land kommt und überschaubare Zeit bleibt (unter drei Monaten), muss das geliebte Smartphone nicht registrieren. Dafür gibt es dann **Touristen-SIM-Karten,** die zeitlich begrenzt sind (normalerweise auf 30 Tage, aber verlängerbar). Diese kann man sich auf Bali und Lombok holen – und das vergleichsweise günstig. Man bekommt eine indonesische Telefonnummer, die innerhalb weniger Stunden freigeschaltet wird. Die SIM-Karten werden mit einem **Prepaid-Guthaben** aufgeladen; ist das Guthaben verbraucht, kann man es in Mobilfunk-Shops und Supermärkten wieder aufladen lassen. Für das Telefon heißt das Guthaben **Pulsa,** für Datenvolumen **Kuota.** Am besten legt man sich zum Start reichlich von beidem zu. Große Anbieter sind z.B. Indosat, Smartfren, Telkomsel und XL; **Telkomsel** genießt auf Bali und Lombok den besten Ruf und hat die größte Abdeckung. SIM-Karten für Urlauber werden offiziell registriert, deshalb muss man beim Kauf einer Karte den Reisepass vorlegen. Dieser wird abfotografiert und das Foto samt Daten weitergeleitet.

Informationen/Anbieter

- **Indosat,** https://indosatooredoo.com/portal/en/indexpersonal
- **Telkomsel,** www.telkomsel.com/en
- **XL,** www.xl.co.id/en
- **Smartfren,** www.smartfren.com/id

Vorwahlen

- **Indonesien: 0062**
- **Deutschland: 0049**
- **Österreich: 0043**
- **Schweiz: 0041**

208ba sb

Ein nationales Telefongespräch ins **Festnetz** beginnt mit der Vorwahl des Kabupaten, des Bezirks, 0361 z.B. für die Region um Ubud. Dann wird die Teilnehmernummer gewählt. Ein nationales Gespräch auf ein **Mobiltelefon** funktioniert gleich. Handynummern sind meist an den hohen Zahlen in der Vorwahl erkennbar, z.B. 0819, dann folgt die Teilnehmernummer.

LGBT+

Laut der Menschenrechtsorganisation Human Rights Watch sind LGBT-Rechte in Indonesien bedroht. 2016 verschärften Regierungsvertreter, Islamisten und religiöse Massenorganisationen lautstark und mit Hasstiraden das gesellschaftliche Klima in Indonesien so sehr, dass **Human Rights Watch** von einer **„schwerwiegenden langfristigen Bedrohung der Rechte und der Sicherheit von LGBT-Indonesiern“** sprach. Doch Indonesien ist groß und Jakarta meist weit weg von der Provinz und damit von Bali und Lombok, die als recht tolerante Gebiete gelten. Bali umso mehr, da die Hindukultur offener scheint als der Islam auf Lombok.

So gibt es auf **Bali** seit vielen Jahren eine **gut entwickelte und etablierte LGBT-Szene** mit Bars und Clubs. Sie hat eine lange Tradition, denn bereits in den 1930er-Jahren galt Bali als Künstler- und Schwulentreff und zog Menschen aus aller Welt an. Der Schwerpunkt der Szene liegt in Seminyak, auch in Ubud sind Schwule, Lesben & Co. gut aufgehoben. Wer sich „unauffällig“ verhält, also aufs Händchenhalten und Küssen in der Öffentlichkeit verzichtet, sollte nirgendwo auf Bali Probleme bekommen.

- **https://queerintheworld.com/gay-bali-indonesia-travel-guide** und **https://baligayguide.com** bieten Informationen und eine erste Einführung für LGBT-Reisende nach Bali. Wer über einen längeren Aufenthalt nachdenkt oder vielleicht einen Tauchschein bei der Gay-Tauchschule machen will, ist richtig bei **www.utopia-asia.com;** hier gibt es eine ausführliche Indonesien- und Bali-Darstellung mitsamt Clubs und Bars, Regeln und Vorschriften, Chancen und Möglichkeiten.

Maße und Gewichte

In Indonesien und somit auf Bali und Lombok gilt das **metrische Maß- und Gewichtssystem,** wie es uns bekannt ist.

Notfälle

→ Sicherheit

Notrufnummern

- **Allgemeiner Notruf: 112**
- **Feuerwehr: 113**
- **Polizei: 110**
- **Krankenwagen: 118**
- **Indonesisches Rotes Kreuz: 224111**
- **Rettungsdienst** (Koordinierungsstelle): **751111**
- **Englischsprachige Polizei-Hotline Bali,** 24 Std. pro Tag erreichbar: **Tel. 0361 224111**

Ausweisverlust/dringender Notfall

Wird der Reisepass gestohlen, muss man sich an die örtliche **Polizei** wenden und den Diebstahl anzeigen. Außerdem sollte man die Auslandsvertretung des Heimatlandes kontaktieren, um **Ersatzpapiere** zu bekommen, die für die Ausreise benötigt werden. Auch in dringenden Notfällen, zum Beispiel medizinischer oder rechtlicher Art, bei Todesfällen, der Vermisstensuche etc. versuchen die **Auslandsvertretungen** zu helfen:

- **Deutsches Konsulat,** Jl. Pantai Karang 17, Batujimbar/Sanur, Tel. 0062 361 288535, https://jakarta.diplo.de/ueber-uns/honorarkonsuln.
- **Schweizer Konsulat,** Jl. Ganetri 9 D, Gatot Subroto Timur, Denpasar, Tel. 0062 361 264149, www.eda.admin.ch/jakarta.
- **Österreich** hat keine konsularische Vertretung auf Bali, die Botschaft des Landes befindet sich in Jakarta/Java: Österreichische Botschaft, Jl. Diponegoro 44, Menteng, Tel. 0062 21 23554005, www.bmeia.gv.at/oeb-jakarta.

Verlust von Geldkarten

Bei Verlust oder Diebstahl der Kredit- oder Debitkarte sollte man diese umgehend **sperren lassen.** Tipp: Die Notrufnummer mit IBAN bzw. Kreditkartennummer u.a. im Mobiltelefon speichern.

- **Deutscher Sperr-Notruf** für alle Debit- und Kreditkarten, Tel. 0049 116 116, aus dem Ausland Tel. 0049 30 4050 4050; der Sperr-Notruf bietet auch eine kostenlose SperrApp für iOS und Android an.
- **Österreichischer Sperr-Notruf** für Bankomat-Karten, Tel. 0043 1 2048800.
- **Schweizerischer Kartensperrservice** des TCS, Tel. 0041 844 888 111.

Ansonsten gelten für österreichische und schweizerische MasterCard, VISA, American Express und Diners Club, dass man sich vor der Reise die Rufnummer der die Karte ausstellenden Bank notiert haben sollte.

Geldnot

Wer dringend eine größere Summe Bargeld in Indonesien (bis zu umgerechnet 5000 €) benötigt, kann dies beispielsweise über die Online-Portale **www.westernunion.com** oder **www.wise.com** regeln und das Geld bei der entsprechenden Vertretung von Western Union vor Ort auszahlen oder auf ein Konto überweisen lassen. Je nach Höhe des Betrags wird eine Gebühr erhoben. So umgeht man bei Bedarf auch die tägliche/wöchentliche maximale Ausgabehöhe von Geldautomaten. Diese Art von Überweisungen kann man per App von Western Union machen, über Online-Banking von seiner eigenen Bank oder durch eine dritte Person von z.B. Deutschland aus.

Öffnungszeiten

- **Behörden:** Mo–Do 8–16 Uhr und Fr 8–13 Uhr. Die Öffnungszeiten werden aber recht flexibel gehandhabt. Wer mit einem Anliegen zu einem Amt geht, kommt am besten zwischen 9 und 11 Uhr.
- **Banken:** Mo–Do 8–14 Uhr, Fr 8–12 Uhr, Sa 8–11 Uhr. Die **Geldwechsler** haben länger geöffnet, meist auch am Sonntag und bis in den späten Abend.
- **Läden und Shopping Malls:** tgl. 9 oder 9.30–20 Uhr oder länger.

- **Post:** Mo–Fr 8–14 Uhr, in den touristischen Gebieten auch länger und am Samstagvormittag.
- **Restaurants und Cafés:** Hier gibt es keine einheitliche Regelung, in der Regel öffnen sie tgl. um 8 und schließen gegen 22 Uhr.

Orientierung und Landkarten

Wer sich ohne Fahrer oder Führer in Bali oder Lombok auf die Socken macht, wird gelegentlich nicht umhin kommen, nach dem richtigen Weg fragen zu müssen. Auch wenn die **Straßenbeschilderungen und Hinweisschilder** für Urlauber gut lesbar und verständlich sind, verraten sie oft nur die halbe Wahrheit. Denn die Beschilderung des Wunschorts kann an einer Kreuzung plötzlich fehlen, und man hat dann folgende Möglichkeiten der Weiterfahrt: Man kann raten, Google Maps befragen – was sicher die beste Lösung ist – oder in der nächsten Mopedwerkstatt (Bengkel), an einer Tankstelle oder in einem Shop fragen. Besser an zwei Stellen, damit man die Ergebnisse vergleichen kann.

In Ortschaften haben die **Straßen und Gassen** Namen: von **Jalan** (Jl.), einer Straße im bekannten Sinne, bis zur Gang oder Lane, einer Art schmalem Durchgang, der aber gut zu befahren ist. Die Jl. Raya ist die örtliche Hauptstraße, von ihr zweigen alle anderen Straßen ab und haben oft Namen, die das Ziel der Straße benennen. Beispielsweise die Jl. Monkey Forest in Ubud, die eben zum Monkey Forest führt. Das Ziel kann auch der nächste Ort sein; die Jl. Raya Pengosekan beispielsweise verläuft Richtung Pengosekan. Meist ändert sich der Straßenname, wenn die Ortsgrenze erreicht ist.

Gangs oder Lanes dagegen sind oft benannt nach dem Ursprung der Gasse. So führte die Poppies Gang I in Kuta auf Bali ursprünglich zum gleichnamigen beliebten Restaurant mit Unterkunft. Als Poppies einen Ableger aufmachte, ein paar Gassen weiter, wurde aus der Zufahrt kurzerhand die Poppies Gang II. Und dabei blieb es.

Hausnummern werden in Bali und Lombok kaum verwendet. Der Postbote weiß zwar, wo er hin muss, doch Urlauber auf der Suche nach genau diesem Shop, diesem Warung oder diesem Café sollten sich nach den Karteneinträgen in diesem Buch orientieren oder auf Google Maps nachschauen.

Landkarten

Auf Bali gibt es zwar ein großes Angebot an preiswerten Straßenkarten – in allen Touristenorten werden sie angeboten –, allerdings sind sie nicht immer aktuell. Empfehlenswert ist die GPS-taugliche Karte **„Bali, Lombok, Komodo“** im Maßstab **1:150.000,** erschienen im Reise Know-How Verlag. Sie hat ein ausführliches Ortsregister sowie farbige Höhenschichten und ist auf wasserfestem, praktisch unzerreißbarem Polyart gedruckt.

Eine anerkannt brauchbare Karte von Bali ist der **„Bali Pathfinder“;** für rund 75.000 Rp. in zahlreichen Supermärkten und Buchläden zu haben, weist er, seit 1984 regelmäßig aktualisiert, meist den richtigen Weg.

Es ist schwierig, das **komplexe Wege- und Straßennetz auf Bali** in einer Karte wiederzugeben; so kann es sein, dass kleinste Nebenstraßen nicht erfasst sind. Aber wer sich auf den größeren Straßen bewegt, wird keine Probleme bekommen. Und wer sich verfahren hat, **fragt am besten die Einheimischen** – viele Einheimische, denn die jeweilige Auskunft muss nicht die richtige sein. Balinesen würden nur äußerst ungerne zugeben, dass sie den Weg nicht kennen. In ihrem Bestreben, Touristen zu helfen, zeigen sie lieber in irgendeine Richtung. So verliert niemand das Gesicht, und die Balinesen haben das vermeintliche Problem vom Hals. Aber keine Angst: Bali und Lombok sind überschaubar. Und sich verfahren kann eine durchaus spannende und bereichernde Erfahrung sein.

Post

→ Öffnungszeiten

Es gibt in fast allen größeren Orten **Postämter (Kantor pos),** in Touristengebieten meist auch mit **Poste-Restante-Schalter.** Wer sich Post schicken lassen will, sollte als Adresse die Postämter in Ubud oder Kuta auf Bali angeben. Die Briefe werden am Poste-Restante-Schalter alphabetisch in einem Kasten sortiert, der auf Nachfrage herübergereicht wird. Es ist nie klar, ob die Sendungen im Kasten nach Vor- oder Nachnamen geordnet sind, man muss beide Möglichkeiten checken. Für jeden erhaltenen Brief wird eine Gebühr verlangt.

Nach Europa ist ein **Brief per Luftpost** fünf bis zehn Tage unterwegs, umgekehrt dauert es ungefähr eine Woche. Eine **Postkarte** kann aber durchaus auch sechs Wochen in die Heimat brauchen. Von den Postämtern können auch **Pakete** ins Ausland geschickt werden.

Porto nach Europa

- **Brief bis 20 g:** 15.000 Rp.
- **Postkarte:** 10.000 Rp.
- **Paket:** 2 kg kosten rund 400.000 Rp.

Rauchen

Bali und Lombok sind Raucherparadiese, was rauchende Urlauber begrüßen werden. Indonesien ist der zweitgrößte Tabakmarkt der Welt, hier rauchen die meisten Männer, viele Frauen, und Jugendliche fangen schon früh an. Bis auf wenige ausgeschilderte Ausnahmen, beispielsweise in Shopping Malls, teureren Restaurants, rauchfreien Hotels, Taxis und Shuttlebussen, **darf und wird überall und zu jeder Zeit geraucht.** Einige Hotels und Restaurants gehen langsam dazu über, zumindest einen Nichtraucher-Raum oder -Pavillon anzubieten. Andere erlauben das Rauchen nur noch in den offenen Bereichen (nicht geschlossen und nicht überdacht), wie beispielsweise einem Biergarten. Hinweis: Falls kein Aschenbecher auf dem Wunschtisch steht, besser nachfragen, ob das Rauchen erlaubt ist.

Reisegepäck und Ausrüstung

→ Gesundheit und Hygiene
→ Klima und Reisezeit
→ Mit Kindern unterwegs
→ Orientierung und Landkarten

Kleidung

Die Hauptsache ist dünn: Baumwolle oder besser leicht und schnell trocknende Funktionskleidung. Lange Hosen, Röcke, T-Shirts, Hemden und Blusen gehen immer. Nicht zu eng, da wird es beim Schwitzen schnell unkomfortabel.

Tipp: In jedem Ort gibt es mindestens eine **Wäscherei,** in der man für wenig Geld die Klamotten wieder frisch werden lassen kann. Oft sogar über Nacht. Es lohnt sich also nicht, zu viele Sachen zum Wechseln mitzunehmen! Waschmittel gibt es auf Bali und Lombok in kleinen Tütchen oder Tuben – eine gute Lösung für die tägliche Reinigung häufig benutzter Kleidungsstücke.

Bali ist ein Eldorado für **Oberbekleidung;** es lohnt sich immer, mit schmalem Gepäck anzureisen und den Koffer dann vor Ort aufzufüllen.

Unterwäsche allerdings sollte mitgenommen werden. Wobei auch hier die Vertreter des kleinen Gepäcks darauf setzen, morgens vor dem Zähneputzen die Unterhosen schnell im Waschbecken zu reinigen und dann in die Sonne zu hängen. Nach dem Zähneputzen oder spätestens dem Frühstück sind die guten Stücke dann trocken. Für Frauen gehört ein **BH** ins Gepäck. Ein **dünnes, langärmliges Shirt** sollte nie fehlen: für Busfahrten mit Klimaanlage, kühlere Abende oder zum Schutz vor Insektenstichen. Eine dicke Jacke ist nicht nötig.

xba075 sb

Mit viel Gepäck kann es auf einem Public Boat schon mal eng werden

In nicht-touristischen Gebieten reicht für den Strand ein **Badeanzug.** In abgelegeneren Ecken Balis und vor allem auf Lombok baden Frauen in langen Hosen oder Shorts und T-Shirts. Ein **Sarong** erfüllt den gleichen Zweck. Um Aufsehen am Strand zu vermeiden, empfiehlt es sich, sich den örtlichen Gebräuchen anzupassen.

Als **Regenschutz** eignen sich dünne, auf das Kleinste zusammenfaltbare Nylonjacken. Regenschirme können überall sehr preiswert erstanden werden; praktisch sind natürlich die kleinen Knirps-Schirme.

Schuhe und Sandalen sollten von zu Hause mitgebracht werden. Natürlich gibt es die auch zu kaufen – aber außer in Touristengegenden nur bis Größe 42. **Flip-Flops,** den Schuh-Klassiker Asiens, gibt es an allen Ecken und preiswerter als in der Heimat. Flip-Flops sind übrigens die ideale Lösung für den Besuch von fremden Bädern und Toiletten.

Der **Sarong** ist das **vielfältigste und praktischste Bekleidungsstück überhaupt.** Es handelt sich um ein großes rechteckiges Stück Stoff, das sich verwandeln lässt in Kleid, Rock, Bademantel, Badeanzug für abgelegenere Gegenden, Badetuch, Handtuch, Laken, Decke, Umkleidekabine und vieles mehr. Wie ein Sarong getragen und gebunden wird, kann bei den Einheimischen abgeguckt oder beim Kauf gelernt werden.

Rucksack

Wer auf seiner Reise mit Bus, Zug, Bemos und zu Fuß unterwegs sein möchte, sollte sich einen guten, passenden Rucksack zulegen. Nicht zu groß oder zu klein, wasser- und reißfest, mit gepolsterten, verstellbaren Hüft- und Tragegurten, vielleicht mit einer Regenhülle für die Regenzeit. Ein **Tagesrucksack** ist sinnvoll bei Ein- bis Dreitage-Touren; er reicht aus für die nötigsten Dinge wie Zahnbürste, Seife, Sarong, Handtuch, T-Shirt, Kekse und Wasser.

Rollkoffer

Für die Generation Traveller, deren Rücken nicht mehr rucksacktauglich ist, bietet sich ein Rollkoffer an. Zu beachten ist allerdings, dass auf **maroden balinesischen oder lomboker Bürgersteigen** wenig gerollert werden kann – sofern sie überhaupt existieren. Dann muss man auf die Straße ausweichen. Auch kann man einen Rollkoffer schlecht auf einem Moped transportieren.

Umhängetasche

Eine kleine Tasche ist ein guter Unterbringungsort für Kamera, Handy, Geld, Papiere, Tagebuch, den Reiseführer, Karten, Kugelschreiber und alles, was Mensch den Tag über braucht. Sie sollte **gut verschließbar** sein und der **Trageriemen stark** genug, damit er nicht einfach zerschnitten oder zerrissen werden kann.

Schlafsack

Ein Schlafsack ist in 95 % aller Fälle überflüssig. Nur **Trekker,** die ihre Reise konsequent in den Bergregionen verbringen, sollten einen dabeihaben. Ein

leichter Reise- oder Jugendherbergsschlafsack aus Seide oder Baumwolle kann dagegen eine schlanke und gute Lösung sein, beispielsweise wenn es darum geht, sich gegen Insekten zu schützen. Für Puristen reichen erfahrungsgemäß zwei Bettlaken: eins zum Zudecken und das andere als Laken.

Hygieneartikel

Alles Grundsätzliche für die tägliche Reinigung ist **auch auf Bali und Lombok** normalerweise problemlos und günstig zu haben. Recht teuer ist allerdings Sonnenmilch, die sollte man besser aus der Heimat mitbringen. Auch Rasierzubehör gehört in den Toilettenbeutel. Tampons können fast überall in Supermärkten gekauft werden, sind aber in der Heimat deutlich günstiger zu haben. Kondome, Antibabypillen sowie andere Verhütungsmittel gehören ins Reisegepäck.

Sonnenschutz

Sonnenhut und -brille sollten mitgebracht werden. Wer kauffreudig ist, sollte das Sonnenhut-Sortiment noch um eine Surfer-Cap erweitern. Die Sonnenbrillen, die Straßenhändler zu billigsten Preisen anbieten, sind von minderwertiger Qualität und nicht gut für die Gesundheit der Augen. Ein **Sonnenschutzmittel** mit hohem Lichtschutzfaktor ist ein Muss, Lichtschutzfaktor 50 sollte schon drin sein, vor allem für die Körperregionen, die viel und unmittelbar der Sonne ausgesetzt sind. Der beste Sonnenschutz ist nach wie vor der, sich nicht zu lange der Sonne auszusetzen und vor allem die Mittagszeit im Schatten zu verbringen.

Kinder sollten **besonders gut vor direkter Sonneneinstrahlung geschützt werden.** Hier ist der Sonnenhut, der die sehr empfindlichen Kinderaugen beschattet und den kaum behaarten Kopf schützt, ein Muss. Außerdem sollte das Kind immer mit Baby-Sonnenschutzcreme mit hohem Lichtschutzfaktor eingerieben oder eingesprüht werden. Am besten ist Sonnenschutz, der auch beim Baden im Meer erhalten bleibt. Da heutzutage viele Kinder allergisch reagieren, muss man auf jeden Fall einen Test zu Hause machen und eventuell andere Sonnenschutzmittel verwenden. Die Mittagssonne sollte man immer meiden. Die frühen Morgenstunden und der späte Nachmittag sind für alle Aktivitäten, insbesondere aber fürs Baden, am besten geeignet.

Moskitonetz

Moskitonetze aus Plastik werden zwar auch auf Bali in den schrillsten Farben zu Spottpreisen angeboten, aber das Gewebe ist sehr lose, und deshalb sind sie sehr schnell durchlöchert. Besseres Material muss schon aufwendiger gesucht werden. Wer dem aus dem Weg gehen will, bringt von zu Hause ein Netz mit. Es gibt sie **in Kasten-, Baldachin- oder Pyramidenform,** je nach Einsatzzweck, **als Schlafsack- oder Bodenzelt-Netz,** gegen Moskitos imprägniert oder mit einer ganz engen Maschenweite. Eine stabile Schnur und ein paar Nägel zur Befestigung sollten im Gepäck sein. Auch Klebeband ist ein guter Tipp, so können vorhandene Moskitonetze im Guesthouse oder Hotel einfach geflickt werden. Nicht vergessen, das **Moskitonetz beim Einzug ins Zimmer kritisch unter die Lupe** zu **nehmen.** Und vor allem abends dafür sorgen, dass es wirklich dicht ist, nicht überhängt oder Lücken beim Spannen entstanden sind. **Für ganz kleine Babys** kann man in Indonesien **eine Art Käseglocke (Kelambu Bayi)** aus Gaze und Draht kaufen.

Mückenschutz

Die Abenddämmerung ist Moskitozeit. **Dünne, lange helle Hosen und Oberbekleidung, Socken und langärmelige T-Shirts** schützen den größten Teil des Körpers.

Mückenschutzmittel aus ätherischen Ölen halten Mücken gut auf Distanz. Insbesondere folgende Inhaltsstoffe sind dafür verantwortlich: Lavendel, Zitrone bzw. Zitronell und Nelke. Wer vom Einsatz von Chemie nicht viel hält, lässt sich so ein Öl im Verhältnis 1:1:1 mit drei Teilen Körperöl in Apotheken oder preiswerter in Naturkosmetikläden mischen. Es gibt auch fertige Produkte aus pflanzlichen Wirkstoffen, die in der Regel gut sind. Der Nachteil ätherischer Mückenschutzmittel ist, dass der Schutz nicht lange anhält. Und bei einem Angriff von ausgehungerten asiatischen Moskitos hilft nur noch **Chemie.** Ein Klassiker ist Autan®, als Pumpspray oder flüssig. Sehr zu empfehlen ist auch das mosquito®protect-Mückenschutz-Spray.

Weitere nützliche Dinge

Taschenlampe oder Smartphone mit Taschenlampe: Sehr wichtig! Ab 18 Uhr ist es dunkel – wirklich dunkel. Beim Einpacken empfiehlt es sich, eine Batterie umzudrehen, damit sich die Lampe nicht in der Tasche anschaltet.

Ersatzbrille nicht vergessen!

Lärmschutz: Geräuschempfindliche Personen sollten sich ein Döschen Ohropax einpacken. In Städten und Touristenzentren knattern die Motorräder und brummen die Autos bis spät in die Nacht. Wer in günstigen Unterkünften wohnt, ist oft unfreiwilliger Teilnehmer von Gesprächen oder Partys in der Nachbarschaft.

Vorhängeschlösser sind ganz praktisch, um das Reisegepäck oder auch das eigene Zimmer zu verschließen. Am besten nimmt man ein Zahlenschloss, denn hier kann der Schlüssel nicht verloren gehen.

Nähzeug wie Sicherheitsnadel, Nähnadel, Zwirn und Nähseide nimmt nicht viel Platz weg und ist immer gut für kleinere Reparaturen.

xba076 sb

> Am Strand ist Sonnenschutz unerlässlich

Sicherheit

→ Notfälle
→ Verhaltenstipps

Kriminalität

Die Zeiten, in denen Reisende auf Bali an jeder Stelle ihren Geldbeutel ablegen konnten, ohne dass sie auch nur angerührt worden wären, sind vorbei. Besonders an stark überlaufenen Orten wie z.B. Kuta ist es schon lange nicht mehr wirklich sicher, obwohl über die Jahre ein Rückgang der **Kleinkriminalität** zu verzeichnen ist. Es schadet nicht, im Hotel die Wertpapiere im Safe zu deponieren – wobei es durchaus ratsam sein kann, eine Liste des Inhalts vom Betreiber abzeichnen zu lassen und nicht mit größeren Geldmengen zu prahlen.

Weitere Schwerpunkte: **Scooterfahrer** reißen einem im Vorbeifahren die Kamera oder Umhängetasche ab, dies gern abends oder nachts.

Eine Frau, aber auch ein Mann, die/der **nachts allein am Strand** herumläuft, darf sich nicht über ungewollte „Verehrer" wundern. Einem Mann kann es darüber hinaus passieren, dass er von einem Mädchen „überfallen" wird; nachdem es ihn, auch gegen seinen Willen, abgeknutscht hat, kommen einige Burschen und wollen Geld für den „Liebesdienst". Die Situation läuft genauso mit „Ladyboys" (Transvestiten) ab.

Drogen

Es gibt in Kuta und vor allem auf Gili Trawangan Koks, Trips, Heroin, Opium, Haschisch, Magic Mushrooms und moderne Designerdrogen, aber Rauschmittel sind in Indonesien, also auch auf Bali und Lombok, **verboten.** Täglich kommen Leute wegen illegalen Drogenbesitzes ins Gefängnis, und das balinesische in Kerobokan soll eines der schlimmsten in Indonesien sein. Jedem sollte klar sein: Auch Geld/Bestechung hilft hier nicht weiter, man bleibt im Knast. Und auch konsularische Stellen des Heimatlandes können wenig bis nichts ausrichten. In Indonesien wurden die Drogengesetze verschärft, nicht selten werden Todesurteile verhängt.

Vorsicht beim Geldwechsel!

Es gibt Wechsler, deren Taschenrechner falsch eingestellt sind. Zwar kann man genau sehen, wie alles eingegeben wird, und der Geldwechsler zeigt einem dann auch das Ergebnis. Es ist nur eine **falsche Rechnung.** Man sollte bei solchen Geldtauschsituationen immer mit dem eigenen Taschenrechner, z.B. dem auf dem Mobiltelefon, selbst nachrechnen und den eingewechselten Betrag sofort nachzählen.

[>] Geht doch – Radler in Sanur (Bali)

Sport und Aktivitäten

Radfahren

Bali ist für **kurze Touren** ein **gutes Ziel für Freizeitradler: Sobald man die Hauptverkehrsstraßen verlässt,** nimmt die Zahl der Fahrzeuge schnell ab, die Wege werden schmaler und sind weniger befahren. Man kann etwa, vielleicht auf den Spuren von *Julia Roberts* im Film „Eat, Pray, Love", durch die Reisfelder nach Petulu radeln oder Downhill von den Bergen ins Flachland hinabrollen. Ansonsten geht's steil bergauf und bergab, es ist eng und stickig.

In den touristischen Orten auf Bali ist es **einfach, ein Rad zu mieten.** Es handelt sich meistens um **Mountainbikes,** die zwischen 50.000 und 85.000 Rp. pro Tag kosten. Groß gewachsene Europäer haben unter Umständen Schwierigkeiten, auf Anhieb das passende Rad oder vielmehr die passende Rahmengröße zu finden. Aber die Auswahl ist größer geworden, so gibt es mittlerweile auch solide Stadträder und sogar E-Bikes. Wer eine längere Radtour plant, sollte Ersatzventile, Flickzeug und eine Luftpumpe mitnehmen.

Auch auf **Lombok** sind mittlerweile unternehmungslustige Radler gern gesehen. Gegenüber Bali hat Lombok den Vorteil, dass auf den Hauptverkehrsstraßen meist **weniger los** ist. So ist beispielsweise die (Teil-)Umrundung des Rinjani im Norden kein Problem: Die Straße ist gut ausgebaut, und mit ein bisschen Planung steht am Ende jedes Fahrtages ein Guesthouse bereit, die Radler aufzunehmen. Auf den Gilis werden Fahrräder als Alternative zu den Cidomos (kleine Pferdewagen) vermietet.

Im **Süden Lomboks** können die **Wege recht lang und einsam** werden. Hier müssen Trips gut geplant und vor allem

xba073 sb

auf ausreichend Wasser und Verpflegung geachtet werden. Etliche Hotels und Tourenanbieter vermieten Fahrräder. Senggigi ist ein guter Ausgangspunkt für Tagestouren in die Region. Unbedingt die **Qualität der Bikes** vor der festen Zusage **checken.** Das Material sieht manchmal nur gut aus, hält aber einer eingehenden Prüfung kaum stand.

Organisierte Tagestouren

- **Bali Eco Cycling,** Tel. 0361 975557, www.baliecocycling.com. Mit dem Versprechen, das „echte Bali" zu erleben, werden alle Teilnehmer am frühen Morgen vom Hotel abgeholt, dann geht es nach Kintamani: gemeinsames Frühstück inklusive Vulkanblick. Die Fahrräder mitsamt Helm sind schon da; dann heißt es aufs Rad. Die folgende Tagestour geht ausschließlich bergab mit vielen Unterbrechungen, um Tempel, Gärten, Kräuter, Bäume und balinesisches Alltagsleben zu begutachten. Auch ein Ausflug zu Fuß in die Reisfelder ist im Programm enthalten. Den Abschluss der Tour bildet ein gemeinsames Mittagessen. Die Teilnehmerzahl ist auf zehn Personen begrenzt (ab 50 US$).

Heiraten im Paradies

Wer zum „schönsten Tag im Leben" das ganz Besondere sucht, kann in Bali auch heiraten. Etliche Hotels bieten **spezielle Arrangements,** einige Veranstalter haben sich auf Hochzeiten spezialisiert. Diese Organisatoren kümmern sich für das Brautpaar um Friseurin, Stylistin, Pfarrer und Standesbeamten, sorgen für die nötigen Übersetzungen der amtlichen Dokumente und Beglaubigungen und garantieren zum Abschluss prima Fotos. Rund **1500 €** kostet der Spaß, die Festivitäten nicht eingerechnet. Sind alle Formalitäten erfüllt, muss nur noch der deutsche Honorarkonsul auf Bali seine Unterschrift druntersetzen – damit ist das Paar dann auch in Deutschland rechtsgültig verheiratet. Auf Hochzeiten spezialisiert ist z.B. **Gery Nutz, Villa Kompiang** in Mengwi (siehe dort).

Kurse und Workshops

Cultural Workshops

Ubud ist der beste Ort, um **Musik- und handwerkliche Kurse** zu belegen: Dazu gehören unter anderem Gamelan-Tanz, Gamelan spielen, balinesische Opfergaben herrichten, Früchte-Dekor, balinesische Malerei, Silberschmuck und Holzschnitzen.

- **Pondok Pekak Library & Learning Centre,** auf der Ostseite des Fußballplatzes, Ubud, Tel. 0361 976194, www.facebook.com/PondokPekak, tgl. 9–21 Uhr. Mit den Art Classes bietet das Haus günstige und spannende Einblicke, beispielsweise in balinesischen Tanz, Gamelan, Silberschmuck-Herstellung, Göttergaben basteln und vieles mehr. Daneben hält die Bücherei rund 10.000 Bücher bereit – vom Krimi bis zur anthropologischen Studie.
- **ARMA Museum,** Jl. Pengosekan, Ubud, Tel. 0361 976659, www.armabali.com. Bietet eine ganze Liste sogenannter Cultural Workshops, die Besuchern das Leben auf Bali nahebringen sollen. Sie dauern in der Regel zwei Stunden und können über das Büro gebucht werden. Es gibt Rabatt für Gruppen und Studenten.
- **Puri Lukisan,** Jl. Raya Ubud, Tel. 0361 971159, www.purilukisanmuseum.com, hat ebenfalls Art & Cultural Workshops im Angebot: von Gamelan über Maskenmalerei und Flöte bis hin zum Korbmachen, Tanzen oder Schattenspiel.

Kochkurse

Wer zurück in der Heimat zumindest ein wenig Urlaubsfeeling und -genuss aufleben lassen will, der kann das mit Messer und Kochlöffel tun: Es gibt **professionelle Kochschulen** vor allem in den touristischen Zentren des Südens oder in Ubud. Es lohnt sich aber immer, einfach im eigenen **Guesthouse** oder **Hotel** nachzufragen; dort dem Chefkoch oder der Mutter des Hauses beim Brutzeln zuzuschauen und auch selbst Hand anzulegen, das macht Freude. Vor allem, wenn man dann das selbst zubereitete Abendessen am Strand genießen kann.

Parfümherstellung

■ **L'Atelier Parfums & Creations,** Tel. 0361 8498 988, www.perfumeworkshops.com. Workshops im Hyatt Hotel in Nusa Dua und im TS Suites Hotel in Seminyak, in denen Interessierte nicht nur die feinen Gerüche Indonesiens erleben und erschnüffeln, sondern sogar ein eigenes Parfüm kreieren können.

Rafting

Whitewater Rafting auf dem Ayung River ist ein nicht ganz günstiger, aber lohnenswerter Ausflug. Für Nicht-Wildwassersportler eine tolle Gelegenheit, diesen Sport auszuprobieren, und das in atemberaubender Natur. Über die sportliche Herausforderung können aktive Wildwassersportler allerdings nur lachen. Die Krönung dieser Tour ist ein abschließendes opulentes Mahl. So eine Tour dauert insgesamt fünf bis sechs Stunden, je nach Wohnort. Man wird vom Hotel abgeholt und zurückgebracht.

■ **Mason Adventures,** Adventure House, Jl. By Pass Ngurah Rai, Pesanggaran, Tel. 0631 721480, www.masonadventures.com.

Reiten

Muara Adventure, Tangtu Beach, Sanur, Tel. 081 13995434, https://muaraadventure.com. Auf dem Rücken der Pferde kann man den schwarzen Strand in der Bucht von Tangtu erkunden – am besten zu Sonnenauf- oder -untergang. Die 30-Minuten-Tour ist auch für Kinder geeignet.

Surfen (Wellenreiten)

Wer auf Bali oder Lombok surft, hat selten ein Segel dabei. Surfen ist Wellenreiten und zugleich ein Lebensgefühl oder vielmehr eine **Lebensart.** Die lässt sich auf Bali und Lombok gut beobachten. Mutige können sogar mitmachen.

Als der US-Amerikaner **Robert Koke** um **1936** herum sein Surfbrett an den Strand von Kuta mitnahm, um versuchsweise eine Runde zu drehen, konnte er kaum ahnen, was er damit auslöste. *Koke* war mit seiner Frau *Louise* nach Kuta gekommen, um dort das erste Hotel zu eröffnen, das Kuta Beach Hotel. Wellenreiten hatte er in Hawaii gelernt, wo er als Filmemacher gearbeitet hatte. Auf Bali schien ihm der Strand von Kuta ein hervorragender Ort zu sein, um mit dem Board in die Wellen zu gehen. Die Einheimischen konnten sich recht schnell damit anfreunden, und Surfer aus allen Ländern der Welt sollten bald folgen.

Die **Surfer-Gemeinschaft ist eine ganz eigene Welt:** mit eigenem Vokabular, eigenen Regeln, Bars, Restaurants, Shops, Bekleidungsstil und Verhalten.

023ba cn

Die vor allem in Kuta/Bali nicht zu übersehenden Surfer-Motorräder haben auf der Seite eine Halterung, in die bequem das Board passt.

Für Mitteleuropäer ist es nicht einfach, sich dieser Welt anzunähern. Anders die **Australier, Brasilianer und US-Amerikaner,** die ihre Ecken auf Bali und Lombok längst für sich entdeckt und weitgehend erschlossen haben. Hier gibt es die hohen Wellen, die zuverlässig die sogenannte **Tube** produzieren: die „Röhre" im Wasser, durch die die Surfer Richtung Strand schießen. Unsterblich wurde die Surferwelt 1966 mit *Bruce Browns* Surferepos **„The endless Summer"** und spätestens 1991 durch **„Gefährliche Brandung"** mit *Patrick Swayze* und *Keanu Reeves.*

Surfen bei Bangko-Bangko auf Lombok – gute Wellen, aber gefährliche Felsen

Wer es mal probieren möchte, ist in den beiden Kutas richtig, sowohl auf Bali als auch auf Lombok. Am Flughafen in Tuban wird man gleich richtig empfangen: Neben der Start- und Landebahn gibt es zwei bekannte Surfspots, **Airport Right** und **Airport Left.** Das sogenannte Whitewash an Balis **Kuta Beach,** also die Schaumwalzen einer bereits gebrochenen Welle, ist ein Eldorado für Surfanfänger, die hier versuchen, auf dem Board zum Stehen zu kommen. Etliche **Surfschulen** garantieren die ersten Meter mit Abschluss des ersten Surftags. Wer es nicht schafft, auf dem Brett zu stehen, wird so lange betreut, bis es klappt (siehe auch Kuta/Bali).

In **Kuta auf Lombok** gibt es ebenfalls eine gut ausgebaute Anfängerstruktur mit Shops, die Unterricht anbieten. Gleiches gilt für **Senggigi** und die **Gilis.** Allerdings ist die Surfer-Infrastruktur auf Lombok eher auf fortgeschrittene Surfer ausgelegt, und die kommen gern und reichlich. Nicht ohne Grund wurde **De-**

sert Point bei Bangko-Bangko zu einem der besten Surfspots der Welt erklärt. Desert Point gilt als Superwelle; rollt sie, ist es meist megavoll, und die Welle selbst hat ordentlich Power. Neben dem scharfen Riff sollen aber auch die Zähne der dort ansässigen Tigerhaie nicht gerade einladend sein. In Kuta kann man Surfkurse belegen.

Bali hat gegenüber anderen Surfdestinationen den Vorteil, dass in **zwei Saisons** gesurft werden kann: In der Trockenzeit von **März bis September** gibt es ordentliche Wellen an der Westseite der Insel. Sturmtiefs und Wirbelstürme im Indischen Ozean gepaart mit starken Südostwinden sorgen dafür, dass besonders an der Halbinsel Bukit die Surfspots voll sind. Wem hier zu viel los ist, der geht nach Lombok. In der Regenzeit von **November bis März** kommen die Westwinde zur Geltung, dann kann man im Osten Balis gut surfen, beispielsweise vor Sanur oder Nusa Dua. Aber **egal zu welcher Jahreszeit:** Auf Bali gibt es immer irgendwo eine Welle, die mindestens zwei Fuß hoch ist. Damit kann es losgehen. Wer sich selbst auf die Suche machen will, fragt unterwegs Einheimische nach dem Weg: „Dimana ada ombak besar" – „Wo sind die großen Wellen?".

Surferleben anschauen, kennenlernen und mitmachen geht gut auf Bali in der Gegend **um Uluwatu.** Balangan, Bingin, Padang Padang und vor allem Suluban sind Orte, an denen die Surfer zu Hause sind. Andere herausfordernde Surfspots gibt es an der **Südküste** bei Nusa Lembongan, Canggu, Balian und Medewi.

■ Wer sich online einen ersten Einblick verschaffen will, ist hier richtig: **www.wannasurf.com/spot/Asia/Indonesia.**

Tauchen

Wer mit Wissenschaftlern spricht, hört erschreckende Zahlen: **33 % der Korallenriffe Indonesiens** seien **zerstört,** jahrzehntelange Zyanid- und Dynamitfischerei hätten ihre Spuren hinterlassen. Rund 8–9 % gelten als geschützt, und nur ein paar Korallenriffe sind völlig in Ordnung. **Naturschutz** zahlt sich in Indonesien noch nicht aus, Fischerei hat noch immer den Vorrang. Viel Überzeugungsarbeit liegt also noch vor den Menschen, die die Natur erhalten wollen – vor allem die Unterwasserwelt. Dazu gehört (hoffentlich) die Zunft der Taucher, die unter dem Motto **„Schauen, aber nicht anfassen"** staunend und fotografierend in den Weltmeeren unterwegs ist. So auch rund um Bali und Lombok.

Es gibt nur wenige Tauchgründe, die voll erschlossen sind. Diese aber können sich mit den weltbesten Tauchgebieten wie dem Sinai, den Malediven oder Australiens Great Barrier Reef durchaus messen. Besonders **Palau Menjangan** und die **Gegend um Tulamben** haben es vielen Mitgliedern der weltweiten Tauchgemeinschaft angetan. Spätestens seit es auf Bali (Denpasar) und Lombok (Mataram) **Dekompressionskammern und Tauchärzte** gibt, kann sich die Tauchbranche nicht mehr über mangelnden Zuspruch beklagen. Regelmäßig schaffen es etliche der zahlreichen **Tauchcenter,** beispielsweise beim bekannten Internet-Taucherportal www.taucher.net, gute Kritiken einzuheimsen, nicht nur für die Tauchspots, sondern auch für den Service und vor allem die Atmosphäre.

Auch für **Fotografen** ist unter Wasser viel geboten: Harlekingarnelen und Pygmäenseepferdchen gibt es eben nicht im Roten Meer oder im Indischen Ozean. Und mit etwas Glück kommt mal etwas Größeres vorbeigeschwommen, z.B. ein Silberspitzenhai oder ein Manta.

Wer unter Wasser unterwegs ist, dem wird nicht verborgen bleiben, dass viele Riffe durch die **Dynamit- und Zyanidfischerei** zerstört wurden oder als Baumaterial Verwendung fanden wie in Candi Dasa. Mit Dynamit wird offiziell nicht mehr gefischt, es ist verboten, genauso wie offiziell nicht mehr mit Zyanid gearbeitet wird. Es passiert aber dennoch. Nicht selten kommen sich Taucher und Fischer ins Gehege, wenn sie in denselben Tauchgründen unterwegs sind.

Auch **El Niño 1998** schadete der Korallenwelt massiv, beispielsweise rund um die Gilis: Der Wasserspiegel sank, das Wasser erhitzte sich, die Korallen starben ab. Meno Wall und Meno Slope vor Gili Trawangan sind Tauchspots, wo nebenan Halden mit toten Korallen zu finden sind. Aber am Wiederaufbau der Korallenriffe wird heftig gearbeitet: Fast jedes Tauchcenter hat ein eigenes Projekt oder ist zumindest an einem beteiligt.

Ein weiteres Problem, gerade an der Nordküste von Bali, ist die **Verschmutzung des Meerwassers.** Besonders in der Regenzeit transportieren die aus den Bergen ins Meer mündenden Flüsse den ganzen Abfall, der oben hineingeworfen wird, ins Meerwasser. Gegenmaßnahmen mit Fangnetzen gibt es reichlich.

Die besten Tauchspots

Die für Taucher am besten geeigneten Standorte auf **Bali** liegen alle **im Norden und Osten** der Insel und bieten direkten Zugang zum Riff oder zur Unterwasser-Attraktion: Tulamben, Amed, Candi Dasa, Padangbai, Nusa Lembongan sowie die Küste direkt vor Menjangan, Pemuteran und Lovina.

Lombok wartet mit den Riffen bei **Senggigi** und rund um die **Gilis** auf,

024ba rp

aber auch der **Süden** kommt. Ein Nachteil ist, dass sich die Taucher naturgemäß auf die spektakulären Tauchgründe konzentrieren. Man ist also selten allein im Wasser und meist von Kollegen umgeben. Der erwartete Hai am Shark Point kann also durchaus die Mitarbeit verweigern, wenn schlichtweg zu viel los ist unter Wasser.

Tauchziele Bali

Insel Menjangan und Nationalpark

Um Menjangan herum und entlang der Küste gibt es allein zwölf (welt-)bekannte Tauchspots: vom Mandarin Point über Anchor Wreck bis Blue Corner. Menjangan selbst bietet **herrliche Steilwände,** vor allem mit eindrucksvollen Fächerkorallen bewachsen. Da es nur **geringe Strömung** gibt, bietet es sich an, sich von dieser möglichst weit treiben und anschließend vom Boot wieder aufsammeln zu lassen. Das Gebiet ist auch geeignet für **weniger geübte Taucher** und für **Schnorchler.** Das bedeutet auch: viel Betrieb am Strand und im Wasser, vor allem auf dem Riff. Berühmt sind hier der Eel Garden mit Tausenden von Aalen und vor allem der Coral Garden.

Von Pemuteran aus lassen sich auch andere Tauchspots ansteuern, die mittlerweile neben Menjangan an eigenem Profil gewonnen haben. Beispielsweise Puri Jati bei Seririt, ein bekannter Tauchspot für das sogenannte **Muck-Diving** mit Hunderten von Fischarten, oder der Secret Garden bei Gilimanuk. Vor Pemuteran liegen der Magic Forest, ein magischer Platz, wo das Tauchen extrem bunt und abwechslungsreich ist, und Gondol, bekannt für die Steilwände und die Hartkorallenwelt.

[<] [v] Die fragile Unterwasserwelt erholt sich dank etlicher Schutzmaßnahmen langsam; rechts im Bild ein Fangschreckenkrebs

025ba rp

Tulamben: Wrack der „SS Liberty"

Das zweite absolute Tauch-Highlight Balis und unter den 100 besten Tauchspots der Welt von „Unterwasser – Das Tauchmagazin" ist das Wrack der „Liberty" vor Tulamben. Hier liegt, nur wenige Meter vom Ufer entfernt und von diesem relativ bequem zu erreichen, das **US-Cargoschiff „SS Liberty" aus dem Zweiten Weltkrieg** in einer Tiefe von drei bis 29 m. Das Schiff war 1942 von japanischen U-Booten torpediert worden und sollte in den Hafen von Singaraja geschleppt werden; als es zu sinken drohte, wurde es kurzerhand in Tulamben auf den Strand gesetzt. Hier blieb es bis 1963 liegen, als der Ausbruch des Gunung Agung es ins Meer zurückschob, wobei es in zwei Stücke zerbrach und sich jetzt auf über 100 m erstreckt.

Das Wrack ist stark **mit Weichkorallen und Schwämmen bewachsen** und bietet einen unglaublichen **Fischreichtum.** Die Fische sind handzahm, da von Tauchern angefüttert – mit Bananen! Die „Liberty" ist der wohl meistbesuchte Tauchspot Balis. Man muss mit vielen Mit-Tauchern rechnen, vor allem zur Mittagszeit. Die beste Zeit zum Tauchen sind deshalb der frühe Morgen und der Nachmittag. Tulamben ist auch für weniger erfahrene Taucher geeignet.

Vor der Küste von Tulamben liegen die Attraktionen für Taucher aufgereiht wie an einer Perlenschnur. Es gibt viele bekannte und auch noch einige unbekannte Spots.

Tulamben: Coral Garden und Paradise Reef

Bekannt und beliebt als paradiesisches Riff. Zwischen dem Wrack der „Liberty" und dem Drop Off beginnt der **Coral Garden** direkt am Strand, quasi das „Hausriff" von Tulamben. Hier gibt es alles zu sehen, was das Taucherherz erfreut: eine intakte Rifflandschaft, Fische aller Arten, Oktopoden und vieles mehr. Gut und einfach zu betauchen – bis hin zum spektakulären Nachttauchgang.

Tulamben Wall

Unterhalb des Hindu-Tempels am östlichen Ende der Bucht von Tulamben fällt der Tulamben Wall 30 m tief, ein **Highlight für Freunde des Steilwand-Tauchens.** Das volle Unterwasserprogramm ist geboten, bis hin zur riesigen und berühmten Fächerkoralle. Manchmal gilt es, die Strömungsverhältnisse zu beachten, um nicht zu weit abgetrieben zu werden.

Tulamben: Alam Anda

Dieser Tauchspot ist die Fortsetzung der Tulamben Wall und der letzte Spot, der direkt von der Küste aus betaucht werden kann. Die Anfahrt von Tulamben mit dem Jukung – dem traditionellen Einbaum mit Auslegern – dauert rund fünf Minuten. Hier ist die Wahrscheinlichkeit, **Barrakudas, Thunfische, Mantas** und **Weißspitzenriffhaie** zu sehen, größer als in Tulamben. Die Attraktion aber ist der größte Riff-Fisch weltweit: der **Napoleon-Lippfisch.** Bis zu zwei Meter kann er lang werden und dabei bis zu 200 kg auf die Waage bringen.

Tulamben: Batu Kelebit

Nach Alam Anda folgt der nur mit dem Boot erreichbare „untergegangene Fels", so genannt, weil nur die Spitze bei Ebbe aus dem Wasser ragt. Auch hier haben **Freunde des Steilwandtauchens** ihre Freude; spektakuläre Feuerkorallen begleiten den Weg nach unten.

Seraya Secrets

2003 von dem Unterwasser-Journalisten *Michael Aw* entdeckt, liegt dieser Tauchspot vor dem Scuba Seraya Resort in **Munting Bay.** Hier gibt es drei der schönsten Tauchreviere in Indonesien, sagt die Fachwelt: Noisy Reef, Seraya Secrets und Deep Secrets. Der Name **Noisy Reef** kommt von den zahlreichen Riff-Fischen, die nagende Geräusche von sich geben; hier ist die Korallenwelt sehenswert. **Seraya Secrets** ist ein Eldorado für Kenner und Unterwasserfotografen, vor allem die Fischwelt sucht ihresgleichen. **Deep Secrets** liegt auf 35 m Tiefe und birgt manches Geheimnis.

Batu Niti

Batu Niti ist ein Tauchspot auf und rund um den Lavastrom, der 1963 vom Agung ins Meer floss. Die **Korallenlandschaft** ist sehenswert, und mit ein bisschen Glück kommt auch mal ein Schwarm Barrakudas oder ein Walhai vorbei.

Batu Belah

Ebenfalls 1963 beim letzten Ausbruch des Agung entstanden, ist Batu Belah eine **Höhle, aus der Süßwasser ins Meer gelangt.** Das führt zu einzigartigen Sehenswürdigkeiten bei Flora und Fauna. Der einsame Tauchplatz ist nur mit dem Fahrzeug und dann über einen kleinen Fußmarsch an den Strand erreichbar.

Jemeluk

Am vorgelagerten westlichen Riff können **Freunde des Strömungstauchens** auf ihre Kosten kommen. Gleichzeitig gilt die Sicht mit oft mehr als 30 m als hervorragend. Unter Wasser ist eine Begegnung mit einem Schwarzspitzenriffhai nicht ausgeschlossen, auch Papageienfische kreuzen den Weg. Das östliche Ende der Jemeluk-Bucht ist bekannt als schönes **Schnorchelrevier.** Für Taucher wartet der Spot u.a. mit Drückerfischen auf; diese sind dafür bekannt, dass sie gelegentlich mal Taucher attackieren, die ihnen zu nahe kommen.

Lipah Bay

In Lipah Bay ist **Wracktauchen** angesagt: Direkt vom Strand aus betauchbar, liegt das „japanische Wrack" in einer Tiefe von fünf bis zwölf Metern. Aber auch die nahen Korallen sind mehr als einen Blick wert.

Gili Selang

Gili Selang ist eine angesagte Location für **(Hardcore-)Strömungstaucher.** Direkt in der Straße von Lombok gelegen, geht die Strömung hier mit oft reißender

Harlekingarnele

026ba rp

Geschwindigkeit und Kraft vorbei. Profis sprechen daher auch vom „Selang Express". Gili Selang selbst hat **drei Tauchspots:** Labuhan Kutumanak, den Express und das Riff an der Südostseite der Insel. Hier gibt es eine ungemein reiche Unterwasserflora und -fauna.

Candi Dasa

Candi Dasa vorgelagert sind die kleinen Inseln bzw. Inselgruppen **Gili Tepekong, Gili Biaha** und **Gili Mimpang** (= Batu Tiga), die leicht mit dem Jukung, dem Auslegerboot der Fischer, von Candi Dasa oder Padangbai zu erreichen sind. Hier gibt es wunderschöne Unterwasserlandschaften mit vielen Weich- und Hartkorallen, einen Canyon (auf Tepekong) und zahlreiche Fische (Haie, Rochen). Vorsicht vor **häufig sehr starken Strömungen,** teilweise sogar senkrecht nach unten. Das setzt einiges an Erfahrung beim Tauchen voraus.

028ba cn

Nusa Penida

Besonders im Norden von Balis Nachbarinsel gibt es **hervorragende Tauchgründe.** Sie sind abwechslungsreich und bieten schönen Bewuchs, vor allem viele der für Bali typischen Tonnenschwämme, aber auch Hartkorallen, riesige Mördermuscheln und dazu Fische, Fische, Fische! Achtung, es können **sehr starke Strömungen** auftreten, was ideal für Strömungstauchgänge, aber für Anfänger und Unterwasserfotografen nicht ganz unproblematisch ist. Man erreicht das Tauchgebiet mit Schnellbooten von Padangbai in 1½ Stunden. Auch von Nusa Lembongan wird von den dortigen Tauchcentern, bei kürzerer Anfahrt, Nusa Penida angesteuert.

Padangbai

Das Hausriff für die Tauchbasen in Padangbai ist die **Blue Lagoon.** Das Riff liegt sehr küstennah, die Tauchplätze können alle innerhalb weniger Minuten mit einem Jukung erreicht werden. Besonders geeignet ist die Blue Lagoon für **Tauchanfänger,** Menschen, die es entspannt mögen und für **Unterwasserfotografen.** Die meisten Tauchplätze rund um Padangbai haben eine maximale Tiefe von 25 m und sind **selten Strömungen** ausgesetzt. Wer sich vor der Küste Padangbais genügend umgesehen hat, kann von hier aus Ausflüge zu allen bekannten Tauchregionen rund um Bali unternehmen, so gut wie alle Tauchcenter bieten diese an.

‹ Hier kommt die ganze Familie auf ihre Kosten – Tauchausflug bei Gili Air

Lovina

Lovina ist nicht so spektakulär wie die bisher besprochenen Gebiete, aber **für Anfänger und Schnorchler geeignet.**

Tauchziele Lombok

Rund um Lombok sind es vor allem die **Gilis,** die – nicht nur was die Taucherei angeht – in den letzten Jahren Furore gemacht haben. Hartgesottene Bali-Fans werden kaum zugeben, dass der Trip nach Gili Trawangan und der Blick unter Wasser dort mehr als lohnend sind. So werden die Gilis schnell als Anfänger- und Schulungsrevier abgestempelt, doch die Gilis, vor allem Trawangan, bieten **einige Vorteile:** Die Wege zu den Tauchspots sind kurz, Korallenriffe immer in der Nähe. Für so gut wie jedes Niveau gibt es einen Spot. Die Sicht ist meistens gut, 20 m und mehr, so ist die Topografie der Tauchspots gut erkennbar. Die Strömungsverhältnisse zwischen den Gilis sorgen für regen „Großfischverkehr". Auch Schildkrötenfreunde sind hier richtig; viele Aufzuchtprojekte haben dazu geführt, dass die Population ungemein gestiegen ist.

Gute Tauch- und Schnorchelspots

17 offizielle Tauchplätze werden rund um die drei Gilis angesteuert, in der Hochsaison kann es unter Wasser ein wenig eng werden. Die Korallen rund um die Gilis zählen nicht zu den schönsten, dafür trifft man aber auf eine **Meerestiervielfalt,** die **einzigartig in Indonesien** ist. Man schätzt, dass rund 3000 bis 3500 verschiedene Meeresbewohnerarten vorkommen – und teilweise nur hier zu sehen sind.

Gili Trawangan: Die besten Plätze liegen vor dem Westufer (etwa 15 Minuten mit dem Boot). Beim Shark Point kann man sich (fast) sicher sein, Haie zu sehen (glücklicherweise ungefährliche), hin und wieder tauchen auch Mantas auf. Die besten Schnorchelgründe befinden sich an der Nordspitze der Insel.

Gili Meno: Ebenfalls vor der Westküste sind die besten Plätze mit ausgesprochen vielen Fischen. Der Spot heißt Gili Meno Wall. Schnorcheln ist auf Meno nicht ganz so toll.

Gili Air: Wiederum vor der Westküste gibt es die besten Plätze, auch hier sind Haie gesehen worden. Rund um die Insel gibt es Schnorchelplätze.

Für Großfische und Fischreichtum bekannt sind auch die Tauchspots im Süden von Lombok: Taucher aus aller Herren Länder ziehen Richtung **Sekotong, Kuta** oder **Belongas.** Das Tauchen ist hier manchmal nicht einfach und setzt einiges an Erfahrung voraus. Für Tauchanfänger und Schnorchler gibt es Spots nahe der Küste.

Artificial Reef Park

Vor Senggigi lockt diese Tauch- und Schnorchelattraktion (www.facebook.com/artificialreefparklombok). Mitglieder des Gili Eco Trust haben mit staatlicher Förderung und unter künstlerischer Leitung von *Teguh Ostenrik* in 3 bis 6 m Tiefe eine **Metallstruktur versenkt,** 7 x 9 m groß und 1,6 Tonnen schwer. Diese ist verbunden mit einer Stromversorgung, die wiederum durch ein schwimmendes Solarpanel gespeist wird. Der Strom zieht das Leben unter dem Wasser an – langsam, aber sicher sollen sich die **Blauen Korallen,** für die Senggigi früher bekannt war, wieder ansiedeln.

Tauchveranstalter

Es gibt viele Veranstalter und Resorts, die ihre Kunden mit **Equipment** versorgen und sie auch **in Minibussen zu den Tauchspots** fahren. Etliche Tauchcenter stehen unter deutscher oder europäischer Leitung und sind bestens auf diese Klientel eingestellt – nicht nur was die Sprache der Lehrer oder Guides angeht. Mit günstigen **Komplettpaketen,** Unlimited-Tauchen usw. wird man schon am heimischen Computer heiß gemacht.

■ Wer sich im Vorhinein einen neutralen Überblick verschaffen will, ist beispielsweise beim deutschen Online-Portal **https://taucher.net** gut aufgehoben. Hier können Tauchcenter ausgemacht werden, die mit guten Kritiken glänzen.

Preise

Die Preise auf Bali und Lombok sind im internationalen Vergleich **recht gemäßigt:** Ein Tauchgang am Hausriff kostet um die 50 US$. Mit Transport von den Touristenzentren zu den beschriebenen Tauchgebieten und zurück, Bootsfahrt, zwei Tauchgängen, Flaschen, Blei und Mini-Lunchbox kostet der Spaß je nach Entfernung **zwischen 80 und 150 US$ pro Taucher,** Minimum zwei Personen. Alles weitere wie Jacket und Regulator, Flossen und Maske oder Anzug kosten extra. Es kann sich also lohnen, die eigene Ausrüstung mitzubringen. Wegen der gelegentlich recht niedrigen Wassertemperaturen ist ein „langer" Anzug dringend anzuraten, ebenso ein Tauchcomputer. Notwendige **Qualifikation für den Taucher** sind natürlich ein internationales Zertifikat und das Logbuch.

Tauchkurse

Auch tauchen lernen auf Bali und Lombok ist kein Problem: am einfachsten in Hotels mit Swimmingpool für die ersten Übungen, dann geht es ins Meer. Alle wichtigen **Zertifikate** werden in Theorie und Praxis mit Abschlusstest angeboten. Der Kurs Open Water Dive mit PADI-Zertifikat z.B. kostet ab 380 US$, Dauer etwa vier bis fünf Tage.

Wandern

Bali und Lombok eignen sich hervorragend für **Spaziergänge** durch die berühmten Reisterrassen sowie für ausgedehnte, **stundenlange Wanderungen** durch die abwechslungsreiche (Berg-)Landschaft; dazu gehören beispielsweise wunderschöne Wasserfälle, versteckte Tempel oder natürlich die Gipfel und Calderas von Vulkanen.

Die bekannteste Vulkanwanderung ist die **Besteigung des aktiven Vulkans Agung** (→ S. 163). Auf der Nachbarinsel Lombok kann man bei Spaziergängen und Wanderungen an den grünen Hängen des **Vulkans Rinjani** beispielsweise Dörfer der Ureinwohner Sasak besuchen. Touristen kommen extra von Bali herüber, um an einem Wochenende den Rinjani als zweithöchsten Vulkan Indonesiens mit einer geführten Wandertour zu besteigen.

Viele Wanderungen und Spaziergänge können **auf eigene Faust** gemacht werden, z.B. der beliebte Campuhan Ridge Walk in Ubud oder Spaziergänge zu den Wasserfällen rund um Munduk. Für andere benötigt man eine **organisierte Anfahrt,** beispielsweise für eine Tour auf den Agung oder den Rinjani auf Lombok. Die örtlichen Tourist-Infos, das eigene Guesthouse, Hotel oder Reisebüros wissen normalerweise Bescheid und organisieren auch Wanderungen.

Wellness

Wellness ist ein großes Thema auf Bali. Jedes Resort, das etwas auf sich hält, unterhält ein eigenes **Spa** mit verschiedenen Arten von **Massagen und Bädern.** Die balinesische Massage sollte man unbedingt probieren – eine Mischung aus Streichungen, Knetungen und Dehnungen, aber nicht so intensiv wie beispielsweise eine Thai-Massage.

- Hochburg in Sachen Wellness ist Ubud, eine gute Adresse ist **Taksu Spa,** Jl. Gautama 28, Tel. 0361 971490, https://taksu.org, tgl. 11–21 Uhr.

Wildlife

Das **Beobachten wilder Tiere** in der freien Wildbahn Balis ist nicht ganz einfach – mangels freier Wildbahn. Es gibt dennoch einiges zu sehen. Hier eine Liste der Attraktionen, genauere Angaben bei den jeweiligen Ortsbeschreibungen:

- **Affen:** Langschwänzige Makaken gibt es in drei „heiligen Affenwäldern" in **Ubud, Sangeh** und **Alas Kedaton** (bei Marga).
- **Sumatra-Elefanten:** In Tarot, in der Nähe Payangans, liegt der **Elefant-Safari-Park** mit Tieren, auf denen geritten werden kann. Ein lohnender Ausflug, schöne, große Anlage.
- **Flughunde:** Im Affenwald **Alas Kedaton** (Marga) hängt eine ganze Meute dieser possierlichen Tiere in den Bäumen.
- **Vögel:** In Ubud gibt es sogenannte **Bird Walks,** geführte Wanderungen mit Vogelbeobachtung (www.balibirdwalk.com).
- In **Petulu,** einem Dorf in der Nähe Ubuds, leben über 15.000 weiße **Reiher.**
- In Batubulan befindet sich der **Bali Bird Park,** der viele **exotische Vögel,** insbesondere Papageien, Nashorn- und Paradiesvögel, in artgerechten Käfigen zeigt (auch z.B. Balistare).
- **Blumen und Pflanzen:** Der **Botanische Garten von Bedugul** beherbergt auf 154,50 Hektar etwa 1150 verschiedene Pflanzenarten. Das riesige Gelände kann zu Fuß oder mit dem Fahrzeug erforscht werden.

Yoga und Meditation

Ubud ist auch der richtige Ort für Yoga- und Meditationsunterricht. Es gibt etliche Anbieter, die sich in den letzten Jahren in und um das spirituelle Ubud niedergelassen haben und Yoga verschiedener Stilrichtungen im Programm haben.

- **Yoga Barn,** Jl. Sukma Kesuma, Ubud, Tel. 0361 971236, www.theyogabarn.com, tgl. 7–21 Uhr. Hier gibt es Yoga, Pilates, Tanz, Meditation und einiges mehr.
- **Intuitive Flow,** Penestanan, Tel. 0361 977824, www.intuitiveflow.com, ist ein Anbieter, der einen Wochenplan sowie Privatunterricht für Mitglieder und Besucher im Programm hat: von Hatha-Yoga bis Sumantra Balinese Yoga.
- **Desa Seni, A Village Resort,** Canggu, Tel. 081 1399536, www.desaseni.com/yoga, bietet jeden Tag Yoga und Meditation.
- **Tandjung Sari,** Sanur, Tel. 0361 288441, http://tandjungsarihotel.com. Hier wird in einem wunderschönen Pavillon – auch für Nicht-Hotelgäste – Yoga im Stil des Iyengar unterrichtet.

Sprache

→ Sprachhilfen im Anhang

Die **Republik Indonesien** ist nicht nur reich an Inseln, sondern auch an Völkern und Volksgruppen, die **200 bis 250 malaio-polynesische Sprachen, Papua-Sprachen und Dialekte** sprechen. **Javanisch** ist für rund 70 Mio. Indonesier die Muttersprache. Schulpflichtsprache ist **Englisch,** an den Islamschulen wird **Arabisch** gelehrt. Die Nationalsprache heißt **Bahasa Indonesia.**

Bahasa Indonesia

Ein moderner Staat braucht eine einheitliche Kommunikationsmöglichkeit. Als **1945** die **Unabhängigkeit** ausgerufen wurde, hätte Holländisch Nationalsprache werden können. Aber mit den ehemaligen Kolonialherren wollte die junge Nation nichts mehr gemein haben. Schon 1928 hatte der Zweite Indonesische Jugendkongress erstmals eine einheitliche Nationalsprache gefordert: „Satu nusa, satu bangsa, satu bahasa" („ein Land, ein Volk, eine Sprache"). Daran erinnerten sich die Staatsgründer: **Bahasa Indonesia („Sprache Indonesiens")** wurde zur **Nationalsprache.** Diese Sprache ist ein Mix unterschiedlichster Sprachen, basiert aber größtenteils auf der Handelssprache Malayu kuno (altes Malaiisch) oder Bahasa pasar (Marktsprache), die über Jahrhunderte im gesamten Archipel gesprochen wurde.

Sprachwissenschaftlich gehört Bahasa Indonesia (wie auch Bahasa Malaysia, die Nationalsprache Malaysias) zur **Familie der austronesischen Sprachen,** wie auch Maori (Neuseeland), Tagalog (Philippinen), Madagassisch (Madagaskar) oder Hawaiisch. Die Besiedelung dieser Inseln erfolgte vom Malaiischen Archipel aus.

Bahasa Indonesia wird **von etwa 200 Mio. Menschen gesprochen,** für 23 Mio. ist sie Erstsprache, die meisten von ihnen leben auf Java. 156 Mio. nutzen sie als Zweit- oder Verkehrssprache. In allen indonesischen Schulen ist Indonesisch neben der jeweiligen Lokalsprache **Pflichtfach ab dem ersten Schuljahr.** Es kann passieren, dass es in abgelegenen Gegenden, in denen die Leute nicht zur Schule gegangen sind, in der Nationalsprache Verständigungsprobleme gibt, vor allem in ländlichen Gebieten Lomboks. Allerdings muss zumindest der Bürgermeister Bahasa Indonesia können, sonst hätte er sein Amt nicht bekommen. Bei allen offiziellen Verlautbarungen kommt diese Sprache zum Einsatz – bei amtlichen Dokumenten und in den Medien. Ausländische Filme werden in Bahasa Indonesia synchronisiert oder untertitelt.

Ursprünglich galt die holländische Schreibweise, aber dieses Relikt der Kolonialzeit wurde abgeschafft: 1972 fand eine **Rechtschreibreform** statt, seitdem werden die Wörter in Malaysia und Indonesien gleich geschrieben, in lateinischer Schrift.

Mit wenigen Brocken Bahasa Indonesia öffnen sich Reisenden sicher ein paar Herzen und Türen. Und da Indonesisch zu den **einfachsten Sprachen der Welt** gehört und recht schnell zu erlernen ist, schadet es nicht, ein paar Worte zu lernen. Man wird sich mit einem „Guten Morgen" oder „Wie geht's?" schnell

Freunde machen. Im Anhang dieses Buches findet sich eine **Kleine Sprachhilfe** (→ S. 555), die dabei hilft, die ersten Verständigungsversuche zu wagen.

Sprachführer

- *Urban, Gunda:* **„Indonesisch – Wort für Wort".** Kauderwelsch Band 1, Reise Know-How Verlag P. Rump, Bielefeld.
- *Urban, Gunda; Roseno, Bambang:* **Indonesisch – Wort für Wort plus Wörterbuch".** Kauderwelsch Band 1+, Reise Know-How Verlag P. Rump, Bielefeld.

Sprachkurse

- **IALF Bali,** Jl. Raya Sesetan 190, Denpasar, Tel. 0361 225243, www.ialf.edu. Die Sprachschule bietet regelmäßig Zweiwochenkurse mit jeweils vier Stunden Unterricht täglich zum Erlernen der Bahasa Indonesia an. Auf dem Programm stehen auch einmonatige Einführungskurse mit jeweils zwei Stunden Unterricht am Tag.

Verständigung

Im Indonesischen gibt es **weder Zeiten noch Fälle.** Verben werden nicht konjugiert. Die Mehrzahl wird einfach durch Verdoppelung der Einzahlform gebildet; Beispiel: *anak* = Kind, *anak-anak* = Kinder, Kurzform: *anak 2.* Das Hilfsverb „sein" existiert nicht, Sätze mit diesem Verb werden ohne Verb konstruiert; Beispiel: „Ich bin faul", *saya malas* (*saya* = ich, *malas* = faul), „Das Essen ist lecker", *makanan enak* (*makanan* = Essen, *enak* = lecker).

Wer in der Lage ist, **Indonesisch zu sprechen** (und wenn auch nur bruchstückhaft), wird überall mit offenen Armen empfangen. Und wer sich zwei Stunden an einem Warung mit der Kundschaft unterhält, erspart sich drei Tage Vokabeln büffeln, wer zwei Tage bei einer indonesischen Familie wohnt, drei Wochen. Indonesier lieben es, ihre Sprache zu vermitteln, und sie sind geduldige Lehrer.

Englisch wird normalerweise in Städten und Touristenzentren gesprochen und verstanden, oft aber nur bruchstückhaft und lediglich für den jeweiligen Zweck. Mit *good price!, very cheap, last price* und den Zahlen von 1000 bis 10.000 kann ein Indonesier stundenlang Preisverhandlungen führen.

Balinesisch

Balinesisch wird hauptsächlich **auf Bali und Lombok** gesprochen. Das Balinesische ist verwandt mit den Sprachen Sasak und Sumbawa, die auf den Nachbarinseln Balis gesprochen werden. Be-

Noch irgendwelche Fragen?

xba071 sb

rühmt und berüchtigt ist das auf Bali gesprochene Balinesisch dafür, dass es in drei verschiedenen Formen vorkommt: als **Hochbalinesisch, Mittelbalinesisch** und **Niederbalinesisch.** Darin spiegelt sich das Kastenwesen der Insel wider. So ist das Hochbalinesische die Sprache der Brahmanen, es basiert auf der alten javanischen Hofsprache. Wer balinesisch spricht, muss sein „Sprachniveau" seinem Gegenüber anpassen und dabei die Kastenzugehörigkeit beachten, für Reisende kein leichtes Unterfangen. Sicherer ist es, auf ein paar Brocken Bahasa Indonesia zu setzen.

Sprachführer

- *Spritzig, Günter:* **„Basa Bali (Balinesisch) – Wort für Wort".** Kauderwelsch Band 147, Reise Know-How Verlag P. Rump, Bielefeld.

Sasak

Auf Lombok ist Sasak die **Sprache der Einheimischen.** Für das Sasak gibt es bisher keine Wörterbücher. Viele Bewohner Lomboks sprechen aber zusätzlich Bahasa Indonesia. Wer davon ein paar Brocken beherrscht, sollte keine Verständigungsschwierigkeiten bekommen. Und wer sich auf Lombok intensiv mit den Menschen auf dem Land und im Dorf auseinandersetzen will, sollte Indonesisch zumindest bruchstückhaft beherrschen. Außerhalb der Touristenregionen könnten Reisende Probleme haben, sich auf **Englisch** verständlich zu machen. Auch Polizisten oder Büroangestellte sind dieser Sprache oft nicht mächtig. In touristischen Orten aber ist immer jemand zu finden, der Englisch spricht, manchmal sogar hervorragend.

Die Sasak haben übrigens eine lange Tradition, **Geschichten auf getrockneten Lontar-Blättern** aufzuschreiben. Bis heute werden diese Texte, die oft etliche Jahrhunderte alt sind, einem Publikum vorgetragen – oft untermalt von Musik. In Sasak heißt diese Kunstform **Pepaosan.** Diese Verse werden auch gern bei der täglichen Arbeit gesungen.

Unterkunft

→ Camping

- Zu den Übernachtungsempfehlungen in diesem Buch: In jeder Ortsbeschreibung findet sich die **Rubrik „Übernachten";** die dort angegebenen Adressen verstehen sich als Vorschläge oder Tipps.
- Die in diesem Buch beschriebenen Unterkünfte sind in **vier Preiskategorien** gegliedert, symbolisiert durch Zahlen von ① bis ④; gemeint ist der Preis für ein Doppelzimmer zur Hauptsaison:

① bis 150.000 Rp.
② 150.000 bis 400.000 Rp.
③ 400.000 bis 700.000 Rp.
④ über 700.000 Rp.

- Gute Quellen zur ersten **Information und Buchungsmöglichkeiten** sind im Internet zu finden, z.B. www.budgetbali.com, www.balidiscovery.com und www.bali.com.

[>] Privater Luxusbungalow im Candi Beach Resort (Candi Dasa)

Viele Hotels und auch Bungalowanlagen rechnen auf den Preis Zuschläge für **Tax** (10 %) und **Service** (11–15 %). Häufig wird das Konstrukt „plus plus" genannt und schlägt dann mit 21 % zu Buche. Es empfiehlt sich, frühzeitig nachzufragen, was evtl. aufgeschlagen wird. Komplettpreis heißt **Harga net,** da kommt nichts mehr drauf. Die genannten Preise beziehen sich immer auf den Grundpreis.

Einzelreisenden und Gästen außerhalb der Hauptsaison wird manchmal ein **Nachlass** gewährt, insbesondere, wenn sie länger bleiben. **Handeln** lohnt sich eigentlich immer. Auch sehr gute oder sogar Luxusresorts können schnell zu einem Schnäppchen werden, denn meist gibt es die sogenannte **Published Rate,** also den offiziellen Preis auf der Preisliste, und die **Internet Rate,** die deutlich günstiger sein kann. Es ist also möglich, das Hotel anzuschauen, sich den Preis nennen zu lassen, dann auf dem Mobiltelefon oder Tablet online nach der Internet Rate zu schauen und diese zu buchen.

Übernachtungsmöglichkeiten

Auf Bali gibt es das beste und differenzierteste Übernachtungsangebot ganz Indonesiens. In Lombok ist die Auswahl deutlich dünner, kann aber von der Qualität gut mit der auf Bali mithalten. Wo man sich niederlässt, hängt von den persönlichen Wünschen und vom Geldbeutel ab. Die folgenden Kategorien stehen zur Auswahl.

Pensionen

Einfache Hotels werden auf Bali und Lombok **Homestay, Guesthouse, Panginapan, Pondok Wisata** oder (nur noch selten) **Losmen** genannt. Letzteres ist wohl abgeleitet von *Logement,* einem französischen Wort, das in der holländischen Kolonialzeit verwendet wurde; damit meinte man eine einfache Unterkunft in einem balinesischen Haushalt.

204ba sb

Überblick Buchungsportale

Als **Ergänzung** zu den sorgfältig zusammengetragenen Unterkunftsempfehlungen in diesem Buch können Buchungsportale wie booking.com, hrs.de, Agoda.com oder AirBnB.de bei der Wahl des Hotels oder Apartments helfen. Die Plattformen arbeiten mit Unterkünften aller Art zusammen und machen diese für Reisende leicht auffindbar. **Bewertungen, Fotos und Filtermöglichkeiten** nach zahlreichen Details helfen bei der Auswahl. Auch der Kontakt zwischen Vermietenden und Unterkunftssuchenden sowie die Bezahlung können über die Plattformen abgewickelt werden.

Eine gewisse **Vorsicht** ist bei der Benutzung dennoch geboten. Wann immer möglich, sollten die Angaben mit zusätzlichen Quellen überprüft werden. Sind die Bewertungen wirklich auf allen Plattformen und Suchmaschinen so gut? Sind sie so zahlreich, dass ein Missbrauch unwahrscheinlich ist? Weshalb genau fanden die Bewertenden die Unterkunft gut und stimmt das mit meinen Interessen überein? Häufig hilft die jeweils eigene Internetseite der Unterkunft, Google Street View oder ein Anruf, um genauere Infos zu bekommen.

Wem **einzelne Aspekte** besonders wichtig sind, der sollte auf jeden Fall genau prüfen – z.B. ob der versprochene „geschlossene Parkplatz" wirklich so beschaffen ist, dass man das vollgepackte Auto dort stehenlassen möchte. Auch der angepriesene „Bestpreis" und die durch die Plattformen suggerierte knappe Verfügbarkeit lösen sich bei einem Anruf vielleicht in Luft auf, weil die Vermietenden einen eigenen günstigen Preis bieten, um sich die teure Vermittlungsprovision an die Plattform zu sparen.

Diese Häuser haben ungefähr fünf Zimmer zum Preis von **maximal 150.000 Rp.** Es wird immer der Endpreis genannt, zusätzliche Steuern fallen in der Regel nicht an.

Normalerweise ist eine solche Pension Teil eines Familienanwesens, man wohnt sozusagen mitten in der Familie. Die Zimmer sind **sauber** und **mit dem Nötigsten ausgestattet,** beispielsweise mit zwei Betten (mit Bettlaken und Kopfkissen), Schrank, Stuhl, privatem Bad und Toilette. Moskitonetze sind oft nicht vorhanden. Die Fenster sind manchmal vergittert und die Türen immer abschließbar. Häufig liegen mehrere solcher Räume in „Reihenbauweise" nebeneinander. Vor den Eingangstüren befindet sich eine überdachte **Veranda** mit Tisch und Stuhl; hier draußen besteht die Möglichkeit, Nachbarn kennenzulernen, dem Treiben im Hof zuzusehen oder fliegende Händler zu „empfangen".

Meist ist ein **Frühstück** inbegriffen – mit Bananen, manchmal auch Toast, Eiern und Marmelade. Insbesondere auf Bali machen sich die Guesthouses durch sehr gutes Frühstück Konkurrenz.

Die **Preise** sind in der Hauptsaison deutlich höher (ca. 30 %) als in der Nebensaison. Für längere Aufenthalte an einem Ort lässt sich der Preis herunterhandeln. Einzelzimmer gibt es kaum; besonders in den Hauptreisemonaten muss damit gerechnet werden, dass man als Einzelreisender den Doppelzimmerpreis bezahlt. Vor allem dort, wo das Angebot groß ist, gibt es aber auch Zimmer weit unter diesen Preisen.

Bungalows und Cottages

Seit den 1960er-Jahren sind **viele der ursprünglichen Losmen** mit Familienanschluss **gewachsen:** Mehr Zimmer wurden angefügt, mehr Platz geschaffen. Nicht immer aber ist die Infrastruktur im Haus mitgewachsen – die Küche bleibt oft zu klein. Dafür gibt es **Klimaanlage,** einen kleinen **Garten** und ab und zu einen **Pool** dazu. Diese Häuser gelten rein rechtlich nicht mehr als Losmen, für ein Hotel aber sind sie zu klein. Also werden sie zum Inn oder setzen „Bungalows" oder „Cottages" hinter den Namen.

Zimmer in diesen Anlagen gibt es ab 150.000 Rp. **bis ungefähr 400.000 Rp.** Je mehr geboten wird, desto teurer. Oft sind sie besonders schön angelegt, viele Blumen, geschnitzte Portale, Skulpturen usw. schmeicheln dem Auge. Nach oben gibt es preislich fast keine Grenzen. Viele dieser Anlagen auf Bali sind kaum von Mittelklassehotels zu unterscheiden; wer etwas mehr Geld ausgeben kann, ist hier immer gut bedient.

Mittelklassehotels

Mittelklassehotels gibt es in allen Touristenorten und größeren Städten; sie bieten neben oft **geräumigen Zimmern** mit Klimaanlage häufig ein **Swimmingpool.** Man kann mit Kreditkarte bezahlen, hat Zimmerservice, oft ist ein **Restaurant angeschlossen.** Doppelzimmer in diesen Anlagen kosten um die **50–100 US$,** es kann auch billiger oder teurer sein. In vielen dieser Hotels lohnt es sich, außerhalb der Hauptsaison zu handeln; dann stehen fast alle Zimmer leer und das Management ist kompromissbereit – besonders, wenn man länger bleiben will.

Luxushotels

Luxushotels mit internationalem Standard und entsprechenden Preisen stehen **in allen Touristenzentren, in den großen Städten oder in ausgezeichneter Lage.** Das Touristenzentrum **Nusa Dua** auf der Bukit-Halbinsel im Süden Balis stellt alles bisher Dagewesene in den Schatten: Tausende Betten, Luxussuiten, Pools, Shopping-Zentrum, Kellner am Strand usw. Vieles ist in Bali-Architektur erbaut und sieht gut aus.

Immer wieder werden von Reiseveranstaltern günstige **Pauschalreisen** mit Übernachtung und Frühstück in 5-Sterne-Hotels angeboten. Auf den ersten Blick sind diese Angebote verführerisch, doch die Realität holt einen im Hotel schnell ein. Zwar sind die Pauschalpreise niedrig, aber die Preise für Essen und Getränke „gepfeffert". Schnell geht das vermeintlich Gesparte für die alltäglichen Bedürfnisse wieder drauf.

Erwähnt seien auch **All-inclusive-Reisepakete** (Flug, Übernachtungen, Essen, Getränke, Tauch-Schnupperkurs), dann gibt es 14 Tage Bali im 4-Sterne-Hotel schon für etwa 1500 €.

Sonderpreise kann man häufig auch in sehr edlen, jedoch abgelegenen Luxushotels bekommen – hineingehen, einen Kaffee trinken und fragen.

In diesem Buch sind Luxushotels nur am Rande aufgeführt, viele Sterne-Resorts lassen sich übers Internet buchen, wo Rabatte bis zu 50 % gewährt werden.

Villen und Ferienhäuser

Wer einen **längeren Aufenthalt an einem Ort** plant, kann sich ein voll eingerichtetes Haus für einen oder mehrere Monate mieten. Besonders auf Bali, aber auch an schönen Stellen Lomboks haben sich oft **Expats,** also Nicht-Indonesier aus dem Westen, die hier einen großen Teil ihres Lebens verbringen, ein Haus bauen lassen – natürlich in besonders schöner Umgebung. Das bewohnen sie aber nicht ganzjährig. Während der **Abwesenheit des Besitzers** stehen die Häuser zur Vermietung frei.

Es lohnt sich, diesbezüglich **im Internet** zu **recherchieren.** Allein in der Gegend um Lovina zählt man 200 Villen, etliche davon mit eigener Website, auf der nähere Infos stehen. Es gibt Villen ohne Serviceleistungen, also rein zur Miete, und solche, die einen Komplettservice anbieten – bis hin zur Abholung am Flughafen. Die Preise für eine Villa hängen ab von der Zimmerzahl, der Lage und dem Serviceangebot. Auf **Bali** geht für **100 €** pro Nacht für die gesamte Villa einiges, was in einem Resort nicht möglich wäre. **Lombok** ist teurer, hier ist die Konkurrenz nicht so groß, daher ist das Preisniveau höher: **200 €** könnte ein guter Einstiegspreis sein.

■ Wer sich **übers Internet informieren und eventuell buchen** will, ist hier gut aufgehoben: www.fewo-direkt.de, www.balivillas.com, www.villa-bali.com/de.

Verhaltenstipps

→ Auto- und Motorradfahren
→ Essen und Trinken
→ Fotografieren
→ Gesundheit und Hygiene
→ LGBT+
→ Sicherheit

Auch auf Bali und Lombok gilt: Wer sich richtig benimmt, hat weniger Probleme, wenn überhaupt. Natürlich gibt es **unterschiedliche Spielregeln** – je nachdem, welcher Religion die Menschen angehören. Insbesondere der **Islam, auf Lombok die Hauptreligion,** kennt diverse Vorschriften, die sich aus dem Koran ableiten. Trotzdem lohnt es sich, auch wenn man nur das hinduistische Bali besuchen will, islamische Anstandsregeln zu kennen und zu beachten. Denn viele davon sind mittlerweile zu allgemein-indonesischen Verhaltensnormen geworden. Nicht zuletzt trifft man auch auf Bali immer wieder Muslime.

Auf die Frage nach der Religionszugehörigkeit sollte man sich überlegen, ob man mit „keine" antwortet, denn man würde dann als Atheist gelten.

Gefühle

Indonesier lächeln gern (fast immer und fast überall). Im Westen lächelt man nicht jeden an, aber in Indonesien kann man es lernen. Es gibt ein gutes Gefühl. Allerdings bedeutet ein Lächeln nicht unbedingt, dass einem das Gegenüber auch wohlgesonnen ist!

Wutausbrüche und Schreien sind völlig unakzeptierte Verhaltensweisen.

Man zeigt seine Wut nicht, nur Kinder verlieren die Selbstkontrolle und schreien. Die Reaktion des Gegenübers wird Unverständnis und Distanz sein. Wer sich nicht beherrschen kann, verliert sein Gesicht.

Harmonie ist das Hauptziel einer jeden Erziehung in Indonesien. Persönliche Gefühle, die ausgedrückt werden, stören diesen Harmoniezwang. Selbst übelste Beleidigungen werden mit einem lachenden Gesicht beantwortet. Über das Innenleben des Einzelnen sagt diese „Maske" freilich nichts. Man frisst Zorn und Ärger in sich hinein. Wenn dann eines Tages das „Fass überläuft", kann es aus scheinbar nichtigen Anlässen zu gewalttätigen Ausbrüchen kommen. Nicht umsonst kann der Begriff **„Amok laufen"** zurückgeführt werden auf „mengâmok", was im Malaiischen „in blinder Wut angreifen und töten" bedeutet.

Peinlichkeiten müssen vermieden werden. Das führt häufig zu Missverständnissen. Wenn man z.B. jemandem nach einem Weg fragt und dieser keine Ahnung hat, wo sich der gesuchte Ort befindet, wird er nicht mit „Weiß ich nicht" antworten, sondern lieber irgendwohin zeigen, oder, wenn die Frage falsch gestellt wurde, mit „Ja!" antworten. Auch „vielleicht ja" oder „vielleicht nein" können mögliche Antworten sein.

Ähnlich verhält es sich mit Fragen folgender Art: „Hast Du genügend Geld in der Tasche, um mir xy zu kaufen? Ich geb' es Dir später zurück!", Antwort: „Ja!". Ergebnis: Die Erledigung wird „vergessen", es war doch nicht genug Geld da. Oder: „Wollen wir heute abend zusammen essen gehen?", Antwort: „Nein, leider keine Zeit!". Was steckt dahinter? Entweder hat der Gefragte Angst vor der fremden Umgebung (Touristenrestaurant) oder zu wenig Geld, um evtl. seine Zeche zu zahlen.

Ein letztes Beispiel; Frage: „Kennst Du ein preiswertes einheimisches Restaurant?", Antwort: „Ja!". Ergebnis: Das genannte Restaurant ist weder billig noch einheimisch, dem Gefragten war es nämlich peinlich, ein passendes zu nennen, weil er glaubte, dass es dem Touristen nicht gefallen würde.

Schadenfreude bzw. das, was wir dafür halten, ist ebenfalls ein Ausdruck dieser Sichtweise. Da stürzt beispielsweise jemand (und das kann durchaus ein alter Mensch sein) auf der Straße, die Augenzeugen brechen in schallendes Gelächter aus. Warum? Weil dem Gestürzten so der Gesichtsverlust erspart wird.

Unreine Körperteile

Die linke Hand ist unsauber, da sie das Toilettenpapier ersetzt. Um Menschen zu begrüßen, zu berühren, zum Essen, um etwas anzunehmen oder weiterzugeben wird ausschließlich die rechte Hand benutzt. Das gilt auch in Situationen, wenn z.B. die rechte Hand nass oder dreckig ist, und jemand einen mit Handschlag begrüßen will. Nicht, wie bei uns, ersatzweise die Linke reichen!

Die Füße sind der unsauberste Teil des Körpers. Es ist mehr als unhöflich, beim Sitzen auf dem Boden oder in anderen Situationen die Fußsohlen auf eine Person zu richten. Befindet man sich allerdings in vollen Bussen oder auf Fähren, lässt sich diese Regel nicht immer einhalten, sie ist dann außer Kraft gesetzt. Füße etwa auf den Tisch zu legen oder auf eine ausgebreitete Matte zu trampeln, ist immer äußerst unhöflich.

Die **Schuhe** sollten beim Betreten eines Wohnhauses oder auch Geschäftes ausgezogen werden. Steht ein Wasserbehälter am Eingang, wäscht man sich dort den Staub von den Füßen. Ob z.B. beim Betreten eines Ladenraumes das Schuhausziehen empfehlenswert ist, klärt der schnelle Blick auf die Füße des Personals: Laufen die **barfuß,** dann Schuhe aus, haben sie Sandalen an, kann man sie auch anlassen. Auch in eindeutigen „Schuhe-aus-Situationen" wird demjenigen, der sich hinsetzt, um seine Schnürstiefel zu lösen, gerne gesagt: „Macht nichts, komm einfach rein!" Es ist trotzdem ein Gebot der Höflichkeit, seine Schuhe auszuziehen. Die Aufforderung muss nicht ernst gemeint sein.

Auch auf der eigenen Hotelterrasse oder im gemieteten **Zimmer** sollte man die **Schuhe draußen lassen,** will man nicht als „Barbar" gelten.

Barfußlaufen ist aus dem gleichen Grunde verpönt. Schließlich zieht man in der Wohnung die Schuhe aus, um den Raum vor dem Schmutz der Straße zu bewahren. Was aber will der Barfußlaufende ausziehen?

Kleidung

Es gibt ein paar **generelle Regeln.** Sich an diese zu halten, kann nicht schaden und wird das Gegenüber freundlicher stimmen als ein freier Oberkörper oder nackte Waden.

Männer sollten in der Öffentlichkeit nicht in kurzen Hosen herumlaufen. Die kurze Hose ist ein Bekleidungsstück für arme oder arbeitende Männer, und zu dieser Kategorie gehören weiße Touristen wohl kaum, denn man konnte sich immerhin ein Flugticket nach Indonesien leisten. Die Balinesen dulden das aber mittlerweile und sind selbst gelegentlich kurz behost unterwegs. Aber sicher ist: Bei allen offiziellen Anlässen, beispielsweise dem Besuch eines Amtes, einer Zeremonie oder der Bank, sind kurze Hosen tabu – egal wie heiß es ist.

Gleiches gilt für den **nackten Oberkörper,** der ist **noch anstößiger als die kurze Hose.** Die offizielle Oberbekleidung für den Mann ist ein Batik-Hemd, das über der Hose getragen wird, in der Öffentlichkeit tut's auch ein T-Shirt. Wer auf seiner Hotelterrasse mit bloßem Oberkörper sitzt, sollte einem unangekündigten Besucher die Ehre erweisen, sich kurz zu entschuldigen und ein Hemd überzuziehen.

Als **Frau** empfiehlt es sich, im altmodischen Sinne **„anständig" gekleidet** zu sein, d.h. knielanger undurchsichtiger Rock oder Kleid, Bluse, BH, Hose (auch kurze, aber keine Hotpants), alles nicht zu eng. Selbst bei vollständiger Kleidung und Einhaltung aller Bekleidungsregeln kann es passieren, dass man (speziell in touristischen, weniger in ländlichen Regionen) belästigt wird. Frauen gelten aber überall als „Freiwild", wenn sie nur dürftig bekleidet herumlaufen – auch in männlicher Begleitung.

Frauen sollten nicht allein am Strand baden (Ausnahmen sind die Touristenstrände), schon gar nicht im knappen Bikini (im Zweifelsfalle T-Shirt überziehen). Indonesierinnen gehen, wenn überhaupt, komplett bekleidet ins Meer.

Nicht nackt oder oben ohne sonnenbaden!

Höflichkeit

Zur Begrüßung reicht man sich die rechte Hand: nur eine leichte Berührung, bloß nicht kräftig schütteln. Anschließend führt man, insbesondere in muslimischen Gebieten, seine Hand ans Herz. Eine wirklich schöne Art der Begrüßung.

In Privaträumen, Restaurants, Zügen etc. kann man beobachten, wie Indonesier eine **gebeugte Haltung** einnehmen, wenn sie an tiefer sitzenden Personen vorbeihuschen. Gleichzeitig hält man seine rechte Hand, mit der man kurz zuvor seinen Kopf berührt hat, vorausgestreckt, aber tiefer als der Kopf desjenigen, an dem man vorbei will. Das ist ein Zeichen der Ehrerbietung, man will den Kopf nicht höher tragen als der Gast, der Ältere oder die Respektsperson. Mit der Hand nimmt man sich quasi auf eine tiefere Ebene. Gleichzeitig sagt man „Permisi!" („Entschuldigung"). Es ist höflich, als Tourist diese Haltung zumindest anzudeuten. Aus gleichem Grunde ist es unhöflich, wenn man sich z.B. auf einer Treppe höher setzt als der Nachbar oder sich nicht hinunterbeugt bzw. hinhockt, wenn man stehend mit einem Sitzenden spricht.

In Restaurants oder wenn man jemanden irgendwo sonst beim Essen antrifft, wird man vom bereits Essenden oft **durch Kopfnicken oder eine andere Geste eingeladen, das Mahl** mit ihm **zu teilen.** Das ist zwar ausgesprochen höflich, aber nicht wörtlich zu nehmen. Mit einer Geste und „Mari" oder „Silahkan" („Bitte") gibt man dem anderen zu verstehen, dass er ruhig alleine weiteressen kann. Umgekehrt schickt es sich nicht, ohne diese Aufforderung, etwa auf einer Schiffsreise, sein Essen auszupacken.

Lombok ist islamisch, entsprechend sollte man auf Kleidungs- und andere Regeln Rücksicht nehmen

xba072 sb

Verharmlosungen: Will man z.B. jemandem klar machen, dass er etwas Falsches gesagt hat, muss man dies so formulieren, dass er **nicht „sein Gesicht verliert“,** sonst hilft die ganze Erklärerei wenig. In Indonesien sind daher Wendungen wie „weniger wahr“ *(kurang benar)* für „falsch“, „weniger schlau“ *(kurang pintar)* für „dumm“ oder „weniger wissend“ *(kurang tauh)* für „keine Ahnung“ gebräuchlich. **Echte Verneinungen** wie „nicht wahr“ *(tidak benar)* oder Negativa wie „das ist gelogen“ *(ini bohong)* werden in der Kommunikation kaum gebraucht. Man muss sich daran gewöhnen und die Antworten richtig interpretieren.

In ländlichen Dörfern kann es passieren, dass **Kinder hinter einem herlaufen,** winken und laut rufen – dem immer gelassen begegnen, lächeln und zurückwinken. Meist werden die Kleinen von Erwachsenen rechtzeitig wieder in ihre Schranken verwiesen.

Anrede

In Indonesien wird viel Wert auf die korrekte Anrede gelegt. Die Sprache bietet **viele Höflichkeitsstufen,** die weit über den uns bekannten Unterschied zwischen „Sie“ und „Du“ hinausgehen. Als Grundregel gilt: **Ältere Leute** redet man mit **Ibu** (= Mutter) und **Bapak** (= Vater) an; diese beiden Wörter werden häufig verkürzt zu **Bu** bzw. **Pak.** Dieser „Titel“ wird vor den Namen gestellt, also z.B. **Ibu Putu** oder **Pak Majid.** Auch kann man ihn vor Berufsbezeichnungen stellen, z.B. **Pak Doktor.**

Jüngere und Gleichaltrige spricht man mit **Adik,** verkürzt **Dik** (= jüngerer Bruder bzw. Schwester), an. So kann man im Restaurant auch die Bedienung rufen.

Männliche Reisende werden häufig mit **Tuan** angeredet; das entspricht in etwa unserem „Herr“. Diese Anrede ist ein Überbleibsel aus der Kolonialzeit und gilt nur für Weiße, einen Indonesier kann man so nicht ansprechen.

Gesten

Das **Herbeiwinken mit der Hand** erfolgt nicht wie bei uns mit dem Handrücken nach unten, sondern genau umgekehrt, mit dem Handrücken nach oben. Für uns sieht das im ersten Moment wie Wegscheuchen aus. Die europäische Art, jemanden herbeizuwinken, wird nicht verstanden.

Überhebliche und aggressive Gesten sind: mit einem Finger direkt auf eine Person zeigen (insbesondere während eines Gesprächs), die Arme vor der Brust verschränken oder die Hände in die Hüften stemmen. Diese Posen sind bei uns gang und gäbe und auch nicht unbedingt aggressiv belegt. Deshalb muss man sich immer mal wieder selbst beobachten.

Geschlechtliches

Auf die Frage: **„Verheiratet?“** lohnt sich ein „Ja!“, denn dann erspart man sich unter Umständen unangenehme Nachfragen. Die Ehe ist ein wichtiges Lebensziel auf Bali und Lombok. **„Wie viele Kinder?“,** Antwort: „Mindestens eins“ oder „belum“, d.h. noch nicht, aber bald! Keine Kinder haben zu wollen, das gibt es nicht!

Sollten Frauen berührt oder angetatscht werden, was normalerweise „im Vorbeigehen" passiert, kann das nervig sein. Wenn möglich, mit Humor nehmen. Laut schimpfen oder gar zurückschlagen ist aber durchaus okay. Die Menschen drumherum werden immer auf der Seite der belästigten Frau sein. Im Großen und Ganzen gehören aber Bali und Lombok zu den Flecken auf der Welt, in denen Frauen (allein, zu zweit oder in männlicher Begleitung) wenig Probleme haben.

In nichttouristischen Gegenden Balis und Lomboks ist es sicher sinnvoll, als **allein reisende Frau** eine Erklärung für das Alleinereisen bereitzuhalten, wie z.B., verheiratet zu sein und noch keine Kinder zu haben oder auf einer Nachbarinsel zu studieren oder Ähnliches.

Als Frau ist es ratsam, sich mit Fragen immer **an indonesische Frauen** zu **wenden;** damit schließt man von vornherein Missverständnisse aus.

Männer und Frauen umarmen, küssen oder tätscheln sich nicht in der Öffentlichkeit, selbst das „Händchenhalten", auch beim Spazierengehen, gilt als anstößig. Es ist aber üblich, dass sich Freunde gleichen Geschlechts bei der Hand halten oder Arm in Arm gehen, was kein Zeichen von **Homosexualität** ist, die in der Öffentlichkeit Indonesiens nicht geduldet wird. Bali galt noch in den 1930er-Jahren als Paradies für Schwule, viele berühmte Künstler und Forscher waren homo- oder zumindest bisexuell, darunter beispielsweise der deutsch-russische Maler *Walter Spies.*

Hinduistische Regeln rund um den Tempel

Man darf normalerweise keinen Tempel betreten, wenn man nicht ein **Tuch oder einen Schal um die Taille** gebunden hat. Das Personal am Eingang wird im Zweifelsfall darauf hinweisen, auch dementsprechende Schilder sollten beachtet werden. Man kann Tuch und Schal leihen oder günstig in Geschäften kaufen.

Wer einen Tempel betritt, sollte, besonders wenn ein Fest stattfindet, **ordentlich gekleidet** sein. Kurze Hosen, bloße Oberkörper, offene und durchsichtige Blusen, kurze Röcke usw. gelten als unschicklich.

In Ubud und Umgebung hat zu Tempelfesten oft nur derjenige Zutritt, der eine **balinesische Tracht** trägt. Dazu gehört ein festlicher Sarong (für Männer und Frauen), ein Hemd mit zumindest

xba074 sb

▷ Auf Bali und Lombok sollten allein reisende Frauen kaum Probleme haben

kurzen Ärmeln (Mann), eine Bluse (Frau) und eine klassische Kopfbedeckung (Mann), zudem natürlich Schuhe und Schal. Gerne zeigt der Hotelbesitzer, wie man sich in Schale wirft, auch verleihen viele das entsprechende Equipment.

Die Tempelmauern und die Wände der Schreine sind heilig, es ist verboten, sie zu berühren oder auf sie zu klettern, um Fotos zu machen. Das gilt nicht nur bei Zeremonien. Die höheren Regionen gelten den Balinesen als heilig, man sollte sich niemals höher als der Tempelpriester positionieren.

Blut auf dem Tempelboden ist ein Tabu; wer sich also verletzt hat und blutet, darf einen Tempel nicht betreten. Deswegen ist für Frauen während der Menstruation der Zutritt untersagt.

Das **Fotografieren** während der Tempelzeremonien ist erlaubt, wenn Touristen Zugang haben; nicht erlaubt ist das Fotografieren mit Blitz.

Wenn Menschen beten, begebe man sich zur Seite. Auf keinen Fall darf man sich zwischen die Betenden und den angebeteten Schrein stellen – auch nicht zum Fotografieren! Wenn der allgemeine **Segen** verteilt wird, darf man sich durchaus in die Reihen der Gläubigen gesellen, wenn man dasselbe wie sie tut. Der Priester wird jeden, der den Segen empfangen will, bedenken und ihm seine Portion Heiliges Wasser zuteilen.

Dass man **nicht laut spricht,** keinen Abfall wegwirft usw., versteht sich hoffentlich von selbst.

Wer mit dem Auto oder Scooter unterwegs ist, wird es schnell merken: **Prozessionen haben immer Vorfahrt,** da hilft kein Drängeln und kein Hupen. Wer schlau ist, stellt sein Fahrzeug ab und schaut sich das Spektakel an.

Islamische Regeln

Das Essen von Schweinefleisch ist laut Koran verboten. Man sollte keinen Moslem zum Beispiel in ein chinesisches oder balinesisches Restaurant einladen; am sinnvollsten lässt man den Eingeladenen das Restaurant selbst aussuchen.

Die Gebetszeiten sollten respektiert werden, Besuche sollten deutlich vor oder nach 18 Uhr, der Zeit des Abendgebetes, gemacht werden.

Zur Zeit des **Fastenmonats** essen, trinken und rauchen Moslems von Sonnenauf- bis Sonnenuntergang nicht. Als Gast sollte man sich an diese Regelung halten, in der Öffentlichkeit und bei Besuchen.

Während man den **Koran** liest, wird weder getrunken noch geraucht. Kein anderer Gegenstand darf auf den Koran gelegt werden.

Zeitverständnis

Auf Bali und überhaupt in Indonesien gibt es eine eigene „Zeitrechnung", die sogenannte **Gummizeit, Jam karet.** Es ist nicht böse gemeint, wenn Verabredungen mit großer Verspätung starten oder gar nicht klappen – das gilt als landesüblich. Sich aufregen hilft nicht: Immer locker bleiben und das Lächeln nicht vergessen.

Verkehrsmittel

→ Anreise
→ Auto- und Motorradfahren
→ Sport und Aktivitäten

Bali verfügt über ein **gut ausgebautes Beförderungssystem.** Ohne Schwierigkeiten wird man jeden Tag zu jedem Punkt der Insel ein öffentliches Verkehrsmittel finden. Auch auf Lombok sind öffentliche Verkehrsmittel reichlich vorhanden, aber oftmals völlig überfüllt.

Grundsätzlich muss man bei der **Wahl des Transportmittels** eines bedenken: Je langsamer ein Verkehrsmittel ist, desto mehr erlebt man unterwegs. Oft ist gerade der kleine Warung irgendwo in der Landschaft, an dem man darauf warten muss, dass der Busreifen gewechselt wird, oder die Hochzeit in dem kleinen Dorf, zu der der Sitznachbar während der langen Busfahrt eingeladen hat, das schönste Erlebnis. Wer schnell reist, kommt auch schnell an – aber **ist nicht der Weg das Ziel?**

Es gibt **Busse, Bemos, Shuttle- und Minibusse,** die den öffentlichen Transport auf den Straßen abwickeln. Auf den Gilis kommen kleine Pferdewagen dazu, die **Cidomos** genannt werden. Grundsätzlich sind Shuttle- und Touristenbusse die schnellste, komfortabelste und sicherste Fortbewegungsart auf Bali und Lombok. Bali ist mit seinen Nachbarinseln Java und Lombok durch **Fähren** verbunden, die 24 Stunden täglich unterwegs sind.

Mehrere **Fluggesellschaften** buhlen um die Gunst des Publikums, und auf jeder größeren Insel Indonesiens gibt es einen Flughafen.

Busse

Öffentliche Kurzstreckenbusse (BIS)

Öffentliche Busse bedienen in Indonesien die kürzeren Strecken auf den einzelnen Inseln. Sie sind **recht langsam,** da ständig an der Straße stehende Fahrgäste einsteigen oder andere aussteigen. Diese Kurzstreckenbusse, die beispielsweise auf Bali zwischen Denpasar und Singaraja oder Negara verkehren, kann man **einfach an der Straße anhalten.** Und das muss man auch, will man nicht am Anfang oder Ende der jeweiligen Route zusteigen. Auf Lombok ist der Dreh- und Angelpunkt aller Verbindungen der Busbahnhof Mandalika in Bertais in der Hauptstadt Mataram.

Die öffentlichen Busse nehmen so viele Leute mit, bis wirklich keiner mehr hineinpasst. Das ist schön, wenn man noch mitgenommen wird, obwohl eigentlich alles voll ist, und schrecklich, wenn man einen gemütlichen Sitzplatz ergattert hat, auf dem sich nach kurzer Zeit drei Leute und 17 Hühner drängeln. Wer am Startpunkt einsteigt, muss wissen, dass der Bus sicher nicht losfährt, wenn nicht mindestens alle Sitzplätze besetzt sind. Um zusätzliche Passagiere zu finden, kann es gut sein, dass der Fahrer erst einmal noch ein, zwei Runden durch den Ort dreht.

Platzreservierung ist nicht möglich, feste Ankunftszeiten gibt es nicht, die Abfahrt erfolgt aber meist planmäßig. Gezahlt wird beim Aussteigen. Wer auf offener Strecke aussteigen will, schreit „kiri" (= links), was so viel bedeutet wie „links 'ranfahren"; der Bus hält dann an.

Bemos

„Bemo“ ist ein **Sammelbegriff für öffentliche Kleinbusse.** Bemos gehören zu Bali und Lombok wie Tuk-Tuks zu Thailand. Und ähnlich geht es zur Sache: Es wird geschlichen oder gerast und nicht selten riskant überholt. Bemos sind **schnell überladen,** und um den Fahrpreis muss man fast immer **feilschen.** Kurz: Bemofahren ist ein **großes Abenteuer mit Spaßfaktor.** Allerdings sind heutzutage nicht mehr allzu viele Urlauber mit dem Bemo unterwegs. Die Touristen-Shuttlebusse oder gemietete Fahrzeuge sind beliebtere Fortbewegungsmethoden.

Zwölf Menschen passen normalerweise hinein, aber das ist nur ein Näherungswert. Die **Abmessungen** eines Bemos sind **an kleinen Indonesiern ausgerichtet.** Personen ab 1,80 m können kaum aufrecht sitzen. Die Breite beträgt etwa zwei Meter, für vier Europäer ebenfalls nicht ausreichend. Wer nicht mehr sitzen, hocken oder halbwegs stehen kann, hängt sich einfach hinten an. Bemos **transportieren** Menschen, Tiere, Steine, Motorräder, Holz, kurz: **alles.** Wer mit dem Fahrrad oder Motorrad mit einer Panne liegen geblieben ist oder einen zu steilen Berg vor sich hat, kann auch diese „Gepäckstücke“ einpacken, allerdings gegen Aufpreis.

In der Regel haben die Bemos **feste Routen** in Städten oder außerhalb; Ziel und Fahrstrecke sind normalerweise auf die Windschutzscheibe geschrieben. Weiter als 20 bis 30 km fahren sie in der Regel aber nicht. Häufig sind die **Strecken** von A nach B **in zwei oder drei Abschnitte geteilt;** das kann nervig werden, wenn schon nach relativ kurzer Zeit Umsteigen angesagt ist – erneute Preisverhandlung inklusive. Auch sollte bedacht werden, dass Bemos **sehr langsam** sind; eine 30-km-Strecke kann gut zu einer zweistündigen Expedition werden.

003ba sb

Von der jeweiligen Station, dem **Terminal,** startet das Bemo normalerweise erst, wenn es voll ist. Und es geht erfahrungsgemäß immer noch eine Person mehr rein. Wer längere Strecken mit Bemos fahren will, sollte versuchen, den **Beifahrersitz** zu ergattern oder zur Not das nächste Fahrzeug abwarten. Vorn gibt es bessere Sicht, mehr Platz, allerdings auch ein erhöhtes Verletzungsrisiko bei Unfällen. **Feste Haltestellen gibt es nicht,** wer mitfahren will, stellt sich an die Straße und gibt Handzeichen. Wer übersehen wird, wartet auf das nächste Bemo.

Zur **Besatzung** gehören normalerweise zwei Personen: vorn der **Fahrer (Supir)** und hinten der **Karnet,** die **„Seele des Geschäfts“.** Er ist dafür zuständig, potenzielle Passagiere zu animieren, in gerade diesen Minibus einzusteigen, er ist beim Einladen des Gepäcks behilflich. Außerdem verteilt er die Passagiere gleichmäßig auf Sitzreihen und schiebt sie so zusammen, dass vielleicht doch noch jemand hineinpasst. Zu guter Letzt kassiert er das Fahrgeld und teilt dem Fahrer mittels einer Klingel mit, wenn jemand aussteigen will.

Ein Bemo gehört normalerweise nicht der Besatzung, sondern jemandem, der viele Minibusse besitzt. Der **Fahrer** hat das Gefährt für eine bestimmte Summe gemietet und **muss** die **Miete zahlen,** ob er etwas einfährt oder nicht. Die Mieten sind sehr hoch, und da ist es nicht erstaunlich, dass das Bemo-Team versucht, das ohnehin karge Einkommen durch überhöhte Preise aufzubessern.

Grundsätzlich sind die **Fahrpreise niedrig.** Es gilt die Regel: Wer viel fragt, bezahlt viel. Am besten vorher woanders erkundigen, wie hoch der Fahrpreis nach X oder Y ist. Oder, wenn das nicht möglich ist, aufpassen, was einheimische Fahrgäste bezahlen. Es hilft, immer so zu tun, als sei man die Strecke schon hundert Mal gefahren, dann sinkt die Wahrscheinlichkeit, ausgenommen zu werden. **An vielen Busstationen** hängen **Preislisten** aus, normalerweise im Häuschen des Platzwartes; das heißt aber noch lange nicht, dass die Minibusbesatzungen diese Preise auch akzeptiert. Selbst der Platzwart behauptet nicht selten, dass das veraltete Preise seien.

Bemos sind nicht nur öffentliche Verkehrsmittel, sondern sie **können auch jederzeit gemietet werden;** dann sind die Preise Verhandlungssache, je dringender man das Fahrzeug braucht, desto teurer ist es.

Shuttlebusse

Öffentliche Expressbusse haben eigene Terminals. Sie fahren lange Strecken, meist ohne Zwischenstopps. Komfortabler sind aber die **privaten Shuttle- oder Touristenbusse,** es gibt sie zwischen allen touristisch interessanten Orten auf Bali und Lombok. Sie sind eine echte Alternative zum langsamen und nervenaufreibenden Bemo-Nahverkehr. **Auf dem schnellsten Weg, zu festgelegten Zeiten und Preisen** fahren Shuttlebusse die wichtigen Touristenorte meist mehrmals täglich direkt an.

◁ In der Regel ein zuverlässiges und preiswertes Fortbewegungsmittel – der Bus (BIS)

Das ist einerseits sehr sicher und bequem, andererseits ergeben sich nur wenige Kontakte zur Bevölkerung. Den vergleichsweise teuren Shuttlebus leisten sich **nur Touristen** und nicht die Marktfrauen, mit denen es sich im Bemo so nett plaudern lässt.

Shuttle-Busse sind dennoch **relativ preiswert,** da sich auf jeder Insel mehrere Unternehmen Konkurrenz machen. Dazu gehören www.peramatour.com, http://kura2bus.com und www.facebook.com/Angkutanumumtranssarbagita.

Taxis

Als **zuverlässigste Gesellschaft** auf Bali und in Westlombok gilt die **Bluebird Group** (www.bluebirdgroup.com) mit ihren blauen Taxis. Die Fahrzeuge können sogar per SMS gebucht werden, sind sauber, die Fahrer sprechen zumindest ein wenig Englisch, und man wird in Sachen Abrechnung normalerweise nicht über den Tisch gezogen. Sie fahren ordentlich nach **Taxameter,** der dort sichtbare Preis stimmt. Der Grundpreis liegt bei 7000 Rp., jeder folgende Kilometer schlägt mit 6500 Rp. zu Buche.

Zum „normalen" Taxi kommen **Mitbewerber,** die per App geordert werden können; dazu gehören beispielsweise Uber und Grab taxi (→ Ortskapitel). Wer auf andere Taxiunternehmen oder private Fahrzeuge – „inoffizielle" Taxis – ausweicht, sollte den Preis vor der Abfahrt aushandeln.

Ojeks – Motorradtaxis

Motorräder, Mopeds oder Scooter, wie sie auf Bali und Lombok genannt werden, sind auch ein **gutes und vor allem wendiges Fortbewegungsmittel.** Wer nicht selber fahren will, der oder die lässt sich mitnehmen. Diese Motorradtaxis heißen Ojek. Gesteuert werden sie meist von Privatleuten, die ihr Taschengeld aufbessern wollen. Teilweise sind diese auch organisiert und in Kuta beispielsweise an ihren farbigen Westen erkennbar. Den Fahrpreis handelt man, je nach Streckenlänge und voraussichtlicher Dauer des Trips, mit dem Fahrer direkt aus. Sehr beliebt bei Einheimischen wie auch Besuchern ist die **App Gojek,** mit der man ein Ojek mieten kann.

Cidomos

Exoten im Transportbusiness sind die Cidomos **auf Lombok und den Gilis.** Dabei handelt es sich um **zweirädrige Kutschen** mit einem bunten Dach gegen Regen und Sonne. Auf den Gilis sind sie, neben dem Rad, das einzige Fortbewegungsmittel, gelegentlich sieht man noch welche auf Lombok.

Die **Pferde** sind mit Glöckchen, Fransen oder kleinen Spiegeln geschmückt. Vier bis sechs Personen haben in der Kutsche Platz. Hat man Gepäck dabei, werden meist nur zwei Personen pro Gefährt befördert. Die Preise sind je nach Entfernung auf Lombok Verhandlungssache, auf den Gilis aber festgelegt.

Bootsverkehr

Der Transport zu den kleinen Bali und Lombok vorgelagerten Inseln, beispielsweise nach Nusa Lembongan oder Gili Nanggu, wird von öffentlichen und privaten Unternehmen geleistet. Es gibt täglich meist ein oder zwei **Public Boats,** also „öffentliche Boote", die zu einem günstigen Preis unterwegs sind. Parallel fahren **private Gesellschaften** dieselbe Strecke zu anderen Zeiten. An den Abfahrtsstellen und Häfen befinden sich **Ticketschalter,** an denen man die Fahrkarten zu festgelegten Preisen kaufen kann.

Autofähren

Zwischen Java, Bali und Lombok, aber auch von Java nach Sumatra oder von Lombok nach Sumbawa und weiter fahren Autofähren und verbinden benachbarte Inseln. Die Fähren sind **ausgesprochen billig.** Allerdings müssen – je nach Entfernung – **lange Fahrzeiten** in Kauf genommen werden. Deutlich schneller ist das Flugzeug, aber dafür auch zehnmal so teuer.

Wichtige **Fährverbindungen** sind Ketapang (Java) – Gilimanuk (Bali), eine Nonstop-Verbindung alle 20 Min., Tag und Nacht, reine Fahrzeit etwa 30 Min. sowie Padangbai (Bali) – Labuhan Lembar (Lombok), ebenfalls ohne Stopp Tag und Nacht, mind. 4 Std.

Inlandsflüge

Vom balinesischen Flughafen Ngurah Rai kommt man schnell zu zahlreichen Zielen in Indonesien wie Lombok, Surabaya, Jakarta, Yogyakarta, Labuan Bajo, Bandung und Kupang. Lomboks Flughafen wird deutlich spärlicher angeflogen. Manchmal sind die innerindonesischen Tickets nicht viel teurer als die „herkömmlicher" Transportmittel – und der Zeitgewinn ist oft ein gewaltiger. Kinder erhalten Ermäßigungen; bis zum Alter von zwei Jahren fliegen sie normalerweise umsonst, bis sechs Jahre zum halben Preis.

- **Air Asia,** www.airasia.com
- **Garuda Indonesia,** www.garuda-indonesia.com
- **Lion Air,** www.lionair.co.id

Zeit

Indonesien erstreckt sich insgesamt über drei Zeitzonen. Zwischen Java und Bali verläuft eine Zeitgrenze. Auf Bali gilt die ostindonesische Zeit, der **Unterschied zu Deutschland** beträgt **sieben Stunden.** Auf Bali gibt es keine Sommerzeit. Wer also in der hiesigen Sommerzeit nach Bali reist, muss mit einem Zeitunterschied von sechs Stunden klarkommen. Ist es also im Winter 12 Uhr mittags in Berlin, so ist es auf Bali 19 Uhr, während der Sommerzeit 18 Uhr.

xba082 sb

12 Land und Leute

» Weitere landeskundliche Informationen, vor allem zu Kunst, Kultur und Architektur, finden sich bei den Beschreibungen und Erläuterungen zu den Regionen, Städten und der Küste. Auch viele Exkurse bieten Hintergrundinformationen zu ausgewählten Themen. Siehe auch Steckbrief auf S. 20.

< Beliebter Instagram-Spot: Angel's Billabong auf Nusa Penida

Geografie

Indonesien

Die **17.508 Inseln** Indonesiens bilden den größten Archipel der Welt. Nur ca. 1000 von ihnen sind bewohnt. Zu den **Hauptinseln** zählen **Sumatra, Kalimantan (Borneo), Java, Sulawesi, Bali** und **Irian Jaya (Westneuguinea).** Der Inselstaat dehnt sich aus zwischen dem 95. und 141. Grad östlicher Länge auf einer maximalen Breite von etwa 5150 km. Die größte Nord-Süd-Ausdehnung beträgt 1900 km, vom 6. Grad nördlicher bis zum 11. Grad südlicher Breite, also beiderseits des Äquators.

Die gesamte Fläche des Landes beträgt über **1,9 Mio. km²,** das ist etwa 5,5-mal so groß wie Deutschland. Indonesien ist, was seine Fläche angeht, der sechzehntgrößte Staat der Welt. Die Wasserfläche beträgt noch einmal 3,3 Mio. km². Allein auf Kalimantan könnte man Deutschland fast zweimal unterbringen.

Beiderseits des Äquators verbinden die indonesischen Inseln wie eine Kette Asien mit Australien. Der Archipel liegt genau auf der Grenze zweier riesiger Platten der Erdkruste, die hier aufeinandertreffen, der **Australischen** und der **Eurasischen Platte.** Rege vulkanische Tätigkeit und häufige Erdbeben sind die Folge. Über 400 **Vulkane** hat man in Indonesien gezählt, ca. 70 sind heute noch aktiv: auf Sumatra, Java, den Kleinen Sunda-Inseln, zu denen auch Bali und Lombok gehören, der Nordspitze Sulawesis und den Molukken. Der höchste von ihnen ist der **Kerinci** auf Sumatra mit 3805 m, dann folgt der **Rinjani** auf Lombok (3726 m). Mit 3142 m gehört auch der **Gunung Agung** auf Bali zu den Riesen.

Vulkanausbrüche und **Erdbeben** oder gar Tsunamis sind in Indonesien nichts Ungewöhnliches: Hier gibt es so viele aktive Vulkane wie in keinem anderen Land der Welt. Allein im Jahr 2018 sorgten die Vulkane für viel Zerstörungen und Leid: Zwischen dem 29. Juli und dem 20. August erschütterten vier Hauptbeben Nord-Lombok und die kleinen Inseln der Gilis, es gab mehr als 1000 Nachbeben. 500.000 Menschen musste geholfen werden, die Inseln wurden schwer in Mitleidenschaft gezogen. Kaum waren die Wiederaufbauarbeiten im Gange, brach Anfang Oktober auf Sulawesi der **Vulkan Soputan** aus, ein **Tsunami** mit mehr als 1500 Toten folgte. Mitte Dezember dann löste der **Anak Krakatau,** der zwischen Java und Sumatra liegt, ein **Seebeben** und damit einen Tsunami aus: Mehr als 400 Menschen starben, mehr als 7000 wurden verletzt. Damit nicht genug: **Sintflutartige Regenfälle** sorgten in den betroffenen Gebieten Javas gleichzeitig für Überschwemmungen.

Am 22. November **2022** gab es ein verheerendes **Erdbeben** mit mehr als 250 Toten, Hunderte Menschen wurden teils schwer verletzt. Das Beben hatte sich etwa 70 km südöstlich der Hauptstadt Jakarta in einer Tiefe von 10 km ereignet.

Den größten Teil Indonesiens nehmen die **Gebirge des Sunda-Systems** ein. Immer wieder von Senken und Graben unterbrochen, ziehen sie sich quer durch Sumatra, Java, die Kleinen Sunda-Inseln und Irian Jaya. Neben den vielen Vulkanen gibt es auch nicht-feuerspeiende Berge. Die höchste Erhebung Indonesiens ist der **Puncak Jaya** mit **5033 m** auf Irian Jaya.

Bali

Die Fläche Balis beträgt **5561 km².** Von Norden nach Süden ist die Insel maximal 95 km breit, von der West- bis zur Ostspitze sind es 145 km. Die Insel liegt zwischen Java und Lombok und ist die **westlichste der Kleinen Sunda-Inseln,** deren indonesischer Teil Nusa Tenggara genannt wird (Osttimor als eigener Staat gehört ebenfalls zu den Kleinen Sunda-Inseln).

Die 2,5 km breite **Bali-Straße** trennt Bali von Java. Zwischen Bali und Lombok liegt die **Wallace-Linie** als Trennlinie zwischen asiatischer und australischer Flora und Fauna.

Zur Provinz Bali gehören **kleinere Inseln** wie Nusa Penida, Nusa Lembongan und Nusa Ceningan. Bali gilt als eine relativ junge Insel. Die meisten seiner **Berge** sind vulkanischen Ursprungs und bedecken etwa drei Viertel der Fläche. Der **Gunung Agung,** der „Große Berg", ist mit **3142 m** der höchste Berg der Insel. Er ist durchaus aktiv: Am 26. November 2017 stand eine vier Kilometer hohe Aschesäule über dem Vulkan, ein Ausbruch wurde befürchtet. Der Internationale Flughafen musste geschlossen werden, 100.000 Menschen das Gefahrengebiet verlassen. Doch der „Große Berg" beruhigte sich wieder.

Westlich des Agung befindet sich der 10 km breite **Vulkankrater des Batur-Massivs.** Agung und Batur bildeten der Legende zufolge in Urzeiten den heiligen Berg der Hindus, den Meru. Im Inneren des Batur-Kraters befinden sich der akti-

Plattentektonik

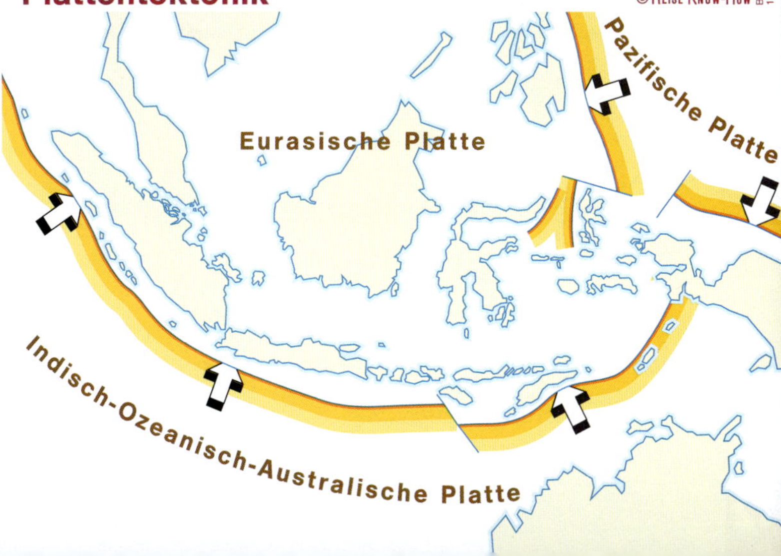

Die Wallace-Linie

Die bis zu 300 m tiefe **Wasserstraße zwischen Bali und Lombok** ist nach dem Waliser *Sir Alfred Russel Wallace* benannt, der 1823 geboren wurde und 1913 verstarb. Sieben Jahre bereiste und erforschte der Weltenbummler, Forscher, Entdecker und Naturwissenschaftler unter anderem Indonesien. Hier entdeckte er, dass sich die Flora und Fauna östlich von Bali sehr von der des restlichen Asien unterscheidet.

Findet man westlich von Lombok tropische Vegetation, Affen, Elefanten, Tiger, Wildrinder und glatthaarige Asiaten, so fehlen diese auf der anderen Seite der Wasserstraße. Hier gibt es dafür Beuteltiere, riesige Echsen (Komodo-Warane), Kakadus, Paradiesvögel, trockene Savannen und Wüsten. Die hier lebenden Menschen gehören zur australischen Menschenrasse mit eher krausen Haaren.

Auf diese Beobachtungen begründete er seine Theorie, dass sich in der Frühzeit, vor etwa 120 Mio. Jahren, Bali und Lombok trennten und die sehr tiefe Wasserstraße entstand, die zu einer **unterschiedlichen Weiterentwicklung der** hier lebenden **Flora und Fauna** führte. Evolutionstheoretisch gesehen völlig überholte Typen wie Kängurus, Schnabeltiere oder Gürteltiere konnten auf der östlichen Seite weiter existieren, da hoch entwickelte Säugetiere die turbulente Wasserstraße nicht überwinden konnten.

Die solcherart festgestellte Möglichkeit der unterschiedlichen Entwicklung von Arten brachte *Sir Alfred* weiterhin dazu, mit *Darwin* zusammen die **„Evolutionstheorie"** aufzustellen, die sie 1858 in London veröffentlichten. Dass *Darwin* den Hauptteil des Ruhmes erhielt und immer noch erhält, liegt daran, dass er sich mehr mit der Evolution des Menschen beschäftigte, was nicht nur die Wissenschaftler interessanter fanden.

Wallace' Buch **„Tine Malay Archipelego: The Land of the Orang Utan and the Bird of Paradise"** erschien 1869. Es beschreibt seine siebenjährigen Reisen und Forschungen über Flora, Fauna und Völker in Indonesien. Seine Beschreibungen und Erkenntnisse sind atemberaubend zu lesen.

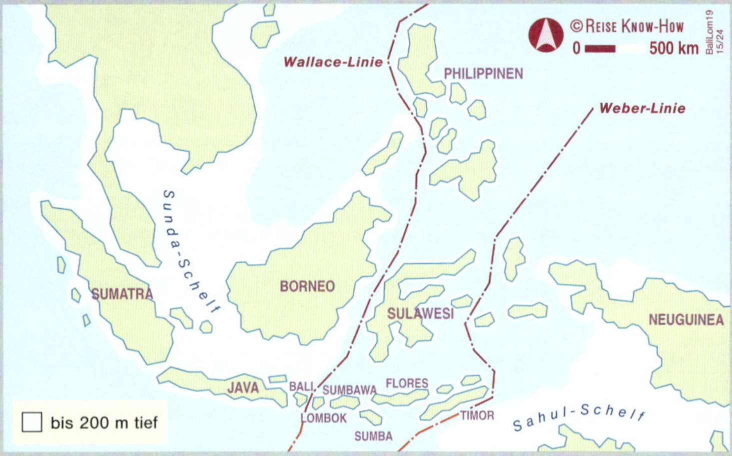

ve Vulkan **Gunung Batur** (1171 m) und der Kratersee Danau Batur.

Bali gliedert sich sich in **zwei Vegetationszonen,** einmal die asiatisch-tropische Zone Zentralbalis mit „Regenwald" und Reisfeldern, also üppiger, gut bewässerter Vegetation, zum anderen die trockenen Zonen im Westen und Osten der Insel mit Trockenwald, Palmengärten und Gestrüpplandschaften.

Lombok

Lombok, ebenfalls Teil der Kleinen Sunda-Inseln, ist mit **4595 km²** etwas kleiner als die Nachbarinsel Bali. Die **nördliche Hälfte** besteht aus einem gewaltigen Gebirgsmassiv, das früher ein einziger gigantischer Vulkan gewesen sein muss. Gekrönt werden die heutigen Überreste durch den **3726 m** hohen **Gunung Rinjani,** den höchsten Zacken des riesigen Kraters. In seiner Mitte hat sich ein neuer, kleiner, aus der Ebene nicht sichtbarer Vulkan gebildet, der **Baru Jari.** Die Flanken dieses Bergmassivs reichen im Nordwesten, Norden und Nordosten fast bis ans Meer; es ist schwierig, hier Verkehrswege zu bauen oder Landwirtschaft zu betreiben. Die Besiedlung ist entsprechend gering. So breiten sich hier auch heute noch dichte, teilweise fast unberührte **Wälder** aus, die allerdings durch das Ausschlagen von **Edelhölzern** (vor allem **Teak**) in tiefer gelegenen Regionen in früheren Jahren schon stark ausgedünnt wurden.

Südlich schließt sich die von der West- bis zur Ostküste reichende **zentrale Ebene** an, die recht dicht besiedelt ist und landwirtschaftlich fast flächendeckend genutzt wird. Hier befinden sich die größten Städte und die Hauptverkehrswege. Der **Süden** der Insel ist teils gebirgig, teils hügelig, erreicht aber bei Weitem nicht die Höhe des Nordens. Die höchste Erhebung ist der **Gunung Maseje** (729 m) auf der südwestlichen Landzunge.

Die **Küsten** Lomboks bestehen – im Gegensatz zu denen Balis – fast ausschließlich aus Sandstrand, von weiß bis grau-schwarz. Der Strand ist häufig von bis ans Meer reichenden **Felsen** unterteilt. Oft sind **Korallenbänke** vorgelagert, die Schutz gewähren. Vor allem an der Nordwestküste, rund um die drei Inseln Gili Air, Gili Meno und Gili Trawangan, und um Süden Lomboks gibt es gute Tauchmöglichkeiten. Andernorts wurden die Korallen, ähnlich wie auf Bali, abgebaut und zu Kalk verarbeitet. Der Küste rundum vorgelagert sind viele kleine **Inseln,** von denen einige dicht besiedelt, andere unbewohnt sind.

Tanjung Aan an der Südküste Lomboks ist ein beliebtes Ausflugsziel für Einheimische

xba078 sb

Klima

Indonesien

Das Klima in Indonesien ist durchweg **tropisch-feuchtheiß.** Die Jahresmitteltemperatur an den Küsten beträgt 27°C, die relative Luftfeuchtigkeit im Mittel 85–90 %. Nachts kühlt es sich im Flachland nur geringfügig ab.

Auf Sumatra, dem westlichen Drittel Javas, Kalimantan, Sulawesi, den nördlichen Molukken und Papua besteht **immerfeuchtes Tropenklima** mit ganzjährigen Niederschlägen, meist zwischen 2000 und 4000 mm, in Gebirgen teilweise über 6000 mm. Das restliche Java, die Kleinen Sunda-Inseln und das Gebiet bis hin zu den Aru-Inseln im fernen Süden Indonesiens haben **tropisch-monsunales Klima.** Es gibt eine feuchtschwüle Regenzeit, eine Vor- und Nachmonsunzeit sowie eine heiße Trockenzeit, normalerweise im August und September.

Jahreszeiten im europäischen Sinne (Schnee kommt nur auf den Berggipfeln Irian Jayas vor) kennt man nicht, aber eine Einteilung in Monate mit mehr und

Regenmengen in Südostasien

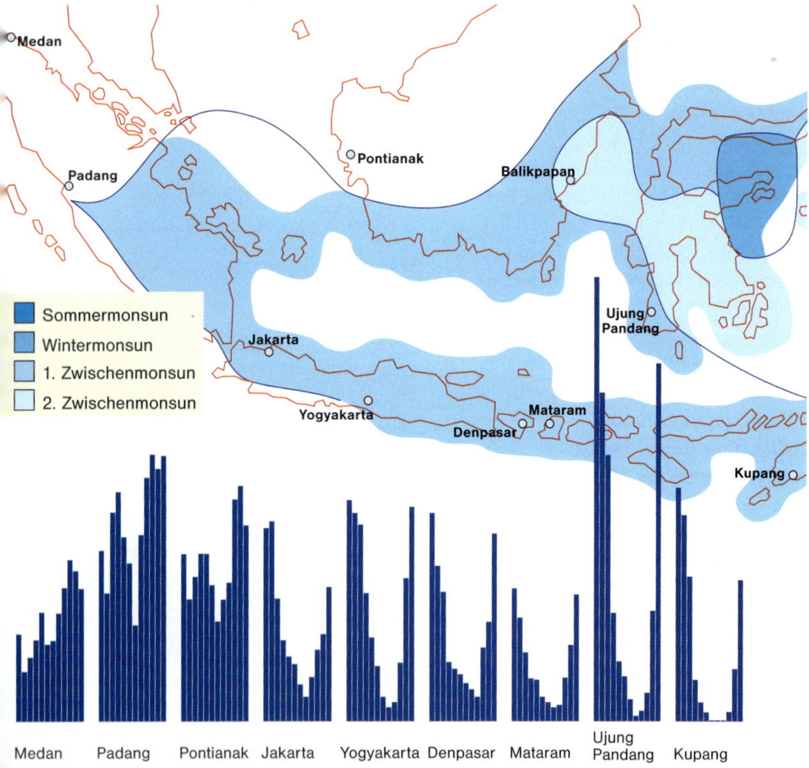

Monate mit weniger Niederschlägen ist möglich.

Der **Winter-/Westmonsun** bringt südlich des Äquators von November bis März Regen, im **Sommer-/Ostmonsun** dagegen herrscht den Rest des Jahres relative Trockenheit, wobei sich auch in diesem Teil der Welt das Klima verändert; so kann die vermeintliche Regenzeit durchaus zu trocken sein, während die Trockenzeit zu feucht ist.

Die **Länge der Tage** ändert sich, so dicht am Äquator, das ganze Jahr über nicht. Von Sonnenauf- bis Sonnenuntergang sind es stets zwölf Stunden.

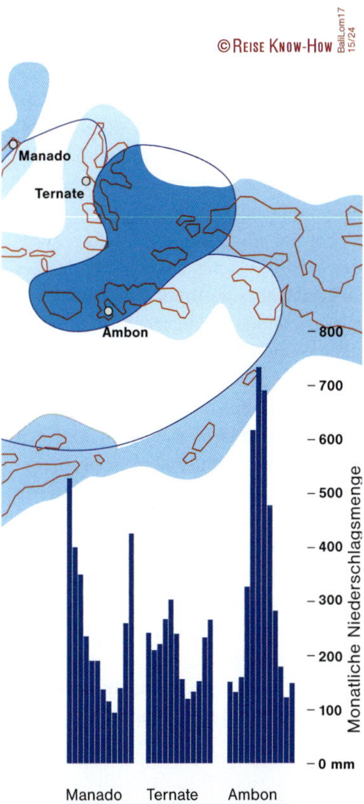

Bali und Lombok

Obwohl **Bali** nur wenig südlich des Äquators liegt, ist es eigentlich **nie unerträglich heiß.** Die Temperaturen liegen das ganze Jahr über zwischen 27 und 30°C. Im Bergland kann es bis zu 10°C kühler sein, was nachts einer Temperatur von 10 bis 15°C entspricht. Es herrscht also, **bei relativ hoher Luftfeuchtigkeit,** ein **ewiger Sommer.**

In den Monaten November bis März bringt der Wintermonsun die **Regenzeit.** Selten regnet es aber den ganzen Tag, oft sind es nur Schauer, die für Abkühlung sorgen und der Sonne bald wieder Platz machen. In Nord- und Südbali ist es immer etwas trockener. Ab Dezember ist es heiß. Februar und März gelten als die niederschlagsreichsten Monate, der Juli als der „kälteste" und trockenste Monat des Jahres.

Anders **Lombok:** Das Klima ist hier **trockener.** Während auf Bali alles wild wuchert, grünt und wächst, dominieren

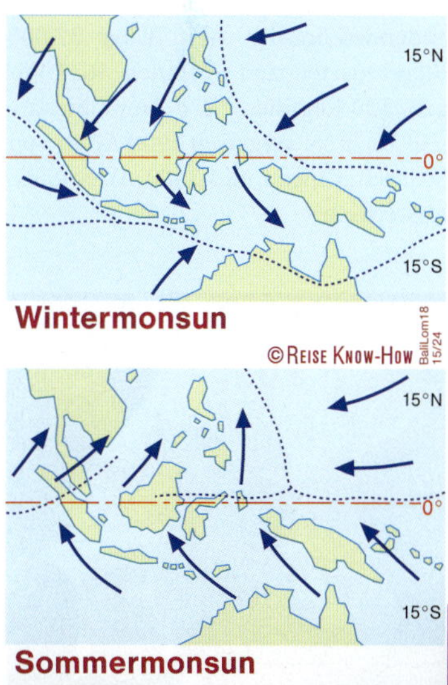

auf Lombok eher Trockenwald und Steppe. Hier gibt es bis zu zwei Reisernten pro Jahr, während es auf Bali drei sind. Künstliche Bewässerung ist auf Lombok kaum möglich. Nur während der kurzen Regenzeit grünen die auch hier terrassenartig angelegten Felder.

Flora und Fauna

Die Inseln des indonesischen Archipels gruppieren sich eng um den Äquator, ergiebige Regenfälle sichern die ausreichende Bewässerung eines Großteils des Gebietes. Aus diesen Gründen konnte sich eine **vielfältige tropische Tier- und Pflanzenwelt** entwickeln. Für die unterschiedliche Verteilung von Pflanzen und Tieren sind die Eiszeiten sowie Krustenhebungen und -senkungen verantwortlich. Der Artenreichtum ist gigantisch, so ist Indonesien **eines der biologisch vielfältigsten Länder überhaupt.** Hier gibt es mit 530 Säugetierarten mehr als anderswo in der Welt. Über 37.000 Pflanzenarten sind zu finden, 1622 Vogel-, 520 Reptilien-, 270 Amphibienarten. Nicht zu vergessen 1900 Arten von Schmetterlingen und 1400 Arten Süßwasserfische.

133ba pr

Pflanzenwelt

Noch wachsen in Indonesien unendlich viele Pflanzenarten, u.a. auf Sumatra und Borneo die **größte Blume der Welt,** die **„Schwarze Orchidee“** *(Rafflesia arnoldii),* deren Blüte bis zu einen Meter Durchmesser und ein Gewicht von sieben Kilo erreicht. Auch ein anderer Gigant ist in Sumatras Wäldern zu finden, der **Amorphophallus titanum,** ein bis zu 2,50 m hohes Aaronstabgewächs.

Besonders den Nordwesten Sumatras säumt eine Schwemmlandküste mit dichten **Mangrovenwäldern.** Auch an den Küsten anderer Inseln wachsen Mangroven, aber nicht in vergleichbar großer Ausdehnung.

Die Vegetation im Inneren der Inseln bestimmen die Menge des Niederschlages und die Höhenlage. Bis in ca. 1000 m Höhe gedeiht **tropischer Regenwald,** der noch in großen zusammenhängenden Gebieten Sumatras (ca. 30 %) und Kalimantans (ca. 50 %) zu finden ist. Java hat nur noch knapp 20 % Regenwälder, weil der stetig steigende Bedarf an Ackerfläche zur Abholzung führt. Die Kleinen Sunda-Inseln verfügen nur noch über knapp 10 %.

Daran schließt sich bis auf eine Höhe von 1300 m der nicht mehr ganz so artenreiche **tropische Bergwald** an. Noch weiter oben, bis zu 2500 m Höhe, breitet sich **Nebelwald** aus. Wolken hängen wie Nebel in den Bäumen, die dicht von Moosen, Flechten und Farnen bewachsen sind. In den **Gipfelregionen** finden sich Kräuter- und Grasfluren, ab 3000 m Höhe wächst auch in den Tropen kaum noch ein Grashalm.

Auffällig ist der **Gegensatz zwischen dem westlichen und dem östlichen In-**

donesien. Da im Osten, ab der Mitte Javas, weniger Regen fällt, findet man dort zum Teil Laub abwerfende Monsunwälder; hier fallen die Blätter nicht wie bei uns im Herbst, sondern in der Trockenzeit, weil sich der Baum vor überflüssiger Wasserverdunstung schützt.

Überall in Indonesien haben ausgedehnte **Plantagen** die ursprüngliche Vegetation verdrängt.

Im Folgenden eine **Auflistung der Pflanzenarten,** die man bei einer Reise nach Bali oder Lombok auf jeden Fall zu sehen bekommt.

Hibiskus (Kembang Sepatu)

Der Hibiskus ist **weit verbreitet,** er **blüht ganzjährig.** Die Blüten finden Verwendung als Tisch- und Essensdekoration. Auf Bali sieht man auch häufig Statuen an Straßen, vor Tempeln und Hotels mit einer Hibiskusblüte am Ohr. Die Portugiesen entdeckten die Blume im heutigen Sri Lanka und stellten fest, dass sich der Pollen besonders gut zum Schuheputzen eignet. Wahrscheinlich heißt die Pflanze im Indonesischen deshalb „Schuhblume" (*sepatu* = Schuh).

Bougainvillea (Buganvil)

Die ursprünglich aus Brasilien stammende Bougainvillea ist in Indonesien **weit verbreitet.** Sie **blüht violett, rot, rosa und weiß oder auch zwei- und dreifarbig.** Balinesen nennen die Pflanze **Kertas,** das bedeutet Papier, wohl auf Grund der zarten Blütenstruktur. Bougainvillea wird häufig für Opferdekorationen verwendet.

< Der Hibiskus blüht ganzjährig

∨ Bougainvillea ist weit verbreitet

132ba pr

134ba pr

Frangipani-Baum (Kamboja)

Der Frangipani-Baum erreicht **Höhen bis zu 6 m.** Seine bizarren, in der Trockenzeit oft blattlosen Äste mit den weißen oder rosaroten Blüten sieht man besonders häufig auf muslimischen Friedhöfen und an anderen heiligen Stätten, denn der Baum gilt nicht nur den Hindus als **heilig.** Der **süße, intensive Duft,** der bei jedem Tempelfest und bei jeder Zeremonie in der Luft hängt, stammt von der Frangipani-Blüte, die bevorzugt als Opferblüte dient oder als Haardekoration benutzt wird. Der Baum **blüht ganzjährig.**

Hortensie (Bunga Tiga Bulan)

Die auch bei uns sehr verbreitete Hortensie wächst in der Bergregion, auf Bali in der Gegend um Bedugul, **ausgesprochen üppig.** Dort wird sie auch in Plantagen angebaut. Die ca. 15 cm große Blüte besteht aus **unzähligen, 2 cm großen, fliederfarbenen, blauen oder weißen Blüten.**

Weihnachtsstern (Kastuba)

Der auch bei uns beliebte Weihnachtsstern wächst **in höheren Regionen,** etwa um 1200 m; es ist eigenartig, unsere Topfblume als **2 m hohe Gebüsche oder Hecken** zu sehen. Seine ursprüngliche Heimat ist Mexiko. Auf Bali heißt diese Pflanze **Racun,** „Gift", denn einige Mitglieder dieser Pflanzenfamilie sind toxisch.

Bananenstaude (Pohon Pisang)

Der Bananenstrauch wird **3–9 m hoch.** Der Scheinstamm besteht aus überlappenden Blattlagen. Er bildet kein Holz aus. Nach einem Jahr wachsen aus dem Scheitelpunkt rote Blüten heraus. Alle kultivierten Bananen sind **sterile Kreuzungen;** sie können nur vermehrt werden, indem man sie als Ableger pflanzt. Die Früchte entstehen ohne Bestäubung und sind samenlos. Die **Blüte ist essbar,** und auch die jungen Stämme können zu köstlichem Gemüse verarbeitet werden. Es gibt **unzählige Bananensorten** mit unterschiedlichen Verwendungszwecken (z.B. Kochbananen) und von unterschiedlichem Aussehen: große, kleine, gerade, krumme, gelbe und grüne. Am besten schmecken die kleinen, goldgelben **Pisang Susu** (Milchbananen).

⌃ Die Bananenblüte ist essbar

› Uralt und spirituell aufgeladen – Bayan Ancient Tree (siehe S. 220)

Banyan (Ficus bengalensis)

Der **bengalische Feigenbaum (Würgefeige)** erreicht von allen Bäumen der Erde die größte Ausdehnung. Er wird etwa **30 m hoch** und bringt **Luftwurzeln** hervor, die von den Ästen abwärts wachsen und sich in den Boden graben. Sie bilden dicke Pfeiler, die die Krone abstützen; so wirkt ein einziger Baum wie ein großes Dickicht. Der Banyan ist **mit der Essfeige verwandt,** er hat ähnliche Früchte und Blüten. In Indien gilt er als heilig und wird entsprechend gepflegt; **Buddha** soll unter einem Banyan seine **Erleuchtung** erfahren haben. Der wohl größte Banyan steht im Acharya Jagadish Chandra Bose Indian Botanic Garden bei Kolkata in Indien; er hat einen Hauptstamm von 3,50 m Durchmesser, 200 zusätzliche Stämme und bedeckt eine Fläche von 270 m Umfang.

Der Banyan ist der **Mittelpunkt jedes balinesischen Dorfes,** in seinem Schatten trifft man sich, hier wird auch der Markt abgehalten. Nach dem balinesischem Glauben darf ein Banyan niemals gefällt werden, weil mächtige Kräfte in ihm ruhen.

Kokospalme

Die Kokospalme *(Cocos nucifera)* wird in allen tropischen Ländern der Erde angebaut, häufig an sandigen Meeresufern. **Fast alle Teile dieses Baumes lassen sich irgendwie verwerten:** das Holz zum Haus- und Möbelbau, die Blätter werden geflochten zum Dachdecken oder als Zaun eingesetzt. Der Stamm bildet übrigens keine Jahresringe, da er wie ein Grashalm von unten nach oben wächst. Eigentlich sind Palmen auch kei-

xba079 sb

ne Bäume, sondern eher mit den Gräsern verwandt.

Die **Kokosfrucht** wird in drei Bestandteile zerlegt. Zuerst wird der faserige Fruchtmantel abgerissen. Die Fasern werden gewässert und dann zum Beispiel zu Matten weiterverarbeitet. Wenn diese äußere Faserschicht entfernt ist, liegt vor einem die **Kokosnuss,** so wie sie bei uns in den Handel kommt. Schlägt man die auf, befinden sich darin das **Kokoswasser** und das **Kokosfleisch.** Das Wasser der jungen Kokosnuss ist erfrischend und wohlschmeckend, keimfrei und hat beachtlichen Nährwert. Das Fleisch kann man raspeln. Presst man es aus, erhält man **Kokosmilch (Samen),** die in der indonesischen Küche eine bedeutende Rolle spielt. Lässt man es trocknen, erhält man **Kopra.** Daraus wiederum wird **Kokosöl** gewonnen (zur Herstellung von Seife, Kerzen, Margarine usw.). Die übrig gebliebene Schale ist ein sehr begehrter Brennstoff; sie entwickelt große Hitze und verglüht nur langsam wie Holzkohle – kein Saté-Grill ohne Kokosschalen. Die Schalen der alten Früchte dienen aber auch als Schöpfschalen, werden beschnitzt oder zu Schmuckstücken und Knöpfen verarbeitet.

Betelpalme

Die Betelpalme hat eine Höhe von max. **12–15 m** und sechs bis neun große, saftiggrüne, gefiederte Wedel. Der Blütenstand entsteht unterhalb des ältesten lebenden Blattes. Die Frucht hat eine faserige Rinde und enthält einen Samen, die **Betelnuss.** Man holt die Samen heraus, kocht sie in Wasser, schneidet sie in Stücke und trocknet sie in der Sonne, wodurch sie dunkelbraun oder schwarz werden. Das **Kauen der Nüsse,** versetzt mit gebranntem Kalk und dem Betelpfefferblatt, ist weit verbreitet; es soll erfrischende, leistungssteigernde und hungerhemmende Wirkung haben. Betelkauen ist bei der jüngeren Generation verpönt; kein Wunder, wenn man sich die durch den Pflanzensaft völlig schwarz gefärbten Zähne der Betelkonsumenten ansieht. Nur noch ältere Menschen, hauptsächlich Frauen, gehen diesem Zeitvertreib nach.

Lontarpalme

Die Lontarpalme ist heimisch in trockenen Gebieten, z.B. an der Ostküste Balis, auf Lombok und Sumbawa. Die **Rinde** stellt ein **östliches Äquivalent des Papyrus** dar. Viel indonesische Literatur wurde im Laufe der Jahrhunderte darauf festgehalten. Auch heute gibt es noch einige Menschen, die „Lontar-Bücher" herstellen (→ Tenganan).

Tierwelt

Die Tierwelt Indonesiens spiegelt die **Frühgeschichte des Archipels** wider. Früher gab es **Landverbindungen** zwischen Inseln, die heute unter der Meeresoberfläche liegen und die Besiedlung der Inseln ermöglichten, andererseits gab es tiefe **tektonische Brüche,** heute Tiefseegräben, die eben diese Wanderungen verhinderten. Westlich der **Wallace-Linie,** der unsichtbaren „Grenze" zwischen Borneo und Sulawesi und weiter südlich zwischen Bali und Lombok, lebt eine altweltlich-asiatische Tierwelt. Östlich davon unterscheidet sich die Fauna deutlich, sie ist australisch beeinflusst (→ Exkurs S. 442).

Die großen **Raubkatzen,** Tiger und Panther, sind über Sumatra und Java bis Bali vorgedrungen. Größere Populationen gibt es heute nur noch auf Sumatra. Auf Java und Bali ist der Tiger vollständig ausgerottet worden. Hier wurde der letzte Tiger 1937 in Sumbar Kimar, Westbali, erschossen. Leoparden gibt es noch auf Sumatra und Java.

Elefanten sind bis Sumatra und Borneo gelangt, größere Herden gibt es heute noch in Südsumatra. **Orang Utans** gibt es sowohl auf Sumatra als auch auf Borneo, jedoch nur sehr wenige. **Nashörner** in geringer Zahl werden gelegentlich auf Java und Sumatra gesehen. All diese Tiere hat es auf Sulawesi, den Kleinen Sunda-Inseln (Ausnahme Bali) und den Molukken nie gegeben. Dafür leben Beuteltiere auf Sulawesi.

Überall vertreten sind in Indonesien **Affen** zahlreicher Arten, **Wildschweine** und **Schlangen** wie etwa Pythons. **Krokodile** gibt es auch, nur nicht auf Bali, Lombok und Sumbawa, ebenso **Hirsche** und **Rehwild.** Es gibt Hunderte von Vogelarten, unzählige Insektensorten, riesige Schmetterlinge und bizarre Käfer.

Bei den folgenden Tierarten bestehen gute Chancen, dass man sie während einer Reise nach Bali oder Lombok zu sehen bekommt.

⊡ Meeresparks schützen die Unterwasserflora und -fauna

Gecko (Tokeh)

Der Gecko *(Gekko gekko)* aus der **Familie der Echsen** ist mit ungefähr 1000 Arten **weltweit verbreitet,** insbesondere in den Tropen. Geckos sind **Nachttiere,** die ausnehmend gut klettern können. Die meisten Arten haben **Haftpolster an den Füßen** ausgebildet, dank derer sie nicht nur an senkrechten Wänden oder Glasscheiben zu klettern vermögen, sondern sogar mit dem Rücken nach unten an der Zimmerdecke. Außerdem halten sie sich immer mit mindestens drei Füßen fest. Der eigenartige Watschelgang der Geckos erklärt sich daraus, dass die Tiere jede Zehe einzeln umbiegen müssen, um ihre Haftpolster nicht zu verletzen, wenn sie ihren Fuß vom Untergrund lösen wollen.

Geckos verfügen über ein **gutes Hörvermögen,** das viel besser als das des Menschen ausgebildet ist. Auch haben sie als einzige Reptilien eine Technik der Stimmäußerung entwickelt. Der südostasiatische, also auch auf Bali heimische Tokeh besitzt ein Repertoire aus **drei Lautarten,** die alle fürchterlich durchdringend klingen. Der Tokeh ist **15–20 cm lang,** meist grau mit roten Sprenkeln; es gibt verschiedene Färbungen. Sein kleiner Verwandter, der **Cicak,** ist nur etwa 8–10 cm groß und schreit nicht so laut. Auf Bali und Lombok begegnen einem Geckos an vielen Wänden und Decken. Dabei gilt der elffache Schrei eines Geckos als gutes Omen.

Wasserbüffel (Kerbau)

Der Wasserbüffel *(Babalus arnee)* wird in Indonesien und vielen Teilen Asiens **als Haustier gezüchtet,** und zwar als **Milchlieferant** und als **Zugtier** zur Bearbeitung der Reisfelder und für die schwere Arbeit in Sümpfen und im Regenwald. Das dauernde Bedürfnis der Wasserbüffel zu baden oder zu suhlen erklärt sich daraus, dass die Tiere über **keine Schweißdrüsen** verfügen, also nicht schwitzen können. Das macht ihre Haltung in manchen Gegenden schwierig, allerdings sind die Büffel im tropischen Klima widerstandsfähiger als Rinder. Die Gewohnheit, bis zur Nase unterzutauchen und sich am ganzen Körper mit einer undurchdringlichen Schlammschicht zu bedecken, schützt vor Insektenstichen und kühlt die Büffel ab.

Paarungen finden am Ende der Regenzeit statt, die Kälber werden von März bis Mai geboren.

Jedes Jahr in der Trockenzeit werden auf Bali in der Gegend von Negara **Büffelrennen** abgehalten, meist als Touristenattraktion. Wie bei Gladiatorenrennen sind an die Büffel Wagen angehängt, auf denen der Wagenlenker das Tier in die richtige Richtung führt. Belohnt werden gute Haltung, Stil und natürlich Geschwindigkeit (→ Exkurs S. 225).

Wildschwein (Babi Hutan bzw. Babi Biasa)

Das Wildschwein *(Sus scrofa vittatus),* der Vorfahr unseres Hausschweins, hat ein **riesiges Verbreitungsgebiet:** Man findet es nicht nur in Europa, sondern auch in Nordafrika, Sri Lanka, Malaysia, Sumatra, Java, Flores und natürlich im Komodo-Nationalpark. Indonesische Wildschweine werden bis zu 230 Kilo schwer bei einer Schulterhöhe von bis zu 100 cm. Diese Tiere sind **Allesfresser,** sie leben von Wurzeln, Knollen, Gras, Insekten, Früchten, Schlangen und Aas. Gefressen wird am frühen Morgen und späten Nachmittag in Gras- und Waldrandgebieten. Bei Ebbe sieht man sie auch am Wasser auf der Suche nach Wassertieren, insbesondere Krabben. Der Geruchssinn ist ausgeprägt, doch sehen und hören die Tiere nur durchschnittlich gut.

Die Wurfzeit dauert von März bis Dezember, zwei bis sechs **Ferkel** wirft die Sau. Für die Kleinen baut sie ein Nest aus Gras, in dem sie die Ferkel säugt und beschützt. Säue mit Frischlingen sind mit Vorsicht zu genießen, sie können sehr aggressiv werden, wenn man sich ihnen nähert. Bei verwundeten Schweinen gilt das Gleiche.

Palmenroller (Musang)

Die **Zibetkatzen** *(Paradoxurus hermaphroditus)* gehören zu einer Raubtierfamilie, die zwischen Mardern und Katzen angesiedelt ist. Der **Fleckenmusang** ist verbreitet auf Sri Lanka, in Indien, Südchina, auf den Philippinen und in ganz Südostasien. Da es **Nachttiere** sind, die nur in der Dunkelheit Nahrung suchen, sieht man sie selten. Sie leben in trockenen Wäldern, verbringen ihren Tag schlafend, zusammengerollt in Baumhöhlen, aber auch in Fels- oder Erdhöhlen. Die Tiere haben eine Gesamtlänge von ca. 1,40 m, wobei etwa die Hälfte auf den Körper und der Rest auf den Schwanz entfällt. Das Durchschnittsgewicht beträgt drei Kilo. Musangs verteidigen sich mit einem absolut **widerlich riechenden Sekret** aus ihren Afterdrüsen, genau wie Stinktiere.

Rotrind (Banteng)

Das Rotrind *(Bos javanicus)* ist eine südostasiatische Wildrindart. Die Tiere werden ca. **170 cm groß,** sind **schlank und zierlich** und haben einen großen, weißen Fleck auf beiden Hinterkeulen (Spiegel). Das Rotrind kommt auf Java und Borneo, in Myanmar, Thailand, Kambodscha und Vietnam wild lebend vor, nur auf Bali ist es seit Langem domestiziert. Das sogenannte **Balirind** ist als Haustier etwas kleiner als der echte Banteng und dient als Fleischlieferant. Auf Bali und Lombok gibt es auch eine kleine Anzahl verwilderter Rotrinder.

Nationalparks und Naturreservate

Die indonesische Regierung hat insgesamt 51 **Nationalparks** und zahlreiche **Naturschutzgebiete, Wildreservate** und **Meeresparks** eingerichtet. Gesetzlich geschützt sind **zahlreiche heimische Tierarten,** wie beispielsweise der Java-Tiger, das Java-Rhinozeros, der Balistar oder der Komodowaran. Die indonesischen Naturreservate werden von der **PPA** (**Perlindungan Pengewetan Alam** = „Schutz Erhaltung Natur") verwaltet. Büros dieser Behörde gibt es in jeder Provinzhauptstadt, in deren Verwaltungsregion ein Naturschutzgebiet liegt.

Umweltschutz und Müll

Die **ständig wachsende Bevölkerung** Indonesiens mit ihrem schier unstillbaren Bedürfnis nach mehr landwirtschaftlichen Flächen und einer Wirtschaft nach westlichem Muster ist gerade in unseren Tagen dabei, dem beinahe unerschöpflichen Artenreichtum durch **rücksichtslose Rohstoffnutzung, ausbeuterischen Holzeinschlag** und durch den **Straßenbau** ein Ende zu setzen.

Dazu gehört auch die immer wiederkehrende, **durch Busch- und Waldbrände entstandene, „Haze"** („Dunst") genannte Rauchdecke aus natürlichen Partikeln sowie Auto- und Industrieabgasen. Solche Brände, die in der Regel zur Rodung von Flächen für Palmöl- und Industrieholzplantagen gelegt werden, bedrohen auch die Nachbarländer.

Schon 2009 einigten sich die Umweltminister von Indonesien, Malaysia, Thailand, Singapur und Brunei darauf, **Brandrodung** unter Strafe zu stellen. Dies verhinderte jedoch nicht, dass es bis 2019 nahezu jährlich zu wochenlangen Großbränden kam. 2020, 2021 und bis Mitte 2022 blieben die Großbrände weitgehend aus. Dennoch ist die erhebliche Luft- und Wasserverschmutzung (Letztere auch durch ungeklärte Abwässer) in städtischen Ballungsgebieten ein großes Problem. Die Durchsetzung von Umweltgesetzen wird durch die weit verbreitete **Korruption** erschwert. Industriebetriebe verstoßen häufig gegen gesetzliche Vorlagen – ohne Strafen befürchten zu müssen. 2020 war Indonesien der sechstgrößte Produzent von Treibhausgasen weltweit.

Der **motorisierte Verkehr** hat in den Ballungszentren und auch auf den balinesischen Straßen und Gassen derartige Ausmaße angenommen, dass die **Luftverschmutzung** im wahrsten Sinne des Wortes nicht mehr zu übersehen ist. Es knattert, stinkt und qualmt aus allen Auspuffrohren. Die Verantwortlichen der balinesischen Verwaltung sehen das Problem und fürchten um den Tourismus: Neue (Umgehungs-)Straßen werden gebaut, strengere Richtwerte eingeführt. Auch gibt es Ideen, auf Bali eine Eisenbahnstrecke zu bauen, die Kuta mit dem Flughafen verbinden soll.

Gut 1,5 Mio. Tonnen **Müll** fallen jährlich allein auf Bali an, davon sind mehr als ein Drittel nicht recycelbar und müssen verbrannt oder anderweitig entsorgt werden. Vieles wird nach wie vor in **Plastiktüten** verpackt: Wasser trinkt man aus handlichen PET-Flaschen, die später im Müll landen. Sein Süppchen kann man in der Plastiktüte nach Hause transportieren; diese Milliarden von Tüten landen im Graben, im Meer oder werden zu Hause verbrannt. Allein an den Stränden von Kuta und Legian fallen jedes Jahr bis zu 60 Tonnen Plastikmüll an. In die hauseigene Müllverbrennungsanlage kommen auch Batterien, Lackreste, Dosen und vieles mehr.

xba080 sb

Um ihren Ruf besorgt, hat die **indonesische Regierung** schon vor langer Zeit auf die Herausforderungen der Umweltverschmutzung reagiert: Bereits 1978 wurde das Ministerium für Bevölkerung und Umwelt eingerichtet. 1990 entstand eine nationale Umweltkontrollbehörde, die dem Umweltministerium untergeordnet ist und in direktem Austausch mit dem Präsidenten steht. Dieser Einrichtung obliegt die Einhaltung der Normen.

Auch **private Aktionen in Sachen Umweltschutz** gibt es, beispielsweise in Ubud oder Padangbai: Urlauber können sich ihre Wasserflaschen im eigenen Hotel mit Trinkwasser auffüllen lassen. Auf den Gilis z.B. engagiert sich der **Gili Eco Trust** (https://giliecotrust.com) mit Aktionen rund um Mülltrennung und Strandreinigung. **EcoBali** (https://ecobali.com) versucht, Einheimischen und auch Villen- und Resortbesitzern den besseren Umgang mit Mülltrennung und Recycling nahezubringen. Auch in Senggigi/Lombok gibt es längst Aktionen zum „Beach Clean Up".

Apropos Beach: Der (frühere) **Abbau von Korallenriffen** (zum Kalkbrennen) bedroht das Land. Sind die schützenden Riffe erst einmal verschwunden, kann die Brandung ungehindert die Strände abtragen. Südbali, insbesondere die Umgebung Candi Dasas, ist dafür ein mahnendes Beispiel. Zwar wurde in den 1990er-Jahren sowohl das **Dynamitfischen** als auch der Korallenabbau verboten, aber vielerorts war es zu spät.

◁ Mülltrennung am Tempel von Tanah Lot (Bali)

Auch das **Fangen von Schildkröten** ist verboten, auch wenn sie nach wie vor als Spezialität in der balinesischen Küche gelten. Heute bieten Restaurants, Resorts und Aufzuchtstationen Rettungsaktionen für die Schildkröten an; hier können Urlauber auch Pate eines Tieres werden und sein Heranwachsen begleiten.

Übrigens sind Bali, Java und das Hochland von Sumatra klassische Beispiele tropischer Kulturlandschaften, der Reisanbau prägt die Erscheinung der Inseln. Terrassierte Hänge, wie z.B. die Reisterrassen Balis, unterbrechen den Wasserabfluss und verhindern so die Bodenabspülung. **Nass- und Trockenreis-Terrassen wirken bodenkonservierend.**

Geschichte Indonesiens

Von den Anfängen bis Ende des 20. Jahrhunderts

Die Geschichte Indonesiens **begann vor einer halben Million Jahren,** zu einer Zeit, als Europa unter einer Eisdecke lag. Den Beweis, dass zu dieser Zeit schon menschenähnliche Wesen in Indonesien existierten, fand 1891 der holländische Arzt *Eugene Dubois* auf Java. Sein Fund waren Knochen vom **Pithencanthropus erectus,** dem aufrecht gehenden Menschenaffen. Dieser menschenähnliche Affe (oder affenähnliche Mensch) soll aber nicht allein der Vater (beziehungsweise die Mutter) der heutigen indonesischen Bevölkerung sein.

In Indonesien leben **viele ethnische Gruppen,** und man geht davon aus, dass bereits von 3000 bis 1000 v. Chr. Zuwanderungswellen aus Südchina stattfanden, und zwar kamen die **Altmalaien** (Protomalaien) und **Jungmalaien** (Deuteromalaien). Durch diese Einwanderer soll auch das Wissen um Ackerbau, Steinwerkzeuge, den Umgang mit Feuer sowie Eisen- und Bronzeverarbeitung verbreitet worden sein.

Als erste Hochkultur Indonesiens gilt der Zeitraum vom 7. bis 1. Jahrhundert v. Chr. In der **Dong-Son-Kultur** (Bronzekultur) wurden Handwerkstechniken verfeinert, d.h. zum Beispiel, dass Alltagsgegenstände nicht mehr ausschließlich funktional gearbeitet wurden, sondern verziert.

Ab dem 1. Jahrhundert v. Chr. machten sich **hinduistische und buddhistische Einflüsse** bemerkbar, der Grund waren Handelsbeziehungen mit Südindien und China. Neben Händlern kamen auch Gelehrte und Mönche nach Indonesien, um ihren Glauben und ihre Kultur zu verbreiten. Die neuen Religionen vermischten sich mit der indonesischen Kultur, und es entstanden hinduistische und buddhistische Reiche.

Die wichtigsten **Königreiche** waren das Srivijaya-Reich auf Sumatra, die Sailendra-Dynastie und das **Majapahit-Reich** auf Java. Das Majapahit-Reich existierte vom 8. bis Anfang des 16. Jahrhunderts und erstreckte sich fast über die gesamten (heutigen) indonesischen Inseln.

Bereits im 13. Jahrhundert gewann der **Islam** die ersten Anhänger in Aceh (Nordsumatra). Auch diese Religion erreichte Indonesien durch Kaufleute und Händler, und zwar aus Malakka, dem Ausgangshafen, um Gewürze nach Indien und von dort weiter nach Venedig zu schicken. Von Aceh breitete sich der Islam stetig über Indonesien aus und verdrängte Hinduismus und Buddhismus. Die fortschreitende Islamisierung beschleunigte den Zerfall der bestehenden buddhistischen und hinduistischen Reiche. Ein Überbleibsel dieser Zeit ist der Hinduismus auf Bali.

Die ersten „Besucher" aus Europa erschienen **1509** in Indonesien: **Portugiesen** liefen auf der Suche nach Gewürzen Häfen im Norden Sumatras an, später (1529) dann auch die Molukken. Doch auch deren europäische Konkurrenten, in diesem Fall die **Niederländer,** hatten den Reichtum Indonesiens entdeckt und begannen ab 1596, Indonesiens Geschichte mitzulenken.

1602 gründeten private niederländische Handelsgesellschaften die **VOC (Vereenigde Oostindische Compagnie)** und übernahmen ab 1605 die vollständige **Kontrolle über den Gewürzhandel.** Ihre Konkurrenten, die Briten und Portugiesen, wurden von den Niederländern aus dem Feld geschlagen. Für 300 Jahre hieß Indonesien **„Niederländisch Ost-Indien".**

Die Handelsgesellschaft VOC festigte ihre Macht, indem sie die bis dahin unumschränkt herrschenden **Fürsten** entweder unterwarf und tributpflichtig machte oder an den Gewinnen beteiligte. Das normale Volk lebte in dörflichen Gemeinschaften, in denen Lebensmittel, Kleidung und Werkzeug für den Eigenbedarf produziert wurden. Von den ohnehin geringen Einkünften wurden **steuerähnliche Abgaben** vom Fürsten eingezogen, um seinen luxuriösen Lebensstil zu finanzieren. Zwar hatte jede

Gemeinde ein Oberhaupt, das mit dem Altenrat über dörfliche Belange entschied, aber die richterliche und religiöse Gewalt lag beim Fürsten.

Da Volk und Adelsschicht keine Einheit bildeten, brauchte sich die VOC ausschließlich mit der kleinen herrschenden Schicht auseinanderzusetzen. Als **günstig für die Herrschaft der Holländer** erwies sich die **geografische Situation.** Aufstände, die später entbrannten (z.B. Nordsumatra 1873–1903, Bali 1906–1908), waren und blieben regional, da zwischen den Inseln kein Kontakt bestand und auf jeder Insel unterschiedliche Volksgruppen mit jeweils anderen Kulturen und Sprachen wohnten. Diese Situation machte große Aufstände unmöglich.

Finanzielle Schwierigkeiten und Probleme mit den Briten hatten die Handelsgesellschaft VOC um 1800 ruiniert. Die holländische Regierung übernahm das Konkursunternehmen und machte Niederländisch Ost-Indien zur **staatlichen Kolonie.** Für die Bewohner spielte diese neue Situation keine Rolle, nach wie vor ging es den Holländern um die optimale Ausbeutung des Inselreiches.

1811 gewannen die **Engländer** für ein paar Jahre die Kontrolle über den Gewürz- und Kaffeehandel unter *Thomas Stamford Raffles,* dem Mann, der ein paar Jahre später Singapur dem British Empire einverleibte und auf Java den Borobodur wiederentdeckte, die größte buddhistische Tempelanlage der Welt.

Vom 5. bis 7. April **1815** brach der **Vulkan Tambora** auf Sumbawa aus, der gewaltigste Vulkanausbruch in historischer Zeit, der die vierfache Energie des ebenfalls vernichtenden Krakatau-Ausbruchs im Jahr 1883 (s.u.) hatte.

1816 lösten die Holländer die Briten wieder ab und führten gleich ein angeblich neues Kultivierungssystem ein, genannt **Cultuurstelsel.** Praktisch änderte sich nichts. Jeder Bauer musste einen Teil seiner Ernte abgeben oder einen Teil seines Landes mit **Kolonialwaren** (also Exportgütern wie Kaffee, Tee, Zucker oder Tabak) bebauen und die Ernte abliefern. Bei den heimischen Machthabern lag die Kontrolle über das Kultivierungssystem, als Belohnung waren sie an den Gewinnen beteiligt.

Dieses ausbeuterische System sollte 1870 durch **neue Agrargesetze** ein Ende finden. Die Neuerung bestand darin, dass nun auch privaten Unternehmern erlaubt war, langfristig Boden zu pachten und zu kaufen. Die nun entstehenden **Plantagen** waren ausschließlich gewinnorientiert, ob der Besitzer nun die holländische Regierung oder ein privater Investor war, spielte keine Rolle.

Durch das Plantagensystem wuchsen **Heere von Arbeitern** heran, die in völliger Abhängigkeit vom Plantagenbesitzer standen. Das große Geschäft wickelten die Investoren natürlich mit den staatlichen Behörden ab. Gewinne und Erträge gingen zum größten Teil auf das Konto der Holländer, die auch die Preise diktierten. Die **Verarmung der Bevölkerung** nahm rapide zu.

Am 27. August **1883** ereignete sich eine der größten natürlichen Explosionen der Geschichte, als der **Vulkan Krakatau** vor Java detonierte.

Mit der **„Ethnischen Politik“** (um 1900) sollten die Lebensumstände der Bevölkerung verbessert sowie **Schul- und Gesundheitssystem** ausgebaut werden. Zwecks Ausbildung und Erziehung wurden einige ohnehin schon gebildete

Indonesier in die Niederlande geschickt. Wie wenig die Holländer im Endeffekt für die Bildung des Volkes getan haben, zeigt eine Zahl von 1954; damals waren 94 % der Bevölkerung immer noch Analphabeten. Auf den Ausbau des Gesundheitswesens wurde mehr Wert gelegt, schließlich ging es um die Erhaltung der Arbeitskräfte.

1910 begann sich die erste Veränderung für das indonesische Volk abzuzeichnen. Die erste Massenorganisation, **Serekat Islam,** bildete sich, allerdings mit religiösen und nicht politischen Zielen. Aus ihrem linken Flügel entstand 1920 die erste **Kommunistische Partei Indonesiens (P.K.I.);** damit begann endgültig die Auflehnung gegen den holländischen Kolonialismus. Im November 1926 fand ein **Aufstand** gegen die Machthaber statt, der niedergeschlagen wurde. Die Folgen waren Verhaftung, Verbannung, Internierung oder Hinrichtung vieler P.K.I.-Leute.

1927 bildete sich die erste Nationalpartei **(P.N.I. = Partai Nasional Indonesia)** mit dem Ziel der Einheit und Unabhängigkeit Indonesiens; ihr Führer war **Sukarno.** Die Holländer, aus der Erfahrung von 1926 klug geworden, versuchten nun, jede neue Kraft zur Stärkung der nationalen Einheit zu unterbinden. *Sukarno* und weitere Führer der P.N.I. wurden verurteilt und inhaftiert.

1941 „befreiten" die **Japaner** Indonesien von den Holländern. Hatten die Indonesier das anfangs als Befreiung bejubelt, wurde sehr schnell klar, dass nur ein **neuer Unterdrücker** ins Land gezogen war. Auf der einen Seite unterstützten die Japaner zwar das noch recht neue nationale Bewusstsein (Bahasa Indonesia ersetzte die holländische Sprache, Holländer wurden aus dem öffentlichen Leben verbannt, politische Häftlinge freigelassen), andererseits schufen sie ein **Heer von Zwangsarbeitern,** die in Bergwerken, Plantagen und zum Ausbau der Infrastruktur eingesetzt wurden. Die Unruhen im Land nahmen zu.

Am 17. August **1945** verlas *Sukarno* die **Unabhängigkeitserklärung Indonesiens. Sukarno,** nun **Präsident,** gab die Anweisung, dass nur noch Befehle der gerade ausgerufenen indonesischen Regierung gelten sollten. Es folgten Kämpfe gegen die japanische Besatzungsmacht.

Am 28. August 1945 bildete sich der Rat **K.N.I.R. (Komite Nasional Indonesia),** der zwar beratende Funktion, aber keinen Einfluss auf die Entscheidungen des Präsidenten hatte. Weiterhin wurde die Republik Indonesien in acht Regionen aufgeteilt: West-, Mittel- und Ost-Java, Sumatra, Kalimantan, Sulawesi, Molukken und die Kleinen Sunda-Inseln. Eine **Nationalarmee,** die **T.NI.,** wurde aufgebaut.

Sechs Wochen nach der Unabhängigkeitserklärung landeten **alliierte Truppen** in Indonesien mit der Begründung, die Japaner entwaffnen zu wollen. Unter den Alliierten befanden sich die **Holländer,** die keine Möglichkeit ungenutzt ließen, die ehemalige Kolonie zurückzugewinnen. Aber Indonesien wehrte sich gegen die alten Unterdrücker.

Mit dem **Lingajati-Abkommen** von **1946** sollte eine Einigung zwischen Holland und Indonesien erzielt werden. Der Inhalt des Abkommens lautete: Anerkennung der Republik Indonesien, Zusammenarbeit beider Staaten mit der holländischen Königin an der Spitze, Abzug der englischen Truppen. Der letzte Punkt wurde eingehalten, aber ansonsten brachen die Holländer sofort das Abkommen, indem sie weite Teile Indonesiens besetzten.

Am 20. Juli **1947** begann der **neue Krieg.** Die kaum bewaffnete indonesische Armee vermied jede offene Kampfhandlung gegen die gut ausgerüsteten holländischen Truppen. **„Hit and Run"** war die wirksamste Strategie der Indonesier. Eine **Blockade der Holländer,** verhängt über die befreiten Gebiete Indonesiens, verhinderte den Lebensmittel- und Waffennachschub. Yogyakarta, Hauptstadt des freien Indonesiens, wurde von den Holländern bombardiert und besetzt, *Sukarno* und sechs Minister verhaftet und auf Sumatra interniert. Die Chancen auf einen indonesischen Sieg verringerten sich zusehends.

Den Anstoß zur Beendigung dieses Krieges gaben die **USA.** Amerika drohte Holland, jede weitere finanzielle Unterstützung zu streichen, würde es seine Truppen aus Indonesien nicht abziehen. Unter diesem Druck gaben die Holländer nach, am 14. August 1949 war der Krieg beendet. Am 27. Dezember **1949** erkannte Holland endgültig die **Souveränität der Republik Indonesien** an.

Die nun folgende Zeit des indonesischen Staates lässt sich in **drei Phasen** einteilen: Parlamentarische Demokratie (1949–57), Gelenkte Demokratie (1957–65) und die Neue Ordnung (ab 1965 bis heute).

1955 fanden die **ersten freien** indonesischen **Wahlen** statt. Von 190 angetretenen Parteien erreichte die Partai Nasional Indonesia unter *Sukarno* die knappe Mehrheit. Es folgte eine Zeit, in der versucht wurde, das Land parlamentarisch zu regieren, aber die divergierenden Interessen der vielen Parteien ließen keine richtungsweisende Politik zu.

1959 kehrte Präsident *Sukarno* zur ursprünglichen Verfassung von 1945 zurück, er hatte damit alle Entscheidungs- und Machtbefugnisse. Beratende Funk-

Sukarno und seine Partei gewannen 1955 die ersten freien indonesischen Wahlen

tion hatte der **Nationalrat (Gotong Royong),** in dem alle wichtigen Parteien und Gruppierungen vertreten waren. *Sukarnos* große Idee, nämlich Nationalismus, Religion und Kommunismus, die drei Hauptströmungen Indonesiens, zu vereinigen, bekam einen Namen: **NASAKOM.** Doch die **ökonomischen Probleme** sowie die **ständigen Konflikte** zwischen Moslems, Kommunisten und der mächtiger werdenden Armee verschärften sich. Außenpolitisch verschloss *Sukarno* Indonesien immer mehr vor den Einflüssen westlicher oder westlich orientierter Länder. Diese Politik gipfelte im **UNO-Austritt** Indonesiens.

Am 30. September 1965 erschossen Kommunisten sechs Armeegeneräle. (So liest man es zumindest überall, über die Wahrheit des Putsches und seine Folgen kann nur spekuliert werden.) Dies war der Anlass für ein **erbarmungsloses Vorgehen der Armee,** Hunderttausende Kommunisten und vermeintliche Kommunisten wurden umgebracht, inhaftiert, interniert. *Sukarno* gab bis 1966 schrittweise seine Macht an **General Suharto** ab, die P.K.I. wurde verboten. **„Orde Baru“,** die „Neue Ordnung“ unter *Suharto,* begann und reicht bis in die heutige Zeit.

1967 wurden die diplomatischen Beziehungen mit China abgebrochen.

Am 27. März **1968** wurde **Suharto** erstmals zum **Präsidenten** gewählt, 1969 der **erste 5-Jahres-Plan (REPELITA 1)** verkündet. Am 21. Juni 1970 starb *Sukarno.*

Im August des Jahres **1971** wurden in Indonesien die ersten freien **Wahlen** seit *Suhartos* Machtübernahme abgehalten. **1973** wurde *Suharto* wiedergewählt, ein Jahr später trat REPELITA 2 in Kraft.

Am 17. Juli 1976 wurde Portugiesisch Timor (der östliche Teil der Insel) trotz des Widerstands der Bewohner als Provinz dem indonesischen Staat einverleibt. **1978** und **1984** wurde der Präsident jeweils für die nächsten fünf Jahre bestätigt, im jeweils folgenden Jahr traten REPELITA 3 und 4 in Kraft.

Am 29. Februar **1984** fanden erstmals **Unruhen in Irian Jaya** statt. Im April des gleichen Jahres gab es länger andauernde Unruhen auch in Ost-Timor. 1986 verbündeten sich die Freiheitsbewegungen Ost-Timors, FRETELIN und UDT, in Lissabon.

Bei den **Wahlen 1987** baute die Regierungspartei GOLKAR erneut ihre absolute Mehrheit aus. Am 10. August 1987 forderte die **UNO-Menschenrechts-**

< Suharto folgte als Präsident auf Sukarno

kommission die freie Betätigung von internationalen Hilfsgruppen in Ost-Timor. Pax Christi bezichtigte die indonesischen Truppen der Menschenrechtsverletzungen (Folter, Massaker) in Ost-Timor, Irian Jaya und auf den Molukken.

1988 wurden zwei Gesetze verabschiedet, die die Beteiligung der Streitkräfte an der indonesischen Regierung festschrieben. Am 10. März 1988 wurde *Suharto* erneut gewählt, nun zum fünften Mal. REPELITA 5 folgte 1989 und sah unter anderem die Schaffung von 2,3 Mio. Arbeitsplätzen bis 1994 vor.

Im Januar **1989** wurde die Provinz **Timor Timur (Ost-Timor)** offiziell geöffnet. Am 9. Oktober besuchte der **Papst** die Provinz, wo es zu Ausschreitungen kam, als die Forderung nach Unabhängigkeit laut wurde.

Geschichte und Politik seit Ende des 20. Jahrhunderts

1991: Die indonesische Armee beging in Dili, Ost-Timor, ein Massaker.

1993: Portugal protestierte gegen die Lieferung deutscher Kriegsschiffe an Indonesien. Am 10. März wurde Präsident *Suharto* erneut bis zum Jahr 1998 in seinem Amt bestätigt. Am 25. Oktober löste der Informationsminister *Harmoko Suharto* als GOLKAR-Chef ab; er war der erste Zivilist in dieser Position. Im Dezember wurde die Tochter *Sukarnos, Megawati,* zur Vorsitzenden der P.D.I. gewählt.

1994: Bei Gesprächen über Ost-Timor zwischen den Innenministern Portugals und Indonesiens stimmte Indonesien erstmals Direktgesprächen mit der FRETELIN zu. Im Mai wurden 24 Studenten, die mit ca. 1000 anderen gegen Menschenrechtsverletzungen in ihrem Land protestiert hatten, zu je sechs Monaten Haft wegen „Diffamierung des Präsidenten" verurteilt. Am **17. August** feierte Indonesien seine **50-jährige Unabhängigkeit;** die niederländische Königin *Beatrix* hielt sich zu dieser Zeit zu einem zehntägigen „informellen Besuch" in Indonesien auf. Dies wäre für die Holländer ein guter Zeitpunkt gewesen, sich für die Militäraktionen von 1946–49 zu entschuldigen, aber dazu konnten sie sich nicht durchringen.

1997: Bei den Wahlen im Frühjahr wurde **Pak Suharto** erneut als Präsident Indonesiens bestätigt. Seine ärgste Konkurrentin, die Tochter *Sukarnos* und Vorsitzende der P.D.I., wurde frühzeitig entmachtet und trat nicht als Gegenkandidatin an. Im September wüteten riesige **Waldbrände** auf Sumatra und Kalimantan und hüllten Jakarta, Sumatra, Kalimantan, Malaysia, Sarawak und Singapur in fast undurchdringlichen Smog. Die Sichtweite betrug teilweise nur 4 m. Brandrodung auf der einen und der ausbleibende Monsunregen auf der anderen Seite vernichteten Landstriche so groß wie Baden-Württemberg. Über 35.000 Menschen erkrankten, viele starben auf Grund der Luftverschmutzung. Die indonesischen Offiziellen machten 176 Firmen für die Katastrophe verantwortlich; es waren Betriebe, die mit Holz handeln, bzw. Plantagenbesitzer.

Ab Mitte 1997 standen die südostasiatischen Währungen unter Druck; bis dahin waren sie an den US-Dollar gekoppelt. Nun zogen ausländische Firmen in großem Stil Kapital aus Südostasien ab. Zuerst kapitulierte Thailand, dann folgten die anderen Staaten der Region. In kurzer Zeit verlor die Rupie 80 % ihres Wertes. Die Folge: die **schwerste Wirtschaftskrise,** die Indonesien seit Beginn der Unabhängigkeit heimsuchte. Der WWF (Weltwährungsfond) bot einen Rekordkredit (über 40 Mrd. US$), verbunden mit Forderungen nach Wirtschaftsreformen. *Suharto* war nicht mehr Herr der Dinge; er unterschrieb Verträge mit dem WWF, setzte aber die Bedingungen für die Kreditauszahlung nicht um.

1998: Anfang des Jahres demonstrierten Studenten in allen Universitäten des Landes, das politische Leben geriet in Aufruhr. Viele Banken waren pleite. Oppositionsfiguren verschwanden spurlos. Im Mai eskalierte die Situation: Sechs Studenten wurden innerhalb des Universitätsgeländes der Tri Sakti Uni in Jakarta erschossen. Dann eroberte der Mob (Ende 1998 erhärteten sich Vermutungen, der Aufstand sei von „oben" organisiert worden) Jakarta. Über 2000 Gebäude brannten, mehr als 1200 Menschen starben. *Suharto* trat zurück und übergab die Staatsmacht seinem Vizepräsidenten *Habibie.* Viele der in wichtigen Positionen sitzenden, von *Suharto* eingesetzten Persönlichkeiten mussten ihren Stuhl räumen. Der ganze Familienclan wurde entmachtet, politische Reformen wurden teilweise in die Tat umgesetzt. Bewirkt hat das wenig. Die Rupie hatte sich nicht erholt, über 4 Mio. Menschen waren von Hungerkatastrophen bedroht.

1999: Im Juni wurde das Parlament (PR) erstmals in Indonesiens Geschichte demokratisch gewählt. Mit 34 % erhielt die Partei der Sukarno-Tochter *Megawati,* P.D.I.-P, die meisten Stimmen. Nach allerlei Intrigen und strategischen Spielchen wurde **Abdurrahman Wahid** zum neuen Präsidenten gewählt, *Megawati* wurde Vizepräsidentin. Ende des Jahres wurde Indonesien von der **asiatischen Währungs- und Wirtschaftskrise** besonders hart getroffen. Praktisch über Nacht kollabierten die Börsenkurse, die zuvor förmlich explodiert waren. 75 % des Geldwertes in Indonesien wurden quasi vernichtet.

2000: *Wahid* versuchte auf der einen Seite die marode Wirtschaft wiederzubeleben, auf der anderen bemühte er sich, den politischen Einfluss des Militärs zurückzudrängen. Hinzu kamen diverse Unabhängigkeitsbewegungen und Bürgerkriege, besonders schwerwiegend in Aceh (Nordsumatra) und Irian Jaya. *Wahid* war nicht bereit, weitere Teile Indonesiens in die Unabhängigkeit zu entlassen. Keines der Probleme wurde gelöst. Allein gegenüber dem Militär war er ansatzweise erfolgreich. Stetig ignorierte er sowohl den Volkskongress als auch das Parlament, sein Regierungsstil war mehr als autokratisch. Ein weiterer Finanzskandal brachte die Wut der meisten Abgeordneten schließlich auf den Höhepunkt.

2001: Anfang des Jahres trat der Volkskongress erneut zusammen, um formal das Entlassungsverfahren gegen den Präsidenten einzuleiten. Im August 2001 wurde er abgesetzt, **Megawati** wurde Präsidentin. Das Land hatte die unmittelbaren Folgen der Wirtschaftskrise relativ schnell überwunden, der Finanzsektor wurde reformiert, Steuern, Zölle, Wertpapiere und der Kapitalmarkt transparenter gestaltet.

2004: Am 5. April wählte die Bevölkerung Indonesiens auf Kreis-, Provinz- und Landesebene neue Parlamente. Die P.D.I.-P verbuchte herbe Verluste, da sie unter anderem für die im Land herrschende Korruption verantwortlich gemacht wurde. In der Folge wurde *Megawati* bei den ersten direkten Präsidentenwahlen am 20. September im zweiten Wahlgang abgewählt. Ihr Nachfolger wurde der als gemäßigter Muslim geltende **Susilo Bambang Yudhoyono.**

Am 26. Dezember 2004 um 0.58 Uhr gab es ein Erdbeben im Indischen Ozean, das mit seinen verheerenden Folgen als **„der Tsunami"** in die Geschichte eingehen sollte. Das Epizentrum befand sich rund 85 km vor Sumatra. Das **Seebeben** war das drittstärkste jemals aufgezeichnete Beben und löste eine Reihe von Tsunamis an den Küsten des Indischen Ozeans aus. Insgesamt starben rund 230.000 Menschen, davon allein in Indonesien mit Schwerpunkt in der Provinz Banda Aceh rund 165.000.

2007: Über die UN-Klimakonferenz im Dezember konnte sich Bali in ein positives Licht rücken.

2009: Bei der Präsidentenwahl am 8. Juli setzte sich *Susilo Bambang Yudhoyono* mit seiner Parteienallianz wieder gegen seine Konkurrentin *Megawati Sukarnoputri* durch und wurde am 20. Oktober für seine zweite Amtszeit vereidigt.

Auch Indonesien wurde von der **weltweiten Finanz- und Wirtschaftskrise,** die Ende 2008 ausbrach, getroffen. 2009 fielen die Preise, trotzdem konnte das Land noch ein Wirtschaftswachstum von 4,5 % ausweisen. Damit gehörte es gemeinsam mit China und Indien zur Gruppe der wachstumsstarken Länder in Asien.

2010: Am 25. Oktober gab es ein Seebeben mit der Stärke 7,7 vor Sumatra; der dadurch ausgelöste Tsunami forderte auf den Mentawi-Inseln mindestens 449 Tote. Am 26. Oktober brach der Vulkan Merapi auf Java aus, 353 Tote waren die Folge, der Flugbetrieb um Yogyakarta wurde nachhaltig gestört.

2014: 9. Juli Präsidentenwahl, **Joko Widodo** (P.D.I.-P), Bürgermeister von Jakarta, siegte auf Anhieb mit 53,2 % der gültigen Stimmen. Sein Gegner, Generalleutnant i. R. *Prabowo Subianto (Gerindra)* erhielt 46,8 %. *Widodo* trat am 20. Oktober sein Amt an, das indonesische Volk setzte große Hoffnungen in die „Lichtgestalt". Da er nicht aus der alten, korrupten Regierungskaste stammte und in Jakarta einen „guten Job" gemacht hatte, wurde von ihm völlige Unabhängigkeit und Unbestechlichkeit erwartet.

2015: Unter großem internationalem Protest wurden am 17. Januar sechs Männer wegen Drogenhandels erschossen. Es sind die ersten Todesurteile, die unter der Regentschaft von *Joko Widodo* vollstreckt werden. Trotz vieler progressiver Reformansätze hatte er stets betont, die Zero-Tolerance-Politik seiner Vorgänger gegenüber Drogenhändlern weiterzuführen.

2018: Am 28. September erschütterte ein Erdbeben der Stärke 7,5 Sulawesi und löste einen Tsunami aus, der u.a. die Stadt Palu zerstörte; mehr als 4300 Tote mussten beklagt werden.

2019: Bei den Präsidentschafts- und Parlamentswahlen am 17. April, die erstmals gleichzeitig durchgeführt wurden, gewann Amtsinhaber *Joko* erneut im ersten Wahlgang mit 55,5 % der Stimmen gegen *Prabowo.* Diese Wahl war die weltweit größte Wahl, die jemals an einem Tag durchgeführt wurde. Glücklicherweise verlief sie weitgehend friedlich und fair.

2020: Die Corona-Pandemie war laut WHO am 2. März offiziell auch in Indonesien angekommen. Am 11. März folgte der erste Todesfall mit COVID-19. Corona blieb bis Anfang 2022 präsent.

2022: Indonesien übernahm turnusgemäß den Vorsitz der G-20 für das Jahr. Im Februar öffnete Indonesien wieder seine wegen der Corona-Pandemie geschlossenen Grenzen für Touristen. Am 15./16. November 2022 fand in Nusa Dua/Bali das 17. Gipfeltreffen der Regierungschefs der G20 statt.

Geschichte Balis

Etwa **1500 Jahre v. Chr.** kamen die ersten Einwanderer nach Bali. Es waren **Südinder,** Vorfahren der heutigen Balinesen, und noch aus dieser Zeit stammt das System der **Dorfgemeinschaft (Banjar).** Dokumente beweisen, dass man schon 900 v. Chr. das komplizierte **Bewässerungssystem für den Nassreisanbau beherrschte (Sawah),** Haustiere züchtete sowie Stein- und Holzskulpturen anfertigte.

Schon 300 bis 500 v. Chr. war die **Bronzeschmiedekunst** hoch entwickelt und brachte einzigartige Meisterwerke hervor.

Um Christi Geburt begann sich der **Hinduismus** von Indien nach Java auszubreiten. Er wurde auf friedlichem Wege von Handel treibenden Indern „importiert". Nachfolgende Brahmanen vertieften den Glauben besonders an den Fürstenhöfen. Einzelne Priester wanderten bis zur Nachbarinsel Bali und brachten ihre Religion auch hierher. In den Jahren 400 bis 700 n. Chr. verbreitete sich der Hinduismus über ganz Java bis nach Sumatra und Kalimantan.

Während der **Animismus** der Urbevölkerung mit dem Hinduismus verschmolz, wurde als drittes Element der sich ebenfalls ausbreitende **Buddhismus** eingegliedert, und es entwickelte sich langsam, aber sicher eine eigenständige Religion, die nicht mehr allzu viel mit dem reinen Hinduismus zu tun hatte.

Die **erste balinesische Königsdynastie,** die urkundlich belegt werden kann, gab es im Jahr 991. Es wird berichtet, dass dem damaligen balinesischen König von seiner Frau, einer javanischen Prinzessin, ein Sohn geboren wurde, **Erlangga.** Dieser heiratete ebenfalls eine javanische Prinzessin und folgte ihr auf die reichere und „zivilisierte" Nachbarinsel. Der dortige König *Dhamrawangsa* verlieh *Erlangga* eine hohe Stellung, die es ihm ermöglichte, nach dem Tode des Königs dessen Thron zu besteigen. Bali wurde von seinem Bruder als Gouvernement verwaltet und war kulturell wie auch wirtschaftlich von Java abhängig. 30 Jahre regierte König *Erlangga* über Java und Bali. Nach seiner Amtszeit zog er sich als Eremit in die Einsamkeit zurück.

Nach seinem Tode geriet **Java** in politische Schwierigkeiten, welche Bali im 12. Jahrhundert vorübergehend die Unabhängigkeit brachten. Es entstand hier, im Süden, die **Pejeng-Dynastie,** die bis 1343 bestehen sollte. Allerdings geriet Bali schon 1284 wieder unter den Einfluss Javas, als dessen Herrscher *Kertanagara* es erneut seinem Reich einverleibte. Doch *Kertanagara* konnte sich nicht lange an seinen Eroberungen erfreuen. Schon zwölf Jahre später wurde er ermordet und sein Reich von der aufstrebenden **Majapahit-Dynastie** übernommen. Dieses Königreich erstreckte sich im 14. Jahrhundert schon über ein Territorium, das etwa den heutigen Staatsgrenzen der Republik Indonesien entspricht.

1343 erhob sich das balinesische Volk unter dem letzten Pejeng-König **Dalem Bedaulu** gegen die javanischen Besatzer; der Aufstand wurde von General *Gajah Mada* blutig niedergeschlagen. König *Bedaulu* wurde entmachtet, die Pejeng-Dynastie hörte damit auf zu bestehen. Bali blieb ein Vasalle Javas.

Im 15. Jahrhundert erreichte der **Islam** über Sumatra Java und breitete sich schnell und umfassend aus. Das einst so mächtige **Majapahit-Reich zerfiel,** Bali wurde zur letzten hinduistischen Bastion. Um 1478 brachte sich der letzte Majapahit-König um, sein Sohn floh mit dem gesamten Hofstaat und der fast kompletten Oberschicht Javas (Gelehrte, Adlige, Lehrer, Priester, Künstler) nach Bali. Der neue Herrscher siedelte sich in Gelgel an der Südküste Balis an und proklamierte sich zum König: Die **Gelgel-Dynastie** entstand. Der König nannte sich **Dewa Agung** (*Dewa* = Gott, *Agung* = der heilige Berg Balis) und teilte die Insel unter Verwandten und Generälen auf. Später wurde der Sitz des *Dewa Agung* nach Klungkung verlegt, worauf hier Kultur und Kunst erblühten.

Ab dem 16. Jahrhundert entstanden auf Bali **eigenständige Königreiche** unter der Herrschaft selbst ernannter Fürsten. Sie stritten und kämpften um Macht und Einfluss auf der Insel.

Ab dem 17. Jahrhundert kontrollierten die **Holländer** mit der **Vereenigde Oostindische Compagnie (VOC)** fast vollständig den weltweiten Gewürzhandel. Bali blieb von dieser Entwicklung vorerst ausgeschlossen, denn es gab hier zu diesem Zeitpunkt keine Gewürze und keinen brauchbaren Hafen.

1846 überfielen die Holländer Bali und brachten die nördlichen Königreiche unter ihre Kontrolle. Damit beherrschten sie den einzigen großen Hafen Balis: **Singaraja.** 1906 nahm die Kolonialmacht die vermeintliche Plünderung eines chinesischen Handelsschiffes durch Balinesen zum Anlass, um den **Süden Balis** zu **erobern.** Tausende von Balinesen wurden abgeschlachtet, als die Herrscher von Denpasar und Pemecutan mitsamt ihrem Gefolge **Puputan,** also **rituellen Massenselbstmord,** begingen: In blütenreines Weiß gekleidet, suchten sie den freiwilligen Tod in der Schlacht. Lediglich die Herrscher von Gianyar und Karangasem (Amlapura) kooperierten mit den Holländern und durften so ihre Titel behalten. Politische Macht gewährte man ihnen aber nicht.

1908 begingen auch die Königshäuser von Klungkung und Tabanan Puputan. **Die Holländer beherrschten Bali bis zum Zweiten Weltkrieg.** Da es keine Christianisierungsversuche vonseiten der Kolonialmacht gab, blieb der balinesische Hinduismus bestehen.

In den Jahren von 1941 bis 1945 litt Bali unter der grausamen Herrschaft der **japanischen Besatzer.**

Am 17. August **1945** riefen General *Sukarno,* Sohn eines Javaners und einer Balinesin, und *Mohammad Hatta* die **Unabhängigkeit Indonesiens** aus.

1965 wurde ein **kommunistischer Putschversuch** auf Java niedergeschlagen. Auf Bali hatte die Kommunistische Partei (P.K.I.) seinerzeit die größte Anhängerschaft, gemessen an der Zahl der

xba103 sb

Einwohner. Während der folgenden **Säuberungen** brachten Balinesen über 100.000 Menschen (ca. 4 % der Bevölkerung) um; bis heute kann/will/darf kein Balinese so recht erklären, wie es zu diesem kollektiven Amoklauf kam.

Seit den 1960er-Jahren wurde Bali mehr und mehr von **Touristen** entdeckt. Was über Jahrhunderte mit friedlichen oder militärischen Mitteln nicht gelang, nämlich die Eigenständigkeit der balinesischen Kultur, Religion und Weltanschauung zu verändern, das schaffen jetzt die Touristen mit ihrem Geld und ihrer Lebensweise.

Der **Sturz Suhartos 1998** und die folgenden Proteste und Ausschreitungen griffen glücklicherweise nicht nach Bali über. Alle relevanten Gruppen auf Bali – Polizei, Gouverneur, Studenten und als Wichtigstes die Banjars – schlossen eine Art **„Waffenstillstand“.** Zu wichtig war den Balinesen der Tourismus, zu abhängig sind die meisten Einwohner von diesen Einkünften. Politisch stand die große Mehrheit traditionell hinter der Partei *Megawatis,* der Tochter des Staatsgründers *Sukarno.* Überall flatterten die roten Fahnen der P.D.I.-P; der Grund war einfach: *Sukarno* hatte eine balinesische Frau – **Megawati Sukarnoputri** ist Halbbalinesin.

Als **1999** die **ersten freien Wahlen** stattfanden, wurde die **P.D.I.-P** die mit Abstand stärkste Partei im indonesischen Parlament. Ganz Bali jubelte. Als am 13. Oktober 1999 dann aber *Abdurrahman Wahid,* der Vorsitzende der größten Moslem-Organisation Indonesiens, zum Präsidenten gewählt wurde, obwohl seine Partei weniger als ein Drittel der Stimmen der P.D.I.-P erhalten hatte, rasteten die bis dahin friedlichen Balinesen aus: In ganz Bali brannten in dieser Nacht Regierungsgebäude, Straßen wurden blockiert und Einkaufszentren geplündert. Die Ausbrüche am 20. und 21. Oktober wurden im Nachhinein von Historikern als **Mass Amuk,** „Massen-Amok“, bezeichnet. Ein Wunder, dass es kaum Verletzte gab.

Politisch klug, bot der neu gewählte Präsident *Megawati* den Posten der **Vize-Präsidentschaft** an; am 21. Oktober

1999 wurde sie gewählt. Nicht, dass die Sukarno-Tochter in der Folgezeit bis Mitte 2001 in irgendeiner Weise aufgefallen wäre (beliebter Scherz: „*Wahid* und *Megawati* passen gut zusammen – er ist blind, sie ist stumm!"), aber die Balinesen waren zufrieden.

Am 23. Juli 2001 wurde *Wahid* abgesetzt, es war ihm nicht gelungen, die kulturellen Konflikte im Land zu lösen. Aus der anschließenden Wahl ging **Megawati** als strahlende Siegerin hervor. Erstmals hatte Indonesien nun eine **(Halb-) Balinesin als Staatsoberhaupt.** Doch das konnte nicht kaschieren, dass unter der Oberfläche die ungelösten Konflikte weiterschwelten.

Am 12. Oktober **2002** wurde der Sari Club in Kuta bei einem **Bombenattentat** zerstört, 202 Menschen aus 21 Ländern mussten sterben, darunter sechs Deutsche. Der Selbstmordanschlag wurde der extremen **Islamistengruppe Jemmah Islamiyah** zugeschrieben. Der Tourismus auf der Insel brach ein, das Misstrauen der hinduistischen Bevölkerung gegenüber den Muslimen von den Nachbarinseln hatte neue Nahrung gefunden. Doch die Bevölkerung bewahrte Ruhe und startete keine Racheaktionen. Der vielleicht von den Islamisten beabsichtigte Flächenbrand, der nicht nur die verhassten Australier von der Insel und am besten aus ganz Indonesien hinwegfegen sollte, blieb aus. Die Balinesen „reinigten" ihre Insel mit Zeremonien und ließen sich in ihrem Glauben an die Zukunft nicht beirren.

☒ Das „Ground Zero Monument" in Kuta erinnert an das Bombenattentat von 2002

Langsam erholte sich der **Tourismus,** 2004 kamen bereits wieder 4,4 Mio. Besucher nach Bali. Am 12. Oktober 2004 wurde mit einer Zeremonie die Gedenkstätte für die Opfer des Bombenattentats eingeweiht.

In den Mittelpunkt der Weltnachrichten geriet Bali wieder am 1. Oktober **2005: Drei islamistische Selbstmordattentäter** töteten 26 Menschen in Kuta und Jimbaran, 26 wurden schwer verletzt. Und wieder gingen die Touristenzahlen in den Keller, die Hoffnung auf ein nachhaltiges Wachstum wurde zerstört. Und wieder blieben Aufstände und Rachefeldzüge zwischen Hindus und Moslems aus. Wiederaufbau war das Thema, erneut wurde klar, dass das Wohl und Wehe Balis zum großen Teil vom Tourismus abhängen.

Über die **UN-Klimakonferenz** Ende **2007** konnte sich Bali in ein positives Licht rücken. Auch wenn die zweiwöchigen Verhandlungen der 192 Teilnehmerstaaten recht kontrovers verliefen, war der Ablauf der Konferenz gemeinsam mit dem als harmonisch zu bezeichnenden Umfeld auf der Insel neben den Ergebnissen – der „Bali Roadmap" – ein echter „Hingucker".

Ab dem 9. Juli 2008 (bis 19. August 2018) war **Made Mangku Pastika** Gouverneur von Bali, ein Polizeigeneral mit Vergangenheit: Er war Chef der Anti-Drogen-Einheit der nationalen Polizeikräfte und Polizeichef von Bali während der Attentate 2002 und 2005. Ihm folgte der Politiker **I Wayan Koster.**

Am 9. November 2008 wurden drei wegen der Anschläge im Oktober 2002 zum Tode verurteilte Männer per Erschießungskommando hingerichtet. Als die Leichen der selbst ernannten **„Heili-**

gen Krieger" per Hubschrauber in die Heimatdörfer gebracht wurden, kam es zu örtlichen Ausschreitungen zwischen Islamisten und der Polizei.

Als Vorbereitung für den image- und tourismusträchtigen **Gipfel der APEC (Asia-Pacific Economic Cooperation)** im November 2013 nahm die Regierung rund drei Billionen Rupiahs in die Hand, um den Flughafen und dessen Zubringerstraße umzugestalten und die Insel für die 21 erwarteten Staatschefs ordentlich „aufzuhübschen".

Am 28. April **2015** wurden **acht Drogendealer hingerichtet,** zwei davon Australier. Internationale Proteste blieben erfolglos. Ende 2015 warteten laut Amnesty International 165 Menschen in Todeszellen auf ihre Hinrichtung – viele davon in Kerobokan, dem gefürchteten Gefängnis auf Bali.

Bei einer **Explosion auf einem Speedboat** Richtung Gili Trawangan im Hafen von Padangbai kamen am 14. September 2016 zwei Touristinnen ums Leben, davon eine Österreicherin. 18 weitere Passagiere wurden verletzt.

Von Juni bis Dezember **2017** zeigte der **Vulkan Agung** nachhaltig, dass er noch aktiv ist. Er stieß Rauch- und Aschewolken aus und legte den Flugverkehr lahm. Im November wurde ein Ausbruch befürchtet und Zehntausende evakuiert. Anfang Dezember beruhigte sich der „Große Berg" jedoch wieder.

Am 23. Juni 2019 ging es mit dem **Umweltschutz** voran: Die Nutzung von Styropor, Plastiktüten und Plastikstrohhalmen wurde per Gesetz auf der gesamten Insel Bali verboten.

2021 kam der Tourismus abermals zum Erliegen: Wegen der **Corona-Pandemie** gab es nach Angaben des Central Statistics Bureau im ganzen Jahr nur 51 Besuche ausländischer Touristen auf Bali; diese Zahl bedeutete einen Rückgang von 99,95 % im Vergleich zu Vorjahren. Im Februar 2022 öffnete sich Bali wieder für ausländische Touristen.

Am 15./16. November **2022** stand Bali im Fokus der internationalen Aufmerksamkeit: In Nusa Dua fand das 17. **Gipfeltreffen der Regierungschefs der G20** statt. Die aufwendigen Vorbereitungen standen unter dem Motto „Recover Together, Recover Stronger"; damit sollte auch der Tourismus nach der Corona-Pandemie wieder angekurbelt werden. 2022 kamen bereits wieder mehr als 2 Mio. Besucher nach Bali.

Geschichte Lomboks

Über die Geschichte Lomboks **lässt sich nicht viel in Erfahrung bringen.** Wissenschaftler haben sich anscheinend stets mit der ihrer Meinung nach interessanteren Nachbarinsel Bali beschäftigt. So ist auch verständlich, dass Daten und Fakten über Lombok erst seit der Zeit bekannt werden, als die Balinesen Lombok eroberten, die Geschichte Lomboks also Teil der balinesischen wird.

Erstmals wird Lombok in der **Chronik des Königreiches Majapahit** erwähnt, das sich im 14. Jahrhundert über einen Großteil des heutigen Indonesien erstreckte. Erstaunlich, dass das einzige Exemplar oben genannter Chronik, der **Negarakertagama,** auf Lombok entdeckt wurde – im 19. Jahrhundert in dem kleinen Dorf Pagutan, gleich vor den Toren Matarams. Aus den alten Texten geht hervor, dass sich seinerzeit auf Lombok viele Regionalgrößen um Land stritten. Keiner besaß mehr als ein paar Dörfer, trotzdem nannte sich jeder Fürst. Nur in Ostlombok gelang es, für längere Zeit ein größeres **Fürstentum** zu errichten; es nannte sich **Selaparang,** und viele Sasak (Bewohner Lomboks) bezeichnen die Insel in ihrer Sprache noch heute so. Auch der alte Flughafen in Mataram schmückte sich mit diesem Namen.

In der ersten Hälfte des 16. Jahrhunderts brachten Prediger aus Java die Lehre des **Islam** nach Lombok. Sie hatten den Glauben aber derart mit hinduistischen und animistischen Elementen versetzt, dass diese Religion heute als **Wetu Telu** bezeichnet wird. Die erste Moschee Lomboks – sie steht heute noch – soll denn auch die von Bayan in Nordlombok sein, dem Zentrum der heutigen Wetu-Telu-Gemeinde.

Kurz nach der Einführung des Islam gelang es dem balinesischen **Königreich Karangasem,** den Westen Lomboks zu erobern. Indirekt half dabei wohl der Sasak-König von Pejanggiq. Auf jeden Fall setzten sich die Balinesen in Westlombok fest. Weiter kamen sie vorerst nicht, denn um in den Osten zu gelangen, hätten sie den dichten Urwald durchdringen müssen, der sich in Zentrallombok ausbreitete. Erst 1678 erreichten die Balinesen das östliche Königreich Selaparang und bezwangen es, wieder mit der Hilfe anderer Sasak-Fürsten. Dennoch sollte es weitere 150 Jahre dauern, bis Lombok wirklich Bali unterstand.

Zwischen 1775 und 1838 kämpften die balinesischen Königreiche auf Bali gegeneinander, und so gewann der Osten Lomboks eine gewisse Selbstständigkeit zurück. Dann holten die Balinesen Westlomboks zum großen Schlag aus und eroberten Karangasem, dem sie vorher unterstellt waren. Gleich darauf zwangen sie auch Ostlombok wieder unter ihren Einfluss. Das **Königreich von Mataram** kontrollierte nun ganz Lombok und einen Teil Ostbalis. Zwar erhoben sich die Ostlomboker mehrfach (1855, 1871, 1891), wurden aber jeweils von den Balinesen bezwungen, da die westlombokischen Sasak-Fürsten auf deren Seite kämpften.

Zwischen 1850 und 1890 wurde der König von Mataram zum reichsten Fürsten der Region, er wurde sogar als wohlhabendster König des östlichen Archipels bezeichnet. Das machte die **Holländer** neugierig, die seit dem 17. Jahrhundert Handelsniederlassungen in der Region unterhielten. Zwar hatten sie ein Abkommen mit dem König von Mataram, das besagte, sie würden Lombok niemals angreifen – trotzdem setzten sie im Jahr 1894 zur **Eroberung der** vermeintlich an Zinn reichen **Insel** an. Trotz überlegener Waffen wurden sie geschlagen, über hundert holländische Soldaten starben auf dem Schlachtfeld. Schlechte Verlierer, die sie waren, kamen die Kolonisatoren aber ein zweites Mal mit mehr Männern und mehr Waffen und **brannten Mataram nieder.** Als nächstes fiel Cakranegara, wo der Kronprinz *Anak Agung Ketut* ermordet und der alte *Raja* gefangen genommen wurde. Viele Balinesen begingen Selbstmord. Obwohl viele Hundert holländische Soldaten fielen, versüßte den Eroberern die **Schatzkammer des Königs** den schweren Sieg: Ein Raum von drei mal fünf Metern war über einen halben

Meter hoch mit Münzen gefüllt, eine nur etwas kleinere Kammer mit Goldmünzen und Edelsteinen.

Nun begann die Herrschaft der Holländer. Die Sasak merkten bald, dass diese härter war als die vorausgegangene Regentschaft der Balinesen. Die **Steuern** waren **hoch,** die Bauern wurden zu unmenschlich harten Straßenarbeiten gezwungen. Viele **Bauern verarmten.** Die Holländer benutzten balinesische und lombokische **Fürsten** als **„Geldeintreiber".** Klar, dass diese sich dabei auch an Land bereicherten.

Obwohl durch den Bau von neun Dämmen die Ackerbaufläche auf Lombok vergrößert wurde, was zu einer erhöhten Reisproduktion führte, sank der **tägliche Reiskonsum** der Sasak von 400 Gramm im Jahr 1900 auf 300 Gramm 1940. Hatten die balinesischen Fürsten früher 50 % der Reisernte als Tribut verlangt, so wollten die Holländer nun 80 % (neben vielen anderen Steuern).

Die **Japaner,** die auf die Holländer folgten, regierten mit Terror. Hungersnöte waren auf Lombok die Regel.

Als **1945** die **indonesische Unabhängigkeitserklärung** veröffentlicht wurde, gehörte Lombok weiterhin zum immer noch von den Niederlanden kontrollierten östlichen Teil der zukünftigen Republik. Erst 1949 wurde die Unabhängigkeit anerkannt und **Lombok Teil der indonesischen Provinz Nusa Tenggara.** 1951 wurde diese geteilt in einen westlichen (Barat) und östlichen Teil (Timur). Mataram wurde die Hauptstadt der Provinz Nusa Tenggara Barat, kurz NTB.

Seit Ende der 1980er-Jahre entwickelte sich der **Tourismus** immer mehr zur Haupteinnahmequelle der Insel. Große Masterpläne wurden aufgelegt, Lombok sollte zur „Sonneninsel" gemacht werden, Bali dem „Kulturtourismus" vorbehalten bleiben.

Die **Wirtschaftskrise,** die Asien ab Anfang 1998 heimsuchte, hinterließ auf Lombok deutlichere Spuren als auf Bali. Die Touristenankünfte reduzierten sich auf der Insel fast auf ein Viertel. Die sowieso viel zu groß dimensionierten Sterne-Hotels waren teilweise nur zu 10 % belegt. Vielen Angestellten wurde gekündigt, anderen der Lohn gekürzt. Hinzu kam eine **Missernte** als Auswirkung von El Niño (Ausbleiben der Regenzeit im Jahr 1998). Viele Menschen im Süden und Osten der Insel waren in ihrer Existenz bedroht.

In den Jahren von **1998 bis 2000** waren das Ansteigen der Preise und die **hohe Inflation** in Verbindung mit stagnierenden Löhnen und **Arbeitslosigkeit** besonders in Süd- und Ostlombok zu spüren. So kam es, wie in vielen anderen Teilen Indonesiens, zu **Unruhen.** 1999 war es so weit: Der Mob, angestachelt von den Verlierern des Systemwechsels und fanatischen Moslems aus Ostlombok, überrannte die Hauptstadt und die Touristenorte Westlomboks. Ziel waren wie immer vermeintlich reiche Chinesen und Christen. Diverse Läden in Senggigi wurden geplündert, einige Restaurants und Hotels brannten. Der ganze Spuk dauerte zwar nur einen Tag und eine Nacht, aber das Vertrauen der Touristen war dahin.

2000 wurden **Kirchen** in Mataram, Cakranegara und Ampenan **angezündet,** von wem und warum, weiß bis heute niemand. Folge: Der Tourismus brach für etwa ein Jahr fast völlig zusammen.

Nach den schweren Jahren schien sich 2001 die Lage wieder normalisiert zu haben, der Zustrom von Urlaubern begann auf ein hohes Niveau zu steigen. Doch kaum atmeten die Menschen, insbesondere an der Westküste, wieder auf, geschah die Katastrophe des **11. September 2001** in New York. Auch Lomboks Tourismus war von der danach einsetzenden allgemeinen Reiseangst betroffen. Außerdem litt Lombok genauso wie Bali unter den beiden **Attentaten 2002 und 2005.**

Trotzdem wurde der **neue Internationale Flughafen** frohen Mutes am 1. Oktober **2011** eröffnet, und (Billig-)Flieger aus Australien, den arabischen und asiatischen Staaten brachten mehr Touristen als jemals zuvor auf die Insel.

2018 allerdings stand unter keinem guten Stern: Zwischen Juli und Dezember suchten **etliche Erdbeben** vor allem den Norden und Nordosten heim. Besonders betroffen waren die bei Urlaubern beliebten drei Gilis, Air, Meno und Trawangan, ebenso die touristische Hauptstadt Lomboks, Senggigi. Restaurants, Bars, Hütten und Paläste brachen zusammen oder wurden zumindest in Mitleidenschaft gezogen. Die Wintersaison 2018/19 fiel weitgehend ins Wasser, und der Wiederaufbau dauerte bis ins folgende Frühjahr.

Im November 2021 wurde in Kuta der **Mandalika International Street Circuit** eröffnet, eine Motorradrennstrecke, die Fans aus Indonesien und aller Herren Länder nach Südlombok locken soll. Daneben entstanden Hotels, Vergnügungsparks und Zufahrtsstraßen. Der Süden der Insel macht sich auf den Weg, den bisherigen touristischen Hotspots im Westen den Rang abzulaufen.

Aktuelle Politik

Indonesien gilt laut Bundesministerium für wirtschaftliche Zusammenarbeit und Entwicklung inzwischen als „weitgehend stabile Demokratie und hat erhebliche Erfolge bei der Armutsbekämpfung erzielt.“ **Reformpotenzial** wird bei der Stärkung der Rechtsstaatlichkeit, der religiösen Toleranz und der Frauenrechte gesehen, ferner bei der Verringerung regionaler und sozialer Ungleichheiten und der Kontrolle der Sicherheitskräfte. Die Justiz ist vielfach nicht in der Lage, rechtsstaatliche Verfahren zu garantieren. **Korruption** ist weiterhin ein großes Übel; die Bemühungen der Regierung, sie zu bekämpfen, scheitern oft schlicht an der Macht der reichen Elite.

Die **Menschenrechtslage** gilt als insgesamt gut. Baustellen gibt es vor allem beim Schutz von ethnischen, religiösen und sexuellen Minderheiten. Auch bei der **Gleichberechtigung der Geschlechter** besteht Handlungsbedarf: Frauen sind in Führungspositionen in Politik, Verwaltung, Wirtschaft, Justiz und Bildungswesen deutlich unterrepräsentiert. Die **Kinderarbeit** soll abgeschafft werden, doch nach aktuellen Schätzungen müssen immer noch Hunderttausende Kinder, etwa durch Arbeit in der Landwirtschaft, zum Familieneinkommen beitragen.

Meinungs- und Pressefreiheit scheinen grundsätzlich gewährleistet. Allerdings kommt es des Öfteren zu massiven Einschüchterungen und Angriffen auf Journalisten.

Indonesien bekämpft den **islamistischen Terrorismus** entschieden, gleichzeitig bekennt sich die Regierung ausdrücklich zum traditionell im Land verankerten gemäßigten Islam. Auch große Teile der Zivilgesellschaft engagieren sich gegen die Islamisierung des gesellschaftlichen Lebens und der sich ausbreitenden religiösen Intoleranz.

Umweltpolitik

Das rasche Wirtschaftswachstum der letzten Jahrzehnte hat die Lebensqualität der meisten Indonesier verbessert. Dabei ging allerdings einiges auf Kosten der Natur und vor allem der natürlichen Ressourcen des Landes. So ist Indonesien heute **eines der Länder mit dem weltgrößten CO_2-Ausstoß,** was unter anderem an der fortschreitenden Entwaldung liegt, beispielsweise durch den Ausbau der Palmölproduktion. Hinzu kommen **illegaler Holzeinschlag** und die **großflächige Trockenlegung von Torfgebieten** samt Brandrodung. Grund dafür sind u.a. die im ganzen Land grassierende Korruption sowie nicht konsequent durchgesetzte Gesetze. Wegen der wachsenden Landflucht ist auch die sogenannte **urbane Verschmutzung** zu einem zentralen Problem geworden.

2009 einigten sich die Umweltminister von Indonesien, Malaysia, Thailand, Singapur und Brunei darauf, **Brandrodung** unter Strafe zu stellen. Trotzdem büßte Indonesien von 1990 bis 2012 mit rund 25,5 Mio. Hektar ca. 21,5 % seiner Waldfläche ein. Die Umweltgesetzgebung ist bei weit verbreiteter **Korruption** nur schwer umsetzbar, sodass Industriebetriebe häufig gegen gesetzliche Vorlagen verstoßen und straffrei ausgehen. Insgesamt betrugen die **CO_2-Emissionen** aus Indonesiens Energieverbrauch im Jahr 2022 2,09 Tonnen pro Kopf, Deutschland im selben Jahr bei rund 7,72 Tonnen.

☑ Pflege und Entwicklung der touristischen Infrastruktur werden immer ein zentrales politisches Anliegen sein

033ba sb

Staat und Verwaltung

Die **Republik Indonesien** ist eine **Präsidialrepublik** und seit dem 17. August 1945 von den Niederlanden unabhängig.

Administrativ gliedert sich Indonesien in **34 Propinsi (Provinzen),** drei davon „spezielle Territorien" *(daerah estimewa):* Groß-Jakarta, Yogyakarta und Aceh. Chef einer Provinz ist der **Gubernur (Gouverneur).**

Die einzelnen Provinzen unterteilen sich in annähernd **416 Kabupaten (Distrikte),** denen der **Bupati (Distriktvorsitzende)** vorsteht. Außerdem gibt es über **98 freie Städte (Kota madya).**

Die Kabupaten sind wiederum in über 6543 **Kecamatan (Subdistrikte)** unterteilt. Den obersten Verwalter dieser Einheiten nennt man **Camat.** Ein Kecamatan untergliedert sich in **Desa (Kreis)** mit dem **Kepala Desa** an der Spitze. Zu guter Letzt kommt das Dorf, der **Kampung.** Distriktvorsitzende und **Bürgermeister (Walikota)** werden für jeweils fünf Jahre Amtszeit direkt gewählt.

Verwaltungsgliederung Bali

Auf Bali spielt auf dieser untersten Ebene der traditionelle **Banjar** eine wichtige Rolle (→ S. 521).

Bali ist eine der 34 Provinzen der Indonesischen Republik und in **acht Distrikte** (Kabupaten) und **eine Stadt** (Kota) unterteilt, deren Grenzen fast denen der alten Königreiche entsprechen. Der Distrikt Badung ist der am dichtesten bevölkerte, hier liegen die **Hauptstadt Denpasar** mit fast 900.000 Einwohnern und die Touristenzentren Kuta, Nusa Dua und Sanur. Jembrana dagegen ist fast unbewohnt, Karangasem ist der ärmste Distrikt. Der flächenmäßig größte Distrikt ist Buleleng, der vom äußersten Westzipfel bis fast ganz nach Osten reicht.

Kabupaten (in Klammern: Verwaltungssitz)

- **Badung** (Mengwi)
- **Bangli** (Bangli)
- **Buleleng** (Singaraja)
- **Denpasar**
- **Gianyar** (Gianyar)
- **Jembrana** (Negara)
- **Karangasem** (Amlapura)
- **Klungkung** mit **Nusa Penida** (Semarapura)
- **Tabanan** (Tabanan)

Verwaltungsgliederung Lombok

Lombok ist in **vier Distrikte** (Kabupaten) aufgeteilt, **Hauptstadt** ist **Mataram: Lombok Barat** (Westlombok, Hauptstadt Gerung, ehemals Mataram), **Lombok Tengah** (Mitte Lombok, Hauptstadt Praya), **Lombok Timur** (Ostlombok, Hauptstadt Selong) und **Lombok Utara** (Nordlombok, Hauptstadt Tanjung).

Staatssymbole

Flagge

Die **indonesische Flagge** setzt sich zusammen aus zwei horizontalen Streifen, beide gleich groß, oben rot, unten weiß. In Indonesien wird die Flagge **Merah Putih** genannt, was einfach nur „Rot-Weiß" bedeutet.

Pancasila – die fünf Grundsätze des indonesischen Staates

Der indonesische Staat gründet sich auf fünf Prinzipien, die im Wesentlichen von **Präsident Sukarno** im Zusammenhang mit der Unabhängigkeit formulierte Pancasila:

1. **Göttliche Herrschaft**
2. **Humanismus/Internationalismus**
3. **Nationale Einheit**
4. **Demokratie**
5. **Soziale Gerechtigkeit**

Wappen

Indonesiens Wappen, **gehalten vom Garuda-Adler,** stellt die fünf Pancasila-Grundsätze dar:

1. Der **Stern** in der Mitte steht für den Glauben an einen Gott. Die Religion ist gleichgültig, solange es nur eine oberste Gottheit gibt.
2. Die **Kette** gilt als Symbol für Humanität in der Gesellschaft.
3. Der **Banyan-Baum** ist das Zeichen der nationalen Einheit. Diese basiert auf den traditionellen Werten der Dörfer (Adat).
4. Der **Büffelkopf** steht als Symbol für die indonesische Demokratie.
5. **Reis- und Baumwollpflanzen** repräsentieren die soziale Gerechtigkeit.

Die fünf Grundsätze stehen unter der Devise **„Bhinneka Tunggal Ika" („Einheit in der Vielfalt").** Das Datum der Proklamation 17. August 1945 versinnbildlichen die acht Schwanz- und 17 Flugfedern des Garuda.

Medien

In Indonesien gibt es offiziell keine Pressezensur, diese wurde kurz nach dem Rücktritt *Suhartos* 1998 abgeschafft. Das ist die Theorie – **in der Praxis** jedoch **haben es Journalisten in Indonesien nicht leicht:** Kritische Veröffentlichungen zu Menschenrechtsverletzungen oder Korruption werden nicht gern gesehen und von den Verantwortlichen am liebsten unterdrückt. „Reporter ohne Grenzen" setzte Indonesien im Jahr 2023 auf der „Rangliste der Pressefreiheit" auf Platz 108 von 180 Staaten.

Die Hauptstadt der Medien ist **Jakarta.** Neben den wichtigsten Tageszeitungen „Kompas", „Pos Kota" oder „Suara Merdeka" erscheint auch die auflagenstärkste englischsprachige Tageszeitung dort: die „Jakarta Post". Zudem gibt es Wochen-, Frauen- und Sportzeitschriften mit einem breit gefächerten Angebot und großem Verbreitungsgebiet.

Auf Bali und Lombok gibt es neben den Tageszeitungen aus Jakarta eigene Zeitungen und Zeitschriften bis hin zu Werbeblättern. Insbesondere in den touristischen Orten wie Kuta, Ubud, Lovina oder Senggigi haben sich eigene Blätter etabliert und bringen Geschichten aus dem Alltag genauso wie Konzert- und Eventtipps oder Kochrezepte.

Die landesweite staatliche Rundfunkstation heißt **Radio Republik Indonesia (RRI).** Der Auslandsdienst „Voice of Indonesia" strahlt auch in Deutsch und Englisch aus. Seit 1996 gibt es offiziellen privaten Hörfunk, seit 1989 auch privates Fernsehen. Ohne Lizenz arbeiten in ganz Indonesien geschätzte 2000 Radio- und Fernsehsender. Auf Bali sind **lokale Radiosender** ganz groß, auch englischsprachige: Phoenix Radio Bali auf 91 FM nennt sich die „heißeste Radiostation in Bali", Paradise FM auf 100,9 FM wird von der Expat-Gemeinde gern gehört.

[<] Staatsflagge und -wappen Indonesiens

Wirtschaft

Das **Bruttoinlandsprodukt** (BIP) Indonesiens pro Einwohner (laufende Preise) beträgt 4691 US$ (Schätzung 2022). Das BIP pro Kopf verdreifachte sich zwischen 2000 und 2022, denn Indonesien war kaum von der weltweiten Wirtschaftskrise ab 2007 betroffen. Trotzdem gehört das Land beim Prokopfeinkommen immer noch zu den Ländern der zweitniedrigsten Kategorie mit „Lower middle income". Nach Angaben der Weltbank lebten 2019 rund **10 % der indonesischen Bevölkerung in Armut,** 2000 waren es noch 20 %. Allerdings gehen aktuelle Schätzungen davon aus, dass etwa ein Viertel der Einwohner die nationale Armutsgrenze nur knapp überschreiten kann. Gleichzeitig haben Auswirkungen der Corona-Pandemie viele Menschen wieder zurück in die Armut gestürzt. Das gilt auch für Bali und Lombok, die in hohen Maße vom Tourismus abhängig sind.

2022 lag die **Inflationsrate** bei 4,2 %. Die **Ausfuhren** betrugen 2021 rund 228,2 Mrd. US$, die **Importe** lagen bei rund 195,7 Mrd. US$. Die wichtigsten Außenhandelspartner Indonesiens sind die VR China, die USA, Japan, Singapur, Indien, Malaysia und Südkorea.

Seit dem Jahr 2010 ist die zweite Phase des **ASEAN-China-Freihandelsabkommens** in Kraft, das die Abschaffung von Zolltarifen vorsieht. Doch das Freihandelsabkommen wird nicht problemlos umgesetzt: Die Interessenverbände der indonesischen Eisen-, Stahl-, Leder- und Möbelindustrie, der Petrochemie, des Maschinenbaus und des maritimen Gewerbes protestieren gegen seine Einführung und fordern dessen Aussetzung. So wurde beispielsweise das Anfang 2014 beschlossene Verbot der Ausfuhr von unverarbeiteten Rohmineralien Anfang 2017 mit zahlreichen Ausnahme- und Übergangsregelungen abgeschwächt.

Die **Arbeitslosenquote** betrug 2022 (offiziell) etwa 6 % in den Städten. Die wichtigsten Sorgenkinder der indonesischen Regierung bleiben Armut, Arbeitslosigkeit, eine unterentwickelte Infrastruktur und Korruption.

Die wirtschaftliche Attraktivität Indonesiens stieg seit 2014, als die **Reformanstrengungen** begannen; seitdem werden die wirtschaftlichen Rahmenbedingungen kontinuierlich verbessert.

Im Juli 2022 wurde mit dem Bau der **neuen Hauptstadt Nusantara** auf Ost-Kalimantan begonnen. Die Erschließung und Bebauung des bisher naturbelassenen Gebiets wird milliardenhohe Belastungen für den Staatshaushalt mit sich bringen – sicher eines der größten Projekte Indonesiens in der Zukunft.

Wichtige Wirtschaftszweige in Indonesien

Indonesien verfügt über **Erdöl** und **Erdgas** sowie zahlreiche **weitere Bodenschätze** wie Zinn, Bauxit, Nickel, Kupfer und Gold. Das Land ist der weltweit größte **Palmölexporteur,** der zweitgrößte Zinnproduzent und der siebtgrößte Exporteur von Kaffee und ein wichtiger Teelieferant.

Gewisse **Wachstumsimpulse** gehen von den Bereichen Telekommunikation, Energieerzeugung/Brennstoffe und vom Bergbau aus. Die verarbeitende Industrie wächst ständig und hat sich durch zunehmenden Export zu einer beachtlichen Devisenquelle entwickelt.

Von wachsender Bedeutung ist **Flüssiggas (LNG),** bei dem Indonesien seit 1992 weltgrößter Exporteur ist. 2018 wurden 28,37 % der LNG-Produktion exportiert, 25,25 % wurden für die heimische Industrie verwendet, 25,25 % für Stromerzeugung und 10,94 % für Düngemittel. Hauptabnehmer von Indonesiens Flüssiggas waren 2018 Japan, Korea, Taiwan, die VR China und die USA.

In der **Landwirtschaft** arbeiten gut 30 % aller Erwerbstätigen, Tendenz sinkend. Haupterzeugnisse der Landwirtschaft sind Reis, Mais, Tee, Kaffee, Gewürze, Kakao, Tabak, Bananen, Kokosnüsse und Zuckerrohr. Die **Fischerei** ist ebenfalls von Bedeutung, in Bali allerdings weniger: Die Balinesen fürchten das Meer als Sitz böser Geister. Deshalb sind die Fischerdörfer mehrheitlich von Muslimen bewohnt, wie Padangbai, Seririt und Amed.

Landwirtschaft auf Bali und Lombok

Auf **Bali** sind 60 % der Bevölkerung in der Landwirtschaft tätig. Hauptsächlich wird **Reis** angebaut, der aufgrund hervorragender Bodenqualität und überall vorhandenen Wassers bis zu dreimal pro Jahr geerntet werden kann. Die Balinesen haben eines der effektivsten Reisanbausysteme der Welt entwickelt (**Subak,** → Exkurs S. 478), selbst Experten sind sich einig, dass moderne Produktionsmittel keine Ertragsverbesserung bewirken würden. In für den Reisanbau zu hoch oder zu trocken gelegenen Regionen in Zentral- und Nordbali werden

Kokosnüsse, Erdnüsse, Gemüse und **Früchte** wie Papaya, Mango oder Salak angebaut. Besonders im zentralen Hochland gibt es viele **Tabak- und Kaffeefelder;** Kaffee gehört zu den landwirtschaftlichen Hauptexportgütern.

Viehzucht spielt auf Bali eine zweitrangige Rolle. Allerdings lieben die Balinesen **Schweinefleisch,** und so hat jeder richtige Hof auf der Insel auch einen kleinen Schweinestall. Überall begegnete man früher den kleinen Hängebauchschweinen, die so typisch für die Insel waren, doch vor etlichen Jahren rottete eine Seuche diese Schweinerasse fast vollständig aus. Die Bauern sind auf eine weiße Zuchtschwein-Rasse umgestiegen: größer, ohne Hängebauch, schneller wachsend. Auch diese Schweine scheinen sich auf Bali wohlzufühlen und vermehren sich so stark, dass, obwohl **Spanferkel** als Nationalgericht anzusehen ist, jährlich über eine Million lebende Schweine exportiert werden, hauptsächlich nach Hongkong und Singapur, da die Muslime Indonesiens kein Interesse an Schweinefleisch haben.

Die auf Bali gehaltene Rinderrasse, das **Balirind,** ist eine balinesische Züchtung und gehört zu den schönsten Rinderrassen der Welt.

Auch auf **Lombok** ist die Landwirtschaft Erwerbsquelle Nummer eins. Das zentrale Herzland südlich des Gunung Rinjani ist überzogen von **Reisterrassen.** Hier gibt es reichlich Wasser. Bei zwei Reisernten jährlich wird mehr produziert als die Insel benötigt, so kann ein Teil nach Bali und Java „exportiert" werden. Da es aber in der Trockenzeit zu Wasserknappheit kommen kann, sind viele Bauern auf **Wechselfruchtanbau** umgestiegen, beispielsweise mit Sojabohnen. Im trockeneren Süden wird als

Anbau von Chilischoten im Norden Balis

040ba sb

Reisanbau auf Bali

Der Reis ist ein Rispengras wie z.B. der Hafer. Auf Java und Bali wird hauptsächlich **Nassreisanbau** praktiziert, der indonesische Begriff dafür ist **Sawah.** Diese Art des Anbaus ist bis in Höhen von 1600 m möglich, wird aber meist in den feuchten Monsungebieten der tief liegenden Ebenen praktiziert, weil dort die Wasserversorgung eher gewährleistet ist. Jedes Fleckchen Balis wird zum Anbau genutzt, selbst an steilen Hängen sind Reisfelder **terrassenförmig** angelegt. Ein von Flüssen gespeistes, weit verzweigtes **Kanal-, Tunnel- und Leitungssystem** ist nötig, um alle Felder zu versorgen. Die benötigte Wassermenge hängt von der Bodenbeschaffenheit und Feldlage ab. Das ganze System ist kompliziert und kann nur von Experten konstruiert werden.

Um das **Reisfeld** nach der Ernte wieder bearbeiten zu können, wird es unter Wasser gesetzt, da der lehmhaltige Boden sehr schnell austrocknet. Der aufgeweichte Boden wird gepflügt, wobei Wasserbüffel oder Rinder als Zugtiere dienen. In das entstandene Schlammbett werden 15–20 cm große **Reissetzlinge** mit ca. 15 cm Abstand gepflanzt. Die Reispflanzen werden auf besonderen Beeten gezogen. Nach dem Pflanzen muss mehrmals gehackt werden, und der Boden muss ständig mit Wasser bedeckt sein. Der **Reis reift in sechs Monaten heran,** wobei in den letzten fünf Wochen das Feld trockengelegt wird.

Geerntet wird mit einem kleinen **Rundmesser,** dem **AniAni.** Nach der Ernte wird erneut Reis angepflanzt, zumindest auf Bali, wo die Wasserversorgung gut ist. In trockenen Gebieten werden anschließend meist Bohnen, Mais oder Süßkartoffeln angebaut. Nirgendwo ist der Nassreisanbau so perfektioniert worden wie auf Java und Bali, denn nirgendwo anders steht so wenig Land zur Verfügung, um eine große Bevölkerung zu ernähren.

Subak – die Reisgenossenschaften

Was der Banjar für die Dorfbewohner ist, ist der Subak für die Reisbauern des Dorfes: ihre **Interessenvertretung** und die Organisation, die für die speziellen Belange der Reisbauern zuständig ist. Das Bewässerungssystem der Reisfelder ist höchst kompliziert und von einzelnen Personen nicht zu bewerkstelligen. Die Aufgabe der Subak-Gemeinschaften ist es, das **Wasser gerecht** zu **verteilen.** Jeder Reisbauer ist auch Subak-Mitglied. Dort arbeiten alle Reisbauern zusammen, um das System der Bewässerung funktionsfähig zu halten und jedem Mitglied die benötigte Menge Wasser zukommen zu lassen.

Ein Subak umfasst zwischen vier und 100 Hektar Land, das von den Bauern kultiviert wird. Jede Genossenschaft ist autonom und wählt demokratisch ihren Leiter. **Jedes Mitglied hat eine Aufgabe,** die der Gemeinschaft dienlich ist, beispielsweise Reinigung der Kanäle, Instandhaltung der Dämme, Organisation und Ausführung von Zeremonien und Opfern. Je mehr Wasser eine Person für ihre Felder benötigt, umso höher ist das Arbeitspensum, das man von ihr im Subak erwartet. Alle Bauern entrichten eine **finanzielle Abgabe,** berechnet nach Landgröße, Wasserabnahme und Anzahl der gepflanzten Setzlinge. Reisanbau und Subak-Angelegenheiten sind Männersache, nur bei der Ernte arbeiten auch Frauen auf dem Feld.

Um auch den religiösen Aspekten der Reiskultivierung Genüge zu tun, besitzt jeder Subak einen **Subak-Tempel,** der normalerweise in den Reisfeldern steht und der **Reisgöttin Dewi Sri**

034ba sb

geweiht ist (→ S. 509). Mindestens einmal im Monat treffen sich hier die Subak-Mitglieder, um über ihre Angelegenheiten zu beraten und die entsprechenden Opfer zu bringen. Die Organisation des Erntefestes ist ebenfalls Aufgabe des Subak.

Jahrhundertelang war der Subak für alle Reisanbaubelange zuständig. Unter *Suharto* wurde Ende der 1960er-Jahre die **„Grüne Revolution"** ausgerufen, ein internationales Programm zur Intensivierung des Nassreisanbaus. Indonesien konnte zu dieser Zeit nicht genügend Reis produzieren, um seine Bewohner zu versorgen. Hungersnöte drohten. **Neue Reissorten** mit um zwei Drittel verkürzter Wachstumszeit wurden gepflanzt, das machte zwei bis drei Ernten pro Jahr möglich. Der Ausbau von Bewässerungsanlagen, die Einrichtung landwirtschaftlicher Beratungsstellen und die Verbesserung der Dresch- und Mahltechniken wurden vorangetrieben. Innerhalb von 15 Jahren konnten 80 % der Nassreisanbauflächen mit neuen Reissorten bepflanzt werden. Anfangs ging das Konzept auf, doch auf die Dauer waren diese **„schnellen Gräser" witterungs- und krankheitsanfällig.** Die Reisbauern mussten hemmungslos düngen und reichlich Pestizide einsetzen. All das war früher nicht nötig gewesen. Die Wasserverteilung und Bepflanzungspläne wurden von Bürokraten übernommen, mit dem Erfolg, dass der eine Bauer zu viel und der andere zu wenig Wasser/Reis hatte. Die **Konflikte** häuften sich, die Bauern machten die Subak für die Missstände verantwortlich. Das wiederum war den Verantwortlichen ganz recht, die das demokratische Konzept der Subak sowieso nicht liebten. Viele Reisbauern kehrten den Subak den Rücken, um allein zu wirtschaften.

In den 1990er-Jahren befürwortete die Asian Development Bank das Vorhaben, die Verantwortlichkeit wieder in die Hände der Subak zu legen. Im Jahr 2000, nach dem Fall *Suhartos,* bekamen die lokalen Regierungen ihre Eigenständigkeit zurück. Bali konnte auf die immer noch funktionierenden Subak zurückgreifen.

Mitte 2012 erhielt der Subak auch internationale Anerkennung und wurde von der **UNESCO** in die Liste des geschützten Weltkulturerbes aufgenommen.

⌃ Der Reis wird auf Bali immer händisch und im Kreis der Familie oder im Team geerntet

Hauptprodukt **Tabak (Sampoerna)** angebaut, der einen guten Ruf genießt und ebenfalls exportiert wird. Der Südosten Lomboks ist karg, außer Sojabohnen und Bananen wächst dort fast nichts.

Einige Bedeutung hat ein kulinarisches Schmankerl, der **Wasserspinat** – nicht nur auf der Speisekarte: Köstlich zubereitet als **Pelecing Kangkung** mit Chili und Reis wird er zu einem typischen Gericht Lomboks. Angebaut wird er in den zahlreichen Kanälen und Flüssen, landet dann frisch geerntet auf den lokalen Märkten oder auf Lastwagen, die ihn nach Bali bringen.

Problematisch ist die **Besitzverteilung auf Lombok,** denn das ertragreiche Land befindet sich im Besitz einer kleinen aristokratischen Gruppe – ein Relikt der Kolonialpolitik der Holländer. 50 % der landwirtschaftlich arbeitenden Bevölkerung sind Landlose, Landarbeiter, Pächter oder Teilbauern, 61 % haben maximal nur einen Hektar Land zur Verfügung. Um eine sechs- bis siebenköpfige Familie ernähren zu können, werden aber etwa 2,5 Hektar benötigt.

Tourismus

Der Tourismus ist seit Jahrzehnten der **wichtigste Devisenbringer auf Bali,** was für den Staat Indonesien insgesamt von großer Bedeutung ist. 2019 kamen 6,3 Mio. Touristen auf die Insel, davon allein 198.000 aus Deutschland. Dann kam die Corona-Pandemie und der Tourismus zum Erliegen, denn Indonesien war offiziell geschlossen. Erst seit Februar 2022 ist die Einreise wieder möglich – und prompt steigen die Besucherzahlen erneut gewaltig. Entsprechend wird viel in die **Infrastruktur** der als besonders fördernswert geltenden Gebiete wie Bali und Lombok investiert, Straßen wurden und werden gebaut, verbreitert oder verbessert.

Bali hatte dabei **stets eine Vorreiterrolle,** denn seit den 1960er-Jahren entwickelte sich hier das Tourismusgeschäft stark. Tausende von **Familienbetrieben** produzieren bis heute in Heimarbeit Kunsthandwerk, Kunst und Kleidung für Touristen. Das Hotel- und Losmengewerbe spielt ebenfalls für viele Familien eine große Rolle. Allerdings sind auch **ausländische oder javanische Investoren** in das ertragreiche Geschäft eingestiegen. Außerdem spielen die immer noch wirtschaftlich sehr einflussreichen Angehörigen der ehemaligen Fürstenfamilien eine wichtige Rolle. Große Hotelkomplexe wurden und werden teilweise ohne Zustimmung der einheimischen Gemeinschaft gebaut, das gilt für Bali und Lombok gleichermaßen. Neben Großprojekten wie Nusa Dua auf Bali oder dem Circuit Mandalika auf Lombok entstehen auch staatlich gesteuerte Luxusobjekte.

Trotz vieler glitzernder Paläste gibt es in Balis Hotellerie immer noch einen starken Anteil an **Guesthouses.** Unzählige davon bieten dem sparsamen Reisenden erstaunlich gemütliche Zimmer für wenig Geld. Insbesondere in den Regionen Ubud und Kuta sind sie kaum noch zu zählen. So lange eine Familie ein gutes Auskommen durch das Vermieten von Räumlichkeiten hat, braucht sie ihr Land nicht zu verkaufen. Und das tun Balinesen trotz irrwitziger Bodenpreise – die beispielsweise rund um Ubud höher sind als im Frankfurter Geschäftszentrum – ausgesprochen ungern.

Vor allem die **Kommunikationsinfrastruktur** ist auf Bali perfekt: Telefonkabel wurden in die letzten Winkel verlegt, so gut wie alle Cafés und Restaurants nicht nur in den touristischen Ballungszentren bieten Internet- und WiFi-Anschluss, so gut wie alle Regionen sind für das Smartphone erschlossen. Schon früh wurden auch Strom- und Wasserversorgung ausgebaut. All diese Bemühungen hatten und haben Erfolg; so setzte das Online-Portal „Tripadvisor" Anfang 2023 Bali bei „Traveller's Choice – Best of the Best" auf Platz 2 der beliebtesten Reiseziele weltweit – hinter Dubai, vor London und Rom. **Lombok** steht dem kaum nach und landete bei „Traveller's Choice – Best Nature Destinations" auf einem stolzen Platz 5 – hinter Mauritius, Kathmandu, dem Serengeti National Park und Hurghada.

Heute ist Corona Vergangenheit und der Tourismus wieder von existenzieller Bedeutung. Bali kann sich damit schmücken, mit 6 Mio. Touristen (2023) die am häufigsten besuchte Insel Indonesiens zu sein – Tendenz steigend.

Bevölkerung

Indonesien ist mit rund **276 Mio. Einwohnern** (Schätzung 2022) der viertgrößte Staat der Erde. Das jährliche Bevölkerungswachstum liegt bei 1,3 %. Bemerkenswert ist die sehr **ungleiche Bevölkerungsdichte:** Ca. 56 % der Gesamtbevölkerung lebt auf der Insel Java, die nur 6,8 % der Landesfläche ausmacht. Der **Abstammung** nach gehört die Mehrheit der Indonesier zur malaiischen Volksgruppe, Altmalaien auf Borneo und Sumatra, Jungmalaien auf Java, Bali, den Kleinen Sunda-Inseln und Madura. Im Osten des Landes (Molukken, Irian Jaya) leben verwandte melanesisch-polynesische Völker und Papuas.

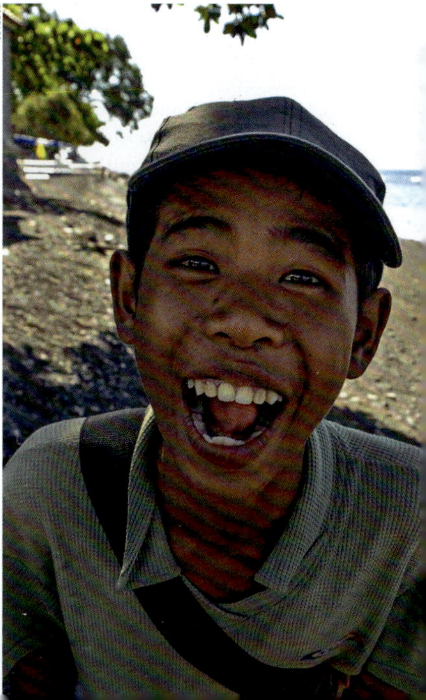

001ba sb

> Egal, wem man begegnet – ein Lächeln ist einem sicher

Es gibt heute in ganz Indonesien **über 300 verschiedene Volksgruppen,** die alle höchst unterschiedliche Kulturen besitzen, ungefähr 300 verschiedene Sprachen sprechen und jeweils andere Traditionen pflegen. Die Bevölkerung von Java, Bali und Madura besitzt die höchstentwickelte Zivilisation, in den Gebirgsgegenden der Inseln Borneo und Sulawesi gibt es dagegen noch unberührte Bevölkerungsgruppen, in Irian Jaya leben sogar noch Menschen, die nie mit Fremden in Berührung kamen.

Zwei Fünftel der Bevölkerung machen **Javaner** aus (40,1 %), die natürlich vor allem Java bewohnen, man trifft sie allerdings auch auf allen anderen Inseln. Die zweitgrößte Bevölkerungsgruppe sind die **Sundanesen** (Westjava) mit 15,5 %, es folgen **Maduresen,** die Bewohner der Insel Madura, mit 3 %. Daneben gibt es bedeutende andere Gruppen: Minangkabau, Aceher und Bataker auf Sumatra, Dayaks auf Borneo, Ambonesen auf den Molukken und viele weitere Völker. Die Balinesen machen nur 1,5 % der Gesamtbevölkerung aus.

Die **Chinesen** stellen mit etwa 1,2 % die **größte Minderheit.** Nur etwa 1,6 Mio. (weniger als die Hälfte) haben die indonesische Staatsbürgerschaft, es wird großer Druck auf sie ausgeübt, sich zu assimilieren. So dürfen z.B. keine Zeitungen in chinesischer Schrift verbreitet werden, chinesische Apotheken sind verboten, und Chinesen müssen indonesische Namen tragen. Die **Abneigung** gegen diese Volksgruppe resultiert zum einen aus der Furcht vor dem Kommunismus, andererseits aus der Kolonialgeschichte. Die Holländer holten die Chinesen als verlässliche Partner ins Land und schalteten sie quasi zwischen sich und die Indonesier, als Einkäufer, Verwalter, Aufseher. In den ersten Jahren der Unabhängigkeit durften Chinesen kein Land erwerben und nicht als Bauern arbeiten; so mussten sie sich andere Erwerbszweige suchen. Heute steht ein nicht unbedeutender Anteil an Wirtschaftszweigen wie Handel, Verkehr und Geldwirtschaft unter ihrem Einfluss.

Bevölkerung Balis

Auf Bali leben ungefähr **4,3 Mio. Menschen.** Davon bekennen sich etwa 93 % zum **Hinduismus** (Hindu-Dharma), ca. 6 % zum Islam, 1,4 % sind Christen und 0,6 % Buddhisten. Von der Urbevölkerung, den Bali-Aga, gibt es nicht mehr viele. Nur wenige Hundert leben in einigen abgelegenen Dörfern (s.u.). 89 % der Bevölkerung sind Balinesen, der Rest verteilt sich auf kleine javanesische und chinesische Gemeinden.

Die Balinesen stellen, wie auch die anderen indonesischen Volksgruppen, **keine einheitliche ethnische Gruppe** dar. Sie sind eine Mischung aus Bali-Aga und eingewanderten Indern, Chinesen, Melanesiern und Polynesiern. So trifft man sowohl Menschen mit straffem, glattem Haar, hohem Nasenjoch und relativ heller Haut als auch dunklere mit Krausköpfen. Allen gemeinsam sind aber das pechschwarze Haar und die ein wenig hervorstehenden Wangenknochen, die leicht schräg stehenden Mandelaugen und die kleine, aber schlanke Gestalt.

Einig ist sich dieses Volk in seiner **tiefen Religiosität,** die das ganze Leben, die Kultur, Politik und Kunst der Insel prägt. Die Balinesen gehören zu den wenigen Inselvölkern der Welt, deren Leben nicht auf das Meer, sondern auf die Berge und das Landesinnere gerichtet ist. Die Höhe, die Berge, der Himmel sind heilig, die Tiefe des Meeres gehört zum Reich der Dämonen.

Die Menschen scheinen ausgeglichen und freundlich, **Geduld, Toleranz und Gastfreundschaft** gehören zu ihren wichtigsten Tugenden, allerdings auch **Neid und Konkurrenzdenken.** Menschen aus dem Westen fällt es oft schwer, sie in ihrem Denken und Handeln zu verstehen. Auch öffnen sich Balinesen den Fremden gegenüber nicht völlig. Auf der einen Seite sind Nachbarn in der Dorfgemeinschaft untereinander absolut solidarisch, wenn es um das gemeinsame Bestellen von Feldern oder den Bau einer Dorfstraße geht, andererseits konkurrieren sie bis aufs Äußerste, wenn es etwa darum geht, Geschäfte zu machen. In vielen Dörfern gibt es ruinöse Preiskämpfe, etwa zwischen Guesthouse-Besitzern.

Einem gewissen Konservatismus haben die Balinesen ihre noch immer **lebendigen Traditionen** zu verdanken. Stets wurde Neues nur dann angenommen, wenn das Alte dadurch nicht an Bedeutung verlor und, nicht zu vergessen, wenn ein Profit erkennbar war.

Die Urbevölkerung Bali-Aga

Es gibt noch einige Dörfer, die von den Ureinwohnern Balis bewohnt werden. Diese Menschen hängen weiterhin ihrer ursprünglichen Religion an, Vorstellungen aus der Zeit vor dem Einzug des Hinduismus auf Bali. Die Bali-Aga haben ihre alten Sitten und Gebräuche beibehalten und **leben in einer Art selbst gewählter Isolation.** Auch Touristen gegenüber sind sie meist nicht besonders aufgeschlossen.

In **Tenganan,** in der Nähe von Candi Dasa, hat sich die Gemeinde für den Tourismus geöffnet. Auch das Dorf **Terunyan** am Batur-See, früher nur mit dem Boot erreichbar, hat seit dem Bau der Straße direkten Kontakt zu Reisenden. Diese werden zwar nicht ganz so gern gesehen, sind aber immer gut für ein Gespräch, eine Besichtigungstour oder eine Spende. In der Nähe von Kintamani liegt das bekannte Bali-Aga-Dorf **Sembiran;** hier unterscheidet sich der Alltag nicht mehr viel vom typisch balinesischen Leben. Weitere, kaum berührte Dörfer befinden sich in den schwer zugänglichen Bergregionen um den Bratan-See.

Bevölkerung Lomboks

Sasak

Auf Lombok leben rund **3,3 Mio. Menschen** verschiedener Volksgruppen. Der **größte Teil der Bewohner** sind Sasak, ein kleinwüchsiger Menschenschlag mit dunkler Haut und eher muskulösem Körperbau. Das Gesicht ist grobknochig mit breiter Nase und hervorstehenden Backenknochen. Sasak lächeln wenig, spontanes, kindliches Lachen aus dem Bauch heraus ist jedoch häufig zu hören.

Man nimmt an, dass sich diese Volksgruppe früher als Hauptstrom **malaiischer Einwanderer** hier angesiedelt hat; ihr Ursprung soll in Nordwestindien oder in Myanmar liegen. Die Sasak sind hauptsächlich **Bauern** und bauen überwiegend Reis, Tabak und Gemüse an. Je nach Region halten sie sich Wasserbüffel, Pferde oder Kühe.

Die **Tracht der Sasak** ist sehr traditionell. Besonders Frauen in abgelegenen Dörfern tragen auch heute noch ausschließlich **Lambung,** das „klassische" Gewand der Sasak, bestehend aus einem langen Sarong und einer aus einem Stück Stoff genähten Bluse, beides in Schwarz. Lomboks Frauen dürfen keine goldenen Ornamente tragen. Gehalten wird der Sarong von einem vier Meter langen Webschal, dem **Sabuk,** der wenig kunstvoll um die Hüften gewickelt wird. Er ist meist sehr bunt (Rottöne überwiegen), fein gestreift und handgewebt. Die Männertracht besteht aus einer schwarzen Jacke mit asiatischem Kragen, dem **Songket,** einem sehr fein verzierten **Brokat-Sarong,** oft mit Goldfäden durchzogen, und dem **Udeng,** einem Batiktuch, das um den Kopf geschlungen und vorn über der Stirn gebunden wird. Bei Hochzeiten trägt der Bräutigam einen **Kris** (Dolch) hinten in der Jacke.

Balinesen auf Lombok

Etwa 10 % der Einwohner Lomboks sind balinesischer Abstammung. Sie wohnen **hauptsächlich an der Westküste,** wo sich auch ihre größten Tempel befinden. Zurück geht diese balinesische Gemeinschaft auf die Feldzüge der Könige von Karangasem (heute Amlapura), die mit der Versklavung ganz Lomboks endeten. Später betrachteten die balinesischen Fürsten **Lombok als Strafkolonie:** In Ungnade gefallene Aristokraten oder unliebsame Geschäftsleute wurden hierher verbannt. Die schlugen dann irgendwann zurück, eroberten das Königtum Karangasem und gründeten das Reich Mataram. Die „Ausgestoßenen" regierten hier als Feudalherren, bauten Tempel, betrachteten den Rinjani als Göttersitz, ähnlich dem Gunung Agung auf Bali. Auch behielten sie ihre Sitten und Gebräuche bis heute unverändert bei.

Die balinesische Herrschaft führte nicht nur dazu, dass die heutige Bevölkerung Lomboks teilweise balinesischen Ursprungs ist, sondern bewirkte auch, dass die balinesisch beeinflusste **Mischreligion Wetu Telu** entstand. Die kulturelle und religiöse Verbundenheit der balinesischen Lombok-Bewohner mit der Mutterinsel Bali kommt beispielsweise im Aufbau des Gadoh (oberstes Stockwerk der Lingsar-Tempelanlage) deutlich zum Ausdruck.

Im Großen und Ganzen vertragen sich Sasak und Balinesen, die jeweils andere Religion wird **respektiert.** Balinesen unterbrechen sogar ihre Arbeit, wenn der Muezzin von der Moschee die Muslime zum Gebet ruft.

Wichtige balinesische Tempel auf Lombok

- **Pura Meru,** Muttertempel in Cakranegara
- **Pura Gunung Pengsong,** südl. von Mataram
- **Pura Suranadi,** ältester Tempel Lomboks
- **Pura Lingsar**
- **Pura Kalasa,** Narmada
- **Pura Batu Bolong,** bei Senggigi
- **Pura Segara,** Ampenan

Religionen in Indonesien

Die Indonesier haben es immer verstanden, Religionen wie Buddhismus, Hinduismus, Christentum und auch den Islam an ihre Bedürfnisse und Vorstellungen anzupassen. Ihre **starken Wurzeln im Animismus** und der **Glaube an Dämonen,** die beseelte Natur oder die weiße und schwarze Magie haben jeder Religion einen speziellen Stempel aufgedrückt. So gibt es in Denpasar eine katholische Kirche, die im balinesischen Tempelstil erbaut wurde – mit Engeln im Sarong und Wächterdämonen.

In Indonesien herrscht **Religionsfreiheit,** allerdings erkennt der Staat **nur solche Religionen** offiziell an, **die einen einzigen Gott verehren.** Der erste Grundsatz der Pancasila, der Grundlage der Verfassung, lautet: „Glauben an einen Gott einer gerechten und zivilisierten Menschheit". Mit diesem Grundsatz hat zu tun, dass die Hindus auf Bali auch einen höchsten Gott haben; *Brahma, Wishnu* und *Shiva* sind hier nur Inkarnationen dieses obersten Wesens (*Sang Hyang Widdhi,* → S. 491).

Fünf Religionen sind anerkannt und dürfen ihre Feiertage feiern, die auch in offiziellen Kalendern angegeben werden: **Islam, Buddhismus** (hier sind allerdings öffentliche Feiern verboten, z.B. Chinesisches Neujahr), **Katholizismus, Protestantismus** und **Hinduismus.** An christlichen und islamischen Feiertagen sind Behörden in der ganzen Republik geschlossen, auf Inseln mit überwiegend anderen Religionszugehörigkeiten, z.B. Bali, gilt das auch für deren hohe Tage.

Wenn in einer Gemeinde mehr als 15 Familien einer dieser Religionen angehören, haben diese das Recht, ein **Gotteshaus** zu errichten. So kann es in Indonesien durchaus passieren, dass in ein und derselben Straße ein Hindu-Tempel, eine Moschee, eine Kirche und ein chinesischer Tempel stehen.

Religiöse Gebote werden auch gesetzlich festgelegt; so ist beispielsweise auf überwiegend islamischen Inseln der Verkauf von hochprozentigen Alkoholika eingeschränkt (z.B. Lombok), auf Bali (hinduistisch) nicht.

Religionsunterricht ist nach indonesischem Gesetz an allen Schulen und Universitäten Pflicht.

Etwa **87,2 % der Indonesier bekennen sich zum sunnitischen Islam;** damit stellt Indonesien den Staat mit der größten muslimischen Bevölkerung der Welt dar. In der Praxis lassen sich jedoch stark **unterschiedliche Ausrichtungen** feststellen. Streng orthodoxe Muslime gibt es auf Sumatra (Aceh), Süd-Sulawesi, in Teilen Javas und Ost-Sumbawas. Eine eher gemäßigte Haltung zeichnet den Großteil der Muslime in Zentral-Sumatra, großen Teilen Javas und Nusa Tenggaras aus, noch andere hängen einer Mischung aus örtlichen (Natur-)Religionen und islamischem Glauben an, z.B. folgen die Sasak in Nordlombok der Religion **Wetu Telu,** einer Mischung aus Hinduismus und Islam (→ S. 504).

Das **Christentum** ist unter ca. 10 % der Bevölkerung verbreitet, darunter sind 7 % Protestanten und Angehörige pfingstlicher Kirchen sowie 2,9 % Katholiken. Hauptzentren sind Flores, Timor, Nord-Sulawesi und Nord-Sumatra (Bataker). Insbesondere dort vermischt

adobe.stock © Jeantrekkeur

sich der Glaube aber stark mit animistischen Elementen, das gleiche gilt für das ländliche Flores und Timor.

Dem **Hinduismus** hängen 1,7 % der Bevölkerung an; das sind über 90 % der Einwohner Balis und ausgewanderte Balinesen auf anderen Inseln.

Mit etwa 0,7 % sind **Buddhismus und Konfuzianismus** am wenigsten verbreitet. Sie werden hauptsächlich von den Chinesen praktiziert, die zwar nicht in der Öffentlichkeit feiern, wohl aber ihre Tempel unterhalten dürfen.

Auf fast allen Inseln der Republik gibt es regionale **Naturreligionen, animistische Glaubensvorstellungen** usw. Die Bevölkerung auf Sumba, Irian Jaya und vielen anderen kleinen Inseln wie Siberut und Nias ist als hauptsächlich animistisch zu bezeichnen.

Über 87 % der Indonesier bekennen sich zum sunnitischen Islam

Der Islam in Indonesien

Um die Vielschichtigkeit der islamischen Lehre zu verstehen, hilft es, in den **Koran** zu schauen. Auch heute noch sind seine Regeln fast unverändert. Er beinhaltet nicht nur **religiöse Vorschriften,** sondern auch **alltägliche Verhaltensweisen** wie den Umgang mit Fremden und Freunden. Aus Unwissenheit entstehen oft peinliche oder auch beleidigende Situationen sowohl für den Gastgeber als auch für den Gast. Der Islam ist eine **moralische Religion,** der u.a. Gastfreundschaft vorschreibt. Zu den Regeln gehört auch das Verbot des Alkoholgenusses und des Verzehrens von Schweinefleisch, das als unrein gilt. Glücksspiel und Geldverleih gegen Zins sind untersagt. Grundsätzliche Vorschriften – die **„Säulen des Islam"** – sind das fünfmalige Gebet pro Tag, einmonatiges Fasten während des Monats Ramadan (indon. *Puasa*), die Pilgerreise nach Mekka (Haj) und das Geben von Almosen.

Der indonesische Islam hat seine Besonderheiten: Die indonesische Frau ist stärker gleichberechtigt (sozial, wirtschaftlich und politisch) als in anderen muslimischen Staaten. Verschleierte Frauen sind nicht so häufig auf der Straße zu sehen wie z.B. in Malaysia. Will ein Mann mehr als eine Frau heiraten, ist das nur mit der Einwilligung der ersten Frau möglich. Laut Koran darf ein Mann vier Frauen haben, in Indonesien maximal zwei. Ausnahme: Staatsbedienstete dürfen nur eine Frau haben.

Geschlechtertrennung gibt es in Indonesien offiziell kaum. **Frauen** werden nicht so sehr religiösen Unterdrückungsmechanismen unterworfen wie in anderen, konservativen islamischen Staaten, bedingt durch das ehedem weit verbreitete Matriarchat, das auch heute noch in vielen Familien hinter den Kulissen vorherrscht. Auch gibt es an manchen Orten in Indonesien ausschließlich für Frauen gebaute Moscheen.

Einige Begrifflichkeiten im indonesischen Islam weisen auf die hinduistisch-buddhistische Vergangenheit hin: **Puasa,** das indonesische Wort für die islamische Fastenzeit, ist ein Sanskrit-Wort, das heute noch in Indien gebraucht wird; **Sembayang,** indonesisch für „beten", beruht auf dem buddhistischen *sembah,* welches die Geste beschreibt, die vor und nach Gebeten ausgeführt wird. Hierbei werden die Handflächen zusammengelegt und mit den Fingerspitzen Stirn, Mund oder Brust berührt.

Freitag ist der islamische Sonntag. In Indonesien sind die Behörden und Ämter an diesem Tag nur bis 11 Uhr geöffnet, viele Geschäfte bleiben zu.

Die Moschee (Masjid)

Die Masjid ist nicht nur ein **Bethaus,** sondern auch **Ort des Studiums,** oft mit einer integrierten Koranschule. Vom **Minarett** ruft der Muezzin die Gläubigen fünfmal täglich zum Gebet auf, heutzutage fast ausschließlich über Lautsprecher, oft als Aufnahme. Das Wohnen nahe einer Moschee kann zur Qual werden, bedenkt man, dass das erste Gebet um 4 Uhr morgens zu absolvieren ist.

Pilgerfahrt (Haj)

Lebensziel eines gläubigen Muslims ist die Pilgerfahrt **nach Mekka. Einmal im Leben** sollte jeder Muslim die heiligste Stätte des Islam besucht und viermal den schwarzen Stein in der Mitte der Kaaba geküsst haben. Hat er die Pilgerfahrt gemacht, darf er sich, nicht ohne Stolz, **Haji** nennen; dieser Titel steht vor dem Namen. Die haubenähnliche Kopfbedeckung, der weiße **Peci,** zeichnet den Haji als Mann aus, dem Ansehen und Ehre gebührt. Frauen, die nach Mekka gepilgert sind, nennen sich **Hajah.** Allerdings gibt es weniger Hajah, denn wenn das Geld für eine Mekka-Reise da ist, fährt zuerst der Mann. Jährlich begeben sich ca. 40.000 Indonesier auf diese **kostspielige Reise,** oft wird das ganze Leben für die Haj gespart. Bevor jemand die Reise antritt, muss beim Dorfvorstand belegt werden, dass die Familie versorgt ist. Die Mekka-Reise muss beim Religionsamt angemeldet werden, dort legt der zukünftige Haji eine schriftliche Prüfung, bestehend aus religiösen und nationalen

Fragen, ab. Da jeder, der es sich leisten kann, nach Mekka pilgern muss, garantiert ein muslimischer Staat die Reisefreiheit eines jeden Bürgers.

Die wichtigsten islamischen Festtage Indonesiens

■ **Ramadan** (indon. **Puasa**): Während des gesamten neunten Monats des muslimischen Kalenders darf von Sonnenauf- bis Sonnenuntergang weder gegessen noch geraucht werden. Muslimische Restaurants bleiben tagsüber geschlossen. Muslimische Familien stehen morgens um 4 Uhr auf, um zu essen, den Rest des Tages wird gefastet. Kurz vor Sonnenuntergang, um halb sechs, sitzen bereits Leute im Restaurant vor gedeckten Tischen und warten darauf, dass es 18 Uhr wird; das wird meistens durch Trommelschläge von der Moschee signalisiert, dann wird geschlemmt.

Das Fastengebot wird in Gebieten, in denen wenige Muslime wohnen, nicht so streng eingehalten. In strengen Moslemorten sollte man sich als Tourist auch an die Fastenzeiten halten, zumindest in der Öffentlichkeit: also weder rauchen noch essen. Hinzu kommt, dass die Menschen gegen Ende des Fastenmonats (verständlicherweise) missgelaunt und unfreundlicher sind als sonst. Angenehmer ist es, den Fastenmonat in weniger orthodoxen Gegenden zu verbringen, denn hier läuft alles seinen normalen Gang – es gibt also keine Beschränkungen im gesellschaftlichen Leben (Feste, Hochzeiten o.Ä.).

■ **Lebaran/Hari Raya/Idul Fitri:** Das Ende der Fastenzeit ist der erste Tag des zehnten Monats; dieser Tag ist eine Mischung aus Neujahr, Weihnachten und Valentinstag. In den Moscheen werden die ganze Nacht hindurch Trommeln geschlagen. In den Straßen brennen Feuerwerkskörper ab – Schlafen ist unmöglich. Alles ist auf den Beinen. Frühmorgens um 7 Uhr treffen sich alle Gläubigen auf dem großen Gemeindeplatz zum gemeinsamen Gebet. Überall bieten Warungs Süßigkeiten, Kuchen oder sonstige Leckereien zum Verkauf an (endlich darf wieder gegessen werden!). Schulen, Ämter und Geschäfte sind für zwei bis drei Tage geschlossen, die Banken schließen gleich für eine ganze Woche.

Idul Fitri ist auch ein Familienfest. Alte Streitigkeiten werden bereinigt, Geschenke ausgetauscht, Verwandte besucht, Feindschaften begraben. Jeder besucht jeden, Nachbarn, Verwandte, Bekannte. Ausnahmslos muss man in jeder Familie wenigstens ein Stück Kuchen (ersatzweise fünf Kekse) und eine Tasse Tee (mit einer Zuckerüberdosis) verzehren, bis man platzt. Die Verkehrsmittel sind über Tage ausgebucht, Nahverkehrsmittel und Hotels doppelt so teuer, alle Ausflugsorte völlig überlaufen.

■ **Maulud Nabi Mohammed** (*Mohammeds* Geburtstag) ist am zwölften Tag des ersten Monats. Es werden je nach Region verschiedene Prozessionen abgehalten, bei denen man z.B. „bienenstockförmige" Reisberge mitführt oder mit Lebensmitteln gefüllte Papierkreationen opfert.

■ **Idul Adha** (Feier des Hammelopfers *Abrahams*) ist ein muslimisches Opferfest. Die Zeremonie findet am zehnten Tag des elften Monats statt.

Islamische Begriffe

■ **Koran,** die „Bibel" des Islam, zusammengestellt kurz nach *Mohammeds* Tod, enthält die mündlich und schriftlich überlieferten Aussagen des Propheten, der den Willen *Allahs* mitteilte. Aufgeteilt in 14 Kapitel, beinhaltet das Buch in Versen (Suren) Glaubensaussagen und Verhaltensregeln, die das Leben der Gläubigen betreffen. 644–655 erhielt der Koran die endgültige Fassung.

■ **Kauman,** konservatives islamisches Stadtviertel, in dem die Koranregeln strikt eingehalten werden. Hier findet man während des Fastenmonats auf keinen Fall etwas zu essen.

■ **Mullah,** islamischer Religionslehrer.

■ **Muezzin,** die Person, die die Gläubigen vom Minarett (Turm der Moschee) zum Gebet ruft; heutzutage oft durch Lautsprecher-Einspielung ersetzt.

- **Walis,** die legendären neun heiligen Männer, die den Islam nach Java gebracht haben sollen, werden als Heilige verehrt. Ihre Gräber, die **Sunan,** liegen auf Berggipfeln und sind heilig.
- **Imam,** Vorbeter in Moscheen.

Der islamische Kalender

Der europäische (gregorianische) Kalender richtet sich nach der Erde, die um die Sonne wandert, der islamische Kalender nach dem **Mond,** der die Erde umkreist. Aus diesem Grund „wandern" die Daten für Festtage rückwärts durch unsere Zeitrechnung, alle Daten verschieben sich jährlich um etwa elf Tage nach vorn. Die Jahreszahl unterscheidet sich ebenfalls von unserer: 2024 liegt im islamischen Jahr 1445.

Die Termine der wichtigsten Feiertage

(Verschiebungen sind aus astronomischen Gründen möglich)

- **Lailat al Miraj,** Himmelfahrt des Propheten – 7. Februar 2024, 27. Januar 2025
- **Idul Fitri,** Ende des Ramadan – 9. April 2024, 30. März 2025
- **Idul Adha,** Opferfest – 17. Juni 2024, 6. Juni 2025
- **Islamisches Neujahr** – 7. Juli 2024, 25. Juni 2025
- **Maulid Nabi Muhammad,** Geburtstag des Propheten – 16. Sept. 2024, 4. Sept. 2025

Hinduismus und religiöse Kultur auf Bali

92 % der Balinesen bekennen sich zum Hinduismus, ihre gesamte Kultur (Kunst, Religion, Wissenschaft, Medizin) und ihr privates Leben von der Geburt bis zum Tod werden vom Glauben beherrscht. Alle wichtigen Ereignisse stehen in engem Zusammenhang mit ihrer tief religiösen Weltanschauung. Deshalb ist es für den Reisenden wichtig, die Grundlehren dieser Religion zu verstehen. Sie heißt heute offiziell **Agama Hindu Dharma,** zwischenzeitlich nannte man sie auch Agama Hindu Bali, Agama Bali, Agama Hindu Budha, Agama Siwa oder Agama Tirta („Religion des heiligen Wassers").

xba_110 sb

☒ Zu Prozessionen wird der balinesische Tempel immer geschmückt – wie hier im Pura Besakih

Geschichte

Die Ursprünge dieser Religion liegen im **indischen Hinduismus, der sich vom 7. bis 15. Jahrhundert in Java ausbreitete.** Es sind aber auch starke buddhistische Elemente verarbeitet. Der Hinduismus wurde von indischen Händlern „importiert", und besonders die Oberschicht der javanischen Gesellschaft machte sich Philosophie, Wissenschaft und Religion der Inder zu eigen.

Von Java kam der Glaube nach **Bali.** Dessen **Bindungen mit Java,** etwa im Jahr 900 n. Chr. durch die Hochzeit des balinesischen Herrschers *Dharma Udayana Warmadewa* mit der ostjavanischen Prinzessin *Sri Gunapriya Dharmapatni* (auch *Mehendradatha* genannt), führten diese Religion zu einem Höhepunkt.

Das **Majapahit-Königreich** in Ostjava erreichte seine Blüte 1365, als Bali dem Reich einverleibt wurde. Aber schon um 1500 begann der Islam auf Java Fuß zu fassen. Fast die gesamte Intelligenz Javas (Priester, Beamte, Lehrer und Künstler) flüchtete nach **Bali,** wo sie die **letzte Bastion des Java-Hinduismus** errichtete. Bali wurde zu einer Zuflucht für einen hinduistischen Glauben, der im Urglauben der Balinesen geniale Ergänzung fand.

Allerdings hatte sich der ursprüngliche Hinduismus Indiens in Java schon einige „Modifikationen" gefallen lassen müssen. Das sollte auf Bali nicht anders sein. Die Balinesen verstanden es schon immer, sich aus neuen Entwicklungen, die ihre Insel „heimsuchten", nur jeweils das zu eigen zu machen, was nützlich für sie war, was sich in ihr Weltbild einbauen ließ. Dass dabei einige **Änderungen an dieser neuen Religion** vorgenommen werden mussten, um den **Regeln des Adat** (der Tradition) nicht zu widersprechen, versteht sich von selbst.

Nach und nach verschmolz der Hinduismus mit dem immer noch im Volke stark verwurzelten **Animismus** und entwickelte sich zu dem heute praktizierten Glauben **Hindu Dharma.** Bevor sich der Hinduismus von Java nach Bali ausbreitete, war die Religion der Inselbewohner animistisch. Man glaubte an eine **beseelte Natur:** Steine, Bäume, Seen und alles, was die Menschen umgibt, konnte von Göttern bewohnt sein. Die **Ahnenverehrung** war auch weit verbreitet. Die Balinesen haben es in bemerkenswerter Weise verstanden, ihren Götter-, Ahnen- und Dämonenglauben in den Hinduismus „einzubauen". Der Hinduismus kam ihnen dabei allerdings auch sehr entgegen: Wer den Kreislauf der Wiedergeburt verlassen hat, dessen Seele wird ein Teil des einzigen Gottes. So lehrt es der Hinduismus. Damit ist das „Problem" Ahnenverehrung gelöst, denn die Seelen der Toten werden zu einem Teil Gottes und damit selbst göttlich.

Ähnlich günstig sieht es mit dem **Polytheismus** (Vielgötterglaube) der Ureinwohner aus: Der Hinduismus kennt eine Vielzahl verschiedener Gottheiten, allesamt lediglich Manifestationen (Inkarnationen) verschiedener Teilaspekte der **obersten „Dreifaltigkeit" Brahma, Wishnu und Shiva** sind. Die Reisgöttin *Dewi Sri* ist beispielsweise die personifizierte Kraft, die den Reis wachsen lässt. Als *Dewa Baruna* verehren die Balinesen die Macht, die über das Meer gebietet.

Erst 1950, nach der indonesischen Staatsgründung, bildeten sich Reformbewegungen, die die Religion „modernisieren" und der restlichen Welt einfacher verständlich machen wollten. Einflüsse aus der Hauptstadt Jakarta spielten dabei eine wichtige Rolle. Schließlich sagt die Pancasila, dass alle Indonesier **an einen einzigen Gott glauben** müssen. Reformer und Literaturforscher arbeiteten zusammen und fanden alsbald heraus, dass der balinesische Glaube tatsächlich über ein **höchstes Wesen** verfüge: **Sang Hyang Widdhi.** Der war den Brahmanen bereits bekannt, als äußerster Brennpunkt mystischer Meditation. Es gab sogar einige wenige Tempel mit **„Lotossitz" (Padmasana),** also einem Schrein mit einem Stuhl darauf, auf dem *Sang Hyang Widdhi* den meditierenden Priestern erscheint. Das Problem war gelöst, die gemeinsame Wurzel gefunden.

Allerdings verfügten nur wenige balinesische **Tempel** über einen derartigen **Thron;** es wurde beschlossen, dass ab sofort alle Tempel damit auszustatten seien. In Denpasar baute man einen besonders eindrucksvollen Tempel mit einem besonders großen und beeindruckenden Padmasana. In diesem Tempel können alle Balinesen ihre Andacht verrichten, er ist das Symbol für den reformierten Glauben (er steht gleich neben dem Bali-Museum).

Für den **„Durchschnittsbalinesen"** hat sich allerdings nicht viel geändert. Der Bauer bittet weiterhin die Reisgöttin um eine gute Ernte – ob diese Göttin nun eine von vielen oder eine Teilinkarnation des einen großen Gottes ist, interessiert ihn dabei wenig.

So hat sich aus dem alten Urglauben und dem Hinduismus eine **organische Einheit** gebildet, die von den Balinesen als ihre ureigene Religion verstanden wird.

Die Besonderheiten des balinesischen Hinduismus

Es ist nicht ganz einfach, aber gleichzeitig spannend, sich mit den **Glaubensinhalten** auseinanderzusetzen. Daher hier der Versuch eines Überblicks.

Pancha Crada – die Grundlage

Es existieren **fünf Grundprinzipien** des Glaubens:

1. Glaube an Sang Hyang Widdhi, den einzigen Gott
2. Glaube an Atman, die unsterbliche Seele
3. Glaube an Kharma-Pala, das Gesetz des Kharma

Sang Hyang Widdhi, der „einzige und wahre Gott"

Er verfügt über folgende **Wesenszüge:**
Aprameya, unvorstellbar
Ananta, ohne Grenzen
Anirdesyam, undefinierbar, also nicht mit den fünf Sinnen wahrnehmbar
Anaupamyam, unvergleichlich, weil es nichts Gleiches gibt
Anamya, keinen Schmerz oder Krankheit erleidend, da er absolut rein ist
Suksma, edel und nicht begreifbar
Sarwagata, durchdringend, denn das ganze Universum ist mit ihm angefüllt
Nitya, dauernd, er ist ohne Anfang
Druwa, standfest, er bewegt sich nicht in Ewigkeit
Awyaway, endlos, da er nicht vergeht und für immer bleibt
Icwara, allmächtig, denn er ist der Lehrer, er beherrscht alles, und er ist niemandem untertan

4. Glaube an Punarbhawa, die Wiedergeburt
5. Glaube an Moksha,
die Wiedervereinigung mit dem „Ewigen Geist"

Trimurtti – die Dreiheit

Brahma, Wishnu und **Shiva** sind die drei wichtigsten Erscheinungsformen der Gesamtgottheit *Sang Hyang Widdhi.* Diese Dreiheit nennt man Trimurtti. In fast jedem Tempel findet sich ein dreigeteilter Schrein, der **Sanggah-Kemulan-Schrein.** Hier wird das Dreigestirn verehrt. *Brahma* ist Gott als Schöpfer der Welt und des Universums, sein Platz im Schrein ist rechts. *Wishnu* ist Gott als Beschützer und Lebensspender, sein Platz im Schrein ist links. *Shiva* ist Gott als Zerstörer und Todbringer, aber dadurch auch als Erneuerer; im Schrein ist ihm der mittlere Platz vorbehalten.

Weitere Götter

Die vielen Götter und Dämonen, denen die Balinesen huldigen, zu denen sie beten und denen sie opfern, sind lediglich **verschiedene Manifestationen des einen Gottes Sang Hyang Widdhi.** Es gibt eine Vielzahl anderer Eigenschaften dieses großen Gottes, die symbolisch als **Gott (Dewa)** oder **Göttin (Dewi)** angerufen werden können. Beispielsweise nennt man Gott als Schöpfer des Windes *Dewa Bayu.* Als denjenigen, der den Reis reifen lässt, verehrt man ihn als *Dewi Sri,* Göttin der Fruchtbarkeit. In der Bedeutung des regenbringenden Gottes wird er als *Indra* verehrt. Auch böse Geister und Dämonen, die *Leyaks, Butas, Kalas,* selbst *Rangda,* die Hexenfürstin, haben ihren Ursprung in diesem Allmächtigen (→ „Balinesische Götter", S. 494).

Atman – die Seele

Sang Hyang Widdhi bläst das Leben in die Dinge und gibt das Geschenk des Seins in Form von Atman (Seele). Zu-

Bunt und opulent – Mabanten (Opfergaben) aus Reiskuchen und Früchten

091ba pr

dem verleiht er die Leidenschaften, die Atman beeinflussen und die **drei Teilaspekte, Triguna,** aufweisen:

- **Sattwa** hat die Qualität der Reinheit und leitet das menschliche Bewusstsein zu Friede, umfassender Harmonie, Wahrheit, Gerechtigkeit und zum Diener Gottes.
- **Rajah** wird durch die „schnelle Bewegung" charakterisiert und kann von gewalttätiger Natur sein. Es führt Atman zu dynamischen Lösungen von Problemen. Ohne Sattwa wird sein Charakter wild, stolz und „heiß wie Feuer".
- **Tamah** hat dunkle Eigenschaften, ist dumm und faul, abhängig von den irdischen Dingen. Es führt Atman zu irdischem Verlangen und sexueller Leidenschaft. Wenn Tamah nicht von Sattwa geführt und von Rajah belebt wird, bleibt seine Charakteristik animalisch, von niederem Instinkt.

Buddhi – die Moral

Der menschliche Geist ermöglicht es Atman, Dinge in **Gut und Böse** zu unterteilen. Die Kraft Buddhis besteht aus den vier rechten Handlungen des Menschen (Catraiswarya). Das sind gleichzeitig die **vier Grundsatzprinzipien des „Weges der Ethik und Moral" (Jnana marga).** Die vier Prinzipien lauten:

- **Dharma** ist der Antrieb zu opfern, die Gesetze des Lebens zu erfüllen, zu meditieren und auf die Stimme Sattwas zu hören, Almosen zu geben und karitativ zu sein. Das Verlangen, als Einsiedler zu leben, dessen Gedanken rein sind und der meditiert, um das höchste Bewusstsein zu erlangen, wird von Dharma eingegeben.
- **Jnana** bedeutet, den Glauben an Gott vertiefen zu wollen. Dazu gibt es drei Wege; Vertiefung durch Beobachtung und Erfahrung, durch Denken und Vergleich, durch das heilige Lernen und Lehren.
- **Wairagya** gibt einem die Fähigkeit, sich von den Ketten der irdischen Dinge zu befreien.
- **Aiswarya** verleiht dem Menschen die Fähigkeit, sich den guten Aspekten des Lebens und der Liebe zu widmen.

Kharma-Pala – die Wiedergeburt

Das Gesetz des Kharma-Pala besagt, dass Atman an weltliche Bedürfnisse gefesselt ist. Der Mensch muss sich davon losmachen, denn nur wenn Atman **frei** ist **von allem „Staub und Schmutz des Lebens",** kann es sich mit seinem Schöpfer, von dem es ein Teil ist, wiedervereinigen. Stirbt ein Mensch und Atman ist nicht rein genug, muss es zur Erde zurück, wo es in einen anderen Körper zurückkehrt. Das nennt man **Punarbhawa,** die Wiedergeburt. Noch einmal muss die Kreatur versuchen, rein zu werden, bis Atman endlich zur Wiedervereinigung mit seinem Ursprung gelangt.

Moksha – die Wiedervereinigung

Die **Wiedervereinigung von Atman mit seinem Ursprung** bezeichnet man mit Moksha. Ist Atman eins geworden mit dem einzigen Gott, wird die Seele selbst göttlich. Der Tote wird zum **Bhatara,** einem gottähnlichen Ahnen. Nur die Angehörigen der obersten Kaste, die **Brahmanen,** können diesen Zustand erreichen. Angehörige niederer Kasten werden, wenn sie den Regeln entsprechend gelebt haben, in eine höhere Kaste hineingeboren, bis auch sie der Brahmanenkaste angehören und nun die Möglichkeit haben, Moksha zu erreichen. Es gibt **drei Wege** dazu:

1. Der Weg, **Sang Hyang Widdhi** zu **ehren und** zu **dienen** in Wort und Tat (Opfer, Zeremonien).
2. Der Weg der Moral und Ethik, ein **Leben ohne Sünden** zu führen; dabei sind **zehn Gebote** einzuhalten: *Ahingsa,* nicht morden; *Brahmacarya,* reines

Leben, kein sexuelles Verlangen; *Satya,* nicht lügen; *Awyawaharika,* nicht gierig sein; *Astanya,* nicht stehlen und lügen; *Akroda,* nicht wütend sein; *Gurususrusa,* Ältere und Lehrer ehren; *Sauca,* seinen Körper durch Ehrung Gottes reinigen; *Aharalegawa,* das Verlangen nach Essen und Trinken bekämpfen; *Apramada,* ein anständiges Leben führen.

3. Der Weg der **Meditation,** der schwierig ist und auf einer höheren Stufe liegt.

Das balinesische Kastenwesen

Im Gegensatz zu Indien werden auf Bali heute **kaum noch Unterschiede** in den einzelnen Kasten gemacht. So ist eine Heirat zwischen Angehörigen verschiedener Kasten nicht ungewöhnlich und absolut in Ordnung. Offiziell aber gibt es **drei Kasten (triwangsa),** die sogenannten Adelskasten, deren Angehörige über die jeweiligen Vornamen ausgemacht werden können.

Brahmana ist die höchste Kaste Balis, die vor allem von Priestern und Schriftgelehrten geprägt wird. Deren Kinder gehören automatisch der Kaste an, auch dann, wenn Sie nicht Gelehrte werden. Ihre Vornamen sind *Ida Ayu* für Mädchen und *Ida Bagus* für Jungen.

Satriya ist die zweithöchste Kaste, hier hinein gehören Politiker, Fürsten und Prinzen. Ihre Vornamen lauten *Dewa, Anak Agung* und *Cokorda.*

Wesia ist die dritte Kaste in Bali, in ihr tummeln sich einflussreiche Kaufleute, (Ex-)Krieger und Rechtsanwälte. Ihre Vornamen lauten *Gusti* oder *Ngurah.*

Die vierte Kaste und damit am unteren Ende der gesellschaftlichen Hierarchie auf Bali ist **Sudra,** die Kaste der Bauern und Handwerker; mehr als 90 % der Balinesinnen und Balinesen gehören ihr an. Ihre Vornamen: *Wayan, Putu* oder *Gede* für den/die Erstgeborene/n; *Made* oder *Kadek* für den/die Zweitgeborene/n; *Nyoman* oder *Komang* für den/die Drittgeborene/n; *Ketut* für das vierte Kind. Ab dem fünften Kind beginnt die Namensgebung wieder mit *Wayan, Putu* oder *Gede.* Damit man das Geschlecht unterscheiden kann, wird dem Namen weiblicherseits „Ni" vorgestellt, auf der männlichen Seite „I".

Da die **Namensgebung** immer gleich abläuft, kann man schnell erkennen, welcher Kaste die Person angehört. Was aber im täglichen Leben keine große Rolle spielt, denn die Angehörigen der verschiedenen Kasten arbeiten heute in allen Berufen, es gibt also keine Rangordnung (mehr).

Glaubenselemente und Rituale aus vorhinduistischer Zeit

Hier sind zu nennen: **religiöse Tänze und Rituale in Trance** wie der Sanghyang-Tanz; der **Hahnenkampf,** in früheren Zeiten als Blutopferzeremonie, heute besonders während Tempelfesten abgehalten; die **Ahnenverehrung;** verschiedene **Götter und Dämonengestalten** (z.B. *Dewi Sri*).

Balinesische Götter

Neben dem einen Gott *Sang Hyang Widdhi* und seinen drei Hauptmanifestationen *Brahma, Wishnu* und *Shiva* beten die Balinesen zu zahlreichen weiteren Göttern. Die Ahnen, die den Kreislauf der Wiedergeburt hinter sich gebracht haben und ein Teil Gottes geworden sind, verehrt man als **Bhatara,** die vornehmlich Berge und Seen beherrschen. Außerdem gibt es die bösen Götter und Dämonen; an deren Spitze steht **Rangda,** die Hexenfürstin. Hinzu kommen eine ganze Reihe von **Dämonenfürsten und Giganten,** mystische Fabelwesen, die oft auch gute Eigenschaften haben, und ein Heer von namenlosen Plagegeistern, die **Leyaks.** Viele dieser Götter haben ihren Ursprung in der vorhinduistischen Mythologie der Bali-Aga und wurden mit der Zeit von der Hindu-Dharma-Religion übernommen. Bali ist die Heimat all dieser Götter, die Gipfel der hohen Berge sind die Orte, wo sie sich am liebsten aufhalten. Der **Gunung Agung** ist ihr „Hauptwohnsitz", an seinen Hängen befindet sich das größte Heiligtum der Insel, **Pura Besakih.**

Die Höhe wird von positiven, die Tiefe von negativen Mächten beeinflusst. **Das Meer** mit seinen unergründlichen Tiefen **beheimatet die bösen Mächte:** Dämonen und unvorstellbare Monster. Aus diesem Grunde sind die Balinesen eines der wenigen Inselvölker, die vom Meer abgekehrt landeinwärts leben. Selbst Fischerdörfer liegen stets einige Kilometer landeinwärts, es sei denn, sie werden von Muslimen bewohnt.

Die guten und die bösen Kräfte müssen in Einklang gebracht werden. Deshalb opfert der Balinese stets beiden „Parteien", keine darf sich benachteiligt fühlen. Täglich werden kleine **Opfer** an allen wichtigen Punkten der Insel dargebracht, um die Götter gnädig zu stimmen bzw. die dort lauernden Dämonen zu besänftigen. Letztere findet man beispielsweise am Hauseingang oder an Kreuzungen, auf Friedhöfen, an Brücken, in der Feuerstelle oder im Dachstuhl. Fünfmal am Tag verteilen die Balinesen die Opfer, die aus einigen Blütenblättern, Reiskörnern und manchmal auch einem Räucherstäbchen bestehen.

An besonderen, von vielen Menschen als wichtig erachteten Stellen stehen **Schreine, Götter- oder Wächterfiguren,** Tausende über die ganze Insel verteilt. Da das tropische Klima zu schneller Erosion der vornehmlich aus recht weichem Sandstein *(paras)* gehauenen Skulpturen und Schreine führt und andererseits stetig neue aufgestellt werden, besteht eine ständige Nachfrage nach neuen Figuren. Das hat das Steinmetz-Kunsthandwerk der Insel zu einer Blüte gebracht, die in der Welt ihresgleichen sucht. Überall wird gehämmert, gemeißelt und geschnitzt.

Die positiven Mächte

All die vielen Götter zu nennen, die auf Bali verehrt werden, scheint unmöglich, **die wichtigsten** aber sollten genannt werden.

- **Sang Hyang Widdhi:** Der einzige und alleinige Gott wird auch *Sang Hyang Widdhi Waca* genannt. Oft wird er in der Form des Trimurtti verehrt. Das sind seine drei Hauptinkarnationen: *Brahma, Wishnu* und *Shiva.*
- **Brahma** ist der Gott der Schöpfung, derjenige, der das Weltall in Bewegung setzte und die Hindukasten gebar. Er besitzt vier Köpfe, aus denen jeweils eines der vier heiligen Bücher der **Veden** entsprang; die Veden entstanden zwischen 1500 und 500 v. Chr. in Indien und sind noch heute Grundlage des Hinduismus. Brahma reitet auf einer Gans und trägt ein Zepter und verschiedene andere Symbole. Einst war er der mächtigste und größte aller Hindugötter, jetzt ist seine Bedeutung aber zu Gunsten *Shivas* und *Wishnus* gesunken. *Brahma* symbolisiert die Geburt, ihm ist der **Pura Puseh,** der Ursprungs-

tempel des balinesischen Dorfes, geweiht. Sein Platz im dreigeteilten Sanggah-Kemulan-Schrein ist rechts, seine Farbe Rot. Im Körper des Menschen regiert er Knochen, Fleisch, Nerven und die Körpertemperatur.

- **Dewi Saraswati** ist die Inkarnation der Kraft *(sakti) Brahmas* und wird als die Göttin der Weisheit, Literatur und Musik verehrt. Ihr wird jährlich der Festtag Hari Saraswati gewidmet, an dem nicht geschrieben und gelesen werden darf. Sie wird mit vier Armen dargestellt, mit denen sie u.a. ein Lontarbuch und ein Saiteninstrument hält. Zu ihren Füßen finden sich oft die Gans *Brahmas* und ihr eigenes Reittier, der Pfau.
- **Wishnu** ist der Beschützer und Lebensspender aller Kreaturen der Welt. Für viele Hindus, besonders in Indien, ist er „Universalgott". Wann immer die Menschheit Hilfe braucht, kommt er in Gestalt eines Menschen auf die Erde und steht ihr bei. Im Allgemeinen nimmt man an, dass er schon neunmal als **Arater** (= menschgewordener Gott) auf die Erde gekommen ist. *Krishna, Rama* und *Buddha* sind die letzten Aratas gewesen, der zehnte soll kommen, wenn die Welt untergeht. Auf Java wurden trotzdem viele Könige und andere historische Persönlichkeiten als Reinkarnationen *Wishnus* angesehen, so auch *Sukarno*. Das „Transportmittel" *Wishnus* ist der legendäre Göttervogel *Garuda* (→ „Fabeltiere"). Wird *Wishnu* als Statue dargestellt, trägt er normalerweise vier Symbole: eine Scheibe (Diskus), eine Lotusblüte, eine Meeresschnecke und eine Waffe, die wie eine Mischung aus Axt und Keule aussieht. Sein Platz im Dreier-Schrein ist links, seine Symbolfarbe Schwarz. **Pura Desa,** der Dorftempel, ist ihm geweiht, und im Körper des Menschen regiert er Blut, Fett, Knochenmark, Drüsen und alle Flüssigkeiten, die die körperliche Hülle am Leben erhalten. *Wishnu* wohnt auf Balis heiligem Vulkanberg Agung.
- **Krishna,** eine der vielen Inkarnationen *Wishnus,* konnte schon mit vier Jahren Elefanten heben. Später wurde er ein großer Kämpfer und Liebhaber, der Held im Epos „Bhagavadgita".
- **Rama,** ebenfalls eine Inkarnation *Wishnus,* repräsentiert in dem bekannten hinduistischen Epos „Ramayana" den idealen Hindu. Er ist ein zärtlicher Ehemann, ein ehrenhafter Prinz, ein großer König und ein furchtloser Kämpfer. Seine Frau, *Sita,* ist eine Inkarnation *Lakshimis.*
- **Shiva** ist der „Bedrohlichste" des Dreiergespanns, er ist der Zerstörer und Todesbringer (**Pura Dalem,** der Totentempel des Dorfes, ist ihm geweiht), aber auch Erneuerer. *Shiva* zeigt sich in unterschiedlicher Erscheinung: sowohl in intensiver Askese als auch als Dämonen-Killer mit einem Kopfschmuck aus Totenschädeln und Schlangen, die sich um seinen Körper winden. Der Legende nach war es *Shiva,* der in der Gestalt des *Passupati* den heiligen Hindu-Berg Mahameru teilte und die beiden Hälften als Vulkane Agung und Batur nach Bali brachte. *Shiva* soll auf dem Gipfel des Batur wohnen. Als Gott der Neuerschaffung tanzt er in einem Ring aus Feuer, als männliches Symbol der Fruchtbarkeit.

Der zeitweise auch in Indonesien stark verbreitete Shiva-Kult hat einen starken asketischen, aber auch einen sexuellen Aspekt. **Lingga,** ein religiöses Phallussymbol aus Stein, ist das Sinnbild für *Shiva,* Männlichkeit und Potenz. Das weibliche Gegenstück, einen Stein in Form einer Vagina, nennt man *Yoni.* Besonders in seiner mystischen sexuellen Beziehung zu *Durga* (einer Erscheinungsform von *Parvati,* seinem Weib) tritt der lustbetonte Aspekt stark hervor (s.u.). Mit *Durga* zeugte er verschiedene andere Götter des hinduistischen Pantheons, z.B. den Elefantengott *Ganesha.*

Shivas Reittier ist ein Stier namens *Nandi* (ebenfalls ein altes Fruchtbarkeitssymbol); *Nandi* ist *Shivas* permanenter Begleiter, Freund, Diener, Musikant. Das Symbol *Nandis* ist der Halbmond, den *Shiva* auf vielen Darstellungen auf seiner Stirn trägt. *Shiva* ist der mittlere Platz im Sanggah-Kemulan-Schrein zugewiesen, seine Symbolfarbe ist Weiß (Trauerfarbe bei Beerdigungen etc., vgl. auch das weiße Tuch *Rangdas*). Der Atem des Menschen, der die Verbindung zwischen Körper und Atman (Seele) darstellt, wird von *Shiva* regiert. In Bali wird *Shiva* auch in der Form von *Maha Dewa* (auch *Maha Guru*), dem „göttlichen Lehrer", verehrt. In Denpasar steht eine eindrucksvolle Statue.

- **Parvati,** *Shivas* Gemahlin, ist die Tochter des Himalaya-Gebirges und die Schwester des Ganges, aber auch eine Manifestation ihrer selbst. Sie hielt seinerzeit *Shiva* durch ihre Liebe von der Askese ab. Sie ist der Inbegriff der Einheit von Göttern und Göttinnen, von Mann und Frau. *Parvati* erscheint in vielen verschiedenen Gestalten, die jeweils **verschiedene Manifestationen** ihrer göttlichen Macht darstellen: Als **Uma** erscheint sie als milde Göttin des Lichtes und der Schönheit. Als **Durga** ist sie die Göttin des Todes und der Zerstörung; Statuen von ihr findet man in den Totentempeln (Pura Dalem). Eines der berühmtesten Durga-Reliefs findet man im Tempel Bukit Dharma in Kutri. Parvatis schrecklichste Erscheinung ist aber **Kali,** die grausamste Gottheit des Hinduismus, die ein unstillbares Verlangen nach Blut besitzt. Sie erscheint blutverschmiert, von Schlangen umgeben und mit Schmuck behangen, hergestellt aus Schädeln ihrer Kinder.
- **Ganesha** ist eine der vielen Gottheiten, die von *Shiva* und *Durga* gezeugt wurden. Er ist dickbäuchig, hat einen Elefantenkopf und ist der Gott des Haushaltes, des Reisens und des weltlichen Besitzes. *Ganesha* ist weise, geistvoll und belesen. Gläubige huldigen ihm vor jeder größeren Unternehmung und bitten um Erfolg. Manche glauben auch, dass er der Gott der Schwarzen Magie ist.
- **Dewi Sri,** die Göttin der Landwirtschaft und Fruchtbarkeit, wird von den Reisbauern ganz besonders verehrt. Fast alle Subak-Tempel sind dieser Göttin, die für Wachstum und Reife des wichtigen Getreides zuständig ist, gewidmet. Auch der **Reisanbau** vom Setzen bis zur Ernte wird von einer Unzahl von Zeremonien begleitet, die dieser Göttin gelten. Die Verehrung der *Dewi Sri* geht auf den vorhinduistischen, animistischen Glauben der Balinesen zurück. In verschiedenen Legenden wird *Dewi Sri* aber heute als eine weitere Inkarnation *Parvatis,* der Frau *Shivas,* angesehen, oder aber als Weib *Wishnus.* Einer der schönsten Subak-Tempel steht in Sangsit im Norden Balis. Viele der meist aus Holz hergestellten Darstellungen *Dewi Sris* fungieren als Wandbilder.
- **Dewi Danu,** die Göttin der Seen und des Wassers, ist für die Bergbewohner Balis von großer Bedeutung. Sie wird besonders in den Gegenden um den Batur und den Bratan-See stark verehrt, da diese auf das Seewasser zur Bewässerung ihrer Felder angewiesen sind. Als 1926 ein Ausbruch des Vulkans Batur den Ort Batur endgültig unter sich begrub, wurde auch der Dorftempel vernichtet; der einzige Schrein, der die Katastrophe überstand, war der, den man *Dewi Danu* geweiht hatte. In Bedugul, am Ufer des Bratan-Sees, steht ebenfalls ein Tempel, der dieser Göttin geweiht ist. Der lang gestreckte Felsen, auf dessen äußerstem Ende der Meerestempel von Uluwatu (Halbinsel Bukit) steht, soll nach einer Legende das Schiff *Dewi Danus* sein.

Ganesha ist auf Bali häufig zu sehen

089ba pr

Rawana

■ **Indra,** der Gott des Regens erschuf der Sage nach die heiligen Quellen von Tirta Empul, als der Dämonenkönig *Mayadanawa* den heiligen Fluss Petanu vergiftete, um die Götter zu besiegen; dank dieser Tat wendete sich das Kriegsglück wieder auf die Seite der guten Mächte. *Mayadanawa* versuchte zu fliehen und verwandelte sich zuerst in einen Hahn, dann in Reis und schließlich in einen Stein. *Indra* schoss einen magischen Pfeil auf ihn, und das Blut des Dämonen rann in den Fluss. Lange Zeit war es darum verboten, das Wasser des Petanu zum Bewässern der Reisfelder zu benutzen, denn sollte man den Reis ernten, würde aus den geschnittenen Halmen Blut fließen. *Indra* zeugte den legendären Bogenschützen *Ardschuna.*

■ **Maha Dewa** ist der Gott des Berges Batukaru, ihm ist der einzige siebenstufige Meru des Tempels Pura Luhur an den Hängen dieses heiligen Berges geweiht (→ Tabanan). *Maha Dewa* gilt auch als Erscheinungsform *Shivas.*

■ **Dewa Bayu** ist der Gott des Windes, der Luft und des Atems. Er schuf *Bima,* einen legendären Kämpfer in alten Legenden Balis.

■ **Ibu Partivi,** Mutter der Erde, werden z.B. bei einer Hochzeit Opfer gebracht, da sie Zeuge der Vereinigung von Mann und Frau ist.

■ **Yama** ist der Gott des Todes und Herrscher der Hölle, ihm wird bei der Verbrennung eines Toten ein Geldopfer, das aus alten chinesischen Münzen besteht, dargebracht, um die Seele des Toten symbolisch freizukaufen, damit sie in den Himmel aufsteigen kann.

■ **Dewa Surya** ist der Gott der Sonne.

■ **Dewa Baruna** ist der Gott des Meeres.

■ **Dewa Dharma** ist der Gott der Tugend.

■ **Dewa Semara** ist der Gott der Liebe.

^ Rawana mit Sita und Jatayu

Dämonen

So viele Götter und Dämonen es gibt, so viele Riesen und andere Scheusale beleben Bali ebenfalls. Nicht alle sind wirklich böse, aber mit Reißzähnen, Glotzaugen und Krallen sehen ihre **tier- oder menschenartigen Gestalten allesamt schrecklich** aus.

- Der Dämonenfürst **Rawana** spielt eine Hauptrolle im Ramayana-Epos. Sein Dämonenreich heißt Alengka (Sri Lanka), und dorthin entführt er *Sita,* die geliebte Gemahlin *Ramas* (→ *Wishnu*). Nach vielen Abenteuern gelingt es *Rama* mit Hilfe von *Hanuman,* einem General des Affenreiches, seine Frau wieder zu befreien und *Rawana* zu besiegen. *Rawana* ist auch der Dämon des Feuers. Die Abenteuer von *Rama* und sein Kampf mit *Rawana* sind Thema vieler Tempelreliefs und einer Reihe von Dramen oder Tänzen, z.B. Ramayana-Ballett, Kecak oder Wayang Wong.
- Der zähnefletschende Dämonenfürst **Gede Mecaling** haust auf Nusa Penida und sucht von hier aus hin und wieder Bali auf, um Krankheit, Tod und Verderben auf die Insel zu bringen. Er ist maßgeblich beteiligt an der Entstehung des Ungeheuers *Barong* (s.u.).

Giganten und Riesen

Riesen spielen eine **wichtige Rolle in der Mythologie** der Balinesen. **Fast immer sind es dem Menschen behilfliche Kreaturen,** und die Legenden um sie beruhen oft auf Persönlichkeiten der frühen Geschichte Balis. Viele Naturmonumente wie Höhlen und Berge sollen von ihnen erschaffen worden sein.

- **Kebo Iwo (Iwa)** ist ein Riese, der mit übernatürlichen Kräften ausgestattet war und gilt als Erbauer vieler Steinmonumente auf der Insel. Er soll z.B. die Elefantenhöhle Goa Gajah bei Ubud an einem Tag mit seinen Fingernägeln aus dem Felsen gekratzt haben. Die gleiche Erklärung wird für die Entstehung von Gunung Kawi angeführt. *Kebo Iwo* war ein hoher Beamter des letzten Königs von Bedulu vor der Eroberung durch Majapahit im Jahre 1343. Sein Ende ist unrühmlich: *Gajah Mada,* der Premierminister Majapahits, lockte *Kebo Iwo* mit dem Versprechen nach Java, ihn dort mit einer Prinzessin zu vermählen; aus der Hochzeit wurde aber nichts, man ließ ihn stattdessen töten. In Blahbatuh steht ein Tempel, der *Kebo Iwo* geweiht ist; im Innenhof befindet sich ein ca. 1 m hoher Steinkopf, der eine Nachbildung des Riesenhauptes sein soll.
- **Raksasa** sind Giganten aus der Hindu-Mythologie. Skulpturen oder Reliefs von ihnen kann man oft vor Tempeleingängen oder Brückenübergängen sehen, die sie bewachen. Bewaffnet mit einer Keule, stets mit langen Zähnen und Schnurrbart versehen, halten sie das Böse ab.
- **Djero Gede** ist ein Riese, der eine Rolle im Barong Landung spielt.

Fabeltiere

Neben Göttern und Dämonen bevölkern auch einige Fabeltiere die Mythologie Balis. Mit mehr oder weniger übernatürlichen Kräften ausgestattet, dienen sie normalerweise den Menschen im **Kampf gegen das Böse.**

- **Garuda,** der legendäre Vogel, der den Hindu-Gott *Wishnu* vom Himmel zur Erde trägt, sieht aus wie eine Mischung aus einem großen Adler und einem prähistorischen Archäopteryx. Er ist ein Freund des Menschen und hat als Holzfigur in jedem balinesischen Haus seinen Platz. Dort passt er auf dem Querbalken unter dem Dach auf, dass kein Feuer ausbricht, für das sein Erzfeind *Rawana,* der Dämon des Feuers, zuständig wäre. Oft sitzt *Wishnu* zwischen den ausgebreiteten Flügeln des Vogels. Der *Garuda* ist heute das Wappentier der indonesischen Republik und Namensgeber der größten staatlichen Fluggesellschaft. Im **Pura Bukit Sari,** der im Heiligen Affenwald von Mengwi liegt, befindet sich eine große Garuda-Statue; das Entstehungsjahr ist ungewiss. Hier versinnbildlicht der Göttervogel die Erlösung vom Leiden und die Gewinnung von Amerta, dem Lebenselixier. Im Ramayana-Epos hat *Garuda* den Namen *Jatayu.* Er versucht *Rawana* (s.o.) zu töten, weil er *Sita,* die Frau *Ramas,* entführt hat. Der fürchterliche Luftkampf wird gern in Gemälden und Reliefs dargestellt. *Jatayu* wird tödlich verletzt, kann *Rama* aber noch den Weg weisen.

- Das Fabelwesen **Barong,** dessen Herkunft im Dunkeln liegt (eine Erklärung: → Nusa Penida), sieht aus wie eine Mischung aus Drache, Lindwurm und Löwe. Sein Kostüm, das von zwei Männern getragen wird, befindet sich in vielen wichtigen Tempeln. Bei den meisten Prozessionen marschiert der *Barong* mit. Seine Maske besitzt übernatürliche Kräfte, sein Bart aus Menschenhaar ist der Sitz dieser Kraft. Der *Barong* ist der Gegenspieler des Bösen, insbesondere der Hexe *Rangda* (s.u.), und wird immer gebraucht, wenn eine Teufelsaustreibung oder eine zeremonielle Reinigung vorgenommen werden sollen.
- **Naga** ist die Weltschlange, **Bedawang** die Schildkröte, die bei der Entstehung Balis eine wichtige Rolle spielte. Schildkröte und Schlange als Symbole der Schöpfungslegende finden sich an der Basis vieler Tempelschreine und Verbrennungstürme. Eine schöne Darstellung dieser Symbolfiguren ist in Denpasar zu sehen, und zwar im Pura Jagatnathar. Die oft geschwungene Klinge des Kris-Dolches symbolisiert ebenfalls *Naga.*

Hexen

Rangda, die schlimmste aller bösen Hexen, erscheint mit zotteligem Haar und einem furchterregenden Gesicht, aus dessen vor Zähnen strotzendem Maul eine lange Zunge hängt. Sie hat große Hängebrüste, und geschmückt hat sie sich mit menschlichen Eingeweiden, die sie sich um ihren Hals hängt. Sie ist die **Verkörperung der bösen Seite** im dualistischen Universum der Balinesen.

Man muss *Rangda* genauso viel Aufmerksamkeit schenken wie den guten Geistern, sie und ihr **Heer von Leyaks und Kalas (Dämonen)** müssen täglich durch Opfer besänftigt werden. Im Kampf gegen *Rangda* steht dem Menschen der *Barong* (s.o.) bei. Die Masken dieser beiden Gestalten werden im Tempel in einem speziellen Schrein aufbewahrt. Sie genießen besonderes Ansehen, und man betrachtet sie als **Sakti** (d.h. sie haben selbst übernatürliche Kräfte), da sie ständig mit dem Übernatürlichen in Verbindung stehen. Nur ganz bestimmte Schnitzer, ganz gleich, ob andere vielleicht kunstfertiger sind, können „richtige" **Rangda-Masken** herstellen. Wegen ihrer gefährlichen Strahlung wird die Maske stets mit einem weißen Tuch zugedeckt.

Steinstatuen von *Rangda* findet man vor allem **in den Totentempeln (Pura Dalem) der Dörfer.** Eine besonders schöne steht im Pura Dalem von Tampaksiring (→ „Barong-Tänze"). *Rangda,* in der Gestalt der Hexenwitwe *Calong Arang,* ist die Hauptfigur des gleichnamigen Austreibungstanzes, der, wenn es nötig ist, vor dem Pura Dalem eines Dorfes aufgeführt wird.

Tempel und heilige Plätze

Von den vielen Beinamen, die die Insel Bali im Laufe der Jahre bekam, trifft einer auf jeden Fall zu: „Bali, die Insel der 1000 Tempel". Allerdings gibt es auf der Insel in Wirklichkeit **weit mehr als 1000 Tempel.** Die genaue Zahl ist nicht bekannt – wer wollte sie alle zählen? Eine allgemein gültige Schätzung spricht von mindestens 20.000. Bali ist 5810 km² groß, rein rechnerisch befinden sich also auf jedem Quadratkilometer mindestens drei Tempel.

Wohin man seine Schritte auch lenkt, immer wird man an irgendeinem **heiligen Platz** vorbeikommen. **Tempel stehen überall,** in Gärten, auf Plätzen, Marktplätzen, Friedhöfen und in Reisfeldern, an einsamen Stränden, auf unwegsamen Berggipfeln, tief innerhalb von Höhlen, ja sogar zwischen Stämmen großer Banyan-Bäume oder inmitten tiefer Wälder. Alle sind mit Steinmetzarbeiten und Statuen von Göttern und Dämonen überreichlich verziert. Oft steht ein Banyan-Baum im Vorhof und wirft wohltuenden Schatten auf das Gelände, Frangipani-Bäume verbreiten angenehmen Duft.

Tempel auf Bali sind **Orte der Ruhe und Zufriedenheit.** Sie haben kein Dach wie christliche oder islamische Gotteshäuser. Nach oben werden sie nur **vom Himmel begrenzt, der Boden ist die Erde.** Regen, Wind und Sonne nagen an den in Stein gehauenen Ornamenten und Figuren und geben ihnen ein altes, ehrwürdiges Aussehen. Mit Moos bewachsene Dämonen schauen unbeteiligt zu, wenn die Menschen zu den Festtagen ihre Opfer bringen.

Aufbau eines Tempels

Wer von außen einen Tempel betritt, geht meistens durch ein **Candi Bentar,** das typische gespaltene Tor. Links und rechts bewachen **Wächter-Dämonen** den Eingang, um Böses abzuwenden, Totentempel werden von Durga-Statuen bewacht. Das Candi Bentar sieht aus wie ein kompaktes, gestaltetes Stück Fels, das symmetrisch genau in der Mitte gespalten wurde. In den Legenden heißt es, das Candi Bentar stelle die beiden Hälften des heiligen Berges Meru dar. *Shiva* setzte den Berg auf die Insel Bali, dieser aber zerfiel in zwei Teile: den Agung und den Batur. Vielleicht steht die Form des Tores aber auch für das alte Prinzip von Ying und Yang.

Normalerweise besteht ein Tempel aus drei hintereinander liegenden **Terrassen oder Höfen,** die jeweils von einer Mauer umgeben sind. Man erreicht sie über Treppen durch reich verzierte Tore, über denen oft ein **Kala (Dämon),** der die langen Klauen abwehrend spreizt, in den Stein gehauen wurde. Auch er soll Böses abhalten.

Der **dritte Hof** ist stets der heiligste. Hier befinden sich in verschiedenen **Schreinen** heilige Reliquien, in anderen werden Masken von *Barong* und *Rangda* aufbewahrt. Der ehrwürdigste **Schrein** ist der dreigeteilte **Sanggah Kemulan,** der der dreifachen Gottheit *Brahma/Shiva/Wishnu* geweiht ist. Außerdem befindet sich darin der **Padmasana,** der Thron für *Sang Hyang Widdhi;* das ist ein kleiner Steinstuhl, der auf einem den Agung symbolisierenden, reich ornamentierten Sockel in einer Ecke des innersten Hofes steht, die in Richtung Agung weist.

Auch **Merus** findet man an der Wand zum Agung hin. Die mit schwarzen, riedartigen Palmenfasern gedeckten, pagodenartigen Schreine haben viele Dächer, ihre Anzahl ist unterschiedlich, aber stets ungerade. Der höchste Meru hat elf Dächer. Sie stehen dort zu Ehren vergöttlichter Ahnen, den *Bhataras.*

Es gibt noch eine Vielzahl anderer Gebäude und Schreine innerhalb eines Tempelkomplexes, die von Tempel zu Tempel variieren. Stets findet sich auch mindestens ein **Pavillon für das Gamelan-Orchester (Bale Gong) und für das Aufstellen der Opfergaben. Bale Agung** heißt der größte Pavillon im mittleren Hof.

Die Dorftempel

Die Dorftempel sind im wahrsten Sinne des Wortes der **Mittelpunkt des Dorflebens.** Hier werden normalerweise auch die Tempelfeste gefeiert. Früher besaßen die Könige und Fürsten Balis eigene Tempel, in denen sie ihre Gottesdienste abhielten. Diese königlichen Tempel wurden später zu den der ganzen Gemeinde gehörenden Dorftempeln. Man nennt sie **Kahayangan Tiga** oder die „Drei himmlischen Schreine“, sie sind jeweils einer der drei Hauptmanifestationen *Sang Hyang Widdhis* geweiht.

Die Tempel sind wie die gesamte Religion ein wichtiges Instrument, die **Solidarität und** das **Gemeinschaftsgefüge der balinesischen Bevölkerung** aufrechtzuerhalten. Nicht eine Behörde oder ein Amt oder irgendeine andere abstrakte Institution sind für den Erhalt und die Ausstattung der Tempel zuständig, sondern der Banjar, der Subak oder der Familienclan. Dem Banjar gehören alle Familien des Dorfes, dem Subak alle Reisbauern an. Die Schönheit des Tempels und die Pracht eines Festes sind Maßstäbe für das Funktionieren dieser Organisationen. Und dafür ist jeder wiederum direkt verantwortlich.

Tempel und Tempelfeste aber werden zu Ehren der Götter gebaut bzw. veranstaltet. Die wiederum entscheiden, ob man dem **Kreislauf der Wiedergeburt (Moksha)** entrinnen darf oder nicht. Wenn das Gemeinwesen also nicht funktioniert, hat jedes Mitglied höchstpersönlich im Jenseits die Konsequenzen zu tragen.

Nun ist aber nicht jeder Balinese für den Erhalt jedes Tempels verantwortlich. **Für jeden Tempel ist eine andere Gruppe zuständig,** je nachdem, wer darin betet. Natürlich kann aber ein Balinese in verschiedenen Gruppen sein, z.B. in der Familie (Familientempel) oder im Subak (Subak-Tempel).

- **Pura Desa:** Der Dorftempel ist *Wishnu,* dem Bewahrer, als Symbol für das Leben geweiht; er wird am häufigsten benutzt. Hier trifft sich an den Festtagen das ganze Dorf und huldigt seinem Gott. Es werden hier z.B. gesamtbalinesische Feste wie Kuningan und Galungan gefeiert. Der Pura Desa ist das Zentrum des gesellschaftlichen und religiösen Lebens eines Dorfes.
- **Pura Dalem:** Der Totentempel ist *Shiva,* dem Zerstörer, als Symbol für den Tod geweiht. Er steht normalerweise an der Westflanke eines Dorfes und wird selten benutzt, lediglich bei Beerdigungen und Verbrennungen kommen die Dorfbewohner hierher. Wenn man einen besucht, wird man die eigenartige, etwas „verwunschene“ Atmosphäre spüren, die über den bemoosten und verwitterten Schreinen und Durga-Statuen (Todesgöttin) liegt. Bekannte Pura Dalem sind: Pura Dalem Koripan, Pura Dalem Sagening, Pura Dalem Gel-Gel.
- **Pura Puseh:** Der Ursprungstempel ist *Brahma,* dem Schöpfer, als Symbol für die Geburt geweiht. Hier werden die ehemaligen Führer, die Gründer des Dorfes, die mittlerweile zu *Bhataras* (vergöttlichten Ahnen) geworden sind, verehrt.

Die Nationaltempel (Sad Kahayangan)

Die Nationaltempel werden von allen Balinesen geehrt und unterhalten. Für ganz Bali übernehmen die Nationaltempel die gleiche Funktion. Alle Distrikte und besonders die alten Adelsfamilien sind für den Erhalt dieser heiligsten Stätten gemeinsam zuständig. Ob das klappt, „kontrollieren" alljährlich Tausende von Balinesen, indem sie an den Festen in diesen Tempeln teilnehmen.

Als **sechs Nationaltempel** gelten:

- **Pura Besakih** als der heiligste, der Muttertempel der Balinesen
- **Pura Goa Lawah** (Fledermaushöhle) in der Nähe von Kusamba
- **Pura Lempuyang** im Karangasem-Distrikt (Nähe Amlapura)
- **Pura Luhur** an den Hängen des Batukaru-Berges (Tabanan)
- **Pura Uluwatu** auf der Halbinsel Bukit, an der südlichen Spitze Balis
- **Pura Pulaki,** zweitgrößter Tempel Balis, westlich von Singaraja

Allerdings ist nicht eindeutig geklärt, ob nicht auch andere Tempel zu den Nationaltempeln gehören, je nach regionalem Stolz und Befindlichkeit; es kann also zu **unterschiedlichen Angaben** kommen. So werden oft auch dazugerechnet:

- **Pura Air Jeruk** in Sukawati
- **Pura Penataran Sasih** in Pejeng (mit der Bronzetrommel)
- **Pura Kehen** in der Nähe von Bangli
- **Pura Sekenan** auf der Insel Serangan
- **Pura Taman Ayun** in Mengwi
- **Pura Tanah Lot,** der Meerestempel an der Westküste

Weitere Arten von Tempeln

Es gibt viele verschiedene Tempelarten. Zum einen unterscheiden sie sich durch die **Gottheiten,** die in ihnen verehrt werden, zum anderen durch den **Personen- oder Gemeindekreis,** der sie unterhält:

- **Pamerajan:** Familienschrein innerhalb des Wohnbezirks der balinesischen Familie.
- **Pura Dadia:** Familientempel, der von reichen, oft adeligen Familien unterhalten wird, die das jeweilige Dorf mitgegründet haben.

Pura Tanah Lot ist einer der Nationaltempel

xba081 sb

- **Pura Panti:** Sippentempel mehrerer reicher Familien, die einer Sippe angehören.
- **Pura Melanting:** Markttempel
- **Pura Segara:** Von Fischern erbauter und benutzter Tempel an den Küsten, um den Göttern des Meeres zu huldigen.
- **Pura Bukit:** Tempel der Bergbewohner, um den Göttern der Berge zu huldigen.
- **Pura Subak:** Tempel, die von der „Reisanbaukooperative" benutzt und unterhalten werden; sie befinden sich innerhalb der Reisfelder. Immer sind sie *Dewi Sri*, der Reis- und Fruchtbarkeitsgöttin, geweiht.

Heilige Höhlen und Quellen

Neben den Tempeln gibt es noch einige andere, **nicht von Menschenhand geschaffene Heiligtümer,** normalerweise Höhlen oder Quellen. Besonders erwähnenswert sind:

- **Goa Lawah,** die Fledermaushöhle
- **Goa Gajah,** die Elefantenhöhle
- **Yeh Pulu,** Relief und heilige Quellen
- **Tirta Empul,** heilige Quellen
- **Sudamala** und **Beras,** beides heilige Quellen im Distrikt Ubud/Gianyar/Campuhan

Religionen auf Lombok

Auf Lombok hängen **90 % der Bevölkerung** offiziell dem **islamischen Glauben** an. Diese Gläubigen werden **Wetu Lima** (= „Fünf Mal") genannt. Die Wetu Lima (auch **Waktu Lima**) sind am stärksten islamisiert und repräsentieren den größten Teil der Sasak-Bevölkerung. Der von ihnen praktizierte orthodoxe Islam trägt alle wichtigen Merkmale des muslimischen Glaubens. Es gibt noch zwei andere Religionsgemeinschaften auf Lombok, Bodha und Wetu Telu.

Bodha

Bodha kann als die **Ur-Religion von Lombok** betrachtet werden und ist vom Aussterben bedroht. Als seinerzeit die Balinesen Lombok eroberten, zogen sich verschiedene Gruppen in die Berge zurück. Da leben sie heute noch (ähnlich den Bali-Aga auf Bali), abgeschottet vom Rest der Bevölkerung – hauptsächlich **im Dorf Bentek.**

Die Bodhas sind Lomboks buddhistische Bevölkerungsgruppe und gehören dem **Theravada-Buddhismus** an (Sri Lanka/Südostasien). In den Tempeln (Viharas) der Bodhas finden sich schlanke goldene Buddha-Figuren, wie sie aus Thailand bekannt sind. Die Bodha leben vom islamischen Einfluss völlig unberührt und verehren **animistische Götter,** wobei sie hinduistische und buddhistische Einflüsse in ihre Rituale und ihr religiöses Leben integrieren. Diese Gruppe von Sasak wird teilweise von der indonesischen Regierung als Buddhisten anerkannt.

Wetu Telu (auch Waktu Telu)

Ein ebenfalls nur noch kleiner Teil der Bevölkerung praktiziert die Religion Wetu Telu, die es ausschließlich auf Lombok gibt. Es handelt sich um ein **Gemisch hinduistischer, animistischer und islamischer Vorstellungen.**

Die Wetu-Telu-Anhänger sind in der jüngeren Geschichte **stets verfolgt worden.** Am schlimmsten erging es ihnen beim Massaker nach dem gescheiterten Putsch im Jahr 1965: Alle, die „nicht rechten Glaubens“ waren, wurden kurzerhand als Atheisten (= Kommunisten) klassifiziert und damit als vogelfrei. Seither bekennt sich kaum noch jemand in der Öffentlichkeit zu diesem Glauben.

Die Zahl der **Anhänger** wird auf ca. **30.000** geschätzt, auch wenn offizielle Stellen von geringeren Zahlen sprechen. Das Zentrum der Wetu-Telu-Gemeinde ist **Bayan** im Norden der Insel. Interessant ist in diesem Zusammenhang auch der **Tempel von Lingsar,** der sowohl einen rein balinesisch-hinduistischen als auch einen Wetu-Telu-Teil besitzt; einmal im Jahr bekämpfen sich hier Hindus und Wetu Telu rituell, indem sie sich mit Reisgeschossen bewerfen.

Das Interessante an dieser Religion ist, dass sie sich in einem Zwischenstadium zwischen Bodha und Waktu Lima befindet, also noch nicht ganz islamisiert ist, aber auch nicht mehr dem Animismus zugerechnet werden kann. Diese Kultur wird von Ethnologen als **„heidnisch-islamischer Synkretismus“** bezeichnet, in dem noch häufiger magische als islamische Rituale vorkommen. Geister, Ahnen und Lebenszykluszeremonien sind noch täglich aktuell, obwohl die Wetu Telu unter einem zunehmenden Islamisierungsdruck stehen.

Dieser Druck hat eine weitere Gruppe hervorgebracht, die sich **Waktu Delapan** (auch **Wetu Belu**) nennt. Dieser Begriff bezeichnet Sasak, die sich im Übergangsstadium von Waktu Telu zu Waktu Lima befinden und sich selbst nicht mehr einordnen können.

Zeremonien, Feste und Bräuche

Bali – von der Geburt bis zum Tod

Das Privatleben der Balinesinnen und Balinesen ist von einer **Vielzahl von Zeremonien und Ritualen** geprägt. Die Menschen glauben, dass die Seele wiedergeboren wird und immer wieder in die Ursprungsfamilie zurückkehrt. Einige der folgenden Zeremonien sind kleine, aber wichtige Familienfeiern.

Upacara Pemagpag

Von der Geburtsstunde bis zum Alter von elf Tagen wird die **neue Seele (Atman)** auf der irdischen Welt willkommen geheißen. Das Baby kommt mit (Frucht-)Wasser, Knochen und Luft in die irdische balinesische Welt. **Ari-ari,** der Mutterkuchen (der Zwilling), wird gereinigt und vor dem Haustor vergraben.

Upacara Ngerorasan

Ab dem zwölften Tag beginnt erst das Leben des Kindes in der richtigen Welt. Die Seele benötigt ein paar Tage, bis sie die Erde erreicht.

Upacara Bulan Pitungdina

Diese Zeremonie findet **nach 42 Tagen** (1 Monat + 7 Tage) statt. Ab jetzt bekommt das Baby „feste“ Nahrung, Bananen, und Kleidung.

Upacara Telu Bulan oder Kambuhan

Diese Zeremonie feiert man **nach drei Monaten,** es ist die Zeremonie der großen Reinigung. Falls die Seele noch mit altem Karma verunreinigt ist, wird die **Biye Kala (Große Reinigung)** durchgeführt; so kann die Seele einen unbelasteten Neuanfang machen. Ab dieser Zeremonie ist es auch Nicht-Familienmitgliedern erlaubt, das Kind zu berühren oder auf den Arm zu nehmen. Das Baby darf nun Kontakt mit der Erde/dem Boden haben und bekommt seinen ersten Haarschnitt – es wird kahlrasiert.

Die Zahnfeil-Zeremonie

Eine der wichtigsten Zeremonien im Leben einer Balinesin und eines Balinesen findet mit Einsetzen der Pubertät oder der Periode statt. Die abgefeilten sechs oberen Vorderzähne **symbolisieren den zivilisierten Menschen.** Durch die gleich langen, stumpfen Schneidezähne unterscheidet sich der Mensch vom Tier, das sich durch lange, spitze Hauer auszeichnet – der Mensch kann seine Leidenschaften zügeln. Ohne abgefeilte Schneidezähne kann die Seele eines Verstorbenen nicht in den Zyklus der Wiedergeburten (Reinkarnation) eintreten.

An der wichtigen Zeremonie nimmt das ganze Dorf teil. Die Zähne werden von einem Priester gefeilt, der den dabei anfallenden Zahnstaub in einem Behälter sammelt. Auch in diesen Partikeln befindet sich ein ganz klein wenig Seele (Atman), daher müssen sie bestattet werden. Viele Opfer, viel Gamelan-Musik sowie festliche Kleidung und Atmosphäre kennzeichnen die Zeremonie. Heute ist es üblich, von **Touristen** Eintritt zu einer solchen Feier zu verlangen, falls sie nicht persönlich eingeladen wurden. Das mag einem zwar ein wenig eigenartig vorkommen, aber die Authentizität eines solchen Ereignisses leidet nicht darunter. Fotografieren ist allerdings unerwünscht.

Upacara Oton

Nach sechs Monaten, mit der Oton-Zeremonie, wird die neue Kinderseele offiziell den Ahnen und Familienseelen **im Ahnentempel auf dem Familiengehöft vorgestellt.** Man befragt die Ahnen, um welches wiedergeborene Familienmitglied es sich handelt, nach den vorherigen Leben des Kindes und dem noch stattfindenden. Außerdem erbittet man Erlaubnis, nun zum Brahmanen gehen zu dürfen, um eine **Palmblatt-Lesung (Horoskop)** durchzuführen; so erfährt die Familie mehr über die Vergangenheit der Seele und ihre Zukunft. Dieses Wissen macht es der Familie leichter, das neue Familienmitglied einzugliedern, da sie nun weiß, mit wem sie es zu tun hat.

Upacara Menekkelih

Mit der **Pubertät** beginnt der Eintritt ins Erwachsenenalter. Der junge Erwachsene soll nun sechs wichtige Punkte in seinem Leben berücksichtigen, die eng mit der Zahnfeilung in Verbindung stehen; jetzt können sechs Zähne gefeilt werden, die sechs Versuchungen symbolisieren.

Upacara Potong Gigi/Metatah

In der Pubertät sollte auf Bali die **Zahnfeilung** stattfinden. Den folgenden **sechs Giften (sad ripu) oder Versuchungen** wird man dann bestenfalls nicht oder nicht immer erliegen: *amarah* (Wut/Ärger), *irihati* (Eifersucht), *sombong* (Stolz), *bohong* (Lügen), *fitmah* (üble

Nachrede), *bodoh* (Dummheit). Da diese Zeremonie sehr groß und sehr teuer ist, können viele Familien sie sich nicht leisten. Häufig wird die Zahnfeilung mit der Hochzeit zusammengefasst.

Upacara Kawin/Pewiwahan

Die **Hochzeit** findet im Alter von 20 bis 28 Jahren statt. Um die Seelengenerationen nicht zu unterbrechen, muss ein Balinese heiraten; tut er das nicht, wird er bei seinem Tod für 100 Jahre ins Naraka, die Rückseite des Paradieses, geschickt. Frühestens nach 100 Jahren hat er dann die Möglichkeit der Wiedergeburt.

Upacara Grehasta

Ab der Hochzeit und bis zum Alter von ca. 60 Jahren ist der **Mann in der Position der vollen Verantwortung** für die eigene Familie im spirituellen Sinn und für den spirituellen Weg der gesamten Familie. Als ältester Sohn ist man besonders wichtig, denn der Vater und die Mutter geben bei ihrem Tod die spirituelle Verantwortung an ihn ab. Der Sohn sorgt mit seinen Gebeten dafür, dass die Seele des Vaters oder der Mutter wirklich gehen kann; denn falls die Seelen auf der Erde bleiben, irren sie umher und behindern den Wiedergeburtszyklus.

Upacara Wahna Prasta/Pari Cuda

Diese Zeremonie ist das **Löschen des alten Lebens** und der **symbolische Neubeginn.** Alle bis dahin notwendigen Lebenszeremonien wurden durchlaufen. Ab dann ist es erlaubt, spirituell zu unterrichten und spirituell zu heilen. Allerdings muss man drei Monate mit einem Brahmanen lernen. Ist diese Lehrzeit abgeschlossen, bekommt man einen Monat Zeit, sich vom Weltlichen zu lösen (Geld, Geschäfte u.Ä.) und **kann** dann **Brahmane werden.** Entsprechend seiner Kaste bekommt man einen neuen Namen. Ohne Pari Cuda sollte man keine Lontar-Bücher berühren oder lesen, da sonst der Geist durcheinander gerät. Es ist die letzte Zeremonie, die man lebendig machen kann, **dann folgt der Tod.** Nicht jeder, der diese Zeremonie begeht,

Die Hochzeitszeremonie

Auf Bali zu heiraten ist gar nicht so einfach. Es gibt mehrere Arten, eine Braut oder einen Bräutigam zu finden. In aristokratischen Familien bevorzugt man **Mapadik:** Die Vorstände zweier Familien einigen sich frühzeitig, manchmal vor der Geburt der Sprösslinge, dass Sohn und Tochter heiraten werden, oft zum Leidwesen der Kinder.

Aus diesen und aus finanziellen Gründen hat sich in weiten Teilen die **„Entführung" (Ngerorod)** durchgesetzt. Da eine Absprache zweier Liebender nicht akzeptiert wird (nach Adat = Tradition), muss man eine „Entführung" veranstalten. Diese Art der Brautwerbung ist legal, wird aber anschließend symbolisch bestraft. Oft wissen die Eltern Bescheid, doch um der Tradition Genüge zu tun, wird der Vater der Braut den Kul-Kul (Alarmglocke) schlagen, und das ganze Dorf macht sich auf, um das Paar zu suchen. Anschließend wird die Hochzeit vorbereitet.

An allen diesen Familienfesten kann man eigentlich nur teilnehmen, wenn man persönlich eingeladen wird. Oder aber, man hat Glück und wohnt in einem Guesthouse, dessen Familie gerade ein derartiges Fest zu begehen hat; **Gäste** in diesen Pensionen werden fast immer zu den Festlichkeiten eingeladen.

Feuerbestattungen

Feuerbestattungen auf Bali, genannt **Ngaben** oder **Pelebon,** sind **ausgelassene Feste** mit lauten und langen Prozessionen sowie rhythmischer Gamelan-Begleitung . Sie finden größtenteils von Juli bis September statt, aber auch über das Jahr verteilt an nach dem balinesischen Kalender besonders günstigen Tagen.

Sie können zu Spektakeln gigantischen Ausmaßes werden, die Monate oder sogar Jahre im Voraus geplant werden – mit Einäscherungsplänen und Scharen von Besuchern aus dem In- und Ausland. Dabei gibt man dem oder den Verstorbenen auf dem Weg zum Friedhof und damit zum Scheiterhaufen das **letzte Geleit.** Je mehr Menschen dabei sind, desto besser und erfolgreicher die Verbrennung und desto günstiger die Vorzeichen für die weitere Existenz der Toten. Daher können durchaus auch Urlauber daran teilnehmen, man sollte sich aber nicht in den Vordergrund drängen.

Den **Särgen** gilt besondere Aufmerksamkeit. Sie sind reich verziert, hoch aufragend, **stellen oft ein Tier dar** und werden von einer Gruppe männlicher Dorfbewohner durch das Dorf getragen. Form und Höhe der Särge richten sich nach der sozialen Klasse der Verstorbenen. So kann ein pagodenartiger Sarg von einem Mitglied einer königlichen Familie bis zu 10 m hoch sein. Die Särge werden von den Handwerkern des Dorfes sorgfältig aus Pappmaschee hergestellt und mit Blumen, Holzmasken und anderen Ornamenten verziert.

Nachdem die Sarkophage nach der Prozession den Verbrennungsplatz erreicht haben, werden sie **nach etlichen Gebeten, Beschwörungen und Ritualen angezündet und verbrannt.** Danach werden die Aschereste der Leiche gesammelt und ein paar Tage später in einer Prozession zum Meer oder dem nächsten Fluss gebracht und diesem übergeben.

045ba sb

wendet sich ganz dem spirituellen Leben zu und wird Brahmane.

Upacara Ngaben

Mit dem Tod geht die Seele (Atman) zurück zu *Paramatman* (Gott) und wird Teil des göttlichen Ganzen. **Die Elemente werden zurückgegeben:** Wasser wird zum Meer gebracht, die Knochen werden beerdigt (Mutter Erde), Luft wird *Shiva* (vereinigt das Meer und den Berg) gegeben. Symbolisiert werden die Elemente durch eine Kokosschale mit einer Figur. Ein Brahmane gibt den Weg frei, damit die Elemente zurückkehren können *(Goa Lawah).*

Upacara Nyekah/Negasti

Der letzte Weg führt zum Besakih. Dort wird allen Gottheiten (*Sang Hyang Widdhi, Shiva, Brahma* etc.) mitgeteilt, dass diese Seele gestorben ist und nun bei *Paramatman* weilt. Man bittet um Erlaubnis, die Seele immer zu Zeremonien im Familientempel einladen zu dürfen; in ihm gibt es immer zwei Räume, einen für die weiblichen und einen für die männlichen Seelen.

Ngaben – die Verbrennungszeremonie

Der Tod ist bei den Balinesen nur ein Schritt weiter dem großen Ziel entgegen, der **Wiedervereinigung mit Sang Hyang Widdhi (Reinkarnation).** Aus diesem Grunde ist das Ableben eines Angehörigen kein unendlich trauriges Ereignis, sondern es überwiegen die positiven Aspekte.

Nach dem Glauben der Balinesen füllt **Atman (die Seele)** zwar den ganzen Körper aus, Hauptsitz aber ist der Kopf. Nachts, wenn ein Mensch schläft, entweicht Atman durch den Mund und schweift in der Welt umher. Was die Seele unterwegs erlebt, erzählt sie in den Träumen. Kehrt die Seele eines Morgens nicht zurück, ist der Mensch gestorben. Allerdings hat die Seele den Körper nicht ganz verlassen, **erst durch die vollständige Vernichtung der körperlichen Hülle ist die Seele frei** und kann in den Himmel aufsteigen. Diese Vernichtung wird durch die Verbrennung vorgenommen.

Diesem Ereignis gehen **aufwendige Zeremonien** voraus, und auch bei der eigentlichen Verbrennung wird nicht gespart. Gigantische Verbrennungstürme, aufwendige Tiersarkophage werden hergestellt. Das kostet viel Geld, das teilweise, besonders von wohlhabenden Menschen, schon zu Lebzeiten zurückgelegt wird. Ärmere Familien warten häufig auf einen Tag, an dem sich mehrere Mitglieder der Dorfgemeinschaft zusammentun, um sich die Kosten zu teilen.

Bali – Zeremonien um den Reisanbau

Da der **Reis als Grundnahrungsmittel** für die Balinesen eine besondere Rolle spielt, wird sein Anbau von der Aussaat bis zur Ernte von einer ganzen Reihe wichtiger Zeremonien begleitet, die **alle der Göttin Dewi Sri geweiht** sind. Sie sind auch zur Besänftigung der bösen Geister gedacht, die ein gutes Wachstum verhindern wollen. Praktisch ununterbrochen finden solche Zeremonien statt.

Legt man ein neues Reisfeld an, so müssen vorher einige Männer des Subak mit dem Oberpriester zu einer **heiligen Quelle** pilgern; dort legt man **Opferga-**

Der Hahnenkampf

Der Hahnenkampf ist der **„Nationalsport" der balinesischen Männer.** Keine Regierung war bisher in der Lage, ihn einzuschränken. Es gibt bestimmt keinen männlichen Bewohner der Insel, der nicht wenigstens einen Kampfhahn besitzt und diesen aufopferungsvoll trainiert und pflegt. „Einem guten Kampfhahn schenkt ein Balinese mehr Zuneigung als seiner Frau", sagt der Volksmund.

Überall in den Straßen stehen die **glockenförmigen Körbe,** in denen die stolzen Hähne nervös auf und ab gehen. Sie dürfen nicht auf dem Hühnerhof den Hennen nachstellen, sondern werden eitel **bewacht, gepflegt und täglich massiert,** damit sich die Muskulatur entwickelt. Wenn Männer abends zusammensitzen, hat jeder seinen „Lieblingshahn" dabei, vergleicht, massiert, preist an und diskutiert über vergangene und zukünftige Kämpfe. Wer bei einem „Hahnfanatiker" wohnt, wird wenig Schlaf abbekommen, denn bei Sonnenaufgang versucht jeder Hahn, lauter zu krähen als der im Nachbarkorb. Ermüdend!

Der Hahnenkampf ist ein Relikt aus vorhinduistischer Zeit; damals war er eine rituelle Angelegenheit, um die bösen Geister durch ein Blutopfer zu besänftigen. Heute wird gekämpft, um die **Wettleidenschaft** der Männer zu befriedigen, immer noch mit Vorliebe zu Beginn von Tempelfesten.

Der Kampf ist blutig und kurz, aber aufregend. Wo immer eine Traube von Männern laut schreiend zusammensteht, spielt sich mit Sicherheit gerade ein Hahnenkampf ab. Nur Männer sind beteiligt, Frauen, auch Touristinnen, dürfen aber zusehen. Um die eigentliche „Arena" herum wird gespielt, geraucht, geschwatzt, es gibt Essen und Trinken und vor allem jede Menge gute Laune.

Die **Auswahl der Gegner** ist kompliziert und langwierig. Man tauscht die Hähne aus, begutachtet sie gegenseitig. Sind sich zwei Hahnbesitzer einig, werden die Hähne hochgehoben. Das Wetten beginnt: Plötzlich reden und schreien alle durcheinander, halten Geld hoch. Ein langer, rasiermesserscharfer **Dorn** wird **an einem der Füße der Hähne** befestigt, der Schiedsrichter prüft, ob alles mit rechten Dingen zugegangen ist, dann begeben sich die beiden Hahnbesitzer mit ihren „Gladiatoren" in gegenüberliegende Ecken. Durch Zupfen der Hals- und Schwanzfedern werden die Tiere in Wut gebracht. Das aufgeregte Wetten der Zuschauer verstummt und weicht einem „Ohh" oder „Aahhh", wenn die Kämpfer aufeinanderprallen.

Meist ist der **Kampf schon nach wenigen Sekunden vorüber.** Einer der beiden Streithähne bricht blutend zusammen. Wenn er sich auch in der folgenden Runde nicht mehr erholen kann, hat er verloren. Der Hahn, der nach dem Kampf noch stehen kann, gewinnt. Lange Gesichter bei den Verlierern, Grinsen bei den Gewinnern. Wollen beide Hähne nicht kämpfen, sperrt man sie zusammen in einen Korb. So dicht zusammengepfercht, lässt sich die angezüchtete Aggressivität der Rivalen nicht mehr zügeln, und es gibt immer einen Verlierer.

Hat ein Kampfhahn vier Kämpfe überlebt, wird er „pensioniert". Er darf auf den Hühnerhof, der Besitzer wird hoch geehrt, und die Hahnenkampfgemeinschaft wird sich noch lange an diesen „großen Kämpfer" erinnern.

ben für Dewi Sri nieder und entnimmt etwas **heiliges Wasser.** Dieses ist teilweise für den Subak-Tempel bestimmt, der Rest wird später, nach einer Zeremonie in den Reisfeldern, auf dem neu zu bestellenden Acker versprengt. Einige Tropfen werden auch in den Hauptbewässerungskanal gelassen, damit, zumindest symbolisch, jedes Feld vom Segen des heiligen Wassers *(air suci)* etwas abbekommt.

Kurz vor dem Setzen der Reisschößlinge werden die Kanäle des Bewässerungssystems repariert. Anschließend bringt man den bösen Geistern ein **Blutopfer** in Form eines Hahnenkampfes. Das Setzen selbst geschieht nach einem **magischen Plan** und unter Durchführung zahlreicher Zeremonien. Während der Reifezeit treffen sich die Bauern wenigstens einmal im Subak-Tempel. Auf den Reisfeldern befinden sich unzählige einfache **Schreine,** in denen man täglich frische Opfergaben hinterlegt.

Balinesische Zeremonien auf Lombok

- **Pujawali:** Jedes Jahr wird diese Zeremonie im Kalasa-Tempel (Narmada) veranstaltet, um *Batara,* dem Herrscher des Rinjani, zu huldigen. Unter anderem werden lebende Enten geopfert.
- Gleichzeitig findet am Kratersee Segara Anak die **Pekelan-Zeremonie** statt, während der viele Balinesen goldene Gegenstände opfern und in den See werfen (Vollmond des fünften balinesischen Monats, Sasih Kelima).
- **Große Zeremonie im Meru-Tempel (Cakranegara):** Von jedem Tempel auf Lombok kommen Priester, um hier zu beten. Zeit: Vollmond, alle 210 Tage.
- **Galungan/Kuningan** (alle 210 Tage): In verschiedenen Tempeln, sehr aufwendig in Lingsar und Cakranegara, malerisch in Batu Bolong.
- **Perang Ketupat:** Schlacht zwischen Wetu Telu und Bali-Hindus. Es wird für Regen gebetet (→ Lingsar).
- **Erntedank-Zeremonie** am Tempel auf dem Gunung Pengsong (9 km von Cakranegara), im März/April.

Tempelfeste auf Bali

Die Tempelfeste auf Bali sind wohl die farbenprächtigsten überhaupt. Der Tempel wird **mit Schirmen, Fahnen, Stoffbahnen und riesigen Mengen von Opfern geschmückt,** die die Frauen über Tage hinweg auf ihren Köpfen in den Tempel bringen, um sie hier vom Priester segnen zu lassen. Die Herstellung der **kunstvollen Opfertürme** obliegt den Frauen, die schon als kleine Kinder die komplizierten Flecht-, Steck- und Backtechniken erlernen. Allein 300 unterschiedliche Pflanzen werden zur Herstellung der verschiedenen Opfergaben benutzt. **Blumen** sind einer der wichtigsten Bestandteile.

Begleitet werden diese Feste von **Tanz, Theater und Schattenspielaufführungen,** die oft auf dem Tempelvorplatz bis zum frühen Morgen stattfinden. Häufig gibt es auch eine **Hahnenkampfveranstaltung,** der fast alle Männer des Dorfes beiwohnen. **Gamelan-Musik** erklingt die ganze Zeit über.

Die **Termine** für die Tempelfeste werden nach der balinesischen Zeit und Kalendereinteilung festgelegt und korrespondieren daher nicht mit festen Daten in unserem Kalender. Bevorzugt werden Vollmondnächte.

Wichtige Bestandteile eines jeden Tempelfestes sind das **Darbringen von Opfergaben (Mabanten)** sowie das **Beten und Gesegnetwerden (Mabakti).**

Mabanten

Die **individuellen Opfergaben** der Familien des Dorfes werden zu Hause vorbereitet und bestehen hauptsächlich aus **Reiskuchen und Früchten,** die mit jungen Palmblättern und Blumen dekoriert werden. Festlich gekleidete Frauen bringen sie in den Tempel, wo sie vom **Priester (Pemangku)** in Empfang genommen werden, der sie wiederum den **Bhataras** (gottgewordenen Ahnen) anbietet. Diese halten sich während der Feiertage (Odalan) in den Sitzen (Palinggih) auf, um die Essenz (Sari) der ihnen dargebrachten Opfer in Empfang zu nehmen. Zu diesem Zweck fächert der Pemangku den Rauch von Räucherstäbchen in deren Richtung. Neben diesen individuellen Opfern gibt es noch die **gemeinsamen Opfer der Dorfgemeinschaft,** die im Tempelhof selbst hergestellt und arrangiert werden.

Mabakti

Nach den Opferungen folgt die **Segnung,** das Sakrament Mabakti. Die Gläubigen knien nieder und der Priester sprenkelt **heiliges Wasser** über ihre Köpfe. Dann wird heiliges Wasser über die aufgehaltenen Hände gegossen, mit dem man sich Hände und Mund symbolisch reinigt. Anschließend nehmen die Gläubigen eine Blüte zwischen die Fingerspitzen und legen die Hände zur **hinduistischen Gebetshaltung Sembah** zusammen. Dann wird die Blume weggeworfen. Dreimal wird Sembah wiederholt. Danach bekommen die Betenden noch mehr heiliges Wasser in die aufgehaltenen Hände, dreimal wird daran genippt, dreimal über die Stirn gestrichen. Zuletzt steckt ihnen der Priester einige Blütenblätter, die er der Schale mit heiligem Wasser entnimmt, hinter die Ohren und drückt ihnen etwas Reisbrei zwischen die Augenbrauen.

Damit ist das Sakrament, das den Kontakt zwischen *Sang Hyang Widdhi Waca,* den *Bhataras* und den Gläubigen symbolisiert, **beendet.** Die Menschen können nach Hause gehen, ihre nun geweihten Opfergaben mitnehmen und sie im Kreise der ganzen Familie verspeisen. Damit ist das Tempelfest aber noch lange nicht zu Ende. Nachts werden Vorstellungen gegeben, an denen das ganze Dorf mit Kind und Kegel teilnimmt.

Die wichtigsten Tempelfeste

Galungan

Wohl das aufwendigste und interessanteste Tempelfest ist das alle 210 Tage wiederkehrende Galungan-Fest. Dieser Feier liegt ein Ereignis aus früherer Zeit zugrunde: Etwa im 8. Jahrhundert wurden die Bewohner Balis von einem **Tyrannen** namens **Sang Mayadenawa** beherrscht. Er war sehr böse und verbot den Balinesen, ihre Religion auszuüben und ihre Ahnen zu verehren. Darunter

⊡ Auch wenn gerade mal kein Tempelfest ist – Momente der Andacht finden immer statt

litten sie sehr, und als man es nicht mehr aushielt, erhob sich das Volk und besiegte den Diktator schließlich nach blutigen und verlustreichen Kämpfen.

In Gedenken an dieses Ereignis wird nach balinesischer Zeitrechnung jährlich das Fest Galungan begangen. **Es dauert zehn Tage und endet mit dem Kuningan-Tag,** an dem man der Seelen der gefallenen Krieger dieses Kampfes gedenkt, die mittlerweile zu *Bhataras* geworden sind.

Das Fest wird in jedem Dorf Balis gefeiert, **begleitet von nächtlichen Vorstellungen** wie Schattenspiel (Wayang Kulit), Arja, Legong, Wayang Topeng und vielen anderen Darbietungen. Je größer der Ort, je wichtiger der Tempel, je reicher die Kommune, desto prächtiger ist auch das Fest.

Der eigentliche Feiertag, im Bali-Kalender **Hari Manis Galungan** genannt, fällt stets auf einen **Mittwoch** (Wuku: Dungulan, Buda, Kliwon). Die Vorbereitungen beginnen aber schon am Donnerstag vorher (Wuku: Eka Sungsang, Wraspati, Wage). Der letzte Tag, Kuningan, fällt auf einen Samstag (Wuku: Kuningan, Saniscara, Kliwon).

■ Die **nächsten Termine** für Galungan (leichte Verschiebungen möglich): 28. Febr. 2024, 25. Sept. 2024, 23. April 2025, 19. Nov. 2025.

Aktivitäten um das Galungan-Fest

■ **Donnerstag: Hari Sugian Java.** An diesem Tag werden die landwirtschaftlichen Produkte aus Java, die man für das Fest benötigt, eingelagert.

■ **Freitag: Hari Sugian Bali.** An diesem Tag werden die Produkte aus Bali beschafft, die man zur Zubereitung der Opfergaben benötigt.

■ **Samstag: Hari Penodolan.** Die Frauen bereiten Dodol zu, Süßigkeiten aus Reismehl.

■ **Sonntag: Hari Penyekeban.** Tape wird zubereitet, eine Süßigkeit aus Reis und Hefe. Außerdem trocknet man Bananen.

■ **Montag: Hari Penyajaan.** „Kuchen-Tag“, die Küchlein der Opfergaben für die Haustempel werden gebacken. An diesem Tag findet normalerweise in Semarapura im Tempel Paksa Bali eine Perang-

217ba sb

035ba sb

Dewa-Zeremonie statt (symbolischer Kampf zwischen zwei göttlichen *Bhataras*). Viele Einheimische aus dem gesamten Umland sowie Touristen kommen hierher.

- **Dienstag: Hari Penam pahan.** An diesem Tag wird Vieh geschlachtet. Am Nachmittag werden den bösen Geistern *(Biakala Charu)* Opfer gebracht, um das Dorf vor Gefahren zu bewahren.
- **Mittwoch: Hari Raya Galungan.** Der eigentliche Festtag, alle Menschen beten am Familienschrein zu ihren Ahnen und zur Trimurtti, der dreigeteilten Gottheit *Sang Hyang Widdhi.* Anschließend bringt man kleine Opfer zu den Reisfeldern, den Reislagern und dem Friedhof. Zehn Tage lang, bis zum Kuningan am übernächsten Samstag, ist Hochbetrieb im Tempel. Berge von Opfergaben werden hin und her getragen, jeder betet und lässt sich segnen.
- **Samstag: Hari Raya Kuningan.** Man gedenkt der Toten des Kampfes gegen den Tyrannen, letzte Zeremonien.

⌃ Zum Odalan-Fest gehört traditionell ein Hahnenkampf

- **Sonntag: Hari Manis Kuningan.** Große Wasserprozession nach Serangan (Schildkröteninsel) im Süden Balis, viele Menschen aus ganz Bali nehmen daran teil. Die Straßen von Denpasar bis Benoa-Harbour sind voller Menschen, die Opfergaben tragen. Man betet am Strand von Benoa im Tempel Sakenan; hier wird zu diesem Anlass der Tanz Barong Landung aufgeführt.

Odalan

Dieses Fest wird einmal im Bali-Jahr (210 Tage) **am Jahrestag der Einweihung eines Tempels** gefeiert; da es Tausende von Tempeln auf Bali gibt, reißt die Kette der Odalan-Feste nie ab. Die Feiern dauern etwa einen Tag und eine Nacht. Der Tag ist für Opferungen und Gebete reserviert, in der Nacht wird den Göttern und Ahnen in Form von Tanz, Gamelan-Musik oder Wayang-Kulit-Vorführungen gehuldigt. Nebenbei läuft eine Art Jahrmarkt, fliegende Händler bauen ihre Stände auf, das Dorf ist die ganze Nacht unterwegs.

Ein wichtiger Bestandteil dieser Feste ist eigentlich ein großer **Hahnenkampf.** Da der aber offiziell verboten ist, findet er unter „relativem Ausschluss der Öffentlichkeit" irgendwo statt, oft auch direkt vor dem Tempel. Als Tourist hat man keine Schwierigkeiten, den Ort ausfindig zu machen, einfach dem Krach folgen. Die Polizisten drücken ein Auge zu (oder wetten mit).

Nyepi

Der Termin für das **balinesische Neujahrsfest** richtet sich – im Gegensatz zu allen anderen balinesischen Festen – nicht nach dem balinesischen Wuku-Kalender, sondern nach dem hinduistischen Saka-Kalender, der mit unserem fast identisch ist. Das Fest fällt immer auf den Neumond zur Tag-und-Nacht-gleiche im Frühling.

Einen Tag vorher werden **den Geistern der Unterwelt (Bhuta Yaduja) große Opfergaben dargebracht.** Man legt sie auf Kreuzungen, Friedhöfen und anderen Orten aus, wo die Geister mit Vorliebe ihr Unwesen treiben. Als Opfergabe ist vor allen Dingen Fleisch von wilden Tieren oder Haustieren wichtig. So lockt man die Dämonen aus ihren Verstecken und vertreibt sie dann nachts, wenn jeder auf den Beinen ist, wobei mit Gongs, Trommeln, Blechbüchsen und Rasseln so viel Lärm wie nur möglich gemacht wird.

In vielen Gemeinden werden **Ogoh-Ogoh** gebaut, **große Fabelwesen aus Pappmaschee.** Damit werden dann Umzüge und manchmal auch Wettbewerbe veranstaltet. Das Spektakel findet meist am späten Nachmittag statt und endet mit dem Abfackeln der mühevoll erstellten Figuren. Dazu wird viel Arak getrunken und mit Feuerwerkskörpern geballert. Da Nyepi immer zu **Neumond** gefeiert wird, ist es nachts stockdunkel.

Am nächsten Tag, so hofft man, **sind alle bösen Geister von Bali vertrieben.** An diesem Tag, dem eigentlichen Nyepi-Fest, wird gefastet, viele junge Männer kurieren ihren Kater aus. Kein Mensch darf das Haus verlassen, der gesamte Straßen- und Flugverkehr kommt zum Erliegen, es darf kein Feuer gemacht und abends keine Lampe angezündet werden. 24 Stunden lang darf weder gearbeitet noch gegessen werden. **Ganz Bali ist vollkommen ausgestorben,** nur Ambulanz und Polizei haben „Ausnahmegenehmigungen". Diese Regelung betrifft auch Reisende: Sie müssen in ihren Hotels bleiben und sich ruhig verhalten.

Danach beginnt das **neue Jahr,** die Dörfer, ja die ganze Insel ist vom „Bösen" gereinigt und die Menschen sind ebenfalls geläutert.

Am Tag nach Nyepi findet in einem Banjar Süd-Denpasars, dem Banjar Kaja Sesetan, **Omed-Omedan,** das **„Bali Kissing Festival",** statt. Junge Frauen und Männer im heiratsfähigen Alter zwischen 17 und 30 Jahren dürfen sich in der Öffentlichkeit küssen. Sie stehen sich erst in Gruppen auf einer Straße gegenüber, dann rennen die jungen Männer auf die andere Straßenseite, greifen sich eine junge Frau und küssen sie – während sie von anderen jungen Menschen mit Wasser übergossen werden.

■ Die **nächsten Termine** für Nyepi sind 11. März 2024, 29. März 2025 und 19. März 2026.

Weitere Feste

Es gibt noch eine Vielzahl anderer Feste, z.B. **Tumpek Landep,** Tage, an denen Maschinen und Werkzeuge aus Stahl, wie auch Autos, Motorräder und Fahrräder geehrt werden; **Tumpek Uduhan** ehrt Pflanzen und Produkte, die die Menschen ernähren, **Tumpek Kandang** ist Vieh und Haustieren vorbehalten, **Tumpek Wayang** den Schattenspielfiguren. Und um ganz sicher auch alles abzudecken, gibt es **Tumpek Kuningan,** einen Tag zum Segnen der Spiritualität vergessener Teile im normalen Zyklus der Tage des Segnens. An anderen Tagen opfert man der Gottheit des Wohlstandes, der Ernte, des Goldes und Silbers usw. Häuser oder Tempel werden eingeweiht, Krankheiten ausgetrieben, auch Priester gekürt. Es gibt keinen einzigen Tag, an dem nicht irgendwo irgendwas los ist.

Der balinesische Kalender

Alle Festtage werden nach dem balinesischen Kalender berechnet, ebenso alle anderen wichtigen Unternehmungen, und sei es nur das Schlachten eines Huhnes. Auch alle islamischen Feiertage sind hier angegeben.

Das balinesische Jahr umfasst sechs Monate mit jeweils 35 Tagen. 30 Wochen (Wuku) mit je 7 Tagen ergeben 6 Monate à 35 Tage. Ein „jährlich" wiederkehrendes Fest wiederholt sich also alle 210 Tage. So lässt sich der genaue Tag für jedes weitere Jahr errechnen. Allerdings können geringe Abweichungen vorkommen, da Astrologen manchmal Termine verlegen, um ungünstige Einflüsse zu umgehen.

Ein Kalender hängt in jedem Haus. Man sollte die Chance nutzen, ihn sich erklären zu lassen.

Regional kommt noch eine Reihe von Festen und Zeremonien hinzu, die dem Adat (der Tradition) des jeweiligen Ortes entsprechen. Bei den Beschreibungen der jeweiligen Dörfer wird in diesem Buch darauf hingewiesen.

Die balinesische Tourismusbehörde gibt einen zwei Jahre gültigen Kalender für kulturelle Veranstaltungen heraus, den **Calender of cultural events** (engl.). Online kann man sich einen Überblick verschaffen auf **www.balilocalguide.com/en/travel-guide/article/calendar-of-events.**

Zeremonien auf Lombok

Kultur und Traditionen unterscheiden sich wegen des anderen religiösen Hintergrunds der Sasak stark von denen der Balinesen. Wohl das Aufregendste, was einem als Tourist auf Lombok geboten wird, ist das **Kampfspiel Perisean,** bei dem zwei Kontrahenten mit langen Bambusrohren aufeinander einschlagen.

Familienfeste

Besonders in der Zeit nach der Ernte, etwa im April/Mai, finden in fast allen Dörfern Familienfeste statt, bei denen die Beteiligten **auf Holztieren durch das Dorf** getragen werden. Hinzu kommen kleine Umzüge mit einer Kapelle (Trommeln, Flöte, Rassel etc.) und viel Geschrei. Die jeweiligen **Reiter(innen) sind herausgeputzt** und geschmückt. Statussymbole wie Sonnenbrille, Radio und Armbanduhr dürfen nicht fehlen, was dem Reiter ein etwas karnevalistisches Aussehen verleiht. Oft hängen Ketten aus Zigaretten um den Hals oder sind, besonders bei Frauen, fächerförmig in die Haare gesteckt.

Jurakan

Ähnlich dem Maibaumklettern in unseren Gefilden wird beim Jurakan ein starker, etwa **10 m hoher Pfahl aufgestellt** und mit einer glitschigen, schwarzen Fett- oder Ölschicht bestrichen. Oben an der Spitze sind an einem Ring bunte Tücher angebracht. Es gehört viel Kraft und Geschick dazu, **bis oben** zu **klettern,** um eines der Tücher zu ergattern. Erschwerend kommt hinzu, dass man beginnen muss hochzuklettern, bevor der Vorgänger wieder unten ist; beide müssen also unterwegs aneinander vorbeiklettern. Eine Gaudi, besonders für die Zuschauer! Wird gelegentlich zum Unabhängigkeitstag und zu *Mohammeds* Geburtstag veranstaltet.

Das Kampfspiel Peresean

Peresean ist einzigartig und wird nur auf Lombok veranstaltet. Es handelt sich um ein Kampfspiel der Sasaks, bei dem **zwei männliche Kontrahenten** mit 1,20 m langen Rattanstöcken aufeinander einschlagen. Die Veranstaltungen finden oft zur Zeit des Unabhängigkeitstages (17. August) statt oder zu örtlichen Festivitäten.

Ursprünglich diente das Kampfspiel der Stärkung der jungen Sasak-Krieger, darüber hinaus schrieb man dem Peresean magische Kraft in Bezug auf das Wetter zu. Denn die Sportveranstaltungen finden in der Trockenzeit zwischen Juni und November statt, wenn die Erde ausgetrocknet ist. Mit dem Kampf und dem Blut wird um Regen gebeten.

Die gegnerischen Männer kämpfen in jeweils drei Runden mit gut 15 Minuten Länge. Angegriffen werden Kopf, Schultern und Rücken, der Angegriffene verteidigt sich mit einem Schild aus Büffelhaut. **Sobald Blut fließt, ist der Kampf beendet,** und der Blutende wird verarztet. Rings um die Arena jubelt das Publikum und ruft „Regen, Regen, Regen", um seinen Favorit anzufeuern. Für die musikalische Begleitung sorgen traditionelle Musikinstrumente wie Gongs, Trommeln und Flöten.

167ba pr

› Das Sasak-Kampfspiel Peresean wird nur auf Lombok veranstaltet – der Hintergrund ist existenziell: Es wird um Regen gebeten

Das Alltagsleben auf Bali

Die Familie

Die Familiengründung gehört zu den höchsten Pflichten eines Balinesen. „Ein Mann, der unverheiratet stirbt, muss im nächsten Dasein die Schweine füttern, und eine Frau, die kinderlos bleibt, ist verdammt, nach dem Tode eine große Raupe zu säugen." So heißt es in einer alten Überlieferung. In Bali wird weniger aus romantischen Gründen geheiratet; Liebesheiraten kommen sicher vor, aber es muss nicht Liebe sein. Vielmehr ist die Heirat die **Grundvoraussetzung, um Kinder zu zeugen.** Auch kann ein Mann erst Mitglied einer Dorfgemeinschaft werden, wenn er sesshaft ist und sich eine Frau genommen hat.

Die **Nachkommen** sind dafür verantwortlich, dass ein Mensch nach dem Tode den Regeln entsprechend bestattet wird und dass der Ahnenschrein, in dem die Seelen der Vorfahren wohnen, gepflegt wird.

Man lebt, soweit man sich noch an die traditionellen Regeln hält, **in größeren Gemeinschaften:** Mutter und Vater, Oma und Opa, Kinder und Enkel. Jeweils der älteste Sohn bleibt nach der Heirat auf dem Familiengehöft. Ist ausreichend Platz vorhanden, können aber auch die beiden ältesten Söhne bleiben. Die angeheirateten Frauen ziehen ebenfalls ein und arbeiten im Haushalt der Schwiegermutter, bis sie ein Kind bekommen und einen eigenen Haushalt innerhalb des Gehöftes gründen. Die jüngeren Geschwister müssen sich woanders einen Platz suchen; bleiben sie im heimischen Banjar, besorgt die Dorfgemeinschaft Land und Haus.

Heutzutage wollen viele junge Männer das elterliche Haus verlassen. Wer genug Geld hat (und in Zeiten des Tourismus kann man schon einiges zusammenbekommen), kann Land erwerben und ein Haus bauen. Dann ist man unabhängig vom Getratsche des Dorfes, vor allem aber sein eigener Herr. Denn der Patriarch des Gehöftes redet bis ins hohe Alter in alle Angelegenheiten der Großfamilie hinein. Trotzdem, einer bleibt immer bei den Eltern, und sei es *Ketut,* der Jüngste.

Ein Mann konnte sich früher so viele Frauen nehmen, wie er unterhalten konnte (vorausgesetzt, er fand auch welche, die mit ihm leben wollten). In neuester Zeit hat man diese **Vielweiberei,** die sich sowieso nur Reiche leisten konnten, abgeschafft bzw. eingeschränkt. Zwei Frauen sind allerdings immer noch erlaubt, und zwar dann, wenn die erste Frau damit einverstanden ist (das ist oft der Fall, da die Frauen sich so die Arbeit auf dem Hofe teilen können), wenn der zweiten Frau der gleiche Lebensstandard wie der ersten garantiert wird und wenn alle Kinder gemeinsam aufgezogen werden.

Eine **Scheidung** wird auf Bali leicht gemacht: Wer keine Lust mehr auf die Ehe hat, erklärt dies einfach. Die Frau kehrt in das Haus ihrer Eltern zurück, für die Kinder sorgt stets die Familie des Mannes. Obwohl es so einfach ist, gibt es jedoch wenige Scheidungen auf Bali.

Die **Arbeitsteilung zwischen den Geschlechtern** ist ziemlich strikt. Die Frau ist zuständig für Haus und Hof, Kauf und Verkauf von Waren auf dem Markt (mit Ausnahme von Rindern und Pferden), für das Herrichten und Darbringen von Opfern. Der Mann kümmert sich um die Reisfelder von der Saat bis zur Reife. Auch die Instandhaltung der Häuser ist Männersache, Hahnenkampf und Verwaltung des Dorfes (Banjar) sowie der Reisfelder (Subak) ebenfalls. Reisernte, Kindererziehung, Betreuung und die Organisation von Familienfesten werden von allen Familienmitgliedern arbeitsteilig übernommen.

Ein typischer Tagesablauf

Kurz nach Sonnenaufgang, wenn die Hähne zu krähen anfangen und die Hunde zu bellen aufgehört haben, kommt das Familienleben auf Touren. Zuerst wird geduscht, Frühstück gibt's erst, nachdem man die morgendlichen Opfer verteilt hat. Dann werden die Kinder gewaschen, was ihnen meistens nicht besonders gefällt. Männer begeben sich nach dem Frühstück (Kaffee gehört dazu) zur Arbeit auf das Reisfeld, in die Stadt, oder sie sehen nach dem Garten des Hauses. Spätestens dann werden der Fernseher oder das Radio angeschaltet.

Die Herrschaft über das Familienanwesen haben die Frauen. Sie sind den ganzen Tag beschäftigt. Zuerst **Wasserholen:** Ist keine Wasserleitung oder kein Brunnen da, müssen manchmal von weit her große 15-Liter-Eimer, auf dem Kopf balanciert, herangeschafft werden, eine Arbeit, die sich gegen Abend wiederholt. Mit zehn Jahren übernehmen die Töchter des Hauses diese Arbeit, freilich mit etwas kleineren Eimern.

Auch im Bali-Aga-Dorf Tenganan tragen die Schulkinder Uniform

239ba sb

Sobald ein Kleinkind nicht mehr gestillt werden muss, wird es den **älteren Schwestern** „übergeben", soweit vorhanden. **Jungen** haben im Gegensatz zu den Mädchen nicht so viele Aufgaben; sie dürfen herumstromern, entdecken, Erfahrungen sammeln.

Balinesische **Väter** sind vernarrt in ihre Kinder, insbesondere in die **Söhne.** Ihre Geduld ist grenzenlos, niemals werden sie mit ihrem Nachwuchs schimpfen. Das überlassen sie ihren Frauen, die im Übrigen mit ihren Kindern dieselben Probleme haben wie wir. Denn die Kleinen scheinen noch nicht von der „Harmonie, der Toleranz und dem Gleichmut" beseelt zu sein, die man ihren Eltern gern unterstellt. Kinder dürfen allerdings ihren eigenen Willen haben, zumindest bis sie etwa fünf Jahre alt sind. Dann beginnt der „Ernst des Lebens"; wichtigstes Ziel der **Erziehung** ist neben dem Respekt vor dem Alter und der Pflege der Traditionen das **Einfühlungsvermögen.** Von klein auf wird vermittelt, dass man ohne Streit auskommen sollte und bei einer Meinungsverschiedenheit stets darauf achten muss, dass das Gegenüber nicht sein Gesicht verliert. Kurz: Auseinandersetzungen müssen vermieden werden.

Der **Tagesablauf im Haus** wird bestimmt durch Versorgen der Kinder, der Haustiere (das Züchten und Verkaufen der Schweine ist ausschließlich Frauensache, das erwirtschaftete Geld ebenfalls), Essenkochen und Reinigen von Haus, Hof, Kleidern und Kindern. Zwischendurch wird geopfert, was die ältere Tochter oder die Schwiegertochter erledigt. Die „Chefin" macht das aber ganz sicher selbst, wenn hohe Feiertage anstehen (z.B. Galungan).

Mittags, zur Zeit der größten Hitze, wird eine **ausgiebige Pause** eingelegt. Auch die Männer kommen nach Hause, sollten sie sich nicht auf einen Plausch im Gemeindehaus treffen. Man ruht im Schatten, sieht fern, bereitet Opfer vor, stillt Kinder, spielt mit ihnen, nimmt ein Mandi oder schläft. Ein gemeinsames Mittagessen gibt es nicht. Wer hungrig ist, begibt sich ins Küchenhaus und bedient sich selbst. Reis ist schon morgens gekocht worden, ebenso das Gemüse und eventuell ein wenig Fleisch. Dazu trinkt man Wasser oder Tee. Arbeitet der Mann auf dem Feld, wird ihm das Essen gebracht. Wer in der Stadt oder außerhalb arbeitet, wird vom Arbeitgeber verköstigt, isst an einem der fahrbaren Essstände oder in einem Imbiss.

Am Nachmittag muss eventuell das zweite Mal Wasser geholt werden. Dann wird der meist unbewachsene Innenhof gefegt und mit Wasser besprengt. Unbewachsen ist er, damit keine Schlangen und Skorpione darin siedeln können. Das Wasser kühlt die Umgebung zusätzlich ab und verbreitet eine entspannte Feierabendstimmung. Die letzten, fünften Opfer des Tages werden verteilt. Besonders viele werden am Abend auf den Boden gelegt, z.B. am Eingang, damit die „bösen Geister" die Nachtruhe nicht stören mögen.

Um 18.30 Uhr geht die Sonne unter, nun kehren die Männer endgültig von der Arbeit zurück, das Vieh, oft eine Schar Enten oder zwei bis drei Kühe, kommt ebenfalls. Es wird Licht gemacht, der Fernseher angestellt. Die ganze Familie trifft sich auf der Veranda oder im Pavillon in der Mitte des Innenhofes und bespricht die Ereignisse des Tages. Stets sind die Kinder dabei, niemals werden

Kleinkinder früher als die Erwachsenen ins Bett geschickt. Sind sie müde, schlafen sie dort, wo sie gerade liegen. Das ist auch die Zeit, zu der man Opfergaben und -körbchen herstellt, eine Arbeit, die ausschließlich Frauen vorbehalten ist. Das Abendessen wird nebenbei eingenommen. Wird gerade kein Tempelfest gefeiert, sitzt man bis spät zusammen, schaut in die Röhre oder auf das Smartphone. Wer einschläft, tut dies oft im Bale, dem Wohnzimmer.

Banjar – die dörfliche Volksvertretung

Der Banjar ist die Volksvertretung eines Dorfes. Jeder verheiratete Mann des Dorfes muss ihm angehören und zu den regelmäßigen Treffen erscheinen, um die Belange des Dorfes mitzuentscheiden – ein **funktionierendes Beispiel von Basisdemokratie.**

Der Banjar organisiert und regelt das Dorfleben. Er unterhält die Dorftempel, besitzt und fördert ein Gamelan-Orchester, regelt Hahnenkämpfe, Scheidungen, Entenzucht und -haltung. Er hilft, sowohl Eheschließungen als auch andere Familienfeste (z.B. Verbrennungen) zu arrangieren und zu finanzieren, er organisiert Tempel- und Dorffeste, kümmert sich um Tanz und Musikdarbietungen. Zudem fungiert er als **„Hüter der Moral und Religion“,** eine Aufgabe, die von sorgfältig gewählten Mitgliedern des Banjar übernommen wird. Beim Hausbau und der Instandsetzung nach Feuer, Erdbeben oder ähnlichen Katastrophen müssen alle Männer des Dorfes helfen, ohne bezahlt zu werden.

Selbst die **Gerichtsbarkeit** des Dorfes liegt in den Händen des Banjar – man unternimmt alles, um zu verhindern, dass Streitigkeiten vor den offiziellen Gerichten verhandelt werden, damit die staatliche Verwaltung nicht an Einfluss gewinnt.

Die Versammlung leitet ein gewählter Vorsitzender, reihum ist abwechselnd jeder einmal dran. Jede Familie muss etwas Geld in die **Banjar-Kasse** geben, um die Aktionen zu finanzieren, die Mitglieder selbst arbeiten kostenlos. Außerdem besitzt ein Banjar eine eigene **Kreditabteilung;** hier können Dorfbewohner Geld leihen, um Vieh, Baumaterial oder Ähnliches zu kaufen.

Dass das **balinesische Gesellschaftssystem** so reibungslos **funktioniert,** ist hauptsächlich das Verdienst dieser Organisation, deren Macht bisher keine Regierung brechen konnte.

Pecalangs sind die vom Banjar bestellten Sicherheitsbeamten, die bei Zeremonien für Ordnung sorgen

xba104 sb

Architektur

Das balinesische Dorf (Desa)

Die Anlage der balinesischen Dörfer ist nahezu überall gleich. Ein schönes und vor allem gut erhaltenes Beispiel ist **Penglipuran** nördlich von Bangli. Im „saubersten Dorf von Bali" scheint die Zeit stehen geblieben zu sein. Auch **Penestanan** bei Ubud ist ein gutes Beispiel.

Im balinesischen Dorf kreuzen sich zwei Straßen im rechten Winkel, Mittelpunkt dieser Kreuzung ist der **Dorfplatz, Alun-Alun.** Hier befinden sich in der Regel die Bemo- bzw. Busstation und alle wichtigen Gebäude. Dazu zählt vor allem der **Bale Agung** oder **Bale Banjar,** eine von Pfeilern getragene offene Halle, in der die Versammlungen des Dorfrates abgehalten werden. Ihr gegenüber befindet sich oft der **Dorftempel** (**Pura Desa,** → „Tempel und heilige Plätze"), nebenan ein ebenfalls offenes Gebäude, der **Wantilan;** hier treffen sich die Männer zum Schwatz und zur Begutachtung ihrer Kampfhähne.

Der Dorfplatz wird meist von einem gigantischen **Banyan-Baum** überschattet, der oft so alt wie das Dorf ist oder älter und den Balinesen als heilig gilt. In seinem Schatten können sich viele Menschen aufhalten. Normalerweise stehen hier einige Warungs, Frauen bieten Erfrischungen an oder einen Imbiss.

Oft ist im Geäst des Banyan-Baumes der **Kul-Kul** untergebracht, ein **Alarmturm,** in dem ein ausgehöhltes Stück Baumstamm hängt. Oft handelt es sich beim Kul-Kul auch um einen separaten Turm. Der Baumstamm wird geschlagen, um zu Festen, Ratsversammlungen und anderen Gelegenheiten von öffentlichem Interesse zu rufen, aber auch, um Alarm zu geben, etwa bei Überfall oder Feuer. Für jeden Anlass gibt es ein besonderes Signal:

Anzahl der Schläge	Bedeutung
🔔🔔🔔🔔🔔🔔	Banditen
🔔🔔🔔🔔🔔	Viehdiebstahl
🔔🔔🔔🔔	Naturkatastrophe
🔔🔔🔔 🔔🔔🔔	Feuer
🔔🔔 🔔🔔	Diebstahl
🔔🔔🔔 🔔🔔🔔 (jeweils 2 große, 1 kleiner)	Mord, Selbstmord, Tod

Weitere wichtige Gebäude, die sich meist an den Hauptstraßen befinden, aber nicht zwangsläufig zu einer Dorfgemeinschaft gehören müssen, sind der **Puri** (Palast der adeligen Familie), ein **Kino** und der **Bale Gong;** in diesem Musikpavillon werden die Instrumente des Gamelan-Orchesters aufbewahrt, hier finden auch die Proben statt.

Das **eigentliche Zentrum** des Dorfes aber ist der **Pasar,** der **Markt.** Hier treffen sich in größeren Dörfern alle drei Tage (in kleineren alle sieben) die Frauen der Umgebung zum Kaufen und Verkaufen, hauptsächlich aber zum Nachrichtenaustausch und Schwatz. Das Treiben ist verwirrend und sinnlich: Blumen, Gewürze, Fleisch, Seife, Gebäck, Fisch (getrocknet oder roh), Werkzeuge, Medizin, kurz: alles, was es überhaupt in der jeweiligen Gegend zu kaufen gibt, erhält man hier. Schon vor Sonnenaufgang kommen die Leute von weit her, um das beste Angebot nicht zu verpassen. Ab

9 Uhr wird weniger gefeilscht als geredet. Viele **Warungs,** die oft direkt auf dem Marktgelände aufgebaut werden, bieten Essen und Getränke an. Erst gegen 16 Uhr packt man seine Siebensachen wieder zusammen. Oft ist der Markt überdacht, er sieht dann aus wie eine überdimensionale Versammlungshalle mit einem Betonboden, der von Rinnen durchzogen ist. Darin vermischen sich Blut, Wasser und Abfälle zu einer braunen Brühe und verleihen dem Pasar – zusätzlich zu den Waren – seinen **typischen Geruch,** den man nie wieder vergisst.

In der Nähe des Pasar befinden sich die **Geschäfte (Toko),** wenn es denn welche gibt; oft werden sie von Chinesen geführt, denn der Balinese ist kein „Krämer". Von den Hauptstraßen zweigen enge **Gassen (Gang)** ab, flankiert von hohem Lehm oder Steinmauern, hinter denen die Anwesen der Einwohner liegen. Schmale Tore führen in die Wohnbezirke. Rechts oder links vom Eingangstor der **privaten Anwesen** ist jeweils ein Schild angebracht, auf dem von oben nach unten der Name des Banjar, die Hausnummer, der Name des Familienoberhauptes, sein Alter, sein Beruf, die Anzahl der Familienmitglieder und eine Aufschlüsselung nach Männern, Frauen und Kindern stehen. Die schmalen Gassen sind meistens nicht von Autos befahrbar, es gibt oft keinen Straßenbelag und erst recht keine Beleuchtung. Es ist unmöglich, unbemerkt eine derartige Dorfstraße entlangzugehen: Kinder schreien, Hähne krähen, und schon erscheinen die Älteren und schauen aus dem Tor, um zu sehen, wer da des Weges kommt.

Am äußeren Rande des Dorfes, meistens an einem Fluss oder einer Quelle, befindet sich der **Waschplatz,** ein beliebter Treffpunkt der Frauen und Männer. Normalerweise gibt es getrennte Waschplätze **für Frauen, Männer und Tiere.** Wenn nicht, sollte man sich nur waschen, wenn gleichgeschlechtliche Balinesen dies ebenfalls tun oder niemand da ist; Letzteres kommt allerdings höchst selten vor. **Sich ganz nackt zu zeigen ist unschicklich.** Die Stelle zwischen den Beinen wird höchst schamhaft verborgen, Männer halten ihre Hand davor, Frauen ziehen sich nie ganz aus. Am besten schaut man erst zu, wie es die Einheimischen machen. Aber bitte nur im Vorbeigehen. Auch wenn es so aussieht, als wenn Nacktheit hier offenherzig zur Schau gestellt würde, es ist nicht so. Balinesen sehen einfach nicht hin. Wer sich wäscht, muss sich in der Öffentlichkeit ausziehen, wenn er kein Bad im Hause hat. Die gleichen Personen, die da neben der Hauptverkehrsstraße nackt im Bach stehen, würden sich so nie am Strand zeigen!

Es gibt außerdem festgelegte Stellen für **Trinkwasserentnahme, Wäschewaschen** und **Toilette.**

In der Nähe des Waschplatzes befinden sich oft der **Verbrennungsplatz** und der **Pura Dalem,** der Totentempel (→ „Tempel und heilige Plätze").

Der dritte Dorftempel, der niemals fehlt, ist der **Pura Puseh,** der **Gründungstempel.** Er ist immer genauso alt wie das Dorf, denn er ist das erste Bauwerk, das bei einer Neugründung erbaut wird. Nicht immer steht er gesondert, manchmal wurde er in den Komplex des Pura Desa integriert.

Sudra-Anwesen

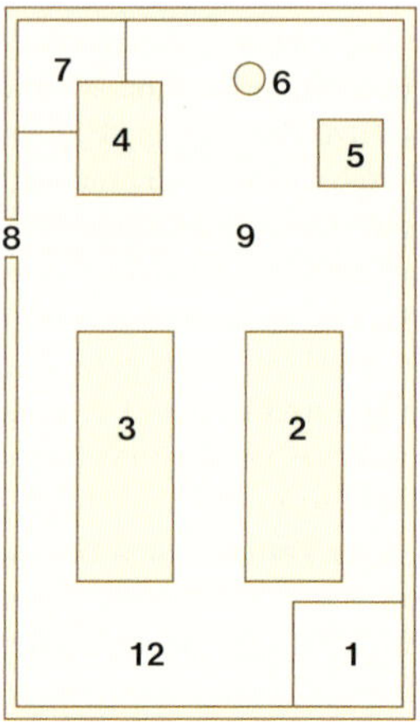

1	Sanggah	= Familienschrein
2	Meten	= Schlafhaus
3	Bale Sekenem	= Vielzweckpavillon
4	Paon	= Küche
5	Jineng	= Reisspeicher
6	Sember	= Brunnen
7	Badan Celeng	= Schweinestall
8	Mambahan	= Eingangstor
9	Natah	= Innenhof

Kasten-Anwesen

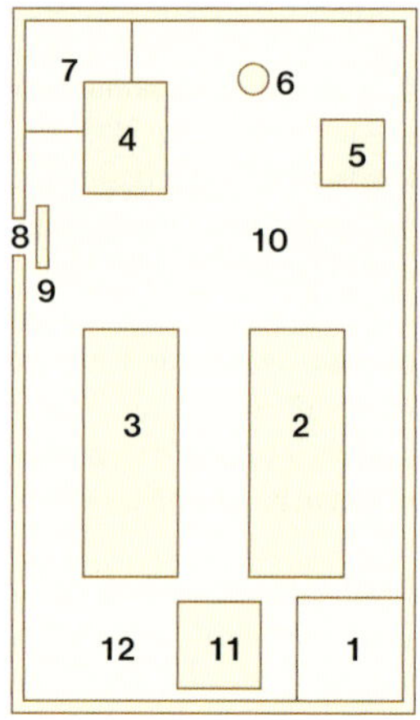

1	Pemrajan	= Familientempel
2	Sekutus Bandung	= Schlafhaus
3	Bale Gede	= Vielzweckpavillon
4	Pawaregan	= Küche
5	Gelebeg	= Reisspeicher
6	Sumur	= Brunnen
7	Kandang Bawi	= Schweinestall
8	Pamedalan	= Eingangstor
9	Aling-Aling	= Eingangswand
10	Natar	= Innenhof
11	Bale Murda	= „Spezialpavillon" (für Zeremonien)

Die Grundrisse zeigen den Aufbau eines typisch balinesischen Anwesens. Die Bezeichnungen der einzelnen Teile sind für die Angehörigen der Kasten und die Sudras (Kastenlosen) unterschiedlich. Lediglich die Bezeichnung für den Garten lautet für alle gleich: Kebun (12).

Das traditionelle Anwesen

Balinesen bauen selten Häuser mit mehr als einem Raum: Pro Raum ein Gebäude ist die Regel. Jedes verheiratete Paar einer Großfamilie besitzt ein eigenes Schlafhaus und ein Küchenhaus bzw. eine eigene Kochstelle im gemeinsamen Küchenhaus. Alle anderen Bauwerke stehen der Gemeinschaft zur Verfügung, der Reisspeicher, der Schweinestall, der Brunnen und der Waschplatz und natürlich der zentrale Bale.

Zweistöckige Häuser gibt es selten. Die Vorstellung, unter den Füßen des oben Anwesenden zu wohnen, ist einem Balinesen zuwider. Trotzdem ist das erfolgreichste Bungalowmodell für Touristen zweistöckig – Balinesen bauen so etwas, aber wohnen wollen sie möglichst nicht darin.

Traditionell gibt es auf Bali zwei Grundtypen von Anwesen: das der unteren und das der höheren Kasten. Sie unterscheiden sich weniger in der Anlage als vielmehr in der Ausstattung. Heute sind die Übergänge fließend, früher hatten die höheren Kasten mehr Geld. Jetzt ist das nicht mehr so, und jeder richtet seine Wohnung so prachtvoll ein, wie er kann. Die Häuser der einfachen Leute waren traditionell aus Lehm oder Bambus gefertigt, das Grundstück durch eine Lehmmauer oder Hecke umfriedet.

Oft sind die Eingänge und die Häuser insgesamt **kunstvoll verziert und aufgeputzt.** Überall sprießen Blumen, Palmen und andere Pflanzen und spenden Schatten. Das Anwesen umgibt eine Mauer, die böse Geister abhalten soll.

In den **Wohnbereich** gelangt man durch ein schmales Tor, das mit seinen Verzierungen einen Hinweis auf die wirtschaftliche Lage der Familie liefert. Eine Klingel gibt es nicht. Den direkten Eintritt verwehrt eine **frei stehende Mauer,** die man umgehen muss und die sowohl als Blickfang dient als auch bösen Geistern das Eindringen bei Nacht erschwert, da diese im Dunkeln nicht um Ecken schlüpfen können. Hat man dieses Hindernis überwunden und sich nicht von der Horde wütend kläffender Hunde vertreiben lassen, steht man meist schon mitten auf dem **Innenhof,** um den herum sich die einzelnen Häuschen gruppieren.

Das wichtigste Bauwerk ist der **Familientempel.** Stets an der Seite, die dem Vulkan Agung am nächsten liegt, befinden sich die Götter- und Ahnenschreine. Oft wird dieser Bezirk durch eine zusätzliche Mauer vom „weltlichen Teil" abgetrennt. Am Eingang steht immer der Thron/Schrein, der dem höchsten Gott geweiht ist. Je größer dieser Bezirk ist, je mehr Schreine aufgestellt wurden, desto älter ist die Familie und um so wohlhabender.

Für Balinesen ist ihr Zuhause ein Abbild des menschlichen Körpers. Der Kopf, immer dem heiligen Berg am nächsten, sind die Ahnen- und Götterschreine, Schlaf- und Wohnhäuser bilden die Arme. Beine und Füße werden durch Kochhaus und Reisspeicher symbolisiert, der Innenhof ist der Nabel, die Tore sind die Geschlechtsorgane. Die Abfallgrube und die Toilette werden mit dem After gleichgesetzt.

Auch die **Einrichtung** der Zimmer ist auf den heiligen Berg ausgerichtet; so steht das Bett immer mit dem Kopfende an der zum Berg gerichteten Wand, die Füße zeigen in die entgegengesetzte Richtung.

Das Sasak-Dorf auf Lombok

Auch die Sasak auf Lombok blicken auf eine lange Architekturgeschichte zurück, und **es gibt noch einige traditionelle Dörfer** auf der Insel. Eines davon ist **Teres Genit** am Westhang des Rinjani, ein anderes **Sade** südlich von Praya; hier leben 700 Menschen in etwa 150 Haushalten. Die Familien wohnen in strohgedeckten Häusern mit Wänden aus Kuhmist; dieser wird jeden Monat frisch aufgetragen, wehrt Mücken ab und soll das Haus kühl halten. Sasak-Häuser bestehen klassisch aus Holzsäulen und -rahmen, Bambuswänden und Alang-Alang-Dächern. Es kommen keine Nägel oder Metallwerkzeuge zum Einsatz. Die Böden der Hütten sind aus Ton und werden mit getrocknetem Kuhmist poliert, was wiederum helfen soll, die Mücken in Schach zu halten.

Traditionelles Sasak-Anwesen

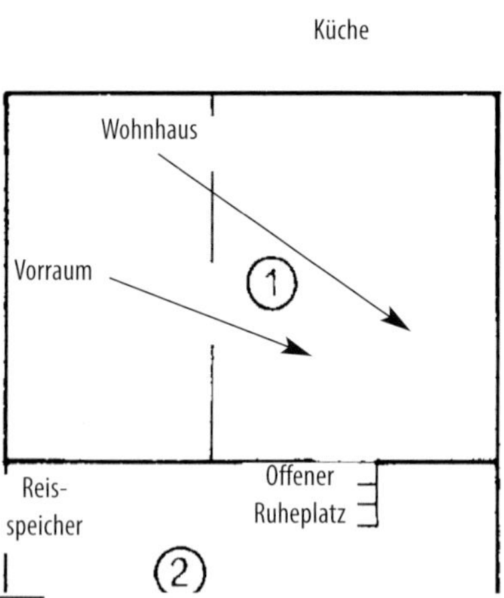

Die Frauen des Hauses weben – oft steht ein Webstuhl vor dem Haus –, die Männer kümmern sich um die Landwirtschaft. Besonders typisch ist das **Reishaus (Lumbung),** ein auf Stelzen und somit sicher vor wilden Tieren errichtetes quadratisches Gebäude mit hohem, halbrundem Dach. Es ist auch Vorbild für viele Bungalowanlagen im Sasak-Stil.

Kunst und Kultur auf Bali

Kunsthandwerk

Im Vergleich zu den anderen Inseln Indonesiens erscheint Bali wie ein **gigantischer „Supermarkt" für Kunsthandwerk.** In nahezu jedem Dorf der Insel wird man zumindest einen Handwerker treffen, der malt, schnitzt, Stein bearbeitet, Gold oder Silber schmiedet.

Von jeher waren die Balinesen in besonderem Maße **künstlerisch veranlagt und schöpferisch tätig.** Obwohl die balinesische Sprache kein eigenes Wort für „Kunst" besitzt, gehört diese zur Tradition der Inselbewohner. Alles, was man herstellte, wurde seit eh und je verziert, poliert, bemalt, filigran beschnitzt oder getrieben. Dies hatte nicht nur Selbstzweck, sondern wurde gemacht, **um den Göttern zu gefallen.** So verzierten die Maler die Stoffe, die die Tempelaltäre umgeben, die Holzschnitzer kümmerten sich um die Türen und die Gamelan-Instrumente, und die Steinmetze schufen die Wächter an den Tempeltoren. Alle waren rund um die örtlichen Tempel herum beschäftigt.

Gefördert wurden diese Künste **von den vielen Fürsten,** die in stetem Konkurrenzkampf untereinander standen. Jeder versuchte, den anderen dadurch zu übertrumpfen, dass in seinem Reich, an seinem Hof die besten Künstler, Tänzer oder Musiker versammelt waren. Das wiederum spornte die Untertanen an, konnten sie doch durch besondere Geschicklichkeit bzw. künstlerische Originalität an den Hof gerufen werden, was gesellschaftlichen Aufstieg bedeutete.

Tempel und Tempelschmuck sind die schönsten Beispiele balinesischen Kunstschaffens. Über und über mit steinernen Ornamenten überzogene Wände und Portale, kunstvoll geschnitzte Pfosten und Türen, filigran geschmiedete Silberschalen zum Opfern, einfallsreich geschmückte Altäre und Opfergaben sind das Resultat ungebrochener Kreativität.

Mit dem Aufkommen des Massentourismus entstand neben dieser sakral ausgerichteten künstlerischen Betätigung eine rein auf den Markt ausgerichtete **Kunsthandwerksindustrie,** die fast alle Bereiche des Handwerks erfasst hat. Auf der anderen Seite gibt es immer noch die traditionelle „Religionskunst" und auch international bekannte Künstler, die in Europa, den USA und Australien ausstellen.

Das Gros der angebotenen Dinge ist allerdings **Ware, die „fließbandartig" hergestellt wird.** Das geht meist so: Der Meister stellt ein Musterstück her, seine Schüler kopieren arbeitsteilig. Einige schlagen Holzblöcke in die grobe Form, andere arbeiten Details aus, wieder andere machen Feinarbeiten, die nächste Gruppe poliert. Dabei leidet nicht unbedingt die Qualität der Verarbeitung, aber die einzelnen Stücke werden immer stereotyper. Wer Geschmack, Wissen und Ausdauer hat, findet aber bestimmt etwas Ausgefallenes, schön ist sowieso (fast) alles.

Die **Preise** sind direkt beim Schnitzer, Maler oder Silberschmied stets entschieden niedriger als in den teuren Verkaufspalästen, die, mit großen Parkplätzen für Busse ausgestattet, auf Rundreisegruppen warten, mit denen man die schnelle Rupie machen kann. Auf der anderen Seite sind diese Großhandlungen ideal, um sich einen Überblick über das zu verschaffen, was momentan angeboten bzw. hergestellt wird. Am besten ist es, in das Dorf oder die Region zu gehen, in der die Dinge, die man kaufen will, hergestellt werden. Da kann man dann sein Schnäppchen machen, benötigt aber natürlich auch viel mehr Zeit. Man muss überall kräftig handeln.

Bali hat sich zu einem Hauptproduzenten von **Schnitzereien** aller Art entwickelt, und es ist schon erstaunlich, was da alles produziert wird. Noch verrückter ist es, zu sehen, was man davon alles schon zu Hause im Kaufhaus gesehen hat: So werden balinesische Holzbananenbäume in diversen Versandhauskatalogen, Möbelhäusern und in Geschäften für Dekorationsbedarf angeboten.

Nicht alles, was auf Bali geschnitzt wird, wird auch als „balinesisch" verkauft. Längst hat man überall im Archipel, und nicht nur da, erkannt, dass Balinesen nicht unbedingt nur balinesisch schnitzen können. 90 % der in Irian Jaya (indonesischer Teil Papuas) verkauften „Asmat-Schnitzereien" werden auf Bali produziert, ein nicht unerheblicher Anteil der in Kenia verkauften Souvenirs

054ba sb

ebenfalls. Ein gar nicht so geringer Teil „echter Ölgemälde“, Typ „Zigeunerin“ oder „Alter Mann mit Pfeife“, die man bei uns in Galerien für teures Geld erstehen kann, kommt ebenfalls aus Bali.

Literatur

Wie viele andere Dinge im Leben auf Bali fand auch die Literatur ihren Weg **aus Indien nach Indonesien.** Sie war allerdings meist **in Sanskrit** abgefasst und damit nur einem kleinen Teil der balinesischen Bevölkerung zugänglich. Bis heute erhalten, übersetzt und stilbildend sind die **klassischen Epen Mahabarata und Ramayana.** Die erste javanische Version des Mahabarata soll aus dem Jahr 996 stammen. Da die javanische Kultur, die auch für Bali von entscheidender Bedeutung sein sollte, auf erzählter Geschichte beruht, wurde über die Jahrhunderte nicht viel aufgeschrieben, sondern von Generation zu Generation weitererzählt. Das gilt auch für das Theater und die Tanzdramen. Erst mit dem Einzug von **Künstlern aus dem Westen** in den 1930er-Jahren änderte sich das auf Bali: So versuchten beispielsweise *Walter Spies* und *Colin McPhee,* das gesprochene Wort in ein geschriebenes zu verwandeln, um der Nachwelt diese Tradition zu erhalten.

Die Sprache der Kolonialisten, das **Holländische,** konnte sich als Schriftsprache nicht durchsetzen. Erst mit der neuen, eigenen Sprache **Bahasa Indonesia** fand die balinesische Literatur seit 1945 zu einer gemeinsamen Sprache.

Heute ist das jährlich im Oktober stattfindende **Ubud Writers & Readers Festival** (www.ubudwritersfestival.com) das Highlight im Literaturkalender der Insel, 2004 als kulturelle Antwort auf das Bombenattentat von Kuta ins Leben ge-

Das Schreiben auf Blättern der Lontarpalme ist eine seltene Tradition, die auf Bali zu großer Blüte kam

rufen. Heute treffen sich Autoren aus Indonesien und der ganzen Welt, um Geschichten und Ideen auszutauschen und die indonesische Literatur bekannter zu machen.

Lontar-Blätter

Eine Ausnahme in der „schlanken" Literaturgeschichte Balis sind die berühmten Lontar-Blätter. Es handelt sich hierbei um in Form von Manuskripten **beschriebene Blätter der Lontarpalme,** eine alte Kunst, die schon zu Zeiten der Majapahit-Herrschaft auf Java ausgeübt wurde: **Mit Eisenfedern, Öl und Ruß** zauberten die Künstler Geschichten, Episoden und Gesetze in Schrift und Bild auf die Blätter, meist in der altbalinesischen **Sprache Kawi.** Die Blätter wurden dann zu einer Art Buch zusammengebunden, wiederum zusammengehalten durch einen Umschlag aus Holz oder Bambus. Etliche dieser „Bücher" sind in Singaraja im Gedong Kirtya Lontar Museum zu bestaunen (→ S. 250).

Heute gibt es eine kleine Gemeinschaft von Menschen aus dem Westen, die ihr **Schicksal aus Lontars lesen** (lassen), beispielsweise in Gianyar. Hier liest der **Pedanda,** der **Brahmanen-Priester,** nicht mehr von antiken Palmblättern, sondern von handgeschriebenen Folianten als Abschriften der Lontars. Die komplizierte Herstellung von Lontar-Manuskripten ist auf Bali inzwischen eine aussterbende Kunst – die heimischen Handwerker haben sich auf die Massenproduktion von Kalendern spezialisiert.

Wer sich also für sein Schicksal interessiert, gibt als Grundlage seinen Namen und sein Geburtsdatum an. Der Pedanda findet dann das passende Stück Text im Manuskript und liest vor, erst in der Ursprungssprache Alt-Javanisch, dann übersetzt ins Balinesische; das Ergebnis wiederum wird ins Englische übersetzt. Der Pedanda erzählt **Geschichten aus der Vergangenheit** des betreffenden Menschen, schildert seinen Charakter und formuliert daraus die **Aufgaben,** die **für die Zukunft** wichtig sind. Auch um Gesundheit, Partnerschaft und Familie geht es. Zum Abschluss der Lesung gibt der Pedanda Tipps, welche Opferzeremonien gut für den Menschen sind, um schlechte Einflüsse in Zukunft fernzuhalten.

Malerei

Die Malerei war auf Bali, wie fast alles andere auch, immer eine religiöse Angelegenheit. Die verschiedenen Gottheiten, ihre Taten und Abenteuer, wurden stark stilisiert dargestellt und diese Bilder als **Tempelschmuck** bei festlichen Anlässen verwendet. Die Motive, Farben und Proportionen waren festgelegt und wurden nicht durch individuelle Ausdrucksmittel bestimmter Maler verändert. Diese traditionelle Kunst gibt es auch heute noch, überall werden mehr oder weniger gut bemalte Tücher mit diesen Motiven angeboten.

In den 1930er-Jahren kamen die Maler **Walter Spies** (1895–1942) und **Rudolf Bonnet** (1895–1978) nach Bali. Sie ließen sich in Ubud nieder und zeigten den ansässigen Künstlern den Gebrauch von Ölfarbe, Leinwand und Keilrahmen. Aber nicht die neue Maltechnik veränderte die balinesische Malerei, es waren die neuen Inhalte, die *Spies* lehrte, die

093ba pr

nun einen rasanten Wandel hervorriefen. Plötzlich wurden die Balinesen selbst zum Inhalt der Bilder – der Bauer, der Hahnenkampf, der Handwerker, die Landschaft, die Reisfelder, kurz: alles, was den Maler umgab. Außerdem lernten die Studenten von *Spies* und *Bonnet*, auf Perspektive und anatomische Korrektheit zu achten und andere Farben zu gebrauchen. Auch die alten Legenden und Göttersagen wurden neu gestaltet. Es entstanden seither Bilder von anderer Qualität, einzigartig durch die Vermischung traditioneller Themen und moderner Maltechnik. Die moderne balinesische Malerei ist ohne *Spies* und *Bonnet* nicht vorstellbar.

Da sich aber der balinesische Maler traditionell nicht als Künstler versteht, sondern als **Handwerker,** der es gewohnt ist, immer und immer wieder gleiche Bilder anzufertigen, wurde auch weiterhin kein großer Wert auf eigenen Stil oder eigene Themen gelegt. **Kopieren ist eine Hauptbeschäftigung,** die Handwerker kopieren sich selbst. So malen sie bis heute z.B. ein und dasselbe Bild zigmal, wenn es sich gut verkauft. Aus diesem Grund fallen immer wieder gleiche Motive, gleiche Farben und gleiche Stile auf – von Dorf zu Dorf.

1956 kam der Holländer **Arie Smit** (1916–2016) nach Ubud und gründete die **Young Artists School.** Diese Stilrichtung, bunt, naiv und flächig, ist bis heute vorherrschend. Dargestellt werden hauptsächlich Landschaften. Die einfache, malbuchartige Ausführung erlaubt schnelles, massenhaftes Anfertigen. Die geringe Anforderung an Anatomie- und Perspektivkenntnisse ermöglicht nahezu jedem, „Kunstwerke“ zu erstellen.

Gamelan – das balinesische Orchester

Wenn es irgendwo auf Bali klimpert, klappert, ein Gong erklingt oder **Musik in scheinbar endlosem Auf und Ab** ertönt, dann ist ein Gamelan-Orchester am Werk. Vielleicht übt es nur, aber beinahe täglich ist auch irgendeine Art

Tanz, Prozession oder Fest im Gange. Der Klang dieser etwas monotonen Musik gehört zu Bali wie die Sonne und die Hahnenkämpfe. Gamelan – das Wort stammt aus Java – bezeichnet heute ganz allgemein ein **Orchester mit Schlaginstrumenten.** Der Klang ist recht ungewöhnlich für unsere Ohren, höhere Töne werden öfter angeschlagen als tiefere.

Schon vor 1500 Jahren soll diese Musik in Indonesien erklungen sein. Ein komplettes **Orchester, Gong Gede,** besteht aus ca. 75 Instrumenten, die von mindestens 30 Personen gespielt werden. Mit Gongs, Trommeln, Metallophonen, Zimbeln und Rasseln, gelegentlich ergänzt durch Flöten und Saiteninstrumente, erzeugt das Ensemble einen Sound, der sich nach dem Plätschern eines Baches, einem wilden Hornissenschwarm oder einem Gewitter anhört. Es gibt **keine Soli und keine Melodie** zum Mitsingen. Alle Mitspieler erzeugen zusammen einen Klangteppich und **begleiten** damit **Tanzvorführungen, Prozessionen und Zeremonien.** Diese Untermalung ist so perfekt und sensibel, dass sogar im Radio Tänze übertragen werden; die Zuhörer lauschen nur der Musik und können sich die Handlung des Tanzes vorstellen.

Ein Gamelan-Orchester in Aktion ist Ohren- und Augenschmaus zugleich. Faszinierend, wie die Musiker an den **Metallophonen** mit der einen Hand rasend schnell über die Bronzeplatten hämmern und die soeben angeschlagenen Klangkörper mit der anderen Hand wieder festhalten, um ein Nachschwingen zu verhindern. Oft spielen drei oder vier Musiker völlig synchron.

Der Spieler mit den kleinen **Trommeln** (die größere ist „männlich", die kleinere „weiblich") bestimmt den häufig wechselnden Rhythmus des Stückes. Beide Trommeln ergänzen sich im Spiel auf wunderbare Art, die Töne überlagern sich und irgendwann gelingt es nicht mehr, den Klang der hohen von dem der tieferen Trommel zu unterscheiden. Die beiden Trommeln bestimmen das Tempo des Orchesters, sie sind quasi der Dirigent. Die **Metallophone** spielen eine

< Kleines Gamelan-Orchester bei einer Familienfeier

Gamelan-Instrumente

- **Kendang:** Trommeln, die den Grundrhythmus bestimmen.
- **Demung, Gender:** Metallophon mit Bronzeplatten, mit Metallhammer angeschlagen.
- **Konong:** verschlossene, Bronze-„töpfe" mit einem Nippel auf der Oberseite, diese werden mit Metallhämmern angeschlagen und erzeugen einen klaren, metallischen Klang.
- **Saron:** einzelner, kleiner Gong, wird mit einem Stock angeschlagen und „hält das Orchester zusammen".
- **Ketuk:** kurz und dumpf klingende Gongs.
- **Keprak:** Holzblock, auf dem der Rhythmus für die Tänzer geschlagen wird.
- **Nicht zur Grundausstattung gehören:** Suling (Flöte), Rehab (eine Art Violine), Gong Selunding (Tasteninstrument, nur noch sehr selten verwendet), Gambang (Tasteninstrument) und Genggong (eine Art Maultrommel).

Art Melodie, während die **Gongs,** kleinen **Becken** und **Rasseln** das Klangspektrum erweitern.

Bei längeren Vorführungen **wechselt die Orchesterbelegung,** die Musiker gehen zwischendurch einen Tee trinken, rauchen, halten ein Schwätzchen oder ruhen sich aus. Später steigen sie an beliebiger Stelle nahtlos wieder ein. Fast immer werden die Stücke aus dem Gedächtnis gespielt.

Jedes Dorf besitzt eine **Musikervereinigung,** die **Sekad.** Ihr gehören alle Musiker eines Dorfes an, die hier gleichberechtigt ihre Belange regeln. Auch Musikveranstaltungen werden geplant und organisiert. Übungsplatz ist der **Bale Gong,** ein überdachter Pavillon, in dem auch die Instrumente aufbewahrt werden. Jeder darf spielen. Es gibt weder „Gesellenbriefe" noch „Vereinsausweise", allerdings bei Vorstellungen auch keine Bezahlung. Oft sieht man in diesen Bale Gong kleine Kinder mit erstaunlichem Können auf den Instrumenten herumklimpern. Schon im jüngsten Alter wird der Nachwuchs mit zu den **Proben** genommen; dabei lernen die Jüngsten im wahrsten Sinne des Wortes „im Schlaf" die unterschiedlichen Stücke. Wird ein neues Stück eingeübt, treffen sich die Musiker täglich zum Proben. Wenn nicht, trifft man sich gelegentlich, um das Repertoire durchzuspielen, damit man beim nächsten Tempelfest fit ist.

Es gibt etwa 15 **verschiedene Gamelan-Zusammenstellungen,** je nach Region, Zweck und Anlass. Die Instrumente für eine Beerdigungszeremonie sind andere als die einer Ramayana-Ballett-Begleitung. Das kleinste, nur vier Mann starke Orchester gehört zum Wayang-Kulit-Schattenspiel, das größte, mit 30 bis 35 Personen, tritt bei großen Tempelfesten und Familienfesten hoher Persönlichkeiten auf.

Tanz und Schauspiel

Der Tanz spielt in der balinesischen Gesellschaft eine **überaus wichtige Rolle.** An jedem Tag des Jahres hat man an jedem Ort Balis die Möglichkeit, im Umkreis weniger Kilometer irgendeiner Tanzvorführung beizuwohnen. Fast zu jedem Tempelfest, zu jeder bedeutenden Zeremonie (Zahnfeilung, Hochzeit, Verbrennung) gehört eine Tanzvorstellung. Getanzt wird auf festen Bühnen, auf Tempelplätzen, Wiesen, Straßen, kurz: überall dort, wo ein freier Platz gegeben ist, der Platz zum Agieren und den Dorfbewohnern Raum zum Zusehen gibt.

Viele Tänze haben einen **religiösen Charakter.** Mit ihnen sollen Unheil abgewendet, Dämonen ausgetrieben und Krankheiten bekämpft werden. Das Galungan-Fest zu Ehren der Seelen der verstorbenen Ahnen ist ohne Tänze und Musik nicht denkbar. Es gibt allerdings auch eine ganze Reihe weltlicher Tänze, die „nur" den Sinn haben, die Dorfbewohner zu erfreuen.

Schon wenn sie sechs Jahre alt sind, fängt man an, den Mädchen und Jungen die Kunst des Tanzes beizubringen. **Immer werden bestimmte Tänze** (z.B. Legong, Baris, Barong) **gelehrt,** niemals das Tanzen allgemein. Jeder Schritt, jede Arm- und besonders jede Fingerbewe-

Auch Jungen lernen die kunstvollen Tänze

gung ist vorgeschrieben. Auch das **„Augenrollen“**, ein besonderes Charakteristikum des balinesischen Tanzstiles, wird minuziös gelernt. Schon mit 12 oder 13 Jahren können Balinesen und Balinesinnen perfekte Tänzer/innen sein.

Es gibt über 200 verschiedene Tänze auf Bali, von denen heute noch etwa 50 aufgeführt werden. **Mehr als 2000 Tanzgruppen** sind dafür zuständig, einige von ihnen international bekannt und regelmäßig auf Tournee. Die große Mehrzahl der Gruppen aber ist unbekannt: Der Bauer, der Taxifahrer, die Warungverkäuferin gehören ihnen an. Sie tanzen oft genauso perfekt wie ihre berühmten Kollegen, allerdings nur zum eigenen Vergnügen und um den Göttern zu gefallen.

In fast allen größeren Dorfgemeinschaften existiert eine Organisation **(Sekaha Gong)**, die zuständig ist für die Pflege und Kultivierung des balinesischen Tanzes und der Musik. Hier können Interessierte erfahren, wer Tanzen lehrt und wann etwas aufgeführt wird.

Religiöse und weltliche Tänze werden **stets nachts** aufgeführt, **mit Vorliebe in Vollmondnächten.** Tagsüber ist es zu heiß, und viele der Akteure müssen arbeiten. Bevor es losgeht, bauen gegen Abend am jeweiligen Platz fliegende Händler ihre Stände auf, die Frauen des Dorfes oder der Umgebung schaffen das Essen heran. Sanfte Beleuchtung verleiht dem Ort eine feierliche Stimmung und vermittelt Gemütlichkeit. Nach und nach findet sich das ganze Dorf ein, vom Säugling bis zum Greis ist alles auf den Beinen und wartet geduldig auf den Beginn der Vorstellung. Das kann recht lange dauern, oft wird nicht vor Mitternacht angefangen, dafür gehen die Tänze dann bis zum Sonnenaufgang. Je wichtiger und magischer ein Tanz ist (z.B. Sanghyang), desto unbestimmter und länger ziehen sich Vorbereitungen hin. Oft sind Startzeiten von astrologischen Berechnungen abhängig.

Weltliche Tänze besitzen eine Handlung, zumeist Teile aus überlieferten Epen wie dem Ramayana. Diese sind je-

037ba sb

dem einheimischen Zuschauer bekannt, darum kann ohne Weiteres auf viel Text und besonders auf Kulissen verzichtet werden. So warten die Zuschauer nicht begierig darauf, was als Nächstes passiert, sondern schauen gebannt den Gesten und der Choreografie zu, die in scheinbar unwesentlichen Details einen ganz bestimmten Stil verrät. Kennt man aber die Grundzüge der Handlung, fällt es auch dem Fremden nicht schwer, den Inhalt im Groben zu verstehen.

Höchst beeindruckend sind die prachtvollen Kostüme, die Schönheit der Darsteller und der teils aufreibende, teils monotone Rhythmus der begleitenden Gamelan-Musik. **Faszinierend** die Ausdauer, Konzentration und Perfektion der oft sehr jungen Tänzerinnen und Tänzer. **Ermüdend** kann die reine Dauer einer Aufführung sein, vier bis fünf Stunden sind keine Seltenheit. Ein Kissen für den Sitzkomfort und eine Taschenlampe für den Heimweg, im Bergland auch eine wärmende Decke, sollte man auf keinen Fall vergessen. Auch wenn **Fotografieren** normalerweise in Ordnung ist, sollte man vorher gut überlegen, ob sich das Betrachten des Theaterstücks durch den Sucher der Kamera wirklich lohnt. Spannender ist es sicher, sich ganz dem Tanz hinzugeben.

Etliche Tänze werden heutzutage regelmäßig täglich **für Touristen** aufgeführt, Bühnen in Ubud, Denpasar, Legian, Sanur oder Uluwatu haben sich auf verschiedene Tänze spezialisiert. Sie sind, dem Touristengeschmack entsprechend, gekürzt und dauern in der Regel ein bis 1½ Stunden. Im Gegensatz zu den Veranstaltungen im Dorf kosten diese Aufführungen Eintritt; dafür gibt es normalerweise ein Programmheft, in dem der Inhalt erklärt wird. Fotofans seien diese Vorstellungen empfohlen, hier ist man Blitzgeräte gewohnt, das Publikum ist oft „rein weiß“ und so stört man niemanden.

Geschichte und Stile

In vorhinduistischer Zeit hatten alle Tänze der Ur-Balinesen (Bali-Aga) magischen und sakralen Charakter. Im 10. Jahrhundert erreichte der **hindu-javanische Einfluss** Bali. Die ursprünglich aus Indien stammenden Tänze Javas, die dort eine Weiterentwicklung erfahren hatten, wurden dem balinesischen Geschmack angepasst. Obwohl die gesellschaftlichen, kulturellen und regierungstechnischen Verbindungen zwischen Java und Bali sehr stark waren, entwickelten sich **spezielle balinesische Elemente.** Besonders das „demokratische“, fast „sozialistische“ Gesellschaftssystem Balis, das Banjar-System, wirkte sich auf den Tanz aus. Waren es in Java hauptsächlich die Fürstenhöfe, die die Tanzkunst pflegten und weiterentwickelten, so gehörte der Tanz auf Bali dem ganzen Volk. Zwar wurden auch hier an den Höfen besonders feine und ästhetische Tanzstile entwickelt, aber die Basis der Entwicklungen waren die dörflichen Gemeinden, in denen die Tanzkunst ebenfalls gepflegt wurde. Als dann Java um 1500 zum Islam übertrat, flüchteten viele der Fürsten, Gelehrten und besonders die Künstler nach Bali. Ein ungeheurer **kultureller Aufschwung** war die Folge, und das Traditionsbewusstsein der Balinesen sorgte auch unter der Herrschaft der Holländer für den Fortbestand der Künste.

Auf Java wurden die Tänze ebenfalls nicht vergessen, sogar an den Höfen weiter kultiviert. Allerdings ging dort mit der Zeit die Verbindung zur Basis verloren. So unterscheiden sich die **Tanzstile Balis und Javas** nicht durch die Inhalte, die sind gleich geblieben, sondern im Ausdruck. Die Tänze Javas sind ruhiger, intellektueller, weniger dynamisch, während die balinesischen Tänze durch Vitalität und aufregende Rhythmen bestechen. Balinesen finden die Tänze Javas langweilig, während Javanesen behaupten, Balis Tänze seien vulgär.

Manche Tänze werden **nur von Frauen** (Legong, Arja, Pendet, einige Sanghyang-Tänze), **andere nur von Männern** getanzt (Topeng, Baris und Jauk-Tanz). **Trance-Tänze** stellen ganz besondere Ansprüche: Manchmal können nur „unberührte" Jugendliche in Trance versetzt werden, ein andermal darf der Tänzer in der vorangegangenen Woche bestimmte Dinge nicht getan haben, beispielsweise einen Toten berührt oder Geschlechtsverkehr gehabt haben, sonst wirkt der Zauber nicht.

Charakteristik

Eine Charakteristik der balinesischen Tanzkunst könnte so aussehen:

- **Expressivität der Augen:** Die Augenbrauen werden hochgezogen und die Augen glänzen und rollen seitwärts, nach oben und unten, in alle Richtungen. Manchmal ist die Augenbewegung *(Nylecet)* schnell, manchmal langsam, je nach Inhalt und Situation des Stückes. Man findet derartig auffallende Augengestiken nur auf Bali. Selbst Indien, wo Augenbewegungen beim Tanz auch eine große Rolle spielen, kann da nicht mithalten.
- **Dynamik und Rhythmus:** Jede Bewegung in balinesischen Tänzen (Augen, Kopf, Arme, Hände, Schultern, Beine) richtet sich nach dem Rhythmus des begleitenden Gamelan-Orchesters. Der Unterschied zu javanischer Gamelan-Musik ist wie der von Tag und Nacht: Gamelan auf Java ist weich, ausgeglichen und manchmal langweilig, ohne Höhepunkte; im starken Gegensatz dazu steht die Musik Balis: dramatisch, hart, metallisch, oft aufreibend, aufregend.
- **Haltung der Beine:** Normalerweise offen und flach, manchmal bis kurz vor der Hocke. In manchen Tänzen allerdings findet man auch recht gestreckte Beinhaltungen.
- **Haltung der Arme:** Normalerweise offen und ein wenig angehoben, sodass es scheint, als seien die Schultern ebenfalls angehoben.

Jede der eindrucksvollen Bewegungen ist genau vorgeschrieben und hat einen eigenen Namen, der aus der Tier- und Pflanzenwelt stammt. So heißt z.B. eine

Schminke betont die Ausdruckskraft der Augen

036ba sb

mehrmalige Drehung „Tiger, sich gegen Insekten wehrend", ein Seitenschritt heißt „Rabensprung". Es gibt eine bestimmte Fingerbewegung, die mit „zwei blaue Vögelchen, auf einem Palmblatt schaukelnd" bezeichnet wird, eine Kopfbewegung heißt „Affe, nach Früchten im Baum schauend".

Tempeltänze

Diese Tänze werden im Tempel veranstaltet und **leiten religiöse Zeremonien ein oder begleiten sie.** Hauptsächlich ergänzen sie die Feste des balinesischen Kalenders.

Pendet

Dieser Tanz wird von **Frauen** getanzt, die den Tanz den Göttern als Opfer bringen. Die Frauen/Mädchen sollten unverheiratet sein. Es können ein, zwei, zehn oder 100 Frauen teilnehmen. In einer Hand halten sie während ihrer rhythmischen, sich von Schrein zu Schrein bewegenden Vorführung **Blumen, Räucherstäbchen oder Gebäck (Pendet).** Manchmal nimmt auch ein einzelner Mann an der Darbietung teil. Die Tanzschritte sind nicht streng vorgeschrieben, und die Tänzerinnen gehören keiner festen Tanzgruppe an, sondern rekrutieren sich aus der jeweiligen Dorfgemeinschaft; sie lernen einfach durch Abgucken und Nachmachen.

Unter Präsident *Sukarno* kam der Pendet zu Ehren, als er als Begrüßungstanz für am Flughafen eintreffende Prominente getanzt wurde. Das Management des Bali Beach Hotel sah in den 1960er-Jahren das Potenzial des Pendet als **„Begrüßungstanz"** und ließ ihn in der Folge vor jeder Aufführung des Legong tanzen. Die Verantwortlichen im Konservatorium für traditionelle Musik sahen das nicht gern und ließen den Choreographen *I Wayan Beratha* zu Beginn der 1970er-Jahre einen eigenen Tanz kreieren: den **Panyembrama** oder **Tari Selamat Datang,** quasi den offiziellen „Willkommenstanz". Heute wird der Pendet auch „weltlich" zur feierlichen Begrüßung von hohen Gästen oder Besuchern eines Hotels vorgeführt.

Gabor

Diese **Variation des Pendet** wird von zwei Mädchen getanzt, die sich gegenseitig Luft zufächeln. Die Gamelan-Musik ist dynamischer als beim Pendet.

Rejang

Auch dieser Tanz ist als Opfer für die Götter gedacht. Er wird tagsüber im Tempel aufgeführt. Tanzen dürfen nur **junge Mädchen,** die noch keine Periode hatten, teilweise sind sie jünger als sechs Jahre. Vorweg tanzt ein **Tempelpriester (Pemangku),** der an einem langen Faden, den die Mädchen in der Hand halten, die Reihe führt. Manchmal tragen die Mädchen auch Fächer. Die Gamelan-Musik ist einfach, die Bewegungen der Tänzerinnen sind sehr langsam.

Mabuang

Dieser Tempeltanz wird von **unverheirateten Männern** getanzt. Man tanzt im Kollektiv, aber jeweils im Duett. Zwei junge Männer stehen sich gegenüber, um sich am Ende einen Schaukampf zu liefern. Dieser **Kampf (Kere Prang Duri)** sieht in jedem Dorf anders aus; in Tenganan benutzt man z.B. Blätter als Waffen, in Karangasem Stöcke.

Kris-Tanz

Wird er aufgeführt, folgt dieser uralte Tempeltanz auf den Pendet, Gabor oder Rejang. Er wird von **barbrüstigen Männern** getanzt, die in **Trance** versetzt werden und während der Vorführung versuchen, sich mit ihrem Kris zu erstechen, indem sie diesen mit aller Gewalt mit der Spitze gegen ihre Brust drücken. Haben sie alle Vorschriften beachtet, geschieht ihnen nichts. Hin und wieder passiert es aber, dass der Zauber nicht hilft, dann können sich die Männer verletzen – kleine, aber dicke Narben auf dem Brustkorb von Fischern, Bauern und Souvenirverkäufern sind die Folge.

Dieser **Kris-Trancetanz** ist auch Teil des Barong-Tanzes (s.u.), der darum teilweise ebenfalls Kris-Tanz genannt wird.

Pasraman

Dem Kris-Tanz ähnlich, allerdings sind die **Tänzer mit Lanzen bewaffnet.** Außerdem wird er stets zum Ende eines Tempelfestes aufgeführt.

Rituelle Tänze

Baris

Das Wort „Baris" heißt eigentlich „Linie, Reihe"; so bezeichnete man früher die klassische Angriffsreihe der Krieger, später nannte man die Krieger selbst Baris. Der Baris-Tanz ist ein **urbalinesischer Tanz,** der seinerzeit in Verbindung mit Opferungen zum Erbitten des Sieges vor dem Kampf oder aber als Dank für eine gewonnene Schlacht aufgeführt wurde. Auch konnten sich in ihm **junge Krieger** als „ganze Männer" auszeichnen, die hervorragend mit Kriegswaffen umgehen konnten, stark und mutig waren.

Der Baris wird paarweise **in Gruppen von sechs bis 16 Männern** vorgeführt. Die Tänzer beginnen mit langsamen Schritten und Bewegungen und steigern sich immer mehr, bis zum ekstatischen Wirbeln.

Es gibt viele **verschiedene Baris-Tänze,** die sich hauptsächlich durch die Waffen unterscheiden und nach ihnen benannt werden: Baris Cendekan, kurze Lanze (Nordbali); Baris Panah, Pfeil und Bogen (Nordbali); Baris Tamiang und Baris Presi, Schild; Baris Dedap, besonderer Schild (Batur-See); Baris Tumbak und Baris Jojo, Lanze; Baris Gede, besonders lange Lanze, viele Tänzer.

Der **Baris Melampahan** ist eine neuere, nicht-rituelle Baris-Art. Als einzige Form wird hier eine Handlung dargestellt, häufig aus alten Heldenepen. Der Tanz wird oft für Touristen aufgeführt, die Tänzer tragen Kostüme und werden sehr lange ausgebildet.

Sanghyang-Tänze

Der Sanghyang-Tanz ist ein **Trance-Tanz zur Abwehr von Epidemien und anderen Katastrophen.** Nach dem balinesischen Glauben ist Nusa Penida die Heimat eines Dämonenfürsten mit einer ganzen Armee von bösen Geistern *(Leyaks).* Wenn die Leyaks nach Bali kommen, bricht eine Epidemie aus, und um dieses Werk der Dämonen wieder abzuwenden, erbitten die Balinesen Hilfe von einer Göttin *(Dewi).* Die Göttin wird in den Pura Dalem (Totentempel) des Dorfes gebeten und nimmt im Körper eines jungen Mädchens Platz. Dieses Mädchen wird nun selbst zu einer **Göttin,** balinesisch **Sanghyang.**

Gewöhnlich wird der Sanghyang-Tanz von **zwei Mädchen** ausgeführt. Sie hocken während der Vorbereitungen vor Schalen, aus denen duftender Rauch aufsteigt, und atmen diesen ein. Hinter ihnen befinden sich ein **Männer- und** ein **Frauenchor,** die Gebete singen. Das **Lied „Gending Pangedusan"** wird nur von den Frauen gesungen; es beginnt sehr langsam, doch wenn erste Anzeichen dafür sprechen, dass die Ankunft der *Dewi* nahe ist, wird der Rhythmus beschleunigt, bis die beiden Mädchen ohnmächtig nach hinten fallen – nun ist die Göttin im Körper der Mädchen, welche somit zu *Sanghyang* geworden sind.

Nun wechselt man deren bis zu diesem Zeitpunkt weißen Kleider gegen die erforderlichen **Kostüme,** und die Mädchen beginnen zu tanzen, mit geschlossenen Augen und ohne jemals eine einzige der Gesten, Schritte und Bewegungen gelernt zu haben. Oft tanzen sie sogar **auf den Schultern von Männern** sitzend, die sie so um das ganze Dorf tragen. Auf diese Weise wird die Epidemie meist vertrieben.

Nachdem der Rundgang ums Dorf beendet ist, werden die Mädchen durch Besprengen mit heiligem Wasser, rhythmische Bewegungen und Räucherstäbchendämpfe wieder in die Realität zurückgeholt und können sich an nichts mehr erinnern.

Ein Mädchen, das eine Sanghyang werden will, muss, da sein Körper von einer *Dewi* (meistens *Suprabha*) betreten wird, völlig rein sein. Es muss ein Leben voller Tabus, Verbote und Regeln führen, es darf z.B. nicht fluchen, nicht mit der linken Hand essen, nicht stehlen oder kämpfen usw. Das ist für ein kleines Mädchen sehr entbehrungsreich, wird aber mit viel Achtung und der Entbindung von vielen Pflichten gewürdigt.

Sanghyang Dedari

Der **bekannteste Sanghyang-Tanz** ist wohl der Sanghyan Dedari. Nachdem sich die *Dewi* im Körper des Mädchens niedergelassen hat, wird dieses in ein **Legong-Kostüm** gekleidet und beginnt, diesen Tanz exakt zu tanzen, ohne ihn jemals erlernt zu haben oder in der Lage zu sein, ihn später zu wiederholen. Manchmal begleitet ein **Kecak-Chor** die Zeremonie. Diese Art Sanghyang-Tanz wird in vielen Gegenden Balis aufgeführt, von einigen Tourveranstaltern als „Virgin Dance" oder „Trance Dance".

Sanghyang Deling

Dieser Tanz ist heute nur noch sehr selten in der Gegend um den Batur-See zu sehen. **Zwei Puppen** dienen als Körper, in den die *Dewi* eindringen kann. Wenn die Puppen sich zu bewegen scheinen, werden sie von den zwei Tänzerinnen genommen, und diese fangen dann an zu tanzen. Die Musik im Gebirge ist sehr primitiv, das Orchester besteht lediglich aus einer Flöte (Suling), einem Tamburin (Terbang) und einer Trommel (Kendang). Ein ähnlicher Tanz ist in Tabanan bekannt, hier heißt er **Sanghyang Dangkluk.**

Sanghyang Jaran (Feuertanz)

Dieser Tanz ist hauptsächlich in Südbali bekannt und wird von **einem oder zwei Männern** getanzt. Dem Gott dient ein hölzernes oder aus Bambus gefertigtes Pferd als Aufenthaltsort. Der Tänzer imitiert nun mit dem Holzpferd reitende Bewegungen und fällt in **Trance.** Hin und wieder wird dieser Tanz von einem

Kecak-Chor begleitet, manchmal wird auch auf ein Pferd verzichtet. Der in Trance gefallene Tänzer bewegt sich um einen **brennenden Haufen Kokosschalen** herum; es kommt vor, dass der Tänzer barfuß durch die Glut läuft, ohne sich zu verbrennen. Aus diesem spektakulären Nebeneffekt wurde in neuerer Zeit der **„Fire Dance"** entwickelt, ausschließlich für Touristen und keinem rituellen Zweck dienend. Die Tänzer versetzen sich in Trance und laufen, begleitet von lauter, unheimlicher Gamelan-Musik, durch aufgeschichtete Glut. Ein aufregendes und spektakuläres Ereignis, das, obwohl es wenig authentisch ist, einen starken Eindruck hinterlässt.

Barong-Tänze

Barong Keket (Kris Dance)

Dieser Barong-Tanz ist **einer der gewaltigsten und brutalsten Tänze,** die man sich auf Bali ansehen kann – für Touristen werden die Aufführungen deutlich abgemildert. Das diesem Tanz zu Grunde liegende Prinzip ist der urbalinesische Glaube an die dualistisch regierte Welt: **Das Gute und das Böse** liegen in ewigem Hader miteinander. **Der Barong verkörpert das Gute, das männliche Prinzip,** Sonne, Tag, Licht, die Kraft, das Böse zu überwinden, die „rechte Seite". Der Barong ist ein **Fabeltier,** über dessen Herkunft einige Unklarheiten bestehen. Ziemlich sicher ist, dass es sich hierbei um das Totemtier der Balinesen handelt, das die vorhinduistische Gesellschaft der Insel vor Bösem schützte. Heute haben die Balinesen allerdings eine andere Legende, die die Herkunft des Barong erklärt (→ Nusa Penida). Der Barong ist ein vierbeiniges Ungeheuer mit einem Kopf, der mal mehr einem Tiger, mal einem Wildschwein, einem Stier usw. gleicht. Der stärkste und gewaltigste aber ist der **Barong Keket,** ein Tier, das keinem bekannten gleicht und auch **Banaspati Raja** („Oberster Herr des Waldes") genannt wird.

Zwei Männer werden gebraucht, um ihn darzustellen. **Unter einem zotteligen Fell** stellen sie Hinter- bzw. Vorderteil dar und bewegen jeweils Schwanz oder Maske. Letztere ist ein furchterregendes Gesicht mit runden Glotzaugen, riesigen Fangzähnen und langem Bart. Der **Bart** ist heilig; er ist aus Menschenhaar gemacht und Sitz der magischen Kräfte, die dem Guten dienen (Weiße Magie). Taucht man ihn in Wasser, geht diese mystische Kraft auf das Wasser über, und man kann mit ihm Krankheiten heilen oder Dämonen austreiben.

Das Böse manifestiert sich in Rangda, sie ist die Hexenwitwe, die Fürstin der Leyaks (Dämonen, die nur Böses im Sinn haben). Diese bringen Krankheiten, Epidemien, Tod, Unglück und Zwietracht. *Rangda* ist das **weibliche Prinzip,** sie verkörpert Nacht, Krankheit, Tod, die „linke Seite". Sie ist die Meisterin der Schwarzen Magie, frisst kleine Kinder und bekämpft die Menschheit. Würde der *Barong* den Menschen nicht zur Seite stehen, sie wären verloren.

Dargestellt wird *Rangda* von einem Mann, der ein **abgefetztes, zerrissenes Kostüm** trägt. Die Maske ist dem Barong-Gesicht ähnlich; lange Fangzähne, Kulleraugen. Aus dem Mund hängt eine lange, rote Zunge, das Haar ist struppig. Krallenartige, lange Fingernägel und mit Sägespänen gefüllte Hängebrüste gehören ebenso zum Erscheinungsbild wie

Stoffwürste, die um ihren Hals hängende Eingeweide symbolisieren.

Die Kostüme beider Figuren sind heilig und werden im Pura Dalem, dem Totentempel des Dorfes, in einem Schrein aufbewahrt. Man bringt ihnen Opfer, und der Priester passt auf, dass sie nicht verschwinden.

Während des Barong-Tanzes prallen nun diese beiden konträren Mächte aufeinander, **Weiße und Schwarze Magie liefern sich einen erbitterten Kampf.** Der Barong wird unterstützt von Kris-Kämpfern (*Daratan* oder *Panugdug*), die *Rangda* angreifen, um sie zu vernichten. Diese kehrt mit Hilfe ihres weißen Tuches (Sitz der Schwarzen Magie) die Kraft des Angriffes um. Die Männer richten die scharfen Dolche auf sich und versuchen, sich umzubringen. Der *Barong* aber macht die Kämpfer mit einem Zauberspruch unverwundbar, die Männer schaffen es einfach nicht, ihren Brustkorb zu verletzen. Die Männer sind in Trance, ihre Unverletzlichkeit ist nicht erklärbar, es sei denn, man geht davon aus, dass wirklich Zauberei im Spiel ist.

Rangda flieht, als sie merkt, dass ihre Anstrengungen keinen Erfolg haben. Getötet wird sie nicht. Nun werden alle Trance-Tänzer durch Besprengen mit heiligem Wasser aus der Trance erlöst. Um die bösen Geister zu besänftigen, opfert man das Blut eines lebenden Kükens. Damit die Tänzer durch die vielen und bösen Beschwörungs- und Zauberformeln, die während der Vorführung ausgestoßen werden, keinen Schaden nehmen, müssen **vor einer derartigen Aufführung viele Opfer und Zeremonien** vollbracht werden.

Die **Kris-Tänzer** werden nach ganz bestimmten Gesichtspunkten ausgewählt, und sie dürfen eine Woche vor der Veranstaltung keinen Toten berühren oder eine Person, die einen Toten berührt hat. Kommt so etwas doch vor, ist die betreffende Person unrein und kann nicht durch den Zauberspruch unverwundbar gemacht werden. Der Kris wird dann seinen Körper verletzen.

Wenn sich ein Tänzer während der Aufführung verletzt und ein anderer Kris-Kämpfer die Wunde sieht, wird er sich auf ihn stürzen und das Blut saugen. Das kann gefährlich werden. Aus diesem Grund ist immer ein **Tempelwächter anwesend,** um mögliche Gefahren abzuwenden, indem er die Wunde mit einer Hibiskusblüte bedeckt und so den Blutfluss stoppt.

Andere Barong-Aufführungen, die sich lediglich durch die Maske des *Barong* vom Barong Keket unterscheiden, sind Barong Bangkal (Wildschwein), Barong Macan (Tiger), Barong Singa (Löwe), Barong Gajah (Elefant, selten), Barong Lembu (Stier, selten) und Barong Awang (Bär).

Barong Kalekek

Eigentlich ist Barong Kalekek ein **Tanzdrama.** Dargestellt wird die Geschichte von *Shiva* und seiner Frau, die sich später in die Todesgöttin *Durga* verwandelt.

Barong Landung

Der Barong Landung unterscheidet sich völlig von anderen Barong-Tänzen. Die beiden Tänzer nehmen nicht die Form eines wilden Tieres an, sondern von **zwei Riesen,** einem **Mann und** einer **Frau.** Der Mann heißt **Jero Gede,** die Frau **Jero Luh,** in beiden Kostümen stecken aber Männer. Die Barong-Landung-Vorstellung wird meist in der Gegend um Denpasar aufgeführt (→ Benoa, Serangan), normalerweise am Kuningan-Tag. Die Vorführung ist oft lustig, dient aber auch zur Austreibung böser Geister.

Nicht-religiöse Dramen

Neben den bisher beschriebenen Tänzen, die alle eine religiöse Bedeutung haben und aufgeführt werden, wenn es in religiösem Sinne notwendig ist, gibt es eine ganze Reihe anderer, nicht-religiöser Tänze und Vorführungen. Diese finden hauptsächlich zum **Amüsement** der Zuschauer statt. Häufig werden auch sie in Verbindung mit irgendeinem Tempelfest aufgeführt, um auf diese Weise nicht nur die Dorfbewohner, sondern auch die Götter zu unterhalten, die sich zu dieser Zeit in den Tempeln aufhalten.

Kecak („Affentanz")

Wohl einer der mitreißendsten und rhythmischsten Tänze überhaupt: Über hundert Männer, alle nur mit einem schwarz-weiß karierten Sarong bekleidet, sitzen in mehreren, sehr engen Kreisen um eine Öllampe, die in dem freigelassenen Innenraum steht. Leise summend beginnen die Männer langsam mit den Rufen „Cak kecak kecak kecak kecak", die diesem Tanz den Namen gegeben haben. Aber nicht lange bleiben die Rufe zurückhaltend. **Immer schneller, lauter und aggressiver,** teilweise in zwei Gruppen gegeneinander, wird „gesungen", hin und wieder unterbrochen durch Summen oder Zischen. Wie ein einziges Lebewesen beugen sich die Männer vor und zurück, wie auf Kommando fliegen alle Arme ausgestreckt zur Mitte des Kreises, mal liegen alle Männer flach, mal ist es still, aber im nächsten Moment geht es mit gleicher Lautstärke weiter. Eine wahrhaft mystische Atmosphäre entsteht.

Entstanden ist diese Art Tanz **aus dem Männerchor bei verschiedenen Sanghyang-Tänzen.** Dort unterstützte er durch das ununterbrochene „Cak kecak kecak" die Trance der Tänzerin. Irgendwann hat sich dieser Chor dann verselbstständigt und ist zu einer eigenständigen Tanzform geworden. Von seinem **hypnotischen Charakter** hat er allerdings nicht viel verloren.

Erst im 20. Jahrhundert ergänzte man den reinen Kecak-Chor durch ballettartige, von anderen, voll kostümierten Tänzern vorgetragene **Episoden aus der Ramayana-Legende.** Dieses Verdienst kann wohl dem deutsch-russischen Künstler *Walter Spies* (1895–1942) und der amerikanischen Journalistin *Beryl de Zoete* zugeschrieben werden: Anfang der 1930er-Jahre, *Spies* lebte schon einige Zeit auf Bali, übernahm er gemeinsam mit balinesischen Tänzern die Choreografie für den **Film „Die Insel der Dämonen"** (1932) von *Victor Baron von Plessen.* Für den Film suchte *Spies* nach einer weiteren, filmisch besser verwertbaren Zuspitzung eines Tanzes und „erfand" dabei die heutige, moderne Form des Kecak.

Beim Kecak wird der Innenkreis zur Bühne, der Chor übernimmt Statistenrollen, wie *Hanumans* Affenlegionen, *Rawanas* Dämonenheer oder aber *Ramas* magischen Pfeil. Auch der **„Soundtrack"** wird von den Männern übernommen: das Zischen von abgeschossenen Pfeilen, Kampflärm, das Rauschen, wenn *Rawana* fliegt. Ein abseits sitzender Mann erzählt dazu mit bebender Stimme im Dalang-Stil die Geschichte. Der moderne Kecak ist einer der bei Touristen beliebtesten Tänze. Dementsprechend häufig wird er auf festen Bühnen vorgeführt.

Drama Gong

Häufig handelt es sich bei diesen Tänzen um eine **Mischung aus Ballett, Oper, Schauspiel und Pantomime.** Der Inhalt, die Geschichte, steht zwar im Mittelpunkt, aber ebenso viel Wert wird auf perfekten Tanzstil, prunkvolle Kostüme und Masken gelegt. Thematisch werden fast immer Geschichten aus dem Leben sagenhafter Helden und Götter erzählt, die teilweise mit den ersten hinduistischen Einwanderern aus Indien importiert wurden, aber auch Erzählungen aus dem „goldenen javanischen Zeitalter" sind sehr beliebt. Diese gelten auch als balinesische Vergangenheit, da Bali und Java seinerzeit recht eng miteinander verbunden waren.

„Stilecht" benutzen die ranghöheren Darsteller (Fürsten, Helden oder Prinzessinnen) die alte, **klassische javanische Sprache (Kawi),** die vom allgemeinen Volk aber nicht verstanden wird. Aus diesem Grund spielen fast immer einige **„Clowns" (Punta, Kartala)** mit, die als tollpatschige Diener der „Hohen Herren" fungieren und in allgemein verständlicher Sprache den Ablauf der Handlung kommentieren. Sie sind wegen ihrer burlesken Spaßigkeit die Lieblinge des Publikums, und ihr Auftreten wird besonders von den Kindern fieberhaft erwartet. Diese Clowns finden sich nicht in den klassisch indischen Dramaturgien, von denen das balinesische bzw. javanische Theater abstammt, sie sind somit eine rein indonesische Erfindung.

Fehlen diese Darsteller, übernimmt oft ein **Dalang (Erzähler)** die Erklärung der Szenen. Es ist egal, ob Altjavanisch, Balinesisch oder Indonesisch gesprochen wird, denn in der Regel bleiben die vielen Gags und aktuellen Anspielungen unverständlich. Allerdings ist der grobe Ablauf der Handlung gut zu verstehen.

Die **Kostüme** der Darsteller sind **äußerst beeindruckend,** da sie über alle Maßen prunkvoll verziert sind; sie erinnern an die Wayang-Kulit-Figuren. Ebenso ähneln die Bewegungen der Akteure denen der Schattenfiguren. In einigen Vorführungen tragen die Schauspieler Holzmasken, die oft mit den Zähnen gehalten werden.

Die meisten dieser Tänze stammen vom Gambuh ab, der einer der ältesten balinesischen Tänze sein soll (ca. 1000 Jahre alt), oder sie wurden von ihm stark beeinflusst. Der Gambuh wird auch heute noch fast unverfälscht aufgeführt. Die verwendete Sprache ist das Balinesisch des 14. Jahrhunderts, der Inhalt befasst sich mit alten javanischen Legenden, dem Panji, Ranggalawe und Malat. Die meisten Dramen aber sind zwischen 1850 und 1900 entstanden, einer für den Tanz fruchtbaren Periode, protegiert von den Rajas und dem Adel.

Ein Drama kann zwei Stunden oder drei Tage dauern, beteiligt sind zwischen vier und 50 Personen. In der Regel dauern **Touristenvorstellungen bis zu zwei Stunden,** normale Aufführungen fünf bis sechs Stunden. Häufig dürfte es dem ausländischen Besucher reichen, ein bis zwei Stunden zuzusehen, um einen Eindruck zu gewinnen. Am besten erkundigt man sich vorher, wann die turbulenteste Szene beginnt, z.B. ein Kampf, oder wann der große Clown auftritt.

Wayang Topeng

Topeng bedeutet „Maske", die Darsteller bei einer Topeng-Vorstellung treten mit **Holzmasken** auf. Diese sind bunt bemalt und werden mit einem Pflock an der Innenseite zwischen den Zähnen gehalten. Dadurch ist es den Darstellern nicht möglich zu sprechen, die Vorstellung ist **größtenteils pantomimisch.** Lediglich Clowns, die skurrile, oft mit Hasenscharten versehene Halbmasken tragen, erklären den Ablauf der Dinge durch „Kommentare". In der Regel spielen **nur Männer,** Frauenrollen werden von Halbwüchsigen übernommen, die den Stimmbruch noch nicht hinter sich haben. Oft gehören nur wenige Schauspieler zu einer Truppe, zehn bis 15 etwa, die viele Rollen übernehmen, jeweils in einem anderen Kostüm, mit einer anderen Maske. Zur Ausrüstung eines Hauptdarstellers gehören bis zu 30 (!) Masken, er spielt also 30 verschiedene Charaktere. Die komplette Maskenausrüstung besteht aus 40 bis 80 Teilen.

Die **Themen** dieser Maskenspiele sind dem Bebad oder dem Usana Bali entnommen, in denen die Geschichte der vornehmen Raja-Familien verzeichnet ist. Die Stories werden jedoch häufig abgewandelt und Anspielungen auf aktuelle Ereignisse eingeflochten. Im Wayang Topeng ist alles möglich.

Wayang Wong

Diese Art des Dramas ähnelt dem Wayang Topeng, allerdings werden hier **nur Geschichten aus dem Ramayana-Epos** aufgeführt. Alle Darsteller sind Männer und tragen Masken, *Rama* und *Laksamana* treten manchmal auch ohne Masken auf. Die Clowns haben auch hier wieder eine wichtige Rolle als Kommentatoren und Erzähler; sie stellen die Diener der Hauptpersonen dar. *Ramas* Diener heißen z.B. *Tualen* und *Merdah, Rahwanas, Dalem* und *Sangut.*

Jauk

Wie im Wayang Wong werden auch im Jauk-Drama **nur Geschichten aus dem Ramayana** gespielt. Allerdings sind der Tanzstil und die Masken anders. Tänzerisch erinnert der Stil an die Baris-Tänze. Die **Jauk-Masken** sind alle **furchterregend,** rot (manchmal auch weiß), mit Glotzaugen und langen Zähnen. Die Schauspieler tragen Handschuhe mit langen Fingernägeln, um das schreckliche Aussehen der Personen noch zu steigern. Lediglich edle Charaktere wie *Rama, Laksamana* oder *Arjuna* tragen Masken mit harmonischen Zügen. **Dialoge gibt es nicht,** lediglich Clowns, die keine oder Halbmasken tragen, kommentieren das Geschehen.

Das Jauk-Drama aus dem 18. Jahrhundert hat man **zu einem Solotanz weiterentwickelt.** Ein Dämon, z.B. *Rawana,* tanzt einen wahrlich „teuflischen" Tanz, der besonders junge Zuschauer in Angst und Schrecken versetzt.

Legong

Der Legong-Tanz ist wegen der **Anmut der jungen Tänzerinnen,** der Perfektion ihres Vortrages und nicht zuletzt dank ihrer kostbaren, glitzernden Kostümierung **einer der schönsten Tänze Balis.** Ursprünglich bedeutete Legong lediglich „Tanz von Frauen", mittlerweile aber hat sich der Begriff für einen ganz bestimmten Tanz eingebürgert.

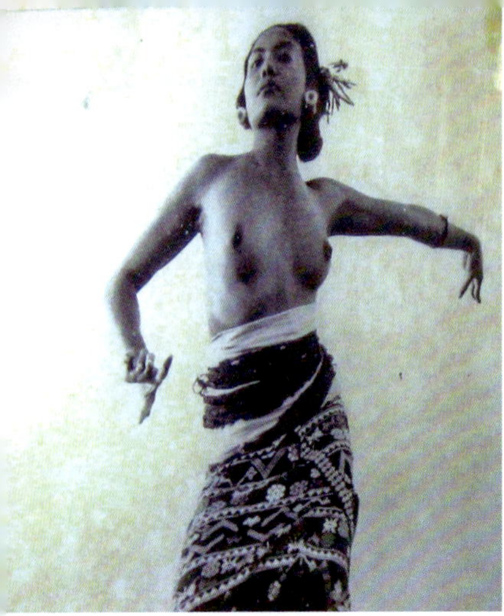

038ba sb

Der Legong wurde **als Hoftanz kultiviert:** Kleine Mädchen, die dem jeweiligen Herrscher gehörten, führten an den balinesischen Palästen zur Erbauung der Machthaber diesen Tanz auf. Die Kostüme sind dementsprechend prächtig, die Schritte und Bewegungen genauestens vorgeschrieben und höchst stilisiert. Haben die Mädchen, die den Tanz aufführen, ihre erste Periode gehabt, dürfen sie nicht mehr tanzen, da sie dann ihre „unbedingt notwendige Unschuld und Unbefangenheit" verloren haben. Anfänglich benötigte man für eine Vorstellung mindestens sieben Mädchen (König von Lasem, weiblicher Diener, männlicher Diener, die Krähe als Symbol des Todes, König von Daha und *Rangkesari*, die Königstochter), heute begnügt man sich meist mit drei bis vier Darstellerinnen.

Eines der besten Legong-Ensembles ist **in Peliatan** in der Nähe von Ubud beheimatet. Mit dem Programm „Dances of Bali" und unter der Leitung des Engländers *John Coast* zog das **„Peliatan Gamelan"** 1952 in die Welt hinaus, um in Europa und den USA balinesischen Tanz und vor allem den Legong, getanzt mit drei Mädchen, bekannt zu machen. Es gelang ihnen, in der amerikanischen Zeitschrift „Variety" als beste Broadway-Vorstellung des Jahres in die Annalen einzugehen. Bis heute ist das Ensemble weltbekannt geblieben.

Die **Vorstellung** läuft heutzutage **in drei Teilen** ab: 1. Teil, Tanz des Condong; 2. Teil, Liebestanz von *Rangkesari* und dem König von Lasem; 3. Teil, Kampf zwischen dem König von Lasem und der Krähe, dem Symbol des Todes.

Die Geschichte: Eines Tages wandert der König von Lasem durch den Wald. Unterwegs trifft er ein wunderschönes Mädchen, *Rangkesari,* die von zwei Dienerinnen begleitet wird. Sie haben sich im Wald verlaufen. Der König nimmt das schöne Mädchen mit in seinen Palast, da er sie heiraten will. Das gefällt *Rangkesari,* die in Wirklichkeit die jüngere Schwester des Königs von Daha ist, überhaupt nicht, und sie schließt sich in ihrem Zimmer ein. Als der König von Daha von diesem Vorfall hört, wird er zornig und droht, den König von Lasem anzugreifen. Dieser weiß zwar, dass er der Macht des Königs von Daha nicht gewachsen ist, zieht aber in den Krieg, um seine Ehre nicht zu verlieren. Er wird im Verlauf des Kampfes getötet, und *Rangkesari* kann ins Königreich ihres Bruders zurückkehren.

Die Legong-Tänzerin Ni Polok (Frau des Malers Le Mayeur) war in den 1930er-Jahren berühmt

Nicht-religiöse Tänze

Joged

Der **einzige soziale Tanz** auf Bali wird meist spontan nach getaner Arbeit veranstaltet, z.B. nach Beendigung der Reisernte. **Die Leute stellen sich in einem großen Kreis auf, in der Mitte tanzt ein Mädchen** allein mit einem Fächer. Nach einiger Zeit sucht es sich einen der im Kreis stehenden Männer aus und tippt ihm mit dem Fächer auf die Schulter. Dieser geht nun in den Kreis und zeigt seine Tanzkunst. Damit soll er die Schöne betören, anfassen darf er sie allerdings nicht. Je nachdem, wie „stilvoll" er tanzt, wird entweder geklatscht, gelacht oder gegrölt. Es gibt **keine vorgeschriebenen Schritte,** je ausgefallener und kunstvoller getanzt wird, desto besser. Nach fünf Minuten etwa wird einem anderen auf die Schulter geklopft, und so geht es weiter. Richtig spaßig wird es, wenn ein **neugieriger Tourist** in der Runde steht; sicher wird er aufgefordert teilzunehmen, und die Runde wird sich kranklachen über die unbeholfenen Bewegungen des Fremden.

Kebyar Duduk

Der Kebyar ist ein **Solotanz,** der zu Beginn des 20. Jahrhunderts in Nordbali entwickelt wurde; man kannte dort eine sitzende und eine stehende Variante. 1925 kam der Jauk-Tänzer *I Ketut Maria* **(„Mario")** aus dem südlichen Bali nach Norden und war von diesem Tanz so angetan, dass er ihn in eine hockende Variante umarbeitete. *Mario* war damals bereits einer der berühmtesten Tänzer Balis, nachfolgende Generationen berufen sich auf seinen Stil. *Marios* Variante ist sehr schwer zu tanzen und verlangt vom Darsteller höchste Konzentration, Kraft, Ausdauer und Ausdruckskraft. **Bewegt wird nur der Oberkörper.** *Mario* wurde übrigens während der Massenmorde der 1960er-Jahre in der Zeit nach dem Putschversuch umgebracht.

Kebyar Trompong

Bei dieser Variante spielt der Tänzer auch noch ein Instrument im Gamelan-Orchester, das **Trompong,** ein längliches **Instrument** mit genoppten Metallbecken. Er tanzt und musiziert gleichzeitig.

Janger

Ähnlich wie der Kecak-Tanz hat sich auch der Janger-Tanz **aus der Trance-Zeremonie beim Sanghyang entwickelt.** Hier ist es allerdings der **Frauenchor,** der Pate stand. Erst in den 1920er-Jahren entstand dieser Tanz.

Zwei oder vier Reihen von Mädchen hocken oder stehen sich gegenüber und bewegen sich rhythmisch zu ihrem Gesang und dem begleitenden Gamelan-Orchester. **Besonders interessant** ist eine solche Darbietung, wenn sie **mit einem männlichen Chor kombiniert** wird. Gesang und Bewegung der Männer sind härter und rauer als die liebliche, weiche Vorstellung der Frauen. Der Gegensatz der abwechselnd in den Vordergrund tretenden Seiten macht den Reiz aus. Manchmal wird auch ein Drama-artiger Handlungsablauf eingebaut.

Moderne Tänze

Ramayana-Ballett

Die **neueste Form des balinesischen Tanzdramas** wurde 1965 von *Wayan Beratha* speziell für Nicht-Balinesen entwickelt. Dargestellt werden Episoden aus dem Ramayana-Epos. *Rama* schießt den goldenen Hirsch. Der Dämon *Rawana* entführt seine Frau *Sita*. Mit Hilfe des Affengenerals *Hanuman* gelingt schließlich die Rettung.

Tambulilingan

Der **Liebestanz zweier Bienen** wurde in den 1950er-Jahren von *Mario* (s.o.) eigens für *Ni Gusti Raka* und *Sampih* entwickelt. Die Tänzerin und der Tänzer waren Teil des Ensembles aus Peliatan, das 1952 mit „Dances of Bali" weltweit Furore machte (s.o.). Beim Bienentanz umschwärmt eine junge Biene zum ersten Mal einen Blumengarten; vor lauter Freude, Entdeckerlust und Begeisterung für den Garten und zu jung zum Flirten verschmäht sie die Annäherungsversuche einer älteren Biene. Mit diesem Tanz wurde *Ni Gusti Raka* weltbekannt. Heute wird der Tambulilingan manchmal in eine Legong-Aufführung eingebaut.

Weitere profane Tänze

Daneben gibt es eine ganze Reihe anderer Tänze, hauptsächlich zu **Themen aus dem täglichen Leben.** Trotz bunter, schöner Kostüme und guter Musik sind sie **oft zu „akademisch"** und erinnern an die maoistische Version der Peking-Oper. Der Vergleich ist gar nicht so weit hergeholt: *Sukarno* wollte der balinesischen Tanzkunst „moderne" Impulse geben und orientierte sich an China. Heute sieht man diese Tänze kaum noch, zumindest nicht in den Dörfern.

- **Fischer-Tanz,** 1960 von *I Ketut Merdana* aus Singaraja erdacht. Wird von Frauen oder Frauen und einem Mann getanzt. *Merdana* ist ein kaum bekannter, aber einflussreicher balinesischer Komponist.
- **Weber-Tanz,** 1957 von zwei balinesischen Choreografen kreiert. Er zeigt, wie Frauen an Webstühlen weben und soll auf das traditionelle Leben in Bali verweisen.

Schattenspiel (Wayang Kulit)

Das Schattenspiel erfreut sich **seit über 2000 Jahren** großer Beliebtheit. In Indonesien wird es heute noch auf den Inseln aufgeführt, auf denen hinduistische Götter verehrt wurden oder werden, also auf Java, Bali und Lombok. Sehr wahrscheinlich war das Schattenspiel auf Bali schon vor der javanisch-hinduistischen Beeinflussung bekannt. Früher glaubte man, dass man über die Schattenabbildungen mit den Geistern verstorbener Ahnen Kontakt aufnehmen konnte. Der Schattenspieler war seinerzeit wohl ein Schamane.

Hindus führen Schattenspiele immer **in Verbindung mit religiösen Festen, Veranstaltungen oder Zeremonien** auf, spielen doch Götter und Dämonen nicht nur die Hauptrollen in den Spielhandlungen, sondern sind auch als Gäste präsent. Das gilt natürlich für Touristenvorstellungen nur eingeschränkt.

Die weitaus häufigsten **Themen** der Aufführungen stammen **aus den indischen Epen Mahabarata und Ramayana.** Grob gesprochen, kann man an den Augen und Nasen der Figuren erkennen, ob es sich um gute oder böse Charaktere handelt: Runde Augen und dicke Nasen zeichnen die bösen, Mandelaugen und spitze Nasen die guten Vertreter aus. Dann gibt es noch lustige Figuren, die Clowns, mit dicken Bäuchen und skurrilen Körpern. Sie kommentieren das Geschehen und animieren das Publikum zu wahren Lachsalven.

Die „Bühne“ besteht aus einer Leinwand, die von hinten durch eine Öllampe beleuchtet wird. Hinter dieser Lampe sitzt der **Dalang, der Schattenspieler;** er ist die **eigentliche Hauptperson der Vorstellung** und ein wirkliches Genie. Er kennt den kompletten Dialog aller Stücke auswendig, und das in altjavanischer Sprache. Er spielt alle Figuren allein, insgesamt sind das auf Bali pro Geschichte etwa 120, auf Java gar 600. Teilweise agieren fünf oder sechs Figuren gleichzeitig auf der Bühne. Der Dalang sitzt die ganze Zeit im Schneidersitz und bedient mit dem Fuß gleichzeitig eine Art Trommel, mit der er besonders aufregende Szenen untermalt. Zu guter Letzt „leitet“ er auch das kleine Gamelan-Orchester, das hinter ihm Platz genommen hat, und kommentiert die Handlung in allgemein verständlicher Sprache, nicht ohne aktuelle Anlässe zu erwähnen bzw. zu verulken.

Den **Beruf Schattenspieler** kann man nicht einfach erlernen. Er wird vom Vater an den Sohn weitergegeben und erfordert **ein ganzes Leben Erfahrung.** Dalangs sind niemals reich, da ihnen die Berufsehre verbietet, hohe Honorare zu verlangen. Auf Bali soll es zwischen 200 und 300 von ihnen geben, auf Lombok viel weniger.

Ablauf einer Vorstellung

Ein Schattenspiel findet normalerweise **nach Sonnenuntergang** statt und beginnt meist zwischen 20 und 23 Uhr. Auf Bali beträgt die Spieldauer zwei bis vier, auf Java dagegen bis zu acht Stunden. Eine Vorstellung beginnt stets mit der **Figur Kayonan** (= Götterberg oder Weltenbaum). Diese erscheint kurz auf der Bühne, tanzt einige Male über die Leinwand und verschwindet dann wieder. Vorher wurden alle mitspielenden Figuren links und rechts aufgebaut, auf der einen Seite die guten, auf der anderen die bösen. Nachdem also die Leinwand wieder leer geräumt wurde, beginnt ein **Gamelan-Vorspiel** und der Dalang rezitiert Texte aus dem „Handbuch des Dalang“. Dann beginnt die eigentliche Handlung. Wichtige Szenen werden zwar durch das Erscheinen des *Kayonan* angekündigt, aber für Fremde ist es schwer zu verstehen, um was es geht. Das Ende der Vorstellung kommt of völlig unvorhergesehen und plötzlich. Der *Kayonan* wird aufgepflanzt, Ende.

Für Nicht-Balinesen kann es weitaus interessanter sein, **dem Dalang hinter der Bühne zuzuschauen,** was keinesfalls verboten ist. Es versteht sich natürlich von selbst, dass man lautes Sprechen oder gar Fotografieren mit Blitz zu unterlassen hat.

Der Dalang baut auf

163ba pr

Kunst und Kultur auf Lombok

→ Handwerkskunst auf Lombok, S. 353

Musik

Genggong ist eine für unsere Ohren abenteuerlich klingende Musik. Das Orchester besteht aus sieben Musikern, die alle verschieden große Maultrommeln spielen, weitere Instrumente gehören nicht dazu. Es wird zu Hochzeits- und Beschneidungszeremonien gespielt oder wenn die Sasak möchten, dass es regnet.

Gendang Beleq („große Trommel") ist ein Orchester mit 30 bis 40 Musikern, von denen zwei bis drei sehr große Trommeln spielen; sie sind fast so groß wie die Musiker und werden vor der Brust getragen. Dennoch hindern die Instrumente die Trommler nicht daran, während des Spiels mitzutanzen. Die meisten Musiker in diesem Orchester spielen eine Art Becken aus Bronze, das Ceng-Ceng. Trotz des großen Gewichtes wird das Ceng-Ceng im Takt der Musik herumgewirbelt. Ein Xylophon- und ein Flötenspieler sind weitere Mitglieder dieser Truppe. Das Gendang-Beleq-Orchester spielte **in vorislamischer Zeit Marschmusik** zu kriegerischen Anlässen, es hatte aber auch spirituelle Bedeutung. Heutzutage wird es überwiegend zu Hochzeiten bestellt; die Musiker schreiten dann mit lauten, rhythmischen Klängen dem Brautpaar und dessen Gefolge hinterher.

Tänze

Die Sasak haben ihre eigenen Tänze, die aber **höchst selten aufgeführt** werden: Cupak, Cepung (ähnlich wie Kecak auf Bali), Tawa-Tawa, Gendang Belek, Rudat, Kroncang Sampi. Viele sind denen der Balinesen ähnlich, **fast alle stammen aus vorislamischer Zeit.** Und das ist auch der Knackpunkt: Religiöse Führer haben sie aus dem Repertoire der Dorfgemeinschaften verbannt, weil sie an heidnische Bräuche erinnern, sogar die traditionellen Instrumente wurden verboten. Sie sind in der Regel aus Bronze gefertigt, das im Volksmund auch „Stimme der Vorfahren" genannt wird. Ahnenverehrung steht aber auf dem Index der islamischen Eiferer. So kommt es, dass man als Tourist kaum Zeuge einer originalen Tanz-Vorführung wird. Zentren der rituellen Tanzkunst sind Bayan im Norden und die Sembaluns im Osten Lomboks.

Schnitzereien

Es gibt durchaus einen „Lombok-Stil", der wiedererkennbar ist. Balinesen – aber auch Shop-Besitzer – nennen ihn „primitiv". Das beleuchtet aber nur einen Aspekt, nämlich den des **Motivs;** häufig handelt es sich um Totem-ähnliche Figuren, stark stilisierte Tierdarstellungen oder zu Säulen verwobene Gestalten. Die **Handwerkskunst** hingegen kann in vielen Fällen nicht als „primitiv" bezeichnet werden: ausgesprochen stilvoll umgesetzt, mit einem Hang zur Untertreibung, erfrischend schlicht im Gegensatz zu den oft völlig überladenen Arbeiten balinesischer Künstler. Gearbeitet wird mit edlen Hölzern, Horn und Knochen; insbesondere Horn wird zu Griffen und Haltern verarbeitet, mit Korbarbeiten kombiniert. Sindu und Senanti sind Zentren der Schnitzkunst.

Flechtwaren

Fein geflochtene **Rattan-Körbe** sind eine Spezialität Lomboks; in **Beleka** lebt das ganze Dorf von diesem Handwerk. Die Handwerker(innen) haben sich zu einer Kooperative zusammengeschlossen und verkaufen die Produkte zu Festpreisen. Die gesamte Produktion nehmen Großhändler ab, sodass es im Dorf oft nur zweite Wahl gibt (→ S. 316).

Eine andere Besonderheit sind **aus Lontarpalmblättern gefertigte Kisten, Schränke und Behälter.** Die Lontarblätter werden geschmackvoll eingefärbt und zusätzlich mit Kauri-Muscheln benäht, die vorher in zwei Stücke gesägt wurden – ausgesprochen schöne Arbeiten und erstaunlich haltbar. Als Zentrum der Herstellung gilt Sayang.

Besonders in Kota-Raja, Beleka, Suranadi und Loyok, aber auch in Permapuan bei Kediri lebt fast die gesamte Bevölkerung vom Flechten.

Webereien

Wie auf allen Inseln Nusa Tenggaras ist das **Weben von Stoffen, Decken und Gürteln** auch auf Lombok weit verbreitet. Auf sehr schönen Decken und Sarongs sind etwa Blumenrapporte oder Menschen mit Schirmen dargestellt. Zentren der Webkunst sind Sukarara in Zentrallombok und die Umgebung von Pringgasela. Aber auch in fast allen anderen Dörfern wird gewebt. Je nach Region herrschen verschiedene Muster vor; so gibt es in Südlombok (Selong) bis zu vier Meter lange Gürtel (Sabuk), die Bestandteil der dortigen Sasak-Frauentrachten sind.

Ikat-Weberei wird in einigen Fabriken in Mataram und Cakranegara produziert, auch für den Export. Hauptsächlich stellt man hier Decken mit relativ einfachen Mustern her, die auch als Gardinen Verwendung finden.

Tonwaren

Lomboks Tonwaren genießen **Weltruf.** Die Frauen von Banyumulek, Masbagik und Penujak stellen seit langer Zeit Keramikwaren her. Es handelt sich um **schlichte, aber formschöne Vasen.** Es gibt sie zwar in allen Größen, am gefragtesten scheint aber die 80 cm hohe Variante zu sein, die überall in Indonesien angeboten wird. Die Frauen arbeiten mit einfachsten Mitteln, brennen die Töpfe in traditionellen Erdöfen (bei 650–750°C), und es macht Spaß, ihnen bei ihrem Schaffen zuzusehen.

xba086 sb

13
Anhang

Souvenirs, Souvenirs, Souvenirs

Glossar

Adat: trad. Sammlung von Vorschriften
Agama: Religion
Agama Hindu Dharma: Bezeichnung des balinesischen Hinduismus
Air: indonesisch für Wasser (oft Teil von Ortsnamen)
Air Panas: heiße Quellen
Alun Alun: Begriff für den zentralen Platz in größeren Städten
Arak: hochprozentiger Schnaps, destilliert aus Palmblütensaft, seltener Reismaische

Babi Guling: Spanferkel
Bahasa: Sprache
Bahasa Indonesia: Indonesisch
Bahasa Sasak: die Sprache der Sasak, der Ureinwohner von Lombok
Balé: überdachter Pavillon
Balé Banjar: Gemeindehalle auf Bali, normalerweise im Ortszentrum
Balé Gede: „Wohnzimmer", in diesem offenen Pavillon werden Gäste empfangen
Balé Kembang: Pavillon, von Wasser umgeben
Bali-Aga: indigene Minderheit, die in wenigen Dörfern im Osten und Nordosten der Insel beheimatet ist
Balian: Heilkundiger, Naturheiler
Banjar: dörfliche Selbstverwaltung auf Bali
Banyan: die Würgefeige *(Ficus bengalensis),* die durch Luftwurzeln gigantische Ausmaße erreicht und in Bali als heilig gilt
Bapak: „Vater", höfliche Anrede gegenüber älteren Männern
Barong: Fabeltier, halb Löwe, halb Drache
Batik: Färbetechnik aus Java, bei der durch aufgetragenes Wachs jeweils nicht einzufärbende Stoffpartien abgedeckt werden
Bebek Betutu: gebratene Ente
Bedawang: mythologische Schildkröte, die Bali erschuf
Bemo: Sammeltaxis für Einheimische, heute kaum mehr von Urlaubern genutzt
Bensin: Benzin
Beras: geschälter Reis, ungekocht
Beruga: mit Palmenblättern bedeckte Hütte
Brahma: Schöpfergott im Hinduismus
Brahmane: Angehöriger der höchsten Kaste, der die höchsten Priester angehören
Brem: Reiswein
Bu: Kurzform für → Ibu
Bukit: Hügel
Bupati: Verwaltungschef eines Kabupaten

Camat: Verwaltungschef eines → Kecamatan
Candi Bentar: das gespaltene balinesische Eingangstor
Candi: javanischer Schrein, häufig massiver Stein
Cidomo, Dokar: Pferdekutsche, trad. Nahverkehrsmittel auf den Gilis

Dalang: Schattenspieler
Danau: Süßwassersee
Desa: Verwaltungseinheit, normalerweise gehören einer Desa mehrere Dörfer (→ Kampung) an
Dewa: Gott, übernatürliches Wesen
Dewi: Göttin, übernatürliches Wesen
Dewi Sri: die Reisgöttin
Doppelter Ikat: sehr komplizierte Webtechnik, die wohl nur noch im Bali-Aga-Dorf Tenganan beherrscht wird; sowohl Schuss- als auch Kettfaden werden vor dem Weben eingefärbt und ergeben nach dem Weben ein äußerst kompliziertes Muster
Durga: die Totengöttin
Durian: Stinkfrucht

Galungan: großes balinesisches Fest, alle 210 Tage, dauert zehn Tage; der letzte Tag heißt Kuningan
Gamelan: trad. balinesisch-javanisches Musikensemble, hauptsächlich aus Gongs, Xylophonen und Rhythmusinstrumenten
Gang: kleine Seitengasse, auch Lane genannt
Garuda: mythologischer Göttervogel
Gereja: christliche Kirche

Gili: kleine Insel
Goa: Höhle
Gringsing: rituelles Tuch, das speziell gewebt wird, → Doppelter Ikat
Gubernor: Gouverneur, Chef einer Provinz
Gunung Api: Vulkan (indonesisch: Berg Feuer = Feuerberg)
Gunung: Berg (Abk.: Gn.)
Gusti: Titel eines Mitglieds der Wesia-Kaste, → Kaste

Hanuman: der Affengeneral, der im indischen Nationalepos „Ramayana" → *Rama* im Kampf gegen → *Rawana* zur Seite steht; dank *Hanuman* gelten Affen auf Bali als heilig
Harga Biasa: üblicher Preis
Harga Pas: nicht verhandelbarer Preis
Harga Turis: Touristenpreis (i.d.R. überhöht)
Hari Raya: Feiertag
Hati Hati: Achtung, Vorsicht
Homestay: kleine, meist von einer Familie betriebene Pension
Hutan: Wald

Ibu: „Mutter", höfliche Anrede für Frauen
Idul Fitri: Ende der Fastenzeit im → Ramadan
Ikat: spezielle Webtechnik, bei der der Kettfaden vor dem Weben so eingefärbt wird, dass hinterher ein Muster entsteht, → Doppelter Ikat

Jalan: Straße (Abk.: Jl.)
Jalan jalan: spazieren gehen
Jukung: Bezeichnung für ein trad. Auslegerboot mit verziertem Bug (an Balis Süd- und Ostküste), → Sampan

Kabupaten: Verwaltungsbezirk der Provinz
Kaja: balinesische Himmelsrichtung, „zum Gunung Agung gelegen", also „den Berg hoch"; oft zusammen mit Ortsnamen benutzt, → Kelod
Kala: Dämonengesicht, das häufig über Tempeleingängen in Stein gemeißelt ist und zwei Hände abwehrend ausstreckt; wendet böse Einflüsse ab
Kali: Fluss
Kampung: Dorf (auch Nachbarschaft)
Kantor: Büro
Kantor Pos: Postamt
Kantor Imigrasi: Einwanderungsbehörde
Kaste: Einteilung der Gesellschaft in hierarchisch aufgebaute Gruppen, in die man hineingeboren wird (Hinduismus); auf Bali existieren nur drei Kasten: Brahmana, Satria und Wesia; die übrigen Menschen der Insel gelten als kastenlos (→ Sudra)
Kecak: berühmter „Affentanz", zusammengesetzt aus trad. balinesischen Tanzstilen
Kecamatan: Verwaltungsbezirk des → Kabupaten
Kelod: balinesische Himmelsrichtung, „vom Gunung Agung weg", also „den Berg hinunter Richtung Meer"; oft mit Ortsnamen benutzt, → Kaja
Kepala (eigentlich Kopf): Chef einer Behörde
Kepala Desa: Bürgermeister, Vorsteher einer → Desa
Kepeng: alte chinesische Münzen, die früher Zahlungsmittel waren, heute aber nur noch rituell als Opfergeld verwendet werden; Kepengs werden mittlerweile in großer Menge neu hergestellt
Ketupat: in einem „Körbchen" aus Palmblättern gekochter Reis, der zu einer Art „Block" zusammenkocht
Ketut: Viertgeborene/r eines → Sudra
Kretek: indonesische Zigarette, die neben Tabak bis zu 50 % Gewürznelken beinhaltet
Kris: malaiisch-javanischer Dolch, bekannt wegen seiner oft geschwungenen Klinge
Kul-Kul: der Glocken- oder Alarmturm eines balinesischen Dorfes
Kuningan: der letzte Tag des Festes → Galungan

Labuhan: Hafen, oft auch Teil eines Ortsnamens
Laut: Meer
Legong: balinesischer Tanz
Leyak: böser Geist, der sich hauptsächlich auf Friedhöfen herumtreibt
Loket: Schalter zum Ticketverkauf
Lontar: besondere Palmenart, deren Blätter als Papierersatz und für historische Manuskripte verwen-

det wurden; der Saft der Blüten wird für die Arakherstellung genutzt; Lontar heißen auch die so entstandenen „Bücher"
Lontong: in Bananenblätter eingewickelter Reis, gefüllt z.B. mit Banane, dann gekocht
Losmen: früher für kleine balinesische Unterkunft
Lumbung: trad. Reisspeicher, häufig auf Stelzen

Made: Zweitgeborene/r eines → Sudra
Majapahit: letzte große Hindu-Dynastie auf Java
Malam: Nacht
Mandi: das ursprüngliche indonesische Bad mit Hocktoilette und Becken zum Wasserschöpfen
Meru: vielstöckige Schreine in balinesischen Tempeln (drei, fünf, sieben, neun oder elf Dächer)
Mesjid: islamische Moschee

Naga: mythologische Schlange
Nasi: gekochter Reis
Nusa: größere Insel
Nyale: Seewurm, der einmal im Jahr zum Nyale-Festival in Kuta (Lombok) gefangen wird
Nyepi: Name des balinesischen Neujahrsfestes
Nyoman: Drittgeborene/r eines → Sudra

Odalan: Geburtstag des Tempels, alle 210 Tage
Orang: Mensch

Padi: Reispflanze (daher engl. *paddyfield*)
Pak: Kurzform für → Bapak
Pantai: Strand
Pasar: Markt
Pasar Malam: Nachtmarkt (Essensstände)
Pedanda: höherer Priester, → Brahmane
PELNI: staatliche indonesische Schifffahrtsgesellschaft
Pemangku: niedriger Priester, Tempelwärter
Penjor: gebogene Bambusstange mit verzierter Spitze, die zu hohen Festtagen in Bali an den Straßen aufgestellt wird (symbolisiert den heiligen Berg Agung)
Peresean: Kampfsport/-spiel der → Sasak
Pertamina: staatliche Erdölfirma
Prahu: Holzschiff
Propinsi: Provinz (größter Verwaltungsbezirk)
Puasa: islamische Fastenzeit (→ Ramadan)
Pulau: Insel
Puncak: Gipfel
Puputan: ritueller Massenselbstmord im Zuge einer aussichtslosen Schlacht
Pura: Hindu-Tempel
Puri: Palast

Rajah: Sultan, König, Herrscher
Rama: der Fürstensohn im → „Ramayana", der das Böse besiegt
Ramadan: islamischer Fastenmonat
Ramayana: eine der großen indischen Erzählungen; viele Tänze und Schattenspiele basieren auf dieser Legende
Rangda: Hexenwitwe, die das Böse in balinesischen Tänzen und Dramen repräsentiert
Rawana: der Dämonenfürst im → „Ramayana"
Rotan: Rattan (Liane, aus der man u.a. Möbel macht)
Rumah Makan: Restaurant
Rumah Pangun: Stelzenhaus
Rumah Sakit: Krankenhaus

Sakti: die magische spirituelle Kraft
Sampan: trad. Auslegerboot
Sang Hyang Widdhi: einziger, alleiniger Gott der balinesischen Hindus
Sanghyang: Trance-Tanz
Sarong: Tuch, das rockartig um die Hüften gebunden wird; Kleidungsstück für Männer und Frauen
Sasak: die eigentlichen Einwohner der Insel Lombok
Sawah: Reisfeld
Sirih: Betelnuss, wird mit anderen Zutaten als mildes Rauschmittel bzw. „Wachmacher" gekaut
Sita: → *Ramas* Frau im → „Ramayana"
Solar: Diesel
Songket: silber- und goldfarben durchwirkter → Sarong
Subak: Reisbauern-Organisation einer Bewässerungsregion

Sudra: kastenlose Balinesen, → Kaste
Sungai: Fluss

Taman: Wassergarten
Tanjung: Kap (Abk.: Tj. oder Tg.)
Teluk: Bucht
Toko: Geschäft, Laden
Trisakti: „Drei in eins", die Hindugötter *Brahma, Wishnu* und *Shiva*
Tuak: alkoholisches Getränk aus vergorenem Palmblütensaft

Wairingin: → Banyan-Baum
Wallace-Linie: von *A. R. Wallace* entdeckte Linie, die die Verbreitung der Arten kennzeichnet; sie trennt die Fauna Asiens und Australiens und verläuft zwischen Bali und Lombok
Wantilan: offene Halle, z.B. für Hahnenkämpfe oder Kinovorführungen
Warung: Verkaufs- und Imbissbude mit kleiner Kochstelle und meist einer Theke; sie versorgen die Bevölkerung auf der Straße mit Nahrungsmitteln
Wayan: Erstgeborene/r eines → Sudra
Wayang Kulit: Schattenspielfiguren, ursprünglich aus Java
Wayang Topeng: Drama-artige Vorführung, die Schauspieler tragen Holzmasken (Topeng)
Wayang Wong: klassisch javanesisches und balinesisches Ramayana-Schauspiel
Wetu Telu: Mischreligion Lomboks aus Islam und Hinduismus
Wuku: balinesische Wochen

Yeh: Balinesisch für Wasser oder Fluss (oft als Teil von Ortsbezeichnungen)

Kleine Sprachhilfe Bahasa Indonesia

Für Deutschsprachige ist das **Erlernen der indonesischen Sprache nicht** besonders **schwer.** Die Aussprache ist fast identisch, ebenso die Wortstellung. Zudem gibt es so gut wie gar keine grammatikalischen Schwierigkeiten (z.B. keine Zeiten, keine Konjugation von Verben, das Hilfsverb „sein" fehlt).

Indonesische Sätze sind im Folgenden zweimal ins Deutsche übersetzt: Die eine Übersetzung ist eine getreue „Wort-für-Wort-Übersetzung", die es ermöglicht, schnell eigene Sätze zu bilden, die andere ist der entsprechende deutsche Satz. Der indonesische Satz ist stets richtig formuliert, was man von der direkten deutschen Übersetzung nicht behaupten kann. Aber so ist es einfacher, die Struktur der Sprache zu durchschauen.

Aussprache und Betonung

Normalerweise wird die **vorletzte Silbe betont,** z.B.: *nasi* (Reis) oder *dimana?* (wo?). Enthält die vorletzte Silbe aber ein „stummes" e, betont man im Allgemeinen die letzte Silbe, z.B.: *kecil* (klein). Das „stumme" e ähnelt unserem e in *laufen.* Wird ein e gesprochen, ist es im Text mit einem Akzent (é) gekennzeichnet.

Im Gespräch oder durch Zuhören bekommt man ziemlich schnell ein Gefühl dafür, wann etwas zu betonen ist, später geht's dann automatisch.

Bei den **Vokalen und Konsonanten** gibt es kaum Schwierigkeiten. Bis auf die unten aufgeführten werden sie wie im Deutschen gesprochen.

Aussprache: Beispiele

c: „tsch", wie in „Matsch"; *cinta* (Liebe), ausgesprochen tschinta, früher wurde c anstatt tj geschrieben
ch: wie unser ch, alte Schreibweise kh
é: wie „denken"
e: unbetont; steht es am Ende des Wortes, wird die Silbe davor betont; das unbetonte e wird häufig ganz verschluckt: *berapa,* sprich brapa, Terawangan wird zu Trawangan, Terunjan zu Trunjan
j: wie „dsch" in „Dschungel"; Jakarta, ausgesprochen Dschakarta, alte Schreibweise: dj
ny, nj: *nyonya* (Frau), ausgesprochen njonja
p: oft wie f, *infl uénza* = influenza
r: immer „rollend"
s: ss, wie Kasse, immer „scharf"
u: wie unser u; alte Schreibweise: oe
w: wie im englischen water, *waktu*
y: wie unser j; Yogyakarta, ausgesprochen Jogjakarta

Vier wichtige Wörter

Mit den vier folgenden Wörtern kann man eine Menge Situationen meistern:

Ada = „Gibt es"? Verwenden kann man diese Frage wie im Deutschen, z.B.:
Ada kamar? = Gibt es Zimmer?
... *teh?:* ... Tee?
... *susu?:* ... Milch?
... *makanan?:* ... Essen?
... *minuman?:* ... Trinken?

Man kann alles einsetzen, was gerade benötigt wird. Die entsprechenden Wörter sucht man sich aus dem Wörterbuch. Das ist zwar nicht immer korrektes Indonesisch, aber man wird verstanden.

Die möglichen **Antworten:**
ya, ada = ja, gibt es
tidak ada = nein, gibt es nicht

Oder ein unverständlicher Wortschwall bricht los. Aber man kann gleich mit dem zweiten Brocken kontern:

Mau = möchte/will
Saya mau kamar, ... teh, ... susu!:
Ich möchte (will) ... s.o.!
Saya tidak mau ...: Ich nein möchte (wollen)

Kapang = wann?
Kapang ada bis ke?
Wann fährt ein Bus nach ...?

Mit diesen drei Wörtern kann man also schon Fragen stellen und Wünsche äußern. Das vierte wichtige Wort ist:

Dimana = wo?
Dimana ada setasiun bis?
Wo ist die Busstation?
Wo gibt es Station Bus?

Höflichkeitsformen

Grüßen

In islamischen Gegenden wird häufig die islamische Grußformel „Salam aleikum" (kurz „Salam", entspricht unserem „Grüß Gott") benutzt. Die Indonesier haben aus „Salam" „Selamat" gemacht. Selamat kann man in allen Kombinationen anwenden. Hier die Standardmöglichkeiten:

Selamat pagi: Guten Morgen
Selamat siang: Guten Mittag
Selamat soré: Guten Nachmittag
Selamat malam: Guten Abend
Selamat jalan: „Guten Weg", sagt derjenige, der bleibt
Selamat tinggal: „Gutes Hierbleiben", sagt derjenige, der geht
Selamat datang: Herzlich Willkommen

Wer es ein wenig salopper mag, lässt „Selamat" einfach weg und grüßt morgens mit einem freundlichen „Pagi!".

Sampai jumpa!: Bis bald, tschüß
Sampai jumpa lagi: Wir sehen uns bald wieder

Bitten

Das deutsche Wort „Bitte" hat **viele Bedeutungen,** für die es im Indonesischen verschiedene Wörter gibt:

– *silakan* oder *mari:* im Sinne von „Bitte setzen Sie sich" (= *silakan duduk*) oder „Bitte essen Sie" (= *mari makan*)
– *tolong:* als Verstärkung beim Bitten
– „Helfen Sie mir – bitte", auch „Hilfe!" *minta**: um etwas betteln, z.B. *„minta uang!"* = „Bitte Geld!"
– *kembali:* als Erwiderung auf „Danke"
– *apa?:* im Sinne von „Wie bitte?"
– *mohon ma'af***: um Entschuldigung ersuchen
– *Saya mohon ma'af:* Ich bitte tausendmal um Entschuldigung. Ich ersuche Entschuldigung.
– *Minta satu téh:* Ich möchte einen Tee. Erbitte einen Tee.

* *Minta* heißt zwar auch betteln, wird aber anstelle von „möchten" im alltäglichen Sprachgebrauch benutzt.
** Wenn man mal etwas ganz „Schreckliches" gemacht hat (jemanden beleidigt oder Ähnliches), ist es angebracht die höflichste Formulierung „mohon ma'af" zu benutzen.

Redewendungen

Apa khabar?: Wie geht's?: Was Nachricht?
Khabar baik: Gut.: Nachricht gut.
Semua berés!: Alles in Ordnung! Alles gut.
Bagaimana?: Wie ist es?: Wie?
Terima kasih: Danke. Terima: empfangen, erhalten.
Kasih: Liebe, Zuneigung. Wer ganz besonderen Dank aussprechen möchte, sagt: *Terima kasih banyak* oder *Banyak terima kasih; Tidak apa apa* (keine Ursache), *kembali* (gleichfalls) oder *sama sama* (ebenfalls) wären die möglichen Erwiderungen.
Sama sama: Danke auch
Ma'af: Entschuldigung
Permisi: Entschuldigung (im Sinne von „Gestatten Sie?"); sagt man auch zu den Bleibenden, wenn man selbst den Raum verlässt.

Familie

pamili, famili: Familie
keluarga: Familie, Verwandtschaft
sanak saudara: Familienmitglieder (pl.), Verwandte
ibu, bu: Mutter
isteri: Ehefrau
nenek perempuan, datuk: Großmutter
bapak, pak: Vater
suami: Ehemann
nenek laki kakek: Großvater
dewasa: Erwachsene
anak: Kind
anak anak: Kinder
anak perempuan: Mädchen
anak laki: Junge
kakak perempuan: ältere Schwester
adik perempuan: jüngere Schwester
kakak laki: älterer Bruder
adik laki: jüngerer Bruder
bibi: Tante
paman: Onkel
sepupu perempuan: Cousine
sepupu laki: Cousin

Die folgende **Fragen** hört man immer wieder:
Sudah punya berapa anak?:
Schon besitzen wie viele Kinder?
Wie viele Kinder haben Sie schon?
Berapa umur?: Wieviel alt?

Persönliche Fürwörter

saya: ich, gebräuchliche Form
aku: ich, wird gegenüber Kindern, Verwandten oder engen Freunden benutzt.
kamu, engkau: du, sehr vertraulich. Beide Anredeformen werden nur im Bekannten-, Freundes- und Familienkreis benutzt.
anda: du, neutrale, höfliche Anrede. Da es für uns Besucher häufig schwierig ist, die passende Form zu finden, bedient man sich am besten dieses Wortes.
dia: er, sie
kami: wir, wenn der Angesprochene ausgeschlossen ist.
kita: wir, wenn der Angesprochene mit einbezogen ist.
meréka: sie (Mehrzahl)

Oft werden anstelle von persönlichen Fürwörtern **Titel** benutzt:
bapak: Vater/Herr
nyonya: Frau: beide ersetzen das höfliche „Sie"
nona: Fräulein
ibu: Mutter
adik: Bruder
kakak: Schwester
mas: Mann, Bruder

Essen und Trinken

énak: lecker, das schmeckt gut! Wohlschmeckend
minta bon: Die Rechnung bitte
makanan: Essen, Gericht
makan: essen
daftar: Speisekarte
minuman: Getränk
pelayan: Kellner, Ober
minum: trinken
bayar: bezahlen
sedap: köstlich, herrlich
pasar malam: Nachtmarkt
warung: Imbissstand
garpu: Gabel
asin: salzig
séndok: Löffel
goréng: gebraten
panas: heiß, warm
rebus: gekocht
dingin: kalt
masak: reif, gekocht
pedas: scharf (gewürzt)
masakan: Gekochtes
manis: süß
busuk: verdorben
asam: sauer
sedia: fertig, bereit

Fleisch (daging)

daging sapi: Rindfleisch
daging kuda: Pferdefleisch
daging babi: Schweinefleisch
daging domba: Lammfleisch
daging kambing: Ziegenfleisch
daging ayam: Hühnerfleisch
daging bébék: Entenfleisch
hati: Leber
otak: Gehirn
jantung: Herz
merpati: Taube

Wassertiere (ikan)

ikan danau: Süßwasser-Fisch (*danau* = See)
tiram: Auster
apitan: Muschel
ikan laut: Salzwasser-Fisch (*laut* = Meer)
ikan mas: Goldfisch
cumi cumi: Tintenfisch
udang: Shrimp
kepiting: Krabbe
udang karang: Lobster, Hummer

Für Vegetarier

tanpa daging: ohne Fleisch
mie, bihun: Nudeln
sayur: Gemüse

bakmie roti: Brot, Kuchen
saja: bloß, nur
sayur sayuran: gemischtes Gemüse

Früchte (buah)

apél: Apfel
arbai, arbén: Erdbeere
buah-buahan: Fruchtsalat
durian: Durian
jeruk manis: Apfelsine
jeruk asam: Limone
kelapa: Kokosnuss
mangga: Mango
manggis: Mangosteen
markisa: Passionsfrucht
malinjo: Frucht, aus der Krupuk gemacht wird
masak: reif
nanas: Ananas
nangka: Jackfruit
pisang: Banane
pepaya: Papaya

Gewürze (bumbu)

lombok: Chili
gula: Zucker
garam: Salz
jahé: Ingwer
merica, lada: Pfeffer
cengke: Gewürznelke
kécap: Soja-Sauce
pala: Muskatnuss
mentéga: Butter
paneli: Vanille
madu: Honig
kayu manis: Zimt

Getränke (minuman)

panas: heiß
dingin: kalt
téh: Tee
kopi: Kaffee
manis: mit Zucker
és: Eis
susu manis: süße Kondensmilch
air putih: Wasser
pahit, tawar: schwarz
bir: Bier
jahé: mit Ingwer
coklat: Trinkschokolade
mabuk: betrunken
air minum: Trinkwasser

Kleinigkeiten/Snacks

kué: Kuchen, Biskuit
telur mata sapi: Spiegelei
(*mata* = Auge, *sapi* = Kuh)
telur rébus: Ei, gekocht
telur goréng: Ei, gebraten
kacang: Erdnüsse
gula gula: Bonbons, Süßes
éskrim: Speiseeis
krupuk: Chips

Gerichte (makanan)

nasi putih: weißer, gekochter Reis
nasi goréng: gebratener Reis, oft mit Gemüse
nasi campur: Reis mit Gemüse und Fleisch
nasi sayur: Reis mit Gemüse
mie goréng: gebratene Nudeln, oft mit Gemüse und Ei
mie rébus: gekochte Nudeln
mie kuah: Nudelsuppe
soto, sop, gulai: Suppe
martabak: Pfannkuchen mit Gemüse und Fleisch oder süß zubereitet
cap cai: verschiedene Gemüsesorten, angebraten in einer Sauce
saté: am Spieß gegrilltes Fleisch mit Saucen
gado gado: Gemüsesalat mit Erdnusssauce, kalt

Wochentage

Montag: *senen*
Dienstag: *selasa*
Mittwoch: *rabu*

Donnerstag: *kamis*
Freitag: *jumat*
Samstag: *sabtu*
Sonntag: *minggu*

Zahlen

0: *nol*
1: *satu*
2: *dua*
3: *tiga*
4: *empat*
5: *lima*
6: *enam*
7: *tujuh*
8: *delapan*
9: *sembilan*
10: *sepuluh*
11: *sebelas*
12: *duabelas*
13: *tigabelas*
14: *empatbelas* usw.:
20: *duapuluh*
30: *tiga puluh*
31: *tiga-puluh-satu* (3-10-1)
40: *empat puluh*
50: *lima puluh*
55: *lima-puluh-lima* (5-10-5)
60: *enam puluh*
100: *seratus*
200: *duaratus*
300: *tigaratus* usw.
1000: *seribu*
2000: *duaribu*
3000: *tigaribu*
10.000: *sepuluh ribu*
100.000: *seratus ribu*
1.000.000: *sejuta*

165.743 = *seratus enam puluh lima ribu tujuh ratus empat puluh tiga*

-belas: -zehn
-ribu: -tausend
-puluh: -zig
-juta: -million
-ratus: -hundert

Sonstige wichtige Vokabeln

alt: *tua*
Baum: *pohon*
Bucht: *teluk*
Berg: *gunung*
billig: *murah*
Dorf: *kampung*
Dorfchef: *kepala kampung*
einfach: *mudah*
Erlaubnis: *ijin*
erlaubt: *boleh*
Fels/Stein: *batu*
Fluss: sungai, *kali*
Fußweg: *jalan setapak*
Garten: *kebun*
Gipfel: *puncak*
groß: *besar*
gut: *bagus*
Hafen: *labuan*
Hügel: *bukit*
Insel: *pulau, gili, nusa*
klein: *kecil*
Krokodil: *buaya laut*
Korallen: *karang*
laufen: *jalan kaki*
Meer: *laut*
Mitte: *tenggah*
nah: *dekat*
neu: *baru*
Norden: *utara*
Osten: *timur*
Regen: *hujan*
sauber: *bèrsih*
Schlange: *ular*

schlecht: *buruk*
schmutzig: *kotor*
schwierig: *sulit*
steil: *curam, terjal*
Stein, Felsen: *batu*
Strand: *pantai*
Strömung: *arus*
See: *danau*
Stadt: *kota*
Süden: *selatan*
teuer: *mahal*
Tier: *binatang*
Trinkwasser: *air minum*
verboten: *dilarang*
Vogel: *burung*
Vorsicht: *awas*
Wald: *hutan*
Wasser: *air*
Weg: *jalan*
weit: *jauh*
Welle: *ombak*
Wind: *angin*
Westen: *barat*

418ba rb

Mini-Wörterbuch Bahasa Sasak

Bahasa Sasak, die **Sprache der Ureinwohner von Lombok,** kann man – im Gegensatz zum Balinesischen – recht gut erlernen. Hier ein paar wichtige Wörter, mit denen man die Einheimischen oftmals erfreuen oder verblüffen kann.

Aussprache

e: wie ä, aber etwas kürzer, etwa wie in „Messer"
e: unbetontes e, wie in dem Wort „Hose"; steht es am Ende des Wortes, wird die Silbe davor betont
c: „tsch", wie in „Matsch"
j: wie „dsch" in „Dschungel"
k: wenn es am Ende steht, wird es nicht gesprochen, verkürzt aber den Vokal davor; in diesem Fall wird die letzte Silbe betont
r: rollend
w: wie im englischen „when"
s: immer scharf
y : wie „J" in „Jäger"

Die wichtigsten Wörter

Mit einem Stern* sind Wörter gekennzeichnet, die identisch mit denen in Bahasa Indonesia sind.

Pronomen

ich: *tiang (aku*)*
du: *side (kamu*)*
er: *ie*
wir: *ite*
ihr: *semeton*
sie: *ie*

Bindewörter

und: *dait*
oder: *atau**
mit: *kantje*
für: *kadu*

Anrede

Herr, Vater: *amak*
Frau, Mutter: *inak*
unverheirateter Junge: *teruna*
Frau (allg.): *nine*
Mann (allg.): *mame*
Mensch: *dengan*

Redewendungen

Danke: *terima kasih**
ja: *hau*
nein: *ndek*
Wie geht's?: *apekabar?*

Fragewörter

Wie spät?: *jam* pire*
Wie viel?: *pire*
Wann?: *piran?*
Was?: *ape?*
Wo?: *leembe?*
Woher?: *wah jok embe?*
Wohin?: *jok embe?*
Wie alt?: *umur* pire* (Alter wie viel?)
von ... nach ...: *leman ... jok ...*
Wer?: *sai?*
Mit wem?: *kantje sai?*
Wie teuer?: *aji pire?*
Preis: *aji*
Zimmer: *kamar**
dies: *ene*
jenes: *eno*

Zahlen

1: *seke*
2: *due*
3: *telu*
4: *empat**
5: *lime*
6: *enam**
7: *pituk*
8: *balu*
9: *siwa*
10: *sepuluh**
11: *solas*
12: *dueolas*
13: *teluolas*
14: *empatolas* etc.
20: *duepuluh*
21: *duepuluh seke*
22: *duepuluh due* etc. (aber: 25 = *selai*)
30: *telundase*
40: *pelangdase*
50: *sekat*
60: *enamdase*
70: *pitungdase*
80: *baludase*
90: *siwadase*
100: *satus*
135: *satus telundase lime*

aber:
150: *karobela*
175: *lepak*
200: *satak*
300: *teluratus*
400: *samas*
500: *limeratus*
600: *enamratus**
700: *pitukratus*
800: *domas*
900: *siwaratus*
1000: *siu*
2000: *duesiu* etc.
1 Mio.: *sejute*

Essen und Trinken

Salz: *sie*
Chili: *sepie*
lecker: *mai*
Reis: *nasi**

Ei: *telok*
Huhn: *manok*
Nudeln: *mie**
Kokosnuss: *njioh*
Gemüse: *kandukelak*
Büffel: *koak*
Kuh: *sapi**
Schwein: *babi**
Ziege: *pembek*
Fisch: *empak*
Meeresfisch: *empak segara*
Wasser: *aik*
Milch: *susu**
Tee: *teh**
Kaffee: *kopi**
gebraten: *goreng**
gekocht: *kelak*

Verben
kommen: *taleng*
hinsetzen: *tokol*
essen: *mangan*
trinken: *minum**
waschen: *mandik*
eintreten: *tame*
weggehen: *lalo*
heimkehren: *ulek*
schlafen: *tinduk*
bleiben: *dot*
sehen: *getak*
hören: *dengah*
sprechen: *ngraos*
kaufen: *beli**
verkaufen: *medagang*
wollen: *melek*
können, wissen: *bau*
bezahlen: *bayah*
besitzen: *epen*
spazieren: *lampak lampak*

Adjektive
teuer: *mahal**
billig: *mudak*
schön: *solah*
jung: *odak*
alt: *toak*
groß: *belek*
klein: *kodek*
viel: *uek*
wenig: *sekodek*
nah: *rapet*
weit, entfernt: *jauk*
einfach: *molah*
schwierig: *usah**
ängstlich: *takut*
heiß, scharf: *panas**
kalt: *ngot*
süß: *manis**
bitter: *pahit**
langsam: *ateng ateng*
hungrig: *lapah*
durstig: *bedak*

Zeit
heute: *jeloene*
morgen: *lemak*
übermorgen: *lat*
gestern: *uwik*
jetzt: *nane*
bald: *semendak*
später: *bares*
schon: *wah*
noch nicht: *dekman*
Stunde: *jam**
Morgen: *kelemak*
Tag: *jelo*
Abend: *malem*

Farben
blau: *biru**
braun: *coklat**
grün: *hijau**
gelb: *kuning**
rot: *pejak*
weiß: *putik*
schwarz: *pedeng*

Literaturtipps

Barley, Nigel: „Bali – Das letzte Paradies“, Klett-Cotta 2015. Ein wunderbar leicht geschriebenes Buch des englischen Ethnologen, der einen Teil seines Lebens in Canggu auf Bali verbringt. Er beschreibt auf humorvolle, pointierte Weise das Leben des deutsch-russischen Malers *Walter Spies,* seiner Zeitgenossen und illustren Besucher wie *Charlie Chaplin* oder *Vicky Baum.* Nicht alles ist historisch korrekt geschildert, aber damit hat *Barley* kein Problem. Denn es handle sich ja um einen Roman, keine historische Abhandlung, sagt er über sein Buch.

Baum, Vicky: „Liebe und Tod auf Bali“, KIWI 2007. Das 1937 erschienene Buch der Österreicherin ist vielleicht der Klassiker über Bali, über das Leben dort und eben den Tod. *Baum,* inspiriert durch *Walter Spies,* gestaltet Charaktere, spinnt Handlungsfäden, zeigt das tägliche Leben im Dorf sowie im Reisfeld und die tödliche Übermacht der holländischen Kolonisatoren, und sie macht daraus eine spannende Story. Später wurde *Baum* angekreidet, sie habe die Holländer und vor allem das koloniale System zu gut wegkommen lassen.

Blank, Stefan: „Bali mittendrin – Notizen aus der Poppies Lane“, Schardt 2008. „Seine Sequenzen wurden zu einem beschwingten, genussvollen und turbulenten Tanz von Beobachtungen und Interpretationen, ohne dabei den Anspruch einer guten Reiseliteratur zu vernachlässigen. Einfach genial.“ Schwäbische Zeitung, 14. April 2010.

Blank, Stefan und Niederer, Ulrike: „InselTrip Bali“, Reise Know-How Verlag P. Rump 2023. Das schlanke Buch passt in jede Jackentasche und überzeugt mit einem praktischen Rundumpaket: Karten, eine Unmenge unverzichtbarer Tipps und gut recherchierte Zahlen, Fakten und Geschichten.

Blank, Stefan und Mohr, Christoph: „Highlights Bali. Die 50 Reiseziele, die Sie gesehen haben sollten“, Bruckmann 2017. Schicker Bildband mit balinesischen Highlights, fotografisch in Szene gesetzt von *Christoph Mohr,* dazu Geschichten und Reportagen von *Stefan Blank.* Gut und flott zu lesen, vollgepackt mit Charme und Wissen.

Coast, John: „Dancing Out of Bali“, Periplus 2004. Erzählt die spannende Geschichte der „Dancers of Bali“, die gemeinsam mit *Coast* von Peliatan auszogen, um mit ihren Tänzen die westliche Welt zu erobern.

Covarrubias, Miguel: „Island of Bali“, Periplus 2008. Wer Bali wenigstens einigermaßen verstehen will, ist bei *Covarrubias,* eigentlich Illustrator von Beruf, richtig. Gemeinsam mit seiner Frau lebte er einige Jahre auf Bali und schuf mit dem Buch, das erstmalig 1946 erschien, vielleicht den ersten anthropologisch geprägten Reiseführer über die Insel. Er zeichnet ein genaues Bild des von Ritualen und Religion geprägten Lebens.

De Neefe, Janet: „Fragrant Rice: My continuing Love Affair with Bali“, Periplus 2006. Die Australierin *Janet de Neefe* gilt inoffiziell als die „Königin von Ubud“. Seit Jahrzehnten lebt sie auf der Insel, betreibt zwei Restaurants, gibt Kochkurse und ist eine der Begründerinnen des Ubud Writers & Readers Festival. „Fragrant Rice“ war ursprünglich als Kochbuch gedacht, wurde aber eher zu einer Autobiografie mit Geschichten und Anekdoten aus ihrer Zeit in Bali.

Gilbert, Elisabeth: „Eat Pray Love: Eine Frau auf der Suche nach allem quer durch Italien, Indien und Indonesien“, Fischer 2022. „*Elizabeth Gilbert* schreibt so offen und ehrlich, so schonungslos gegen sich selbst, sprachlich so gut und unterhaltend, dass man ihr gerne überallhin folgt.“ Da hat der Westdeutsche Rundfunk Recht, und gern folgen wir *Gilbert* nach Bali, nach Ubud, in die Reisfelder. Und, es muss gesagt werden: Das Buch ist um Längen besser, spannender und intensiver als der Film mit *Julia Roberts.*

Leitess, Lucien (Hg.): „Bali fürs Handgepäck – Geschichten und Berichte“, Unionsverlag 2014. „Dieser Band will Mosaiksteine zu einem Bali-Bild zusammentragen, das weder verklärt noch vereinfacht“, sagt der Herausgeber *Lucien Leitess* in seinem Vorwort. Und das gelingt seinen Autoren auf analytische, kritische und auch humorige Art und Weise.

- **Mead, Margret: „Brombeerblüten im Winter"**, Rowohlt 1982. Neben ihren umfangreichen anthropologischen Studien schrieb *Margret Mead* Tagebuch. 1972 erschien das autobiografische Buch über ihre Reisen und Forschungen. Ihrer Zeit auf Bali räumt sie dabei etliche Zeilen ein – spannendes Zeugnis einer Zeitzeugin.
- **Schulze, Fritz: „Kleine Geschichte Indonesiens"**, C. H. Beck 2015. Pünktlich zur Frankfurter Buchmesse 2015 mit Indonesien als Gastland erschienen. „Die umfassende Geschichte Indonesiens – für alle, die das Inselreich am Äquator besser verstehen wollen", heißt es auf dem Umschlag. Ein ehrgeiziger Auftrag für ein 224 Seiten leichtes Buch, aber die Mission ist erfolgreich. *Schulze* gelingt es, komplexe Geschichte in der Nussschale rüberzubringen und dabei spannend zu bleiben.
- **Schindhelm, Michael: „Walter Spies – Ein exotisches Leben"**, Hirmer 2022. *Schindhelm* erzählt locker und trotzdem sehr dicht und mitreißend die wirklich exotische Lebensgeschichte des Deutsch-Russen *Walter Spies,* der auf Bali in den 1930er-Jahren nicht nur künstlerisch ungemein viel bewegt und reichlich Spuren hinterlassen hat.
- **Vickers, Adrian: „Bali – Ein Paradies wird erfunden"**, Reise Know-How Verlag P. Rump 1996. Leider nur noch antiquarisch zu haben. Das Buch gilt bereits als Klassiker. Denn *Vickers,* Professor für Asienstudien an der Universität Wollongon/Australien, beschreibt erstmalig, wie Bali „tickt". Wie das vermeintliche Paradies über 400 Jahre Geschichte entstanden ist und was es bis heute zusammenhält.

Indonesische Literatur

Eine gute Adresse, um sich über indonesische Literatur zu informieren, ist die Lontar Foundation in Jakarta, **https://lontar.org.** Ihre Aufgabe ist es, indonesische Literatur weltweit bekannt zu machen, indem sie sie beispielsweise übersetzt. Die Lontar Foundation bringt die **Modern Library of Indonesia** heraus, in der indonesische Klassiker ins Englische übertragen wurden, z.B.:

- **Moeis, Abdoel: Never the Twain.** 1928 erstmals erschienen.
- **Pane, Armijn: Shackles.** 1948 erstmals erschienen.
- **Rukiah, S.: The Fall and the Heart.** 1949 erstmals erschienen.
- **Rambe, Hanna: Mirah of Banda.** 1986.
- **Yulianti Farid, Lily: Family Room.** Kurzgeschichten, 2010.

Für Kinder und Jugendliche

- **Künnemann, Horst: „Einmal Bali und zurück"**, Rowohlt 1998. Von Geistern, Haien und Vulkanen. Unterwegs in Bali, schreibt der Autor Briefe an seinen 13-jährigen Sohn und erklärt ihm mit einfachen Worten die balinesische Welt. Auch für Erwachsene interessant.

Für (Hobby-)Köche

- **D'Angelo, Viviana; de Vries, Antje: „Bali – Essen mit den Göttern"**, Südwest Verlag 2021. Ein Kochbuch der anderen Art. Einerseits vermittelt es mit seinen vielen gut kochbaren Rezepten die vielfältige balinesische Küche, andererseits lässt es einen tief in die Spiritualität und Lebensweise der Balinesen eintauchen. Eine gelungene Mischung aus authentischen Texten, leckeren Rezepten und tollen Fotos, die einem Bali wirklich näher bringen.
- **Rath, Britta und Siauw, Noni: „Essen wie im Paradies, Die Küche auf Java und Bali"**, DuMont 2000. Viele schöne Rezepte, schöne Bilder und vor allem die Geschichten drumherum machen das Buch mehr als schmackhaft.

Für Surfer

- **Diel, Peter und Menges, Eric: „Surfing. Auf der Suche nach der perfekten Welle“,** Meyer & Meyer 2005. *Diel* und *Menges* sind seit ihrer frühen Jugend unterwegs in Sachen „perfekte Welle“. Ergebnis ihrer weltweiten Erfahrungen ist dieses Buch. Beide lieben Indonesien, und wenn sie mal wieder auf Bali unterwegs sind, verbringen sie die meiste Zeit am Uluwatu-Spot. Neben Beschreibungen der Surfspots wird der Weg aufs Brett in einfachen Worten erklärt. Wer das Buch gelesen hat, will dann nur noch die Welle reiten, am besten natürlich auf Bali oder Lombok.

Für Taucher

- **Blank, Stefan und Schrempf, Simone: „Tauchen rund um Bali, Lombok und Komodo“,** Reise Know-How Verlag P. Rump 2016. Der umfassende Tauchführer bietet Tauchern und Tauchanfängern alles Wissenswerte rund um ihre Leidenschaft. Die wichtigsten Orte und Regionen werden vorgestellt, genauso wie Tauchcenter, Tauchspots und andere Attraktionen.

Sprachführer

- **Spritzig, Günter: „Basa Bali (Balinesisch) – Wort für Wort“.** Kauderwelsch Band 147, Reise Know-How Verlag P. Rump 2017.
- **Urban, Gunda: „Indonesisch – Wort für Wort“.** Kauderwelsch Band 1, Reise Know-How Verlag P. Rump 2018.
- **Urban, Gunda; Roseno Pambang: „Indonesisch – Wort für Wort plus Wörterbuch“.** Kauderwelsch Band 1+, Reise Know-How Verlag P. Rump 2016.

Die handlichen Büchlein bieten eine auf das Wesentliche reduzierte Grammatik und viele Beispielsätze für den Reisealltag. Begleitende Audio-CDs – die AusspracheTrainer – sind erhältlich.

One place to be – Brotherhood Bar auf Gili Meno

xba102 sb

Zugspitze, Foto: Aneta Niemitz

Kauderwelsch | MeinTrip | InselTrip | Soul Places

Register

A

B

C

D

L

Anhang

M

Q/R

U

V

W

Über dieses Buch

Der vorliegende Reiseführer hat eine lange Tradition. Als **erster deutschsprachiger Reiseführer zu Bali und Lombok** überhaupt erschien **1981 die erste Auflage** in der Reihe „Globetrotter schreiben für Globetrotter". Autor der ersten Stunde war Peter Rump, der gemeinsam mit Gunda Urban zu den **Pionieren des Individualtourismus** in den 1970er-Jahren gehört. Etliche Jahre bereisten beide den asiatischen Raum, insbesondere Indonesien und recherchierten nützliche Informationen für Reisende, die in vielen weiteren Auflagen des Buches mündeten.

Als Verleger gehörte **Peter Rump** 1985 zu den **Gründungsmitgliedern der Verlagsgruppe Reise Know-How** – die heute zu den größten Reiseführerverlagen Deutschlands gehört und mittlerweile in zweiter Generation von Wayan Rump geführt wird.

2013 erhielten Peter Rump, Gunda Urban und Stefan Blank auf der **Internationalen Tourismus-Börse Berlin (ITB)** den **ITB BuchAward** für die 11. Auflage ihres Bali-Reiseführers. Rump und Urban wurden ebenfalls für die von ihnen entwickelte Kauderwelsch-Sprachführerreihe und ihr publizistisches Lebenswerk ausgezeichnet.

Seit 2011 ergänzt Stefan Blank das Team mit seinen Recherchen und seiner Reiseerfahrung. Die vorliegende **15. Auflage des Reiseführers** hat er **neu konzipiert** und ist nun alleiniger Autor.

Der Autor

Stefan Blank, geboren 1966, ist Reisejournalist und seit 1994 PADI-Divemaster. Während und nach seinem Studium der Entwicklungspolitik führten ihn seine Wege als Traveller nach Australien, Südostasien und Indien. Aufgrund seiner Erfahrungen dort verließ er den Pfad der Entwicklungshilfe, studierte Journalismus und bereist heute die Länder des Südens beobachtend, schreibend und fotografierend als teilnehmender Besucher. Seit 1990 reist *Blank* regelmäßig nach Bali.

Blanks Geschichten und Reportagen erscheinen in etlichen Zeitungen und Reisemagazinen. 2008 erhielt er den Künstlerförderpreis der Stadt Friedrichshafen im Bereich Literatur, 2013 wurde dieser Reiseführer „Bali & Lombok" mit dem ITB Buch-Award ausgezeichnet. Für Reise Know-How und andere Reiseführerverlage berichtet er aus Süddeutschland, Sri Lanka, Indonesien, der Karibik, Mauritius, Kalifornien und von den Seychellen.

949ba un

Der Autor auf Recherchefahrt

Danksagung

Mein Dank gilt auch bei dieser Auflage all unseren Freunden aus Indonesien und aus dem Westen, die die Recherche möglich gemacht und mit Wissen sowie mit tatkräftiger Unterstützung weitergeholfen haben. Das Team des Visit Indonesia Tourist Office in Frankfurt mit *Ulrike Hahn* und *Eva Henss* sei hier namentlich genannt, genauso wie *Arif* und *Ridwan,* grandiose Fahrer vor Ort.

Schreiben Sie uns!

Wir hoffen, dass Ihnen dieser Reiseführer gefällt und er Ihnen ein guter Begleiter auf einer außergewöhnlichen und spannenden Reise ist.

Weil ein Reiseführer von Erfahrungen lebt, sind wir an Ihren Erlebnissen interessiert: Haben Sie in unserem Buch ein Restaurant entdeckt, das es nicht mehr gibt, eine Sehenswürdigkeit, die wir noch nicht aufgeführt haben, oder eine falsche Adresse? Dann schreiben Sie uns! **Wir nehmen jeden Hinweis und jede Kritik ernst und arbeiten kontinuierlich daran, die Bücher aktuell zu halten und immer weiter zu verbessern.** Jede Mail wird gelesen und beantwortet. Auch wenn wir nicht jeden Wunsch erfüllen können, machen wir uns immer Gedanken über Ihre Anmerkungen.

Schreiben Sie uns:
per Mail an info@reise-know-how.de oder an
Reise Know-How Verlag Peter Rump GmbH, Postfach 140666, 33626 Bielefeld

Wenn sich Ihre Infos direkt auf das Buch beziehen, würde uns die Angabe der Seitenzahl und der Auflagenzahl bzw. des Erscheinungsjahres Ihrer Ausgabe die Arbeit sehr erleichtern. Besonders hilfreiche Beiträge und Ergänzungen zu den Büchern belohnen wir mit einem Sprachführer Ihrer Wahl aus der über 240 Bände umfassenden „Kauderwelsch"-Reihe.

Herzlichen Dank und gute Reisen
Ihr Reise Know-How Verlag